NTOA 12

Kosch • Die eschatologische Tora des Menschensohnes

NOVUM TESTAMENTUM ET ORBIS ANTIQUUS (NTOA)

Im Auftrag des Biblischen Instituts
der Universität Freiburg Schweiz
Herausgegeben von Max Küchler
in Zusammenarbeit mit Gerd Theissen

Zum Autor:

Daniel Kosch, geboren 1958, ist im Kanton Zürich aufgewachsen. In Chur, Rom und Freiburg (Schweiz) studierte er katholische Theologie. Der verheiratete Laientheologe ist teilzeitlich als Pastoralassistent in Kilchberg bei Zürich tätig. Mit der vorliegenden Arbeit promovierte er am 1. Juni 1988 in Freiburg (Schweiz). Nach einem Lehrauftrag an der Theologischen Hochschule Chur ist er seit 1988 Dozent an der Theologischen Fakultät der Universität Freiburg (Schweiz).
Als Vorarbeit zu dieser Untersuchung publizierte er eine Untersuchung zum «Stürmerspruch» (Lk 16,16/Mt 11,12f) mit dem Titel «Die Gottesherrschaft im Zeichen des Widerspruchs» (EHS XXIII/257, Bern – Frankfurt – New-York 1985).

NOVUM TESTAMENTUM ET ORBIS ANTIQUUS 12

Daniel Kosch

Die eschatologische Tora des Menschensohnes

Untersuchungen zur Rezeption der Stellung Jesu zur Tora in Q

UNIVERSITÄTSVERLAG FREIBURG SCHWEIZ
VANDENHOECK & RUPRECHT GÖTTINGEN
1989

CIP-Titelaufnahme der Deutschen Bibliothek

Kosch, Daniel:
Die eschatologische Tora des Menschensohnes:
Untersuchungen zur Rezeption der Stellung Jesu zur Tora in Q /
Daniel Kosch. - Freiburg (Schweiz): Univ.-Verl.; Göttingen: Vandenhoeck u.
Ruprecht, 1989
(Novum testamentum et orbis antiquus; 12)
Zugl.: Freiburg (Schweiz), Univ., Diss., 1988
ISBN 3-525-53913-4 (Vandenhoeck u. Ruprecht) Gb.
ISBN 3-7278-0650-8 (Univ.-Verl.) Gb.
NE: GT

Veröffentlicht mit Unterstützung des Hochschulrates
der Universität Freiburg Schweiz,
der kath. Kirchgemeinde Kilchberg und der
Röm.-kath. Zentralkommission des Kantons Zürich

Die Druckvorlagen der Textseiten
wurden vom Autor ab Datenträger
als reprofertige Vorlage zur Verfügung gestellt

Paulusdruckerei Freiburg Schweiz
ISBN 3-7278-0650-8 (Universitätsverlag)
ISBN 3-525-53913-4 (Vandenhoeck Ruprecht)

Meiner Frau Jeanine

und unseren Töchtern

Mirjam-Magdalena

und Manuela-Junia

VORWORT

Das vorliegende Buch ist die überarbeitete Fassung meiner im Sommer 1988 an der Universität Freiburg (Schweiz) angenommenen Dissertation. Gerne hätte ich manches vereinfacht und mehr dazu beigetragen, die Lesbarkeit zu erhöhen, doch die zunehmende zeitliche Belastung durch meine Tätigkeit als Pastoralassistent in Kilchberg/ZH und andere Verpflichtungen liessen das nicht zu. So lässt auch die Endgestalt der Arbeit erkennen, dass mich neben ihr noch manches andere beschäftigt hat.

Die Fragestellung der Arbeit mag sehr "akademisch" und "speziell" scheinen, entbehrt aber nicht der Aktualität, wenn man bedenkt, wie wichtig und strittig der rechte Umgang mit moralischen, kirchenrechtlichen und anderen Normen für Christen, und vielleicht besonders für Katholiken ist. Die Stellung Jesu zur Tora, aber auch die ersten Rezeptionen seiner Worte müssten auch diesbezüglich Modell-Charakter haben.

Worte des Dankes sind an dieser Stelle üblich, was nicht heisst, dass sie nicht aufrichtig gemeint sind. Für die LeserInnen mögen sie wenigstens deshalb von Interesse sein, weil sie ein erstes Bild vom Umfeld vermitteln, in dem die Arbeit entstanden ist.
Zuerst möchte ich meine Frau Jeanine und unsere beiden Töchter Mirjam-Magdalena und Manuela-Junia erwähnen. Ihre Geduld und Ungeduld, ihr Verständnis und gleichzeitiges Unverständnis für die langwierige Beschäftigung mit einigen Bibelversen haben gleichermassen zum Gelingen und zum Abschluss der Arbeit beigetragen.
Im weiteren Sinn zur "Familie" zu rechnen sind auch Peter und Martha Vogt. Ihnen sei für die freundschaftliche "moralische Unterstützung", aber auch für die sorgfältige Durchsicht des Textes im Blick auf Fehler gedankt.
Freundlicherweise hat mir Elisabeth Umbricht in der Schlussphase der Arbeit ein ruhiges Zimmer zur Verfügung gestellt, währenddem es in unserer Wohnung immer lebhafter zuging. Diese Rückzugsmöglichkeit und der daraus entstandene Kontakt haben sich auf die ganze Familie positiv ausgewirkt.

Meine Freude an der Bibel und mein exegetisches Wissen verdanke ich vielen. Eine erste Einführung in die Welt des NT verdanke ich Franz Annen und Josef Pfammatter (Chur), mit denen das Gespräch seit Beginn des Studiums nicht mehr abgebrochen ist. Viele Anregungen verdanke ich Hermann-Josef Venetz (Freiburg), dessen Vorlesungen und Bücher mich darauf aufmerksam gemacht haben, wie viel "Zündstoff" die Bibel enthält. Er war es auch, der die Entstehung dieser Dissertation mit viel Sympathie, Geduld und Interesse begleitet und das erste Gutachten dazu verfasst hat.
Sehr anregend waren auch die neutestamentlichen Kolloquien von Dozenten und DoktorandInnen aus Basel, Bern, Luzern, Rüschlikon und Zürich, bei denen ich Gastrecht hatte und in deren Rahmen ich meine Arbeit ein erstes Mal zur Diskussion stellen konnte. Besonders Ulrich Luz und Hans Weder haben mir geholfen, meine Position in der schwierigen Gesetzesproblematik zu klären und ihre Grenzen zu erkennen.

Obwohl meine Verbindungen zur theologischen Fakultät in Freiburg schon aufgrund unseres Wohnorts nicht besonders eng waren, hat man sich dort um ein rasches und freundliches Eingehen auf meine Anliegen bemüht. Besonders Georges Rouiller (2. Zensor), aber auch die anderen Mitglieder des Doktoratskolloquiums haben meine Arbeit in sehr kurzer Zeit aufmerksam gelesen und so dazu beigetragen, dass nach Abschluss der Arbeit keine Zeit verlorenging.

Den Herausgebern der Reihe, Max Küchler und Gerd Theissen, habe ich für ihr Interesse, ihre weiterführende Kritik und mancherlei Anregungen zu danken.

Als Familienvater mit zwei kleinen Kindern wäre es mir niemals möglich gewesen, diese Arbeit zu schreiben und zu veröffentlichen, wenn wir nicht auch finanzielle Unterstützung erhalten hätten. Auch den dafür besorgten Institutionen gilt mein aufrichtiger Dank.

Kilchberg bei Zürich, Sommer 1988 Daniel Kosch

INHALTSVERZEICHNIS

Einleitung

ZUR AUSGANGSLAGE UND FRAGESTELLUNG DER UNTERSUCHUNG

Das Verhältnis von Christentum und Judentum hat in neuerer Zeit - gewiss auch im Zusammenhang mit der Verarbeitung des "Holocaust" - ziemliche Beachtung gefunden. Ausgewirkt hat sich das nicht nur in der Intensivierung des christlich-jüdischen Dialogs interessierter Kreise, sondern auch in kirchenamtlichen Verlautbarungen, von denen die "Erklärung über das Verhältnis der Kirche zu den nichtchristlichen Religionen", welche das Zweite Vatikanische Konzil 1965 verabschiedet hat, besondere Erwähnung verdient[1].

Auch die theologische Reflexion hat sich dieser Fragestellung verstärkt und unter neuen Voraussetzungen zugewandt und bemüht sich um eine Klärung der in diesem Zusammenhang auftretenden Probleme[2].

---

1) "Nostra Aetate", bes. Nr. 4 (in: LThK 13, 488-495 mit ausführlichem Kommentar von J. OESTERREICHER, aaO 406-478 oder in: K. RAHNER/H. VORGRIMLER (Hg), Kleines Konzilskompendium. Sämtliche Texte des Zweiten Vatikanums, Freiburg 1978 (12. Aufl.), 355-359, bes. 357ff). Eine Auswahl weiterer (auch evangelischer) Verlautbarungen enthält OSTEN-SACKEN, Katechismus 278-319; umfassender informiert H. CRONER, Stepping Stones to Further Jewish-Christian Relations. An Unabridged Collection of Christian Documents, London 1977.
Vgl. jetzt auch die "Hinweise der Vatikanischen Kommission für die religiösen Beziehungen zum Judentum im Sekretariat für die Einheit der Christen für eine richtige Darstellung von Juden und Judentum in der Predigt und in der Katechese der Katholischen Kirche" (in: SKZ 153(1985) 466-471). Auch wenn die gewählten Beispiele nicht alle ganz glücklich sind, enthält dieses Dokument bemerkenswert differenzierte Aussagen über die Stellung Jesu zur Tora (Abschnitt 13, aaO 468f).
Zu beachten ist ferner das Dokument der Päpstlichen Bibelkommission "De Sacra Scriptura et Christologia" (1984), gut zugänglich in P.-G. MUELLER (Hg), Bibel und Christologie. Ein Dokument der Päpstlichen Bibelkommission, Stuttgart 1987. Text: aaO 24-143 (französisch/deutsch).144-198 (lateinisch). Zur Problematik s. die Abschnitte 1.1.5. und 1.2.5. (aaO 37-41.71-73). Vgl. auch den Kommentar von J.A. FITZMYER, aaO 199-258, hier: 220-222. Hingewiesen sei auf einen schwer sinnentstellenden Uebersetzungsfehler von MUELLER in 1.1.5.4. (aaO 41).

2) Vgl. die allgemeinen Darstellungen von MUSSNER, Traktat; OSTEN-SAKKEN, Grundzüge und THOMA, Theologie. Hingewiesen sei hier auch auf die Zeitschriften "Freiburger Rundbrief" und "Judaica", die sich vorrangig mit dem christlich-jüdischen Dialog befassen. Weitere Hinweise enthält THOMA, Theologie 37f mit Anm 5-8.

Eine weitere Konsequenz dieses Bemühens um eine richtige Verhältnisbestimmung zwischen Christentum und Judentum ist die verstärkte Beachtung der Tatsache, dass Jesus Jude war[3]. Während nun aber ein Teil der Jesus gegenüber Sympathie zeigenden jüdischen Jesus-Forscher sich mit dem Versuch begnügt, aufzuzeigen, dass Jesus Jude war und den Rahmen des jüdisch Denkbaren nicht sprengte, bemühen sich viele christliche Autoren darum, auch das "Besondere" an Jesus aufzuzeigen. Dieses Bemühen ist nicht zuletzt christologisch motiviert, ist es doch vom Interesse geleitet, die "Einzigartigkeit", ja die "Göttlichkeit" Jesu aufzuzeigen, oder zumindest sichtbar zu machen, dass der Anspruch Jesu sämtliche gängigen Denkmuster sprengt ("implizite Christologie")[4]. Das Interesse am "Besonderen" Jesu ist aber auch methodisch begründet, zwingt doch das "kritische Aussonderungsprinzip" dazu, ständig zu fragen, ob und inwiefern ein Wort (oder ein Verhalten) Jesu nicht aus dem Judentum ableitbar ist (und auch nicht der Urchristenheit zugeschrieben werden kann). Sicher jesuanisch ist aufgrund dieses Echtheitskriteriums also nur, was im Judentum so nicht belegbar ist[5].

Im Zusammenhang der Beschäftigung mit dem Jude-Sein Jesu kommt seiner Stellung zur Tora besondere Bedeutung zu, da die Treue zur Tora unlösbar mit der Zugehörigkeit zum israelitischen Gottesvolk verbunden

---

3) Neben den jüdischen Jesus-Darstellungen (dazu: BAUMBACH, Fragen; MAIER, Wege; PESCH, Jesusforschung 29-37; THOMA, Zugänge und die einschlägigen Abschnitte in KUEMMEL, Jesusforschung) und den in A 2 genannten Arbeiten sind zu diesem Problemkreis besonders zu beachten: ECKERT/HENRIX (Hg), Jude-Sein; LAPIDE/LUZ, Jesus; SANDERS, Jesus; VERMES, Jesus the Jew; VOLKEN, Jesus. Vgl. jetzt auch den Ueberblick über neuere Entwicklungen bei HARRINGTON, Jewishness.

4) Vgl. dazu die Ueberlegungen von BROER, Anmerkungen 133-135, sowie FENEBERG, Formgeschichte 62-65.

5) Als locus classicus hat hier die Formulierung von KAESEMANN, Problem 205 zu gelten: "Einigermassen sicheren Boden haben wir nur in einem einzigen Fall unter den Füssen, wenn nämlich Tradition aus irgendwelchen Gründen weder aus dem Judentum abgeleitet noch der Urchristenheit zugeschrieben werden kann, speziell dann, wenn die Judenchristenheit ihr überkommenes Gut als zu kühn gemildert oder umgebogen hat."
Die Problematik dieses Kriteriums ist schon früh erkannt worden; vgl. wiederum KAESEMANN, aaO 205f: "Allerdings müssen wir uns dabei von vornherein dessen bewusst sein, dass man von hier aus keine Klarheit über das erhält, was Jesus mit seiner palästinischen Umwelt und seiner späteren Gemeinde verbunden hat. Da bleiben die Grenzen für verschiedenste Hypothesen weit offen." Zur Sache s. auch u. 3.

ist[6], und anderseits die Einzigartigkeit Jesu dann besonders augenfällig würde, wenn nachgewiesen werden könnte, dass er sich über die Tora stellte.
Entsprechend gross ist demzufolge das Bemühen, die Einstellung Jesu gegenüber der Tora zu klären, doch muss von manchen Erörterungen der Problematik im Kontext des jüdisch-christlichen Dialogs festgestellt werden, dass sie weitgehend der Bestätigung des "Vor-Urteils", bzw. der Gesamtthese des Autors dienen. Dass die jeweiligen Analysen diese Bestätigungs-Funktion relativ problemlos erfüllen können, hängt damit zusammen, dass die relevanten ntl Texte alles andere als ein einheitliches Bild bieten. Nicht erst in neuerer Zeit, sondern schon im ersten Jahrhundert scheinen die Darstellungen von Jesu Verhältnis zur Tora stark interessengeleitet gewesen zu sein[7]. In diesem Zusammenhang ist auch die Frage nach der Rezeption der Stellung Jesu zur Tora zu sehen, zu deren Klärung diese Studie einen Beitrag liefern möchte.

Am Anfang dieser Arbeit stand ein ganzes Bündel von Fragen und Eindrücken, die sich aus einer ersten Auseinandersetzung mit dem Problem "Jesus und die Tora" ergeben hatten: Bei der Lektüre der synopt Evangelien drängt sich der Eindruck auf, dass Jesu Einstellung zu Fragen rund um das Gesetz zu Diskussionen und Konflikten führte und jedenfalls einen Teil seiner Zeitgenossen irritierte. Wenn man anderseits darum weiss, dass das Gesetz im Judentum von zentraler Bedeutung ist, stellt sich unweigerlich die Frage, wie jüdische Anhänger Jesu mit seiner offenbar recht eigenständigen Haltung in Gesetzesfragen fertig wurden. Was bedeutete es für sie, dass ihre "Bezugsperson" von gewissen Gegnern als Gesetzesbrecher beargwöhnt wurde? Wie nahmen sie selbst, die sie ja auch Juden waren, Jesu Einstellung zum Ge-

---

6) Vgl. die klassische Formulierung im Zohar, Wajiqura' 73 (13. Jh.): "Der Heilige, gepriesen sei Er, Israel und die Torah sind eins." (vgl. THOMA, Volk-Gottes-Verständnis 107). Zum historischen Hintergrund dieser Konzentration auf die Tora s. HENGEL, Judentum, bes. 555-564.

7) Aehnlich LUZ, Tora 113-116. Hinzu kommt, dass manche Autoren völlig auf historische Kritik verzichten und somit sämtliche einschlägigen Texte beliebig miteinander kombinieren können, was eine systematisierende Sicht, die den eigenen Vorstellungen entspricht, wesentlich erleichtert.

setz wahr? Wie lebten sie damit in einer jüdischen Umwelt?
Diese Fragen, die natürlich längst nicht die einzigen sind, die sich im Umkreis des Problems "Jesus und das Gesetz" stellen, lassen sich in der Frage nach der Rezeption der Stellung Jesu zur Tora zusammenfassen. Dieser Frage soll anhand von Texten aus der Logienquelle Q nachgegangen werden, da diese am eindeutigsten dem Traditionsbereich des palästinischen Judenchristentums zuzuordnen ist, der hier interessiert[8].
Vorgängig zu den eigentlichen Textanalysen sind jedoch einige grundsätzliche Ueberlegungen anzustellen, die sich vor allem aus meiner Wahrnehmung der gegenwärtigen Forschungslage ergeben.

1. Bemerkungen zum methodischen Ansatz

Innerhalb der Bibelwissenschaft zeichnet sich im Lauf der letzten Jahre unter anderem eine Tendenz zur vermehrten Berücksichtigung der "Nachgeschichte" von Texten ab. Die Ursachen dieser Entwicklung sind vielfältig, erwähnt seien lediglich die Einsicht in die historische Bedingtheit des eigenen Zugangs zu den Texten und der Ueberdruss an der neueren exegetischen Diskussion, die "allmählich in einen weltweiten Buschkrieg ausgeartet ist"[9].

1. Die "Nachgeschichte" der Texte wird vielfach unter dem Stichwort "Wirkungsgeschichte" verhandelt[10], mit zunehmender Häufigkeit ist aber auch von "Rezeptionsgeschichte" die Rede[11]. Dieser Begriff wurde aus der neueren Literaturwissenschaft übernommen.

---

8) Auch Q enthält allerdings jüngere Stoffe wie z.B. die Versuchungsgeschichte (Lk 4,1-13//Mt 4,1-11), während anderseits das MkEv viele Stoffe enthält, die ältester judenchristlich-palästinischer Trad entstammen, doch ist es gesamthaft einem stärker heidenchristlich-hellenistischen Milieu zuzuordnen.

9) KAESEMANN, Sackgassen 36

10) Besondere Beachtung findet diese z.B. im Konzept des Evangelisch-Katholischen Kommentars zum NT (EKK), vgl. dort besonders die ausgezeichneten Ausführungen von LUZ, MtI 78-82 (vgl. Ders., Exegese).

11) Besonders erwähnt sei hier das Methodenbuch von BERGER, Exegese; grundsätzliche Ueberlegungen zur Bedeutung und zu den Möglichkeiten rezeptionsorientierter Arbeit am NT stellen z.B. aber auch DOHMEN,

Auch wenn die Wurzeln der Rezeptionsforschung weiter zurückreichen[12], kann gesagt werden, dass JAUSS mit seinem Manifest "Literaturgeschichte als Provokation der Literaturwissenschaft" (1967) der Diskussion um die Frage nach der Rezeption wesentliche Impulse verliehen hat[13]. Er plädiert darin für eine leserorientiere Literaturgeschichtsschreibung, die sich insbesondere der Rekonstruktion des "Erwartungshorizonts" zuzuwenden hat, dem ein literarisches Werk begegnet. Wichtig ist auch seine Betonung der Tatsache, dass Rezeption ein produktiver Vorgang aktiver Aneignung ist, in dem der Leser nicht unbeteiligt bleibt.

Leider habe ich nicht die Kompetenz, den weiteren Verlauf der Diskussion darzustellen oder gar zu beurteilen[14]. Immerhin lassen sich m.E. zwei Grundtendenzen ausmachen: Die Entwicklung einer eigentlichen Rezeptionsästhetik einerseits, die sich insbesondere der Frage nach der literarischen Funktion des Lesers angenommen hat[15], und anderseits die Ausbildung einer stärker "sozialgeschichtlich orientierten Rezeptionsforschung ..., in der das rezipierende Subjekt als gesellschaftlich handelndes den Frageansatz bestimmt"[16].

2. Die Bedeutung der literaturwissenschaftlichen Rezeptionsforschung für die Exegese besteht m.E. nicht primär darin, dass sie eine neue Methode anbietet, zumal ihre praktische Anwendung auch innerhalb der Literaturgeschichtsschreibung wegen des Mangels an Material faktisch

---

Rezeptionsforschung; EGGER, Methodenlehre 34-45; FINDEIS, Versöhnung 47-59; FRANKEMOELLE, Handeln 78-82 und STOCK, Ueberlegungen 81-92 an.

12) WARNING, Rezeptionsästhetik 9f z.B. sieht die Anfänge im Prager Strukturalismus. Der Begriff selbst wurde aus der Rechtswissenschaft übernommen, wo er "terminus technicus für die Aneignung der römischen Antike innerhalb des speziellen Bereichs der Rechtsgeschichte" ist (LINK, Rezeptionsforschung 88).

13) JAUSS, Literaturgeschichte ist eine gekürzte Fassung des Aufsatzes, der in H.R. JAUSS, Literaturgeschichte als Provokation, Frankfurt 1970, 168-206 vollständig abgedruckt ist. Die Bezeichnung des Referats als "Manifest" verdanke ich LINK, Rezeptionsforschung 9; zu seiner Bedeutung s. auch GRIMM, Rezeptionsgeschichte 144

14) Eine erste Orientierung bieten die Aufsatzbände von GRIMM (Hg), Literatur und WARNING (Hg), Rezeptionsästhetik mit ihren jeweiligen Einführungen.

15) In diesem Zusammenhang sind v.a. die Arbeiten von ISER zu nennen.

16) GRIMM, Rezeptionsforschung 5 charakterisiert mit diesen Worten seinen eigenen Ansatz.

auf die Zeit nach 1700 beschränkt ist, sofern nach der Rezeption von Texten ausserhalb des Literaturbetriebs im engeren Sinn gefragt wird[17]. Ueber die primäre Rezeption ntl Texte wissen wir "so gut wie nichts"[18]; daran kann keine Methode etwas ändern. Wichtiger als die konkreten methodischen Hinweise scheinen mir die Perspektiven, die die Rezeptionsforschung eröffnet, wenn sie innerhalb des Dreiecks von Autor, Text und Leser auf die Bedeutung des letzteren hinweist.

a) Insbesondere im Bereich der historischen Erforschung der synopt Trad, innerhalb welcher wir mittels der Differenzierung verschiedener "Schichten" den Traditionsprozess doch einigermassen erhellen können, ist es anregend, die Tradenten und Redaktoren zunächst als Rezipienten zu sehen, die sich die Jesusüberlieferung aktiv aneignen, wobei ihr "Erwartungshorizont" entscheidenden Einfluss auf ihre Wahrnehmung ausübt. Die für die schriftliche Fixierung und Transmission verantwortlichen Tradenten und Redaktoren der Jesusüberlieferung unterscheiden sich als "produktive Rezipienten"[19] von den "gewöhnlichen" Hörern, insofern sie sich die Jesusüberlieferung durch intensive Arbeit aneignen und sich wohl vielfach durch einen besonderen Status in der Gemeinde und einen höheren Bildungsstand auszeichnen. Dennoch geben uns die Produkte ihrer Rezeption einen gewissen Einblick in die Art und Weise, wie man im Urchristentum mit dem umging, was von Jesus erzählt wurde, zumal ihre Verfasser einen Teil der Rezeptionsbedingungen mit ihren Glaubensgenossen teilen[20].

Dieser rezeptionsorientierte Zugang zu den Texten steht sachlich dem redaktionskritischen Ansatz nahe, da auch dieser das Verhältnis von Tradition und Redaktion nicht unter dem Gesichtspunkt betrachtet, was an Ursprünglichem erhalten ist, sondern danach fragt, wie der Redaktor mit vorgegebenen Stoffen umgeht[21].

b) Damit ist bereits angedeutet, dass rezeptionskritische und rezep-

---

17) Vgl. GRIMM, Rezeptionsforschung 144-147

18) STOCK, Ueberlegungen 81

19) Zu den Besonderheiten der "produktiven Rezeption" s. GRIMM, Rezeptionsgeschichte 147-153; LINK, Rezeptionsforschung 86-89; STOCK, Umgang 68-72 (vgl. 38f)

20) Methodische Ueberlegungen zu dieser Frage finden sich bei FRANKEMOELLE, Evangelist.

21) Vgl. FINDEIS, Versöhnung 53f mit Verweis auf BERGER, Exegese 91-111. 202-205

tionsgeschichtliche Fragestellungen dem Methodengeflecht der "historisch-kritischen" Exegese nicht sachfremd sind. Tatsächlich lässt Rezeption sich als eine der "linguistischen Implikationen des Traditionsprozesses" verstehen[22] und damit dem "traditionsgeschichtlichen" Ansatz zuordnen.

Die Aufnahme des Rezeptionsgesichtspunktes bringt gegenüber der traditionellen Traditions- und Redaktionskritik keinen weiteren Arbeitsgang mit sich, bereichert diese aber insofern, als dadurch die Aufmerksamkeit stärker auf die Bedeutung und Funktion des Lesers gelenkt wird. So wird deutlich, dass sich im Traditionsprozess nicht nur die Intention des Autors und das Potential des Textes, sondern auch die Disposition des Lesers auswirkt[23]. Texte sind deshalb nicht nur daraufhin zu befragen, wie sie weitergegeben wurden ("Traditionsgeschichte"), sondern auch daraufhin, wie ihre Leser sie sich aneigneten, wie sie mit ihnen umgingen ("Rezeptionsgeschichte").

c) Der methodische Ansatz bei der Frage nach der Rezeption ist aber auch neueren Konzepten der Bibelauslegung nicht wesensfremd, sofern diese von einem soziologisch und kommunikationstheoretisch fundierten Textverständnis ausgehen, wie dies v.a. bei der Textpragmatik der Fall ist[24]. Auch das Konzept einer pragmatischen Bibelauslegung muss dem Rezeptionsvorgang Beachtung schenken[25], doch geht es stärker

---

22) So MUELLER, Traditionsprozess 75-77 (vgl. 61); vgl. auch die Ueberlegungen von JAUSS, Partialität, bes. 381: "Die Rezeptionsästhetik ist keine autonome, sich selbst für die Lösung ihrer Probleme genügende axiomatische Disziplin, sondern eine partiale, anbaufähige und auf Zusammenarbeit angewiesene methodische Reflexion."

23) Das ist auch der Grund, weshalb ich den Begriff der "Rezeption" gegenüber jenem der "Wirkung" bevorzuge: Der Begriff "Wirkungsgeschichte" erweckt allzuleicht den Anschein, als lasse sich das Verhältnis von Vorgabe ("Tradition") und Konkretisation ("Bearbeitung", "Redaktion") so bestimmen, dass letztere die "Wirkung" der ersteren sei, womit das vom Empfänger bedingte Element der Konkretisation oder Traditionsbildung vernachlässigt wird (zur Problematik vgl. GRIMM, Rezeptionsforschung 22-31; JAUSS, Partialität 383f).

24) Vgl. dazu z.B. die methodenkritischen Arbeiten von FRANKEMOELLE. Zur linguistischen Grundlegung s. BREUER, Einführung; SCHLIEBEN-LANGE, Pragmatik; SCHMIDT, Texttheorie.

25) Vgl. etwa FRANKEMOELLE, Konzept 11: "Nicht nur der Verfasser, sondern auch die Empfänger eines Textes sind im pragmatischen Textmodell konstitutiv für die Realisierung des Sinnes, der im Text potentiell vorhanden ist." S. auch Ders., Handeln 81f

"vom Text und der durch den Text vermittelten Intention des Autors mit seiner Wirkabsicht auf die Hörer" aus[26].

d) Anders liegen die Dinge bei textimmanenten Ansätzen, die den Text vom Mitteilungsgeschehen isolieren und unabhängig davon verstehen wollen (z.B. extreme strukturalistische Konzepte). Solche Ansätze schliessen die Frage aus, in was für einer Kommunikationssituation ein Text steht. Sie können deshalb am Rezeptionsvorgang gar kein Interesse haben. Da die Linguistik aber insgesamt "auf dem Wege ... zur Orientierung an der Sprachrealität, an der sprachlich-sozialen Kommunikation als zentralem Forschungsbereich" ist[27], muss hier die Bedeutung der Kommunikationssituation für das Verständnis eines Textes nicht eigens begründet werden.

3. Trotz der Erwähnung des Begriffs "Rezeption" im Untertitel erhebt diese Arbeit nicht den Anspruch, eine eigentlich "rezeptionsgeschichtliche" Untersuchung zu sein. Entsprechend den obigen Ausführungen unternimmt sie lediglich den Versuch, die Bedeutung des Empfängers und der aktiven Aneignung von Ueberlieferung innerhalb des "traditionsgeschichtlichen" Modells, dem die "historisch-kritische" Methode verpflichtet ist, stärker zur Geltung zu bringen.

2. Zur Rückfrage nach Jesus

Die Frage, wie Jesu Stellung zur Tora rezipiert wurde, kann nur beantwortet werden, wenn es möglich ist, etwas über diese Stellung Jesu zur Tora zu sagen, da sonst Rezeptionsvorgänge wie Weitergabe, Transformation, Interpretation, Selektion oder auch Versprachlichung nonverbaler Aeusserungen gar nicht festgestellt werden können und folglich auch Kontinuität und Diskontinuität zu Jesus nicht erkennbar sind.

1. Die grundsätzliche Frage, ob eine solche Rückfrage nach Jesus legitim und auch möglich ist, kann hier nicht erörtert werden. Mit vie-

---

26) FRANKEMOELLE, Handeln 81

27) SCHMIDT, Texttheorie 10; vgl. die Ueberblicke von PEUKERT, Wissenschaftstheorie 145-174 und SCHLIEBEN-LANGE, Pragmatik 21-60; zum

len anderen Exegeten unterschiedlicher Provenienz bin ich der Auffassung, dass sie mit "ja" zu beantworten ist. Auch auf die methodische Frage, wie eine solche Rückfrage bewerkstelligt werden muss, braucht hier nicht eingegangen zu werden, da es an grundsätzlichen Erörterungen nicht fehlt[28] und mein eigener Umgang mit der Problematik aus den konkreten Einzelurteilen ersichtlich wird.

2. Hingewiesen sei lediglich darauf, dass wir die Stellung Jesu zur Tora nur aus den Zeugnissen ihrer Rezeption im Urchristentum erschliessen können, wie wir ja auch die Kommunikationssituation, der die Texte entstammen (und damit auch den "Ort" ihrer primären Adressaten, bzw. Rezipienten) nur aus diesen Texten selbst rekonstruieren können. Damit begeben wir uns in einen logischen Zirkel, da wir ausgehend von der Endgestalt nach der Ursprungsgestalt des Textes fragen müssen, um dann den Weg von der Ursprungs- zur Endgestalt als Rezeptionsprozess wahrnehmen zu können[29]. Dieser Zirkel kann zwar nicht aufgebrochen werden, aber es ist doch möglich, sich in ihm methodisch korrekt zu bewegen. Entscheidend ist dabei insbesondere, dass man sich über die Voraussetzungen, unter denen man die Problematik angeht, Rechenschaft abgibt und bereit ist, das Gesamtbild, das für die Beurteilung von Einzelfragen unabdingbar ist, von Einzelbeobachtungen her in Frage stellen zu lassen und gegenbenenfalls zu revidieren[30].

Stellenwert strukturaler Lektüre in der ntl Exegese s. EGGER, Methodenlehre 28-33 (s. Anm 4) und MARGUERAT, Textlektüren.

28) Vgl. die einschlägigen Abschnitte der Forschungsgeschichte von KUEMMEL, Jesusforschung. Am gründlichsten und umfassendsten informiert m.W. immer noch KERTELGE (Hg), Rückfrage; zu den "Kriterien" s. auch CALVERT, Examination und LUEHRMANN, Frage.

29) Vgl. die übersichtliche Darstellung des Sachverhalts in BARTH/STECK, Exegese 9-11. Zur theologischen Relevanz der Einordnung der Rückfrage nach Jesus in den Zusammenhang des urchristlichen Rezeptionsprozesses s. HAHN, Ueberlegungen 67-70. Wichtig ist insbesondere seine Feststellung, dass die Rückfrage nach Jesus durch diese Einordnung eine Ausrichtung bekommt, "die nicht nur dem Neuen Testament gemäss ist, sondern auch viele Gegebenheiten der Geschichte Jesu deutlicher sehen lässt" (69f).

30) Vgl. dazu die Ueberlegungen von HAHN, aaO 37-40. Die Ansicht von RIESNER, Jesus 80f, es sei möglich, "'alle subjektiven Inhalte aus empirischen historischen Aussagen auszuschalten'" (Zitat: H.W. HEDINGER, Subjektivität und Geschichtswissenschaft, 1969, 663), kann m.E.

3. Jesus und das Judentum seiner Zeit

1. In der Rückfrage nach Jesus spielt das Kriterium der doppelten Unähnlichkeit eine bedeutende Rolle[31]. Das hat für die Beurteilung der Stellung Jesu im Judentum seiner Zeit weitreichende Konsequenzen, weil damit zunächst nur das als jesuanisch angesehen werden kann, was ihn von seiner jüdischen Umgebung unterscheidet. So bilden etwa für HAHN - trotz einer recht differenzierten Handhabung dieses Kriteriums - "Jesu Konflikte und ... das Phänomen des 'Neuen', das mit seinem Auftreten erkennbar wurde", die wichtigsten "Anhaltspunkte für ein Gesamtbild der vorösterlichen Geschichte Jesu"[32].

Obwohl es bedauerlich ist, dass dieses Kriterium die Wahrnehmung dessen, was Jesus mit seiner palästinischen Umwelt verbindet, verunmöglicht[33], kann darauf nicht verzichtet werden. Um so mehr ist auf seiner "kritischen Handhabung" zu insistieren[34]. Im Blick auf die hier interessierende Abhebung Jesu von seiner jüdischen Umwelt impliziert eine solche kritische Handhabung des Unähnlichkeitskriteriums zum einen, dass es primär der Aussonderung eines gesicherten Kerns und nicht dem Nachweis der Unechtheit jüdisch gefärbten Traditionsgutes dient. Zum andern impliziert seine kritische Handhabung, dass mit der Echtheit von Jesusüberlieferung nicht erst gerechnet wird, wo man einen eigentlichen Gegensatz zum Judentum meint feststellen zu können, sondern schon, wo besondere Akzentuierungen festzustellen sind, die sich so im jüdischen Umfeld der Jesusbewegung nicht feststellen lassen.

---

nur als Ausdruck mangelnden Problembewusstseins beurteilt werden. Dies hat zur Folge, dass er sich seiner erkenntnisleitenden Interessen nur ungenügend bewusst wird. Die von ihm geforderte "Intersubjektivität" ist m.E. auch ohne das Postulat "objektiver Erkenntnis" erschwinglich, nämlich indem man die eigenen Voraussetzungen möglichst präzis reflektiert, offen zu erkennen gibt und so das eigene Urteil nachvollziehbar macht (vgl. auch VENETZ, Banalität 18).

31) Vgl. die bekannte Formulierung von KAESEMANN (s.o. A 5). Zur "Einstiegsfunktion" dieses kritischen Aussonderungsprinzips s. auch HAHN, Ueberlegungen 37f.

32) HAHN, Ueberlegungen 40-51, Zitate: 41.40 (Ueberschrift); ähnlich: THUESING, TheologienI 60-68

33) S. schon KAESEMANN, Problem 205f (Zitat s.o. A 5)

34) So der Untertitel des Aufsatzes von SCHUERMANN, Jesuserkenntnis. Wichtige Hinweise in dieser Richtung gibt auch LUEHRMANN, Frage.

2. Die Notwendigkeit einer solchen sehr differenzierten und im konkreten Einzelfall einen gewissen Ermessensspielraum offenlassenden Anwendung des Unähnlichkeitskriteriums ergibt sich nicht nur aus der Tatsache, dass nur so das Jude-Sein Jesu ernst genommen und nicht nur behauptet wird[35], sondern auch aus einem Wandel in der Wahrnehmung des Frühjudentums. Dieser Wandel betrifft zum einen die Frage seiner theologischen Beurteilung, zum anderen die Frage seiner Einheitlichkeit, bzw. Geschlossenheit. Beide Aspekte dieses Wandels sind im folgenden auf ihre Bedeutung für unsere Sicht der Stellung Jesu im Judentum seiner Zeit zu reflektieren.

3. Der Wandel in der theologischen Beurteilung des Judentums zur Zeit Jesu hat sich terminologisch im Ersatz des Begriffs "Spätjudentum" durch jenen des "Frühjudentums" niedergeschlagen. Implizit enthielt der Begriff "Spätjudentum" die Vorstellung, beim Judentum zur Zeit Jesu handle es sich um eine dekadente und epigonenhafte Form des Jahweglaubens, die als Verengung und Versteinerung der Religion des alten Israel bezeichnet werden muss, und für die Gesetzlichkeit, Leistungs- und Werkfrömmigkeit, Lohndenken, Kasuistik sowie eine Ueberbewertung des Zeremoniellen charakteristisch sind[36]. "Der Clou der Theologie der Spätjudentumsforscher lag darin, dass ihnen die Periode des Spätjudentums als dunkle Folie diente, auf der sie darlegten, die legitime Fortsetzung des alttestamentlichen Israels finde sich einzig in den neutestamentlich-christlichen Gemeinden, nicht auch noch im Judentum der Zeit Jesu und des Talmuds."[37]
Der Ersatz des Begriffs "Spätjudentum" durch jenen des "Frühjudentums" dient nicht nur dazu, "jeden Geruch des Antijudaismus aus der Forschung zu vertreiben"[38], sondern verdankt sich auch der Erkennt-

---

35) SCHUERMANN, Jesuserkenntnis 19 macht darauf aufmerksam, dass es nicht nur "ungeschichtlich", sondern auch "'monophysitisch'" wäre, "Jesus nicht in Korrelation zur Umwelt einerseits, zur eigenen Wirkungsgeschichte andererseits verstehen zu wollen." Zu dieser Fragestellung s. auch FENEBERG, Formgeschichte und STENGER, Wende bes. 13-16

36) Vgl. dazu die Forschungsüberblicke von HOHEISEL, Judentum; LIMBECK, Ordnung 11-20; MUELLER, Judentum; SANDERS, Paulus 27-54 und die Zitatensammlung von KLEIN, Antijudaismus 45-70

37) THOMA, Theologie 56; vgl. MUELLER, Judentum 103-117 und LThK 9, 949f

38) THOMA, Theologie 57

nis, dass die Zeitspanne vom Ende des Exils bis zur Zerstörung des Tempels für das Judentum eine "formative Periode"[39] und keinesfalls ein Endstadium ist. Damit geht eine weniger voreingenommene und an systematischen Prämissen (wie etwa dem Gegensatz von Gesetz und Evangelium) orientierte Wahrnehmung der frühjüdischen Frömmigkeit einher, die zu einem wesentlich "freundlicheren" und differenzierteren Gesamtbild führt, das insbesondere auch den Motivationszusammenhang erkennen lässt, in den die für das Judentum charakteristische Torafrömmigkeit eingebunden ist. Sehr prägnant hat SANDERS diesen als "Bundesnomismus" bezeichnet[40].
Auf dem Hintergrund einer viel positiveren Sicht des Judentums in der Zeit des Zweiten Tempels ist es nicht mehr notwendig und sinnvoll, Jesu Verkündigung grundsätzlich aus dem Gegensatz zu den religiösen Vorstellungen seiner Volksgenossen heraus zu verstehen. Auch ihre Verwurzelung in der frühjüdischen Frömmigkeit kann positiv gewürdigt werden. Damit tritt die Frage nach Einzelzügen, die im Judentum nicht vorfindlich sind, auf der Suche nach dem Jesuanischen zugunsten der Frage nach ungewohnten Akzentuierungen und Zuordnungen verschiedener Themen zurück[41].

4. Dass <u>das Judentum der Zeit Jesu</u> keine einheitliche Grösse, sondern <u>ein plurales Gebilde</u> ist, muss hier nicht näher dargelegt werden. Dass die verschiedenen Strömungen, Gruppierungen und Sekten unterschiedliche religionspolitische Interessen verfolgten, ist hinlänglich

---

39) MAIER, Kontinuität 1
40) SANDERS, Paulus 400f (Zusf.)
41) Sehr prägnant formuliert SANDERS, Jesus 319: "In fact, we cannot say that a single one of the things known about Jesus is unique: neither his miracles, non-violence, eschatological hope or promise to the outcasts. He was not unique because he saw his own mission as of crucial importance, nor because he believed in the grace of God. The combination can doubtless be called 'unique', but that shows that he was an individual and not a two-dimensional representative of a type." Vgl. auch THUESING, TheologienI 71-76, der die Auffassung äussert, dass es zu fast jedem Einzelzug der Verkündigung Jesu Parallelen in der frühjüdischen Literatur gibt (aaO 71), während er das spezifisch Jesuanische in der "Spannungseinheit" von "prophetisch-radikaler Bejahung Gottes und ebenso prophetisch-radikaler Bejahung des Menschen" (aaO 72) sieht.

bekannt[42]. Zu streifen sind hier jedoch zwei Fragen, die für die Beurteilung der Stellung Jesu im Judentum seiner Zeit und für die Gesetzesproblematik von erheblicher Bedeutung sind: Zum einen handelt es sich um die Frage, ob es innerhalb des Judentums bezüglich des theologischen Ansatzes Unterschiede grundsätzlicher Art gibt, und zum anderen ist zu prüfen, ob schon zur Zeit des Zweiten Tempels von einem "orthodoxen" Judentum gesprochen werden kann.

a) Die Diskussion um die Frage, ob es innerhalb des Judentums fundamental verschiedene theologische Ansätze gibt, wurde in neuerer Zeit vor allem durch ROESSLER angestossen, der einen tiefen Graben zwischen dem pharisäisch-rabbinischen und dem apokalyptischen Denken aufreisst. Im Gegensatz zum rabbinischen Gesetzesverständnis betont das apokalyptische s.E. die Einheit des Gesetzes und misst deshalb der Erfüllung der konkreten Einzelgebote keine entscheidende theologische Bedeutung zu. Mit dem Gesetz ist in der Apokalyptik vornehmlich das Dokument der Erwählung gemeint, dessen geschichtliche Funktion darin besteht, "dass es dem einzelnen seine Zugehörigkeit zum Gottesvolk erhält, dass er so Glied der erwählten Gemeinde bleibt und mit auf das Heil hin geführt wird"[43].

Diese Konzeption ist häufig und z.T. sehr scharf kritisiert worden[44], hat aber auch Zustimmung gefunden[45]. Zweifellos berechtigt ist die Kritik an der Art, wie ROESSLER mit den frühjüdischen Texten umgeht, und an seinem völlig der "Spätjudentumsforschung" verpflichteten Zerrbild der pharisäisch-rabbinischen Frömmigkeit[46]. Auch die von ihm

---

42) Vgl. dazu die Handbücher zur Umwelt des NT, aber auch BAUMBACH, Jesus; Ders., Stellung; MAIER, Jesus bes. 81-89.109f; MAIER/SCHREINER, Literatur 201-319; THOMA, Theologie 62-107 und SCHUBERT, Jesus; Ders., Religionsparteien (jeweils mit Lit.). Zu den Implikationen dieser Vielfalt für das Verständnis Jesu als Jude s. auch HARRINGTON, Jewishness 5-8

43) ROESSLER, Gesetz 43-112, bes. 100-105 (Zitat 101)

44) Vgl. bes. NISSEN, Tora, aber auch HARNISCH, Verhängnis 12f.66f (Anm 1).152f (Anm 2); HOHEISEL, Judentum 117-120; KOCH, Ratlos 39f.80-87; MUELLER, Apokalyptik 231f und SANDERS, Paulus 42f.95-97.209.385 u.ö. Weitere Kritiker erwähnt WILCKENS, Bekehrung 20 Anm 9

45) Vgl. z.B. WILCKENS, Bekehrung 20-22; eine ähnliche Position wie ROESSLER nimmt auch W. SCHMITHALS, Die Apokalyptik (Göttingen 1973) 35f ein.

46) Zu seiner Sicht des pharisäisch-rabbinischen Gesetzesverständnisses s. ROESSLER, Gesetz 15-42; Kritik an diesem Teil der Arbeit haben v. a. HOHEISEL und SANDERS (s.o. A 44) angemeldet.

hergestellte Alternative zwischen der Beachtung der vielen Einzelgebote und der Einheit der Tora ist unglücklich und wird weder den rabbinischen, noch den apokalyptischen Texten gerecht.
Anderseits wird man sich vor einer Einebnung der Unterschiede zwischen Rabbinentum und Apokalyptik hüten müssen[47], lassen sich doch deutlich eigene Akzentsetzungen der apokalyptischen Schriften hinsichtlich des Gesetzesverständnisses erkennen, die allerdings "vor allem auf der Motivierungsebene" und nicht auf der "Tatebene" liegen[48]. Von der pharisäischen Gesetzesinterpretation unterscheidet sich die apokalyptische durch die stärker eschatologische Motivation, da das Gesetz v.a. als "Brücke von diesem zum kommenden Aeon" verstanden wird, und man weniger reflektiert, "dass ... das Befolgen des Gesetzes welterhaltende ..., ja weltbessernde Auswirkungen haben kann"[49]. Dies erklärt auch das geringere Interesse an der Interpretation der einzelnen Vorschriften. Zudem unterscheidet sich die apokalyptische Gesetzesinterpretation von der pharisäischen durch ein anderes "Traditionsverständnis, da in der Apokalyptik eine neue Gesetzesinterpretation an eine neue Offenbarung ... gebunden ist, während im Pharisäismus die Interpretation des Gesetzes von lebenden Zeitgenossen gegeben werden kann. So werden die einzelnen Bestimmungen festgelegt durch die Herleitung von Mose, Mehrheitsbeschluss der Rabbinen und Gewohnheitsrecht"[50].
Die Beurteilung des theologischen Stellenwerts dieser Unterschiede ist schwierig. Auch wenn man nicht so weit gehen will, dass man "zwei weithin verschiedene Religionstypen" postuliert[51], wird man sagen

---

47) Vgl. die Kritik von HOHEISEL, Judentum 120 mit Anm 375 an NISSEN, Tora.
48) MUENCHOW, Ethik 138f. Zum Gesetzesverständnis der Apokalyptik s. die Arbeiten von LIMBECK, Ordnung 51-118; ders., Ohnmacht 16-60; MUENCHOW, Ethik, bes. 139-141 (Zusammenfassung), vgl. 39f.57.74f.89-91.94f.104-106. Zur besonderen Problematik von 4Esr s. BRANDENBURGER, Verborgenheit; HARNISCH, Verhängis; MUENCHOW, Ethik 76-95; SANDERS, Paulus 384-395.399f. Die Sonderstellung der Schrift betont auch (SMEND)/LUZ, Gesetz 56f
49) MUENCHOW, Ethik 141
50) AaO 144
51) Dagegen mit Nachdruck SANDERS, Paulus 400-403 (Zitat 401); vgl. auch (SMEND)/LUZ, Gesetz 45: Das Gemeinsame dominiert über das Unterschiedliche.

müssen, dass die Differenzen zwischen dem Pharisäismus und der Apokalyptik tiefgreifend sind, da sie letztlich in einem anderen Welt- und Offenbarungsverständnis gründen. Trotz der nach wie vor bestehenden Schwierigkeit, die "soziologische Basis des apokalyptischen Schrifttums" zu klären[52] und seine Träger innerhalb der verschiedenen Gruppierungen im Frühjudentum zu orten, kann aufgrund der unterschiedlichen Auffassungen in so grundlegenden Fragen wie im Welt- und Traditions-, bzw. Offenbarungsverständnis festgehalten werden, dass die Apokalypsen nicht die eschatologischen Anschauungen des Pharisäismus wiedergeben, sondern einem anderen Milieu entstammen[53] und eine andere Geistesbeschäftigung wiederspiegeln[54]. Es ist deshalb problematisch, allzu leichtfertig von der "Einheit der jüdischen Theologie"[55] zu sprechen und die bestehenden Differenzen herunterzuspielen. Die im Frühjudentum beobachtbare Vielfalt ist von anderer Qualität als der Variationsreichtum innerhalb der rabbinischen Theologie und kann deshalb nicht auf diese reduziert werden[56].

b) Dass es nicht sinnvoll ist, im Zeitalter des Zweiten Tempels von einem "normativen Judentum"[57] zu sprechen und dieses mit der pharisäisch-rabbinischen Bewegung zu identifizieren, ist weitgehend anerkannt. Schon das religionspolitische Gewicht der Sadduzäer verbietet eine solche Differenzierung zwischen einem "offiziellen" oder "orthodox-

52) Vgl. KOCH, Ratlos 17-19 (Zitat 18). LAMPE, Apokalyptiker 85-93 enthält wichtige Hinweise darauf, wie in dieser Frage vorzugehen ist und macht deutlich, dass auch innerhalb der Apokalyptik noch zu differenzieren ist.

53) Vgl. MUENCHOW, Ethik 143-148, bes. 144-147. Auch SCHUBERT, Religionsparteien 25-32.40-43 kommt zum Urteil, dass apokalyptische Vorstellungen im Pharisäismus erst um 200 n. Chr. in grösserem Umfang rezipiert wurden.

54) Dass es auch Gemeinsamkeiten und Grenzübergänge gibt, widerspricht diesem Urteil nicht. Zum einen hängt dies mit der gemeinsamen Herkunft aus der asidäischen Sammlungsbewegung zusammen, zum anderen aber auch damit, dass Erfahrungen der Bedrängnis zur "Apokalyptisierung" nicht-apokalyptischer Kreise, bzw. zur Rezeption apokalyptischer Trad führen konnten.

55) NISSEN, Gott 39 (vgl. 16-41)

56) So der Ansatz von NISSEN, Gott 39-41; vgl. dazu auch die Kritik von MUELLER, Judentum 95-101 (zu NISSEN s. aaO 100 Anm 399: bei ihm sei dieser Ansatz "besonders krass" ausgeprägt).

57) Der Begriff geht auf G.F. MOORE, Judaism in the First Centuries of the Christian Era. The Age of Tannaim I(-III), Cambridge Mass. 1927 (-1930) zurück.

en" pharisäischen Judentum und "häretischen" oder "sektiererischen" Erscheinungsformen[58]. Die Mannigfaltigkeit des Frühjudentums macht es unmöglich, eine einzelne Religionspartei zum Massstab dessen zu machen, was "jüdisch" ist[59].

Anderseits kann die Frage nach der Identität des jüdischen Gottesvolkes nicht einfach mit dem Hinweis auf seine Vielfalt abgetan werden. Dass es schon in frühjüdischer Zeit zu Abgrenzungen nach Aussen und nach Innen kam, ist unübersehbar. Um der "Selbstdefinition" des Judentums in dieser Zeit gerecht zu werden, ist es m.E. aber sinnvoller, danach zu fragen, wie die einzelnen Richtungen diese Abgrenzungen vornahmen[60], als darüber zu diskutieren, ob es jenseits der Verschiedenheit der Religionsparteien eine "Orthodoxie" gab[61]. Dabei zeigt sich deutlich, dass die Grenzen verschieden eng gesteckt wurden: Während die Pharisäer "ansatzweise tolerant" waren und die Ammei Ha-Arätz zwar verachteten, ihnen die Zugehörigkeit zum Gottesvolk aber nicht absprachen, betrachteten die Qumran-Leute "ungefähr alle nicht-Gruppenmitglieder als Abgefallene vom 'Bund'"[62]. Natürlich kann man darüber hinaus sagen, dass das Bekenntnis zum einen Gott, zu Israel als seinem auserwählten Volk und zur Tora für alle Richtungen Kriterien für die "Orthodoxie" eines Juden waren[63], doch ist damit nicht viel gewonnen, zumal entscheidend ist, wie diese Kriterien angewendet wurden: Der Zelot z.B. sah schon in der Duldung der römischen Besatzung einen Verstoss gegenüber dem ersten Gebot, wäh-

---

58) HOHEISEL, Judentum 120 stellt mit Recht fest, es sei "unglücklich", dass BRAUN, Radikalismus "bereits in der formativen Phase des rabbinischen Judentums mit Begriffen wie Orthodoxie und Häresie arbeitet".

59) Hinzu kommt, dass auch die pharisäische Bewegung ein pluriformes Gebilde mit verschiedenen Tendenzen und soziologischen Erscheinungsformen darstellt, so dass es auch "den" Pharisäismus nicht gibt (vgl. nur LUZ, Pharisäer 236f).

60) So THOMA, Volk-Gottes-Verständnis

61) Vgl. dazu die Kontroverse im JSJ mit den Beiträgen von AUNE, GRABBE und McELENEY

62) THOMA, Volk-Gottes-Verständnis 98f

63) So McELENEY, Orthodoxy (1973) 29. Dass dabei kein Gegensatz zwischen "Orthodoxie" und "Orthopraxie" aufgebaut werden darf, versteht sich von selbst. Aehnlich wie McELENEY beschreibt auch THOMA, Volk-Gottes-Verständnis 106-116 die "Bedingungen für die Volk-Gottes-Zugehörigkeit" (106).

rend Josephus gerade die Zeloten der "Gesetzlosigkeit" bezichtigte, weil sie dieses Gebot so radikal auslegten[64].

c) Diese differenzierte Sicht des Frühjudentums hat weitreichende Konsequenzen für die Beurteilung der Stellung Jesu zu seiner Umwelt. Erstens entlarvt sie die Aussage, Jesus sei ein "orthodoxer" Jude gewesen, als wenig aussagekräftig, da die Definitionen dessen, was als "orthodox" zu gelten hat, stark standortgebunden sind. Da der Orthodoxie-Begriff (wie auch jener der Orthopraxie) eher in den Bereich des Bekenntnisses oder der Wertung, als in jenen historischer Untersuchung gehört, ist es sinnvoller, ihn zu meiden[65] und stattdessen differenziert von Jesu Verhältnis zu den verschiedenen Strömungen im Judentum seiner Zeit zu sprechen, was zu einem nüchterneren und sachlicheren Reden über das Jude-Sein Jesu führt.

Zweitens öffnet die Erkenntnis des Pluralismus im Frühjudentum den Blick für den "Spielraum", der innerhalb dieses Religionsverbandes bestand und mahnt zur Vorsicht gegenüber dem relativ häufig anzutreffenden Urteil, dass Jesus mit dieser oder jener Auffassung den Rahmen des Judentums sprengte. Es gab aller Wahrscheinlichkeit nach viele "Spielarten" des Judentums, die nicht die Prominenz der bekannten Religionsparteien besassen und vom politisch-religiösen "Establishment" beargwöhnt wurden, weil sie schwer fassbar waren oder vor allem in den unteren sozialen Schichten Anklang fanden, ohne damit schon "unjüdisch" zu sein. Als Beispiele sind bestimmte Apokalyptikerkreise, aber auch antirömische Aufstandsbewegungen zu erwähnen, die schon von den Pharisäern, erst recht aber von den konservativen Sadduzäern abgelehnt wurden; zu denken ist aber auch an Gestalten wie Hanania ben Dosa, ein charismatischer Wundertäter und galiläischer Zeitgenosse Jesu, der ihm auch sachlich nahestand und wegen seines unkonventionellen Verhaltens trotz seiner Beliebtheit auch Kritik hinnehmen musste, ohne deshalb den Rahmen des Judentums schon zu sprengen[66].

Drittens erklärt die Vielfalt des Frühjudentums auch die Tatsache, dass Jesus sehr unterschiedlich wahrgenommen wurde, zumal auch die

---

64) Vgl. HENGEL, Zeloten 188-190

65) Vgl. GRABBE, Orthodoxy 152f

66) Vgl. VERMES, Hanania ben Dosa. Zur Aehnlichkeit zwischen Jesus und Hanania ben Dosa s. Ders., Jesus 221f.

Jesusbewegung selbst diese Vielfalt wiederspiegelt[67]. Dass Jesus Anhänger unterschiedlicher Provenienz gewinnen konnte, deutet darauf hin, dass er an verschiedene Strömungen anknüpfte und dass seine Verkündigung eine gewisse integrierende Kraft hatte. Zugleich stand Jesus damit aber auch quer zu allen übrigen Religionsparteien, was ihm - verbunden mit der Anziehungskraft, die von ihm ausging - den Neid und die Feindschaft der etablierten Kreise im Judentum einbringen musste. Deshalb ergibt sich aus den Konflikten und dem gewaltsamen Ende Jesu keineswegs mit zwingender Notwendigkeit, dass er die "Fundamente des jüdischen Glaubens" in Frage gestellt haben muss[68].

4. Die Logienquelle Q

Im Rahmen dieser Einleitung kann und soll keine geschlossene Theorie über die Entstehungs- und Traditionsgeschichte oder die Theologie von Q dargeboten werden. Vielmehr ist der Versuch zu machen, einige z.T. weitgehend anerkannte Annahmen und Einsichten eher formaler oder methodischer Art zu formulieren, die sich im Verlauf meiner Arbeit an Texten aus Q als hilfreich erwiesen haben.

1. "Das Problem der Logienquelle liegt nicht in der Frage ihrer Existenz."[69]. Ich verzichte deshalb auf eine erneute Begründung der Q-Hypothese[70]. Q war ein schriftlicher, in griechischer Sprache abgefasster Text, der allerdings nicht dieselbe Abgeschlossenheit besass

67) Man denke an die Zugehörigkeit des Zöllners Levi (Matthäus), vgl. Mk 2,14 (Mt 9,9;10,3), und des Zeloten Simon, vgl. Lk 6,15, zum Jüngerkreis, oder an die zum Christentum übergetretenen Pharisäer (Apg 15, 5, Paulus) und Priester (Apg 6,7).

68) So z.B. HAHN, Ueberlegungen 43. Zur Stellung Jesu "quer zu den Fronten" der jüd Religionsparteien s. MAIER, Jesus 110: "In diesen Parteiungen und Richtungskämpfen stand Jesus vermutlich bewusst zwischen den sich verhärtenden Fronten, mit Blick auf das wiederherzustellende endzeitliche Gottesvolk."

69) POLAG, Mitte 103

70) Vgl. dazu die Einleitungen zum NT, bes. KUEMMEL, Einleitung 37-49 und SCHMITHALS, Einleitung 215-233.384-404 sowie NEIRYNCK, Developments 31-35. Zur Geschichte des Siglums Q s. NEIRYNCK, Symbol; Ders., Once more

wie z.B. das MkEv, weshalb damit zu rechnen ist, dass er in verschiedenen Rezensionen (z.B. QMt/QLk) in Umlauf war[71].

2. Die Rekonstruktion des Umfangs von Q[72] muss von den Mt und Lk gemeinsamen Stoffen ausgehen, die nicht dem MkEv entstammen. Dieses Rekonstruktionsprinzip darf allerdings nicht mechanisch angewendet werden. So hat SATO v.a. auf die Problematik der Q-Zugehörigkeit der "vereinzelte(n) Sprüche zwischen Lk 14,26 und 17,6" hingewiesen, die bei Mt eine Entsprechung haben. Er verweist dabei auf die geringe Uebereinstimmung im Wortlaut und auf die "grosse Streuung der Sprüche", die in Spannung zur "blockweise alternierende(n) Redaktionsweise" des Lk steht[73]. Darüber hinaus gibt es weitere Stellen, die Mt und Lk nur scheinbar gemeinsam sind und deren Q-Zugehörigkeit teils unwahrscheinlich, teils unsicher ist[74], während anderseits damit gerechnet werden muss, dass einzelne nur bei Mt, bzw. bei Lk erhaltene Texte aus Q stammen[75].

In dieser Frage sollen hier keine methodischen Grundsätze aufgestellt werden. Es sei lediglich darauf hingewiesen, dass in den Fällen, wo die Q-Zugehörigkeit unsicher ist, sorgfältige und differenzierte Abwä-

---

71) Zur Schriftlichkeit und Sprache von Q vgl. HOFFMANN, Studien 2; KUEMMEL, Einleitung 38-43; POLAG, Christologie 31f; SATO, Q 19f; SCHENK, Synopse 132; VIELHAUER, Geschichte 311-313; WEGNER, Hauptmann 277-286 (zum Problem der Sprache von Q bes. 280f.283-285 mit Anm 32.35). Dass es schon eine schriftliche aramäische Fassung von (Teilen von) Q gab (so z.B. VIELHAUER, Geschichte 312f im Anschluss an WELLHAUSEN) soll damit nicht bestritten werden.
Dass Mt und Lk eine je unterschiedliche Version von Q vorlag, ist weitgehend anerkannt (vgl. nur KUEMMEL, Einleitung 42f; zahlreiche Vertreter dieser Auffassung nennt SCHMITHALS, Einleitung 222f, der sie allerdings selbst nicht teilt). Die sorgfältigste neuere Behandlung dieses Problems liegt m.W. bei SATO, Q 53-71 vor. Sehr hoch scheint LUZ, Text; Ders., Sermon, bes. 473 die Abweichungen von QMt und QLk einzuschätzen; zum Problem s.u. (4.).

72) Vgl. die Rekonstruktionsversuche von LUZ, Text; POLAG, Fragmenta; SCHENK, Synopse; ZELLER, Kommentar sowie SATO, Q 16f.21-31; SCHULZ, Q; VASSILIADIS, Nature. S. auch die detaillierte Forschungsübersicht von NEIRYNCK, Developments 35-41.

73) SATO, Q 25(f).49.60f. Es handelt sich dabei um Lk 14,26.34-35a;15,4-7;16,16.17.18;17,1b.3f.5f. Eine Ausnahme ist Lk 16,13.

74) Vgl. POLAG, Fragmenta 84-91; SATO, Q 21-28

75) Vgl. SATO, Q 29-31. POLAG, Fragmenta (vgl. Ders., Christologie 2-6) und SCHUERMANN (LkI; Untersuchungen passim) rechnen mit der Q-Zugehörigkeit einer hohen Anzahl von nur bei Lk erhaltenen Stoffen, was al-

gungen vorzunehmen sind, die auf die je besondere Situation Rücksicht zu nehmen haben, und dass man vielfach Unsicherheiten in Kauf zu nehmen hat.

3. Der Wiederherstellung der Q-Akoluthie kommt eine nicht zu unterschätzende Bedeutung zu, da die Beachtung der Komposition des Stoffes für die Erhebung red Intentionen von besonderer Wichtigkeit ist.
Die weitgehend anerkannten Arbeiten von TAYLOR[76] haben gezeigt, dass dabei die lk Stoffanordnung in aller Regel grösseres Vertrauen verdient, nicht nur was die Abfolge grösserer Stoff-Komplexe betrifft, sondern auch im Hinblick auf die Reihenfolge einzelner Logien. Auch diese Regel ist nicht mechanisch anzuwenden, aber sie fordert für jene Fälle, in denen man bei der Rekonstruktion der Stoffabfolge in Q von der Anordnung des LkEv abweicht, eine eingehende Begründung.

4. Die Möglichkeit einer exakten Rekonstruktion des Q-Wortlauts wird unterschiedlich beurteilt. Ausschlaggebend ist dabei zum einen, wie zuversichtlich man bezüglich der Abhebung von Tradition und Redaktion im Mt- bzw. im LkEv ist, und zum anderen, wie viel Bedeutung man der Tatsache zumisst, dass zwischen der QRed und der Red des Mt-, bzw. des LkEv eine Zeitspanne liegt, während der Q in je unterschiedlichen Traditionsbereichen je unterschiedliche Veränderungen erfahren haben kann (QMt/QLk).
a) Die für die Rekonstruktion des Wortlauts von Q wohl einflussreichste neuere Untersuchung von SCHULZ (1972)[77] klammert die Frage nach der Existenz verschiedener Q-Rezensionen, auf deren Konto mindestens

---

lerdings sehr problematisch ist (vgl. nur NEIRYNCK, Developments 37-39). Für die Beurteilung der Q-Zugehörigkeit von nur bei Mt oder bei Lk überlieferten Texten hat VASSILIADIS, Nature 67 eine differenzierte Kritieriologie vorgelegt. Trotzdem bleiben solche Annahmen methodisch schwer kontrollierbar (vgl. LINDEMANN, Literaturbericht 257).

76) TAYLOR, Order; Ders, Original Order. Zustimmend z.B. KATZ, Beobachtungen 314; KUEMMEL, Einleitung 38-40.42f; LUEHRMANN, Redaktion 21 (mit Anm 2).90 (mit Anm 3); SATO, Q 18.20; SCHENK, Synopse 12f; SCHMITHALS, Einleitung 219-221; SCHULZ, Q 27; VASSILIADIS, Order (mit Einschränkungen); VIELHAUER, Geschichte 314; WORDEN, Redaction Criticism 533f; ZELLER, Zusammenhang 65 Anm 14

77) SCHULZ, Q

ein Teil der Abweichungen zwischen der Mt- und der Lk-Fassung gehen könnte, weitgehend aus. Sie kommt deshalb "durch einfache Zuweisung von Textdifferenzen an die jeweilige Redaktion der Evangelisten" zu einem Urteil über den ursprünglichen Wortlaut[78]. Dabei bleiben allerdings viele Einzelfragen offen, weil längst nicht alle Differenzen wortstatistisch oder redaktionskritisch auswertbar sind. Deshalb gelangt SCHULZ trotz unzähliger Einzelbeobachtungen nicht zu einer eigentlichen Textrekonstruktion. Um auf dem von SCHULZ eingeschlagenen Weg weiterzukommen, ist eine stärkere Berücksichtung der Spracheigentümlichkeiten von Q notwendig[79]. Sie ermöglicht zumindest in manchen Fällen auch dann noch eine Entscheidung, wenn Differenzen weder der Mt- noch der LkRed zugewiesen werden können[80].

b) Die eigentlichen Q-Rekonstruktionen von POLAG (1979), SCHENK (1981) und ZELLER (1984)[81] haben alle den Nachteil, dass sie ohne umfassende Begründung vorgelegt wurden[82]; SCHENK und ZELLER bieten zudem nur eine deutsche Uebersetzung. Schon die Tatsache, dass sie eine Rekonstruktion vorlegen, bezeugt, dass sie bezüglich der Möglichkeit einer Wiedergewinnung des ursprünglichen Textes optimistisch sind, ohne jedoch die Grenzen ihres Vorhabens zu übersehen[83].

---

78) Vgl. die Kritik von LUZ, Logienquelle 530

79) Ein wichtiges Hilfsmittel wäre eine brauchbare Q-Konkordanz. EDWARDS, Concordance weist leider manche Mängel auf. Dadurch, dass z.B. Verbformen mit einem Augment (etwa ekalesen) nicht unter dem Anfangsbuchstaben des Stammes (also bei kaleō) eingereiht werden, ist es schwierig, die Uebersicht zu gewinnen. Zudem wurden nur jene Wörter aufgenommen, deren Stamm bei Mt und Lk identisch ist. So gelangt man zwar zu einem gesicherten Minimum, bleibt aber in allen unsicheren Fällen auf eine gesamt-ntl Konkordanz angewiesen. Hilfreicher wäre eine Aufnahme auch der nicht gesicherten Wörter, die allerdings als solche zu kennzeichnen wären (vgl. auch die Kritik von NEIRYNCK, Edition 373). NEIRYNCK/VAN SEGBROECK, Vocabulary 205-436 ist m.E. eine gute Vorarbeit zu einer Q-Konkordanz, kann aber nur mit grossem Arbeitsaufwand wirklich ausgewertet werden.

80) Vgl. dazu die minutiöse Untersuchung von WEGNER, Hauptmann 91-276, welche die Vokabelstatistik sehr differenziert handhabt.

81) POLAG, Fragmenta (2. Aufl. 1982); SCHENK, Synopse; ZELLER, Kommentar

82) Vgl. jedoch die früheren Arbeiten von POLAG (bes. Christologie) und ZELLER (bes. Mahnsprüche)

83) In diesem Zusammenhang ist auch LAUFEN, Doppelüberlieferungen zu erwähnen, der zu den von ihm untersuchten Texten regelmässig eine Rekonstruktion der Q-Fassung vorlegt, die sehr ausführlich begründet ist.

c) Der leider nicht vollständig publizierte "Text der Logienquelle" von LUZ[84] bezeugt eine weit zurückhaltendere Beurteilung der Möglichkeit, den Q-Text zu rekonstruieren. In auffallend vielen Fällen beschränkt er sich darauf, durch die Abhebung eindeutig red Eingriffe der Evangelisten eine je unterschiedliche Q-Vorlage (QMt/QLk) wiederherzustellen, was damit zusammenhängt, dass er die Evangelisten eher als "konservativ" beurteilt und viele Differenzen der Tatsache zuschreibt, dass Q eine "offene" Grösse war und den Evangelienredaktoren in unterschiedlichen Fassungen vorlag[85].

d) Im Verlauf meiner Arbeit an Texten aus Q bin ich zur Auffassung gelangt, dass es in der Regel nicht unmöglich ist, einen Mt und Lk vorausliegenden gemeinsamen Q-Text zu rekonstruieren, auch wenn dabei immer wieder Unsicherheiten in Kauf zu nehmen sind.
Bei der Untersuchung der Differenzen zwischen der Mt- und der Lk-Fassung zeigt es sich allerdings relativ häufig, dass diese sich nicht, oder zumindest nicht eindeutig, auf den jeweiligen Endredaktor zurückführen lassen, so dass in der Tat mit der Existenz unterschiedlicher Q-Rezensionen (QMt/QLk) zu rechnen ist. Als Q-Fassung eines Textes ist deshalb das letzte Stadium seiner Traditionsgeschichte vor ihrem Auseinanderfallen in einen zu Mt und einen zu Lk hinführenden Zweig zu bezeichnen[86].
Dass diese Textfassung (und nicht QMt, bzw. QLk) zu rekonstruieren ist, hat seinen Grund darin, dass das Ueberlieferungsstadium zwischen der Q-Fassung und der Mt-, bzw. der LkRed im Dunkeln liegt. Darum ist es methodisch notwendig, nach dem Stadium der Ueberlieferung zu fragen, in dem sich die rückverfolgten Entwicklungslinien treffen, auch wenn nicht immer mit Sicherheit ausgemacht werden kann, ob die

---

84) LUZ, Text (1978); vgl. Ders., Sermon
85) Vgl. die einleitenden Bemerkungen in LUZ, Sermon 473, aber auch Ders., Logienquelle 530. Sein Schüler SATO (Q) hat diese Sicht konsequent weiterentwickelt, vgl. bes. seine Ringbuch-Hypothese (aaO 72-76).
86) Die Existenz einer so definierten Q-Fassung sollte man nicht bestreiten, will man an Q als schriftlicher Quelle (und nicht nur als wachsender Schicht, so z.B. JEREMIAS, TheologieI 47f) festhalten.

Abweichungen auf die Endredaktoren oder auf vorred Eingriffe in die Textgestalt zurückzuführen sind[87].
Diese Rückfrage ist so zu bewerkstelligen, dass man zunächst die red Eigentümlichkeiten der beiden Fassungen erhebt und bei den verbleibenden Differenzen (bzw. in Fällen, wo beide Fassungen möglicherweise red sind) aufgrund formaler, sprachlicher und auch sachlicher Erwägungen die ursprünglichere Version zu ermitteln sucht[88]. Inwiefern diese Suche von Erfolg gekrönt ist, möge man anhand der vorgelegten Rekonstruktionen und ihrer Begründung beurteilen. Ich habe mich bemüht, auch verbleibende Unsicherheiten nicht zu verschweigen, ohne deshalb einer Entscheidung auszuweichen.

5. Nach diesen Bemerkungen zur Rekonstruktion des Umfangs, der Akoluthie und des Wortlauts von Q ist auf die in den letzten Jahren eifrig diskutierte Frage nach dem "Prozess des Werdens von Q"[89] einzugehen, mit der auch die Frage nach der Red der Logienquelle zusammenhängt.
a) Was den Verlauf der Diskussion betrifft, so ist mit ZELLER festzustellen, dass "die Forschung ... dahin (tendiert), verschiedene Redaktionsphasen des Spruchguts wahrscheinlich zu machen"[90], während noch HOFFMANN (1972) davon ausgeht, dass die QRed sich weitgehend mit der Trad identifiziert und deshalb der Scheidung von Trad und Red in Q kaum Bedeutung zumisst[91]. Repräsentativ für diese For-

---

87) Ich lehne mich hier an LAUFEN, Doppelüberlieferungen 80 an, der diesen Weg bei der Rekonstruktion der "Urfassung" der Doppelüberlieferungen von Mk und Q einschlägt. Er selbst ist allerdings der Ansicht, dass die beiden direkten Vorlagen von Mt und Lk "bekannt" sind (ebd.), rechnet also nicht mit verschiedenen Q-Rezensionen.

88) Neben den Spezialuntersuchungen zu den einzelnen Texten haben mich die Q-Rekonstruktionen von POLAG, Fragmenta; SCHENK, Synopse; SCHULZ, Q und ZELLER, Kommentar, aber auch die grossen Kommentare von LUZ, MtI (bes. 31-56) und SCHUERMANN, LkI (vgl. Ders., Untersuchungen) sowie JEREMIAS, Sprache ständig bei dieser Arbeit begleitet.

89) SATO, Q 32 (Ueberschrift)

90) ZELLER, Redaktionsprozesse 396

91) HOFFMANN, Studien 3; kritisch zu dieser Position: LUEHRMANN, Redaktion 8; LUZ, Logienquelle 532; POLAG, Christologie 9; ZELLER, Redaktionsprozesse 395f

schungstendenz sind die Arbeiten von SCHUERMANN, ZELLER und SATO[92], aber auch schon von POLAG[93] und KATZ[94].

b) Die Vorstellungen, die man sich vom Prozess des Werdens von Q macht, sind allerdings recht unterschiedlich[95]. Uneinigkeit herrscht insbesondere darüber, ob und inwiefern von einer Red des Q-Stoffes gesprochen werden kann[96]. Diese Uneinigkeit hat ihren Grund nicht zuletzt darin, dass der Begriff "Redaktion" verschieden gebraucht wird, doch gehen auch die Meinungen darüber, welche Stoffe der Red zuzuweisen sind, weit auseinander: Während LUEHRMANN kaum mit red Bildungen rechnet[97] und SCHULZ deren Existenz (und Nachweisbarkeit) überhaupt bestreitet[98], weist SCHENK eine stattliche Anzahl von Stellen der abschliessenden Redaktionsschicht von Q zu[99]. Eine Sonderstellung nimmt in dieser Frage HOFFMANN ein, der zwar mehrere Interpretamente ausmacht, die er der QTrad zuweist, aber nicht eindeutig auf die

---

92) SCHUERMANN, Beobachtungen; Ders., Redekomposition; Ders., Zeugnis; ZELLER, Redaktionsprozesse; SATO, Q

93) S. bes. POLAG, Christologie

94) KATZ, Beobachtungen, bes. 314-317

95) Vgl. die Uebersicht von SATO, Q 32-37 über die Konzepte von LUEHRMANN, SCHULZ, SCHUERMANN und POLAG, sowie seinen eigenen Versuch aaO 37-53. Auch SCHUERMANN, Zeugnis 72-80 vermittelt (bes. in den Anm) einen Einblick in die Vielfalt der Auffassungen. Zu den Anfängen der redaktionsgeschichtlichen Arbeit an Q s. auch SCHULZ, Q 34-40. Wenig ergiebig ist die Forschungsübersicht von WORDEN, Redaction Criticism.

96) Generell bestritten z.B. von KATZ, Beobachtungen 315; vgl. aber Ders., 313.316f. HOFFMANN, Studien 3 und SCHULZ, Q 38.39f dagegen kritisieren lediglich die scharfe Trennung von "Sammlung" und "Redaktion" bei LUEHRMANN, Redaktion 14-16 (dort im Anschluss an BULTMANN, Geschichte 348-355, bes. 354) und wollen die red Intention von Q primär aus der Stoffanordnung erschliessen (HOFFMANN, aaO 3f; SCHULZ, aaO 38.39f), während SATO, Q 34.51f die Frage aufwirft, inwiefern von einer "End-", bzw. "Gesamtredaktion" gesprochen werden kann.

97) LUEHRMANN, Redaktion 47.62 weist Lk 10,12;11,30 und 11,51 der Red zu.

98) SCHULZ, Q 38.39f

99) SCHENK kennzeichnet folgende Texte als "Textbestandteile, die möglicherweise für diese Schicht zu veranschlagen sind" (aaO 14): Lk 3,16 (z.T.); 6,22f;6,46-48a.49a; 7,18f.22a.23;7,24a.26b-27.28b; 16,16; 7, 29-31.33-35; 9,58b; 10,12;10,16c;10,22;10,23b-24; 11,13;11,19b;11, 29fin.30.31 fin.32f;11,34f;11,42d;11,51; 13,34f; 12,4b-5.7a;12,8f;12, 10;12,11f;12,22b.25.29-31;12,39a.40;12,43f.46fin;12,59; 13,18-19a;13, 20-21a; 14,24; 15,5a.7; 17,37; 19,18f.24b-26; Mt 19,28(z.T.) (Texte in der Reihenfolge der Rekonstruktion von SCHENK)

QRed zurückführt[100], was mit seiner Beurteilung des Verhältnisses von Trad und Red in Q zusammenhängt[101].

c) Die neuere Forschung sieht m.E. richtig, dass Q eine längere Geschichte hat und somit ein geschichtetes, bzw. gewachsenes Gebilde ist. Auch wenn es naheliegend ist, eine Entwicklung anzunehmen, die von Einzelsprüchen und Spruchgruppen und Spruchsammlungen zu Redaktionen grösserer Komplexe führt[102], kann über die Frühstadien der Kompositionsgeschichte oft nicht sehr viel ausgesagt werden, weshalb man sich davor hüten muss, vorschnell mit durchgehenden Gesetzmässigkeiten zu rechnen[103].

Schon eher überprüfbar sind Thesen über die Eigenart und Intention grösserer Einheiten in Q, wie sie für das Spätstadium der Traditionsgeschichte charakteristisch zu sein scheinen. Sie sind zumindest teilweise apophthegmatisch gerahmt und nach sachlichen (und nicht etwa nur mnemotechnischen) Gesichtspunkten geordnet[104]. Auf dieser Stufe wird es auch sinnvoll, von "Redaktion" zu sprechen, da hier ein bewusster literarischer und theologischer Gestaltungswille erkennbar wird.

Besonders SATO hat aber deutlich gemacht, dass es nicht sinnvoll ist, die Vorstellung, die wir uns von der Endredaktion der Evangelien machen, vorschnell auf Q zu übertragen. Vor allem aufgrund kompositionskritischer Beobachtungen rechnet er mit der Existenz von drei Redaktionen, die für die Bildung des Täuferkomplexes Lk 3,1-7,35 (Re-

---

100) Neben den von LUEHRMANN, Redaktion genannten Stellen (s.o. A 97) erwähnt HOFFMANN, Studien 73.117.218-224.227.230 noch Lk 6,22f;13,35b; (3,16b);7,27.28b.33f.35. In Ders., Jesusverkündigung 52f weist er zudem auf 10,22 und 12,52f hin.

101) Dazu s.o. (a). Zum Problemkreis der Q-Red s. auch die Forschungsübersicht bei NEIRYNCK, Developments 54-56

102) So SATO, Q 37f; ähnlich SCHUERMANN, Zeugnis 74-76, der von Grund- und Zusatzworten, Spruchreihen, frühen Kompositionen und der Sammlung von Reden ("Redenquelle") spricht.

103) Hier wird man sich oft mit vorsichtigen Vermutungen und Einzelbeobachtungen zufrieden geben müssen (vgl. auch das skeptische Urteil von VIELHAUER, Geschichte 328f). Die Sicherheit, mit der SCHUERMANN, Zeugnis die "'Einschichtung' der Basileia-Worte im Fragmentum Q" (aaO 72) meint vornehmen zu können, ist trügerisch, wie die Prüfung seiner Urteile in Einzelfällen zeigen wird.

104) Vgl. SCHUERMANN, Zeugnis 75-77 (vgl. zur Abgrenzung von "Früh-" und "Spätstadium" auch aaO 78 Anm 65); ähnlich schon HOFFMANN, Studien 4

daktion A) und des Aussendungskomplexes Lk 9,57-10,24 (Redaktion B) sowie für die Aufnahme weiterer Stoffe und die Unterordnung des ganzen Materials unter den Gedanken des Gerichts über "dieses Geschlecht" (Redaktion C) verantwortlich sind. Da damit aber nicht der gesamte Q-Stoff abgedeckt ist, nimmt SATO zudem "unsystematische Fortgestaltungen" an, die zeitlich wahrscheinlich nach der Redaktion C anzusetzen sind[105].

Die unsystematischen Fortgestaltungen und die Ausbildung verschiedener Rezensionen von Q machen deutlich, dass diese Schrift von ihren Tradenten als "offene" Grösse angesehen wurde[106]. Deshalb spricht man besser nicht von einer "Endredaktion" von Q. Dennoch bin ich der Auffassung, dass die Bedeutung der von SATO "Redaktion C" genannten Bearbeitung von Q für deren Gesamtgestalt so hoch einzuschätzen ist, dass man sie als "QRed" bezeichnen kann[107].

d) Die Erhebung der Intentionen der verschiedenen red Blöcke, bzw. Schichten in Q[108] muss primär von der rekonstruierten Gesamtgestalt

---

105) SATO, Q 37-52; vgl. die Schlussbemerkung aaO 52: "Aus all dem lässt sich folgern: Die Schrift Q ist nicht auf einmal redaktionell fixiert worden, sondern durch einen längeren Prozess von Sammlungen, Addierungen, Redaktionen sowie Bearbeitungen zustande gekommen. Eine sukzessive Fortgestaltung charakterisiert die Quelle. Wir haben einige Etappen dieses Prozesses nachzeichnen können; eine genaue Beschreibung dieses Wachstumsvorgangs ist kaum möglich."

106) Vgl. dazu auch die Ueberlegungen von SATO, Q 72-76 zur Gestaltung von Q als "Ringbuch".

107) Diese Möglichkeit wird auch von SATO, Q 52 (vgl. 50) erwogen. Auch wenn im einzelnen unterschiedliche Auffassungen bestehen, deckt sich der Beitrag der "Redaktion C" zur "Theologie" der Logienquelle weitgehend mit dem, was besonders LUEHRMANN als für die "Redaktion der Logienquelle" charakteristisch herausgearbeitet hat. Die Verwendung des Begriffs QRed erleichtert deshalb schon rein terminologisch den Anschluss an die bisherige redaktionsgeschichtliche Arbeit an Q.
Eng an LUEHRMANN schliesst jetzt auch KLOPPENBURG, Formation an, der eine weisheitlich geprägte, auf die Gemeinde ausgerichtete Grundschicht von einer prophetisch geprägten, v.a. von der Polemik gegen "dieses Geschlecht" bestimmten Red unterscheidet (aaO 449-455). Die Grundschicht weist er der Gattung "Instruktion" zu (aaO 456-462).

108) Dass man ein- und denselben Text auf verschiedenen Stufen redaktionskritisch untersuchen kann, stellen insbesondere die stärker atl orientierten Methodenbücher heraus (vgl. BARTH/STECK, Exegese 51-53; KOCH, Formgeschichte 73f; RICHTER, Exegese 172f). Die Beschränkung der redaktionskritischen Fragestellung auf die Leistung des "Endredaktors", bzw. auf die "Letztgestalt" der Texte, die in der ntl Methodenlehre üblich ist (vgl. z.B. STRECKER/SCHNELLE, Einführung 107f)

des Textes ausgehen, bzw. bei der Komposition des Stoffes ansetzen[109]. Dieser für die Fragestellung methodisch sehr wichtige Ansatz kann doppelt begründet werden: Zum einen verstösst ein Frage-Ansatz, der die red Intention vor allem durch die Scheidung von Trad und Red erheben will, gegen den methodischen Primat der Synchronie vor der Diachronie, der auch innerhalb der ntl Exegese zunehmend anerkannt wird[110], und zum anderen ist eine Scheidung von Trad und Red innerhalb von Q auf wortstatistischem und stilkritischem Weg nicht möglich, so dass sich die Zuweisung eines Textes zur Red auf kompositionskritische und sachliche Ueberlegungen stützen muss[111]. Das hier zur Anwendung kommende Konzept von Redaktionskritik entspricht somit sowohl der Forderung der Literaturwissenschaft, einen Text primär als Teil des Kommunikationsgeschehens zwischen Autor und (intendierten) Lesern und nicht als Dialog mit der Tradition zu interpretieren[112], als auch den besonderen Gegebenheiten von Q, wo eine methodisch kontrollierte Erhebung red Eingriffe kaum möglich scheint[113]. So erfüllt dieser Ansatz das längst erhobene, bisher aber nicht konsequent genug befolgte Postulat, red Intentionen in Q aus der Analyse der Q-Komposition zu erheben[114].

---

ist nicht notwendig. Da im Fall von Q nicht mit einer eigentlichen "Endredaktion" zu rechnen ist, s.o. (c), würde eine solche Einschränkung es verunmöglichen, im Zusammenhang mit Q überhaupt von "Redaktion" zu sprechen.

109) So auch HOFFMANN, Studien 3f; Ders., Rez. SCHULZ 113; SATO, Q 36; SCHULZ, Q 39 (vgl. 38)

110) Vgl. nur BERGER, Exegese 27-33.63f.164-166; EGGER, Methodenlehre 74(-194); FRANKEMOELLE, Evangelist 169f; SOEDING, Glaube 126-129; THEOBALD, Primat; ZIMMERMANN, Methodenlehre 274. Dieser Primat schliesst diachrone Methoden keineswegs aus, wie allgemein anerkannt wird.

111) Ein sehr gut begründeter Versuch einer solchen Zuweisung eines Q-Textes zur Red liegt bei MAERZ, Feuer, bes. 493-501 vor (zu Lk 12,49). SATO, Q 38f.51 weist Lk 7,31-34.35 aus kompositorischen und inhaltlichen Gründen der "Redaktion C" zu, der er auch Lk 11,30 (aaO 45) und 11,49-51 (aaO 46) zuschreibt.

112) Vgl. dazu BERGER, Exegese 202-217; ZIMMERMANN, Methodenlehre 279f

113) Vgl. auch den ähnlichen Ansatz von SOEDING, Glaube 126-129 (zu Mk)

114) Vgl. HOFFMANN, Studien 4: "Die Logien ... wurden einer umfassenderen theologischen Konzeption eingeordnet und von ihr her neu ausgelegt. Jener Vorgang der 'relecture', der die theologische Tradierung insgesamt bestimmt, lässt sich also schon bei den Anfängen der Ueberlieferung beobachten. In diesen Logienkompositionen sehe ich den - soweit

6. Da es in dieser Arbeit aber nicht nur um die Rezeption der Stellung Jesu zur Tora durch die QRed geht, sondern die Rezeption durch den Q-Kreis im allgemeinen zur Diskussion steht, muss neben der Kontextualisierung der relevanten Jesuslogien auch ihre frühe Kommentierung durch sekundäre Ergänzungen und Interpretamente beobachtet werden. Dabei sind genaue Aussagen über ihre Herkunft, bzw. den Zeitpunkt ihrer Zufügung kaum möglich. Trotzdem kann m.E. ein approximatives Bild von der Rezeptionsgeschichte der Worte Jesu in Q gezeichnet werden, wenn man sich bewusst ist, dass Q ein "vielschichtiges", gewachsenes Gebilde ist, das gleichzeitig aus bewusst gestalteten Kompositionen besteht, die formale und inhaltliche Intentionen erkennen lassen.

Für den Gang der Untersuchung ergibt sich aus diesem differenzierten Bild vom Prozess des Wachsens von Q und vom Verhältnis von Trad und Red, dass synchrone und diachrone Fragestellungen zwar zu trennen, aber nicht gegeneinander auszuspielen sind. Vielmehr gilt es, die Ergebnisse der Untersuchungen des Stoffes unter verschiedener Hinsicht aufeinander zu beziehen und miteinander zu einem sinnvollen Gesamtbild zu verbinden. So wird deutlich, dass die Einsicht in das im einzelnen oft nicht mehr zu rekonstruierende "Anwachsen" von Q eine synchrone Lektüre grösserer red Blöcke oder der ganzen Quelle nicht ausschliesst, wenngleich wegen der hohen Traditionsgebundenheit der Redaktionen nicht mit einer geradlinigen gedanklichen Entwicklung gerechnet werden darf.

5. Forschungsgeschichtliches zur Gesetzesproblematik in der Q-Trad

Obwohl es durchaus wünschenswert wäre, das Problem "Jesus und die Tora" forschungsgeschichtlich in seiner ganzen Breite zu bearbei-

---

es die Q-Hypothese überhaupt zulässt - zuverlässigsten Ausgangspunkt, um einen Zugang zum theologischen Denken jener frühen Traditionsschicht gewinnen zu können." Aehnlich auch die methodischen Hinweise von SCHULZ, Q 38.39.44. Dass gerade SCHULZ die Komposition des Stoffes in Q für seine Interpretation kaum auswertet, kritisieren z.B. HOFFMANN, Rez. SCHULZ, Q 113; KLOPPENBURG, Tradition 45.

ten[115], beschränke ich mich im Wesentlichen auf jene Forschungsbeiträge, die sich näher mit der Frage befassen, wie die Stellung Jesu zur Tora in der Q-Trad dargestellt wird, oder für diese Frage von grösserer Bedeutung sind. Angesichts der Tatsache, dass um das Jahr 1970 sowohl für die Q-Forschung als auch für das Problem "Jesus und die Tora" einige grundlegende Arbeiten vorgelegt wurden, welche die neuere Diskussion entscheidend geprägt haben, ist es berechtigt, ältere Literatur weithin ausser acht zu lassen[116].

1. Die Frage nach der Rezeption der Stellung Jesu zur Tora in der Q-Trad wurde m.W. bisher noch nicht gestellt. Zwar widmet SCHULZ der "charismatisch-eschatologische(n) Toraverschärfung" in Q ein wichtiges Kapitel seiner Untersuchung[117], doch unterlässt er es völlig, den Bezug der Q-Stoffe zum historischen Jesus zu klären[118]. MUELLER dagegen untersucht zwar die "Rezeption gesetzeskritischer Jesusüberlieferung im frühen Christentum", begnügt sich aber für Q mit der Fest-

---

115) Vgl. die Forderung von SELLIN, Rez. BANKS, Jesus 115 nach einer forschungsgeschichtlichen Aufarbeitung der Problematik. Für die ältere Forschung leistet BERGER, Gesetzesauslegung (Diss.) 5-83.183-226 gute Dienste, wenig hilfreich ist dagegen seine allzu gedrängte Darstellung in Ders., GesetzesauslegungI 3-11.

116) Zur Q-Forschung: LUEHRMANN, Redaktion (1969); HOFFMANN, Studien (1972); SCHULZ, Q (1972); zur Gesetzesproblematik: BERGER, GesetzesauslegungI (1972); HUEBNER, Gesetz (1973); BANKS, Jesus (1975, abgeschlossen 1971).

117) SCHULZ, Q 94-141

118) Auf dieses Defizit machen z.B. HOFFMANN, Rez. SCHULZ, Q 113f und LUZ, Logienquelle 531f aufmerksam. Erst in einem späteren Aufsatz urteilt SCHULZ, Gottesherrschaft 57 pauschal, die ältesten Q-Stoffe seien "weithin identisch mit der Botschaft des historischen Jesus" (entsprechend auch Ders., Jesus 10f; Ders., Frage 39).
Konsequent angewendet wird diese These nun in SCHULZ, Ethik 21-24.27 und passim. Ihre Voraussetzung ist allerdings die Preisgabe des Kriteriums der doppelten Unähnlichkeit (aaO 21-23.27; zur Bedeutung und Handhabung dieses Kriteriums s.o. 3.(1.)), das durch formale und inhaltliche Kriterien ersetzt wird (aaO 21f), die alles andere als unproblematisch sind (ähnliche Kriterien hat SCHULZ schon zur Scheidung von jüngeren und älteren Stoffen in Q formuliert; zur Kritik s.u. A 138). So kommt es zu einer linearen Einordnung Jesu in die frühjüdischen Erneuerungsbewegungen, die so weit geht, dass kaum mehr einsichtig gemacht werden kann, weshalb Teile der Jesusbewegung die Grenzen des Judentums schon sehr bald gesprengt haben. Zudem berücksichtigt ein solcher Ansatz zu wenig, dass auch Q Resultat einer produktiven Rezeption der Botschaft und Wirksamkeit Jesu ist, und dass

stellung: Diese "wichtigste Quelle zur Wortüberlieferung ... schweigt über gesetzeskritische Worte (allenfalls Lk 14,5 par Mt 12,11)"[119].

2. Auch in der redaktionsgeschichtlichen Arbeit an Q kommt der Frage nach dem Gesetz - anders als in der Jesusforschung, aber auch anders als in der Untersuchung der mt Theologie - relativ geringe Bedeutung zu. Sieht man von einzelnen Bemerkungen zum Thema[120] oder relativ knappen Ausführungen ab[121], muss festgestellt werden, dass SCHULZ dieser Problematik als einziger einen prominenten Ort innerhalb der Theologie von Q zuweist[122]. Auch dort, wo nach dem Gesetz in der synopt Trad gefragt wird, schenkt man Q kaum Beachtung[123]. Der Sache nach wird die Stellung von Q zur Tora am ehesten dort verhandelt, wo vom "Judenchristentum" die Rede ist, doch wird zu dessen Rekonstruktion noch stärker die Apg herbeigezogen[124]. Die für die Frage relevanten Texte der Logienquelle dagegen werden im Blick auf ihr

---

anderseits das MkEv (und SMt, bzw. SLk) viele alte Trad enthält, die (gerade im Blick auf die Gesetzesproblematik) geeignet sind, das in manchem einseitige Jesusbild von SCHULZ (vgl. die Skizze in Ders., Ethik 29-36) zu korrigieren und zu ergänzen.

119) MUELLER, Rezeption 169. Der Aufsatz von MUELLER leidet m.E. unter zwei Defiziten: Zum einen geht ihm jede methodische Reflexion über das Phänomen der Rezeption ab, und zum anderen geht er zu selbstverständlich von der Annahme aus, Jesus sei grundsätzlich "gesetzeskritisch" gewesen (vgl. auch Ders., Vision 429-441).

120) So z.B. HOFFMANN, Jesusüberlieferung 53f: "Dem judenchristlichen Charakter der Sammlung entspricht es, wenn in der Frage des Gesetzes ein dem Judentum entgegenkommender Standpunkt eingenommen wird. Der Vers Mt 5,18 par. Lk 16,17 betont nachdrücklich die Gültigkeit des Gesetzes (vgl. auch Lk 13,25f); die Gesetzeskritik Jesu scheint neutralisiert (Lk 11,42b) und auf eine Kritik am Verhalten der Pharisäer und Schriftgelehrten eingeschränkt zu sein (Mt 23,25f; Lk 11,44.46; Mt 23,13). Die Antithesen der Bergpredigt (Mt 5,21-48), die Streitgespräche über Rein und Unrein (Mk 7,1-23) oder über den Sabbat (Mk 3, 1-6) fehlen bezeichnenderweise in Q."

121) So etwa POKORNY, Worte 176-178; POLAG, Christologie 79f; WEGNER, Hauptmann 331f Anm 16; ZELLER, Kommentar 68-70; vgl. auch KOSCH, Gottesherrschaft 52-59

122) Vgl. auch seine Kritik an HOFFMANN, Studien: "Vor allem aber ist das Fehlen einer thematischen Behandlung der Gesetzesanschauung gravierend; die Erfassung der theologischen Bedeutung der Mose-Tora hätte in einer solchen Untersuchung nicht fehlen dürfen." (SCHULZ, Q 37)

123) Vgl. BANKS, Jesus 247 Anm 1; HUEBNER, Gesetz 212f

124) Vgl. z.B. (SMEND)/LUZ, Gesetz 75-79, bes. 78f

Gesetzesverständnis am ehesten im Zusammenhang mit der Frage nach Jesu Stellung zur Tora traditionsgeschichtlich untersucht[125]. Angesichts dieser Forschungssituation kommt zum einen der Auseinandersetzung mit der Position von SCHULZ besondere Bedeutung zu, und zum anderen erweist es sich als notwendig, auch Beiträge einzubeziehen, die die Frage nur kurz oder unter anderem Blickwinkel behandeln.

3. SCHULZ schliesst schon terminologisch, aber auch sachlich eng an die einflussreiche Untersuchung "Spätjüdisch-häretischer und frühchristlicher Radikalismus" von BRAUN an, auf die er sehr häufig verweist. Auch wenn die Position von BRAUN nicht einfach zu erfassen ist, was mit seiner eigenartigen Darstellungsform zusammenhängt, kann man sich bei einem sorgfältigen Vergleich der beiden Auffassungen des Eindrucks nicht erwehren, dass SCHULZ die nuancierte Position BRAUNs simplifiziert und die wechselnd "charismatisch", "enthusiastisch", "eschatologisch", "prophetisch", "autoritativ" oder auch "apokalyptisch" genannte "Toraverschärfung" zu einem Schlagwort macht, das durchaus unterschiedliche Sachverhalte erklären muss[126]. Während BRAUN die "Ungrundsätzlichkeit" der Toraverschärfung Jesu und die Eigenständigkeit seiner Autorität gegenüber der Tora nachdrücklich betont[127], scheint SCHULZ die "Toraverschärfung ... als Rückgang vom Wortlaut auf die Intention des alttestamentlichen Gesetzes, nämlich für den Nächsten in Liebe da zu sein" zum grundsätzlichen Erklärungsmuster für die Stellung von Q zur Tora zu machen[128].

---

125) So bes. MERKLEIN, Gottesherrschaft 72-96 (jetzt auch DAUTZENBERG, Gesetzeskritik 62-69).
Vielfach werden die Q-Texte auch in diesem Zusammenhang nur ungenügend berücksichtigt, da man sich auf die mk Trad (Mk 2,1-3,6; Streitgespräche, bes. Mk 7) und die primären Antithesen (SMt) beschränkt. Grösseres Gewicht haben die Q-Texte (vor allem jene in Mt 5-7) bei der redaktionskritischen Untersuchung des mt Gesetzesverständnisses.

126) SCHULZ, Q bes. 94-141. Schon diese Vielfalt der Attribute zur Charakterisierung der "Toraverschärfung" ist verräterisch, zumal eine präzise traditionsgeschichtliche Ortung des Phänomens fehlt.

127) Vgl. BRAUN, RadikalismusII 7-14 (Zitat 7).15-17

128) SCHULZ, Q 170 (Zusf.); aaO 119 mit A 186 (vgl. auch aaO 126.141 u.ö.) beruft SCHULZ sich dafür auf BRAUN, RadikalismusII 10f Anm 2, vgl. dort jedoch: "Es ist also auch nichts mit der Bedeutsamkeit der Nächstenliebe als einem die Toraverschärfung regulierenden Prinzip. Auch

Im einzelnen hält SCHULZ daran fest, dass die "palästinensisch-judenchristliche Q-Gemeinde ... nicht nur am Mose-Gesetz fest(hielt), sondern ... auch die pharisäische Tora (bejahte)" und folglich auch "die rituelle Observanz nicht bestritt(...)". Auch dort, wo atl Forderungen "dem Wortlaut nach aufgehoben" werden (Lk 16,18;6,29f;6,27f.32-36), liegt der Intention nach "keine bewusste und planmässig grundsätzliche 'Ablösung der Mose-Autorität' vor(...)", sondern "eine 'toragemäss sein wollende Verschärfung'!"[129] Auch in der von ihm angenommenen jüngeren Traditionsschicht in Q[130] findet SCHULZ keine andere Stellung zur Tora: "Auch die jüngere, hellenistisch-judenchristliche Q-Gemeinde steht zur Toraauslegung ihrer Väter", wenngleich der irdische Jesus "jetzt aber nicht mehr als eschatologischer Toraausleger neu akzentuiert" wird[131].

Diese Sicht wird von SCHULZ allerdings nicht konsequent durchgehalten, so dass seine Position letztlich doch unklar bleibt. Unklar ist mir z.B., wie sich folgende Aussagen zum Verhältnis von Kult- und Sittentora vereinbaren lassen:

-"Sowohl Zeremonial- als auch Sittentora haben die gleiche göttliche Autorität und Dignität. ... Eine Minderbewertung des Zeremonialgesetzes ist ... diesem ältesten Urchristentum fremd."[132]

-Die Q-Propheten "führten ... praktisch eine verschiedene theologische Wertung von Zeremonial- und Sittentora durch. Für sie gibt es kein naives Nebeneinander von Ethos und Kultus mehr. Die zentralen und auf jeden Fall zu haltenden Gebote sind Gebote der Mitmenschlichkeit, von denen her das Ganze des mosaischen Gesetzes auszulegen ist."[133].

---

die Auskunft, die Toraverschärfung Jesu intensiviere die in den einzelnen Vorschriften enthaltene Intention, trifft nicht das Ganze. ... Es bleibt der Eindruck der nicht grundsätzlichen Ableitbarkeit der Toraverschärfungen Jesu bestehen, wenn ein und derselbe Grundsatz für sämtliche Toraverschärfungen Jesu gelten soll."

129) SCHULZ, Q 101.97.119.119 (mit BRAUN, RadikalismusII 13).120 (mit BRAUN, aaO 13 Anm 4)

130) Zu dieser traditionsgeschichtlichen Scheidung s. SCHULZ, Q 47-53

131) AaO 485 (Zusf.)

132) AaO 98 (zu Lk 11,39), vgl. aaO 104: "Sowohl die mosaische Kulttora als auch die pharisäischen Erweiterungen (sind und bleiben) Gebote Gottes" (zu Lk 11,42).

133) AaO 103 (zu Lk 11,42); vgl. 112: "Die Nächstenliebe aber hat eindeutig den Vorrang vor der Zeremonialtora".

Die Ambivalenz des Urteils von SCHULZ lässt sich sogar bis in einzelne Sätze hinein verfolgen, etwa wenn er zu Lk 16,17 abschliessend meint: "Trotz der polemischen Unterordnung der Kult- unter die Sitten- Tora wird weder die erstere problematisiert oder gar abgelehnt, noch ein Graben aufgerichtet (aufgerissen?) zwischen mosaischer und pharisäischer Tora, sondern die Integrität der Tora in allen ihren Teilen lehrsatzhaft festgestellt."[134]

Unklar bleibt aufgrund dieser Ambivalenz, die sich auch in der Beurteilung der ethischen Radikalismen von Q wiederfindet[135], ob Q mit seiner Gesetzesauslegung im "Grundgefüge des Spätjudentums" verbleibt[136] oder "alttestamentlich-spätjüdische Gesetzesfrömmigkeit ausser Kraft (setzt)"[137].

Die nähere Analyse der Texte wird zeigen, dass der Begriff der "Toraverschärfung" dem, was in den Texten geschieht, nicht gerecht wird und dass der Versuch, das Gesetzesverständnis von Q mit Hilfe dieser eher systematischen Kategorie zu erfassen, ihm nicht angemessen ist.

Zudem wirken sich auch in der Behandlung der Einzelfrage nach der Stellung von Q zur Tora die methodischen Defizite der Konzeption von SCHULZ aus: Die traditionsgeschichtliche Differenzierung innerhalb der Q-Ueberlieferung erfolgt aufgrund problematischer Kriterien[138] und die Komposition der Stoffe wird bei der Erhebung der red Intention - entgegen der eigenen Forderung - nicht berücksichtigt[139]. Die Folgen dieser Unzulänglichkeiten sind weitreichend: Zum einen fragt SCHULZ überhaupt nicht danach, inwiefern die von ihm für das Phänomen der "charismatisch-eschatologische(n) Toraverschärfung" herbeigezogenen Texte[140] von Q überhaupt im Hinblick auf die Gesetzesproblematik re-

---

134) AaO 116

135) Man vergleiche etwa die Ausführungen aaO 119f (zu Lk 16,17).126 (zu Lk 6,29f).133 (zu Lk 6,27f.32-36) mit der Zusammenfassung aaO 172f!

136) So aaO 98(f)

137) So aaO 172(f)

138) Vgl. HOFFMANN, Rez. SCHULZ, Q 108-113; KLOPPENBURG, Tradition 39-44; LUZ, Logienquelle 530f

139) S.o. 4.(5.d) mit A 109.114

140) Vgl. das einschlägige Kapitel in SCHULZ, Q 94-141. Herbeigezogen werden (in der Reihenfolge von SCHULZ): Lk 11,39.42-44.46-48.52;16,17; 16,18;6,29f;6,27f.32-36;6,31

zipiert wurden, und zum anderen bekommt er z.B. die Tatsache gar nicht in den Blick, dass in Lk 16,16-18 drei für die Frage relevante, aber in ihrer Aussage höchst spannungsvolle Logien unmittelbar nebeneinander stehen und innerhalb von Q deshalb als Einheit zu interpretieren sind, da er einerseits Lk 16,16 der jüngeren Traditionsschicht in Q zuweist und heilsgeschichtlich interpretiert, anderseits jedes Logion für sich analysiert[141]. So kommt es nicht nur zu einer massiven Ueberbewertung der Bedeutung der Gesetzesproblematik für die Theologie von Q, sondern auch zu einer Fehleinschätzung der Stellung von Q zur Tora.

4. Die fast zeitgleich erschienene Habilitationsschrift von HUEBNER zum "Gesetz in der synoptischen Tradition" beschäftigt sich mit der v.a. von STAUFFER postulierten "progressiven Qumranisierung und Judaisierung innerhalb der synoptischen Tradition"[142]. Die Bedeutung der breit angelegten Untersuchung für unsere Fragestellung liegt insbesondere darin, dass sie konsequent nach der Herkunft der einzelnen Texte fragt und ein traditionsgeschichtlich differenziertes Bild der Behandlung der Gesetzesproblematik in den Stoffen der synopt Ev zu zeichnen versucht. Dabei stellt HUEBNER fest, dass die Entwicklung nicht linear (etwa im Sinn einer "progressiven Qumranisierung") verläuft, sondern dass Jesus trotz seiner radikalen Gesetzeskritik im Judenchristentum schon früh "nomistische" Logien zugeschrieben werden, während später keines der synopt Ev, auch nicht Mt, einen "nomistischen" Standpunkt vertritt. Dennoch muss nach der Auffassung von HUEBNER von einer "gewisse(n) Rethoraisierung" gesprochen werden[143].
Das Bild, das HUEBNER von der Stellung der Q-Trad zur Tora zeichnet, ist weit weniger einheitlich als das von SCHULZ entworfene[144], ja er äussert sogar die Auffassung, dass Q "im Blick auf das Gesetz

141) Zur Problematik s. KOSCH, Gottesherrschaft bes. 50-52.60-64
142) HUEBNER, Gesetz (Titel und Untertitel); vgl. STAUFFER, Botschaft, bes. 17-35
143) HUEBNER, Gesetz 239
144) HUEBNER, Gesetz hat noch keine Kenntnis von SCHULZ, Q. Er bezieht sich nur auf SCHULZ, Markus und das Alte Testament: ZThK 58(1961) 184-197

widersprüchliche Aussagen (enthielt)"[145]. Da er die Möglichkeit, Q (bzw. die verschiedenen Q-Rezensionen) zu rekonstruieren, insgesamt sehr gering einschätzt, kommt er zur Auffassung, dass es unmöglich ist, "die Intention ihrer 'Redaktion' genauer (zu) bestimmen"[146]. Dennoch ist seine Arbeit für die vorliegende Fragestellung wichtig: Zum einen wegen der Textanalysen, zum anderen weil sie ein differenziertes Bild der Nachgeschichte der Stellung Jesu zur Tora zu zeichnen versucht[147].

Bedenken grundsätzlicher Art habe ich allerdings gegen HUEBNERs Sicht der Stellung Jesu zum Gesetz. So wichtig Lk 16,16 als einziges wahrscheinlich echtes Jesuswort, in dem der Begriff nomos verwendet wird, auch sein mag - als programmatisches Wort Jesu zu seiner Gesetzesauffassung ist es missverstanden. Zudem darf ihm gerade wegen seiner Einzigartigkeit nicht so viel Gewicht beigemessen werden, wie dies bei HUEBNER geschieht[148]. Weil er die "Abrogation von Gesetzesinhalten" zum entscheidenden Kennzeichen der Stellung Jesu zur Tora macht[149] und davon ausgeht, dass Jesus (in Lk 16,16) "vom Ende des Gesetzes (spricht)"[150], vermag er die von ihm angenommene "Rethoraisierung" letztlich nur als negatives Phänomen zu sehen. Gerade sein Interesse an der Nachgeschichte der Stellung Jesu zum Gesetz hätte ihm jedoch den Blick für das "Grundgesetz geschichtlicher Kontinuität" öffnen müssen, welches "erfordert, dass vom Gesetzesverständnis Jesu her verständlich wird, warum sich sowohl gesetzestreue Judenchristen als auch gesetzesfreie Heidenchristen auf Jesus berufen können"[151].

5. Diesem "Grundgesetz geschichtlicher Kontinuität" wird die Skizze von POKORNY[152] besser gerecht. Sie ist in einem schon 1969 publizier-

---

145) HUEBNER, Gesetz 212
146) AaO 14
147) Zur Bedeutung dieser Fragestellung s.o. 1.
148) Vgl. HUEBNER, Gesetz 15-39, bes. 28-31, v.a. aber die Zusammenfassung aaO 226-230, wo Lk 16,16 zum Schlüssel für Jesu Gesetzesverständnis wird. Zur Problematik s. KOSCH, Gottesherrschaft, bes. 27f.46-49
149) HUEBNER, Gesetz 226
150) AaO 228
151) LUZ, Tora 116
152) POKORNY, Worte 176-178

ten, aber kaum je rezipierten Aufsatz enthalten. Auch POKORNY stellt die Uneinheitlichkeit der in Q gesammelten Logien bezüglich ihrer Gesetzesauffassung fest, bindet aber auch die "nomistischen" Sprüche insofern an die Verkündigung Jesu zurück, als sie ihren Anhaltspunkt in den "radikalen Forderungen Jesu, die ... eine Verschärfung des Gesetzes zu sein schienen", haben. Sowohl die "nomistischen" als auch die "enthusiastischen" Sprüche wurzeln "in der paradoxen Predigt Jesu". Allerdings ist auch POKORNY der Auffassung, dass die Berufung der "Nomisten" auf Jesus "sachlich ... zu Unrecht" erfolgte[153].

6. Die 1972 erschienene umfängliche Studie zur "Gesetzesauslegung Jesu" von BERGER ist zwar bis heute unvollständig geblieben[154] und beschäftigt sich thematisch nur mit Texten aus der Mk-Trad. Obwohl dieses Buch zudem teils scharf kritisiert[155], teils auch polemisch abqualifiziert wurde[156], kann es hier nicht übergangen werden. Einerseits hilft es, grundsätzliche Probleme der gängigen Diskussion der Stellung Jesu zur Tora zu erkennen und anderseits breitet es eine Fülle von Material zum Gesetzesverständnis des hellenistischen Judentums aus.
Mit Hilfe dieses Materials will BERGER nachweisen, dass "am Anfang die hellenistische Gemeinde in den Markus zugrunde liegenden Traditionen einen Gesetzesbegriff hat, der mit dem des hellenistischen Judentums identisch ist"[157]. Dieser Gesetzesbegriff zeichnet sich dadurch aus, dass "der Inhalt von 'Gesetz' relativ variabel (ist), er

---

153) AaO 177
154) BERGER, GesetzesauslegungI, vgl. aber Ders., Gesetzesauslegung (Diss.)
155) Vgl. bes. BECKER, Gottesbild 114 Anm 8; HENGEL, Jesus 153; Ders., Sohn 106f Anm 123; HUEBNER, Mark 7,1-23; KUEMMEL, Jesusforschung 210-213
156) NISSEN, Gott 229 Anm 589. Die Polemik von NISSEN gegen BERGER ist auch deshalb auffällig, weil er schon die Konzeption von ROESSLER, Gesetz ähnlich scharf zurückgewiesen hatte (vgl. NISSEN, Tora). ROESSLER und BERGER ist gemeinsam, dass sie eine Zweiteilung des Judentums zur Zeit Jesu vornehmen, während NISSEN sehr an dessen Einheit interessiert ist. NISSEN muss sich die Frage gefallen lassen, ob hier nicht Polemik die Schwäche der eigenen Position verdecken muss; zur Problematik s.o. 3.(4.a).
157) BERGER, GesetzesauslegungI 173

ist ausser auf die Forderung nach dem Glauben an den einen Gott meist nur auf den sozialen Bereich bezogen und hat oft im Alten Testament nur im Dekalog einen Rückhalt"[158]. "Für eine bestimmte Schicht des jüdischen Hellenismus ist nomos de facto nicht das atl Gesetz, sondern lediglich ein Monotheismus, verbunden mit allgemeinen und sozialen Tugenden"[159], was faktisch eine "inhaltliche Reduzierung des atl Gesetzes" darstellt[160]. Dass es dennoch zu einem Streit um das Gesetz kommt, hängt damit zusammen, dass es im Judentum des 1. Jh. auch ein priesterlich-levitisch geprägtes Gesetzesverständnis gibt, das streng an der Autorität des Mose orientiert ist und sich "in besonderer Betonung und Ausweitung atl Reinheitsvorschriften (äussert)"[161]. Diese "rabbinisch-jüdische antihellenistische Konzeption" gewinnt innerhalb des Judentums im 1. Jh. die "Alleinherrschaft", was dazu führt, dass dieses sich vom "hellenistisch" geprägten Gesetzesbegriff löst und ihn dem Christentum überlässt. "Die durch den jüdischen Hellenismus geschaffene Weltoffenheit des Diasporajudentums wird offenbar bereits im Laufe des 1. Jh. weitgehend zurückgenommen. Nicht Philo und andere 'liberale' hellenistische Juden haben in dem hier beginnenden Prozess sich durchgesetzt, sondern die 'orthodoxen' Rabbinen."[162] Damit wird die ursprünglich innerjüdische Differenz im Gesetzesverständnis zum Unterscheidungsmerkmal von Juden und Christen. Die nachträgliche Verankerung dieser Differenz im Leben Jesu dient nach BERGERs Auffassung der "Legitimation der aktuellen Gemeindepraxis" "gegenüber anderen jüdischen Traditionen"[163].

Der Gegensatz zwischen Gemeinde und Judentum hat seinen Ursprung aber nicht in der Gesetzesfrage selbst, da sich hier "nur zwei Typen jüdischen Gesetzesverständnisses gegenüber(stehen)". Vielmehr hat dieser Gegensatz seine Hauptursache in der gewaltsamen Tötung Jesu[164], die mit Hilfe des deuteronomistischen Geschichtsbildes

---

158) AaO 53
159) AaO 39
160) AaO 45. Zu diesem Gesetzesbegriff vgl. die zusammenfassenden Ausführungen aaO 32-55.137-142
161) AaO 13f (Zitat 14)
162) AaO 173f, vgl. 22
163) AaO 14
164) AaO 2

gedeutet wird. Jesus erscheint als "der endzeitliche Gesetzeslehrer, der zugleich als letzter Prophet Opfer des Prophetenmordes wird"[165]. Nicht er wird "als Zerstörer des Gesetzes oder als 'Liberaler' dargestellt", sondern seine Gegner werden als die Gesetzlosen erwiesen. "Die herkömmliche Deutung, dass diese Gruppen (sc. die religiösen Autoritäten des Volkes) Jesus wegen seiner freien Stellung dem Gesetz gegenüber beseitigen und töten wollten, ist ... genau verkehrt: Die Gegner Jesu sind die Gesetzlosen, Jesus ist der wahre Lehrer des Gesetzes."[166]

Bezüglich der historischen Frage, inwiefern ein Schluss auf die Gesetzesauslegung Jesu selbst möglich ist, ist die Position von BERGER zwiespältig: Einerseits hält er einen solchen Schluss für "nur schwer möglich", da er voraussetzte, dass man "literarisch sekundäre oder hellenistisch einzuordnende Schichten dennoch für historisch primär hält"[167], anderseits fällt er doch historische Urteile, wenn er meint, "dass sich Jesu Predigt gegen die Nicht-Beachtung des Gesetzes richtete"[168], dass Jesus "nicht nur als Umkehrprediger ..., sondern auch als Lehrer des wahren, nicht korrumpierten Gesetzes" auftrat[169] und "weder den jüdischen Traditionsgedanken noch das Ritualgesetz noch die Autorität des Kanons oder die gesamte heilige Ueberlieferung seines Volkes von sich aus oder erstmalig aus den Angeln (hat) heben wollen", weshalb "alle Wahrscheinlichkeit ... dagegen spricht, dass man Jesus wegen des Inhalts seiner Gesetzeslehre habe töten können oder wollen"[170].

Die Kritik an der Position von BERGER[171] macht m.E. zu Recht auf methodische Probleme seines Ansatzes aufmerksam, die hier freilich nicht zu diskutieren sind. Bedeutender für die vorliegende Fragestellung sind die Einwände, die gegen das von BERGER postulierte "hellenistische" Gesetzesverständnis erhoben werden: Gewiss gibt es im hellenistischen Judentum (der Diaspora) einen

---

165) AaO 26
166) AaO 12-18 (Zitate 15.12f)
167) AaO 587
168) AaO 15
169) AaO 17
170) AaO 590
171) S.o. A 155

"ethischen Monotheismus", der den sozialen und ethischen Forderungen grössere Bedeutung einräumt und sich durch einen Zug zum "Rationalen" und "Universalen" auszeichnet[172], doch führt diese Geisteshaltung nicht zwingend zu einer "Gesetzeskritik" oder zu einer Preisgabe der kultischen Forderungen, sondern zur Hinordnung derselben auf die Ethik. Philo z.B. "versteht die äusseren Forderungen, angefangen von der Beschneidung, als Symbole und pädagogische Hilfen für die Erfüllung der inneren Forderungen"[173].
Dass es im hellenistischen Judentum der Diaspora auch andere Tendenzen gibt, bezeugen die polemischen Aeusserungen von Aristobul, der sich einerseits gegen die griechischen Kritiker der Gesetzes, anderseits aber auch gegen dessen "ängstlich-konservative Verfechter" richtet, "'die weder Kraft noch Einsicht besitzen, sondern allein am Buchstaben kleben'"[174], aber auch Philos Abwehr der "Allegoristen" und jener, die "unablässig Tadel und Klage gegen die Gesetze im Munde führen"[175].
Die Frage, "ob die Gebote des Mose, deren innerer Sinn den Eingeweihten enthüllt ist, noch äusserlich zu praktizieren sind", ist also umstritten[176], aber es spricht einiges für die Annahme, dass Versuche, die wörtliche Geltung der Tora aufzuheben, einem "laxen Assimilationsjudentum" "ohne nennenswerten Einfluss" zuzurechnen sind, während es eine echte, d.h. religiös motivierte, grundsätzliche innerjüdische Gesetzeskritik" nicht gegeben zu haben scheint[177]. BERGERs Gegenüberstellung von "palästinischem" und "hellenistischem" Gesetzesverständnis, die auch der Hellenisierung Palästinas zu wenig

---

172) Vgl. dazu die Arbeiten von HENGEL, bes. Judentum 567-569; Ders., Zwischen Jesus und Paulus 203f; Ders., Ursprünge 27-30; s. jetzt auch NIEBUHR, Gesetz

173) HEGERMANN, Das hellenistische Judentum 333

174) Eus PrEv 8,10,5, zitiert bei HENGEL, Judentum 298 (zu Aristobul vgl. aaO 295-307)

175) Vgl. Philo, Migr 87-90; Agr 157; Conf 2ff (Zitat); VitMos 1,31. Zum Gesetzesverständnis von Philo s. Y. AMIR, Die hellenistische Gestalt des Judentums bei Philon von Alexandrien (Forschungen zum jüd.-christl. Dialog 5), Neukirchen 1983, passim; HEGERMANN, Philon 356-361; HENGEL, Judentum 317.551.562.567; KUECHLER, Weisheitstraditionen 222-235; NIEBHUR, Gesetz 31-72; NISSEN, Gott 439f

176) HEGERMANN, Das griechischsprechende Judentum 346; vgl. BORGEN, Church 64-71

177) HENGEL, Sohn Gottes 106 Anm 123; vgl. HUEBNER, Mark 7,1-23 338

Rechnung trägt, erweist sich angesichts der Uneinheitlichkeit im Gesetzesverständnis der hellenistischen Diaspora (und Palästinas) als zu schroff und zu wenig differenziert.
Voreilig ist es m.E. auch, wenn BERGER von der gemeinsamen Vorordnung des Ethischen im hellenistischen Judentum und bei Jesus (bzw. im Urchristentum) sofort auf eine traditionsgeschichtliche Abhängigkeit schliesst. Es ist doch auch denkbar, dass die beiden Strömungen von verschiedenen Voraussetzungen her unabhängig voneinander zu diesem gemeinsamen Anliegen gefunden haben, was allenfalls in einem zweiten Schritt die urchristliche Rezeption hellenistisch-jüdischer Stoffe und Vorstellungen erleichtert hätte[178].
Trotz dieser Einwände gegen die Konzeption von BERGER, die sich noch vermehren liessen, ist sie - auch abgesehen vom Materialreichtum der Studie - in mancher Hinsicht sehr anregend. Für die Frage nach der Rezeption der Stellung Jesu zur Tora im Urchristentum ist vor allem von Bedeutung, dass BERGER dem Weiterwirken jüdischer Vorstellungen und innerjüdischer Konflikte um die Tora im Urchristentum grosse Beachtung schenkt. Auch wenn man BERGERs Sicht vom hellenistischen Gesetzesverständnis nicht teilt und in der Stellung Jesu zur Tora, wie die Evangelien sie schildern, nicht die (unveränderte) Uebernahme der Gesetzesauffassung des hellenistischen Judentums zu sehen vermag, sondern die Besonderheit der Position Jesu betont[179], wird man diesem Sachverhalt Beachtung schenken müssen. Der Umgang mit dem Gesetz im Urchristentum ist nicht monokausal auf Jesu Stellung zur Tora zurückführen - es ist auch mit der Rezeption jüdischer Traditionen rechnen.

7. Die breit angelegte Untersuchung der Stellung Jesu zum Gesetz in der synopt Trad von <u>BANKS</u> behandelt zwar die einschlägigen Texte aus Q, konzentriert sich aber auf die Frage nach ihrer Bedeutung auf der Jesus-Stufe einerseits und auf der Stufe der jeweiligen Evangelien-Red anderseits. In der Zusammenfassung seiner Ergebnisse merkt BANKS bezüglich der Stellung von Q zur Tora lediglich an, die Quelle enthalte zum einen Aussagen über die Weitergeltung der Tora (Lk 11,

---

178) Aehnlich MERKLEIN, Gottesherrschaft 104.105f
179) So bes. HUEBNER, Mark 7,1-23

42;16,17), während andere Aussagen implizieren, dass sie überholt (Lk 16,16, "Stürmerspruch"), bzw. transzendiert sei (Lk 16,18, Ehescheidungslogion) und dass es nun die Worte Jesu seien, die zentral und entscheidend sind (Lk 6,47-49, Gleichnis von den Hausbauern). Zudem enthalte Q eine kritische Antwort auf die Lehre und das Verhalten der jüdischen Führer (Lk 11,39-52, Weherufe). "Obwohl Q also keine eigentliche Reflexion über die Beziehung zwischen der Lehre Jesu und dem mosaischen Gesetz enthält, bewahrt das Material getreulich die verschiedenen Aspekte der Haltung Jesu."[180].

Weitaus gewichtiger ist der Beitrag, den BANKS zur Klärung eben dieser Haltung Jesu zur Tora leistet. Immer deutlicher stellt er heraus, dass Jesus in seinen Forderungen das Gesetz nicht aufhebt, diese Forderungen aber auch nicht auf das Gesetz zurückbezieht. Deshalb weist BANKS Kategorien wie "Exposition", "Herausstellen der eigentlichen Bedeutung", "Verschärfung", "Ablehnung" und "Abrogation" für die Bestimmung des Verhältnisses der Verkündigung Jesu zur Tora zurück[181]. "Auch wenn das Gesetz ein allgemeiner Hintergrund seiner eigenen Lehre ist, steht diese auf einer ganz neuen Ebene über ihm, weshalb derartige Vergleiche inadäquat werden." Angemessen sei es dagegen zu sagen, dass Jesu Verkündigung die Forderungen des Gesetzes "transzendiert und übersteigt", gleichzeitig aber auch ihre "Erfüllung" ist[182]. Diese "Erfüllung" bedeutet eine "Bejahung des ganzen Gesetzes, aber nur durch seine Transformation in der Verkündigung Jesu, die im Vergleich mit ihm etwas Neues und Einzigartiges ist"[183].

Mit dieser These versucht BANKS die Schwierigkeiten zu unterlaufen, in die man gerät, wenn man die Stellung Jesu zur Tora von der Tora her zu bestimmen sucht. Er kehrt deshalb die Frage "Welches ist seine Beziehung zu ihr?" um und fragt "Welches ist ihre Beziehung zu ihm?"[184]

---

180) BANKS, Jesus 247 Anm 1. Ebd. notiert BANKS, diese Auffassung weiche stark von jener von SCHULZ, Q ab.

181) BANKS, Jesus 242, ähnlich schon aaO 172.203

182) AaO 242 (engl. "transcend and surpass"), von "fulfillment" spricht BANKS mit Berufung auf das Logion Mt 5,17, das er im Kern als authentisch ansieht (aaO 212f; vgl. Ders. Understanding 226-233).

183) AaO 234; sehr eng schliesst MOO, Jesus, bes. 29f (Zusf.) an die These von BANKS an.

184) AaO 245

Dieser Ansatz ist durchaus beachtlich, da er die Tatsache ernst nimmt, dass Jesus sich in seinem Verhalten und in seiner Verkündigung häufig weder positiv noch kritisch auf die Tora bezogen zu haben scheint, was angesichts ihrer dominanten Rolle im Judentum seiner Zeit doch auffällig ist. Eine konkrete Auseinandersetzung mit Gesetzesfragen findet auch da häufig nicht statt, wo sie sehr naheliegend wäre[185].

Problematisch scheint mir jedoch die christologische "Engführung" der These, die BANKS gelegentlich zu "gewaltsame(n) Exegesen" zwingt[186]. Mit Recht stellt BANKS z.B. fest, dass Mk 3,4 "weder eine kasuistische Rechtfertigung seiner Sabbatheilung noch eine programmatische Beseitigung des Sabbatgebotes ist", doch wirkt seine Alternative, es handle sich um einen "Ruf zur Entscheidung angesichts seiner (sc. Jesu) eigenen Person und Tat" keineswegs überzeugend[187]. Und wenn er die Echtheit des Logions dann auch noch mit seiner "christologischen Intention" begründet[188], wird vollends deutlich, dass seine Arbeit auch mit problematischen methodischen und historischen Voraussetzungen belastet ist[189].

Abschliessend ist festzuhalten, dass es BANKS gelungen ist, "die Aporetik der gängigen Begrifflichkeit (Intention, Spiritualisierung, Radikalisierung, Ablösung usw.) aufgezeigt zu haben", welche die Diskussion um die Gesetzesproblematik stark belastet. Nicht gelungen ist es ihm jedoch, eine weiterführende Alternative anzubieten[190]. Für unsere Frage nach der Rezeption der Stellung Jesu zur Tora ist seine Arbeit auch deshalb wenig hilfreich, weil sie bezüglich der historischen Beurteilung der Stoffe allzu undifferenziert und "optimistisch" ist und einseitig die Kontinuität zwischen Jesu Lehre und der Theologie der Evangelisten betont.

---

185) Vgl. aaO 107

186) Vgl. die Kritik von KUEMMEL, Jesusforschung 214f (Zitat 215) und SELLIN, Rez. BANKS, Jesus 114

187) BANKS, Jesus 125

188) Ebd.

189) S. dazu auch o. A 182 zu Mt 5,17. Die Beispiele liessen sich leicht vermehren. Hier setzt auch die Kritik von SELLIN, Rez. BANKS 114f an.

190) SELLIN, ebd.

8. Die "Untersuchung zur Ethik Jesu" von MERKLEIN[191] enthält zwar keine eigentliche Darstellung der Gesetzesproblematik in Q, gewinnt aber wesentliche Einsichten über die Stellung Jesu zum Gesetz und ihre Nachgeschichte in der synopt Trad anhand von Texten aus Q[192]. Deshalb ist es angebracht, an dieser Stelle auf sie einzugehen.

Die Grundthese MERKLEINs, die sich schon im Titel "Die Gottesherrschaft als Handlungsprinzip" niederschlägt, lautet, dass "die von Jesus verkündete Gottesherrschaft ... das entscheidende Prinzip für das menschliche Handeln dar(stellt)"[193].

Für die Stellung Jesu zur Tora hat dies weitreichende Konsequenzen. Auch wenn MERKLEIN nicht von einer "prinzipelle(n) Abrogation" sprechen möchte, stellt er eine "Haltung der souveränen Distanz gegenüber der Tora" fest[194], die etwa im "Stürmerspruch" Lk 16,16 ihren Niederschlag findet. Die Tora ist für Jesus nicht das entscheidende Handlungsprinzip. "Ein positiver Rekurs auf die Grösse 'Tora' (als Handlungsprinzip) (erfolgt) erst in späterer Tradition" (Lk 16,17)[195].

Sehr dezidiert nimmt MERKLEIN aufgrund dieser Einsicht gegen die These Stellung, Jesu Radikalismen seien als "Toraverschärfung" zu interpretieren: Jesus "deduziert ... seine Forderungen ... nicht aus der Tora. Er erhebt sie vielmehr in souveräner Vollmacht neben oder sogar gegen das Gebot der Tora. ... Es ist daher verfehlt, die Forderungen Jesu als Verschärfungen der Tora zu verstehen, selbst dann, wenn sie ihrem Inhalt nach als solche zu verstehen sind (vgl. die primären Antithesen). Denn ihr Impetus kommt auch dann nicht aus der Tora, sondern aus der als Handlungsprinzip verstandenen Basileia."[196]

Besonders anhand von Mt 5,17-20 und Lk 16,16-18 zeigt MERKLEIN, dass auch "die Traditionsgeschichte der Torarezeption in der christlichen Gemeinde erkennen (lässt), dass das eigentlich Entscheidende nicht die Tora an sich ist, sondern Jesus selbst, bzw. seine Botschaft, von der her die Tora überhaupt erst richtig rezipiert werden kann"[197].

---

191) MERKLEIN, Gottesherrschaft (Untertitel)
192) AaO, bes. 72-96
193) AaO 295 (Zusf.)
194) AaO 94 (u.ö.)
195) AaO 95
196) AaO 298 (Zusf.)
197) AaO 96

Dem nomistischen Logion Lk 16,17 (und Lk 11,42d) weist MERKLEIN "nur eine defensorische Funktion" zu. Es ist "als sekundäres Interpretament der Q-Gemeinde zu Lk 16,16par zu werten" und darf nicht aus diesem Zusammenhang herausgerissen und "auf dem Hintergrund eines streng nomistischen Standpunktes gesehen werden"[198]. In Lk 16,17 sieht MERKLEIN also weder das Prinzip, aus dem Q Radikalismen wie Mt 5,32.39f.44par ableitet, noch eine "nachfolgende Reflexion" direkt zu diesen Radikalismen, um sie "im Sinne einer Toraverschärfung oder Tora-Realisierung zu verstehen oder zu rechtfertigen". Vielmehr sieht er darin eine Reaktion auf "die Gefahr des Antinomismus" in bestimmten Kreisen von Q oder darauf, "dass von ausserhalb der Vorwurf des Antinomismus an Q herangetragen wurde"[199].

Auch wenn das Gesetzesverständnis von Q "in Analogie zum frühjüdischen Phänomen der Toraverschärfung zu sehen (ist)", unterscheidet es sich davon "insofern, als der hermeneutische Ansatz der 'Verschärfung' nicht ein bestimmter Torainhalt, sondern die Basileia-Botschaft bzw. die Weisungen Jesu sind: Das Gesetz, das nach Mt 5,18 in Geltung bleibt, ist die eschatologische, bzw. jesuanisch interpretierte Tora"[200].

Die Grundthese MERKLEINs, dass Jesu Ethik und seine Stellung zur Tora in engem Zusammenhang mit seiner Basileia-Verkündigung zu sehen sind, ist nicht neu[201] und kann mit breiter Zustimmung rechnen[202], auch wenn das vieldiskutierte Verhältnis von Eschato-logie, Theo-logie und Ethik in der Verkündigung Jesu nach wie vor umstritten ist[203],

---

198) AaO 93

199) AaO 92f

200) AaO 94

201) Vgl. die forschungsgeschichtliche Uebersicht aaO 38-42. Wichtige "Vorgänger" sind z.B. BULTMANN (Theologie 19-21); GRAESSER (Parusieverzögerung, bes. 72f); HOFFMANN/(EID) (Jesus); WENDLAND (Ethik 4-33); im Hinblick auf die Gesetzesproblematik auch BORNKAMM (vgl. Wandlungen 98-103)

202) Vgl. die ähnlichen Ansätze in den Handbüchern von SCHNACKENBURG, BotschaftI 31-155 (zur Gesetzesproblematik bes. 69-76) und SCHRAGE, Ethik 21-115 (bes. 43-88). Auch (SMEND)/LUZ, Gesetz 58-75, bes. 69; Ders., Tora, bes. 119 sieht Jesu Stellung zur Tora in engem Zusammenhang mit seiner "eschatologischen Botschaft vom Kommen des Gottesreichs als Liebe" (Tora 119).

203) Als wichtige Beiträge sind zu nennen: CONZELMANN, Grundriss, bes. 83-85; MERKLEIN, Gottesherrschaft 36-45.212-215; SCHUERMANN, Hauptproblem (vgl. jetzt die Modifikation in Ders., Basileia-Verständnis

weshalb die konsequente Einordnung der Verkündigung Jesu in den Horizont der Basileia auch mit Kritik rechnen muss.
Bezüglich der Fragen nach Jesu Stellung zur Tora und nach ihrer Rezeption macht MERKLEIN viele sehr wichtige und richtige Beobachtungen, die er mit sorgfältigen Textanalysen belegt. Besonders beachtlich scheint mir seine Auseinandersetzung mit dem Konzept der Toraverschärfung zu sein[204], da sie exemplarisch verdeutlicht, dass der Tora-Bezug der Forderungen Jesu weniger direkt ist, als dies häufig angenommen wird.
Hier muss aber auch die Kritik an MERKLEINs These von "Jesu Haltung der souveränen Distanz gegenüber der Tora"[205] ansetzen, die in seiner Orientierung an der Gottesherrschaft als entscheidendem "Handlungsprinzip" gründet. M.E. muss seine Sicht sich folgende Anfragen gefallen lassen:
-Ist es angesichts des weitreichenden Fehlens des Tora-Bezugs in der Verkündigung Jesu berechtigt, Tora und Basileia als "Handlungsprinzipien" so stark in Gegensatz zueinander zu bringen, wie dies bei MERKLEIN (trotz der wiederholten Betonung der Tatsache, Jesus habe die Tora nicht grundsätzlich abgeschafft[206]) immer wieder geschieht? Ist eine solche Antithese von Tora und Basileia für die jüdischen Hörer Jesu überhaupt denk- und rezipierbar?
-Wird MERKLEIN der Eigenart der Verkündigung Jesu gerecht, wenn er sie einem einheitlichen theologischen Konzept unterzuordnen sucht und einzelne Logien als grundsätzliche theologische Aussagen interpretiert[207].

30f mit Anm 38.39); THUESING, TheologienI 76-87; VOEGTLE, Theo-logie; ZELLER, Mahnsprüche 164-184; eine Uebersicht über die Diskussion bieten (neben MERKLEIN, Gottesherrschaft 38-42) BALD, Ethik (zu MERKLEIN s. aaO 47-51) und ZELLER, aaO 166-169. Gegen eine Vorordnung der Eschatologie vor die Theologie spricht sich auch TRILLING, Botschaft 38-40; Ders., Ekklesiologie 62f; Ders., Kunde 10-15 aus.

204) S.o. mit A 196.200; vgl. aber auch MERKLEIN, Gottesherrschaft 61-63. 64.91-94.254-257

205) MERKLEIN, Gottesherrschaft 94 (u.ö.)

206) AaO 95 (u.ö.)

207) Ich habe die Problematik des Ansatzes von MERKLEIN v.a. anhand von Lk 16,16 aufzuzeigen versucht, vgl. KOSCH, Gottesherrschaft 27f.48f. Auf die grundsätzliche Problematik der Rekonstruktion der "Theologie" Jesu aus einzelnen Logien macht auch SANDERS, Jesus nachdrücklich aufmerksam (vgl. aaO 3-22 zur Methode; aaO 133-136 zu Lk 11,20).

-Müsste dem sozialen und religiösen Milieu, in dem Jesu Verkündigung (und jene urchristlicher Kreise) anzusiedeln ist, nicht vermehrt Rechnung getragen werden, so dass ihre Situationsbezogenheit stärker zum Tragen käme, während ihre Implikationen für die grundsätzliche Frage nach der Geltung der Tora weniger im Vordergrund stünden?
Trotz dieser Anfragen halte ich die Untersuchung von MERKLEIN für äusserst hilfreich und gerade auch im Hinblick auf meine Fragestellung weiterführend.

9. Wie bereits erwähnt, ist diese forschungsgeschichtliche Skizze vor allem auf jene Beiträge ausgerichtet, die sich mit der Gesetzesauffassung in der Q-Tradition befassen und wertet auch die umfassenderen monographischen Arbeiten zur Gesetzesproblematik in der synopt Trad v.a. unter diesem Gesichtspunkt aus.
Diese Einschränkung der Fragestellung, die nur zugunsten der Besprechung der Untersuchung von BERGER aufgegeben wurde, bringt es mit sich, dass eine ganze Reihe von wichtigen Aufsätzen zum Thema "Jesus und die Tora" und von einschlägigen Abschnitten in grösseren Untersuchungen unerwähnt bleiben, von denen ich viel gelernt habe[208].
Schon aufgrund der besprochenen Beiträge ist es aber möglich, den Diskussionsstand nicht nur bezüglich der Gesetzesauffassung von Q, sondern auch bezüglich deren Relation zur Botschaft und Praxis Jesu auszumachen.
a) Es ist unbestritten, dass Q keine eigentliche Kritik an der Tora übt und ihre Geltung nicht in Frage stellt.
b) Bezüglich der Stellung Jesu zur Tora ist das Spektrum der Meinungen sehr breit und umfasst zwischen den Extremen radikaler Torakritik und grundsätzlicher Toratreue eine ganze Palette möglicher Einstellungen[209].

---

208) Vgl. die Literaturangaben in KOSCH, Gottesherrschaft 102-104 (Anm 97), welche auch Arbeiten zum Gesetzesverständnis im Frühjudentum einschliessen. Nachzutragen sind: KERTELGE (Hg), Gesetz (darin besonders die Beiträge von DAUTZENBERG, MUELLER und MUSSNER); KALUSCHE, Gesetz; SANDERS, Jesus 245-269 (zum frühjüdischen Gesetzesverständnis Ders., Paulus 27-406); SCHNACKENBURG, BotschaftI 69-76; SCHULZ, Ethik 37-55; zum frühjüdischen Toraverständnis s. auch NIEBUHR, Gesetz.

209) MOO, Jesus 4 (mit Anm 6-13) gruppiert die Forschung in sechs Tendenzen:

c) Die Frage der Kontinuität zwischen Jesus und Q bezüglich der Gesetzesauffassung wird demzufolge unterschiedlich beurteilt. Unbestritten scheint allerdings zu sein, dass Q nicht torakritischer eingestellt ist als Jesus. Je nach Wahrnehmung der Gesetzesauffassung Jesu wird bezüglich von Q eher die Kontinuität zu Jesus oder aber eine Tendenz zur Milderung der Torakritik betont.

d) Während im allgemeinen davon ausgegangen wird, dass die Gesetzesproblematik beim historischen Jesus eine wichtige Rolle spielt, gehen die Meinungen bezüglich der Bedeutung der Problematik für Q auseinander: Während SCHULZ der Frage sehr viel Bedeutung beimisst, steht sie in den übrigen Untersuchungen zur Theologie von Q nicht im Vordergrund[210] und findet auch in den Arbeiten zum Gesetz in der synopt Trad eher wenig Beachtung[211].

e) In diesem Zusammenhang ist auf eine Fragestellung aufmerksam zu machen, die sich vor dem Hintergrund der unterschiedlichen Konzeptionen von HUEBNER und BANKS bezüglich der Stellung Jesu zur Tora, aber auch angesichts der Kritik von MERKLEIN am Konzept der Toraverschärfung als Schlüssel zum Gesetzesverständnis von Q (SCHULZ) ergibt, und m.E. von grosser Tragweite ist. Es geht letztlich darum, ob

---

1. Jesus abrogiert das ganze Gesetz. Diese Sicht ist zwar zu erwähnen, wird aber fast allgemein von ernsthaften Forschern zurückgewiesen.
2. Jesu Lehre ist ein neues Gesetz, das messianische Gesetz, welches das mosaische ersetzt.
3. Jesus ist der letzte und grösste Ausleger des göttlichen Gesetzes. Er hält am ganzen Sittengesetz fest, dem er sich in seinem Leben völlig unterwirft und macht in seiner Verkündigung die ursprüngliche Intention der Forderungen des Gesetzes sichtbar.
4. Jesus radikalisiert das Gesetz, indem er seine Forderungen über ihren ursprünglichen Inhalt hinaus intensiviert. Diese Toraverschärfung geschieht auf der Grundlage seiner unmittelbaren Einsicht in den Willen Gottes und/oder der Ueberordnung des Liebesgebotes. Sie führt zur Abrogation einiger Gebote.
5. Jesus verstärkt die Forderungen des Gesetzes und erhebt neue, eigene Forderungen, ohne jedoch irgendwelche sittliche Forderungen klar zu abrogieren.
6. Jesu Verkündigung erfüllt das Gesetz insofern, als es auf seine Lehre hinweist. Seine Forderungen bewegen sich in einer anderen Dimension, über und jenseits des Gesetzes, das nur in ihm und durch ihn weiterbesteht.

210) Vgl. EDWARDS, Theology; die Arbeiten von HOFFMANN zur Theologie von Q, bes. Studien; LUEHRMANN, Redaktion; POLAG, Christologie

211) S.o. (4.) und (7.) zu HUEBNER, Gesetz und BANKS, Jesus

der Ausgangspunkt und Bezugsrahmen jener Forderungen, die je nach Auffassung als Verschärfung oder Kritik an der Tora angesehen werden, tatsächlich die Tora ist, oder ob nicht zumindest manche dieser Forderungen unabhängig von der Tora erhoben werden und damit zunächst gar nicht auf sie bezogen sind, weder im Sinn einer radikalisierenden oder sonstwie gearteten Auslegung, noch im Sinne von Kritik oder Aufhebung[212].

10. Angesichts dieses Diskussionsstandes wird eine Untersuchung zur Rezeption der Stellung Jesu zur Tora in der Q-Trad bei der Analyse und Interpretation der einschlägigen Texte folgende Fragenkreise im Auge behalten müssen:

a) Handelt es sich bei diesen Texten ihrer Intention nach um Stellungnahmen zur Gültigkeit oder Bedeutung der Tora, bzw. einzelner Torainhalte oder können sie als solche rezipiert worden sein?

b) In was für einem Verhältnis zur Tora stehen die Texte näherhin? Inwiefern werden die gängigen Kategorien wie Auslegung, Ueberbietung, Verschärfung, Erfüllung, Kritik oder Abrogation der Tora diesem Verhältnis gerecht?

c) Lässt sich etwas über den historischen, sachlichen oder theologischen Bezugsrahmen der Texte und ihrer Rezeption sagen?

Diese Fragen sind sowohl auf der Jesus-Stufe als auch auf der Stufe von Q zu stellen. Da das Interesse dieser Untersuchung vor allem auf die Rezeption der Verkündigung Jesu in der Q-Trad gerichtet ist, kommt dabei der Beobachtung von Kontinuität und Diskontinuität zwischen Jesus und Q besondere Bedeutung zu. Um diese verständlich zu machen, ist es sehr wichtig, den "Erwartungshorizont" der Rezipienten zu berücksichtigen, der für ihre Wahrnehmung und ihren Umgang mit der Jesusüberlieferung von entscheidender Bedeutung ist[213]. Dieser ist

---

212) Die Frage lässt sich auch bezüglich jener Verhaltensweisen Jesu stellen, die oft als Gesetzesübertretungen beurteilt werden: Sind sie Ausdruck der Ueberzeugung, gewisse Normen des Gesetzes hätten keine Gültigkeit mehr, oder stehen sie zunächst in einem ganz anderen Zusammenhang und sind deshalb primär unabhängig von der Frage nach ihrem Einklang mit der Tora zu interpretieren?

213) Zum Begriff des "Erwartungshorizontes" s. bes. JAUSS, Literaturgeschichte 130-141.148-150; Ders., Partialität 391-394. Den Begriff übernimmt JAUSS vom Soziologen K. MANNHEIM, Mensch und Gesellschaft

einerseits durch das Gesamtbild, das die Rezipienten von Jesus haben, anderseits durch ihre Lebenswelt, hier insbesondere durch ihre religiöse Herkunft und ihr Gesetzesverständnis geprägt.

6. Zur Anlage der Untersuchung

Nachdem einiges zur Fragestellung, zum methodischen Ansatz, zu den historischen und literarkritischen Voraussetzungen und zum forschungsgeschichtlichen Hintergrund meiner Untersuchung gesagt ist, bedarf es zum Abschluss dieser Einleitung noch einiger Bemerkungen zum Aufbau der Studie.

1. Ganz bewusst setze ich bei den in Q enthaltenen Logienkompositionen und Einzelsprüchen an, die einen Bezug zur Gesetzesproblematik haben. Es handelt sich um Lk 6,27-36//Mt 5,38-48; Lk 9,59f//Mt 8,21f; Lk 10,7a; Lk 11,39b-41.42//Mt 23,23.25f; Lk 14,5;Mt 12,11; Lk 16,16-18//Mt 11,12f;5,18.32[214]. Ueberlegungen zur Relevanz der einzelnen Texte für die Fragestellung und zur Q-Zugehörigkeit unsicherer Texte finden sich im weiteren Verlauf dieser Untersuchung an geeigneter Stelle[215].

2. Von den erwähnten Texten kommt den antipharisäischen Weherufen Lk 11,39b-41.42//Mt 23,23.25f, dem Feindesliebe-Komplex Lk 6,27-36//Mt 5,38-48 und der kleinen Spruchfolge Lk 16,16-18//Mt 5,18.32;11,12f besondere Bedeutung zu:

a) Den Weherufen, weil sie sich mit den beiden Hauptanliegen des Pharisäismus, der Reinheit und dem Zehnten, beschäftigen.

---

im Zeitalter des Umbaus, Darmstadt 1958, 212ff. WARNING, Rezeptionsästhetik 24f (vgl. GRIMM, Rezeptionsgeschichte 46-49) macht zu Recht darauf aufmerksam, dass der Begriff bei JAUSS in doppeltem Sinne gebraucht wird: Zum einen bezeichnet er damit die im Werk selbst kodierten Erwartungen, zum anderen benutzt er ihn im Sinn eines "lebensweltlichen" Erwartungshorizontes.

214) Vgl. meine Skizze in KOSCH, Gottesherrschaft 52-59 und die ähnliche Textauswahl von SCHULZ, Q 94-141

215) S. z.B. A(I) 142 und die Exkurse I, II, III. Zur grundsätzlichen Problematik s.o. 4.(2.)

b) Den Weisungen zu Feindesliebe und Widerstandsverzicht, weil sie Teil der programmatischen ersten Rede in Q sind und für die Verkündigung des irdischen Jesus zentrale Aussagen machen, die im MtEv durch ihre Darbietung in Antithesenform explizit zur Tora in Bezug gesetzt werden.
c) Der Spruchfolge in Lk 16,16-18, weil es sich um die einzige Komposition handelt, die das Stichwort nomos enthält und grundsätzliche Aussagen zur Bedeutung der Tora macht.

Es scheint mir deshalb angebracht zu sein, diese Texte ins Zentrum der Untersuchung zu stellen und die übrigen relevanten Logien (Lk 9,59f//Mt 8,21f; Lk 10,7a; Lk 14,5;Mt 12,11) an passender Stelle in Form von Exkursen zu behandeln.

Obwohl sie die Tora (Dtn 6,13.16;8,3) ausdrücklich zitiert, wird die Versuchungsgeschichte Lk 4,1-13//Mt 4,1-11 nicht eigens behandelt. Schon formal unterscheidet sie sich stark vom hier untersuchten Spruchgut. Zudem ist sie nur in sehr entfernter Weise Produkt der Rezeption der Stellung Jesu zur Tora und gilt (sofern man sich für ihre Q-Zugehörigkeit entscheidet) als sehr späte Zufügung, weshalb ihr auch im Blick auf das Toraverständnis von Q keine zentrale Bedeutung zukommt.

3. Dass nicht der umgekehrte Weg von der Gesetzesauffassung Jesu zu ihrer Rezeption durch Q eingeschlagen wird, hat seinen Grund darin, dass wir Jesu Stellung zur Tora nur aus den Zeugnissen ihrer Rezeption im Urchristentum erschliessen können, weshalb ihre Darstellung erst im Anschluss an die Untersuchung ihrer Rezeption sinnvoll ist.
Zudem entspricht der Weg von der Darstellung der Haltung Jesu gegenüber dem Gesetz zurück zum irdischen Jesus der Fragerichtung des rezeptionsgeschichtlichen Ansatzes, während der umgekehrte Weg leicht den falschen Eindruck erwecken könnte, die Sicht von Q sei einzig das Produkt oder die Wirkung der Gesetzesauffassung Jesu. Dies hätte zur Folge, dass dem Erwartungshorizont der Rezipienten und damit der Möglichkeit, dass ihre Sicht auch durch andere jüdische Traditionen geprägt sein könnte, nicht die nötige Beachtung geschenkt wird.

Kapitel I

"WEHE EUCH PHARISAEERN ..." (Lk 11,39b-41.42;Mt 23,23.25f)

Der zur Diskussion stehende Abschnitt der Weherede befasst sich mit den für den Pharisäismus ausserordentlich wichtigen Geboten des Verzehntens und der Reinheit. Er wirft - wie die ganze Rede - eine ganze Reihe schwieriger literarkritischer, historischer und interpretatorischer Fragen auf, die im Verlauf der Darlegungen zu bearbeiten sind.

1. Der Text

Die folgende synopt Darbietung des Textes folgt der Lk-Akoluthie, da diese im Allgemeinen jener von Q besser entspricht als die mt Stoffanordnung. Angesichts der Unsicherheit bezüglich der Herkunft der Einleitung der Weherede in Lk 11,37-39a wird auch diese wiedergegeben. Dass auch das Logion Mt 23,24, das im LkEv keine Entsprechung hat, dargeboten wird, hat seinen Grund darin, dass es (in der mt Stoffanordnung) zwischen den beiden Weherufen aus Q steht.
Um den synopt Vergleich zu erleichtern, werden völlig übereinstimmende Wendungen und Wörter durch Unterstreichung, gemeinsame Vokabeln und Wortstämme durch teilweise Unterstreichung hervorgehoben.

Lk 11,37-42	Mt 23,25f.23f
37 εν δε τω λαλησαι ερωτα αυτον φαρισαιοσ οπωσ αριστηση παρ αυτω· εισελθων δε ανεπεσεν.	
38 ο δε φαρισαιοσ ιδων εθαυμασεν οτι ου πρωτον εβαπτισθη προ του αριστου.	
39 ειπεν δε ο κυριοσ προσ αυτον·	
νυν υμεισ οι φαρισαιοι	25 ουαι υμιν, γραμματεισ και φαρισαιοι υποκριται,

το εξωθεν του ποτηριου και του	οτι καθαριζετε το εξωθεν του
πινακοσ καθαριζετε,	ποτηριου και τησ παροψιδοσ,
το δε εσωθεν υμων γεμει αρπαγησ	εσωθεν δε γεμουσιν εξ αρπαγησ
και πονηριασ.	και ακρασιασ.
40 αφρονεσ,	26 φαρισαιε τυφλε,
ουχ ο ποιησασ το εξωρεν και το	
εσωθεν εποιησεν;	
41 πλην τα ενοντα δοτε ελεημοσυνην,	καθαρισον πρωτον το εντοσ του
και ιδου παντα καθαρα υμιν εστιν.	ποτηριου, ινα γενηται και το εκτοσ
	αυτου καθαρον.
42 αλλα ουαι υμιν τοισ φαρισαιοισ,	23 ουαι υμιν, γραμματεισ και φαρισαιοι
	υποκριται,
οτι αποδεκατουτε το ηδυοσμον και	οτι αποδεκατουτε το ηδυοσμον και
το πηγανον και παν λαχανον	το ανηθον και το κυμινον
και παρερχεσθε	και αφηκατε τα βαρυτερα του νομου,
την κρισιν και την αγαπην του	την κρισιν και το ελεοσ και την
θεου˙	πιστιν˙
ταυτα δε εδει ποιησαι κακεινα μη	ταυτα [δε] εδει ποιησαι κακεινα μη
παρειναι.	αφιεναι.
	24 οδηγοι τυφλοι, οι διυλιζοντεσ τον
	κωνωπα, την δε καμηλον καταπινοντεσ.

2. Die Weherede (Lk 11,37-54; Mt 23,1-39)

Sowohl bei Lk als auch bei Mt bildet die Weherede gegen die Pharisäer und Schriftgelehrten (Mt) bzw. Gesetzeslehrer (Lk) den Kontext der zur Diskussion stehenden Sprüche. Deshalb ist zunächst auf einige für unsere Fragestellung relevante Probleme dieser grösseren Komposition einzugehen.

2.1. Der weitere Kontext

2.1.1. Der Kontext im MtEv

In Mt 23 folgt der Evangelist dem von Mk vorgegebenen Erzählgerüst und baut die schon in der Vorlage enthaltenen Worte gegen die

Schriftgelehrten (Mk 12,38-40) mit Hilfe von v.a. Q entstammenden, thematisch verwandten Stoffen, zu einer grösseren Redekomposition aus. Diese eindeutig red Einordnung des Q-Stoffes lässt keine Rückschlüsse auf seine Stellung im Kontext von Q zu[1].

2.1.2. Die Herkunft des Rahmens der Rede im LkEv

Im LkEv bildet die Unterlassung der rituellen Waschung durch Jesus anlässlich einer Einladung zum Mahl bei einem Pharisäer den Anlass der Rede (11,37f, vgl. 53f). Ob diese Situationsangabe trad oder red ist, ist umstritten[2].

2.1.2.1. Lk 11,37-39a(39b-42) und Mk 7,1-23

Eine Klärung der Frage hängt wesentlich davon ab, wie das Verhältnis von Lk 11,37-39a(39b-41) zu Mk 7,1-23 beurteilt wird. Auch dazu liegen verschiedene Vorschläge vor[3].

1. Da zweifellos eine sachliche Uebereinstimmung zwischen Mk 7,1-23 und Lk 11,37-39a.39b-41 besteht, insofern in beiden Texten das Motiv des Nicht-die-Hände-Waschens vorkommt und Aussagen zum Thema der (kultischen) Reinheit gemacht werden, hat sich das Augenmerk darauf zu richten, ob formale Beobachtungen es nahelegen, diese Uebereinstimmung auf literarische Abhängigkeit zurückzuführen.

---

1) Vgl. FRANKEMOELLE, Pharisäismus 134f; SCHULZ, Q 94 Anm 1

2) Für eine Herkunft aus der vorlk Trad sprechen sich aus: SCHWEIZER, Lk 130f; Ders., Frage 74; JEREMIAS, Sprache 205f; erwogen auch von SCHUERMANN, LkI 527 (mit Anm 214); Ders., Reminiszenzen 115; Ders., Spracheigentümlichkeiten 220; HAHN, Hoheitstitel 88, Anm 6 ("nicht sehr wahrscheinlich"); POLAG, Fragmenta 88 ("unsicher").
Für Lk-Red plädieren: GRUNDMANN, Lk 246; SCHNEIDER, LkII 274; ERNST, Lk 383; SCHMITHALS, Lk 138f; DEGENHARDT, Lukas 57; FRANKEMOELLE, Pharisäismus 136; FREUDENBERG, Weherede 126-128; GARLAND, Intention 93f (mit Anm 10); KUEMMEL, Weherufe 31; LAMBRECHT, Jesus 45; LUEHRMANN, Redaktion 44; SCHUERMANN, Redekomposition 37.51; Ders., Zeugnis 129; SCHULZ, Q 94f mit Anm 5; STEELE, Luke 11,37-54 390-394; WESTERHOLM, Jesus 86; ZELLER, Kommentar 66.
HUEBNER, Gesetz 185 hält die Frage für nicht entscheidbar.

3) Vielfach wird mit Mk-Abhängigkeit des Lk gerechnet, so z.B.: ERNST, Lk 383f; SCHMITHALS, Lk 139; SCHUERMANN, LkI 527; Ders., Redekomposition 50f; HUEBNER, Gesetz 185.188 (mit Anm 188).191; JERVELL, Law 139; LUEHRMANN, Redaktion 44; SELLIN, Komposition 114; ZELLER, Redaktionsprozesse 398.

Gemeinsam sind Mk 7,1-23 und Lk 11,37-41, dass Pharisäer und Schriftgelehrte - letztere werden bei Lk zwar erst in 11,45ff (nomikoi), bzw. 53f (grammateis) erwähnt -, Gesprächspartner Jesu sind; dass das Thema der Händewaschung mit jenem der Reinigung der Gefässe (potērion Mk 7,4; Lk 11,39//Mt 23,25) verbunden wird; dass jeweils die Verben baptizō (Mk 7,4; Lk 11,38)[4] und katharizō (Mk 7, 19c; Lk 11,39(41)//Mt 23,25(26)) verwendet werden; dass der Gegensatz von "aussen" und "innen" eine wichtige Rolle spielt (Mk 7,15.18ff; Lk 11,39(40f)//Mt 23,25(26)) und dass das "Innere" (des Menschen) mit ponēria (Mk 7,22; Lk 11,39, anders Mt 23,25 akrasia) charakterisiert wird. Weiter fällt auf, dass das in Mt 23 gehäuft vorkommende hypokritēs, das für Q in Mt 7,5//Lk 6,42 sicher bezeugt ist, im MkEv einzig in 7,6 steht[5].

SCHWEIZER, Lk 130f (vgl. Ders., Frage 74) dagegen meint: "Vielleicht ist ein Wort wie Lk 11,39 schon früh einerseits in ein Wehe verwandelt worden (Mt 23,25), andererseits durch den Hinweis auf unterlassenes Händewaschen in das Leben Jesu und seiner Jünger eingegliedert worden (Mk 7,2; Lk 11,38 ...)."
LAMBRECHT, Jesus 27.31.37.45-47.48 nimmt (für die Q-Abhängigkeit des Mk mit Berufung auf R. PESCH, Pur et impur: Précepte humain et commandement divin. Mc 7,1-8.14-15.21-23: AS 53(1970) 50-59) eine doppelte Beziehung zwischen Mk 7,1-23 und Lk 11,37f.39-41 an: Mk erweitert seine Vorlage red mit Material, das Q entstammt, während die LkRed in 11,37-54 ihrerseits mit Hilfe von (Q und) Mk 7,1-23 den "biographischen Rahmen" schafft (aaO 45).
Zur Position von BERGER s.u. A 11.

4) Die Bedeutung von baptizō ist weder in Mk 7,4 noch in Lk 11,38 völlig klar: Ist ein Vollbad oder nur das Hände-Waschen gemeint? Obwohl es für die Vorschrift, nach Einkäufen auf dem Markt (vgl. Mk 7,4) ein Bad zu nehmen, in der pharisäischen Tradition möglicherweise Anhaltspunkte gibt (vgl. WESTERHOLM, Jesus 74f), ist (insbesondere vor dem Essen, vgl. Lk 11,38) doch eher nur das Waschen der Hände gemeint (vgl. WESTERHOLM, aaO 72-74.86; so auch GRUNDMANN, Lk 247; SCHNEIDER, LkII 275 u.a.).
5) Auf einige dieser Uebereinstimmungen weisen SCHWEIZER, Lk 130f; HUEBNER, Gesetz 188 Anm 188 und insbesondere LAMBRECHT, Jesus 46f hin, der aaO 47 Anm 71 mit E. WENDLING, Die Entstehung des Marcus-Evangeliums. Philologische Untersuchungen, Tübingen 1908, 90 auch auf Parallelen zwischen Mk 7 und Mt 23, dem Kontext des Weherufes über die äussere Reinheit, verweist.
Die Frage, ob die Bezeichnung der Pharisäer und Schriftgelehrten als hypokritai (Mt 23,13.15.23.25.27.29) durchgehend red ist, oder ob sie einen Anhalt in Q hat, ist nicht so einfach zu entscheiden, wie es aufgrund ihres völligen Fehlens in Lk 11,37-54 den Anschein macht, denn Lk könnte den harten Vorwurf auch vemieden haben, weil er nicht in den von ihm geschaffenen Rahmen des Tischgesprächs passte (vgl.

Für die Interpretation dieser Beobachtungen ist aufschlussreich, dass gerade Mk 7,(3-)4.19c Gemeinsamkeiten mit Lk 11,37-39a.39b-41 aufweist, da es sich bei diesen Versen um erklärende und verallgemeinernde Einschübe handelt, die mit grosser Sicherheit auf die MkRed zurückzuführen sind[6]. Die Annahme von LAMBRECHT[7], Mk habe seine Vorlage mit Material erweitert, das Q entstammt (vgl. auch das Hinzukommen der Schriftgelehrten aus Jerusalem in 7,1 und das Vorkommen von hypokritēs in 7,6) erscheint deshalb keineswegs völlig unbegründet.

2. Damit stellt sich die Frage nach dem Umfang der QTrad, die der MkRed vorlag: Umfasste sie nur Lk 11,39b-41 oder auch schon eine Lk 11,37-39a entsprechende Situationsangabe?

GRUNDMANN, Lk 246; GARLAND, Intention 93-95). Zudem fällt auf, dass Lk in 12,1 (diff Mk 8,14f//Mt 16,5f) "völlig unmotiviert" vor der hypokrisis der Pharisäer warnt, was "sich wohl kaum anders als durch die Annahme erklären (lässt), dass Lk dieses Stichwort hypokrisis aus der Ueberlieferung der Weherufe gekannt u(nd) hier nachgetragen hat" (WILCKENS, ThWVIII 566 Anm 45, zustimmend ERNST, Lk 393; dieser Zusammenhang wird auch von SCHUERMANN, Reminiszenzen 123f gesehen, aber anders interpretiert; vgl. jetzt auch Ders., Redekomposition 62). HAENCHEN, Matthäus 23 49 weist aber mit Recht darauf hin, das sich "das Material ... an vielen Stellen (z.B. bei allen Weherufen ausser dem 6.) gegen eine solche Verwendung (sträubt)" und schliesst daraus auf eine red Verklammerung des verschiedenartigen Stoffes durch die Zusammenfassung der Gegner "als eine einheitliche Gruppe", die er "unter eine einheitliche Anklage stellte". Man wird sich deshalb mit der Auskunft begnügen müssen, dass die Bezeichung der Gegner als hypokritai möglicherweise bereits in der Q-Vorlage von Mt 23 enthalten war, aber von Mt deutlich verstärkt und zu einer grundsätzlichen red Charakterisierung der Gegner Jesu gemacht wurde (ähnlich urteilt auch GARLAND, Intention 91-95, bes. 95). Für eine red Eintragung des Vorwurfs der Heuchelei durch Mt spricht sich z.B. FRANKEMOELLE, Pharisäismus 145.151 aus.

6) Zum red Charakter von Mk 7,3f vgl. nur: GNILKA, MkI 277; BERGER, Gesetzesauslegung 462.463; DILLMANN, Ethik 86; HUEBNER, Gesetz 155f (abwägend); LAMBRECHT, Jesus 40f.44-48 (vgl. 32). Als sekundär werden die Verse auch von GRUNDMANN, Mk 189; PESCH, MkI 371 und SCHWEIZER, Mk 77 beurteilt.
Zum red Charakter von 7,19c vgl. GNILKA, MkI 278; LAMBRECHT, Jesus 33.40.62f; als nachträglicher Einschub wird 7,19c z.B. auch von GRUNDMANN, Mk 195; SCHWEIZER, Mk 82; WESTERHOLM, Jesus 84 angesehen.
PASCHEN, Rein 168(-173) bezeichnet 7,19c als vormk Glosse.

7) LAMBRECHT, Jesus bes. 45-48 (s.o. A 3)

a) Die Indizien für eine dem Mk bekannte Q-Fassung von Lk 11,37f, sind rasch aufgezählt: Uebereinstimmung in der (in diesem Sinn für Mk und Lk einmaligen) Verwendung des Verbums baptizō zur Bezeichnung ritueller Waschungen und damit im Anlass des Konflikts[8]. Daraus zu folgern, dass Mk 7 (bes. die Verse 1-5) von einer nicht durch eine Mt-Parallele gesicherten Q-Vorlage zu Lk 11,37-39a abhängig ist, wäre überaus problematisch, zumal die Unterschiede zwischen Mk 7,1ff und Lk 11,37-39a nicht unbeträchtlich sind: In Lk 11,37f wird Jesus von einem Pharisäer zum Mahl eingeladen, während in Mk 7,1ff das Verhalten der bei Lk nicht erwähnten Jünger beobachtet wird und den Konflikt auslöst, so dass von sehr unterschiedlichen Mahl- und Gesprächssituationen gesprochen werden muss.

b) Berücksichtigt man darüber hinaus den lk geprägten Stil von 11,37-39a[9], wird man eher fragen müssen, ob nicht Lk hier auf Mk 7,1ff zurückgreift. Allerdings ist aufgrund der geringen Uebereinstimmung (s.o.) auch diese Annahme problematisch, sofern man dieses "Zurückgreifen" als literarische Abhängigkeit und nicht als blosse "Reminiszenz"[10] versteht. Eine gewisse Wahrscheinlichkeit würde sie dann erlangen, wenn sich zeigen liesse, dass Mk 7,1-23 auch die LkRed von 11,39b-41 beeinflusst hat, wie es die Ausführungen von BERGER nahelegen, der allerdings an anderer Stelle Lk 11,38-41 "als von Mk 7 unabhängig", aber "der gleichen Tradition einzureihen" betrachtet[11].

---

8) Die übrigen Uebereinstimmungen terminologischer Art betreffen so häufig gebrauchte Wörter, dass sie nicht ausgewertet werden können: erōtaō (Mk 7,5), horaō (7,2).

9) Eindeutig lk sind: en (de) to + Inf. Aor. (vgl. JEREMIAS, Sprache 27-29.94f.205; DEGENHARDT, Lukas 57 Anm 18; FREUDENBERG, Weherede 126; STEELE, Luke 11,37-54 393); erōtaō hopos (JEREMIAS, aaO 94.130.205; FREUDENBERG, aaO 126; vgl. jedoch WEGNER, Hauptmann 167f); eipen de ... pros (JEREMIAS, aaO 33.206; FREUDENBERG, aaO 126).

10) Zum Begriff "Reminiszenz" vgl. SCHUERMANN, Reminiszenzen 111

11) BERGER, GesetzesauslegungI 497f Anm 1: "Lk hat m.E. Mk 7 im Zusammenhang mit seinen antipharisäischen Wehesprüchen verkürzt wiedergegeben in 11,37-41. Die Verse 37-38 sind Wiedergabe von Mk 7,2-5. V. 39 ist Abwandlung eines Q-Weherufes (Mt 23,25) und entspricht Mk 7,3-7. Die Verse 40-41 sind Wiedergabe des Restes von Mk 7; V. 40 bringt eine Begründung des Wegfalls der Reinheitsgesetze aus der Schöpfungsordnung: ... Der Lasterkatalog am Ende von Mk 7 ist hier positiv ersetzt worden durch die Forderung nach eleēmosynē ... Damit ist die Ueberleitung gegeben zum folgenden, aus Q übernommenen Vers." Das Urteil von BERGER,

In sprachlicher Hinsicht könnten folgende Beobachtungen für eine Mk-Abhängigkeit der Lk-Fassung von 11,39b-41 sprechen: Lk ersetzt akrasia durch ponēria (Lk 11,39 diff Mt 23,25, vgl. Mk 7,22), aphrones in Lk 11,40 erinnert an aphrosynē (Mk 7,22), und die Formulierung panta kathara (hymin estin) (Lk 11,41b) erinnert an katharizōn panta (ta bromata) (Mk 7,19c red!).

In sachlicher Hinsicht kann angeführt werden, dass die Almosenforderung (Lk 11,41a) einen positiven Ersatz für den Lasterkatalog in Mk 7,21ff darstellt[12], und dass Lk den Gegensatz von "aussen" und "innen", der sich in Q auf die Gefässe und ihren Inhalt bezieht, "anthropologisch" interpretiert, indem er to esōthen als das Innere der Pharisäer (hymōn) auffasst, was mit dem Gebrauch des Gegensatzpaares "innen - aussen" in Mk 7,15.18ff übereinstimmt.

Dazu ist freilich zu sagen, dass eine "anthropologische" Interpretation des Gegensatzes von "innen" und "aussen" schon aufgrund der Q-Vorlage naheliegend ist, wie auch die Mt-Parallele in 23,25f zeigt[13]. Zudem findet sich in Mk 7,1-23 keine echte Entsprechung zur schöpfungstheologischen[14] Argumentation in Lk 11,40 (in die Nähe kommt allenfalls Mk 7,19). Da sowohl Mk 7,1-23 als auch Lk 11,39b-41 vor dem Hintergrund schon atl-jüdischer Trad zu sehen sind, die ein "äusserliches" Reinheitsverständnis kritisieren und die Bedeutung der sittlichen Komponente der Reinheit hervorheben[15], muss schliesslich auch gefragt werden, ob die Annahme einer bewussten Aufnahme von Mk 7,1-23 durch Lk in 11,(37-39a)39b-41 zur Erklärung der Uebereinstimmungen wirklich notwendig ist, zumal literarische Abhängigkeit für die Erklärung der beiden sprachlichen Uebereinstimmungen von Lk mit Mk kei-

---

aaO 473 steht dazu in deutlicher Spannung: "Als von Mk 7 unabhängig zu betrachten und wohl der gleichen Tradition einzureihen ist auch Lk 11,38-41 ..."

12) BERGER, aaO (497-)498 Anm 1 (s.o. A 11)

13) Zur Interpretation der Mt-Fassung von 23,25f vgl. die Ausführungen von GARLAND, Intention 141-150

14) Dass ho poiēsas in Lk 11,40 auf Gott (und nicht auf den Menschen) zu beziehen ist, wird meist anerkannt: ERNST, Lk 385; SCHNEIDER, LkII 275; SCHWEIZER, Lk 141; BERGER, GesetzesauslegungI 473.497. Offen bleibt die Frage bei GRUNDMANN, Lk 247; auf den Menschen bezieht den Ausdruck HUEBNER, Gesetz 187.

15) Vgl. dazu GNILKA, MkI 279f; GRUNDMANN, Mk 190f; BERGER, GesetzesauslegungI 465-475; DILLMANN, Ethik 97-99.

neswegs die einzige Möglichkeit ist: Das von Lk ersetzte Wort akrasia kommt in Lk/Apg nicht und im synopt Schrifttum nur in Mt 23,25 vor, während der Stamm ponēr- doch wesentlich geläufiger ist, aphrōn kommt bei Lk noch in 12,20, bei Mt und Mk aber gar nicht vor, könnte also red sein[16], und zu panta kathara hymin estin finden sich in der urchristlichen Literatur weitere Parallelen, die kaum literarisch von Mk 7,19c abhängig sind (Röm 14,20; Tit 1,15; Just, qu et resp 35: physei men kathara hyparchei panta ta zōa; Erwähnung verdient in diesem Zusammenhang auch 1Tim 4,4, wo ebenfalls schöpfungstheologisch argumentiert wird)[17].

3. Fazit: Aufgrund der bisher angestellten Beobachtungen und Ueberlegungen zum Verhältnis von Lk 11,37-39a.39b-41 zu Mk 7,1-23 ist festzuhalten:

a) Die Uebereinstimmungen lassen sich am besten so erklären, dass der MkRed die hinter Lk 11,39b-41 stehende Q-Tradition bekannt war.

b) Die Uebereinstimmungen von Lk 11,37-39a mit Mk 7,1-23 genügen nicht, um eine Abhängigkeit des Mk von einer nur bei Lk erhaltenen Einleitung zu Lk 11,39b-41 zu begründen.

c) Diese Uebereinstimmungen reichen aber auch nicht aus, um wahrscheinlich zu machen, dass Lk 11,37-39a im eigentlichen Sinne literarisch auf Mk 7,1-23 zurückgreift, zumal es sehr unsicher ist, ob für die LkRed von 11,39b-41 mit Mk-Einfluss gerechnet werden kann. Allenfalls könnte von einer "Reminiszenz" an einen Bericht über einen Konflikt Jesu gesprochen werden, der seinen Anlass in der Unterlassung der Händewaschung hatte und mit dem Lk das (ihm in diesem Sinn sonst nicht geläufige) Verb baptizō verbindet. Für die Erklärung aller anderen Uebereinstimmungen der red Formulierung von Lk 11,37-41 mit Mk 7,1-23 ist die Annahme unnötig, dass "Lk ... Mk 7 ... verkürzt wiedergegeben" hat[18], es genügt festzustellen, dass beide Texte "der gleichen Tradition einzureihen" sind[19].

---

16) So auch SCHULZ, Q 96 Anm 19

17) Vgl. dazu BERGER, GesetzesauslegungI 471-474

18) So BERGER, aaO 497 Anm 1 (s.o. A 11); vgl. SCHUERMANN, Redekomposition 51

19) So BERGER, aaO 473. Zustimmen könnte man auch der Formulierung von SCHUERMANN, Zeugnis 130, dass Lk in 11,38 "die Substanz von Mk 7 einbringen wollte".

2.1.2.2. Lk 11,37-39a in QLk?

Abschliessend bleibt noch eine weitere Möglichkeit zu prüfen: Es wäre ja denkbar, dass Lk in 11,37-39a auf eine andere Quelle als auf Mk zurückgreift. Da einerseits Mt (und Mk) zwar Lk 11,39b-41Q, nicht aber Lk 11,37-39a zu kennen scheinen, weshalb eine Herkunft aus der ihnen bekannten QTrad unwahrscheinlich ist, diese Einleitung anderseits kaum selbständig tradiert werden konnte, liegt es nahe, an eine Rückführung auf QLk zu denken, zumal Apophthegmatisierungen für QLk charakteristisch sind[20].

Da die einzig verbleibende Alternative zu dieser Möglichkeit eine Rückführung von 11,37-39a auf die LkRed ist, können alle nicht dem Sprachgebrauch der LkRed entsprechenden Formulierungen als Argumente für diese Annahme angesehen werden. Zu erwähnen ist dabei zunächst das praesens historicum (erōta), das von Lk aus der Mk-Vorlage systematisch getilgt wird[21], nach der Auffassung von JEREMIAS aber auch anepesen, aristēsē und ariston, die Konstruktion thaumazō + hoti, sowie ho kyrios in 11,39a[22].

Dazu ist Folgendes zu bemerken:

Anapiptō kommt bei Lk noch in 14,10; 17,7 und 22,14 vor. Da für 22,14 "der Verdacht auf lukanische Mk-Redaktion" besteht[23], lässt sich LkRed auch für 11,37 nicht ausschliessen.

Aristaō kommt in den synopt Ev nur hier vor, ariston noch in Lk 14,12 und in Mt 22,4. Mt 22,4 hat als red Einfügung in die Q-Parabel 22,1-14 zu gelten[24], die sich im LkEv in auffälliger Nähe zu 14,12 in 14,16-24 befindet. Kann daraus geschlossen werden, dass in der Parabel ursprünglich von einem ariston die Rede war und sowohl Lk 14,12 als auch Mt 22,4 Reminiszenzen an abgeänderte oder ausgelassene Bestandteile der Redenquelle sind? Das ist wenig wahrscheinlich, denn deipnon (Lk 14,16.17.24), das unter dieser Voraussetzung als lk Er-

---

20) Vgl. SATO, Q 61-71, bes. 70

21) Vgl. SCHWEIZER, Lk 130 (vgl. 172); BLASS/DEBRUNNER/REHKOPF, Grammatik 321,1 mit Anm 2; JEREMIAS, Sprache 169f.205

22) JEREMIAS, Sprache 205f (Trad)

23) SCHUERMANN, Spracheigentümlichkeiten 220

24) PESCH/KRATZ, So liest man synoptisch V 50f; SCHUERMANN, Reminiszenzen 123; SCHULZ, Q 394; VOEGTLE, Einladung 209; WEDER, Gleichnisse 179f. Zum Problem der Q-Zugehörigkeit s.u. ExkursIII (2.c) mit A 686.687.

satz von ariston anzusehen wäre, kommt im Doppelwerk sonst nur noch in 14,12 und 20,46(//Mk 12,39) vor und kann deshalb nicht als red gelten[25]. Da die LkRed an der Formulierung von 14,12-14 wesentlichen Anteil hat[26], kann auch die red Herkunft von ariston nicht ausgeschlossen werden, womit auch die Annahme, dass aristaō und ariston auch in 11,37f lk sind, in den Bereich des Möglichen rückt. Als Argument gegen die red Herkunft bleibt freilich die Feststellung, dass die beiden Wörter trotz vielfältiger lk Terminologie für das Mahl-Halten im lk Mk-Stoff und in der Apg fehlen[27]. Ein Urteil über die Herkunft von aristaō und ariston ist angesichts dieses Befundes nicht möglich.

Zu thaumazō + hoti ist festzuhalten, dass Lk zwar eine gewisse Vorliebe für dieses Verb hat (Mt 7mal, Mk 4mal, Lk 12mal, Apg 5mal, Zusatz zu Mk 4,41;9,30 in Lk 8,25;9,43) es aber nur hier mit nachfolgendem hoti-Satz[28] und in diesem negativen Sinne des Anstoss-Nehmens verwendet, so dass in der Tat die Vermutung naheliegt, die Wendung sei trad.

Was ho kyrios betrifft, so fällt auf, dass diese Wendung sich als Bezeichnung des irdischen Herrn in der Erzählung nur in SLk (7,13;10,39.41;13,15;16,8;18,6;19,8;24,34) und in Einleitungswendungen von lk Q-Abschnitten (7,19;10,1;11,39;12,42;17,5.6), nicht aber im Mk-Stoff des Lk und in der Apg findet[29]. Dennoch ist es nicht unproblematisch, diese Redeweise grundsätzlich der Trad zuzuweisen, zumal sie "wenigstens an manchen Stellen im luk S ... auch Ergebnis luk Redaktion sein (kann)"[30]. Zudem ist der kyrios-Titel "der überragende Hoheitstitel" des Doppelwerkes, das die "personale Identität von Irdischem und Erhöhtem" herausstellt[31], weshalb auch die 45 Vorkommen von absolutem ho kyrios in der Apg[32] bei der Beurteilung der Herkunft der Wen-

---

25) Dass die mt Charakterisierung des grossen Gastmahls in 22,1-14 als "Hochzeitsmahl" red ist, ist allgemein anerkannt, vgl. nur WEDER, Gleichnisse 179 mit Anm 59 (Lit!).

26) Vgl. HORN, Glaube 100f

27) Vgl. JEREMIAS, Sprache 206 (vgl. aaO 167)

28) Vgl. JEREMIAS, Sprache 86.206

29) Vgl. SCHWEIZER, Lk 3; JEREMIAS, Sprache 158; SCHUERMANN, Spracheigentümlichkeiten 224f.

30) SCHUERMANN, LkI 401

31) HORN, Glaube 251-253 (Zitate 251.252)

32) Vgl. SCHULZ, Q 191 Anm 117

dung im LkEv nicht unberücksichtigt bleiben dürfen, wenngleich der quellenkritische Befund auffällig bleibt. Von besonderem Interesse für die Frage, ob Lk die Einleitung zu den Weherufen nicht in seiner Q-Version (QLk) vorgefunden haben kann, sind aber die Vorkommen von ho kyrios in Einleitungswendungen von lk Q-Abschnitten. SCHUERMANN hat versucht, sie als Eigenheit des komponierenden Redaktors von Q zu erklären, die dem in Q gesammelten Traditionsgut noch nicht eigen war, und das Fehlen jeglicher Mt-Parallele damit glaubhaft zu machen, dass Mt "an diesen als lukanische Sonderverse diff Mt erhaltenen Stellen nicht die Kyrios-Bezeichnung beseitigt, sondern die ganzen redaktionellen Einleitungsverse und mit diesen dann (mehr oder weniger zufällig) auch jene Bezeichnung"[33]. Dagegen ist einzuwenden, dass bei Lk 7,18-21(//Mt 11,2f) ebensogut von einer (vor)lk Ergänzung wie von einer mt Streichung von ho kyrios ausgegangen werden kann[34], und dass Lk 10,1;12,41f und 17,5.6 mit ziemlicher Sicherheit auf die LkRed zurückgehen[35]. Damit aber wird nicht nur "unwahrscheinlich", "dass Q kyrios verwandte"[36], sondern auch, dass diese Redeweise in den Einleitungswendungen von lk Q-Abschnitten vorlk und damit möglicherweise auf QLk zurückzuführen ist.

Somit aber reduzieren sich die Anzeichen für eine vorlk Herkunft der Einleitung 11,37-39a - vom möglicherweise Mk 7,1-23 aufgreifenden baptizō (s.o.) abgesehen - auf zwei stilistische Abweichungen: Das Vorkommen des praesens historicum (erōta) und die Konstruktion von

---

33) SCHUERMANN, Spracheigentümlichkeiten 225

34) So z.B. HOFFMANN, Studien 192 (mit Anm 11); SCHULZ, Q 191 Anm 117

35) Zu Lk 10,1 vgl. bes. HOFFMANN, Studien 248f; LAUFEN, Doppelüberlieferungen 201-204 (s. auch ERNST, Lk 330, ähnlich auch andere). Auch JEREMIAS, Sprache 183 weist 10,1 der LkRed zu und hält einzig ho kyrios für "Trad".
Zu 12,41f vgl. bes. SCHULZ, Q 271 mit Anm 33, aber auch die Urteile bei ERNST, Lk 407.409; GRUNDMANN, Lk 267; SCHNEIDER, LkII 290; SCHWEIZER, Lk 140.
Zu 17,5.6 vgl. ERNST, Lk 480; GRUNDMANN, Lk 332; SCHNEIDER, LkII 347; SCHULZ, Q 465.

36) HOFFMANN, Studien 192 Anm 11 gegen SCHUERMANN, LkI 408 Anm 6 (vgl. Ders., Spracheigentümlichkeiten 225); als LkRed beurteilt auch FREUDENBERG, Weherede 126 den absoluten Gebrauch von ho kyrios für den irdischen Jesus. In seiner Untersuchung über die Christologie der Logienquelle schliesst sich POLAG (Christologie bes. 131.137) ohne genauere Prüfung der Auffassung von SCHUERMANN an und beurteilt die Be-

thaumazō mit hoti. Diese Indizien reichen m.E. aber kaum aus, um eine Lk-Vorlage zu postulieren und ermöglichen erst recht keine Aussage über ihre Herkunft, zumal der seltene Gebrauch des praesens historicum im lk Werk sich auffällig auf verba dicendi konzentriert[37], und die unübliche grammatische Konstruktion von thaumazo auch mit dem unüblichen "negativen" Sprachgebrauch zusammenhängen könnte (vgl. Lk 13,14 wo das sinnverwandte aganakteō ebenfalls mit hoti statt dem gebräuchlichen peri konstruiert ist)[38], so dass selbst in diesen beiden Fällen die Möglichkeit lk Formulierung besteht.

2.1.2.3. Fazit

Die eingehende quellen- und stilkritische Untersuchung hat gezeigt, dass ein überzeugender Nachweis vorlk Herkunft von Lk 11,37-39a kaum zu erbringen ist. Da die Einleitung zur Weherede einige lk Spracheigentümlichkeiten aufweist[39], und es zudem ein allgemeines Kennzeichen lk Red ist, aus dem Ueberlieferungsstoff eine Einleitung zu entwickeln[40], wird man mit guten Gründen davon ausgehen können,

---

zeichnung ho kyrios für Jesus als "Spur jener Redaktion, auf die neben verschiedenen Einfügungen die Anreden und Zwischenfragen zurückgehen". Auf der kyrios-Bezeichnung ruhe "keine besondere Betonung durch die Redaktion, aber man kann schliessen, dass den Tradenten die Verwendung dieses Titels für Jesus und die damit gegebenen christologischen Implikationen vertraut waren" (aaO 137). In seinem Textheft zur Logienquelle bezeichnet er dann allerdings die Zugehörigkeit von Lk 11,37-39a;12,41-42a;17,5-6a als "unsicher" (POLAG, Fragmenta 88-91) und das Vorkommen in 7,19 als "vermutlich" (aaO 40) und in Lk 10,1 als "möglich" (aaO 44). Auch nach seiner Auffassung ist ho kyrios in Q also nicht sicher nachzuweisen. Dagegen ist die Anrede kyrie für Q in Lk 7,6//Mt 8,8 sicher belegt (vgl. auch Lk 6,46//Mt 7,21 und Lk 9,59//Mt 8,21; in Lk 9,59 ist kyrie textkritisch allerdings unsicher). Auch KATZ, Beobachtungen 106-165, bes. 131-157 hält es für wahrscheinlich, dass der Gebrauch von kyrios in den Einleitungswendungen zu Q-Stoffen vorlk ist, doch stützt sich seine Argumentation v.a. auf die Verwendung von kyrios im lk Sondergut und in der LkRed und bringt für die Frage nach dem absoluten Gebrauch von ho kyrios in Q keine weiteren Einsichten.

37) Vgl. JEREMIAS, Sprache 169f: Lk schränkt - von den Ausnahmen Lk 8,49//Mk 5,35; Lk 11,39;24,12; Apg 10,11.27) abgesehen - die Verwendung des praesens historicum auf die Redeeinleitungen legei (Lk 11,45; 17,37 (Plural);24,36 und 2mal Apg) und phēsin (Lk 7,40 und 10mal Apg) ein. Uebersehen hat JEREMIAS das praesens historicum in Lk 13,8 (legei), 16,23 (hora) und 16,29 (legei).

38) Vgl. BAUER, Wörterbuch 7 und EWNTI 19

39) S.o. A 9

40) So schon BULTMANN, Geschichte 359

dass Lk sie - in freier Anlehnung an Mk 7,1-23[41] - selbst gebildet hat, während die Wehesprüche in Q "rahmen- und situationslos" überliefert wurden[42], bzw. unmittelbar an das Vorangehende anschlossen.

1. Dieses Resultat lässt sich auch anhand der übrigen Teile des "Rahmens" der Weherede im LkEv (11,45.53f) bestätigen:

a) In Lk 11,45 ist die Verbindung apokritheis de + legei trotz des praesens historicum wohl auf Lk zurückzuführen[43]. Auch nomikos wird oft als Lukanismus angesehen[44], doch selbst wenn Lk das Wort in 11, 46.52 aus Q übernommen hat[45], kann daraus nicht auf eine vorlk Herkunft von 11,45 geschlossen werden, da es sich um eine red Aufnahme des Wortgebrauchs der Q-Vorlage handeln kann[46]. Als didaskale wird Jesus im LkEv ausschliesslich von Fremden und Gegnern angesprochen, so auch hier[47]. Red Herkunft ist also durchaus möglich, auch wenn Lk die Anrede zwar von Mk übernimmt, sie aber nie von sich aus in den Mk-Stoff einfügt[48], zumal sich die Vorkommen in SLk (7,40;12,13;19,39) nicht eindeutig der Trad zuweisen lassen[49]. Da hybrizō in den synopt Evangelien nur hier und in Lk 18,32, wo es mit Sicherheit red ist[50], sowie in Mt 22,6 (red)[51] vorkommt, und auch in der Apg belegt ist

41) S.o. 2.1.2.1.

42) FRANKEMOELLE, Pharisäismus 136; vgl. GARLAND, Intention 17: "no setting in Q".

43) JEREMIAS, Sprache 39f.207 weist die Wendung zwar der Trad zu, da Lk apokritheis de + eipen bevorzuge, doch da das praesens historicum bei verba dicendi im Doppelwerk gut bezeugt ist (s.o. zu erōta mit A 37), ist auch red Formulierung möglich.

44) So z.B. FRANKEMOELLE, Pharisäismus 136, Anm 37; FREUDENBERG, Weherede 51', Anm 12; HUEBNER, EWNTII 1157; SCHULZ, Q 107 (Anm 90).110 (Anm 121); TRAUTMANN, Handlungen 288. Zur Frage s.u. 2.2.2.(2.)

45) So z.B. JEREMIAS, Sprache 165f.210; POLAG, Fragmenta 56; SATO, Q 227f.517 Anm 292; SCHUERMANN, LkI 422 Anm 96

46) Schon BULTMANN, Geschichte 359 beobachtet, dass Lk es liebt, aus dem Ueberlieferungsstoff eine Einleitung zu entwickeln (zustimmend z.B. ERNST, Lk 329).

47) SCHUERMANN, LkI 269 (Anm 47).368f (Anm 173).475 (Anm 17)

48) HAHN, Hoheitstitel 76 Anm 8; SCHRAMM, Mk-Stoff 92

49) So auch SCHRAMM, Mk-Stoff 92: "didaskale ist luk möglich, aber nicht bevorzugt" (vgl. aaO 174 zu Lk 11,7 diff Mk, wo Mk 13,1 einwirkt); s. auch ERNST, Lk 387 (fragend).

50) Vgl. Mk 10,33f diff Lk 18,31-33; s. auch ERNST, Lk 506; SCHNEIDER, LkII 372

51) Zum red Charakter von Mt 22,6 s. nur WEDER, Gleichnisse 181 Anm 68 (Lit!).

(14,5; vgl. auch hybris in Apg 27,10.21), besteht auch hier der Verdacht auf lk Red. Da anderseits eindeutige Hinweise auf die Existenz einer Vorlage fehlen, wird man Lk 11,45 als red Zwischenbemerkung anzusehen haben[52], zumal dieses Gestaltungsmittel von Lk auch anderswo verwendet wird (vgl. 12,41;14,15;17,5.37)[53].

b) In 11,53f erweist sich kakeithen aufgrund des gehäuften Vorkommens im Doppelwerk (von 13 Belegen - die Vorkommen von kai ekeithen miteingerechnet - finden sich 2 im LkEv, 8 in der Apg) als lk[54]. Entsprechendes gilt für enedreuontes, da es im NT nur noch in Apg 23,21 belegt ist[55]. Auch der nach dem Vorkommen von nomikoi in 11,45.46.52 auffällige Gebrauch von grammateis kann nicht als Argument gegen die red Abfassung von 11,53f herangezogen werden, da diese Bezeichnung "von Lukas sowohl traditionell wie redaktionell gebraucht (wird)"[56] und es sich in unserem Fall um eine Reminiszenz an ihr Vorkommen in der Q-Fassung der Weherede handeln kann[57]. Das von JEREMIAS als "Trad" beurteilte ērxanto[58] ist ebenfalls kein eindeutiger Hinweis auf die Existenz einer Vorlage, da Lk es gelegentlich auch "von sich aus schreibt"[59]. Was das Adverb deinōs betrifft, so kommt es zwar in Mt 8,6 diff Lk 7,2 vor und geht dort wahrscheinlich auf Q zurück[60], doch da unsicher ist, ob die Abweichungen der Lk- von der Q-Fassung

---

52) So auch ERNST, Lk 387; SCHMITHALS, Lk 139; FRANKEMOELLE, Pharisäismus 136 Anm 36; FREUDENBERG, Weherede 129; LUEHRMANN, Redaktion 45 mit Anm 2; SCHUERMANN, Redekomposition 37; Ders., Zeugnis 129; SCHULZ, Q 95 Anm 5; ZELLER, Kommentar 65

53) Darauf weist SCHMITHALS, Lk 139 hin. Zu 12,41 und 17,5 s.o. A 35.
Zum red Charakter von 14,15 vgl. das differenzierte Urteil bei WEDER, Gleichnisse 178 Anm 57 (Lit!).
Zum red Charakter von 17,37a vgl. das Fehlen einer Parallele in Mt 18,28, vgl. auch SCHNEIDER, LkII 354; SCHULZ, Q 280 mit Anm 122. Anders freilich JEREMIAS, Sprache 270 (s. jedoch A 37.43) und POLAG, Christologie 14f, der den Vers Q zuweist.

54) JEREMIAS, Sprache 210

55) JEREMIAS, Sprache 210

56) JEREMIAS, Sprache 165(f)

57) Dies ist ein m.W. bisher nicht beachtetes Argument für die Annahme, dass Lk in Q grammateis und nicht nomikoi las (zur Problematik s.o. mit A 44.45 sowie unten 2.2.2.).

58) JEREMIAS, Sprache 210

59) JEREMIAS, Sprache 105

60) So SCHULZ, Q 236f, WEGNER, Hauptmann 133-141, zu deinos aaO 141

hier red oder vor-red erfolgten[61], kann daraus nicht geschlossen werden, dass die LkRed deinōs meidet, zumal die Textbasis dafür zu schmal ist (deinōs im NT nur Mt 8,6; Lk 11,53). Auch enechō ist im NT sehr selten (neben Lk 11,53 noch Mk 6,19; Gal 5,1) und kann für unsere Fragestellung nicht ausgewertet werden[62]; apostomatizō ist hapax legomenon, ebenso thereuō. Der Komparativ pleiōn kommt im NT 55 mal vor, davon 9mal im LkEv, 19 mal in der Apg[63], kann also durchaus red sein. Stoma wird von Lk gern gebraucht[64], und die Wendung ek tou stomatos autou hat in Lk 4,22;19,22 red Parallelen (vgl. auch Lk 6,45//Mt 12,34; Lk 22,71 und Apg 22,14)[65]. Wiederum fehlen also eindeutige Hinweise auf eine Vorlage, während sich mehrere lk Spracheigentümlichkeiten nachweisen lassen, so dass auch diese Schlussverse, die ähnlich wie andere Notizen (6,11;19,47;20,19f;22,2) die zunehmende Feindschaft der Gegner illustrieren[66], als red Bildungen anzusehen sind.

---

61) Zur Problematik vgl. WEGNER, Hauptmann 6-17 (Forschungsüberblick), sowie seinen eigenen Nachweis, dass Lk 7,1ff "nicht eine sek-lk Bearbeitung der von Mt in Mt 7,28a;8,5-10.13 benutzten Vorlage ist" (aaO 243) und insbesondere, dass Lk die Krankheitsbeschreibung in Mt 8,6 nicht kannte (aaO 244) und in Lk 7,2 im grossen und ganzen den Text seiner Vorlage wiedergibt (aaO 149, vgl. 142-149).

62) Lk übergeht den ganzen Bericht von der Enthauptung des Täufers (Mk 6,17-29, vgl. aber Lk 3,19f), so dass das Fehlen einer lk Parallele zu enecho in Mk 6,19 stilkritisch nicht ausgewertet werden kann.

63) Vgl. MORGENTHALER, Statistik 133; NEBE, EWNT III 241. Die Angabe von BAUER, Wörterbuch 1366 "achtzehnmal im NT" bezieht sich wohl nur auf den Nominativ.

64) Stoma: Mt 11mal; Mk nie; Lk 9mal; Apg 12 mal; vgl. SCHULZ, Q 292 Anm 19.

65) Zum red Charakter der Formulierung in 4,22 vgl. BUSSE, Manifest 37 mit Anm 44. Eindeutig ist der Fall, wenn Mk 6,1-6a die Vorlage für Lk 4,16-30 bildete (so z.B. SCHNEIDER, LkI 106f; BUSSE, Manifest 62-67 und die bei SCHUERMANN, LkI 241f Anm 149 genannten; anders v.a. SCHUERMANN, LkI 241-244 und SCHRAMM, Mk-Stoff 37), da 4,22 dann die Lk-Fassung von Mk 6,2f darstellt.
In 19,22a ist die Wendung aufgrund des Fehlens einer Mt-Parallele mit grosser Wahrscheinlichkeit red (so SCHULZ, Q 292 mit Anm 219; WEDER, Gleichnisse 199 mit Anm 150).

66) SCHNEIDER, LkII 276. Als red Bildung sehen Lk 11,53f auch an: ERNST, Lk 383; SCHMITHALS, Lk 141; FRANKEMOELLE, Pharisäismus 136; FREUDENBERG, Weherede 127f; LUEHRMANN, Redaktion 44; SCHUERMANN, Redekomposition 37; Ders., Zeugnis 129; SCHULZ, Q 95 Anm 5

2. Dieses aufgrund sprachlicher und stilistischer Beobachtungen gewonnene Urteil, dass der Rahmen der Weherede (Lk 11,37-39a.45.53f) eine lk Bildung ist, lässt sich auch durch die Feststellung stützen, dass Lk auch in 7,36-50 und 14,1-24 berichtet, Jesus sei von einem Pharisäer zum Essen eingeladen worden, während solche Gastmahlssituationen in Mk und Mt nicht vorkommen. Dieses gelegentlich anzutreffende Argument[67] wird von STEELE[68] dahingehend präzisiert, dass Lk in 11,37-54 das Genus des hellenistischen Symposiums aufgreift. Dieses Genus, das die lk Ueberarbeitung des Zöllnergastmahls Mk 2,15-17 in Lk 5,29-32(33-39) bestimmt und sich so als red erweist, prägt auch die Salbungsgeschichte 7,36-50 und den Bericht vom Besuch bei einem führenden Pharisäer 14,1-24. Folgende Gattungsmerkmale kommen in Lk 7,36ff;11,37ff und 14,1ff vor: a) Personen: Die Erwähnung eines Gastgebers mit hohem sozialem Status (Pharisäer, bzw. Oberer der Pharisäer in 14,1) und eines Haupteingeladenen, der namentlich genannt und ausdrücklich eingeladen wird (Jesus), sowie weiterer Gäste.
b) Aufbau: Die Gäste werden erst im Verlauf des Gespräches eingeführt (vgl. 11,45, wo "einer der nomikoi", von denen bisher noch nicht die Rede war, das Wort ergreift); das Gespräch wird durch ein 'fait divers' ausgelöst[69]. Damit erweist sich auch die Gattung des Textes als gewichtiges Argument für die red Gestaltung des Rahmens.

2.1.3. Die Verknüpfung mit dem weiteren Kontext in Q

Aufgrund der bisherigen Erwägungen hat sich ergeben, dass weder der Mt-Kontext noch der Lk-Rahmen (11,37-39a.45.53f) in der Frage nach der Verknüpfung der Weherede mit dem weiteren Kontext in Q weiter-

---

67) Z.B. ERNST, Lk 383; SCHMITHALS, Lk 138f; SCHNEIDER, LkII 274; LEGASSE, Oracle 237f

68) STEELE, Luke 11,37-54 379-394, bes. 387-392

69) STEELE verzeichnet aber auch Abweichungen vom Genus des hellenistischen Symposium, die für alle lk Symposien charakteristisch sind: Die klassischen Symposien sind in ein deipnon und ein eigentliches symposion unterteilt, während diese Zweiteilung bei Lk fehlt, und während in den hellenistischen Parallelen alle Gäste das Wort ergreifen, ist es bei Lk vor allem Jesus, der spricht (aaO 390). Zudem macht STEELE darauf aufmerksam, dass in Lk 11,37-54 nicht - wie üblich - die besondere Weisheit des Haupteingeladenen erwähnt wird (vgl. jedoch den unmittelbaren Kontext, bes. 11,30), was mit der Eigenart des Lk vorliegenden Materials in den Weherufen zusammenhängt (aaO 387f).

helfen, wo diese rahmen- und situationslos überliefert worden zu sein scheint. Aufgrund der allgemeinen Erkenntnis, dass die Q-Abfolge im LkEv besser gewahrt wird als bei Mt[70], aber auch weil in Lk - anders als in Mt - vor allem aus Q stammende Stoffe den weiteren Kontext der Rede bilden, muss jeder Versuch, Aufschluss über ihre Stellung in Q zu gewinnen, beim lk Zusammenhang ansetzen.
Im lk Kontext gehen der Weherede die Lichtsprüche Lk 11,33.34-36//Mt 5,15;6,22f unmittelbar voraus, während sich in Lk 12,2-9.10.11f//Mt 10,26-33;12,32;10,19f Aufforderungen zum furchtlosen Bekenntnis anschliessen. Es stellt sich somit die Frage, ob diese Stoffanordnung auf Q zurückzuführen oder als lk anzusehen ist.
Ein Urteil fällt nicht leicht. ZELLER[71] hat darauf aufmerksam gemacht, dass Stichwortverknüpfungen darauf hindeuten, dass die Lichtsprüche Lk 11,33-36par in Q vor der Logienkomposition Lk 12,2-12 standen, zumal auch Mk das Wort von der Leuchte (Mk 4,21; vgl. Lk 11,33 und 8,16) unmittelbar vor dem Spruch vom Verborgenen (Mk 4, 22; vgl. Lk 12,2 und 8,17) bringt, und EvThom 33 Lk 12,3 und 11,33 kombiniert. Er vermutet deshalb, dass Lk die Pharisäerrede eingeschoben hat: Weil die Zeichenforderung 11,16.29 ihre Parallele in der "grossen Auslassung" hat (Mk 8,11, dort sind die Pharisäer Subjekt), baut Lk auch andere Elemente daraus mit antipharisäischer Spitze hier ein (Lk 11,37f vgl. Mk 7,1f.5; Lk 12,1 vgl. Mk 8,15) und verwendet sie als Rahmen für die Q-Rede gegen die Pharisäer und Gesetzeslehrer.
In die Erwägungen miteinzubeziehen ist aber auch die Möglichkeit eines inhaltlichen Zusammenhanges der Weherufe mit dem Bildwort vom Auge Lk 11,34f//Mt 6,22f: Da "haplous und ponēros ... schon in Test Iss 3,4;4,6 in Verbindung mit dem Auge den völligen, ungeteilten Gesetzesgehorsam bzw den finsteren, zwiespältigen Gesetzesungehorsam (bezeichnen)"[72], könnten die Weherufe als Illustration dessen zu verstehen sein, was Q unter ungeteiltem, bzw. zwiespältigem Gesetzesgehorsam versteht.

---

70) S.o. Einl 4.(3.) mit A 76
71) ZELLER, Redaktionsprozesse 398; Ders., Kommentar 72f; vgl. Ders., Mahnsprüche 191, Anm 233
72) SCHULZ, Q 470 (mit Anm 515); vgl. auch NIEBUHR, Gesetz 113; SCHRAMM, EWNTI 296f; WANKE, Kommentarworte 65 mit Anm 23

Die Annahmen einer Zusammengehörigkeit von Lk 11,33.34-36 und 12,2ff (ZELLER) einerseits, und von 11,34-36 und 11,39ff anderseits brauchen einander aber nicht auszuschliessen, ist es doch denkbar, dass eine kleine Spruchgruppe, die etwa Lk 11,33;12,2f.(8f.10?) umfasste und um das Thema Bekenntnis/Verkündigung kreiste, im Verlauf des Wachstums von Q um 11,34f;12,4f.6f.(8f.10?)11f und um die Weheprüche erweitert und dadurch völlig umgestaltet wurde. Die Annahme eines solchen "Anwachsens" einer kleinen Komposition zu einem grösseren Komplex deckt sich durchaus mit den Vorstellungen, die sich die neuere Q-Forschung über die Entstehung der Redenquelle macht[73], lässt sich aber auch für diesen konkreten Fall näher begründen:

1. Die gelegentlich geäusserte Auffassung[74], dass Lk für die Einordnung der Weherede zwischen 11,36 und 12,1 verantwortlich ist, vermag nicht zu überzeugen. Problematisch ist sie besonders dann, wenn damit die Annahme einhergeht, Lk habe dafür eine kompositionelle Einheit (11,33ff;12,2ff) aufgebrochen: Die Aufnahme antipharisäischen Materials im Zusammenhang mit der (bei Mk von den Pharisäern vorgetragenen) Zeichenforderung (11,16.29), die nach ZELLER das Motiv dieses red Eingriffs gewesen sein soll (s.o.), kann die vorliegende Stoffanordnung nicht erklären, sondern hätte es nahegelegt, die Weherede unmittelbar an die Auseinandersetzungen Jesu mit Gegnern 11,14-23.24-26.29-32 anzuschliessen.
Die Annahme einer red Einordnung der Weherede durch Lk ist auch deshalb problematisch, weil einerseits in der Frage nach dem richtigen Gesetzesgehorsam (s.o.) ein sachlicher Zusammenhang zwischen den Lichtsprüchen 11,34-36 und den Weherufen 11,39ff vorhanden ist, und es anderseits keine Hinweise auf einen anderen möglichen Q-Kontext gibt.
Zudem zeigt die red Rahmenbildung 11,37f(45.53f;12,1a) zum einen, dass Lk keinen sachlichen Zusammenhang zwischen 11,34-36 und 11,39ff sieht, sie steht aber zum anderen auch in einer gewissen Spannung

73) S.o. Einl. 4.(5.)
74) So ZELLER, Redaktionsprozesse 398. FREUDENBERG, Weherede 130f nimmt an, dass Lk 11,39ff in Q an Lk 11,14-23.24-26.29-32 anschloss, und dass erst die LkRed 11,33.34-36 eingeschoben hat.

zum Korpus der Weherede (Reinigung der Hände - Reinigung der Gefässe; Gastmahlssituation - eine "Oeffentlichkeit" voraussetzende Anklagerede) und ist deshalb als Versuch, einen vorliegenden Stoff zu gliedern und ihm einen Rahmen zu geben, eher verständlich, denn als Redaktions- und Kompositionsarbeit, die den Stoff bewusst so anordnet[75].

2. Da Lk die Abfolge 11,33.34f.39-52;12,(1?)4f.6f.8f.10.11f aus Q übernommen hat, diese Stoffanordnung aber keinen klaren Aufbau erkennen lässt, muss der Versuch unternommen werden, die Entstehungsgeschichte dieses Komplexes aufzuhellen. Dabei ist freilich ein beträchtliches Mass an Unsicherheit in Kauf zu nehmen. Auszugehen ist von den bereits erwähnten Anzeichen dafür, dass in der vorliegenden Anordnung getrennte Logien ursprünglich zusammengehörten.

a) Aufgrund der Zusammenstellung der Mk-Parallelen zu Lk 11,33;12,2 in Mk 4,21.22 (Licht auf dem Leuchter, Offenbarwerden des Verborgenen), die Mk wohl schon vorlag[76], aber auch weil hinter den beiden Logien ähnliche Vorstellungen stehen (Dunkel - Licht; verborgen - sichtbar) und es sich bei beiden um unpersönlich formulierte, als Parallelismen aufgebaute Weisheitssprüche handelt, darf vermutet werden, dass sie einmal miteinander verbunden waren. Zu diesem Kern gehört zusätzlich das "Kommentarwort" 12,3[77], das wiederum einem ähnlichen Vorstellungsfeld (Dunkel - Licht; ins Ohr flüstern - von den Dächern verkünden) entstammt und ebenfalls parallel gebaut ist. Dieses Kommentarwort "hat deutlich eine erläuternde Funktion"[78]: Während es sich in 11,33 um eine "Metapher" handelt, die "völlig auf der Ebene des gewählten Bildes (bleibt)" und deren "Ausdeutung ... sich daher vom jeweiligen Kontext her (ergibt)"[79], und 12,2 ein "allgemei-

75) Vgl. auch das Urteil von SATO, Q 46 über die Stellung der Lichtsprüche: "Gerade weil das Spruchpaar in der Lukas-Reihenfolge so rätselhaft erscheint, wird es auch in Q so gestanden haben".

76) WANKE, Kommentarworte 84, sowie die bei DUPONT, Transmission 218 Anm 64 genannten Autoren. DUPONT selbst hält die Zusammenstellung von Mk 4,21 und 22 für red (ebd).

77) WANKE, Kommentarworte 69f

78) WANKE, Kommentarworte 70 mit Anm 19

79) WANKE, Kommentarworte 63, ähnlich SCHULZ, Q 475f

ne(s) Gesetz menschlicher Erfahrung"[80] formuliert, macht 12,3 die beiden Logien "dem Gedanken der Verkündigung dienstbar"[81].

b) Die weitere Geschichte der kleinen Komposition 11,33;12,2f lässt sich nur in Umrissen rekonstruieren. Sehr gut schliesst die Aufforderung zum Bekenntnis 12,8f, die möglicherweise ihrerseits schon mit 12,10 (Lästerung des Geistes) verknüpft war[82], an 12,3 an, aber es ist auch möglich, dass 12,8f.10 erst nach Anfügung der Mahnung zur Furchtlosigkeit 12,4-7 hinzukamen[83]. Diese Anfügung (wie auch jene des Logions über die Verteidigung vor den Synagogen 12,11f[84]) muss wohl vor dem Hintergrund einer sich zuspitzenden Gefährdung der Anhänger Jesu gesehen werden[85]. Durch die Gegenüberstellung von menschlichem Tun, bzw. Tun vor Menschen und Handeln Gottes, bzw. vor Gott sollen die Jünger auf die (eschatologische) Bedeutung des Bekenntnisses zu Jesus aufmerksam gemacht, aber auch ermutigt werden[86].

c) Auch die Einfügung der Lichtsprüche 11,34-36 ist möglicherweise in diesem Zusammenhang zu sehen. Dafür spricht, dass sowohl in diesem Wort vom Auge als auch in 12,4f anthropologische Kategorien verwendet werden (vgl. auch das gemeinsame Stichwort sōma), und dass beiden Logien ein paränetisches Interesse gemeinsam ist[87]. Trotz der Stichwortanknüpfungen und der sachlichen Bezüge stört die Einordnung von

---

80) SCHULZ, Q 463

81) WANKE, Kommentarworte 68 (vgl. 69f), nur mit Blick auf Lk 12,2 und 3. Von daher bekommt auch die Auffassung von SCHULZ, Q 476 mit Anm 561 ihr relatives Recht, dass die Metapher 11,33 "im Kontext von Q noch am ehesten auf den Sendungsauftrag der Q-Gemeinde zu beziehen ist", was sich allerdings aus der Formulierung selbst nicht ableiten lässt.

82) WANKE, Kommentarworte 72

83) So SCHUERMANN, Beobachtungen 166f, der den sachlichen Bezug zu 12,2f allerdings auch anerkennt.

84) Zur Zugehörigkeit von Lk 12,11f zu dieser Q-Komposition vgl. LAUFEN, Doppelüberlieferungen 459f, Anm 32; ZELLER, Mahnsprüche 191, Anm 234

85) Vgl. HOFFMANN, Studien 156; SCHUERMANN, Mt 10,23 152; ZELLER, Mahnsprüche 187f

86) Vgl. ZELLER, Kommentar 74f; Ders., Mahnsprüche 100f.188

87) Noch verständlicher wird diese Einfügung, wenn die Annahme von KATZ, Beobachtungen 255-257 zutrifft, dass das estai in 11,36 als eschatologisches Futur zu verstehen ist, und somit ein Zusammenhang zwischen dem Verhalten des Menschen und seinem Ergehen im Endgericht hergestellt wird, da dann auch hier eine Gegenüberstellung von menschlichem und göttlichem Forum vorliegt (s.o. mit A 86).

11,34-36 den Aufbau der Komposition, da dieses Wort nicht die Verkündigungssituation, sondern die innere Einstellung des Menschen im Blick hat, so dass es zu einem "unterschiedliche(n) Verständnis von lychnos" in 11,33 und 34f kommt[88] und auch der Gegensatz Dunkel - Licht in 34-36 eine neue Bedeutung bekommt.
Durch diese Einfügung erhält auch die Metapher vom Licht auf dem Leuchter in 11,33 einen neuen Stellenwert, da sie nun nicht mehr durch 12,2f, sondern durch 11,34-36 kommentiert wird, wodurch auch ihr Bezug auf die Verkündigung abgeschwächt wird. Dies wird auch daraus ersichtlich, dass 11,36b auf 11,33 zurückgreift und der Verklammerung der beiden Logien dient[89].
d) Damit aber kommt es zu einer gewissen Verselbständigung von 11,33-36 gegenüber der übrigen Komposition, die zum einen ermöglicht, die Weherufe 11,39-52 einzuschieben, und zum anderen, dass 11,33(-36) an die Beelzebul-Kontroverse und die sich daran anschliessenden Logien angefügt wird[90].

3. Diese vorwiegend an formalen Gesichtspunkten orientierten Ueberlegungen zur Entstehungsgeschichte der vorliegenden Q-Komposition, die bewusst auf eine genaue Zuordnung und Fixierung der einzelnen Kompositionsvorgänge verzichten, lassen sich auch anhand einer Erwägung sachlich-inhaltlicher Art bestätigen: Gewiss ist es kein Zufall, dass die Mahnung zum furchtlosen Bekenntnis in Zusammenhang gebracht wird mit Worten, die Jesu Stellung zur Tora (und zu jenen, die beanspruchen, sie richtig auszulegen), zur Sprache bringen, und dass gleichzeitig auch die Bedrängnis der Jesus-Jünger in den Blick kommt; denn dass die Treue zu Jesus und zu seiner Botschaft gerade in der Frage nach dem rechten Verständnis der Tora Anlass zu Konflikten gab, ist durchaus plausibel, auch wenn der Anspruch Jesu und nicht die Gesetzesfrage im Zentrum dieser Konflikte stand[91].

---

88) WANKE, Kommentarworte 65(f); vgl. auch KATZ, Beobachtungen 255
89) Zur Q-Zugehörigkeit von Lk 11,36 s.u. 4.2.2.2.(1.a) mit Anm 550. Zum sekundären Charakter s. v.a. KATZ, Beobachtungen 249.
90) Vgl. dazu WANKE, Kommentarworte 63. Zur Funktion von Lk 11,33-36 im Gesamt von 11,14-52 s.u. 4.2.2.2.(4.c).
91) Meine diesbezüglichen Ueberlegungen in KOSCH, Gottesherrschaft 57f.59.63f schätzen die Bedeutung der Gesetzesfrage für die Auseinandersetzung des Q-Kreises mit "diesem Geschlecht" zu hoch ein.

4. Die These, dass Lk die Weherede in ihrem ursprünglichen Q-Kontext belassen hat, kann sich demnach auf folgende Beobachtungen berufen: Eine Einfügung in den jetzigen Kontext durch die LkRed ist unwahrscheinlich (s.o. 1.), während kompositionskritische (s.o. 2.) und sachliche (s.o. 3.) Beobachtungen zumindest Indizien für die Annahme liefern, dass die Weherede im Verlauf der Wachstums- und Kompositionsgeschichte von Q zwischen die Lichtsprüche Lk 11,33-36 und die Worte über das Offenbarwerden des Verborgenen 12,2f eingeschoben wurde.

Die innere Logik der Stoffanordnung in Q, wie sie aus dem LkEv erschliessbar ist, ist dennoch nicht völlig durchsichtig. Was die Abgrenzung des näheren Kontextes der Weherede betrifft, so findet sich der letzte Einschnitt in Lk 11,14//Mt 12,22f, wo eine Dämonenaustreibung den Anlass zur Beelzebul-Kontroverse bildet. Der Wortlaut dieser "Einleitung"[92] ist nur noch teilweise rekonstruierbar[93]. In Lk 11,15a// Mt 12,24a werden in der Einleitung zum eigentlichen Streitgespräch die Gegner Jesu eingeführt, wobei die unbestimmtere Angabe über ihre Identität, die Lk bietet (tines ex autōn) wohl ursprünglicher sein wird als die mt Erwähnung der Pharisäer[94]. Aufgrund der Erwähnung der hyioi (Schüler) in Lk 11,19par[95] und aufgrund der Mk-Parallele, wo die grammateis (3,22) die Urheber des Vorwurfs sind[96], wird allerdings gelegentlich erwogen, ob nicht auch Q die Gesetzeslehrer als Gesprächspartner Jesu erwähnte.

Nach hinten wird die Einheit wohl durch Lk 12,1 abgegrenzt, da nun nicht mehr die Gegner Jesu, sondern seine Jünger angesprochen sind. Dieser Adressatenwechsel wurde wohl durch eine knappe Einleitungs-

---

92) Dass diese Heilungsgeschichte "kein Eigengewicht besitzt, sondern als Einleitung zu der folgenden Kontroverse dient" ist allgemein anerkannt: LAUFEN, Doppelüberlieferungen 126; vgl. KATZ, Beobachtungen 187; LUEHRMANN, Redaktion 32; SCHULZ, Q 206.

93) Vgl. LAUFEN, Doppelüberlieferungen 126f; zuversichtlicher z.B. SCHULZ, Q 204. Dass Lk 11,14 nicht mit dem Q-Text identisch ist (so richtig LAUFEN, aaO gegen SCHULZ, aaO) zeigen die vielen lk Spracheigentümlichkeiten in diesem Vers (vgl. JEREMIAS, Sprache 199).

94) Vgl. nur LAUFEN, Doppelüberlieferungen 127; LUEHRMANN, Redaktion 32; SCHULZ, Q 204; WANKE, Kommentarworte 52

95) SCHENK, Synopse 67

96) ZELLER, Kommentar 59

wendung signalisiert, die etwa ērxato legein tous mathētais autou gelautet haben mag[97].

Der so begrenzten, Lk 11,14-52 umfassenden Komposition wird gelegentlich das Thema "Auseinandersetzung mit Gegnern" zugeordnet[98], doch ist mit dieser sehr formalen Charakterisierung wenig über das Verständnis und die Bedeutung dieses grösseren Abschnittes gesagt. Um zu einem präziseren Urteil zu gelangen, ist es notwendig, Gestalt und Umfang der Komposition genauer als bisher in den Blick zu bekommen und diese auch im Zusammenhang mit der Gesamtintention der QRed zu sehen[99]. Da unser Interesse besonders den Weherufen Lk 11,39b-41.42par gilt, und die literarkritischen Probleme der Weherede noch grösser sind als jene, die Lk 11,14f.17-23.24-26.29-32.33-36 bietet[100], konzentrieren wir uns dabei zunächst auf Lk 11,39-52.

2.2. Die Gestalt der Weherede in Q

Wie bereits bemerkt, bereitet die Rekonstruktion der Q-Fassung der Weherede Schwierigkeiten, da nicht nur der Wortlaut, sondern auch die Reihenfolge der einzelnen Weherufe in den beiden Fassungen des Mt und des Lk unterschiedlich sind. Unklar ist schliesslich auch, ob das Jerusalem-Wort (Mt 23,37-39//Lk 13,34f) in Q im Zusammenhang mit der Weherede überliefert wurde, was für die Erhebung ihrer Intention nicht unbedeutend ist. Im Blick auf unsere begrenzte Fragestellung ist

---

97) Vgl. POLAG, Fragmenta 88; auch SCHNEIDER, LkII 278 und ZELLER, Kommentar 73 urteilen, dass die Rede Lk 12,2ff schon in Q als Jüngerunterweisung verstanden wurde. Im übrigen ist die szenische Einleitung in Lk 12,1 allerdings red (vgl. nur SCHNEIDER, LkII 278 und JEREMIAS, Sprache 211).

98) So SCHUERMANN, Zeugnis 77; vgl. Ders., Redekomposition 68; s. auch SATO, Q 46; POLAG, Christologie 8; VIELHAUER, Geschichte 315; vgl. GRUNDMANN, Lk 236(ff); SCHNEIDER, Komposition 220. VASSILIADIS, Nature 72 ordnet 11,14-12,4 dem Thema "Jesus and his Opponents" unter. LUEHRMANN, Redaktion 47 (vgl. 44) sieht den thematischen Zusammenhang in der Gerichtsankündigung.

99) Zum Problem der Q-Red s.o. Einl 4.(5.)

100) Vgl. dazu 4.2.2.2.(1.a) sowie KATZ, Beobachtungen 166-257; LAUFEN, Doppelüberlieferungen 126-132.139-149; LUEHRMANN, Redaktion 32-43; POLAG, Fragmenta 50-54; SCHENK, Synopse 66-74; SCHULZ, Q 203-213.250-258.468-470.474-476.476-480. Zur Wachstumsgeschichte von Lk 11,14-32 s. ZELLER, Redaktionsprozesse 405-407.

es allerdings unnötig, alle anstehenden Fragen zu klären, so dass nur die folgenden drei Punkte zu behandeln sind: die Reihenfolge der Weherufe (2.2.1.), die Adressaten der Weherufe (2.2.2.) und die Zugehörigkeit des Jerusalem-Wortes zur Weherede in Q (2.2.3.).

2.2.1. Die Reihenfolge der Weherufe

Lk 11,37-54 und Mt weichen im Aufbau trotz zahlreicher gemeinsamer Stoffe stark voneinander ab. Eine Tabelle vermag die Verhältnisse etwas zu verdeutlichen (s. nächste Seite).

1. Zur Wiederherstellung der Q-Abfolge der einzelnen Weherufe gibt es in der Literatur verschiedene Modelle:

a) Einige Autoren bevorzugen grundsätzlich die Lk-Reihenfolge[101]. Für diese Auffassung spricht, dass Lk die Abfolge des Q-Stoffes generell besser bewahrt hat[102], und dass Lk in 11,39ff fast ausschliesslich Q-Stoff bringt, während in Mt 23 Traditionen aus Mk, Q und SMt zu einer red Einheit verarbeitet werden, was zu einer Neuordnung des Stoffes führt[103].

b) Andere halten eine Rekonstruktion der Q-Akoluthie für unmöglich und enthalten sich eines Urteils[104].

c) FREUDENBERG gelangt zur Auffassung, dass die MtRed die ursprüngliche Q-Abfolge weitgehend bewahrt hat[105]. Dabei geht er davon aus, dass Q den Weheruf Mt 23,15 enthielt, der von Lk weggelassen wurde, da er seiner Intention, "die an die Pharisäer gerichteten Weherufe einheitlich unter das Thema 'ethische Korruptheit' (zu) stellen", nicht

---

101) SCHMITHALS, Lk 138; SCHNEIDER, LkII 274; GARLAND, Intention 17(f); LEGASSE, Oracle 238; POLAG, Fragmenta 54-57; SATO, Q 227f (vgl. 46f); SCHENK, Synopse 75-82; SCHULZ, Q 94f, Anm 5; vgl. auch KUEMMEL, Weherufe 37

102) S.o. Einl 4.(3.) mit A 76

103) So v.a. GARLAND, Intention 18. Dass Mt 23 stark red geprägt ist, wird allgemein anerkannt; vgl. FRANKEMOELLE, Pharisäismus 149-185; FREUDENBERG, Weherede 92-125; GARLAND, Intention; HAENCHEN, Matthäus 23; KUEMMEL, Weherufe 30-34.

104) LUEHRMANN, Redaktion 45; FRANKEMOELLE, Pharisäismus 135 mit Anm 35; ZELLER, Kommentar 65. LUZ, Sermon 473 (vgl. Ders., Text 11f) beurteilt die Weherede als einen der Texte, in denen die Abweichungen von QMt und QLk (auch in der Akoluthie) besonders gross sind und rekonstruiert deshalb keinen Q-Text.

105) FREUDENBERG, Weherede 89

Tabelle zu Lk 11,37-54 und Mt 23

Lukas	Lk 11	Adressat	Mt 23		Mk 12,38b-40
Situationsangabe	37-39a				
1*Reinheit	39b-41	Pharisaioi	25-26	(5)	
2 Zehnt	42	Pharisaioi	23	(4)	
3 Ehrensitze	43	Pharisaioi	6-7	(*)	38f/Lk 20,46
4 Grabmäler	44	---	27-28	(6)	
Einwand des Gesetzeslehrers	45				
5 Lasten aufladen	46	Nomikoi	4	(*)	
6 Prophetengräber	47-48	---	29-31	(7)	
Weisheits-Wort	49-51		34-36		
7 Verschliessen	52	Nomikoi	13	(1)	
Abschlusswendung	53-54				

Matthäus	Mt 23	Lk 11		Mk	Lk (par Mk)
Situationsangabe	1-2a			12,37b-38a	20,45
Kathedra des Mose	2b-3				
*Lasten aufladen	4	46	(5)		
Ehrsucht	5a				
*Ehrensitze	5b-7	43	(3)	12,38b-39	20,46
Anreden	8-11				
Sich erhöhen	12			(9,35)	(14,11;18,14)
1 Verschliessen	13	52	(7)		
2 Proselyten	15				
3 Schwören	16-22				
4 Zehnt	23	42	(2)		
Kamele seihen	24				
5 Reinheit	25-26	39b-41	(1*)		
6 Grabmäler	27-28	44	(4)		
7 Prophetengräber	29-32	47-48	(6)		
Ihr Schlangen!	33				
Weisheitswort	34-36	49-51			
Jerusalem-Wort	37-39	(13,34-35)			

* = Nicht als Weheruf formuliert

entsprach[106]. Zudem ist er der Meinung, dass Lk 11,43 eine Dublette zu Lk 20,46//Mk 12,38b-39//Mt 23,5b-7 ist, die Lk als "Ersatz" für den eliminierten Weheruf Mt 23,15Q geschaffen und in die Weherede aufgenommen hat[107]. Aufgrund inhaltlicher und formaler Argumente rekonstruiert er folgende Q-Abfolge[108]: (1) Mt 23,13[109] (2) 23,15[110] (3) 23,4[111] (4) 23,23 (5) 23,25f[112] (6) 23,27-28[113] (7) 23,29-31.34-36.37-39[114].

d) Der Rekonstruktionsversuch von SCHUERMANN orientiert sich primär an der Entstehungsgeschichte der Weherede und kommt zum Schluss, dass die Akoluthie bei Mt durchgehend erhalten ist, während Lk verschiedentlich eingegriffen hat. Er rechnet mit einer Redekomposition, die sechs Weherufe, aber auch andere Redeformen enthielt und folgende Stoffe umfasste[115]:

---

106) AaO 5. Als positive Argumente für die Q-Zugehörigkeit von Mt 23,15 führt FREUDENBERG, aaO 76f die Siebenzahl der Weherufe in Mt und Lk sowie die der Mehrzahl der Weherufe entsprechende Struktur (hoti-Satz mit zwei syntaktisch selbständigen Gliedern) des Wortes an. Streichung durch Lk erwägt auch SCHUERMANN, Redekomposition 39f(49).

107) AaO 4f. Zur Begründung führt FREUDENBERG an, dass sich die Uebereinstimmungen von Mt 23,5b-7 und Lk 11,43 gegen Mk 12,38b-39 "auch ohne die Annahme einer Q-Dublette erklären (lassen)" (aaO 4) und dass der hoti-Satz in Lk 11,43 nur eingliedrig ist und somit nicht der Struktur der übrigen Weherufe entspricht (aaO 5). Zustimmend FRANKEMOELLE, Pharisäismus 134 mit Anm 29.

108) FREUDENBEG, Weherede 88f

109) Von Lk red an den Schluss gestellt (aaO 13f.89.130)

110) Aufgrund inhaltlicher Verwandtschaft mit Mt 23,13 (aaO 77.89)

111) Von Mt in die "Vorrede" 23,1-12 integriert und durch 16-22 ersetzt (aaO 9f.87.89).

112) Zusammengestellt aufgrund inhaltlicher Verwandschaft. Umstellung von (4) und (5) durch Lk, um den Anschluss an 11,37f herzustellen (aaO 88.126f.129).

113) Stellung hinter 23,23.25f aufgrund innerer Verwandtschaft: "Die innere, sittlich-religiöse Unreinheit der Adressaten wird nach Aussen nicht sichtbar ('unkenntliche Gräber'), weil diese sie hinter einer strengen kultischen Observanz verborgen halten" (aaO 88f). Für diese Stellung spricht auch die Lk-Akoluthie: Nach der Streichung von 11,43 (red aus Mk eingefügt) folgt der Spruch auch bei Lk auf 11,39-41.42// Mt 23,25f.23 (aaO 89).

114) Stellung hinter 23,27f aufgrund des verbindenden Stichwortes "Gräber" (aaO 89). Thematischer Zusammenhang von 23,29-32.34-36.37-39 im "Prophetenmordmotiv"; vgl. auch die Lk-Akoluthie Lk 11,47f//Mt 23,29-32; Lk 11,49-51//23,34-36 (aaO 88).

115) SCHUERMANN, Redekomposition 34-64. Die mit "W" bezeichneten Stoffe hatten in Q die Gestalt von Weherufen. Die in Klammern gesetzten Mt-Stoffe gehen mit mehr oder weniger Wahrscheinlichkeit auf Q zurück

Mt 23	Lk 11	
(2-3)4	46	
6b-7a	43	
(12)		
13	52	W
(15)		W
23	42	W
25-26	39-41	W
27	44	W
29-31	47-48	W
34-36	49-51	
37-39	(13,34-35)	

2. a) Ein Lösungsversuch wird davon auszugehen haben, dass die sowohl bei Lk als auch bei Mt aufeinanderfolgenden Weherufe über die Reinheit der Gefässe (Lk 11,39-41//Mt 23,25f) und das Verzehnten der Kräuter (Lk 11,42//Mt 23,23) schon in Q beieinanderstanden, was auch aufgrund ihrer sachlichen Verwandtschaft wahrscheinlich ist. Was die Abfolge der beiden Logien in Q betrifft, so hat die gelegentlich (auch bei grundsätzlichen Befürwortern der grösseren Ursprünglichkeit der Lk-Akoluthie) anzutreffende Annahme, Lk habe sie um des besseren Anschlusses an 11,37f willen umgestellt[116], einiges für sich, auch wenn ein sicheres Urteil nicht möglich ist.

b) Durch übereinstimmende Abfolge bei Mt und Lk und durch die thematische Verwandtschaft erweisen sich auch der Weheruf über die Söh-

---

und wurden von Lk ausgelassen.
Etwas anders urteilt noch Ders., Zeugnis 129-131, wo folgende Entstehungsgeschichte skizziert wird: Der Kern Lk 11,42.39ff wird "'gerahmt', indem V.44 angefügt und V.46 vorgebaut wird". Dann stellt eine "antisynagogale 'kirchliche' Redaktion", die möglicherweise mit der Endredaktion der Redenquelle identisch ist, 11,43 voran, fügt 11,(47f.49ff).52 hinzu und verbindet 11,29-36 mit 11,37-52. Damit ergibt sich folgende Q-Akoluthie: (1) Lk 11,43 (2) 11,46 (3) 11,42 (4) 11,39ff (5) 11,44 (6) 11,47f.49ff (7) 11,52.

116) SCHMITHALS, Lk 130; FREUDENBERG, Weherede 88.129; GARLAND, Intention 17; LEGASSE, Oracle 238 Anm 5; SCHUERMANN, Redekompostion 51f; Ders., Zeugnis 130; ZELLER, Kommentar 66; auch SCHULZ, Q (94-)95, Anm 5 bemerkt, dass "hier ... kein Grund für die Umstellung bei Mt ersichtlich ist".

ne der Prophetenmörder (Lk 11,47f//Mt 23,29-31) und das Weisheitswort (Lk 11,49-51//Mt 23,34-36) als schon in Q zusammengehörig. Zudem zeigt die Stellung bei Mt und bei Lk, dass diese Einheit ihren Platz schon in Q im Schlussteil der Rede hatte.

c) In diesem Zusammenhang ist zu fragen, ob die Stellung des Weherufs über das Verschliessen der Basileia Lk 11, 52//Mt 23,13 am Ende der Rede (nach dem Sophia-Wort) Q entspricht, oder auf Lk zurückgeht. Letzteres ist besonders von LUEHRMANN und FREUDENBERG vertreten worden[117], wobei einerseits damit argumentiert wird, dass Lk "erst in 13,31-35 die Gerichtsankündigung mit Hilfe des Q-Logions Lk 13,34f/Mt 23,37-39 thematisch zum Höhepunkt seines 'Reiseberichts' (macht), während er in 11,52 offenbar mit dem letzten Weheruf wieder auf die Ausgangssituation seiner Rede Lk 11,37f zurückkommt"[118], und anderseits darauf hingewiesen wird, dass der red eingeführte[119] Begriff gnōsis in Lk 11,52 seine nähere Bestimmung durch Lk 11,49-51 erhält[120], wodurch "dem Vers eine Schlüsselposition im Rahmen der lukanischen Weherede" zukommt[121].

Beide Argumente sind nicht zwingend, denn zum einen lässt sich wahrscheinlich machen, dass die Anfügung des Jerusalem-Wortes (Mt 23,37-39par) an die Weherede red ist (s.u. 2.2.3.) und somit nicht Lk die Gerichtsankündigung zurückgenommen, sondern Mt sie verstärkt hat, und zum andern spricht eine red Neuinterpretation des Zusammenhanges von Lk 11,49-51 und 11,52 durch Lk nicht gegen die Annahme, dass Lk diese Logien-Abfolge bereits vorfand. Es bleibt also durchaus

---

117) LUEHRMANN, Redaktion 45; FREUDENBERG, Weherede 14.89.130; vgl. auch ERNST, Lk 389; SCHMITHALS, Lk 141; LEGASSE, Oracle 238; SCHENK, Synopse 78f; SCHUERMANN, Redekomposition 48; Ders., Zeugnis 130

118) LUEHRMANN, Redaktion 45

119) FREUDENBERG, Wehrede 11

120) AaO 14

121) AaO 130. Die Urteile über die Stellung von Lk 11,52//Mt 23,13 in Q sind dann allerdings recht unterschiedlich: Während der Weheruf nach FREUDENBERG wie bei Mt an erster Stelle stand und somit bei Mt und Lk eine Eckposition einnimmt (aaO 89; vgl. die ähnliche Ueberlegung bei GARLAND, Intention 124, der allerdings die lk Stellung für ursprünglicher hält, aaO 17), geht SCHMITHALS, Lk 141 davon aus, dass er als fünfter die Weherufe gegen die Schriftgelehrten einleitete. SCHUERMANN, Redekomposition 48 nimmt an, er sei in Q auf Lk 11,46.43 gefolgt. SCHENK, Synopse 77f schliesslich ordnet ihn als sechsten vor den Weheruf gegen die Söhne der Prophetenmörder.

möglich, die Lk-Akoluthie 11,47f.49-51.52 auf Q zurückzuführen, zumal auch die Steigerung der Sündhaftigkeit innerhalb der Weherede[122] für eine Schluss-Stellung von Lk 11,52 spricht.
Dennoch neige ich eher zur Auffassung, dass der die mt Weherede abschliessende Weheruf Mt 23,29-32par (Prophetengräber) mit dem Weisheitswort 23,34-36par schon in Q die Reihe abschloss, da auch andere Q-Kompositionen mit einem Drohwort gegen "dieses Geschlecht" enden[123]. Hinzu kommt, dass der im Weheruf erhobene Vorwurf sich vom Inhalt her nicht speziell auf die Schriftgelehrten bezieht[124], und der Weheruf auch keine besonderen Adressaten nennt, so dass er sich (besonders zusammen mit dem Sophia-Wort) auch als abschliessende allgemeine Anklage verstehen lässt (s.u.). Ueber die Stellung von des Weherufs über das Verschliessen der Basileia Lk 11,52//Mt 23,13 in Q lässt sich unter dieser Voraussetzung nichts Sicheres mehr sagen, doch ist aufgrund der genannten Adressaten und der inhaltlichen Verwandtschaft zu vermuten, dass dieser Weheruf jenem über das Aufladen von Lasten (Lk 11,46//Mt 23,4) benachbart war und sich im Schlussteil der Rede fand[125]. Die mt Umstellung erfolgte im Zuge seiner Einordnung des Materials in den Mk-Rahmen, die zu einer Voranstellung der sachlich auf die Schriftgelehrten bezogenen Stoffe (Lk 11,46//Mt 23,4; Lk 11,52//Mt 23,13) führte.

d) Da sich die Lk-Abfolge im Anfangs- und im Schlussteil der Weherede als weitgehend jener von Q entsprechend erweist, wird man dies auch für den Mittelteil annehmen dürfen. Eine gewisse Schwierigkeit

---

122) SATO, Q 46
123) ZELLER, Kommentar 70f (mit Verweis auf Lk 7,18-35;11,29-32); vgl. LUEHRMANN, Redaktion 24-48. SCHMITHALS, Lk 140 macht darauf aufmerksam, dass in Q sowohl die Reihe der Weherufe gegen die Pharisäer, als auch jene gegen die Schriftgelehrten mit einem Wort, das auf die Gräber bezug nimmt, abschliesst, wenn Lk 11,47ff an den Schluss gestellt wird.
124) Vgl. SATO, Q 230 mit Anm 297.298 (aaO 518), mit Verweisen auf J. JEREMIAS, Heiligengräber in Jesu Umwelt (Mt 23,29; Lk 11,47). Eine Untersuchung zur Volksreligion der Zeit Jesu, Göttingen 1958, 121 (und 143), und auf D.R.A. HARE, The Theme of Jewish Persecution of Christians in the Gospel according to St. Matthew (MSSNTS 6) Cambridge 1967, 84; anders FRANKEMOELLE, Pharisäismus 137
125) Vgl. SCHMITHALS, Lk 141; SCHENK, Synopse 77f (s. auch o. A 121)

stellt dabei allerdings der Weheruf Lk 11,43 (Ehrensitze) dar, der bei Lk gegen die Pharisäer gerichtet ist, sachlich aber die Gesetzeslehrer trifft[126].

Obwohl in Mk 12,38b-39 ein ähnliches Wort begegnet, das Lk in 20,46 übernimmt und das die Mt-Fassung in 23,5b-7 deutlich beeinflusst, ist es nicht möglich, Lk 11,43 als red Bearbeitung des Mk-Stoffes zu verstehen und die Existenz einer Q-Vorlage zu bestreiten, wie dies insbesondere von FREUDENBERG versucht wird[127]. Dem stehen nicht nur die "blockweise alternierende Redaktionsweise" des Lukas[128], und die Tatsache, dass er keine Dubletten bildet[129], sondern auch die Uebereinstimmungen von Mt 23,5b-7 und Lk 11,43 gegen Mk 12,38b-39 entgegen[130]. Damit stellt sich die Frage, ob auch die Anrede der Pharisäer in Lk 11,43 auf Q zurückgeht, oder ob Lk einen ursprünglich an die Gesetzeslehrer gerichteten Weheruf umgestellt und an die Pharisäer gerichtet hat. Da es keine Gründe für die Annahme einer lk Aenderung

126) So richtig Mk 12,38f//Lk 20,46; vgl. FRANKEMOELLE, Pharisäismus 136f; JEREMIAS, TheologieI 144; KUEMMEL, Weherufe 31; POKORNY, Worte 176 Anm 34; SATO, Q 230; ZELLER, Kommentar 66; anders: ERNST, Lk 386, der aus den verschiedenen Adressaten der Mk- und Q-Fassung schliesst: "Offenbar darf der Vorwurf ... nicht auf eine spezielle Gruppe bezogen werden, hier wird vielmehr die für das jüdische Denken typische Haltung kritisiert."

127) S.o. (1.c) mit A 107; vgl. auch HAENCHEN, Matthäus 23 33; HOFFMANN, Studien 170 Anm 49. Wenn FREUDENBERG einerseits die Existenz einer Q-Fassung von Lk 11,43//Mt 23,5b-7 bestreitet, obwohl es (in den Uebereinstimmungen von Mt und Lk gegen Mk) deutliche Anzeichen dafür gibt, anderseits aber postuliert, dass Mt 23,15 in Q stand (s.o. (1.c) mit A 106), dann zeigt sich darin ein Verständnis von Quellenkritik, das inhaltliche Aspekte gegenüber formalen und sprachlichen Beobachtungen einseitig bevorzugt.

128) SATO, Q 25; vgl. VIELHAUER, Geschichte 369-371 u.v.a.

129) SCHUERMANN, Dubletten 276; Ders., Dublettenvermeidungen 287. Die von FREUDENBERG, Weherede 5 als Gegenbeispiel angeführten Verse Lk 12,11f stellen keine red Dublettenbildung dar. Die Uebereinstimmungen von Mt 10,19f und Lk 12,11f gegen Mk 13,9.11 sind ein deutliches Indiz für die Existenz einer Q-Fassung. So auch PESCH, MkI 287; LAUFEN, Doppelüberlieferungen 90; POLAG, Fragmenta 60; SCHUERMANN, Dubletten 275 mit Anm 19; SCHULZ, Q 442f.

130) Vgl. LAUFEN, Doppelüberlieferungen 89f; SCHUERMANN, Redekomposition 45f; SCHULZ, Q 104. Auch GNILKA, MkII 173; PESCH, MkII 259 SCHNEIDER, LkII 410; SCHWEIZER, Lk 205f; LUEHRMANN, Redaktion 45; POLAG, Fragmenta 54; SATO, Q 227; SCHENK, Synopse 76; ZELLER Kommentar 68 sprechen sich für die Existenz einer Q-Fassung aus. S. auch die detaillierte Diskussion der Problematik bei MARSHALL, Problem.

gibt, ist davon auszugehen, dass Lk den Weheruf schon in seiner Vorlage als gegen die Pharisäer gerichtet vorgefunden hat[131], auch wenn diese Anrede (wie wohl auch die Formulierung als Weheruf) traditionsgeschichtlich sekundär ist[132]. Schon in Q (und nicht erst bei Lk) ist hinsichtlich der Adressaten der einzelnen Weherufe also "mit einer gewissen Schematisierung" zu rechnen, die möglicherweise mit der Bedeutung der Pharisäer im Umfeld des Q-Kreises zusammenhängt[133].

e) Abschliessend ist festzuhalten, dass der lk Stoffanordnung für die Rekonstruktion der Abfolge der Weherufe in Q trotz mancher Schwierigkeiten und Unsicherheiten mehr Vertrauen entgegenzubringen ist als der Mt-Akoluthie. Dafür sprechen nicht nur grundsätzliche Beobachtungen zur Quellenbenutzung durch Lk sondern auch die innere Evidenz, sowie die Tatsache, dass sich die mt Umstellungen mit red Interessen erklären lassen (s.o.)[134]. Dieses Gesamturteil schliesst die Möglichkeit

---

131) So auch POLAG, Fragmenta 54; SATO, Q 227; SCHENK, Synopse 76; SCHULZ, Q 104. Als Gründe für die mt Umstellung zählt GARLAND, Intention 18 auf: Einfluss der Mk-Parallele; der Stoff passt zum in Mt 23,5 verarbeiteten Sondergut; Mt 23,6-7a bietet eine gute Einleitung zu 23,8-10.

132) Vgl. nur ERNST, Lk 386; FRANKEMOELLE, Pharisäismus 134 mit Anm 29; SATO, Q 229f. PESCH, MkII 259 sieht die Formulierung als Weheruf für ursprünglicher an.

133) ZELLER, Kommentar 66 (in bezug auf Lk); vgl. auch FRANKEMOELLE, Pharisäismus 137; LEGASSE, Oracle 237 Anm 2: "Déjà dans Q la tendance à fondre les deux catégories en une seule se fait jour (...)"; SATO, Q 230: "Man muss also annehmen ..., dass ursprünglich selbständige Einzelsprüche aus je verschiedenen Konfliktsituationen später zusammengestellt worden sind." S. auch u. 4.2.2.2.(5.c)

134) Zu den Interessen der MtRed vgl. auch die knappen, aber sehr instruktiven Ausführungen von GARLAND, Intention 18.
Solche red Interessen kommen bei den Versuchen von SCHUERMANN (s.o. (1.d) mit A 115) gar nicht in den Blick, was eine der Hauptschwierigkeiten seines einseitig kompositionskritischen Ansatzes (s. dazu Ders., Redekomposition 33f) ausmacht. Dass Stoffe formal und/oder thematisch gut zusammenpassen, ist für sich genommen schon deshalb kein gutes Argument für ihre ursprüngliche Zusammengehörigkeit, weil insbesondere Mt ein ausgesprochenes Interesse an thematisch und formal gut komponierter Darbietung des Stoffes hat (vgl. dazu z.B. LUZ, MtI 19-24). Es ist darum naheliegender, anzunehmen, Mt habe die formale und thematische Kohärenz von Mt 23 sekundär hergestellt, während Lk - wie auch sonst im Umgang mit seinen Quellen - grössere Umstellungen vermieden hat, als der LkRed die Dekomposition des Stoffes zuzuschreiben.

einzelner lk Umstellungen nicht aus[135] und ist - wie bereits mehrfach erwähnt - mit der nötigen Vorsicht aufzunehmen.

2.2.2. Die Adressaten der Weherufe

1. Die Differenzierung der Adressaten in pharisaioi (Lk 11,39b.42.43) und nomikoi (Lk 11,(45.)46.52), bzw. grammateis (Lk 11,53) verdient gegenüber der stereotypen mt Anrede grammateis kai pharisaioi hypokritai (Mt 23,13.15.23.25.27.29) generell den Vorzug, da sie weitgehend sachgemäss ist[136].

2. Die sachlich unerhebliche Frage, ob die Schriftgelehrten in Q als nomikoi oder als grammateis angeredet wurden[137], ist schwer zu beantworten. Von den Weherufen abgesehen, gibt es keine sicher Q zugehörigen Texte, in denen diese Gruppe eine Rolle spielt, und der lk Sprachgebrauch lässt keine eindeutigen Rückschlüsse zu, da es keine eindeutigen Belege für einen Ersatz von grammateis durch nomikoi, bzw. für den red Gebrauch von nomikos gibt, und grammateus von Lk zwar meist aus Mk übernommen, gelegentlich aber auch red verwendet wird[138].

a) Dass Q von nomikoi sprach, wäre insbesondere dann anzunehmen, wenn sich auch die Q-Zugehörigkeit anderer Texte wahrscheinlich machen liesse, in denen Lk das Wort gebraucht (ausser 11,45.46.52 noch 7,30;10,25;14,3).

Solche Nachweise sind in der Tat für alle zur Diskussion stehenden Texte versucht worden, insbesondere für Lk 10,25(-28)//Mt 22,34f

---

135) S. bes. (2.a) mit A 116

136) SCHMITHALS, Lk 138; SCHNEIDER, LkII 274; BANKS, Jesus 174f; FRANKEMOELLE, Pharisäismus 136.139; FREUDENBERG, Weherede 90; GARLAND, Intention 41-43; HOFFMANN, Studien 170; HUEBNER, Gesetz 186; JEREMIAS, TheologieI 144; KUEMMEL, Weherufe 31; LEGASSE, Oracle 237 Anm 2; POKORNY, Worte 176; POLAG, Fragmenta 54-57; SATO, Q 227f; SCHENK, Synopse 75-78; SCHUERMANN, Redekomposition 60; WEISS, ThWIX 39f; WILD, Encounter 115 (s. aber o. 2.2.1.(2.d) mit A 126).
Anders SCHULZ, Q 61f.107ff, der auch in Lk 11,46.47f.52par die Pharisäer als ursprüngliche Adressaten ansieht.
In 23,26 hat Mt eine Erinnerung an diese Differenzierung aufbewahrt, spricht er doch (anders als in 23,25) nur den pharisaie typhle an.

137) Zu den verschiedenen Auffassungen s.o. A 44 und 45

138) Vgl. dazu die Ausführungen von JEREMIAS, Sprache 165f

(-40)[139], aber auch für Lk 7,(29-)30 (vgl. Mt 21,31b-32)[140] und 14,3 (bzw. 14,1-6)[141].

Zur Perikope vom Doppelgebot der Liebe Lk 10,25(-28)//Mt 22,34f(-40) ist anzumerken, dass nicht nur die Existenz einer Q-Fassung kaum nachweisbar ist[142], sondern auch das Vorkommen von nomikos in Mt 22,35 (und damit eine der Uebereinstimmungen von Mt und Lk gegen Mk) textkritisch nicht gesichert werden kann, da es in manchen Hand-

---

139) Vgl. dazu KOSCH, Gottesherrschaft 52 mit Anm 260-262. Gegen die Q-Zugehörigkeit äussern sich z.B.: ERNST, Lk 344-346; SCHMITHALS, Lk 127; SCHNEIDER, LkI 247; BORNKAMM, Doppelgebot 43f; LAUFEN, Doppelüberlieferungen 89; MERKLEIN, Gottesherrschaft 100f; ZIMMERMANN, Gleichnis 61f; auch HOFFMANN, Studien; EDWARDS, Theology; SCHULZ, Q; POLAG, Fragmenta erwähnen Lk 10,25-28; Mt 22,34-40 nicht und scheinen den Text nicht zu Q zu zählen.
Für Q-Zugehörigkeit sprechen sich u.a. aus: PESCH, MkII 244f; FRANKEMOELLE, Jahwebund 297; FULLER, Doppelgebot 317ff; HARNISCH, Gleichniserzählungen 287; HORN, Glaube 108; SCHRAGE, Ethik 72; SELLIN, Lukas 20ff.59; ZELLER, Kommentar 70 (abwägend).
Unentschlossen z.B. PRAST, Appell 84f; SATO, Q 23; SCHUERMANN, Dublettenvermeidungen 280 (mit Anm 15).
BURCHARD, Liebesgebot 40-43 rechnet mit einer Mt und Lk gemeinsamen Quelle neben Mk, ist aber gegenüber der Q-Hypothese zurückhaltend (aaO 43).
Zur Diskussion der Quellenlage s. jetzt auch MUDISA M. MUNDLA, Jesus 113-119.

140) Für die Q-Zugehörigkeit: SCHMITHALS, Lk 97; SCHNEIDER, LkI 172; SCHUERMANN, LkI 422; SCHWEIZER, Lk 89; SCHENK, Synopse 45f. ERNST, Lk 248 erwägt, dass Lk 7,29f in der Q-Version des Lk gestanden haben könnte. Gegen die Q-Zugehörigkeit: SATO, Q 21; auch POLAG, Fragmenta; SCHULZ, Q erwähnen den Text nicht.

141) SCHUERMANN, Spracheigentümlichkeiten 213, Anm 25; ERNST, Lk 435; SCHNEIDER, LkII 312; zur Q-Zugehörigkeit von Lk 14,5//Mt 12,11 s.u. ExkursIII(2.b)

142) Vgl. dazu KOSCH, Gottesherrschaft 52 mit Anm 260-262 und o. A 139. Was die von PESCH, MkII 244f für die Existenz einer Q-Fassung angeführten Uebereinstimmungen von Mt und Lk gegen Mk betrifft, so können sie weitgehend mit je unabhängiger Red des Mk-Textes erklärt werden (so jetzt auch MUDISA M. MUNDLA, Jesus (117-)119).
Zu den sachlichen Differenzen: a) Das Fehlen der Zitation von Dtn 6,4 (und des verbindenden kai, Mk 12,30) kann damit erklärt werden, dass das "Höre Israel" mit dem Doppelgebot direkt nichts zu tun hat und als überschüssig wegfällt. b) Das Fehlen einer zweiten Zitation von Dtn 6,5 und Lev 19,18 ist als Vermeidung einer unnötigen Wiederholung zu verstehen; dass Mt das Zitat im Munde Jesu, Lk es aber im Munde des nomikos bringt, spricht dafür, dass sie unabhängig voneinander kürzten. c) Das Fehlen des kultkritischen Vergleichs (Mk 12,33b) kann seinen Grund in der jeweiligen red Intention haben: Mt versteht das Doppelgebot als Zusammenfassung von "Gesetz und Propheten" (22,40), während Lk es im Blick auf die Wohltätigkeit auslegt (10,29-37).

schriften fehlt und bei Mt sonst nicht vorkommt, so dass es aus der Lk-Parallele eingetragen sein kann[143]. Dass nomikos in Lk 10,25 trad ist[144], bzw. auf Q zurückgeht, kann also selbst unter der (problematischen) Voraussetzung einer Q-Fassung der Perikope vom Doppelgebot der Liebe nicht mit Sicherheit gesagt werden.

Auch für das Wort über den Glauben der Zöllner und den Unglauben der Pharisäer und Gesetzeslehrer Lk 7,29f; Mt 21,31b-32 ist die Q-Zugehörigkeit fraglich, sind doch die Uebereinstimmungen in Wortlaut und Inhalt gering[145]. Doch selbst unter der Voraussetzung der Q-Zugehörigkeit ist es kaum möglich, das Vorkommen von nomikoi als trad zu erweisen, zumal Lk 7,29f insgesamt stark red geprägt ist[146].

Neben dem hier zur Diskussion stehenden Vorkommen von nomikos bei Mt und Lk (s.u.) sind folgende sprachliche Uebereinstimmungen gegen Mk zu erörtern: a) (ek)peirazein (Mt 22,35; Lk 10,28) könnte von Mt und Lk je unabhängig eingebracht worden sein (red auch in Mt 4,2; peirazein 5mal in der Apg), wobei insbesondere bei Mt die Intention leitend ist, den Gegensatz zwischen der Forderung Jesu und der Lehre der Pharisäer und Schriftgelehrten herauszustreichen. b) Didaskale (Lk 10,25; Mt 22,36) ist als Anrede für Jesus in Q nicht belegt (didaskalos in Q nur in Lk 6,40//Mt 10,24f, 2mal), während die Redeeinleitung sich bei Lk aufgrund der wörtlich identischen Bearbeitung von Mk 10,17 in Lk 18,18 als red erweist. c) Mt und Lk stimmen zwar gegen Mk darin überein, dass sie die Antwort Jesu ohne apokrinomai einführen, doch ist sowohl die mt (ephē, 22,37) als auch die lk Redeeinleitung (ho de eipen pros auton) typisch red (vgl. LUZ, MtI 53; JEREMIAS, Sprache 33.190).

Die Annahme der Existenz ein Q-Fassung ist also aufgrund des literarkritischen Befundes nicht zwingend. Zudem ist die Gattung des Schul-, bzw. Streitgesprächs mit wörtlichen Schriftzitaten in Q sonst nicht belegt, was die These der Q-Zugehörigkeit noch zusätzlich belastet.

Immerhin muss angesichts der recht zahlreichen Uebereinstimmungen von Mt und Lk gegen Mk überlegt werden, ob ihnen nicht ein gegenüber der Mk-Fassung sekundärer Text vorlag, der stärker als Streitgespräch stilisiert war und die Gesetzesproblematik in den Vordergrund rückte (ähnlich z.B. MERKLEIN, Gottesherrschaft 100f). Auf einen solchen nach-mk Text könnten etwa folgende Uebereinstimmungen von Mt und Lk gegen Mk zurückgehen: nomikos (?); (ek)peirazein; didaskale; en tō nomō; Fehlen von Dtn 6,4(?); Fehlen der kultkritischen Spitze (?).

143) Vgl. METZGER, Commentary 59. Im GNT 87 wird dem Vorkommen von nomikos in Mt 22,35 bei einer Abstufung von A-D der Wahrscheinlichkeitsgrad C zugeordnet. S. auch FRANKEMOELLE, Pharisäismus 136 Anm 37

144) So z.B. JEREMIAS, Sprache 166

145) SATO, Q 21 errechnet 6(13)%/7(14)% gemeinsame Wörter (Wortstämme).

146) Vgl. SCHUERMANN, LkI 422f (mit Anm 102.107); HOFFMANN, Studien 194f

Im Fall der Heilung des Wassersüchtigen Lk 14,1-6 schliesslich ist die Q-Zugehörigkeit sehr unwahrscheinlich, zumal die Perikope sehr stark lk geprägt ist[147].

Zusammenfassend ist somit festzuhalten, dass sich die Vorkommen von nomikos ausserhalb von Lk 11 nicht auf Q zurückführen lassen, zumal schon die Q-Zugehörigkeit der betreffenden Texte fraglich ist. Da die überlieferungsgeschichtliche Situation bei Lk 10,25-28 (vgl. Mk 12,28-34; Mt 22,34-40) auch unter der Voraussetzung, dass es keine Q-Fassung der Perikope vom Doppelgebot gab, unklar ist[148], kann aus dem Unterschied zwischen Lk 10,25 (nomikos) und Mk 12,28 (grammateus) aber auch nicht auf die red Herkunft von nomikos geschlossen werden, da "mit einer Sondertradition zu rechnen (ist), die unabhängig von Q sowohl auf Mt als auch auf Lk - in allerdings etwas unterschiedlicher Form - gelangt ist"[149]. Was Lk 7,30 und 14,3 betrifft, so fällt neben dem allgemein hohen Anteil an Lukanismen in den entsprechenden Abschnitten, die auf eine stark red Gestaltung schliessen lassen, auf, dass an beiden Stellen die nomikoi und die pharisaioi nebeneinandergestellt werden, wie dies ja auch in 11,39b-52 geschieht. Wie in 11,45ff wird die Präsenz der nomikoi auch in 14,3 im red Rahmen eines Symposions erwähnt, zu dem ein Pharisäer eingeladen hat[150], was für die Vermutung spricht, dass es sich dabei um einen red Zug handelt.

b) Da im LkEv neben der Verbindung von pharisaioi und nomikoi (7,30;14,3; vgl. 11,39ff) bzw. der sicher red Verbindung von pharisaioi und nomodidaskaloi (5,17)[151] auch die Zusammenstellung von pharisaioi und grammateis (5,21;6,7;11,53;15,2; vgl. auch 5,30 und Apg 23,9) vorkommt, welche in manchen Fällen eindeutig red ist, da sie im Mk-Stoff des Lukas erscheint, Mk aber nicht bekannt ist[152], kann die ge-

---

147) Vgl. den Nachweis bei TRAUTMANN, Handlungen 287-289, aber auch JEREMIAS, Sprache 235f; s. auch u. ExkursIII (2.b)

148) S.o. A 142 und die verschiedenen Hypothesen in der in A 139 genannten Lit.

149) MERKLEIN, Gottesherrschaft 101

150) Vgl. dazu o. 2.1.2.3.(2.)

151) Nomodidaskaloi kommt im synopt Schrifttum nur in Lk 5,15 (und in Apg 5,34) vor. Im NT sonst nur noch 1 Tim 1,7.

152) Lk 5,21 (vgl. 5,17) diff Mk 2,6 (vgl. 2,1f); Lk 5,30 (hoi pharisaioi kai grammateis auton) diff Mk 2,16 (hoi grammateis tōn pharisaiōn); Lk 6,7 diff Mk 3,2.

meinsame Erwähnung der nomikoi und pharisaioi aber auch nicht generell als red Version der Paarung von grammateis und pharisaioi angesprochen werden.

Immerhin bestätigt die Tatsache, dass Lk die Verbindung hoi grammateis kai oi pharisaioi kennt (5,21;6,7;11,53; in umgekehrter Reihenfolge auch 15,2; vgl. 5,30) und z.T. red verwendet, das Urteil, dass die stereotype Bezeichnung der Adressaten der Weherufe als grammateis kai pharisaioi auf Mt und nicht auf die Q-Vorlage zurückgeht (s.o.).

c) Da sich das Vorkommen von nomikoi an anderen Stellen in Q also nicht nachweisen lässt, die LkRed nomikoi aber auch nicht eindeutig bevorzugt[153], lässt sich die Frage, ob grammateis oder nomikoi in Lk 11,46.52 ursprünglicher ist, nur dann sicher beantworten, wenn es Hinweise auf die Erwähnung von grammateis an anderen Stellen von Q gibt.

Im lk Q-Stoff, zu dem eine Mt-Parallele existiert, sind die grammateis nicht erwähnt. WEDER nimmt jedoch an, dass Lk 15,2 als Einleitung zum Gleichnis vom verlorenen Schaf (15,4-7//Mt 18,12-14) in Q stand[154], doch vermag sein Nachweis der trad Herkunft des Vokabulars nicht zu überzeugen[155].

Hingegen finden sich im mt Q-Stoff drei Vorkommen von grammateus, die auf ihre Herkunft zu prüfen sind: Mt 8,19;12,38;23,34. Da grammateus zum mt Vorzugsvokabular gehört[156], liegt auch hier der Verdacht auf red Einfügung nahe, doch sind die Stellen im einzelnen zu prüfen: In der Einleitung des Nachfolge-Apophthegmas Mt 8,19 gilt die Bezeichnung des Nachfolgewilligen als grammateus (//Lk 9,57 tis) allgemein als red[157] und ist wohl im Zusammenhang mit der Bedeutung (christlicher) Schriftgelehrter in der mt Gemeinde zu sehen[158].

---

153) Gegen die Annahme einer eindeutigen Bevorzugung sprechen auch die Vorkommen von grammateus in der Apg (4,5;6,12;23,9; in anderem Sinn auch 19,35), in der nomikos nicht vorkommt.

154) Vgl. WEDER, Gleichnisse 169f mit Anm 5.9

155) Vgl. den Nachweis der red Spracheigentümlichkeiten bei JEREMIAS, Sprache 244, der in Lk 15,2 nur hamartōlous als trad ansieht; s. auch SCHNEIDER, LkII 324; SCHWEIZER, Lk 160; MERKLEIN, Gottesherrschaft 187 mit Anm 92; SCHULZ, Q 387 mit Anm 63.

156) LUZ, MtI 38

157) Vgl. nur SCHULZ, Q 434 mit Anm 224; ZIMMERMANN, Lehrer 148, Anm 26

158) Vgl. dazu LUZ, MtI 60f; SCHWEIZER, Kirche 148-151; ZIMMERMANN, Lehrer 144-193, bes. 156. Die Existenz solcher christlicher grammateis in

In der Einführung der Zeichenforderung Mt 12,38 fällt auf, dass die direkte Rede sich nur hier, nicht aber in Lk 11,16; Mk 8,11 und Mt 16,1 findet, weshalb sie red sein wird. Immerhin wird schon Q eine apophthegmatische Einleitung enthalten haben, in der die Bezeichnung der Fragenden jedoch offener gewesen sein wird (vgl. Lk 11,16.25 heteroi, ochloi)[159].

Beide Stellen kommen also nicht als Belege für das Vorkommen von grammateus in Q in Frage.

Schwieriger liegen die Dinge beim Weisheitswort Mt 23,34, da es hier sowohl für die Ursprünglichkeit der Aufzählung der "Propheten und Apostel" (Lk 11, 49), als auch für jene der "Propheten und Weisen und Schriftgelehrten" (Mt 23,34) Argumente gibt[160], und auch beide Positionen vertreten werden[161]. Gegen die Ursprünglichkeit von "Propheten und Gesandte" in Lk 11,49 wird vor allem geltend gemacht, dass es sich um eine "verchristlichte" Form der Trias "Propheten, Weise und Schriftgelehrte" handle, die sich zudem gut der lk Theologie mit ihrem Interesse an den apostoloi und an der Kontinuität von Israel (Propheten) und christlicher Gemeinde (Apostel) einfüge[162]. Diese Argumentation ist freilich nur dann schlüssig, wenn mit den apostoloi in Lk 11,49 christliche Apostel (bzw. im lk Verständnis die "zwölf Apostel") und nicht Gesandte der atl Zeit gemeint sind. Das aber wird von den Befürwortern der Ursprünglichkeit der lk Fassung bestritten, welche in den von der Weisheit gesandten apostoloi atl Gottesboten se-

---

der mt Gemeinde wird allerdings von FREUDENBERG, Weherede 63f bestritten.

159) Vgl. LUEHRMANN, Redaktion 36; SCHULZ, Q 251 mit Anm 509; ZIMMERMANN, Lehrer 148f mit Anm 27. POLAG, Fragmenta 52 rechnet mit der Ursprünglichkeit der direkten Rede, die jedoch s.E. in Q mit tines de eipan eingeleitet wurde.

160) Vgl. GARLAND, Intention 174f; LEGASSE, Oracle 241f

161) Für die Ursprünglichkeit der lk Aufzählung "Propheten und Apostel" treten - meist mit Berufung auf STECK, Israel, bes. 29-31.291 (Anm 3) - ein: FREUDENBERG, Weherede 37f; HOFFMANN, Studien 165f; LUEHRMANN, Redaktion 46; POLAG, Fragmenta 56; SCHENK, Synopse 79; SCHULZ, Q 336f; ZELLER, Kommentar 71.
Für die Ursprünglichkeit der mt Aufzählung "Propheten und Weise und Schriftgelehrte" treten ein: GRUNDMANN, Lk 249; SCHNEIDER, LkII 276; SCHWEIZER, Mt 284; HAENCHEN, Matthäus 23 44; JEREMIAS, Sprache 209 LEGASSE, Oracle 241f und die von SCHULZ, Q 336 Anm 102 genannten.

162) Vgl. die in A 161 genannten Vertreter der Ursprünglichkeit der Mt-Fassung.

hen und darauf hinweisen, dass Lk (mit Ausnahme des Prädikatsnomens in 6,13) immer den bestimmten Artikel verwendet, wenn er von den christlichen Aposteln spricht[163]. Ausgehend von der Lk-Fassung lässt sich die Frage folglich kaum entscheiden: apostolos ist vom Wort her lk (Vorkommen: Mk 1mal; Mt 1mal; Lk 6mal; Apg 28mal), wird von Lk jedoch anders gebraucht. In der mt Trias prophētas kai sophous kai grammateis (23,34) fällt v.a. die Erwähnung der "Weisen" auf. Von sophoi ist in der synopt Trad nur noch im Q-Logion Lk 10,21//Mt 11,25 die Rede, wo sie als von der Offenbarung ausgeschlossene allerdings äusserst negativ beurteilt werden[164]. Anderseits wird der Ehrentitel "Kinder der Weisheit" von der Q-Gruppe in Lk 7,35//Mt 11,19 für sich selbst - gegen den Anspruch der "sogenannten 'Weisen'"[165] - beansprucht, was die Ambivalenz im Gebrauch von sophos in Q verständlich macht. Aufgrund dieser einzigen Parallele ist zu vermuten, dass die Erwähnung der sophoi in Mt 23,34 auf Q zurückgeht. Damit ist über die Herkunft der uns interessierenden Erwähnung der grammateis allerdings noch nichts gesagt, denn diese kann immer noch von Mt hinzugefügt worden sein. Dafür spricht zum einen, dass auch Lk nur zwei Gruppen von Boten der Weisheit nennt, und zum anderen, dass nur Mt auch solche Menschen als grammateis bezeichnet, die nicht als Gegner Jesu auftreten (neben 23,34 auch 8,19 und 13,52)[166]. Auch im Fall von Mt 23,34 muss es somit als unwahrscheinlich gelten, dass in der Q-Fassung von grammateis die Rede war. Zudem würde die Bedeutung dieses allfälligen Belegs für das Vorkommen von grammateis in Q dadurch relativiert, dass sie hier im Gegensatz zur (übrigen) Wehererede nicht kritisiert, sondern als Boten der Weisheit dargestellt werden. Wahrscheinlicher ist, dass Q nur die prophētai und sophoi erwähnte[167].

d) Obwohl also der Nachweis, dass in Q auch anderswo von grammateis die Rede ist, nicht erbracht werden kann, und auch der red Cha-

---

163) Vgl. die in A 161 genannten Vertreter der Ursprünglichkeit der Lk-Fassung.

164) Vgl. HOFFMANN, Studien 113(-118)

165) AaO 117f

166) Das hängt wohl wiederum mit der Bedeutung christlicher Schriftgelehrter in der mt Gemeinde zusammen (s.o. A 158), vgl. STECK, Israel 30.

167) So auch LUZ, MtI 65; SATO, Q 177

rakter der Bezeichnung der Schriftgelehrten als nomikoi im LkEv nicht eindeutig nachweisbar ist, neige ich zur Auffassung, dass in der Q-Fassung der Weherede von grammateis die Rede war.
Zur Begründung dieser These ist auf eine Eigenart der lk Darstellung der Schriftgelehrten zu verweisen: Als einziger[168] der Synoptiker bezeichnet Lk die Schriftgelehrten nicht durchwegs als grammateis, sondern gelegentlich auch als nomikoi, bzw. nomodidaskaloi[169]. Dabei ist er sich durchaus bewusst, dass es sich dabei um ein und dieselbe Gruppe handelt, wie die Bezeichnung derselben Personen als nomodidaskaloi (5,17) und als grammateis (5,21), bzw. als nomikoi (11,45. 46.52) und grammateis (11,53) zeigt. Lk 5,17(-26)//Mk 2,1-12 zeigt zudem, dass diese terminologische Variation auch innerhalb des Mk-Stoffes begegnet und somit nicht auf unterschiedliche Quellen zurückgeführt werden kann. Auch die Variation zwischen nomikoi und grammateis in Lk 11,37-54 ist demnach nicht auf die Quellen des Lk zurückzuführen, wenngleich das Vorkommen von grammateis im red Abschluss der Weherede im Sinn einer Reminiszenz als zusätzliches Indiz dafür gelten kann, dass Lk dieses Wort in seiner Vorlage fand[170].

3. Eine weitere Einzelfrage betrifft die Q-Fassung jener Weherufe, deren Lk-Fassung keine Adressatengruppe nennt (Lk 11,44.47f). Grundsätzlich sind zwei Erklärungen möglich: Entweder liess Lk die Adressaten weg, "um eintönige Wiederholung zu vermeiden"[171], oder das Fehlen der substantivischen Anreden ist ursprünglich[172].
Gegen die Annahme, Lk habe die Anreden aus stilistischen Gründen weggelassen, spricht, dass das Vorgehen in den Weherufen gegen die

168) Zum Sonderfall Mt 22,35 s.o. (2.a) mit A 143
169) Grammateus: Lk 5,21.30;6,7;9,22;11,53;15,2;19,47;20,1.19.39.46;22,2. 66;23,10; Apg 4,5;6,12;23,9; vgl. 19,35; nomikos: Lk 7,30;10,25;11, 45.46.52;14,3; nomodidaskalos: Lk 5,17; Apg 5,34.
170) S.o. A 57
171) SCHULZ, Q 105 (zu Lk 11,44). Auch im Fall von Lk 11,47f beurteilt SCHULZ, aaO 108 das Fehlen der Adressaten als "nicht ursprünglich"; vgl. auch POLAG, Fragmenta 56 (zu 11,44).
172) FREUDENBERG, Weherede 90; SATO, Q 517 Anm 292; SCHENK, Synopse 76.78; vgl. auch POLAG, Fragmenta 56 (zu 11,47); STECK, Israel 28 (Anm 2), der allerdings meint, dass "wahrscheinlich schon an die nomikoi gedacht (ist)".

Pharisäer und in jenem gegen die Gesetzeslehrer unterschiedlich ist: Im den Pharisäern gewidmeten Teil erwähnt Lk die Adressaten drei mal (11,39.42.43), erst beim vierten und letztenmal (11,44) wird kein konkreter Adressat genannt (obwohl 11,45 dann darauf abhebt, dass bisher direkt nur die Pharisäer (und nicht alle Anwesenden) angesprochen waren); bei den Weherufen gegen die Gesetzeslehrer jedoch fehlt der konkrete Adressat beim mittleren der drei Weherufe.

Für das Fehlen von konkreten Adressaten in der Q-Fassung von Lk 11, 44.47f bietet sich folgende Erklärung an: Traditionsgeschichtlich muss man sich die Entstehung der Weherede als Sammlung zunächst isoliert existierender Weherufe vorstellen, die erst sekundär in eine gewisse Ordnung gebracht (und einander formal angeglichen?) wurden[173]. Es ist durchaus denkbar, dass diese Weherufe deshalb keinen konkreten Adressaten nennen, weil ein solcher schon in der Trad fehlte. Im Fall von Lk 11,47f par ist die allgemeine Anrede "Wehe euch ..." auch aufgrund des Inhalts naheliegend, da die Anklage inhaltlich nicht auf eine besondere Gruppe bezogen ist[174]. Noch deutlicher wird dieser allgemeine Charakter der Anklage durch die Anfügung des Sophia-Wortes 11,49-51, das sich gegen "dieses Geschlecht" wendet. Seine begründende Einleitung mit dia touto und das Relativpronomen (apostelō eis) autous (Lk 11,49)[175] sind stimmiger, wenn schon der vorangehende Weheruf keine konkreten Adressaten nannte. Da Lk 11,47f in Q vermutlich der letzte der Weherufe war, lässt er sich zusammen mit 11,49-51 als verallgemeinernder Abschluss derselben verstehen.

Im Fall von Lk 11,44 liegen die Dinge etwas anders: Hier ist - gerade im Anschluss an Lk 11,39b-41 - gut denkbar, dass die Pharisäer angesprochen sind, auch wenn die erhobene Anklage durchaus an weitere Kreise gerichtet sein könnte. Da der (von Lk konzipierte) Gesprächsverlauf in 11,39-53 (bes. 11,45) aber voraussetzt, dass auch in 11,44 explizit nur die Pharisäer angesprochen sind, ist eine red Streichung der Adressatengruppe durch Lk wenig wahrscheinlich.

---

173) S.o. A 133 und 4.1.
174) S.o. 2.2.1.(2.c) mit A 124
175) Zum Wortlaut von Lk 11,49-51//Mt 23,34-36 in Q s.u. 4.2.2.2.(1.c)

4. Was die Frage nach den Adressaten der Weherufe in Q betrifft, ist abschliessend noch kurz zu diskutieren, ob sie im Dativ (so Lk: ouai hymin tois pharisaiois, bzw. nomikois) oder im Vokativ (so Mt: ouai hymin, grammateis kai pharisaioi hypokritai) angesprochen wurden. Da sowohl Lk als auch Mt in den Weherufen konsequent nur eine Form benutzen[176], ist auch für Q eine einheitliche Form vorauszusetzen[177]. Eine Entscheidung fällt allerdings schwer, da 'innere Evidenz' nicht zu gewinnen ist[178]. Da Lk in der Bezeichnung der Adressaten Q viel stärker verpflichtet ist als Mt (s.o.), kann aber angenommen werden, dass er auch diesbezüglich Q folgt[179], zumal keine red Vorliebe für die Konstruktion von ouai (hymin) mit Dativ festzustellen ist[180].

2.2.3. War das "Jerusalem-Wort" (Mt 23,37-39//Lk 13,34-35) in Q Bestandteil der Weherede?

Die Frage, ob Mt mit der Logienabfolge 23,34-36.37-39 die Q-Akoluthie bewahrt hat, wird unterschiedlich beurteilt, wobei Argumente unterschiedlicher Art eine Rolle spielen[181].

Die zahlreichen Vertreter der Annahme, dass Mt die Q-Abfolge bewahrt hat[182], begründen diese zum einen mit der sachlichen und motivlichen Verwandtschaft von Mt 23,34-36 und 37-39par[183], zum andern damit,

---

176) Lk benutzt den Vokativ nur im nicht als Weheruf formulierten Wort 11, 39b(-41).

177) Anders offenbar SCHULZ, Q (96.)100.107.110 Anm 122 und POLAG, Fragmenta 54-56, die teils den Dativ, teils den Vokativ für ursprünglicher halten.

178) FREUDENBERG, Weherede 19.26 (vgl. 7.12) lässt die Frage offen.

179) So auch SATO, Q 227f

180) Ouai bei Lk ausser 11,42.43.44.46.47.52 noch 6,24.25.26; 10,13 (2mal; //Mt 11,21);17,1;21,23(//Mk 13,17);22,22(//Mk 14,21) immer trad (vgl. JEREMIAS, Sprache 140).

181) Vgl. die knappe Uebersicht über die Diskussion bei SCHULZ, Q 347f Anm 184

182) Zur älteren Lit. s. SCHULZ, aaO, GARLAND, Intention 188 Anm 82 und STECK, Israel 47 Anm 2.3; in neuerer Zeit: ERNST, Lk 431; GRUNDMANN, Lk 287; SCHNEIDER, LkII 309; SCHMITHALS, Lk 155f; SCHWEIZER, Lk 131. 150; Ders., Mt 284f; FRANKEMOELLE, Pharisäismus 138f; FREUDENBERG, Weherede 44-46.88; LEGASSE, Oracle 239; LUEHRMANN, Redaktion 45.48; MAERZ, Feuer 485f; SAND, Gesetz 39; SCHENK, Synopse 80f; SCHUERMANN, Redekomposition 56-58 (anders noch Ders., Zeugnis 130f)

183) Besonders in der älteren Literatur ist diese Annahme oft mit der These verknüpft, dass Mt 23,34-39par schon ursprünglich (als Zitat aus einer jüdischen Weisheitsschrift) eine Einheit bildet; Belege bei

dass die Stellung bei Lk red, und das Jerusalem-Wort somit in keinem anderen Q-Kontext verankert sei[184]. Zum ersten Argument ist zu sagen, dass es sich traditionsgeschichtlich nicht auswerten lässt, da Mt 23,34-36 und 37-39par nicht ursprünglich zusammengehören[185], und es ebenso gut Mt gewesen sein kann, der die innere Verwandtschaft der beiden Logien erkannte und sie zusammenstellte. Letztere Erklärung hat zudem den Vorteil, dass sie ohne die Annahme auskommt, Lk habe die sinnvolle Verbindung von Sophia- und Jerusalem-Wort zugunsten einer künstlich wirkenden Plazierung von 13,34f aufgebrochen[186].
Das zweite Argument, dass die Stellung im lk Kontext red sei, wird - z.T. mit Berufung auf CONZELMANN[187] - damit begründet, dass Lk die Gerichtsankündigung erst in 13,31-35 thematisch zum Höhepunkt seines Reiseberichtes macht[188]. Besonders GARLAND hat aber darauf aufmerksam gemacht, dass Lk 13,34f sich keineswegs problemlos in den lk Reisebericht einfügt, zumal das Wort mehrfache Jerusalem-Aufenthalte voraussetzt, Jesus aber erst auf dem Weg nach Jerusalem ist[189]. Zudem stellt er fest, dass Lk 13,23-35 nach der Entfernung der red eingefügten Verse 13,31-33 eine sinnvolle Abfolge von Q-Stoff bildet, die Mt aufgelöst und - unter Beibehaltung der Q-Akoluthie[190] - in sein Evan-

---

SCHULZ, Q 339 (Anm 131).347 (Anm 184); GARLAND, Intention 173 Anm 38. 190 Anm 87.88 und STECK, Israel 47 Anm 2).

184) Vgl. bes. LUEHRMANN, Redaktion 48, aber auch viele der in A 182 genannten. HOFFMANN, Studien 172 Anm 58; SCHULZ, Q 347 Anm 184 und STECK, Israel 45-48 sehen sowohl den lk als auch den mt Kontext als red an.

185) Vgl. die Uebersicht über die verschiedenen Argumente gegen eine ursprüngliche Zusammengehörigkeit bei GARLAND, Intention 194-197. Gegen die ursprüngliche Zusammengehörigkeit sprechen sich unter anderem auch die folgenden Autoren aus: FREUDENBERG, Weherede 45; HAENCHEN, Matthäus 23 47; HOFFMANN, Studien 172 Anm 58; SCHUERMANN, Redekomposition 56; SCHULZ, Q 347 Anm 184; STECK, Israel 47f.

186) Vgl. auch GARLAND, Intention 192. Diese Annahme wiederspricht zudem der allgemeinen Feststellung, dass Lk Q-Zusammenhänge nicht zerschlägt.

187) CONZELMANN, Mitte 101.125 (zu 13,31ff auch 57.143f (Anm 4).184). CONZELMANN, aaO 125 bezeichnet allerdings nur den "Zusammenhang von V. 33 und 34" als "redaktionell(e)".

188) So bes. LUEHRMANN, Redaktion 45; vgl. SCHNEIDER, LkII 308f; FREUDENBERG, Weherede 53f; LEGASSE, Oracle 239; STECK, Israel 40-47.

189) GARLAND, Intention 189 u.ö.

190) Vgl. SATO, Q 48f Anm 92: Lk 13,23f.25-27.28f.34f//Mt 7,13f.22f;8,11f; 23,37-39. Die Q-Zugehörigkeit von Lk 13,30; Mt 20,16 (vgl. Mk 10,31;

gelium integriert hat[191]. Da die Stellung von Mt 23,37-39//Lk 13,34f innerhalb des lk Reiseberichts also nicht unproblematisch ist, und der weitere Zusammenhang Lk 13,23-35 (ohne 13,(30?)31-33) als Kontext des Jerusalem-Wortes in Q angesehen werden kann, erweist sich auch dieses Argument für die Ursprünglichkeit der Verbindung von Mt 23,37-39 mit 34-36 als nicht stichhaltig.
Zudem ist zu berücksichtigen, dass die Stellung von Mt 23,37-39 sich "der matthäischen Redaktionsintention sehr gut einfügt"[192], so dass die Annahme durchaus berechtigt ist, erst die MtRed habe 23,37-39 zum Höhepunkt und Abschluss der Weherede gemacht[193].

2.2.4. Ergebnis

Der mit vielen Schwierigkeiten und Unsicherheiten belastete Versuch, Aussagen zur Gestalt der Weherede in Q zu machen, hat folgendes ergeben:

1. Für die Eruierung des Umfangs und Aufbaus der Weherede in Q ist grundsätzlich von der Lk-Fassung der Weherede (11,39b-52) auszugehen.

2. Die Weherede umfasste in Q sieben Weherufe sowie das Sophia-Wort (11,49-51), nicht aber das Jerusalem-Wort (13,34-35//Mt 23,37-39), wobei 3 Weherufe an die Pharisäer (11,39b-41.42.43) und 2 an die Geset-

---

Mt 19,30) ist unsicher (s. LAUFEN, Doppelüberlieferungen 88f; SATO, Q 21f), doch fügt sich auch dieses Wort der gemeinsamen Abfolge bei Mt und Lk ein. Eine Q-Komposition dieser Art nimmt auch LUZ, MtI 395 Anm 7 an.

191) GARLAND, Intention 193f (s. auch die aaO 193 Anm 97 genannten); vgl. SATO, Q 48. Dass der Lk-Kontext (ohne 13,31ff) Q entspricht, nehmen auch VASSILIADIS, Nature 72 und ZELLER, Kommentar 86 an. Eine ursprüngliche Verbindung mit 13,31ff vermutet HAENCHEN, Matthäus 23 47. POLAG, Fragmenta 66 stellt Lk 13,34f hinter 12,57-59. Diese weder durch Lk noch durch Mt gedeckte Einordnung ist fragwürdig (vgl. SATO, Q 493 Anm 94).

192) HOFFMANN, Studien 172 Anm 58; vgl. GARLAND, Intention 194 Anm 102; SCHULZ, Q 339 (Anm 131).347 (Anm 184); STECK, Israel 48

193) Dass die Stellung von Mt 23,37-39 red ist, nehmen neben den in A 191 genannten (die meist Lk 13,23ff par als ursprünglichen Q-Kontext ansehen) auch jene der in A 184 genannten, die beide Kontexte als red betrachten, sowie die bei GARLAND, Intention 192 Anm 92 genannten an.

zeslehrer (11,46.52) adressiert waren, während 2 Weherufe keine konkreten Adressaten nannten (11,44.47f).

3. Die Einleitungen der Weherufe in Q waren wie folgt formuliert: ouai hymin (+ Adressatengruppe im Dativ). Die Gesetzeslehrer wurden sehr wahrscheinlich grammateis genannt.

4. Die Weherede hatte in Q folgenden Aufbau:

	Lk 11	Mt 23	Adressat	Mögliche Varianten[194]
(1) Zehnt	42	23	pharisaioi	(2) vgl Lk
(2) Reinheit	39b-41	25.26	pharisaioi	(1) vgl Lk
(3) Ehrensitze	43	6-7	pharisaioi	
(4) Grabmäler	44	27-28	---	
(5) Lasten aufladen	46	4	grammateis	(6)
(6) Verschliessen	52	13	grammateis	(5),(7) vgl Lk
(7) Prophetengräber	47-48	29-31	---	(6) vgl Lk
Sophia-Wort	49-51	34-36		

3. Rekonstruktion der Q-Fassung der Weherufe Lk 11,39b-41//Mt 23,25f und Lk 11,42//Mt 23,23

Die literarkritischen Probleme, welche die zur Diskussion stehenden Verse aufgeben, sind unterschiedlich gross[195], was schon ein Blick auf den Anteil an Uebereinstimmungen von Lk und Mt zeigt: Während dieser bei den eigentlichen Weherufen Lk 11,39b//Mt 23,25 und Lk 11, 42//Mt 23,23 recht hoch ist, ist er im übrigen gering, weshalb insbe-

---

194) Diese Spalte verzeichnet andere Lösungen, die einen relativ hohen Wahrscheinlichkeitsgrad haben (vgl. die Erwägungen in 2.2.1.).

195) Vgl. meine Skizze in KOSCH, Gottesherrschaft 55-57 und die entsprechenden Anm. Die folgenden Ausführungen bestätigen die dort vorgelegten Rekonstruktionsversuche im Wesentlichen, bemühen sich aber (auch im Hinblick auf die Interpretation) um eine differenziertere Argumentation und um eine gründlichere Auseinandersetzung mit den Spracheigentümlichkeiten der einzelnen Schichten. Zudem wird auch die Sekundärliteratur ausführlicher berücksichtigt.

sondere ein Urteil über eine allfällige Q-Fassung von Lk 11,(40.)41; Mt 23,26 schwierig ist. Es empfiehlt sich deshalb, die einzelnen Logien gesondert zu behandeln.

3.1. Die Reinheit der Gefässe (Lk 11,39b-41//Mt 23,25f)

Das Wort über das Reinigen der Gefässe (Lk 11,39b//Mt 23,25) ist sowohl bei Mt als auch bei Lk um eine Mahnung (Lk 11,41; Mt 23,26) erweitert, die in den übrigen Weherufen keine Entsprechung hat und als "vollkommen gattungsfremd" gelten muss[196]. Obwohl die Uebereinstimmungen sprachlicher Art zwischen den beiden Fassungen dieser Mahnung sehr gering sind, muss deshalb mit der Existenz einer solchen Mahnung schon in Q gerechnet werden, zumal auch eine gewisse sachliche Uebereinstimmung besteht: Beide Mahnungen handeln davon, wie Reinheit erzielt werden kann und relativieren dabei die rituelle Observanz[197]. Lk 11,40 hat bei Mt keine Parallele. Da trotzdem gelegentlich mit der Existenz einer Q-Fassung gerechnet wird[198] und im Gegensatz von Innen und Aussen eine gewisse Parallele zu Mt 23,26 vorliegt, ist auch dieses Wort in die Erwägungen miteinzubeziehen.

3.1.1. Der Weheruf Lk 11,39b//Mt 23,25

Die Anrede wird in Q ouai hymin tois pharisaiois gelautet haben[199]. Lk hat das ouai durch nyn ersetzt, um der Gesprächssituation (vgl. Lk 11,37-39a) Rechnung zu tragen und den Uebergang weniger abrupt

---

196) SATO, Q 231; vgl. GARLAND, Intention 146 (eine positive Mahnung scheine in einem Weheruf "rather exceptional" zu sein) und SCHWEIZER, Mt 283

197) So auch SATO, Q 227.517 Anm 292. Mit einer Q-Fassung rechnen auch FREUDENBERG, Weherede 22-25; GARLAND, Intention 144f; KUEMMEL, Weherufe 29; POLAG, Fragmenta 54; WESTERHOLM, Jesus 87; WILD, Encounter 116 (abwägend); ZELLER, Kommentar 67; anders: SCHENK, Synopse 75; SCHULZ, Q 96f.

198) So z.B. BULTMANN, Geschichte 139; POLAG, Fragmenta 54; WESTERHOLM, Jesus 87; vgl. HAENCHEN, Matthäus 23 41; gegen die Existenz einer Q-Fassung: FREUDENBERG, Weherede 25f; GARLAND, Intention 144; SCHULZ, Q 96 (Anm 19); WESTERHOLM, Jesus 87; WILD, Encounter 116 (abwägend); ZELLER, Kommentar 67

199) So auch FREUDENBERG, Weherede 21; POLAG, Fragmenta 54; SATO, Q 227; SCHENK, Synopse 75; SCHULZ, Q 95f; ZELLER, Kommentar 67

zu gestalten[200], während die mt Anrede der red Schematisierung entspricht[201].

Im übrigen ist der Mt-Wortlaut ursprünglicher: Der hoti-Satz mit der Stellung des Verbs vor dem Objekt entspricht der Struktur der übrigen Weherufe[202] und die Eingriffe in den Wortlaut gehen auf die LkRed zurück[203]. paropsis ist ntl nur in Mt 23,25 belegt und hat einen spezielleren Sinn als pinax, das bei Lk allerdings auch nur in 11,39 steht (im NT sonst noch Mk 6,25.28//Mt 14,8.11 im Bericht über die Enthauptung des Täufers, Mk 6,17-29par, der bei Lk insgesamt fehlt). To esothen hymōn muss als verdeutlichende Interpretation des ursprünglichen esōthen angesehen werden[204], die zugleich den Parallelismus zu to exōthen besser sichtbar macht. Die Konstruktion von gemō mit partitivem Genitiv bei Lk ist eine Angleichung an den üblichen Sprachgebrauch, der die Konstruktion des Verbs mit ex nicht kennt. Obwohl Lk ponēria nur 2mal verwendet (neben 11,39 noch Apg 3,26) ist es gegenüber dem synopt sonst nicht belegten akrasia als sekundär anzusehen, da es gebräuchlicher ist[205].

3.1.2. Die anschliessende Mahnung Lk 11,40-41;Mt 23,26

Wie bereits bemerkt, sind die Uebereinstimmungen zwischen den beiden Fassungen gering. Wörter, die auch in der Form identisch sind, fehlen völlig. Den gleichen Stamm haben lediglich kathara (Lk) und kathari-

---

200) ERNST, Lk 384; SCHMITHALS, Lk 139; SCHNEIDER, LkII 275; SCHWEIZER, Lk 131; FRANKEMOELLE, Pharisäismus 135 Anm 35; FREUDENBERG, Weherede 21; anders: LUEHRMANN, Redaktion 45 (Lk habe den Parallelismus von zwei mal drei Weherufen nicht durch ein siebtes Wehe sprengen wollen).

201) S.o. 2.2.2. bes. (1.)

202) FREUDENBERG, Weherede 22

203) Zum folgenden vgl. FREUDENBERG, Weherede 21f; POLAG, Fragmenta 54; SATO, Q 227; SCHULZ, Q 96

204) Gegen SCHULZ, Q 96 Anm 14 ist festzuhalten, dass esōthen sich grammatikalisch nicht auf die Pharisäer (bzw. auf Pharisäer und Schriftgelehrte), sondern weiterhin auf die Gefässe bezieht, da sonst nicht gemousin (3. Pers. Pl.), sondern gemete (2. Pers. Pl., vgl. katharizete) stehen müsste. Die Lk-Fassung steht diesbezüglich nicht in Kontinuität zu Q, da völlig unwahrscheinlich ist, dass hymōn auf harpagē und ponēria zu beziehen ist (anders: DEGENHARDT, Lukas 58 Anm 27). Zum mt Verständnis vgl. die Ausführungen von GARLAND, Intention 142-150, bes. 145f.

205) Auch das Adjektiv ponēros wird von Lk gelegentlich red verwendet: 3,19;7,21;8,2 (insgesamt: Lk 13mal; Apg 8mal), kommt allerdings auch in

son (Mt). Sachliche Uebereinstimmung besteht in der Eigenart der Mahnung[206] sowie darin, dass eine beleidigende Anrede verwendet und der Gegensatz aussen - innen (vgl. Lk 11,39b//Mt 23,25) wieder aufgenommen wird. Bei der Rekonstruktion einer aufgrund der inhaltlichen Verwandtschaft zu vermutenden Q-Vorlage ist deshalb so vorzugehen, dass Trad und Red in der Lk- und der Mt-Fassung gesondert voneinander abzuheben sind, um so zu ermitteln, ob eine der beiden Formen auf Q zurückgeführt werden kann.

3.1.2.1. Lk 11,40-41

1. Die Scheidung von Trad und Red lässt sich in Lk 11,40 nicht von der Interpretation trennen, denn aphrōn kommt im synopt Schrifttum nur noch in Lk 12,20 (=SLk) vor, so dass red Herkunft zwar möglich, aber nicht sicher ist[207], und to exōthen kai to esōthen greift auf 11, 39 zurück, so dass über die Herkunft ebenfalls nichts gesagt werden kann. Als Ausgangspunkt für die Frage nach der Herkunft von Lk 11, 40 bleibt also faktisch nur ho poiēsas (bzw. epoiēsen) übrig. Dieses ho poiēsas ist aber in seiner Bedeutung nicht völlig klar: Es kann sowohl "der Mensch ..., der das Aeussere zurüstet" als auch Gott, der Schöpfer, gemeint sein[208]. Für letzteres spricht, dass ho poiēsas eine geprägte partizipiale Gottesaussage darstellt[209], dass der Rückbezug auf die Schöpfung auch das Tempus (Aorist) verständlich macht, und dass dadurch auch die Argumentation stimmiger wird[210]. Damit fügt

---

Q häufig vor: Lk 6,22//Mt 5,11; Lk 6,35//Mt 5,45; Lk 6,45//Mt 12,34; Lk 11,13//Mt 7,17; Lk 11,26//Mt 12,45; Lk 11,29//Mt 16,4; Lk 11,34// Mt 6,22; Lk 19,22//Mt 25,26. ponēros wird aber auch von Mt (26mal) bevorzugt gebraucht (vgl. LUZ, MtI 49).

206) S.o. mit A 197

207) Vgl. die gegensätzlichen Urteile bei SCHULZ, Q 96 Anm 19 der für red, und JEREMIAS, Sprache 206, der für trad Herkunft plädiert.

208) GRUNDMANN, Lk 247; vgl. FREUDENBERG, Weherede 26

209) Vgl. G. DELLING, Geprägte partizipiale Gottesaussagen in der urchristlichen Verkündigung, in: Ders., Studien zum Neuen Testament und zum hellenistischen Judentum, Göttingen 1970, 160-175 (so auch Apg 4,24; 17,24; Hebr 3,2; Offb 14,7).

210) Für dieses Verständnis entscheiden sich auch die meisten Uebersetzer und Kommentatoren: s. nur GRUNDMANN, Lk 245.247; SCHNEIDER, LkII 273. 275; SCHWEIZER, Lk 130.131; BERGER, GesetzesauslegungI 497 Anm 1; FREUDENBERG, Weherede 26; GARLAND, Intention 144; RADL, EWNTIII 295; WESTERHOLM, Jesus 85f.87; WILD, Encounter 116; anders: HUEBNER, Gesetz 187

sich Lk 11,40 einer ganzen Reihe von Stellen ein, in denen Lk poiein für Gottes Schöpfertätigkeit gebraucht[211], weshalb Lk 11,40, das bei Mt keinerlei Parallele hat, als lk Schöpfung anzusehen ist[212].

2. In Lk 11,41 gibt es eine ganze Reihe lk Spracheigentümlichkeiten: plēn kommt im LkEv gehäuft vor (15mal; Mk 1mal; Mt 5mal) und erscheint auch in der Apg (4mal). Allerdings gebraucht Lk es in der Apg 3mal klassisch als uneigentliche Konjunktion ("ausser": 8,1;15,28; 27,22; in 20,23 als Konjunktion mit nachfolgendem hoti ("ausser dass") ebenfalls klassisch), während es im Evangelium durchwegs als adversative Konjunktion verwendet wird. Da es zudem nur im Nicht-Mk-Stoff vorkomme, nimmt JEREMIAS (im Anschluss an REHKOPF) an, plēn sei im LkEv immer trad[213], doch vermag diese Argumentation nicht zu überzeugen: In Lk 19,27[214];22,21.22 (diff Mk 14,21)[215] und 22,42 (diff Mk 14,36)[216] wird plēn höchst wahrscheinlich red verwendet[217], aber auch in Lk 6,35 (diff Mt 5,44)[218];10,11 (diff Mt 10,7)[219] und 12,31 (diff Mt 6,33)[220] geht plēn wohl auf die lk Red zurück, so dass als einziger sicherer Beleg für plēn in Q Lk 10,14//Mt 11,22 bleibt[221], und plēn somit auch in Lk 11,41 nicht für die Trad reklamiert werden kann,

---

211) Apg 4,24;(7,50);14,15;17,24.26

212) Vertreter dieser Auffassung s.o. A 198

213) JEREMIAS, Sprache 139f, vgl. 206; mit Verweis auf REHKOPF

214) Zum red Charakter s. nur WEDER, Gleichnisse 194f

215) Vgl. SCHUERMANN, Lk 22,19b-20 174f mit Anm 80; zur Mk-Abhängigkeit s. auch SCHNEIDER, LkII 446

216) Zur Mk-Abhängigkeit s. SCHUERMANN, Lk 22,42a 195; SCHNEIDER, LkII 457

217) Eine gewisse Unsicherheit bleibt deshalb bestehen, weil (besonders für die Belege in Lk 22) die Möglichkeit nicht völlig auszuschliessen ist, dass Lk einer Sondervorlage folgt.

218) Vgl. z.B. HOFFMANN, Tradition 53.68; LUEHRMANN, Feinde 420; POLAG, Fragmenta 34; SAUER, Feindesliebe 7 (mit Anm 21.23); SCHULZ, Q 131 (mit Anm 303.304); STRECKER, Bergpredigt 94; ZELLER, Mahnsprüche 101 (mit Anm 347); anders: SCHUERMANN, LkI 354f (mit Anm 89).358

219) Vgl. HOFFMANN, Studien 272; LAUFEN, Doppelüberlieferungen 226; POLAG, Fragmenta 46; SCHENK, Synopse 54f; SCHULZ, Q 407 mit Anm 30

220) Vgl. POLAG, Fragmenta 62; SCHULZ, Q 152 mit Anm 3; ZELLER, Mahnsprüche 82

221) In 17,1 ist plēn textkritisch nicht gesichert. Es könnte sich um eine Angleichung an Mt 18,7 handeln (vgl. SCHUERMANN, Sprache 103 mit Anm 240). Weitere Vorkommen bei Lk: 6,24;10,20;13,33;18,8;23,28.

obwohl es nicht als eindeutiges Kennzeichen lk Stils bezeichnet werden kann[222].

Dote eleēmosynēn kann zwar auch nicht als typisch lk Formulierung angesprochen werden, da Lk in der Apg eleēmosynas (Pl!) poiein schreibt (9,36;10,2;24,17). Daraus aber abzuleiten, die Formulierung sei trad[223], ist verfehlt. Immerhin kommt sie in Lk 12,33 (diff Mt 6, 19) wieder vor, wo sie mit grösster Wahrscheinlichkeit red ist[224]. Das Wort eleēmosynē ist zudem für Q nicht bezeugt, kommt aber im lk Doppelwerk 10mal vor (Lk 2mal; Apg 8mal). Hinzu kommt, dass die LkRed ein grosses Interesse an der Wohltätigkeitsparänese zeigt, das nicht vom Begriff eleēmosynē allein zu erfassen ist, sondern auch andere Ausdrücke gebraucht[225], so dass von vornherein nicht mit einer uniformen Formulierung zu rechnen ist. Das Almosengebot in Lk 11,41 ist daher als Kennzeichen der lk Red anzusehen[226]. Kai idou schliesslich ist bei Lk häufig (LkEv 26mal; Apg 8mal) und oft red[227], und auch pas wird von Lk bevorzugt gebraucht[228].

Was das übrige Vokabular betrifft, so ist ta enonta (bzw. eneinai) ntl nur hier bezeugt, so dass über die Herkunft nichts gesagt werden kann. Seine Bedeutung ist umstritten: Während meist angenommen wird, es beziehe sich auf den Inhalt der Gefässe[229], wird gelegentlich argumentiert, Lk beziehe to entos in 11,39b auf die Pharisäer (hymin), weshalb ta enonta in 11,41 mit "was da (bzw. möglich) ist" zu über-

---

222) Vgl. dazu die differenzierenden Ausführungen von SCHUERMANN, Sprache 103; Ders., LkI 355 Anm 89; ZELLER, Mahnsprüche 101 Anm 347. Die Auffassung von SCHULZ, Q ist uneinheitlich: Er bezeichnet plēn als ca 3 mal (aaO 97 Anm 21.152 Anm 98), aber auch als ca 9mal (aaO 407 Anm 30) red und zählt aaO 136 Anm 303 neben Lk 6,35 vier red Stellen auf: 12,31;19,27;22,21.42.

223) So SCHWEIZER, Lk 131; JEREMIAS, Sprache 206

224) So auch LUZ, MtI 356; SCHMITHALS, Lk 146; SCHNEIDER, LkII 286; HORN, Glaube 67f; POLAG, Fragmenta 62; SCHENK, Synopse 92f; SCHULZ, Q 142; ZELLER, Kommentar 79; Ders., Mahnsprüche 77

225) HORN, Glaube 90f (vgl. aaO 35-120)

226) So auch ERNST, Lk 385f; FREUDENBERG, Weherede 23-25; HORN, Glaube 67. 90; JERVELL, Law 140; SCHULZ, Q 97 Anm 21

227) JEREMIAS, Sprache 41f

228) AaO 30f

229) So z.B. GRUNDMANN, Lk 245.247 (abwägend); SCHMITHALS, Lk 138.139; SCHNEIDER, LkII 273.275; BAUER, Wörterbuch 524; EWNTI 1105 (Belege: Thuc IV 57,3; PapTebt II 414,20; JosBell VI 183)

setzen sei[230], doch erscheint ersteres naheliegender und weniger "gekünstelt" zu sein[231]. Auch katharos ist Lk bekannt (vgl. Apg 18,6;20,26).

Während sich in Lk 11,40f also manche Anzeichen lk Redaktionstätigkeit nachweisen lassen, finden sich (vom mit Mt 23,26 übereinstimmenden Stamm kathar- abgesehen) keine eindeutig trad Wendungen, so dass insgesamt mit lk Formulierung der Verse zu rechnen ist[232].

3.1.2.2. Mt 23,26

In Mt 23,26 fällt als mt Spracheigentümlichkeit einzig das metaphorisch gebrauchte typhlos auf[233].

Der Gegensatz to entos - to ektos (diff Mt 23,25) kommt bei Mt anderswo nicht vor, und auch sonst lassen sich keine typisch mt Wendungen oder Vorstellungen ausmachen. Innerhalb von Mt 23 besonders auffällig ist, dass in 23,26 nur ein Pharisäer (Sg!) und nicht (wie jeweils in den Einleitungen der Weherufe) die Schriftgelehrten und Pharisäer angesprochen sind, was ein deutliches Indiz für vormt Herkunft ist[234].

3.1.3. Ergebnis: Die Gestalt des Weherufs in Q

Die Untersuchung des Vokabelmaterials in Lk 11,39b-41//Mt 23,25f hat gezeigt, dass Mt den Q-Wortlaut weitgehend beibehalten hat, während sich die Abweichungen der Lk-Fassung auf die lk Redaktionstätigkeit zurückführen lassen[235].

---

230) So Freudenberg, Weherede 23 (weitere Vertreter aaO 12' Anm 171)

231) SCHWEIZER, Lk 131. Er weist auch darauf hin, dass dies ein Indiz dafür ist, dass sich to entos ursprünglich auf den Inhalt der Gefässe (und nicht der Pharisäer) bezog (ebd).

232) So auch SCHMITHALS, Lk 139; FREUDENBERG, Weherede 22-26; GARLAND, Intention 144f; SATO, Q 227; SCHENK, Synopse 75f; SCHULZ, Q 96f; anders: SCHWEIZER, Lk 131; JEREMIAS, Sprache 206

233) Vgl. LUZ, MtI 52 (mindestens 9mal red); SCHULZ Q 97 Anm 21. In Mt 23 kommt typhlos mehrmals in diesem Sinn vor: 23,16.17.19.24.26 (ebenso Mt 15,14a 2mal); typhlos im MtEv insgesamt 17mal (Mk 5mal; Lk 8mal; Apg 1mal).

234) Ein Indiz dafür, dass Lk in seiner Vorlage Mt 23,26 gelesen hat, ist (neben der Existenz von Lk 11,(40.)41) auch das Vorkommen von prōton in Lk 11,38 (red).

235) Dies ist gegen Versuche zu sagen, das lk dote eleēmosynēn als Fehlübersetzung eines aramäischen Originals zu deuten (so noch HUEBNER,

Dieses Urteil wird durch eine Ueberlegung mehr inhaltlicher Art bestätigt: Mt 23,25f ist in seiner Bedeutung offener und unklarer als Lk 11,39b-41, wo harpagē und ponēria (bzw. akrasia) eindeutig ins Innere des Menschen verlegt, und die als direkte Handlungsanweisung unverständliche Mahnung, zuerst das Innere der Gefässe zu reinigen, im Almosengebot konkretisiert wird. Es ist deshalb wahrscheinlicher, dass die Mt-Fassung den Ausgangspunkt der Entwicklung bildet und Q näher steht.

Für Q ist demnach folgender Wortlaut anzunehmen:

> ουαι υμιν τοισ φαρισαιοισ
>
> οτι καθαριζετε το εξωθεν του ποτηριου και τησ παροψιδοσ
>
> εσωθεν δε γεμουσιν εξ αρπαγησ και ακρασιασ [236].
>
> φαρισαιε καθαρισον πρωτον το εντοσ του ποτηριου
>
> ινα γενηται και το εκτοσ καθαρον [237].

3.2. Das Verzehnten der Gartenkräuter (Lk 11,42//Mt 23,23)

Obwohl der Anteil an wörtlichen Uebereinstimmungen in diesem Weheruf recht hoch ist, bereitet die Rekonstruktion des ursprünglichen Q-Wortlauts erhebliche Schwierigkeiten, da Wortstatistik und Stilkritik wenig weiterhelfen, wo es darum geht, die Unterschiede zu erklären.

Zur Einleitung des Weherufs ist festzuhalten, dass sie bei Lk ursprünglicher erhalten ist, wobei alla möglicherweise eine lk Ueberlei-

---

Gesetz 187 im Anschluss an WELLHAUSEN u.a.); vgl. auch GARLAND, Intention 145 mit Anm 88.

236) So auch FREUDENBERG, Weherede 21f.26; SATO, Q 227; SCHENK, Synopse 75; SCHULZ, Q 95f

237) So auch SATO, Q 227; vgl. FREUDENBERG, Weherede 22-26, der allerdings die Konstruktion im Singular für mt hält, die Anrede weglässt und den Spruch in Q mit katharizete beginnen lässt; auch GARLAND, Intention 142.148 ist der Auffassung, dass die Mt-Fassung von 23,25f im wesentlichen dem ursprünglichen Wortlaut entspricht; WESTERHOLM, Jesus 87 vermutet aufgrund des Singulars, Mt 23,26 könnte ursprünglich in einem anderen Kontext tradiert worden sein; SCHENK, Synopse 75 und SCHULZ, Q 96f halten auch Mt 23,26 für red; POLAG, Fragmenta 54 zählt Lk 11,40 zu Q und rekonstruiert für Lk 11,41//Mt 23,26 katharizete to entos kai to ektos katharon estin; ähnlich ZELLER, Kommentar 67, der zusätzlich auch das aphrones für ursprünglich hält.

tung von 11,39b-41 zum ersten Weheruf darstellt, vielleicht aber auch aus Q stammt, wo es den Gegensatz zu 11,36b markierte[238].

1. Was die Aufzählung der Kräuter betrifft, so wird allgemein angenommen, dass sie bei Mt ursprünglicher erhalten ist, da das von Lk erwähnte pēganon zehntfrei und pan lachanon eine Verallgemeinerung ist, welche "die Pointe (verdirbt), die nur lächerliche Kleinigkeiten nennt"[239]. Eine andere Auffassung vertritt CORRENS, der beide Fassungen für "gleichwertig" ansieht und es für nicht entscheidbar hält, welche Fassung die ursprünglichere ist, zumal die Weherufe in der lk Fassung s.E. nicht aus Q, sondern aus einer Sonderquelle des Lk stammen[240]. CORRENS bemüht sich um den Nachweis, dass die dem lk Text scheinbar widersprechende Stelle Schevi 9,1 nur die wild wachsende Raute von der Zehntpflicht ausschliesse, und weist darauf hin, dass verallgemeinernde Schlussglieder bei Aufzählungen auch in der rabbinischen Literatur vorkommen[241], woraus er schliesst, dass die Kräuterliste in Lk 11,42 durchaus mit der Halacha der Zeit Jesu in Einklang zu bringen sei. Am ausführlichsten hat sich FREUDENBERG mit dieser These auseinandergesetzt und dabei folgende Einwände geltend gemacht: Die quellenkritische Zuweisung der lk Weherede zu einer Sondervorlage ist unnötig, und die Mischna scheint die Unterscheidung zwischen wild wachsender und kultivierter Raute (deren Anbau zur Zeit der Entstehung des Logions in Palästina und Syrien unsicher ist) nicht zu kennen. Zudem weist er darauf hin, dass sich eine Tendenz zur Verallgemeinerung, speziell auch die Hinzufügung eines allgemei-

---

238) Zur Anrede s.o. 2.2.2.; mit der lk Herkunft von alla rechnen auch POLAG, Fragmenta 54; SCHULZ, Q 100 u.v.a.; zum Zusammenhang mit 11,36b s.u. 4.2.2.2.(3.d). In sprachlicher Hinsicht spricht die Beobachtung für trad Herkunft, dass alla in der Apg "vor selbständigen Sätzen thematisch den Uebergang zu Neuem markierend" fehlt, während dieser Gebrauch im LkEv nur in 6,27;11,42 belegt ist (JEREMIAS, Sprache (65-)66).

239) SCHWEIZER, Mt 283; zum sekundären Charakter der Lk-Fassung s. GRUNDMANN, Lk 248; BRAUN, RadikalismusII 90f Anm 2; FREUDENBERG, Weherede 15-17; GARLAND, Intention 137 Anm 50; POLAG, Fragmenta 54; SATO, Q 227; SCHENK, Synopse 76; SCHULZ, Q 100; ZELLER, Kommentar 66. BANKS, Jesus 178 bemerkt, dass die Lk-Fassung die pharisäischen Zehntgebote übersteige.

240) CORRENS, Verzehntung 112 mit Anm 2 (mit Berufung auf RENGSTORF)

241) AaO 110-112

nen Terminus zu einem spezifischen Begriff bei Lk auch sonst nachweisen lässt[242]. Ueber die Gründe für die Aenderung durch Lk lässt sich allerdings kaum etwas sagen. Immerhin ist vermutet worden, dass die Raute dem Leser des LkEv vertrauter war, so dass ihre Einfügung dazu gedient haben könnte, das Wort verständlicher zu machen[243].

2. Ob parerchesthe (Lk) oder aphēkate (Mt) ursprünglicher ist, ist sachlich kaum erheblich. Meist wird angenommen, dass Lk das gängigere aphienai durch parerchesthai ersetzt hat[244]. Für die Ursprünglichkeit des mt aphienai lässt sich anführen, dass Mt in 15,2.3 das in ähnlichem Sinn gebrauchte mk aphienai (7,8 aphentes tēn entolēn tou theou) durch parabainein ersetzt, das im jüdisch-hellenistischen Schrifttum häufig im Zusammenhang mit dem Verstoss gegen das Gesetz Gottes gebraucht wird[245].

Die Wendung ta barytera tou nomou wird von der Mehrheit der Exegeten als mt beurteilt[246], obwohl Mt barys nie red verwendet[247]. Neben

---

242) FREUDENBERG, Weherede 16f. Zur Hinzufügung eines allgemeinen Terminus weist er auf Lk 21,29 diff Mk 13,28 und ferner auf Lk 19,47 diff Mk 11,18; Lk 3,19 diff Mk 6,18 hin (aaO 9' Anm 113). Zur Kritik an CORRENS s. auch GARLAND, Intention 137 Anm 50 und SCHULZ, Q 100 Anm 40.

243) GARLAND, Intention 137 Anm 50

244) FREUDENBERG, Weherede 19; POLAG, Fragmenta 54; SATO, Q 227; unentschlossen SCHULZ, Q 100; anders JEREMIAS, Sprache 207, der parerchesthe für trad hält, da antithetische Parallelismen nicht lk sind (aaO 61f; vgl. Ders., TheologieI 25f) und das Verb in diesem Sinn nur im Nicht-Markusstoff (11,42;15,29) vorkommt. Da aber auch die Mt-Fassung antithetisch ist, trägt ersteres Argument nichts ein, und letzteres ist aufgrund der zu schmalen Basis nicht aussagekräftig.

245) Belege bei BAUER, Wörterbuch 1212; WOLTER, EWNTIII 32f. parabainō ist ntl sonst nur noch in Apg 1,25 (in anderem Sinne) belegt. Allerdings verwendet Mt aphiēmi auch gelegentlich red (vgl. LUZ, MtI 37).

246) GRUNDMANN, Mt 493; BARTH, Gesetzesverständnis 58.74f; BRAUN, RadikalismusII 7 Anm 2; FRANKEMOELLE, Jahwebund 301; GARLAND, Intention 137f mit Anm 55; HUEBNER, EWNTII 1166; POLAG, Fragmenta 54; SATO, Q 227; SCHENK, Synopse 76; SCHULZ, Q 100; WESTERHOLM, Jesus 57; ZELLER, Kommentar 66; unentschlossen: BERGER, GesetzesauslegungI 50; FREUDENBERG, Weherede 17; für trad Herkunft: BANKS, Jesus 178f.

247) SCHULZ, Q 100. Allerdings ist auch schon vermutet worden, dass barys in 23,4 gegenüber dysbastakos (Lk 11,46) sekundär ist, was allerdings nicht zutreffen dürfte (vgl. SCHULZ, aaO 107 mit Anm 94; FREUDENBERG, Weherede 6).

der mt Tendenz, nomos red zu verwenden[248], kann für diese Annahme angeführt werden, dass auch in Apg 15,28 im Zusammenhang mit dem Gesetz von der Last (baros) die Rede ist, so dass kein Grund für eine lk Streichung ersichtlich ist[249]. Die für Mt ungewöhnliche Wortwahl mag durch die Wendung phortia barea in Mt 23,4Q motiviert sein.
Die mt Trias krisis, eleos und pistis wird gegenüber dem lk Paar krisis kai agapē tou theou meist als ursprünglicher angesehen[250]. Zu dieser Trias gibt es im AT (Mi 6,8; Hos 4,1; Sach 7,9;8,16; Jer 9,23; Spr 14,22) Entsprechungen, jedoch keine genauen Parallelen[251]; dasselbe gilt für die jüdische Literatur[252]. Diese Entsprechungen sind für sich genommen kein Indiz für grössere Ursprünglichkeit, könnte es sich doch um eine red Angleichung an den biblischen Sprachgebrauch (LXX) handeln[253]. Der sekundäre Charakter der lk Fassung wird unterschiedlich begründet: Während etwa SCHWEIZER die Einführung der Gottesliebe als "Verchristlichung" ansieht[254], übersetzt SCHULZ krisis (bei Lk) mit "Gericht" und sieht so dem zeremonialen Handeln nicht mehr das ethische Handeln, sondern "die zentralen Sachverhalte im

---

248) Vgl. Mt (5,17?);7,12;12,5;22,(36?)40. LUZ, MtI 47 bezeichnet 7 von 8 Vorkommen als red (nomos Mt 8mal; Mk nie; Lk 9mal), da er für Mt 5,18 keine Q-Fassung annimmt (aaO 229f; vgl. dazu u. ExkursI).

249) In Apg 15,28 (vgl. 1Joh 5,3) ist baros (bzw. barys) allerdings negativ verstanden, so dass keine genaue Entsprechung vorliegt.

250) SCHMITHALS, Lk 139 (abwägend); SCHWEIZER, Mt 283; BERGER, GesetzesauslegungI 242; BORNKAMM, Enderwartung 23f; BRAUN, RadikalismusII 90f Anm 2; FREUDENBERG, Weherede 17; SATO, Q 227; SCHENK, Synopse 76; SCHNEIDER, EWNTI 24; SCHULZ, Q 101; ZELLER, Kommentar 66; unentschlossen: BARTH, Gesetzesverständnis 74f (vgl. 107); WESTERHOLM, Jesus 57f; für den trad Charakter der Lk-Fassung: FRANKEMOELLE, Jahwebund 302; JEREMIAS, Sprache 207; POLAG, Fragmenta 54; SAND, Gesetz 40 Anm 66. BANKS, Jesus 178 Anm 1 rechnet mit zwei verschiedenen Trad.

251) Vgl. BORNKAMM, Enderwartung 23f; zustimmend SCHULZ, Q 101f Anm 56

252) Vgl. BERGER, GesetzesauslegungI 50, der besonders auf 1QS 8,2 aufmerksam macht. S. auch seine Ausführungen zu den "sozialen Reihen" aaO 362-395. FREUDENBERG, Weherede 9' Anm 121 weist zusätzlich auf 1QS 1,5;5,3f hin.

253) So z.B. FRANKEMOELLE, Jahwebund 302; erwogen auch von BARTH, Gesetzesverständnis 74f; WESTERHOLM, Jesus 57f; anders: FREUDENBERG, Weherede 17f, der den biblischen Charakter der mt Trias als Hinweis auf ihre Ursprünglichkeit versteht.

254) SCHWEIZER, Mt 283; ähnlich SCHMITHALS, Lk 139, der krisis kai agapē tou theou im Sinn des Doppelgebots der Liebe versteht. In diesem Sinn interpretiert es auch WILSON, Luke 22.71.

Verhältnis des Menschen zu Gott gegenüber(gestellt)"[255]. Freilich ist es unwahrscheinlich, dass krisis in Lk 11,42 das Gericht Gottes meint, zumal die Formulierung tēn krisin parerchesthe dann keinen Sinn ergibt. Wie in Mt 23,23 wird krisis mit "Recht", bzw. "Gerechtigkeit" zu übersetzen sein[256]. Damit entspricht die Hervorhebung von krisis und agapē tou theou in Lk 11,42 in der Tat dem Doppelgebot der Liebe (vgl. Lk 10,25-28), was das Argument der "Verchristlichung" bestätigt[257]. SCHNEIDER macht zudem darauf aufmerksam, dass das Stichwort agapē/agapan auch Lk 11,42 und 43 verbindet: "Die Pharisäer 'lassen die Liebe zu Gott ausser acht' (V.42), lieben jedoch 'die ersten Plätze in den Synagogen' (V.43; Mt 23,6 philousin)"[258].

Die vokabelstatistischen und traditionskritischen Argumente von JEREMIAS, dass die Wortgruppe agap- in der Apg nur in 15,25 vorkommt, und dass ihr Vorkommen im LkEv durchgehend trad ist und eine grosse Bedeutungsbreite aufweist, weshalb auch hier mit Trad zu rechnen

---

255) SCHULZ, Q 101

256) So auch BRAUN, RadikalismusII 25 Anm 2. Krisis wird von Lk zwar nie in diesem Sinn gebraucht, doch lassen die insgesamt 5 Belege kein sicheres Urteil über den lk Wortgebrauch zu (Lk 10,14;11,31.32.42; Apg 8,33). Immerhin weist das Verb krinein bei Lk eine grosse Bedeutungsbreite auf: z.B. "meinen, halten" (Lk 7,43; Apg 13,46;16,15 u.ö.), "sich entscheiden für, beschliessen" (Apg 16,4;20,16 u.ö.), "richten, verurteilen" im juristischen Sinn (Lk 19,22; Apg 23,3 u.ö.); "richten, verurteilen" vor dem göttlichen Richter (Lk 6,37b; Apg 17,31), "(andere) beurteilen" (Lk 6,37a). S. auch BAUER, Wörterbuch 892-894; RISSI, EWNTII 789

257) Damit soll nicht gesagt sein, dass das Doppelgebot gegenüber dem Judentum vorschnell als das "unterscheidend Christliche" beansprucht werden kann (zur Problematik. solcher Ansprüche s. VENETZ, Grundstrukturen 631.635f; zur sachlichen Problematik s. die einschlägigen Arbeiten von BERGER, GesetzesauslegungI 56-257; BORNKAMM, Doppelgebot; BURCHARD, Liebesgebot; FULLER, Doppelgebot; MUDISA M. MUNDLA, bes. 143-156.215f.220-227; NISSEN, Gott; PRAST, Appell; SCHNEIDER, Neuheit u.a.), doch in der formalen Ausprägung von Mk 12,28ff parr hat es keine echten Parallelen. Die Entsprechung zwischen der lk Fassung von 11,42 und 10,25ff gewinnt als Argument für den red Charakter der Einführung der "Gottesliebe" vor allem dann an Bedeutung, wenn davon auszugehen ist, dass Lk 10,25ff nicht Q entstammt (s. dazu KOSCH, Gottesherrschaft 52 und oben 2.2.2.(2.a) mit A 139.142). Vergleichbar mit der Wendung krisis kai agapē tou theou sind im lk Werk auch die Paare dikaios kai eulabēs (Lk 2,25), eusebēs kai phoboumenon ton theon (Apg 10,2), bzw. dikaios kai phoboumenos ton theon (Apg 10,22), vgl. auch Apg 10,35.

258) SCHNEIDER, EWNTI 24

sei[259], sind nicht durchschlagend: Immerhin verwendet Lk das Verb in 6,32c "in direkter Anlehnung an die Tradition" red[260], was auch hier der Fall sein könnte, falls Lk schon in 11,43 agapate las[261], und die Forderung der Gottesliebe kommt ja auch in 10,27 vor[262].

Ein gewichtiges positives Argument für den trad Charakter der mt Trias krisis, eleos und pistis ist in der Entsprechung zur ebenfalls dreigliedrigen Kräuterliste zu sehen[263]. Zudem gibt es keine Anzeichen dafür, dass die MtRed diese Trias gebildet hat[264].

3. Die Zugehörigkeit des Nachsatzes tauta de edei poiesai kakeina me pareinai zum ursprünglichen Lk-Text ist umstritten, da er bei D und Marcion fehlt. Er wird "häufig für eine unter dem Einfluss des Mat-

---

259) JEREMIAS, Sprache 207 (vgl. 141); auch WEGNER, Hauptmann 182f weist auf den trad Charakter von agapan bei Lk hin.

260) SCHULZ, Q 104, vgl. aaO 129; dazu s.u. II.3.1.4.(2.d)

261) Ob es hier ursprünglicher als das mt philete ist, muss allerdings offenbleiben (vgl. SCHULZ, Q 104). POLAG, Fragmenta 54 z.B. nimmt an, philete sei ursprünglicher, wofür auch spricht, dass Lk in seiner Parallele zum verwandten Mk-Stoff 12,38b-40 (unter Q-Einfluss) philein verwendet.

262) Der Ausdruck agapē tou theou ist im NT selten: ausser Lk 11,42 noch Joh 5,42; 2Thess 3,5; 1Joh 2,5.15;3,17;4,12;5,3; vgl. auch Hebr 6,10. Zudem ist "in vielen Fällen auch d. Deutung als gen. subj. möglich" (BAUER, Wörterbuch 10). Agapan kommt bei Lk zwar häufiger vor als in den anderen Synoptikern (Mt 8mal; Mk 5mal; Lk 13mal), doch lässt sich dies nur zu einem geringen Teil auf die Red zurückführen: 6,32b (2 mal) und 11,43(?); die Vorkommen in 7,5.42.47 gehen wohl auf SLk zurück.

263) FREUDENBERG, Weherede 17

264) Krisis wird im Sinn von "Recht", bzw. "Gerechtigkeit" nur in Mt 12, 18.20 (12,18-21a = Jes 42,1-4) gebraucht; eleos kommt sonst noch im Zitat von Hos 6,6 in Mt 9,13;12,7 vor und pistis hat bei Mt nur noch in 11,4 den Sinn von "Treue", bzw. "Zuverlässigkeit" (im Blick auf die Mitmenschen). Diese Uebersetzung ist allerdings umstritten: So verstehen z.B. BARTH, Gesetzesverständnis 107; FREUDENBERG, Weherede 17.11' Anm 143; SCHULZ, Q 101; ZELLER, Kommentar 66. BORNKAMM, Enderwartung 24.26 z.B. möchte pistis als ein "auf Gott gerichtetes Verhalten" verstehen. GRUNDMANN, Mt 493; SCHWEIZER, Mt 288 und FRANKEMOELLE, Jahwebund 301 möchten beide Dimensionen miteingeschlossen wissen. Gegen eine Uebersetzung von pistis mit "(Gottes)glaube" spricht nicht nur, dass die beiden anderen Begriffe ein mitmenschliches Verhalten meinen (so auch BORNKAMM, Enderwartung 24), sondern auch, dass das Verb poiein dazu schlecht passen würde (so auch FREUDENBERG, Weherede 11' Anm 143), doch wird man das "ethische" und das "theologische" Verständnis des Wortes nicht gegeneinander ausspielen dürfen.

thäustextes erfolgte nachlukanische Interpolation gehalten. ... Danach stand der Spruch also noch nicht in Q, sondern wurde erst von MtR eingeschoben"[265]. Diese Auffassung lässt sich allerdings aufgrund der starken Bezeugung des Spruches nicht halten, zumal die Streichung durch Marcion dessen Tendenz entspricht und sein Fehlen im Codex Bezae möglicherweise unter Einfluss des marcionitischen Textes erfolgte[266]. Unter sachlicher Hinsicht lässt sich sagen, dass die Aussage weder in Q noch im LkEv völlig isoliert dasteht (vgl. Lk 16,17//Mt 5, 18) und dass es zumindest sehr zweifelhaft ist, ob Mt selbst eine solche Aussage formuliert hätte[267]. Zudem kann unter der Voraussetzung, dass der Spruch eine sekundäre Interpolation unter Mt-Einfluss ist, die Verwendung des seltenen Verbs pariēmi (statt des mt aphiēmi) nicht erklärt werden[268].

Die Frage, ob pareinai (Lk) oder aphienai (Mt) ursprünglicher ist, wird meist dahingehend beantwortet, dass die lk Formulierung red sei, da es sich um eine Angleichung an parerchesthe handle[269]. Die Annahme, dass das mt aphienai ursprünglicher ist, gewinnt noch an Wahrscheinlichkeit, wenn die vielfach geäusserte Vermutung zutrifft, dass es sich bei der Mahnung um eine sekundäre Bildung handelt, die

---

265) FREUDENBERG, Weherede 18 mit Anm 125.126, wo er auf HARNACK, KLOSTERMANN, HIRSCH und GRUNDMANN (Lk 248), sowie auf BULTMANN, Geschichte 139 verweist, der die Q-Zugehörigkeit des Textes bei gleichzeitigem Fehlen im ursprünglichen Lk-Text für möglich hält. FREUDENBERG selbst allerdings spricht sich für die Lk-Zugehörigkeit des Spruches aus (ebd); ebenso: ERNST, Lk 386; SCHMITHALS, Lk 139; SCHNEIDER, LkII 273; SCHWEIZER, Lk 131; GARLAND, Intention 139f Anm 65; HOFFMANN, Studien 59 Anm 34.170 Anm 50; SCHENK, Synopse 75; SCHULZ, Q 101.

266) So METZGER, Commentary 159. Verschiedentlich wird auch darauf hingewiesen, dass der Satz selbst innerhalb der "westlichen" Textgruppe, der D und Marcion angehören, erhalten ist (so z.B. FREUDENBERG, Weherede 10' Anm 129; SCHULZ, Q 101 mit Anm 148).

267) Vgl. FREUDENBERG, Weherede 18

268) Pariēmi kommt im NT sonst nur noch in Hebr 12,12 vor. Vgl. auch die "Anpassungsversuche" in der Textgeschichte! SCHULZ, Q 101 scheint eine Ableitung vom "gut lk Wort" pareimi (Lk 13,1;Apg 10,21.33;12,20; 17,6;24,19) vorauszusetzen, was inhaltlich (pareimi = zugegen sein) und formal (poiēsai: Inf. Aor; pareinai: Inf. Präs.) unmöglich ist. Diesen Irrtum habe ich in KOSCH, Gottesherrschaft 57 leider unkritisch übernommen.

269) So. z.B. FREUDENBERG, Weherede 10' Anm 124 (mit HARNACK und SCHMID); s. auch POLAG, Fragmenta 54; SATO, Q 227; SCHULZ, Q 101 (s. aber A 268!); anders offenbar SCHENK, Synopse 75f

nachträglich zum Weheruf hinzugewachsen ist[270], der das Verb bereits enthielt.

4. Das nur bei Mt vorkommende Wort gegen jene, die Mücken seihen, aber Kamele verschlucken, wird nicht Q zugerechnet[271]. Eindeutig mt ist die Anrede der Schriftgelehrten und Pharisäer als hodēgoi typhloi[272], der Rest des Wortes wird meist als sprichwörtliche Redensart bezeichnet, für die es allerdings keine exakten Parallelen gibt[273].

5. Die Q-Fassung von Lk 11,42//Mt 23,23 lautete also wie folgt:

[αλλα] ουαι υμιν τοισ φαρισαιοισ,
οτι αποδεκατουτε το ηδυοσμον και το ανητον και το κυμινον
και αφηκατε την κρισιν και το ελεοσ και την πιστιν·
ταυτα [δε] εδει ποιησαι κακεινα μη αφιεναι[274].

4. Die Kritik an der Gesetzespraxis der Pharisäer - Zur Auslegung von Lk 11,39b-41.42//Mt 23,23.25f

Im folgenden Abschnitt geht es darum, die zur Diskussion stehenden Weheworte auf ihre Aussage und Funktion hin zu befragen, wobei ihre jeweils wechselnden Kontexte und Sprech-, bzw. Kommunikationssituationen zu berücksichtigen sind[275].

---

270) S.u. A 312

271) Vgl. GRUNDMANN, Mt 493; FREUDENBERG, Weherede 18f; HAENCHEN, Matthäus 23 40; POLAG, Fragmenta 54; SATO, Q 227; SCHENK, Synopse 75f; SCHUERMANN, Redekomposition 36; SCHULZ, Q 100f; ZELLER, Kommentar 66f

272) Vgl. FREUDENBERG, Weherede 99-101. Zu typhlos s.o. 3.1.2.2. mit A 233

273) Vgl. nur GRUNDMANN, Mt 493

274) So auch FREUDENBERG, Weherede 19; SCHENK, Synopse 76; SCHULZ, Q 100f; ZELLER, Kommentar 66f; anders: POLAG, Fragmenta 54, der sich stärker am lk Wortlaut orientiert.

275) Terminologisch folge ich hier SCHMIDT, Texttheorie 33 Anm 2: "Zur Terminologie folgender Hinweis: 'Kontext' ... bezeichnet die sprachliche Umgebung von Ausdrücken; 'Sprechsituation' oder 'Kommunikationssituation' die nicht-sprachliche Einbettung von Aeusserungen." Mit diesem methodischen Ansatz ist dem Primat der Synchronie vor der Diachronie insofern Rechnung getragen, als berücksichtigt wird, dass "ein Traditionen verarbeitender Text nicht als Dialog zu deuten (ist), den ein Redaktor mit dem von ihm rezipierten Material führt,

Dazu ist es zunächst notwendig, einige traditionsgeschichtliche Ueberlegungen zur Weherede als ganzer anzustellen (4.1.), um dann zu versuchen, die "kommunikative Funktion" der Texte in ihren jeweiligen Zusammenhängen[276] zu erheben (4.2.).

4.1. Traditionsgeschichtliche Erwägungen zur Entstehung der Weherede

Bei der Frage nach der Vorgeschichte der Weherede kann bei ihrer Gestalt in Q eingesetzt werden[277]. Auch hier soll wieder[278] ein Vorgehen gewählt werden, das möglichst offen ist und auf Systematisierungen verzichtet, welche die Gefahr in sich bergen, eine falsche Gewissheit vorzutäuschen.

1. Traditionsgeschichtlich zu unterscheiden ist ohne Zweifel zwischen den Weherufen und dem (abschliessenden[279]) Sophia-Wort Lk 11,49-51, das eine eigene Vorgeschichte hat und nicht ursprünglich mit den Weherufen verbunden war[280].

---

sondern als Medium eines 'Mitteilungsgeschehens' (K. Berger), das in seiner synchronen Gestaltung primär und immer schon auf seine Adressaten und die ihm gleichzeitigen Rezipienten hin angelegt ist" (THEOBALD, Primat 162f).

276) Vgl. die Textdefinition von SCHMIDT, aaO 150: "Ein Text ist jeder geäusserte sprachliche Bestandteil eines Kommunikationsaktes in einem kommunikativen Handlungsspiel, der thematisch orientiert ist und eine erkennbare kommunikative Funktion erfüllt ...". Aehnlich BREUER, Einführung 138f, bes. "Jeder Text (...) ist zu einem (kommunikativen) Zweck gemacht". Rezeptionskritik ist deshalb nicht primär aufgrund der Transformation der (äusseren) Textgestalt, sondern ausgehend von den Wandlungen der kommunikativen Funktion des Textes zu betreiben, die sich im veränderten Kontext und/oder in einer veränderten Textgestalt niederschlagen kann, und durch die welchselnde Sprechsituation bedingt ist. Nur so kann der Tatsache Rechnung getragen werden, dass nicht die Tradition, sondern der Adressat Gesprächspartner des Autors ist (s.o. A 275)

277) S.o. 2.2., weiter FRANKEMOELLE, Pharisäismus 134-142; FREUDENBERG, Weherede 6-54.88-91; GARLAND, Intention 9-20 (zu Einzelfragen passim); HOFFMANN, Studien 164-171, bes. 170; LUEHRMANN, Redaktion 43-48; POLAG, Fragmenta 54-57 (vgl. Ders., Christologie 80-84); SATO, Q 227-231; SCHENK, Synopse 75-82; SCHUERMANN, Redekomposition; Ders., Zeugnis 129-133; SCHULZ, Q 94-114.336-345; ZELLER, Kommentar 65-72.

278) S. schon o. 2.1.3.

279) Zur Problematik s.o. 2.2.1.(2.c)

280) Dieses Urteil ist m.W. unbestritten.

2. Ueber die Entstehung der Reihe von sieben Weherufen sind grundsätzlich zwei Annahmen möglich: Entweder geht die Reihe auf einen Sprecher/Schreiber zurück, der sie als Einheit konzipierte, oder die Reihung entstand in einem Sammlungs- und Wachstumsprozess und ist also nicht ursprünglich. Letzteres erscheint wahrscheinlicher und wird auch allgemein angenommen[281]. Als Argumente für diese Annahme sind zunächst das Vorkommen unterschiedlicher Adressatengruppen, aber auch "die Heterogenität des Inhalts der Sprüche" sowie "die Tatsache, dass die Sprüche nicht alle zur gleichen Zeit und am gleichen Ort entstanden sein können", zu nennen[282]. Aufgrund der verwandten Ueberlieferung in Mk 12,38b-40(//Lk 20,46f) ist z.B. unwahrscheinlich, dass das in Lk 11,43(//Mt 23,5b-7, dort keine Weheruf) verarbeitete Material ursprünglich die Gestalt eines Weherufs hatte, zumal das "äusserst brisante ouai" angesichts des Inhalts der Anklage kaum wirklich nötig ist[283].

3. Die Frage, ob es sich bei den sieben Weherufen um eine "Sammlung"[284] ursprünglich selbständig tradierter Weherufe handelt, oder ob zu bereits vorliegenden Weherufen andere sekundär hinzugekommen sind, sei es als "Neubildungen", sei es als Bildungen aus ursprünglich nicht als Weherufen formulierten Sprüchen (wie z.B Lk 11,43), ist wohl dahingehend zu beantworten, dass einige Wehesprüche ursprünglich selbständig existierten und nachträglich gesammelt wurden, während andere wohl erst im Zusammenhang mit einem "Kern" der älteren Weherufe gebildet wurden[285].

4. Mit den "Redaktionsstufen" und "Kompositionsformen" der "Redekomposition wider 'dieses Geschlecht' und seine Führung" hat sich m.W.

281) Vgl. ERNST, Lk 384; FRANKEMOELLE, Pharisäismus 137; FREUDENBERG, Weherede 91 (abwägend); LUEHRMANN, Redaktion 45; SATO, Q 229f; SCHUERMANN, Zeugnis 129-131; SCHULZ, Q 94.

282) FREUDENBERG, Weherede 91; anders jetzt SCHULZ, Ethik 51-61, der sämtliche Weherufe als jesuanisch ansieht (s. jedoch o. A(Einl.) 118)

283) SATO, Q 230; SCHUERMANN, Redekomposition 46; vgl. schon o. 2.2.1. (2.d) mit A 132

284) So LUEHRMANN, Redaktion 45

285) Aehnlich ERNST, Lk 384 mit BULTMANN, Geschichte 119

nur SCHUERMANN eingehender beschäftigt und dazu zwei Rekonstruktionsversuche vorgelegt[286]. Beiden liegt zwar dasselbe theoretische Modell vom Entstehungsprozess von Q zugrunde[287], doch neben manchen Gemeinsamkeiten fallen zahlreiche Unterschiede auf, die SCHUERMANN leider im jüngeren Beitrag weder vermerkt, noch diskutiert. Da der jüngere Beitrag zugleich der ausführlichere ist, beziehe ich mich im folgenden hauptsächlich auf ihn[288].

a) Der Endredaktion von Q (4. Kompositionsform, = Kf.) weist SCHUERMANN die Zusammenstellung der frühen Kompositionen (3. Kf.) über, bzw. an Schriftgelehrte und Pharisäer mit jener wider "dieses Geschlecht" und "Jerusalem" zu, wobei er annimmt, dass Lk 11,47f eine von der QRed formulierte "Uebergangs- und Einleitungsbildung" ist, während ihr Lk 11,49-51 und 13,34f (//Mt 23,34-36.37-39) schon als Teil einer frühen Komposition vorgelegen habe, den sie in den jetzigen Kontext einbringt[289].

b) Als Vorstufe dieser frühen Kompositionen macht er drei "Sprucheinheiten" (2. Kf.) aus: "1. Die Sprucheinheit wider die Schriftgelehrten Mt 23,(2-3).4.6b-7a.(12).13 par Lk 11,46.43.52 ... 2. Die Sprucheinheit wider die Pharisäer Mt 23,(15).23.25-26.27 par Lk 11,42.39-41.44 ...

3. Die Sprucheinheit wider 'dieses Geschlecht' Mt 23,(29-31).34-36.(37-39) par Lk 11,(47-48).49-51 (vgl. 13,34-35)"[290].

---

286) SCHUERMANN, Zeugnis 130f (zuerst erschienen: 1981); Ders., Redekomposition (1986). Zu seiner Position vgl. schon o. 2.2.1.(1.d)

287) SCHUERMANN, Zeugnis 72-80; Ders., Redekomposition 65f mit Anm 92

288) Seine ältere Position (SCHUERMANN, Zeugnis 130f) ist prägnanter und lässt sich wie folgt skizzzieren: Lk 11,42.39b-41 gilt als "Kern der Spruchkette", dem später 11,44 angefügt und 11,46 vorgebaut wird. 11,43 einerseits, 11,(47f.49-51)52 anderseits entstammen einer "antisynagogale(n) 'kirchliche(n)' Redaktion, die den Bruch mit der Judenschaft bereits vollzogen hat. Dieser Redaktionsstufe ist wohl auch die Komposition 11,29-36 mit 11,37-52 zuzuschreiben. Möglicherweise handelt es sich hier um die Endredaktion der Redenquelle."
Historisch wird Lk 11,42.39b-41 einer "Gruppe gesetzestreuer Judenchristen, die aber dem pharisäischen Legalismus gegenüber die ethische Seite der Tora, besonders das Liebesgebot akzentuieren (und damit dem Wort und Verhalten Jesu die Treue wahrten)" zugeschrieben; 11,44 und 46 bezeugen "Auseinandersetzungen mit den Führern der Judenschaft, wohl aber noch nicht ein(en) 'kirchliche(n)' Bruch mit derselben".

289) SCHUERMANN, Redekomposition 66-68.74f

290) AaO 69-75 (Zitate 69.71.73)

c) Als "Grundworte" (1. Kf.) bezeichnet er schliesslich Lk 11,39; 11,42a.b; 11,46a und 11,49-51, wobei er in (bzw. hinter) den ersten drei dieser Logien die ipsissima vox, bzw. intentio Jesu vermutet[291].

d) In der Transformation und kommentierenden Erweiterung der jesuanischen Grundworte kommen im Verlauf ihrer verschiedenen Stadien (s.o. a-c) "recht unterschiedliche Stimmen zu Wort, die Jesu Vermächtnis je in ihrer Weise situationsgerecht zu applizieren versuchen." Zunächst handelt es sich um "anerkennende judenchristliche Stimmen, vermutlich aus jüdischer (...) Umwelt", die jedoch auch "Kritik am Rabbinen- und Pharisäertum" äussern[292]. In einer zweiten Etappe wird "scharfe Polemik aus einer 'kirchlich getrennten' Situation" laut[293], und in der Endredaktion schliesslich "wird diese 'kirchentrennende' Distanz besonders deutlich"[294].

5. Eine eingehende Ueberprüfung der einzelnen Analysen von SCHUERMANN, denen zu folgen oft sehr mühsam ist, muss hier unterbleiben, zumal schon im Zusammenhang mit der Wiederherstellung der Q-Akoluthie von Lk 11,39-52 eine gewisse Auseinandersetzung mit seinem Ansatz erfolgt ist[295].

a) Meine Bedenken sind v.a. methodischer Art: Schon die literar- und quellenkritischen Urteile orientieren sich primär am Inhaltlichen, während äussere Kriterien wie Sprache, Stil etc. zu wenig Beachtung finden. SCHUERMANNs Vorgehen ist vom (unausgesprochenen) Wunsch bestimmt, möglichst viele Texte Q zuzuweisen, auch wenn sie nicht von Mt und Lk gemeinsam bezeugt sind. Ohne das genauer zu hinterfragen, versteht er die Redenquelle als stofflich und kompositorisch wohlabgerundetes Dokument[296]. Das hat im Fall von Lk 11,39-52 zur Folge, dass das lk Redaktionsverfahren faktisch als Dekomposition und Aufsplitterung einer thematisch und formal stimmigen Komposition er-

---

291) AaO 75f

292) AaO 76f. Verwiesen wird auf Mt 23,(2-3)4 par Lk 11,46; Lk 11,39b-41; Lk 11,52 und Lk 11,42d

293) AaO 77f. Verwiesen wird auf Lk 11,52; Mt 23,12; Lk 11,43; Lk 11,39b-41; Mt 23,15 und Lk 11,44

294) AaO 78f. Verwiesen wird auf Lk 11,47f.49-51 und Mt 23,37-39//Lk 13,34f

295) Zu SCHUERMANNs Position s.o. 2.2.1.(1.d), zu meinem Urteil 2.2.1.(2.)

296) Vgl. dazu schon A(Einl) 75

scheint. Ob dieses Bild dem entspricht, was wir vom sonstigen Umgang der LkRed mit ihren Quellen wissen, wird gar nicht gefragt[297].

b) Was die in diesem Zusammenhang v.a. interessierende Konzeption SCHUERMANNs von der Kompositionsgeschichte der Logienquelle betrifft, erstaunt schon im methodischen Ansatz[298] die Sicherheit, mit der durchgehende Gesetzmässigkeiten postuliert werden. Um die "kompositionelle Vierstufigkeit bereits arbeitshypothetisch als ein Instrumentarium" einsetzen zu können, wie das im zur Diskussion stehenden Aufsatz geschieht[299], müsste sie sich m.E. schon an einer grösseren Zahl von Texten mit grösserer Deutlichkeit bewährt haben, als dies bisher geschehen ist[300]. Angesichts der bestehenden Unsicherheit der Forschung bezüglich des Werdens von Q ist grössere Zurückhaltung am Platz.

c) Trotz dieser grundsätzlichen Einwände kann ich der Sicht von SCHUERMANN in zwei wichtigen Punkten zustimmen: Richtig wird daran sein, dass der QRed bereits eine Sammlung von Weherufen vorlag[301], die eine längere Geschichte hinter sich hat. Zutreffend ist zudem die Annahme, dass die verschiedenen Weherufe ein unterschiedliches Verhältnis zwischen dem(n) Sprecher(n) und den Adressaten der Weherufe erkennen lassen, was sich z.B. im "konkreten", "erfahrungsnahen" oder aber eher "allgemeinen", "theologischen" Inhalt der Anklage zeigt.

d) Grundsätzlich stimme ich auch in der Rückführung der hier v.a. interessierenden Weherufe Lk 11,39 und 42 auf den irdischen Jesus mit SCHUERMANN überein[302], doch ist es m.E. unnötig, davon auszugehen, Lk 11,39 sei ursprünglich milder formuliert gewesen[303] und beide Logien hätten ursprünglich nicht die Gestalt von Weherufen gehabt[304]. Darauf ist in anderen Zusammenhängen zurückzukommen[305].

e) Weitaus ungewisser ist die Rekonstruktion der weiteren Kompositions- und Redaktionsgeschichte des Komplexes. Dass dies auch

297) Zu dieser Problematik s. schon o. A 134
298) Vgl. dazu bes. SCHUERMANN, Zeugnis 72-80
299) SCHUERMANN, Redekomposition 33 Anm 1
300) Vgl. meine Darstellung der Problematik in der Einl. 4.(5.)
301) So auch schon LUEHRMANN, Redaktion 45 u.v.a. (s.u. A 407)
302) SCHUERMANN, Redekomposition 75f
303) AaO 52.71f.75f
304) AaO 64 (Anm 91).72 (Anm 101)
305) S.u. bes. 4.2.1.4.(1.-5.)

SCHUERMANN bewusst ist, zeigen seine oft sehr zurückhaltenden Formulierungen. Erstaunlich zuversichtlich urteilt er dann aber abschliessend über die Situation, in der die einzelnen Zufügungen erfolgten. Problematisch scheint mir hier v.a. der Rückschluss von Logien wie Lk 11,39b-41 (in der in Q vorliegenden Form).43.52 auf eine "'kirchlich getrennte(n)' Situation"[306], zumal weder das Reinheitsdenken, noch die Synagoge oder die "Schlüsselgewalt" der Gesetzeslehrer an sich problematisiert werden. Gegenstand der (tatsächlich sehr scharfen) Polemik ist lediglich die Art und Weise, wie Reinheit herzustellen versucht wird und wie die Gesetzeslehrer ihre Autorität wahrnehmen. Auch die Zuweisung von 11,47f an die QRed[307] müsste m.E. besser begründet werden können, um zu überzeugen. Zudem halte ich es für unglücklich, auf dieser Stufe von einer "ekklesiologische(n) Trennung zwischen Christentum und Judentum" zu sprechen[308]. Angesichts der Tatsache, dass schon das Faktum einer Heidenmission durch die Träger der QTrad fraglich ist (was nicht ausschliesst, dass dem Q-Kreis auch einzelne "Heidenchristen" angehörten)[309], ist es m.E. angemessener, von einer Scheidung innerhalb des Judentums zu sprechen[310].

---

306) S.o. (4.d) mit A 293

307) SCHUERMANN, Redekomposition 54.68.74f

308) AaO (78-)79. SCHUERMANN, ebd. relativiert diesen Begriff dann allerdings selber stark.

309) Vgl. dazu jetzt WEGNER, Hauptmann 304-334. Proflilierteste Vertreter der Annahme einer Heidenmission durch die Q-Gruppe sind LUEHRMANN, Redaktion 86-88 und LAUFEN, Doppelüberlieferungen 192-194.237-239. Dass die Heidenmission durch Q (auch im jüngeren Q-Gut) eindeutig abgelehnt wird, wird insbesondere von SCHULZ, Q 326ff u.ö. vertreten. Beachtung verdienen m.E. die Ansätze jener Autoren, die in dieser Frage innerhalb von Q traditionsgeschichtlich differenzieren (z.B. POLAG, Christologie bes. 119-122 für die Redaktion der Hauptsammlung; aaO 168 für die "späte Redaktion") und zwischen der grundsätzlichen Beurteilung der Heidenmission und der eigenen Praxis des Q-Kreises selbst differenzieren (so z.B. HOFFMANN, Studien 289-293; LEGASSE, Oracle 253f; MEYER, Mission 405-407; WEGNER, Hauptmann 327-331.334). Zu bedenken ist auch, dass zwischen der (aktiven) Heidenmission und der Ablehnung der Aufnahme von Heiden verschiedene "Zwischenformen" möglich sind (s. z.B. SATO, Q 29; vgl. auch das Judentum mit dem Proselyten-Institut, aber auch der Existenz der eher informell assoziierten "Gottesfürchtigen").

310) Zur Problematik s.u. 4.2.2.1. (Forschungsstand) und 4.2.2.2.(5.b)(6.c). Die Ausführungen von THOMA, Volk-Gottes-Verständnis 96-106, bes. 99f und WIEFEL, Erwägungen bes. 41-44 legen es nahe, die Trennung von

6. Die - sehr summarische - Auseinandersetzung mit der Position von SCHUERMANN hat einmal mehr deutlich gemacht, wie viel Vorsicht bei der Rekonstruktion der Traditions- und Kompositionsgeschichte grösserer Q-Komplexe geboten ist. M.E. wird von SCHUERMANN zudem die zweifellos vorhandene Unterschiedlichkeit der Kommunikationssituation und der theologischen Konzeption, die hinter den einzelnen Weherufen und dem Unheilswort steht, überbewertet.

7. Anzufügen bleibt, dass die Frage nach der Vorgeschichte der Weherede als Einheit nicht von der Frage nach der Vorgeschichte ihrer einzelnen Bestandteile zu trennen ist. Besonders die Mahnung Mt 23,26[311] und der Zusatz Lk 11,42d[312], aber auch 11,51a und b[313] werden öfters als sekundäre Erweiterungen angesehen. Die Erhellung der Zusammenhänge zwischen diesen sekundären Erweiterungen und dem Wachstum der Weherede, die selbst ja auch wieder nur Teil einer grösseren Komposition ist[314], dürfte - bei all den Grenzen, die ihr gesetzt sind - aufschlussreich sein.

4.2. Zur Bedeutung und Funktion der Weherufe

Die bisherigen Darlegungen haben deutlich gemacht, dass dem jeweiligen Umfeld der zur Debatte stehenden Weherufe bei ihrer Interpretation

---

"Kirche" und "Synagoge", bzw. "Christentum" und "Judentum" nicht als "Bruch", sondern als "Prozess" anzusehen, in dem eine gewisse Eigenexistenz und damit Distanz der "Christen" von den (übrigen) Juden nicht immer schon zwangsläufig einen "Bruch" mit dem Judentum voraussetzte. Da zudem der "Ausschluss" der Christen vom Judentum nicht allzu früh anzusetzen ist (vgl. z.B. KATZ, Issues) ist es auch historisch nicht angemessen, vorschnell falsche Gegensätze aufzubauen.

311) So z.B. FREUDENBERG, Weherede 27; HOFFMANN, Studien 170; SATO, Q 230f (vgl. auch WESTERHOLM, Jesus 87)

312) So z.B. HOFFMANN, Studien 170, Anm 50 (dass Lk 11,42d auf die QRed zurückgeht, präzisiert HOFFMANN in: Anfänge 148 Anm 33); FREUDENBERG, Weherede 19; POLAG, Christologie 80 Anm 250; SATO, Q 230; SCHENK, Synopse 76f; SCHUERMANN, Redekomposition 50.71; ZELLER, Kommentar 69; vgl. BULTMANN, Jesus 55; MERKLEIN, Gottesherrschaft 83.
Anders: BANKS, Jesus 179 und WILD, Encounter 115 mit Anm 35.

313) So z.B. HOFFMANN, Studien 168; LUEHRMANN, Redaktion 46f; SATO, Q 179; vgl. auch FREUDENBERG, Weherede 40-43

314) S.o. 2.1.3.(4.)

gebührend Rechnung zu tragen ist. Ebenso wichtig aber ist es - gerade im Blick auf die anstehende Gesetzesproblematik - der "Gattung und Sprachintention"[315] der vorliegenden Texte Rechnung zu tragen, um ihre kommunikative Funktion adäquat zu erfassen[316]. Dabei ist besonders im Hinblick auf die Ueberlieferungsstadien, in denen uns der Kontext der Einzeltexte bekannt ist, auch dem Verhältnis zum Kontext, bzw. der Tatsache, dass einem Text in neuen Zusammenhängen auch neue kommunikative Funktionen zukommen können, Rechnung zu tragen[317].

4.2.1. Die Weherufe als Einzelworte

Aufgrund der im letzten Abschnitt (4.1.) angestellten Ueberlegungen ist es zumindest im Fall von Lk 11,39b(-41).42 legitim, davon auszugehen, dass diese Weherufe ursprünglich isoliert existierten und erst sekundär Teil einer Reihe von Weherufen wurden[318]. Die Frage, ob diese beiden Weherufe eine urspüngliche Einheit bilden, ist schwer zu beantworten. Die Feststellung, dass mit der Befolgung der Reinheits-

---

315) Vgl. den Untertitel des Aufsatzes von LOHFINK, Jesus und die Ehescheidung 207 sowie seine dortigen Ausführungen zur Problematik, aber auch BERGER, Exegese 128-136; Ders., Formgeschichte 9-24. In der Unterscheidung von "Gattung" und "Form" folge ich terminologisch RICHTER und anderen, die "'Form' auf einen Einzeltext, 'Gattung' auf einen Texttypus (beziehen)" (RICHTER, Exegese 74; vgl. auch BARTH/STECK, Exegese 60f mit Anm 91. Für die ntl Exegese jetzt z.B. auch BERGER, Formgeschichte 9; EGGER, Methodenlehre 147; STRECKER/SCHNELLE, Einführung 67).

316) S.o. die Einleitung zu 4. mit A 276. Treffend formulieren auch BARTH/STECK, Exegese 58 Anm 84: "Bei der Entstehung einer sprachlichen Aeusserung stehen Sachintention und sprachliche Gestaltung von vornherein in Verbindung."

317) Der Berücksichtigung dieser Interdependenz zwischen der Funktion von Teil- und Gesamttext (vgl. dazu BERGER, Exegese 64-66) ist aufgrund der "relativen Autonomie" der Texte gegenüber ihren sozialen Bezügen (BERGER, aaO 113) methodisch gegenüber der Frage nach einem möglichen Wechsel des Sitzes im Leben (bzw. "Interaktionsbereichs") der Primat einzuräumen (vgl. BERGER, aaO 115f: "Die Frage nach der literarischen Funktion (sollte) Priorität vor der kurzschlüssigen soziologischen Festlegung haben ... Erst wenn die literarische Intention selbst ermittelt ist, kann diese dann auf eine möglicherweise zugeordnete Interaktion befragt werden ... die literarische Intention (kann) erst in einem zweiten Schritt soziologisch gedeutet werden" (vgl. auch die weiteren Ausführungen von BERGER, aaO 111-117). S. jedoch auch die kritischen Anfragen von VENETZ, Beitrag 98.

318) S.o. 4.1. bes. (2.)(3.)(5.c)

und der Zehntvorschriften die beiden "Hauptkennzeichen des Pharisäismus"[319] angesprochen werden, ist historisch nur insofern auswertbar, als gesagt werden kann, dass die Zusammenstellung der beiden Weherufe auf Menschen zurückgeht, die mit dem Pharisäismus als konkretem historischem Phänomen noch vertraut waren (und für die der "Pharisäer" somit noch nicht zum "Typos" geworden war)[320].

Falls beide Weherufe eine urspüngliche Einheit bilden, muss angenommen werden, dass sie ihre Entstehung einer grundsätzlichen Auseinandersetzung mit dem Pharisäismus verdanken. Diese Annahme steht jedoch in einer gewissen Spannung zu den Beobachtungen, dass die innere Logik der beiden Weherufe nicht ganz dieselbe ist, und dass die beiden Weherufe sehr konkret auf das kritisierte Verhalten hin formuliert sind[321], was es nahelegt, davon auszugehen, dass es sich um zwei ursprünglich selbständige Logien handelt. Dies rechtfertigt es, sie zunächst unabhängig voneinander zu behandeln. Zuvor allerdings sind einige Erwägungen zur beiden gemeinsamen Redeform "Weheruf" angebracht.

4.2.1.1. Zum Weheruf als Redeform

Gleich vorab sei bemerkt, dass es im Blick auf die Weherufe im AT, in der zwischentestamentlichen Literatur und im NT nicht unproblematisch ist, diese als Exemplare einer Gattung zu bezeichnen[322], zumal

---

319) NEUSNER, Ueberlieferungen 65; vgl. auch FREYNE, Galilee 306; LUZ, Pharisäer 234.242; WILD, Encounter 114-117. Dass der Pharisäismus dennoch nicht "auf eine nur ritualgesetzlich orientierte Tischgemeinschaftsgruppe" reduziert werden kann, betonen LUZ, aaO 237(f) und WESTERHOLM, Pharisees 196 zu Recht. S. auch u. 4.2.1.4.(3.)

320) Die "Typologisierung" der Pharisäer-Darstellung etwa im LkEv steht unzweifelhaft im Dienst seiner Wohltätigkeitsparänese und trifft deshalb die "historischen" Pharisäer nicht (vgl. dazu nur HORN, Glaube 225f). Sie setzt damit aber zugleich voraus, dass die Leser des LkEv mit dem konkreten Phänomen des Pharisäismus nicht konfrontiert sind. Zur Darstellung der Pharisäer als "Typos für die Jesus - und damit Jesu Gemeinde - ablehnenden Menschen" s. BAUMBACH, Jesus 78-91, Zitat 91.

321) Im Einzelnen s.u. 4.2.1.2. und 4.2.1.3.

322) Auf die Problematik macht v.a. die stark methodenkritisch orientierte Arbeit von HARDMEIER, Texttheorie, bes. 256-301 aufmerksam, die sich allerdings primär mit den prophetischen Klagerufen (aaO 15 definiert als "Verbindung des Weherufs hwj mit der Bezeichnung einer Einzelperson, Personengruppe oder einer politischen Grösse im Textanfang von

das die (Gattungs)bezeichnung bestimmende "Wehe" (ouai)[323] im AT zwei verschiedene Aequivalente hat ('wj und hwj) und der Unterschied zwischen der Funktion und Bedeutung dieser beiden Interjektionen erst im Verlauf der Geschichte "stets weniger sichtbar (wurde), bis er fast verschwand"[324], wobei diese Entwicklung der Verschmelzung von hwj und 'wj in der Septuaginta "ein entscheidendes Stadium (erreicht)", wo der Unterschied durch die weitgehend gemeinsame Uebersetzung mit ouai und die formale Angleichung in der Konstruktion der mit ouai eröffneten Worte "beinahe nivelliert" wird[325]. Dieser Tatbestand (sowie die sehr unterschiedliche Beurteilung von Herkunft und Bedeutung des Weherufs in der atl Exegese[326]) lässt es als wenig sinnvoll erscheinen, in diesem Rahmen eine gattungsgeschichtliche Skizze vorzulegen[327].

1. Worauf es in unserem Zusammenhang vor allem ankommt, ist folgendes: Auch wenn im Rahmen dieser Arbeit primär nach dem Gesetzesverständnis der zur Diskussion stehenden Texte gefragt wird, handelt es sich bei den Weherufen um eine engagierte, prophetische Redeform (die eine ihrer Wurzeln in der israelitischen Totenklage hat) und nicht um eine Redeform, die distanziert-sachlich über die Bedeutung der Tora und ihrer einzelnen Normen spricht oder selbst Normen formuliert[328], was dem Hörer schon durch das einleitende ouai, das als "emotional-affektive Partikel" bezeichnet werden kann[329], signalisiert wird. Ver-

---

Prophetenworten") befasst und selbst diese nur als "Stilform der Redeeröffnung" (aaO 256) gelten lässt. Deshalb verwende ich den offeneren Begriff der "Redeform".

323) Zur Berechtigung, "die Gattungen nach dem jeweils wirkungsdominanten Faktor" zu bestimmen s. BERGER, Exegese 132-136 (Zitat: 134); Ders., Formgeschichte 16-18.

324) Vgl. dazu SATO, Q 215-219 (Zitat 218)

325) S. dazu SATO, aaO 218f. Vgl. auch HARDMEIER, Texttheorie 169f.221f. 383f. Zu 'wj und hwj im AT vgl. HARDMEIER, aaO 188-202.

326) Zum Forschungsstand (1977) vgl. HARDMEIER, Texttheorie 15-28.156-173 u.ö.

327) Eine solche Skizze liegt bei SATO, Q 215-236 vor.

328) Die Charakterisierung dieser Wehesprüche als "autoritative Gesetzesauslegung" durch SCHULZ, Q 94 ist deshalb als unzutreffend zurückzuweisen.

329) Vgl. HARDMEIER, Texttheorie 174-202 zu den hebräischen Aequivalenten.

stärkt wird der prophetische, konkret-situationsbezogene Charakter der Weherufe in Lk 11,39b.42 zudem durch die direkte Anrede der Pharisäer in der 2. Person (möglich, ja klassisch wäre eine Formulierung in der 3. Person "Wehe den Pharisäern, die sie ...")[330].

2. Sodann ist präziser nach der Funktion des ouai zu fragen: Ist es "Interjektion des Schmerzes oder Unwillens"[331], "Angst- und Klageruf"[332], prophetische Drohung[333] oder apokalyptischer, definitiv verkündeter Fluch[334] bzw. "Unheilsansage"[335]?
Eine Antwort ist nicht primär auf traditionsgeschichtlichem Wege zu suchen, sondern hat von der Form der zur Diskussion stehenden Weherufe auszugehen, die so zu beschreiben ist: ouai hymin + tois pharisaiois, hoti + Schuldaufweis in der 2. Person Plural. Charakteristisch ist (etwa im Vergleich mit den Weherufen in den Mahnreden des äth Hen), dass das hoti keine Unheilsankündigung, sondern die Begründung für das "Wehe" einleitet[336]. Dies ist umso auffälliger, als die Weherufe der zwischentestamentlichen Zeit in aller Regel eine Unheilsankündigung enthalten[337].
SATO gelangt aufgrund dieser Beobachtungen zu einer differenzierten Beurteilung: "Das Unheil ist zwar im ouai spürbar angedeutet, ohne aber ausgeführt zu werden. Statt dessen erhält das Moment des Vorwurfs und der Schelte wegen der direkten Anrede eine besondere Stärke. Die hoti-Sätze halten nämlich schlechtes Verhalten in der Gegenwart (Präsens!) vor; während für die abgeschlossene, schuldhafte Tat

---

330) SATO, Q 228
331) BAUER, Wörterbuch 1171
332) SATO, Q 228 (vgl. 215) zum "'wj-Typ des Alten Testaments", dem die Form der vorliegenden Weherufe entspricht. Auch HARDMEIER, Texttheorie 201 (vgl. 199-202) charakterisiert 'wj als "Ausdruck des Schmerzes".
333) Vgl. SCHULZ, Q 94 ("prophetische Drohworte"); auch SATO, Q 229 meint, die Weherufe kommen "in die Nähe der 'Drohung'" und HARDMEIER, Texttheorie 383f stellt in der Rezeptionsgeschichte des Weherufs eine Verlagerung vom Klage- zum Drohruf fest.
334) Vgl. SCHULZ, Q 61f.94f u.ö.; ähnlich auch SCHENK, Synopse 75f, der mit "Keine Zukunft habt ihr ..." übersetzt.
335) Vgl. BERGER, Formgeschichte 195(f)
336) SATO, Q 228 (zu den Weherufen in äthHen vgl. aaO 220f).
337) AaO 229 (vgl. 220-227)

der Vergangenheit nur das Gericht übrigbliebe, ist für das Handeln der Gegenwart die Möglichkeit zur Besserung, wenn auch gering, so doch vorhanden. ... Also liegen in diesen Weherufen zwar die Gewissheit des nahen Unheils und ein Moment des Aergers, des Unwillens, aber die Unabänderlichkeit des Unheils wird nicht betont. Diese Weherufe kommen damit in die Nähe der 'Drohung'".[338]
Im Anschluss an die Beobachtungen von HARDMEIER zur "Redeeröffnungsfunktion der prophetischen Klagerufe", die insbesondere deren "aufmerksamkeitserregende(n) Funktion" aufzeigen[339], ist das differenzierte Urteil von SATO dahingehend zu ergänzen, dass die Verwendung der Interjektion ouai den Hörer auch aufhorchen lassen, ja aufschrekken und provozieren soll. Sie verleiht damit dem Nachfolgenden grosses Gewicht.
Obwohl das prophetische ouai den Pharisäern nicht "definitiv den Fluch verkündet"[340], sondern ihnen noch Raum zur Besserung offenhält, macht es ihnen den Ernst der Lage bewusst. Was den Pharisäern hier zugemutet wird, sind nicht "bloss" gute Ratschläge oder Ermahnungen, auch wenn es ohne weiteres möglich wäre, die Inhalte der Weherufe so zur Sprache zu bringen. Ein solches "paränetisches" Verständis würde die Brisanz des ouai unterschlagen. Vielmehr wird ihnen zugemutet, zu erkennen, dass in ihrem Verhalten "der Keim des Todes bereits innewohnt"[341], und daraus die unumgänglichen Konsequenzen zu ziehen. Dabei wird ihnen jeweils im zweiten Teil des hoti-Satzes ("innen sind sie voll Raub und Unmässigkeit", bzw. "und liesset die Gerechtigkeit und das Erbarmen und die Treue ausser acht") zumindest indirekt ein Ausweg aus ihrer Situation angeboten.

3. Abschliessend ist nach dem Verhältnis zwischen den eigentlichen Weherufen (Lk 11,39b.42a-c) und den anschliessenden Mahnungen (Mt 23,26Q; Lk 11,42d) zu fragen. SATO hat zu Recht festgehalten, dass sie aus formalen (und sachlichen) Gründen in Spannung zur Reihe der

---

338) AaO 229
339) HARDMEIER, Texttheorie 302-320 (Zitate: 302.316)
340) Gegen SCHULZ, Q 95
341) SATO, Q 217; Zitat aus G. WANKE, 'wj und hwj: ZAW 78(1966) 215-218, hier 218.

Weherufe stehen: Sie sind "gattungsfremd", Mt 23,26Q spricht den Pharisäer im Singular an, und Lk 11,42d "klagt die Adressaten nicht mehr an"[342]. Deshalb sieht er (mit anderen[343]) diese Mahnungen als sekundär an[344]. Allerdings anerkennt er gleichzeitig ebenfalls zu Recht, dass die Anfügung von Mahnungen der Eigenart der vorliegenden Weherufe nicht völlig zuwiderläuft, weil schon diese selbst "die Möglichkeit zur Besserung" offenhalten, und das drohende Unheil nur andeuten, ohne es auszuführen (etwa in einer Unheilsankündigung)[345]. Obwohl die traditionsgeschichtliche Differenzierung zwischen der Entstehung der Weherufe und der Anfügung der Mahnungen hier nicht im Vordergrund steht, zumal sie nicht nur an formkritischen Beobachtungen festgemacht werden kann, ist bereits jetzt festzustellen, dass die Unterstellung von WILD, das Urteil über die sekundäre Entstehung von Lk 11,42d scheine mehr mit "a priori assumptions about Jesus' teaching than with textual evidence" zu tun zu haben[346], jedenfalls nicht generell berechtigt ist, und dass die Annahme, die Weherufe seien erst nachträglich durch die Mahnungen erweitert worden, durch diese Beobachtungen an Plausibilität gewinnt.

4.2.1.2. Was Reinheit auch noch bedeuten müsste (Lk 11,39b-41//Mt 23,25f)

Die Interpretation dieses Wortes gilt allgemein als "schwierig"[347]. Umstritten ist hauptsächlich, ob es wörtlich oder bildhaft zu verstehen ist[348]. Sodann werden sein jüdischer Hintergrund[349], das vorausge-

---

342) SATO, Q 230f
343) S.o. 4.1.(7.) mit A 311.312
344) SATO, Q 230f
345) AaO 229: "In Lk 11,41par (wird) sogar eine Mahnung eingeschoben, was bei den bisherigen Weheruf-Reihen undenkbar gewesen ist."
346) WILD, Encounter 115, Anm 35
347) HAENCHEN, Matthäus 23 40; vgl. GARLAND, Intention 141; (SMEND)/LUZ, Gesetz 60f u.v.a.
348) Zur Problematik s. bes. GARLAND, Intention 142-150; WESTERHOLM, Jesus 86f. Für ein wörtliches Verständnis der Q-, bzw. der Mt-Fassung sprechen sich aus: SCHWEIZER, Mt 283 (vgl. allerdings 288f); GARLAND, Intention 145f; SCHULZ, Q 97f (anders freilich aaO 96 Anm 14); ZELLER, Kommentar 67; für ein bildhaftes Verständnis: GRUNDMANN, Mt 493f; BANKS, Jesus 180 Anm 1; HAENCHEN, Matthäus 23 40f; HUEBNER, Gesetz 187; MACCOBY, Washing 4 u.ö.; NEUSNER, Inside 487; WESTERHOLM, Jesus 86f.88; WILD, Encounter 116f (weitere Vertreter s. GARLAND, aaO 143

setzte Gesetzesverständnis[350], sowie seine Herkunft, bzw. sein Sitz im Leben[351] erörtert. Die folgenden Ausführungen greifen diese vorgegebenen Fragestellungen auf, bemühen sich aber primär um das Verständnis des Gesamtsinnes des Wortes.

1. Aufgrund des rekonstruierten Q-Wortlauts (s.o. 3.1.) kann kein Zweifel daran bestehen, dass mit esōthen nicht das Innere der Pharisäer, sondern das Innere der Gefässe gemeint ist. Das ergibt sich schon daraus, dass das Verb (gemousin) in der 3. Pers. Pl. steht[352], aber auch daraus, dass in Mt 23,26Q die Reinigung des Inneren tou potēriou gefordert wird. Trotz der Schwierigkeit, harpagē und akrasia als Gefäss-Inhalte zu verstehen, ist der Gegensatz von aussen und innen auf die Gefässe zu beziehen.
Ein Verständnis des Wortes im übertragenen Sinn[353] ist deshalb nur dann möglich, wenn sich wahrscheinlich machen lässt, dass "der 'Becher' nur ein Bild für den Menschen ist"[354]. Dann ergibt sich folgender Sinn: "Die Pharisäer versuchen die Reinigung der Lebensführung, und das Innere bleibt schmutzig" (Mt 23,25). "Wenn das Innere rein ist (das Herz), kommt das Aeussere (die Lebensführung) von selbst in Ordnung'" (23,26)[355]. Nun ist es aber kein Zufall, dass HAENCHEN von 23,26 ausgehend zu diesem Verständnis gelangt und "die gleiche Verwendung des Bildes auch in V.25 voraus(setzt)"[356], denn die Erwäh-

---

Anm 75). FREUDENBERG, Weherede 27 sieht beides ineinander verschränkt; vgl. auch HAENCHEN, aaO 40 Anm 1 (s.u. A 354)

349) Vgl. bes. MACCOBY, Washing; NEUSNER, Inside; GARLAND, Intention 146-148 (im Anschluss an NEUSNER); WESTERHOLM, Jesus 88f, aber auch FREUDENBERG, Weherede 14' Anm 212; HAENCHEN, Matthäus 23 40 Anm 1 (im Anschluss an SCHLATTER).

350) Vgl. bes. SCHULZ, Q 97-100; BRAUN, RadikalismusII 10 Anm 2

351) Vgl. bes. SCHULZ, Q 98-100; WESTERHOLM, Jesus 89f; WILD, Encounter 116f

352) S.o. A 204; vgl. GARLAND, Intention 145f

353) SCHULZ, Q 97 Anm 23 bezeichnet diese Deutung als "bildlich", GARLAND, Intention 142 als "figurative", MACCOBY, Washing 4.12 u.ö. und WESTERHOLM, Jesus 86f als "metaphor(ical)".

354) HAENCHEN, Matthäus 23 40; ebd Anm 1 bemerkt er allerdings, dass eine "Zweideutigkeit" in den Text kommt: "Das Reinigen der Aussenseite von Becher und Schüssel ist zugleich im eigentlichen wie im übertragenen Sinne gemeint".

355) HAENCHEN, ebd

356) HAENCHEN, ebd

nung zweier Gefässe im eigentlichen Weheruf (potērion und paropsis) kommt einer solchen Deutung weit weniger entgegen als die einfache Erwähnung des Bechers in der anschliessenden Mahnung. Eine weitere Schwierigkeit für diese Deutung besteht m.E. darin, dass die Pharisäer einerseits direkt angesprochen sind, anderseits aber merken sollen, dass mit den Gefässen auch wieder sie gemeint sind, ohne dass der Text ihnen dies signalisiert[357]. Hinzu kommt, dass die Reinhaltung der Gefässe konkrete pharisäische Praxis darstellt, so dass die Adressaten keinerlei Anlass zur Vermutung hatten, dass 'eigentlich' nicht diese, sondern das Verhältnis zwischen ihrem "Inneren" und ihrer "Lebensführung" gemeint ist. Aufgrund dieser Schwierigkeiten, die mit Versuchen verbunden sind, das Innere der Gefässe mit dem Inneren der Pharisäer zu identifizieren, ist es m.E. angebracht, den Text "beim Wort zu nehmen" und zu versuchen, ihn als Aussage über die pharisäische Reinheitspraxis zu verstehen, ohne dahinter vorschnell einen "tieferen Sinn" finden zu wollen.

2. Der "halachische Hintergrund" des Wortes ist von NEUSNER untersucht worden[358], der zur Auffassung gelangt, dass es nur vor dem Hintergrund der schammaitischen Auffassung verständlich sei, die dem Aeusseren der Gefässe ebensoviel Beachtung schenkt wie dem Inneren, während die Hilleliten dem Inneren ohnehin mehr Beachtung schenken, so dass für sie "die Instruktion, zuerst das Innere zu reinigen, so dass auch das Aeussere rein sei, redundant und folglich absurd ist"[359]. Angesichts der Tatsache, dass in der Zeit vor 70 die Schammaiten dominierten, sei das metaphorisch verstandene[360] Wort aber sehr "treffend", da es eine innerpharisäische Kontroverse aufgreife und diese einerseits in eine moralische Frage überführe und damit ih-

---

357) Anders verhält es sich in Lk 11,44//Mt 23,27, wo die Adressaten durch este hōs (Lk), bzw. paromoiazete (Mt) sofort darauf aufmerksam gemacht werden, dass mit den "Gräbern" sie selbst gemeint sind. Eine ähnliche Konstruktion wäre auch für Lk 11,39b-41//Mt 23,25f denkbar. Diesen Unterschied übersieht Maccoby, Washing 4.7 völlig.

358) NEUSNER, Inside (Zitat 486); zustimmend: GARLAND, Intention 147f; WESTERHOLM, Jesus 88f

359) NEUSNER, Inside 493; ähnlich FINKEL, Pharisees 140f, der Jesus den Hilleliten zuordnet (vgl. aaO 134-143).

360) AaO 487.494

re wahren Implikationen offenlege, und anderseits Jesu Auffassung bestätige, dass es auf das Innere des Menschen ankommt. Damit werde gezeigt, dass die Pharisäer den wahren Sinn des Gesetzes nicht verstünden, dem es um den Menschen und seinen moralischen Charakter gehe, während sie sich um das Aeussere und Innere von Gegenständen kümmerten[361].

Während die Beschreibung des innerpharisäischen Schulstreits (mit Verweis auf Kel 25,7f; Ber 8,2) durch NEUSNER zutreffend scheint, vermögen mich die Konsequenzen, die er daraus für die Interpretation von Lk 11,39b-41 zieht, nicht zu überzeugen, was vor allem mit dem von ihm vorausgesetzten "metaphorischen" Verständnis des Weherufes zusammenhängt[362]. Zudem scheint mir, dass er die Bedeutung des Schulstreites zwischen Schammaiten und Hilleliten für das Verständnis des Wortes überbewertet[363], denn schon die Redeform des Weherufs sprengt durch ihre Grundsätzlichkeit und Brisanz den Rahmen eines Schulstreits[364]. Immerhin - und das ist nicht bedeutungslos - kann angesichts des von NEUSNER analysierten halachischen Materials davon ausgegangen werden, dass die Feststellung katharizete to exōthen tou potēriou kai tēs paropsidos zumindest für eine gewichtige Strömung innerhalb des Pharisäismus vor 70 zutrifft, und nicht schon selbst eine (polemische) Verzeichnung darstellt[365].

---

361) AaO 494. In der älteren Literatur (z.B. GRUNDMANN, Mt 493f; HAENCHEN, Matthäus 23 40 Anm 1) wird oft auf die Erklärung von SCHLATTER zurückgegriffen, der die Unreinheit des Aesseren der Gefässe damit in Zusammenhang bringt, dass im Tempelkult der Kelch mit dem dargebrachten Wein nicht überlaufen durfte, weil die Gefässe dadurch, dass Jahwe Geweihtes verlorenging, unrein wurden und verunreinigten. Diese Erklärung lässt sich aber nach FREUDENBERG, Weherede 15' Anm 212 nicht belegen.

362) Zur Problematik s.o. (1.)

363) Vgl. nur die Ueberschriften der Abschnitte II und III: "The Houses on Dividing Cups" und "Jesus and the Houses" (NEUSNER, Inside 492.493).

364) Vgl. auch SCHULZ, Q 95 "Im Unterschied zu den Streitgesprächen der Markus-Stoffe - wo dasselbe Thema polemisch verhandelt wird, allerdings in der Gattung der Anekdote - wird hier nicht erzählt, bzw gestritten".

365) SCHWEIZER, Mt 283 äussert die Auffassung, dass "alle rabbinischen Stellen nur auf die Reinigung der Innenseite Wert legen" (und leitet daraus ab, dass das Wort bildhaft gemeint sein müsse). Diese Prämisse ist jedoch aufgrund der Darstellung von NEUSNER, Inside zu revidieren. Auf die Kritik von MACCOBY, Washing an NEUSNER kann hier nicht

3. Das Ueberraschende, die Pointe dieses Weherufes ist m.E. darin zu sehen, dass das ouai nicht, wie aufgrund des ersten Teils des hoti-Satzes zu vermuten, an einem rituellen Vergehen festgemacht wird, das das Innere der Gefässe betrifft, sondern völlig unerwarteterweise an der harpagē und akrasia, von der diese voll seien. Damit findet die Frage, wie Reinheit erzielt werden kann, eine Antwort auf einer anderen, neuen Ebene[366].

Es wäre nun aber verhängnisvoll, den Gegensatz zwischen "ihr reinigt das Aeussere von Becher und Schüssel" und "ihr Inneres ist voll von Raub und Unmässigkeit" vorschnell formal als Gegenüberstellung von (bloss) Kultischem und Ethischem, bzw. von (bloss) Aeusserlichem und Innerlichem, von (blossem) Schein und wahrem Sein zu bestimmen, da eine solche Gegenüberstellung eine Disqualifizierung des pharisäischen Reinheitsideals impliziert und zudem die Gefahr einer Spiritualisierung, bzw. inhaltlichen Verflüchtigung der Aussage in sich birgt[367].

Mit der Charakterisierung der Gefässinhalte als harpagē und akrasia wird primär nicht gesagt, dass die Pharisäer "selber minuziös an den

---

im Detail eingegangen werden. Zweifelhaft scheint mir angesichts des "System"-Charakters des Gegensatzes von Rein und Unrein (vgl. THYEN, EWNTII 536-538, in anderem Sinn auch F. BELO, Das Markus-Evangelium materialistisch gelesen, Stuttgart 1980, 59-83 passim) seine These, es handle sich hier um eine Aussage "in the context of simple hygiene" (7, vgl. 10). Damit übersieht er zudem die besondere Bedeutung der Reinheitsvorschriften für die pharisäische Bewegung. Da er diskussionslos von einem metaphorischen Verständnis des Logions ausgeht (s.o. A 348), seinen Sinn von Anbeginn erfasst zu haben glaubt und sich deshalb schon gar nicht um eine eigentliche Auslegung bemüht, tragen seine weithin polemischen Bemerkungen kaum etwas ein. Ob er in der Frage der Datierung der von NEUSNER herangezogenen Texte und ihrer genauen Interpretation berechtigte Bedenken vorträgt, kann ich nicht beurteilen (dazu aaO 9ff), doch selbst wenn MACCOBY dies zuzugestehen wäre, tragen seine Ausführungen kaum etwas zum Verständnis von Lk 11,39b-41 bei.

366) Damit kommt ein zusätzliches Argument gegen ein bildhaftes Verständnis des Bechers (im Sinne von HAENCHEN u.a., s.o. (1.)) in den Blick, denn wenn es sich tatsächlich um ein Bild handelte, wäre ein Verlassen der "Bildebene" unnötig.

367) Dieser Gefahr erliegen m.E. viele Ausleger. BRAUN, RadikalismusII 7-14 (besonders prägnant aaO 10 Anm 1 "Es ist also nichts mit der angeblich beherrschenden Stellung des Gegensatzes von innerlich und äusserlich für die Toraverschärfung bei Jesus. Dem entspricht es, dass auch das offizielle Spätjudentum auf die Gesinnungsgetragenheit der äusseren Taten Wert legt.") hat diese Problematik durchaus er-

levitischen Reinheitsvorschriften hängend, das Eigentliche am mosaischen Gesetz, dh das elementare Gebot der Nächstenliebe (vernachlässigen)"[368], sondern ihr Augenmerk wird auf Sachverhalte gerichtet, die sie in diesem Zusammenhang ihres Reinheitsstrebens nicht in den Blick bekommen: Die Herkunft (harpagē) und den Gebrauch (akrasia) des Gefässinhaltes. Es geht nicht darum, zwei verschiedene Gesetzesauffassungen einander gegenüberzustellen, sondern darum, die Pharisäer darauf aufmerksam zu machen, dass ihre Sorge um die Reinheit eine grössere Tragweite hat, als sie annehmen. Sie soll deshalb weniger punktuell, nicht nur im Raum des Machbaren und Kontrollierbaren, sondern "ganzheitlich" - auch im sozialen und ökonomischen Bereich - wahrgenommen werden. Damit soll die Sorge der Pharisäer um die Reinheit nicht abgewertet, sondern aus einer gewissen Erstarrung gelöst und auf neue Bereiche ausgeweitet werden, wodurch der Lebensbezug der Reinheitsforderung umfassender und zugleich elementarer zur Sprache kommt, als dies dort geschieht, wo man der Einzelfrage verhaftet bleibt und die Reinheitsvorschriften so befolgt, dass man ihre "eigentliche" Intention gar nicht wahrnimmt[369].

Nun ist aber nicht zu übersehen, dass die Frage, wie konkrete, ganzheitliche Reinheit zu erzielen ist, in der Form des Weherufs zur Sprache gebracht wird. Das bedeutet zum einen, dass jene, welche die Sorge um Reinheit auf den Bereich einzelner ritueller Vorschriften begrenzen, damit Gott verfehlen, und zum anderen, dass diese Gefahr, Gott und damit das Leben zu verfehlen, in den Augen des Sprechers

---

kannt, doch ist sein Ansatz durch einen problematischen "Spätjudentums"-Begriff und problematische theologische Prämissen belastet (zur Kritik vgl. LIMBECK, Ordnung 23-28, bes 27f, wo auch seine Beurteilung des Kultischen diskutiert wird). Leider hat insbesondere SCHULZ, Q 94-142 ("Die charismatisch-eschatologische Toraverschärfung"), der sich terminologisch stark an BRAUN orientiert und auch häufig auf dessen Ausführungen verweist, diese Problematik in ihrer Schärfe nicht erkannt, wie z.B. seine Gegenüberstellung von "Zeremonial- (und) Sittentora" (aaO 98; zu seiner Position s. schon o. Einl 5. (3.)) zeigt. Vgl. auch die treffenden Bemerkungen von THYEN, EWNTII 537.

368) So SCHULZ, Q 98

369) Aehnlich (SMEND)/LUZ, Gesetz 61: "Entscheidend ist dem Text ein ganzheitliches Verständnis der Reinheit." Vgl. auch VENETZ, Grundstrukturen (bes. die Zusammenfassung aaO 640f), wo ähnliche Gedanken zur Stellung Jesu zum Gesetz geäussert werden.

tatsächlich besteht. Die Wahrscheinlichkeit, dass sich die Adressaten doch noch auf ein ganzheitlicheres Verständnis von Reinheit einlassen, scheint gering[370].

4. Bei der anschliessenden Mahnung fällt die singularische Formulierung auf. Zudem ist nur noch vom potērion, aber nicht mehr von der paropsis die Rede. Aufgrund der Anrede in der Einzahl hat WESTERHOLM vermutet, "dass das Logion ursprünglich einen anderen Kontext hatte und den Weherufen unvollkommen angepasst worden ist"[371]. Dies scheint mir allerdings wenig wahrscheinlich, zumal sich für die Mahnung, das Innere zuerst zu reinigen, weil dann auch das Aeussere rein wird, kaum ein besserer Kontext denken lässt als der vorangehende Weheruf. Angemessener erscheint es, den Wechsel vom Plural zum Singular als rhetorisches Mittel zur Verstärkung der Direktheit der Anrede zu interpretieren. Dennoch neige ich mit anderen[372] zur Auffassung, dass die Mahnung dem Weheruf sekundär angefügt wurde. Dafür spricht, dass sie in Spannung zur Redeform des Weherufs steht[373] und dass sie, anders als der Weheruf selbst, doch eine Relativierung der rituellen Observanz impliziert[374], ohne diese jedoch aufzuheben[375]. Die Mahnung nimmt die ganzheitlichere Sicht von Reinheit, die den vorangehenden Weheruf prägt, auf. Auch sie knüpft am pharisäischen Reinheitsstreben an, stellt es aber in ein anderes Licht. Sie behauptet eine Abhängigkeit der Reinheit der Aussenseite des Gefässes von der seines Inneren und stellt damit die Auffassung, dass ein Teil des Gefässes als rein angesehen werden kann, auch wenn der andere unrein wird[376], in Frage. Diese Infragestellung steht aber nicht im Dienst

---

370) Vgl. dazu 4.2.1.1. Am deutlichsten wird die Brisanz der Redeform Weheruf, wenn man sie mit anderen Möglichkeiten vergleicht, die Problematik zur Sprache zu bringen (z.B. Paränese oder konditionale Formulierung "Wenn ihr (nicht) ... dann ...").

371) WESTERHOLM, Jesus 87. Als weitere Möglichkeit erwägt er einen Fehler in der Ueberlieferung ("transmission").

372) S.o. A 311

373) S.o. 4.2.1.1. bes. (3.) Vgl. auch SCHWEIZER, Mt 283 "V. 26 passt auch nicht in den Weheruf, da er ja noch mit Besserung rechnet."

374) Vgl. SATO, Q 517 Anm 292

375) Vgl. KOSCH, Gottesherrschaft 56

376) WESTERHOLM, Jesus 88f; vgl. NEUSNER, Inside 487

einer "Verschärfung" der pharisäischen Reinheitsvorschriften, sondern will ein anderes Verständnis von Reinheit eröffnen. Das Innere des Gefässes wird ja nicht unter dem Gesichtspunkt allfälliger Verunreinigung durch Ungeziefer oder eine Tierleiche, die hineingefallen ist (o. ä.) betrachtet, sondern ist durch harpagē und akrasia qualifiziert, so dass auch der Imperativ katharison prōton to entos tou potēriou nicht so verstanden werden kann, als fordere er dazu auf, die gängigen Schritte zu unternehmen, um die Reinheit des Gefässinneren wiederherzustellen, da diese solche Unreinheit nicht zu beseitigen vermöchten. Durch die Gegenüberstellung von "rein" und "voll von Raub und Unmässigkeit" gewinnt die Forderung nach Reinheit neue Bedeutung, bzw. erhält ihre ursprüngliche, umfassende Bedeutung zurück.

Der Imperativ "Reinige zuerst das Innere des Gefässes, damit auch seine Aussenseite rein wird!" ist somit in der Tat "metaphorischer" Art und nicht "wörtlich" zu verstehen, doch steht nicht das Gefäss für den Menschen, sondern das Verb katharizein wird (zumindest gemessen an dem, was die Pharisäer sich darunter vorstellten) "metaphorisch" verwendet, indem es (statt mit Unreinheit im geläufigen Sinn) mit harpagē und akrasia in Verbindung gebracht wird[377].

Dieser "metaphorische" Charakter des Imperativs bringt es mit sich, dass er die Adressaten nicht auf ein konkretes Verhalten festlegt. Das lk dote eleēmosynēn (11,41) ist eine, aber nicht die einzige Möglichkeit einer Konkretion. Aufgrund dieser Offenheit der Formulierung ist m.E. auch keine Gewissheit darüber zu erlangen, ob der Nachsatz kai to ektos autou katharon bedeutet, dass es auf die "rituelle" Reinheit überhaupt nicht mehr ankommt. Auch hier ist die lk Fassung kai idou panta kathara hymin estin m.E. nur eine, jedoch nicht die einzig denkbare Interpretation. Jedenfalls sollte man sich davor hüten, Mt 23,26Q "aufklärerisch" als Verabschiedung des "Rein-Unrein-Systems"[378] zu deuten, da die Notwendigkeit, das Innere von harpagē und akrasia

377) Als "Metapher" wird eine Aussage bezeichnet, in der "'eigentlich' Unvereinbares zueinander in Beziehung gesetzt wird" (WEDER, Gleichnisse 63). Auch wenn die zur Diskussion stehende Mahnung keine eigentliche Metapher ist, hat sie in diesem Sinn durchaus metaphorische Züge.

378) Vgl. THYEN, EWNTII 539 (zu Mk 7); zur Bedeutung dieses "Systems" vgl. aaO 536-538. Gegen ein "aufklärerisches" Verständnis der Stellung Jesu zur Reinheitstora s. auch BANKS, Jesus 89f.

zu reinigen, betont und damit deren verunreinigende Macht ausdrücklich anerkannt wird.

5. Die Frage nach jüdischen "Parallelen"[379] sollte nicht vorschnell mit jener verquickt werden, ob es sich hier um "letztlich ... innerjüdische Kritik" handelt[380]. Immerhin gilt es zu bedenken, dass die Einsicht, dass "man ... nicht rein (wird), ausser man kehrt um von seiner Bosheit" (1QS 5,13f; vgl. 3,4-12) im Judentum ntl Zeit ausserhalb der Jesusbewegung m.W. nirgends zu einer praktischen Relativierung der kultischen Reinheitsvorschriften führte, schon gar nicht in Qumran, wo neben die "Entwertung des Rituellen von der radikalisierten Bekehrungsforderung aus" eine "Penibilität ritueller Forderungen" tritt[381]. Eine solche Relativierung ist in Mt 23,26Q jedoch zumindest angelegt und liegt in Lk 11,41 ausdrücklich vor, so dass gesagt werden kann, dass in der Rezeptionsgeschichte von Lk 11,39b Konsequenzen aus diesem Logion gezogen wurden, die innerhalb des Judentums so nicht gezogen wurden.
Dennoch belegt das jüdische Vergleichsmaterial, wie auch die von BERGER zusammengestellten "Parallelen" zu Mk 7,15[382], dass die in Lk 11, 39b-41 geäusserte Kritik an einer einseitig festgelegten Reinheitspraxis nicht als "unjüdisch" für Jesus oder das Christentum reklamiert werden kann. Dies sollte angesichts der prophetischen Kultkritik, aber auch von Texten wie Ps 24,4 und Sir 38,10, wo die Reinheit des Herzens in einem Atemzug mit jener der Hände genannt werden, allerdings selbstverständlich sein. Unberechtigt wäre es auch, diesen Texten, welche die Notwendigkeit der Uebereinstimmung von kultischem Tun und innerer Haltung sowie sozialem Verhalten betonen, eine pharisäisch-

---

379) SCHULZ, Q 98f nennt AssMos 7,7-9 (so auch GRUNDMANN, Lk 247; FRANKEMOELLE, Pharisäismus 143); FREUDENBERG, Weherede 27 nennt TestAss 2, 8f; zu denken wäre auch an 1QS 9,8f; Dam 6,15-18; 1QpHab 8,12f;12,6-10 sofern es sich auch dort um antipharisäische Polemik im Kontext der Reinheitsfrage handelt (zur Pharisäismuskritik in Qumran vgl. FRANKEMOELLE, Pharisäismus 143-145; MEYER, ThWIX 29-31; THOMA, Pharisäismus 262; SCHUBERT, Religionsparteien 29.31f).

380) So die Argumentation von SCHULZ, Q 98f

381) BRAUN, RadikalismusI 34 (vgl. aaO 29f (Anm 5).33-35.44.58 u.ö.).

382) BERGER, GesetzesauslegungI 465ff, wo er besonders auf Philo, SpecLeg III 208f; PsPhok 228 und Jub verweist (zur Kritik s. HUEBNER, Mark VII 1-23 bes. 337-339).

rabbinische Trad gegenüberzustellen, wissen doch auch die Pharisäer und Rabbinen sehr wohl um die Gefahr einer "Veräusserlichung" religiösen Tuns[383].

6. Zum Gesetzesverständnis von Lk 11,39b-41 ist zusammenfassend zu sagen, dass es sich nicht um "Gesetzeskritik", sondern um "Pharisäismuskritik" handelt. Dass "der Gegensatz zum Pharisäismus als Gegensatz zum pharisäischen Gesetzesverständnis" aufzufassen ist, wie WEISS dies generell annimmt[384], so dass letztlich doch das "Gesetzesverständnis" zur Diskussion stünde, ist eine These, die angesichts von Lk 11,39b(-41) mindestens dahingehend zu modifizieren ist, dass die Kritik nicht das Gesetzesverständnis, sondern die Gesetzespraxis von (bestimmten) Pharisäern betrifft. Lk 11,39b ist nicht "Gesetzeskritik", sondern "Praxiskritik".
In diesem Zusammenhang ist auch daran zu erinnern, dass sich weder in, noch "hinter" Lk 11,39b eine "Gesetzessystematik" erkennen lässt, die etwa zwischen schriftlicher und mündlicher Tora oder zwischen Kult- und Sittengesetz unterscheidet, und dass auch "äusserliches Tun" und "innere Gesinnung" kein geeignetes Gegensatzpaar sind, um die im vorliegenden Logion sich äussernde Kritik begrifflich zu fassen, da die Pharisäer mit der Charakterisierung des Gefässinhalts mit harpagē und akrasia ja auch wieder auf ihre Praxis hin angesprochen werden.
In Mt 23,26Q freilich wird bereits eine stärkere, auch "gedankliche" Durchdringung der Problematik erkennbar, die möglicherweise auch schon über die Frage nach der Reinheit der Gefässe hinauszielt und die Frage nach rein und unrein generell im Blick hat. Aufgrund des "metaphorischen" Charakters des Imperativs ist jedoch kaum anzunehmen, dass das "kritische Potential" in bezug auf die rituellen Reinheitsvorschriften vollumfänglich wahrgenommen wurde.
In Lk 11,(39b)40f schliesslich liegt wohl der Versuch einer "theologischen" Bewältigung des Problems vor, die aber seinen Praxisbezug

383) Zur pharisäischen Selbstkritik s. nur FRANKEMOELLE, Pharisäismus 145f; THOMA, Pharisäismus 267. Zur Reinheitsproblematik vgl. nur THOMA, aaO 261 "Man (war) sich im Pharisäismus immer bewusst, dass die rituelle Reinheit nicht das Um und Auf des Judentums ist." S. auch BRAUN, RadikalismusII 10 Anm 1 (Zitat o. A 367).
384) WEISS, ThWIX 41(.45)

nicht übersieht, enthält sie doch die für Lk charakteristische Forderung, Almosen zu geben[385].

Diese, auf den ersten Blick wenig ergiebigen Schlussfolgerungen zum Gesetzesverständnis von Lk 11,39b-41Q als Einzelwort, die durch Beobachtungen zu seiner Rezeption in Q zu ergänzen und zu vertiefen sein werden, dürfen in ihrer Bedeutung nicht unterschätzt werden, zeigen sie doch zum einen, dass den Versuchen einer begrifflichen Klärung der Stellung Jesu (und der ältesten Jesusbewegung) zur Tora durch deren Eigenart selbst enge Grenzen gesetzt sind, und zum anderen, dass nicht die Frage nach dem rechten Gesetzesverständnis, sondern die konkrete Frage nach der rechten Praxis den Ausgangspunkt für das Wort über die Reinheit der Gefässe bildet.

4.2.1.3. Was neben dem Zehnten auch noch gefordert ist (Lk 11,42//Mt 23,23)

Die Auslegung dieses Logions ist meist stark auf das Verhältnis von mitmenschlichem und zeremoniellem Handeln konzentriert und beschäftigt sich deshalb auch vorwiegend mit dem Nachsatz tauta (de) edei poiēsai kakeina mē aphienai. Daneben spielen die historische Frage nach der Zehntpflicht für die erwähnten Kräuter sowie die Frage nach der Bedeutung der Begriffe krisis, eleos und pistis eine Rolle[386].

1. Aehnlich wie schon zur Struktur von Lk 11,39b bemerkt wurde, nimmt der Weheruf nach der Aufzählung der Gartenkräuter eine überraschende Wende: Der Vorwurf betrifft nicht etwa die mangelhafte Verzehntung wichtigerer Dinge, die - ökonomisch gesehen - viel einschneidender wäre[387], sondern Dinge, die mit dem Zehntgebot vordergründig nichts zu tun haben.

---

385) Vgl. Lk 12,33; Apg 9,36;10,2;24,17. Zur lk Almosen-Ethik vgl. HORN, Glaube (bes. 89-120) und SCHOTTROFF/STEGEMANN, Jesus 140-143.

386) Letztere Fragen wurden schon im Zusammenhang mit der Rekonstruktion der Q-Fassung berührt, s.o. 3.2.

387) Vgl. OPPENHEIMER, Am Ha-Aretz 70, der als einen Grund für die Nichteinhaltung der Zehntgebote die Tatsache nennt, dass diese "eine schwere Steuerlast neben den anderen belastenden religiösen und säkularen Steuern konstituierten".

Das ausgerechnet Gartenkräuter und Gewürze genannt werden, wo es um das Verzehnten geht, ist gewiss kein Zufall. Soll damit deutlich gemacht werden, wie genau und umfassend die Zehntpflicht realisiert wird, oder handelt es sich um eine eher ironische Erwähnung eines Randphänomens? Jedenfalls zeigt diese Auswahl, dass es nicht um das Zehntgebot "an sich" geht, sonst könnten auch Vieh, Korn und Oel genannt werden.
In der Tat lebt dieser Weheruf von der Spannung zwischen dem Verzehnten von Kleinigkeiten und dem Ausser-acht-Lassen von krisis, eleos und pistis, die in der Mt-Fassung, der Intention des Spruches entsprechend, als ta barytera tou nomou bezeichnet werden (23,23). Diese Spannung kommt formal insofern zum Tragen, als der Dreizahl von Kräutern auch eine Dreizahl von hohen Werten entspricht.

2. Während bereits im Zuge der Rekonstruktion des Q-Wortlauts wahrscheinlich gemacht wurde, dass die Trias von krisis, eleos und pistis Grunddimensionen mitmenschlichen Verhaltens benennt, ohne dass damit der "theologische" Charakter der Begriffe bestritten zu werden braucht[388], ist hier die Frage nach dem Zusammenhang mit der Zehntpflicht zu stellen: Liegt in diesem Logion ein Ansatzpunkt für die - erst aus christlicher Sicht rückblickend mögliche - Trennung zwischen Zeremonial- und Sittengesetz, oder geht es auch hier (wie schon in Lk 11,39b in bezug auf die Reinheit) darum, das "Eigentliche" der Zehntpflicht zur Sprache zu bringen?
Zunächst ist daran zu erinnern, dass die Art, wie der Gotteswille in der Trias von Recht, Erbarmen und Treue zusammengefasst wird, an die Sprache der Propheten anknüpft[389]. Wenn sich auch keine genaue Entsprechungen für diese Trias nachweisen lassen[390], und m.W. auch die Gegenüberstellung zur Zehntpflicht keine Parallele hat[391], so ist

388) S.o. 3.2.(2.) mit A 264
389) Auf den "prophetischen" Charakter dieser Forderungen wird in der Literatur verschiedentlich hingewiesen. Vgl. nur GARLAND, Intention 139 Anm 63; FRANKEMOELLE, Jahwebund 301f.
390) S.o. 3.2.(2.) mit A 251
391) Immerhin erwähnt Am 4,4 im Zusammenhang seiner Parodie des (falschen) Kultes auch den Zehnten, ohne dass es jedoch zu einer Antithese von Zehnten-Abgabe und sozialem Verhalten kommt.

immerhin beachtenswert, dass z.B. Am 5,24; Mi 6,8 und Jes 1,17 ähnliche Grundforderungen im Kontext ihrer Kultkritik erheben (vgl. auch Hos 6,6), die ja letztlich auch im Dienst eines rechten Kult- und Gottesverständnisses steht und ihren Grund nicht etwa in einer grundsätzlichen Ablehnung des Kultes hat. Dies hat sich auch in der Rezeption dieser Texte im rabbinischen Judentum niedergeschlagen, zu der SANDERS bemerkt: "Man könnte Bibeltext für Bibeltext, der eine antikultische Aussage zu treffen scheint, durchgehen, ohne auch nur einen zu finden, der von den Rabbinen in dieser Weise benutzt worden wäre"[392].

Auf die Zehntvorschriften in ntl Zeit ist hier nicht ausführlich einzugehen. Dass ihre genaue Befolgung ein "Hauptkennzeichen des Pharisäismus" war[393], wurde bereits erwähnt[394].

In bezug auf unsere Frage nach einem allfälligen Zusammenhang von Zehntpflicht und "Recht, Erbarmen und Treue" ist es aber von Bedeutung zu wissen, welchen Sinn und welche Funktion der Zehnte hatte[395]. Aufgrund des atl Zeugnisses lassen sich zwei Hauptlinien ausmachen: Zum einen wird aller Zehnte Jahwe übereignet (Lev 27,30-33), zum anderen wird dieser Zehnte von Jahwe den Leviten als Entgelt für ihren Dienst gegeben (Num 18,21-32). Eine "soziale" Funktion kommt dem Zehnten also insofern zu, als er den Lebensunterhalt der sonst mittellosen Leviten sichert[396]. Darüber hinaus ist auch auf Dtn 14,28f;

---

392) SANDERS, Paulus 153 (vgl. 152ff); zur jüdischen Kultkritik s. auch MUDISA M. MUNDLA, Jesus 199-204

393) Vgl. zum Zehnten: OPPENHEIMER, Am Ha-Aretz 23-51; WESTERHOLM, Jesus 53-55

394) S.o. 4.2.1. mit A 319

395) Dabei ist mir durchaus bewusst, dass die sachliche "Begründung" der Gebote keineswegs im Zentrum des Interesses stand, jedenfalls was das palästinische Judentum betrifft. Die Argumentation war vielmehr eher formaler Art; vgl. nur Sir 32,7: "Alle diese Dinge werden getan, weil sie geboten sind" (s. dazu NISSEN, Gott 173-179, der zu Recht auf die stärker "rationalistische" Tendenz im Diaspora-Judentum hinweist).

396) OPPENHEIMER, Am Ha-Aretz 30-51 beschäftigt sich mit dem Zehnt in der Zeit des zweiten Tempels und weist in diesem Zusammenhang auch auf die Veränderung des sozialen Status der Leviten hin, die in dieser Zeit faktisch Eigentum besassen wie das übrige Volk (aaO 32), erwähnt aber auch andere soziale, politische und religiöse Faktoren, die die genaue Ordnung der Zehntpflicht beeinflussten und macht so besonders deutlich, dass der atl Befund nicht direkt mit dem ntl konfrontiert

26,12-15 hinzuweisen, wo vom Drittjahreszehnt die Rede ist, der nicht nur den Leviten, sondern auch "dem Fremdling, der Waise und Witwe" zugute kommt. Tob 1,8 zeigt, dass dieser Drittjahreszehnt auch in nachexilischer Zeit noch bekannt war, was auch durch halachische Texte bestätigt wird[397].

Obwohl sich also gerade anhand der Zehntpflicht zeigen lässt, wie fragwürdig eine Trennung von Zeremonial- und Sittengesetz ist, da die Befolgung der "zeremonialen" Zehntpflicht zumindest insofern eine ethische Relevanz hat, als sie teilweise im Dienst der Hilfe für Bedürftige steht, muss die Gegenüberstellung des Verzehntens der Gartenkräuter und "Recht, Erbarmen und Treue" als Kontrastierung zweier Interessenbereiche in bezug auf das Verhalten des Menschen gesehen werden. Darin besteht m.E. der Hauptunterschied in der "inneren Logik" zum Wehewort über die Reinheit der Gefässe, das darauf aus ist, die Reinheitsforderung in ihrer ganzen umfassenden Bedeutung zur Sprache zu bringen.

3. Der Nachsatz tauta (de) edei poiēsai kakeina mē aphienai wird oft als absichernde, "konservative" Zufügung verstanden[398]. Nicht primär inhaltliche, sondern formale Beobachtungen haben auch mich zur Annahme bewegt, dass es sich um einen sekundär hinzugekommenen Nachsatz handelt[399].

In der Tat zeigt dieser die Pharisäer nicht mehr anklagende Zusatz an, dass das im Wehewort angesprochene Verhältnis von Zehnt und "Recht, Erbarmen und Treue" reflektiert wird, und dass ein Verständnis im Sinne der Abschaffung der Zehntpflicht abgewehrt werden soll.

---

werden kann (vgl. dazu auch die grundsätzlichen Reflexionen von MUELLER, Gesetz bes. 16f.20f).

397) S. OPPENHEIMER, aaO 29; vgl. auch aaO 33f wo auf eine R. Josua b. Levi zugeschriebene Regel über die Verteilung des Zehnten hingewiesen wird: "Der Zehnt wurde in drei Teile geteilt, ein Drittel war für die Freunde der Priester und der Leviten, ein Drittel für den (Tempel-) Schatz und ein Drittel für die Armen und die Haverim in Jerusalem" (pMSh 5,56d; pSot 9,24a), doch ist die Bedeutung dieses Textes nicht völlig klar. Weiteres Material s. STRACK/BILLERBECK, Kommentar IV/2 678-690

398) S.o. A 312

399) S.o. 4.2.1.1.(3.)

Allerdings sollte die sachliche Distanz zwischen dem eigentlichen Weheruf und der anschliessenden Mahnung nicht überschätzt werden, geht es doch im Weheruf selbst nur um eine Frage der Priorität, worauf das Augenmerk zu richten ist und nicht darum, Zehntpflicht und Mitmenschlichkeit einander gegenüberzustellen, als handle es sich um zwei sich gegenseitig ausschliessende Dinge.
Die Gegenüberstellung von apodekatoute und aphēkate und vor allem die Formulierung des Wortes als Weheruf dürfen aber nicht verharmlost werden, da den Adressaten damit offenbar nur eine geringe Chance eingeräumt wird, von ihrer "Ueberbewertung der Verzehntung von Gartenkräutern"[400] zu einem die Gebote der Mitmenschlichkeit ernst nehmenden Verhalten zu gelangen.

4. Abschliessend ist auch zu Lk 11,42 festzustellen, dass zumindest im Weheruf selbst kein systematisches Interesse an Gesetzesfragen vorliegt, wenngleich eine gewisse Tendenz feststellbar ist, auf der Linie der prophetischen Interpretation des Gotteswillens die grössere Bedeutung des zwischenmenschlichen Verhaltens gegenüber dem zeremoniellen Handeln herauszustellen. Dies allerdings geschieht nicht in einer "gesetzlichen" Form oder in Form einer theologisch-theoretischen Aussage, sondern in der Form des Weherufes, die primär adressatenbezogen ist und eine bestimmte Praxis im Blick hat. Auch wenn es durchaus berechtigt ist, von einer theologischen "Gewichtsverlagerung" zu sprechen[401], muss dies berücksichtigt werden, will man eine Ueberinterpretation im Blick auf das vorliegende Gesetzesverständnis vermeiden.
Erst der Nachsatz "Dies muss man tun, jenes aber nicht unterlassen" weist auf eine stärkere gedankliche Durchdringung im Blick auf die Implikationen des Logions für die Zehntpflicht hin, an der trotz ihrer Relativierung im Weheruf weiter festgehalten wird.

---

400) SCHULZ, Q 100
401) So SCHULZ, aaO 103

4.2.1.4. Jesu Polemik gegen die Pharisäer und ihre ersten "Aneignungen" in der Jesusbewegung

Die z.T. mit erheblichen Schwierigkeiten verbundene Rekonstruktion der Q-Fassungen der beiden Weheworte[402] können nicht einfach als deren Urfassungen angesprochen werden, zumal die den eigentlichen Weherufen folgenden Mahnungen wahrscheinlich sekundär sind[403] und auch im Ueberlieferungsprozess vor der Abfassung von Q mit Transformationen des Stoffes zu rechnen ist, die nicht nur sprachlicher Art (Uebersetzung) sind[404].

Es scheint mir jedoch nicht sinnvoll, den Versuch zu unternehmen, hinter den Q-Wortlaut zurückzugehen und eigentliche Urfassungen zu rekonstruieren, da ein solcher Versuch methodisch kaum kontrollierbar ist[405]. Dennoch drängen sich, gerade auch im Blick auf die Kommunikationssituation, in der diese Worte ursprünglich standen, einige Fragen auf, welche deren ursprüngliche Form und Herkunft, sowie Jesu Stellung zu den Pharisäern betreffen.

1. Es ist zu überlegen, ob diese Logien von Anbeginn Weherufe waren, oder ob das einleitende ouai eine nachträgliche Verschärfung der Anklage ist, die im Zusammenhang mit einem sich verschärfenden Konflikt zwischen den Tradenten der Worte und den Pharisäern vorangestellt wurde[406].

Es wird allgemein angenommen, dass die Reihe der Weherufe älter ist als die QRed[407]. Angesichts der sachlichen Uneinheitlichkeit der ein-

---

402) S.o. 3.1. und 3.2.

403) S.o. 4.2.1.1.(3.) und 4.2.1.2.(4.), weitere Vertreter dieser Auffassung s.o. A 311.312

404) Vgl. dazu HAHN, Ueberlegungen 13-31

405) Einen solchen Versuch erwähnt NEUSNER, Inside 487: W. MEEKS rechne mit einer Urfassung folgender Art: "Ihr reinigt das Aeussere von Schüssel und Teller, aber nicht das Innere. Heuchler, reinigt zuerst das Innere, dann wird auch das Aeussere rein sein" (vgl. auch MACCOBY, Washing 4.6)

406) Nach NEUSNER, Inside 487 rechnet z.B. MEEKS nicht mit der Ursprünglichkeit der Formulierung als Weheruf (s.o. A 405) und schon BULTMANN, Geschichte 119 nimmt an, "dass zur Bildung der letzteren (sc. sekundären Weherufe) ursprünglich nicht als Weherufe formulierte Sprüche benutzt sind". Auch SCHUERMANN, Redekomposition 64 (Anm 91).72 (Anm 101) bezweifelt, dass die Logien Lk 11,39b-41.42 schon von Anbeginn die Form von Weherufen hatten.

407) Vgl. HAENCHEN, Matthäus 23 42f; LUEHRMANN, Redaktion 45; SATO, Q 231; WILD, Encounter 231 und auch SCHULZ, Q 94ff, der die Weherufe dem

zelnen Sprüche ist davon auszugehen, dass ihre Zusammenstellung sich der gemeinsamen Form des Weherufs verdankt, der auch in der jetzigen Gestalt der Komposition das eigentlich formgebende Element ist[408]. Daraus ergibt sich, dass die Formulierung der Logien als Weherufe relativ alt ist. Ob sie auf den irdischen Jesus selbst zurückzuführen ist, ist davon abhängig, ob davon ausgegangen werden kann, dass Jesus die Form des Weherufs benutzt hat und ob die Logien als Ganze authentisch sind.

a) Neben den Weherufen in Lk 11,39ff par ist die Verwendung von ouai in der synopt Trad noch mehrfach belegt: In Q Lk 10,13//Mt 11, 21 (2mal); Lk 17,1; Mt 18,7 (Q-Zugehörigkeit unsicher); im Mk-Stoff: Mk 13,17parr;14,21parr und in Lk 6,24-26 (4mal; QLk?).

Die beiden Weherufe über die Schwangeren und Stillenden (Mk 13,17) und über den Verräter des Menschensohnes (14,21) in der mk Trad können aber nicht auf den irdischen Jesus zurückgeführt werden[409], und auch Lk 17,1; Mt 18,7 ("Wehe dem, durch den die Verführungen kommen ...") ist als Argument für die Verwendung des Weherufes durch Jesus nicht geeignet[410]. Ebenso verhält es sich mit den Weherufen in der Feldrede Lk 6,24-26, wo die quellenkritische Frage zwar sehr umstritten ist, aber allgemein angenommen wird, dass es sich um eine "parallelistische Zusatzbildung" zu den Makarismen handelt, die keine Aussicht auf Echtheit besitzt[411].

Schwer zu beurteilen ist der Weheruf über die galiläischen Städte Lk 10,13f//Mt 11,21f[412]. Auch wenn die Echtheit nicht ausgeschlossen wer-

---

"Kerygma der ältesten Q-Gemeinde des palästinensisch-syrischen Grenzraumes" (aaO 57) zuordnet.

408) Vgl. die häufige Bezeichnung der Komposition als "Weherede"

409) Vgl. dazu die Kommentare z.St.; zu Mk 14,21 zudem SCHENK, Passionsbericht 188f

410) Vgl. nur SATO, Q 235 "Eventuell ist das Ganze auf griechisch verfasst worden".

411) SCHUERMANN, LkI 341; s. auch ERNST, Lk 215; LAMBRECHT, Ich aber 66; MERKLEIN, Gottesherrschaft 49. SATO, Q 234 weist zudem darauf hin, dass "die wahrscheinlich bewusste Häufung von p (...) zeigt ..., dass die Worte bereits auf griechisch formuliert wurden". Zur quellenkritischen Beurteilung s.u. II.2.2.1.

412) Für die Echtheit von Lk 10,13f//Mt 11,21f sprechen sich z.B. aus: ERNST, Lk 336; GRUNDMANN, Lk 211; SCHWEIZER, Mt 173; MUSSNER, Krise 244; anders: LUEHRMANN, Redaktion 64.93; OBERLINNER, Todeserwartung (86-90)90-93; SATO, Q 232f; SCHULZ, Q 362.

den kann[413], scheint es nicht geraten, dieses Wort als Argument für die Verwendung des Weherufs durch Jesus anzuführen, es sei denn in der Art, wie es bei SATO geschieht, der indirekt argumentiert: Indem die Konstruktion von Lk 10,13f die Struktur der Weherufe gegen Pharisäer und Schriftgelehrte (Lk 11,39ff) aufnimmt, nimmt das Wort "ein Stück 'Meistersprache' Jesu auf"[414].

Dieser kurze Ueberblick über die Weherufe in der Jesusüberlieferung hat gezeigt, dass das Kriterium der mehrfachen Bezeugung[415] für den Gebrauch der Redeform "Weheruf" durch Jesus nur in dem Sinn verwendbar ist, als es sich bei den Weherufen (ausserhalb der Weherede) um die Rezeption der "Meistersprache" handeln könnte. Da es sich aber auch um die Aufnahme einer atl-jüdischen Redeform handeln kann, ist nicht einmal dies zwingend.

b) Die Frage, ob Jesus die Redeform des Weherufs benutzt hat, ist somit allein aufgrund der Weherede selbst, bzw. aufgrund von Lk 11, 39b.42 als deren wohl sehr alten Elementen zu beantworten[416]. Wieder-

---

413) Vgl. SATO, Q 232: "Formal spricht nichts gegen die jesuanische Herkunft". Aufgund von "Bedenken ... inhaltlicher Art" (s.u. A 414) spricht er sich dann allerdings gegen die Echtheit aus (aaO 232f; Zitat 232).

414) AaO 233. Zur Bezeichnung der Redeform "Weheruf" als Teil der "Meistersprache" Jesu gelangt SATO, Q 232f aufgrund seines Urteils, dass alle Weherufe in Lk 11,39bff auf Jesus zurückgehen (so auch SCHULZ, Ethik 51-61), was mir problematisch scheint (s.o. 4.1.(3.)(5.) und unten (1.b)). Die inhaltlichen Einwände gegen die Echtheit von Lk 10,13f, die SATO, aaO zusammenstellt, sind m.E. überzeugend: 1. Chorazin und Betsaida spielen in der synopt Ueberlieferung kaum eine nennenswerte Rolle; 2. der Schuldaufweis Lk 10,13b zeigt, dass die Verkündigungstätigkeit praktisch als abgeschlossen gilt, weshalb auch eine Unheilsankündigung folgt (eine solche fehlt in den Weherufen Lk 11,39ff); 3. in Lk 10,13f sollen die Wunder die "Umkehr" herbeiführen. Dieses Wunderverständnis ist kaum jesuanisch (vgl. Lk 11,20); 4. der Weheruf ist dem Wort Lk 11,31f ähnlich, das zusammen mit 11,49b-50;13,34f ein "späteres Stadium der Verkündigung der Q-Bewegung" anzeigt, "das die Mauer der Verweigerung des Volkes reflektiert" (vgl. auch die Argumente von OBERLINNER, Todeserwartung 90-93). Den ersten Einwand könnte man allerdings damit zu entkräften suchen, dass die synopt Ueberlieferung das erfolglose Auftreten Jesu in Chorazin und Betsaida verschweigt, ähnlich wie BOESEN, Galiläa 69-75, bes. 74f im Blick auf Kontakte Jesu mit Sepphoris argumentiert, doch ist ein solches argumentum e silentio schon in sich problematisch und zudem bleiben die weiteren Einwände von SATO (u.a.) damit weiterhin gültig.

415) Vgl. dazu HAHN, Ueberlegungen 35; PERRIN, Jesus 40-42

416) Die Echtheit anderer Weherufe aus der Weherede ist nicht auszuschliessen, kann hier jedoch nicht näher überprüft werden.

holt wurde auf die Brisanz des ouai aufmerksam gemacht, aber es wurde auch darauf hingewiesen, dass diese Weherufe nicht in eine Unheilsankündigung ausmünden, sondern den Adressaten noch eine - wenn auch geringe - Chance einräumen und ihnen, zumindest indirekt, einen Ausweg aus ihrer Situation anbieten[417]. Dies scheint ein Charakteristikum dieser Weherufe zu sein, das sie von den Weherufen der zwischentestamentlichen Zeit unterscheidet, die meist mit einer Unheilsankündigung verbunden sind[418]. Daraus - etwa aufgrund des Kriteriums der Unähnlichkeit[419] - auf die Echtheit der Weherufe zu schliessen, scheint mir nur dann möglich, wenn es für die Authentie auch weitere Indizien gibt und die Weherufe sich in das Gesamtbild[420] des Auftretens und der Verkündigung Jesu einfügen lassen.

c) Die Lk-Fassung von 11,39b (nyn hymeis hoi pharisaioi ...) zeigt, dass es durchaus möglich ist, dieses Logion in anderer Form als der des Weherufes zu formulieren. Dies gilt grundsätzlich auch für Lk 11, 42[421]. Geht man aber davon aus, dass 11,39b.42a.b.c ursprünglich ohne die anschliessenden Mahnungen existierten[422], erscheinen die beiden Logien ohne die emotional-affektive Partikel ouai (+hoti) als blosse Feststellungen, will man nicht eine weitergehende Transformation der ursprünglichen Formulierung postulieren, wozu m.E. kein Anlass besteht. Obwohl solche Feststellungen auch einen "Sinn" ergeben, scheint es mir fraglich zu sein, ob sie sich vom Sprachstil her der Verkündigung Jesu besser einfügen, als die engagierte Form des Weherufs.

2. Was die in den beiden Logien erhobenen Anklagen betrifft, so stellt sich die Frage, ob, bzw. inwiefern sie berechtigt sind, und was für eine Funktion sie haben.

a) FREUDENBERG z.B. äussert die Ansicht, es sei "kaum wahrscheinlich, dass der Vorwurf der Raubgier für die Pharisäer sachlich zutrifft" und bezeichnet ihn als "ein antipharisäisches Klischee"[423].

---

417) S.o. bes. 4.2.1.1.
418) S.o. 4.2.1.1. mit A 337
419) S. dazu o. Einl. 3.(1.)
420) Dazu bes. HAHN, Ueberlegungen 37-51; THUESING, TheologienI 57-112
421) S.o. A 370
422) Dazu s.o. 4.2.1.1.(3.)
423) FREUDENBERG, Weherede 27

Auch "der Vorwurf, dass diese (sc. die Pharisäer) zentrale sittliche Forderungen der Thora vernachlässigen (...) dürfte Polemik sein"[424].

b) Die Charakterisierung der Vorwürfe als "Polemik" ist insofern berechtigt, als es historisch unzutreffend ist, dass die Pharisäer generell raubgierig und unmässig lebten und Recht, Erbarmen und Treue ausser acht liessen. Während manche deshalb mit der Formulierung der Weherufe durch die "judenchristliche(n) Gemeinde" rechnen, "welche für sich die wahre Gesetzeserfüllung in Anspruch nimmt"[425], geht WESTERHOLM im Fall von Lk 11,39b davon aus, dass das Wort sich im Munde Jesu nur gegen bestimmte, in einer konkreten Situation angesprochene Pharisäer richtete[426]. Andere wiederum rechnen ohne Bedenken mit jesuanischer Herkunft solcher Polemik[427].

c) Die Auslegung der beiden Weheworte[428] hat gezeigt, dass diese aus einer jeweils unerwarteten Spannung heraus leben, die auch rhetorisch geschickt aufgebaut wird. Zudem handelt es sich beim Weheruf um eine letzte Wirklichkeit aufdeckende, prophetische Redeform.

Vor diesem Hintergrund ist m.E. zu erwägen, ob nicht auch die "polemische", oder vielleicht besser "überzeichnete" und "karikierende" Charakterisierung des Verhaltens der Pharisäer ein bewusst eingesetztes Stilmittel ist, um ganz pointiert auf die gefährlichen Konsequenzen zu verweisen, die sich aus der Konzentration des pharisäischen Interesses auf das Reinheits- und Zehntgebot ergeben und somit mit dem prophetischen Charakter der Weherufe zusammenhängt[429]. Das negative Pharisäerbild der Weherufe muss deshalb nicht als böswillige Verzeich-

---

424) AaO 19

425) HAENCHEN, Matthäus 23 39f; vgl. FREUDENBERG, Weherede 19 (abwägend); SCHUERMANN, Redekomposition 52.71f.75f; Ders., Zeugnis 130. Auch SCHULZ, Q 94(ff) schreibt die Weherufe generell "judenchristlichen Propheten" zu, die mit den Pharisäern in Auseinandersetzung stehen (anders jetzt Ders., Ethik 51-61, s. jedoch o. A(Einl) 118).

426) WESTERHOLM, Jesus 90

427) So z.B. BANKS, Jesus 179ff; SATO, Q 231; (SMEND)/LUZ, Gesetz 60f (zu Lk 11,39b); SCHUERMANN, Redekomposition 50.71f (der allerdings annimmt, die Polemik sei sekundär verschärft worden, s.o. 4.1.(5.d) mit A 303 sowie A 406); WEISS, ThWIX 43 (zu Lk 11,39b); WESTERHOLM, Jesus 59 (zu Lk 11, 42).

428) S.o. 4.2.1.2. und 4.2.1.3.

429) In 11,42 knüpft ja auch der Vorwurf, Recht, Erbarmen und Treue zu übergehen, an die prophetische Trad an; vgl. o. 4.2.1.3.(2.) mit A 389.390.

nung der pharisäischen Frömmigkeit in der Situation erbitterter Auseinandersetzung der judenchristlichen Gemeinde mit den Pharisäern gesehen werden, sondern kann provokatives Stilmittel prophetischer Rede sein, so dass ein direkter Rückschluss auf die Entstehungssituation nicht möglich ist.

3. Aufgrund der bisherigen Erwägungen zu Form und Inhalt der Weherufe hat sich ergeben, dass es keine zwingenden Gründe gibt, sie dem irdischen Jesus abzusprechen. Mitzubedenken ist aber auch die grundsätzliche Frage nach dem Verhältnis Jesu zu den Pharisäern. War es so konfliktgeladen, dass Jesu Urteil die Form des Weherufes annehmen konnte, oder ist der Konflikt mit der pharisäischen Bewegung in dieser Schärfe erst im Urchristentum aufgebrochen?

a) In seinen "methodologische(n) Ueberlegungen zur Rückfrage nach Jesus" hat HAHN "Jesu Konflikte" als einen der zentralen "Anhaltspunkte für ein Gesamtbild der vorösterlichen Geschichte Jesu" bestimmt, da sie "nicht nur in hohem Masse charakteristisch für Jesu öffentliches Wirken sind, sondern ... uns (auch) einen sehr weitreichenden Aufschluss über sein Wollen geben"[430]. Im Anschluss daran hat THUESING den "Konflikt Jesu mit den Pharisäern ... als erstrangigen Zugangsweg zu den jesuanisch-theologischen Strukturen" bezeichnet: "In der Auseinandersetzung mit diesen Gegnern musste das Anliegen Jesu am schärfsten herauskommen". Dafür, dass der Gegensatz Jesu zu den Pharisäern trotz der unbestrittenen Prägung der Evangelientrad durch die Auseinandersetzung des frühen Christentums mit dem Pharisäismus nach 70 "ohne Frage historisch (ist)", führt THUESING an, dass dieser Gegensatz "ja schliesslich - wenn auch wohl mehr indirekt - einer der Faktoren (ist), die Jesus in den Tod brachten" und merkt dazu an, dass "die Hierarchen ... das Vorgehen gegen Jesus kaum (hätten) wagen können, wenn die Pharisäer, unter deren Einfluss ein Grossteil des Volkes stand, nicht ebenfalls gegen Jesus eingestellt gewesen wären."[431]

---

430) HAHN, Ueberlegungen, bes. 41-44; Zitate 11 (Ueberschrift).41.40 (Ueberschrift).41

431) THUESING, TheologienI 61-65; Zitate 61.61f.62(f) mit Anm 11a

b) Diese These darf innerhalb der christlichen Jesusforschung wohl mit breiter Zustimmung rechnen[432], ist aber nicht unproblematisch. Es ist darauf hinzuweisen, dass die Pharisäer bei der Hinrichtung Jesu direkt nicht beteiligt gewesen sind, was auch dem evangeliaren Befund entspricht, der sie in diesem Zusammenhang nicht erwähnt[433]. Die Auseinandersetzungen Jesu mit den Pharisäern werden von den Evangelien vielmehr in Galiläa lokalisiert.

Die Bedeutung der Pharisäer in Galiläa darf nach den Ergebnissen neuerer historischer Forschung aber nicht überschätzt werden. Zunächst ist zu bedenken, dass Galiläa zur Zeit Jesu 200'000 bis 300'000 Einwohner hatte (Palästina hatte etwa 1 bis 1,25 Millionen Bewohner)[434], während Josephus in Ant XVII 42 insgesamt nur mit "über 6'000" Pharisäern rechnet, so dass ihr Anteil an der Gesamtbevölkerung vergleichsweise klein war. Was ihre soziale Herkunft betrifft, so stammten sie meist aus dem städtischen Kleinbürgertum[435], so dass sich ihr "Einfluss ... am ehesten in den etwas stärker hellenisierten Stadtsiedlungen westlich und nördlich des Sees Gennezareth ... bemerkbar (machte)"[436]. Gesamthaft wird jedoch ihr Einfluss in Galiläa eher gering gewesen sein, und dies nicht etwa aus religiösem Desinteresse der Galiläer, sondern aufgrund der konservativen, dem Sadduzäismus zuneigenden Einstellung der Landbevölkerung, der allerdings

432) Vgl. LUZ, Pharisäer 229f "Christliche Jesusdarstellungen ... tendieren nach wie vor dahin, die grundsätzliche Unvereinbarkeit zwischen Jesus und dem Pharisäismus zu betonen; der wichtigste Differenzpunkt ist hier das Gesetzesverständnis".

433) Eine indirekte Beteiligung der Pharisäer (so THUESING, TheologienI 62(f) mit Anm 11a) ist zwar nicht auszuschliessen, doch angesichts der Tatsache, dass die Pharisäer "schwerpunktmässig in Jerusalem zu suchen" sind (LUZ, Pharisäer 240), sollte ihr Fehlen in der Passionsüberlieferung nicht unterbewertet werden. Zudem ist es auch methodisch nicht unproblematisch, Jesu Tod mit seinen Gesetzeskonflikten in Zusammenhang zu bringen, wie dies etwa bei HAHN, Ueberlegungen 43f (und neuestens sehr pointiert bei SCHULZ, Ethik 36) geschieht (vgl. die Ueberlegungen von SIMONIS, Jesus 241-244).

434) Vgl. BOESEN, Galiläa 58 (vgl. 57-60). Diese Zahlenangaben sind recht unsicher (GEIST, Jesus 34 rechnet für Gesamt-Palästina z.B. mit ca. 900'000 Bewohnern. VERMES, Jesus 228 Anm 30 dagegen mit 2 bis 2,5 Millionen um nur zwei andere Schätzungen zu nennen. Wichtig ist hier jedoch nur die Relation zur (geringen) Anzahl der Pharisäer.

435) RIESNER, Jesus 174 (mit Anm 139).176.209; Vgl. BOESEN, Galiläa 205

436) RIESNER, Jesus 204; vgl. BOESEN, Galiläa 205; FREYNE, Galilee 321f

zugleich ein "liberales" Element innewohnt[437]. Zusammenfassend bezeichnet FREYNE die pharisäische Präsenz in Galiläa vor 70 als "sporadisch und offensichtlich erfolglos"[438]. Dies widerspricht - jedenfalls für Galiläa - der These, dass die Pharisäer schon vor 70 über einen beträchtlichen Einfluss verfügten[439]; einer These, die auch in Spannung zur stark an den Arbeiten von NEUSNER orientierten neueren Pharisäismus-Forschung steht, welche den Pharisäismus vor 70 als "eine in erster Linie an Fragen ritueller Reinheit und Zehnten interessierte Tischgemeinschaftsbewegung" sieht, die Breitenwirkung pharisäischer Frömmigkeit relativ gering einstuft[440] und die Betonung der Volkstümlichkeit der Pharisäer durch Josephus als Spiegel der Zustände nach 70, bzw. als "propagandistische Anstrengung" beurteilt, die römischen Autoritäten davon zu überzeugen, dass die Pharisäer die Partei seien, mit der zu rechnen ist[441]. Freilich wird man - was auch NEUSNER selbst eingesteht[442] - die wenigen historisch gesicherten Fakten über den Pharisäismus vor 70 "nicht mit dem verwechseln dürfen, was die Pharisäer wirklich gewesen sind", so "dass die von NEUSNER rekonstruierten ältesten Materialien über die Pharisäer nur einen klei-

---

437) Vgl. BOESEN, Galiläa 205; FREYNE, Galilee 257-343; MAYER, Anfang 414f; LUZ, Pharisäer 239-241; RIESNER, Jesus 208f. Anders in neuerer Zeit v.a. VERMES, Jesus 219 (vgl. 224), der die Galiläer als religiös wenig interessiert und gebildet betrachtet. OPPENHEIMER, Am Ha-Aretz 4-7.200-217 dagegen neigt dazu, die Unterschiede zwischen Galiläa und Judäa zu nivellieren (vgl. aaO 7 "For life in Galilee bore the halakhic-Pharisaic stamp exactly as in Judaea, and no distinction can be made between the Galilaean and the Judaean Jew. Nor can it be said that there was a special Galilean type or a different Galilaean pattern of life.") bietet jedoch sehr instruktive Kommentare zu den einschlägigen rabbinischen Texten.

438) FREYNE, Galilee 319; ähnlich HENGEL, Nachfolge 61

439) So z.B. LOHSE, Umwelt 55

440) Vgl. dazu NEUSNER, TraditionsI-III; Ders., Ueberlieferungen; Ders., Verwendung; zur Rezeption von NEUSNERs Grundansatz s. nur FREYNE, Galilee 305-343, bes. 335 Anm 2; LUZ, Pharisäer bes. 233f; WILD, Encounter 107-112, bes. 112 Anm 24 (Zitat: LUZ, aaO 234)

441) Dazu WILD, Encounter 110f, der darauf hinweist, dass die Heraushebung der Pharisäer vor allem in den Antiquitates des Josephus anzutreffen ist, die erst 95 n. Chr. verfasst wurden (vgl. auch die Belege aaO 110 Anm 19). S. auch LUZ, Pharisäer 235; MEYER, ThWIX 31f

442) Vgl. NEUSNER, TraditionsIII 318 (vgl. dazu LUZ, Pharisäer 237) und Ders., Verwendung 107 mit Anm 22

nen Ausschnitt dessen, was pharisäische Frömmigkeit und Lehre gewesen sein könnten, zeigen"[443].

c) Es wäre nun aber verfehlt, aufgrund der methodischen Schwierigkeiten der Rückfrage nach den Pharisäern vor 70 und aufgrund der relativ geringen Bedeutung der pharisäischen Bewegung in Galiläa vor der Tempelzerstörung den Schluss zu ziehen, dass eine Auseinandersetzung zwischen Jesus und den Pharisäern gar nicht stattgefunden hat. Aber man wird mit LUZ folgern können, dass man vor diesem Hintergrund "behutsamer ... und entspannter" über diesen Konflikt nachdenken kann und seine Bedeutung nicht überschätzen soll[444].

Zudem wird man nicht mehr einfach davon ausgehen können, dass Jesus sich gezwungenermassen mit den Pharisäern auseinandersetzen musste, da sie ihn in Galiläa keineswegs ständig kritisierten und belauerten, bzw. eine Art religiöser Oberaufsicht über Galiläa ausübten, so dass er "auf Schritt und Tritt" mit ihnen konfrontiert war[445]. Dass Jesus mit dem Pharisäismus in Konflikt geriet, ist vor dem skizzierten historischen Hintergrund weniger selbstverständlich, als dies gemeinhin angenommen wird.

d) Kontakte Jesu mit Pharisäern konnten aber schon deshalb entstehen, weil ihr Einfluss sich in einem seiner Hauptwirkungsbereiche, den Stadtsiedlungen westlich und nördlich des Sees Gennezareth, bemerkbar machte[446]. Hinzu kommt, dass sich sowohl Jesus als auch die Pharisäer an das ganze Volk Israel wandten und nicht auf Absonderung, bzw. auf die Bildung eines "heiligen Restes" aus waren[447]. Aeusseres Zeichen dieser Haltung der Pharisäer ist die Tatsache, dass sie sich - anders als etwa die Qumran-Leute - nicht in die Einsamkeit zurückzo-

---

443) LUZ, Pharisäer 237-239; Zitate 238.239. Gegen eine Beschränkung des Pharisäismus auf "a pious sect concerned with the minutiae of tithing and ritual purity" spricht sich auch WESTERHOLM, Pharisees 195 aus.

444) LUZ, Pharisäer 241. Ebd. spricht LUZ von einem "eher nebensächliche(n) Konflikt"; vgl. schon BAUMBACH, Jesus 92 "Von einer 'Todfeindschaft' zwischen Jesus und den Pharisäern sollte ... nicht gesprochen werden" (mit Hinweis auf ihr Fehlen in der Passionsüberlieferung).

445) Vgl. LUZ, Pharisäer 240; WILD, Encounter 106f

446) RIESNER, Jesus 209

447) Diese Gemeinsamkeit betont LUZ, Jesus 241. Zur Offenheit der Pharisäer für Gesamt-Israel, bzw. zum Fehlen des Rest-Gedankens vgl. auch THOMA, Pharisäismus 264f; Ders., Volk-Gottes-Verständnis 97-99; WESTERHOLM, Pharisees 195f.

gen, sondern inmitten des Volkes lebten. Die dazu in eigentümlicher Spannung stehende Bildung von pharisäischen Genossenschaften (habu-roth), bzw. die Absonderung vom Am Ha-Aretz beweist nicht das Gegenteil, zumal auch dem Am Ha-Aretz die Zugehörigkeit zum Volk Gottes nicht abgesprochen wurde[448], sondern zeigt nur, dass die Pharisäer die Heiligung des gesamten Gottesvolkes auf völlig anderem Wege zu verwirklichen trachteten als Jesus.

Hier nun, in der unterschiedlichen Auffassung von der Sammlung Israels[449] liegt m.E. der sachliche Grund für Jesu Konflikt mit den Pharisäern. Während diese Auftrag und Verheissung Jahwes an Israel, "ein Königreich von Priestern und ein heiliges Volk" (Ex 19,6) zu sein, durch die Ausdehnung der priesterlichen Reinheitsbestimmungen auf das ganze Volk und durch die genaue Einhaltung der Tora zu realisieren suchten, ist die Sammlungsbewegung Jesu vom Bewusstsein bestimmt, dass "im endzeitlichen Gottesvolk ... niemand vom Heil ausgeschlossen sein (darf): weder die Aussenseiter, noch die Sünder, noch die Kranken"[450].

e) WILD hat nun aber richtig herausgestellt, dass unterschiedliche Auffassungen von Pharisäern und Jesusbewegung an sich noch keinen Grund für Kontroversen zwischen den beiden Strömungen darstellen: "Warum sollten die Pharisäer sich mit den Sitten einer kuriosen Grup-

---

448) Gegen THUESING, TheologienI 63 mit FREYNE, Galilee 306f; SANDERS, Paulus 143-147; PESCH, Voraussetzungen 21; THOMA, Pharisäismus 264-267; Ders., Volk-Gottes-Verständnis 98f; WESTERHOLM, Pharisees 195f ("The Pharisees were not isolationists ... They chose instead to dwell in the midst of an unclean people, a living and constant reminder of the demands of Torah." Nicht eindeutig ist das Urteil von GEIST, Jesus 33-35, der die Pharisäer zwar den am Rest-Gedanken orientierten Gruppen zuordnet, aber aaO 35 richtig anerkennt, dass "sie im Grunde das ganze Volk um das Gesetz versammeln wollten."

449) Dass die Sammlung (Gesamt-)Israels als zentrale Dimension der Wirksamkeit Jesu anzusprechen ist, wird in zunehmendem Masse gesehen; vgl. schon VOEGTLE, Einzelne 65-91; Ders., Jesus und die Kirche 60-73; JEREMIAS, TheologieI 164-174 (im Anschluss an frühere Arbeiten); in neuerer Zeit v.a. GEIST, Jesus 44-63; LOHFINK, Jesus 17-41; PESCH, Voraussetzungen 25f.36-38; TRILLING, Ekklesiologie 64-68.

450) LOHFINK, Jesus 24; vgl. GEIST, Jesus 52 "Jesus vermeidet also bei seinem Ruf zur Sammlung jedes Absonderungsprinzip", ähnlich auch JEREMIAS, TheologieI 170(-174), der von der "grenzenlose(n) Gnade" (Ueberschrift) spricht, die zur Ablehnung jeder Absonderung (vgl. dagegen pharisaioi = Abgesonderte, Sezessionisten) und zur Zuwendung zu jenen, die von den Restgemeinden ausgeschlossen wurden, führt.

pe von gesetzlichen 'Sündern' beschäftigen, oder, anderseits, warum sollten Christen sich um gesetzliche Spitzfindigkeiten sorgen, die von einer besonderen jüdischen Sekte befolgt werden, es sei denn, es gab eine gemeinsame Angelegenheit zwischen den beiden Gruppen"[451]. Obwohl seine Vermutung, diese "gemeinsame Angelegenheit" ("common cause") sei darin zu sehen, dass es pharisäische Jesusanhänger, bzw. Christen pharisäischer Herkunft gegeben habe (so dass es zu einer "Abwanderung" von Pharisäern zur Jesusbewegung gekommen sei, welche eine Bedrohung für die Pharisäer darstellte), ja dass möglicherweise Jesus selbst in der pharisäischen Tradition aufwuchs[452], der Differenzierung bedarf[453], ist es in der Tat auffällig, dass sich gerade der Sprecher der Weherufe Lk 11,39b.42 als Kenner der pharisäischen Ideale erweist. Ob daraus schon gefolgert werden muss, dass die Auseinandersetzungen von Jesusanhängern und Pharisäern sich als "interne Debatten" erweisen, sei es von "christlichen Pharisäern gegen andere Pharisäer oder von christlichen Pharisäern und anderen Arten von Christen"[454], scheint jedoch zumindest diskutabel. Es ist doch auch die Möglichkeit in Betracht zu ziehen, dass es (gerade aufgrund der gemeinsamen Bemühungen um das Volk Israel) zu <u>Begegnungen, Gesprächen und Diskussionen zwischen Jesus und pharisäischen Lehrern</u> gekommen ist. Diese Begegnungen müssen keineswegs von Anbeginn den Charakter von Konflikten gehabt haben, sondern können zunächst durchaus von einem gewissen Interesse der Pharisäer an Jesus geprägt gewesen sein. Die lk Berichte von Einladungen Jesu durch Pharisäer (Lk 7,36ff;11,37ff;14,1ff) sind trotz ihres schematischen Charakters[455] wohl historische Reminiszenzen an solche Begebenheiten[456]. Aufgrund

---

451) WILD, Encounter 113 (das Wort "gesetzlich" steht für das englische "legal")

452) AaO 112-114.123f

453) Die Belege von WILD, aaO 113f sprechen in der Tat für den Uebertritt von Pharisäern zum Christentum nach Ostern. Für die Wirksamkeit Jesu aber lassen sich m.E. nur Gespräche mit Pharisäern wahrscheinlich machen. Ein Anschluss von Pharisäern an die Jesusbewegung zu Lebzeiten Jesu lässt sich kaum belegen.

454) AaO 113, vgl. 123f. Da WILD die vorösterliche Herkunft dieser Auseinandersetzungen nicht ausschliesst (vgl. aaO 112f.124) könnte statt "Christen" auch "Jesusanhänger" stehen.

455) Vgl. dazu STEELE, Luke 11,37-54

456) Vgl. nur BAUMBACH, Jesus 93

des für die Pharisäer anstössigen Verhaltens Jesu, vor allem aufgrund der unkomplizierten Offenheit, mit der er mit Menschen Gemeinschaft pflegte, von welchen sich die Pharisäer fernhielten, wird Jesus von ihnen aber bald abgelehnt worden sein.
Da dieses Verhalten, seine Art, Israel zu sammeln, seinen letzten Grund aber in seinem Verständnis der anbrechenden Herrschaft Gottes hatte, interpretierte er auch den Widerstand, der ihm erwuchs, im Horizont seines Basileia-Geschicks, ja als Gewalt gegen die Basileia Gottes selbst (vgl. Mt 11,12b Q)[457], so dass in der Tat mit einem scharfen Gegensatz Jesu zu den Pharisäern zu rechnen ist, auch wenn er aufgrund der relativ geringen Bedeutung der Pharisäer in Galiläa nicht das Gewicht hat, das ihm oft (auch im Blick auf den Tod Jesu) gegeben wird.

4. Vor diesem Hintergrund ist auch die Verwendung der Redeform Weheruf[458] zu sehen, die darauf abzielt, den Pharisäern angesichts der Tatsache, "dass in seinem (sc. Jesu) Wirken eschatologisches Handeln Gottes geschieht"[459], den vollen Ernst ihrer Situation bewusst zu machen.
Dass Jesus dabei das Missverhältnis zwischen Reinheits-, bzw. Zehntpraxis und sozialem Verhalten der Pharisäer geisselt, hat einen doppelten Grund: Einerseits ist es gerade die (Nicht-)Befolgung von Reinheits- und Zehntvorschriften, welche die Pharisäer zur Absonderung vom Am Ha-Aretz bewegt und sie in letzter Konsequenz verkennen lässt, "dass auch sie aus der Güte desselben Gottes leben, dessen eschatologische Güte Jesus den Sündern zuhandelt"[460], und anderseits, dass das mitmenschliche Verhalten in Jesu Weisung einen eindeutigen "Vorrang" hat[461].

5. Obwohl im Fall von Lk 11,39b und 11,42a.b.c (wie im Falle sehr vieler Logien) in der Echtheitsfrage keine letzte Sicherheit zu erzielen

457) Vgl. dazu KOSCH, Gottesherrschaft bes. 27-40.47-49
458) S.o. 4.2.1.1.
459) MERKLEIN, Botschaft 82
460) AaO 83
461) AaO 124(-126) "Der Vorrang mitmenschlichen Verhaltens" (Ueberschrift); noch schärfer LUZ, Erwägungen 123 "Es gibt keinen anderen Raum abgesehen von den zwischenmenschlichen Beziehungen, der für die

ist, halte ich diese beiden Weherufe in ihrem Grundbestand für jesuanisch. Eine Rekonstruktion der Situation, in der sie gesprochen wurden, scheint mir unmöglich, doch ist zu ihrem historischen Ort in der Wirksamkeit Jesu festzuhalten, dass sie (was wohl für weite Teile der "Gerichtspredigt" Jesu gilt), einen längeren "Polarisierungsprozess"[462] zwischen Jesus und seinen Gegnern und die Erfahrung der sich abzeichnenden Ablehnung voraussetzen[463]. Was die ursprüngliche Kommunikationssituation betrifft, so ist eher an eine "öffentliche" Auseinandersetzung zu denken als an eine eher "private" Gesprächssituation, wie Lk sie in 11,37ff (Symposion) voraussetzt. Aufgrund der direkten Anrede der Pharisäer in der 2. Person ist die Anwesenheit von Pharisäern vorauszusetzen[464].

6. Was die historische Beurteilung der beiden sekundären Mahnungen Lk 11,42d und Mt 23,26Q betrifft, so ist zunächst auf den bisher zu wenig gesehenen Tatbestand aufmerksam zu machen, dass diese in Q sehr nahe beieinanderstehenden Mahnungen im Blick auf das vorauszusetzende Gesetzesverständnis in einer gewissen Spannung zueinander stehen: Während Lk 11,42d (tauta de edei poiēsai kakeina mē aphienai) deutlich von der Absicht geprägt ist, den Weheruf vor einem Missverständnis im Sinne einer "Aufhebung" der Zehntpflicht, bzw. der Zeremonialvorschriften zu bewahren[465], wohnt dem "metaphorischen" Imperativ Mt 23,26Q (pharisaie katharison prōton to entos tou potēriou hina genētai kai to ektos katharon) eine Tendenz zur Relativierung der rituellen Observanz inne[466].
Diese Spannung spricht m.E. gegen die Annahme der gleichen Verfasserschaft für beide Mahnungen, da sie ein unterschiedliches "theologi-

---

Erfüllung des Willen Gottes vorbehalten sein könnte ..."; vgl. jedoch die Ueberlegungen u. ExkursVI (4.)

462) FREUDENBERG, Weherede 19

463) Aehnliches habe ich schon für den Fall von Lk 16,16 vermutet (KOSCH, Gottesherrschaft 47, vgl. u. III.4.2.1.(5.))

464) Zur Frage der Ursprünglichkeit der Zusammenstellung der beiden Weherufe s.o. 4.2.1. (Einleitung) und u. 4.2.1.3.(2.).

465) S.o. 4.2.1.3.(3.)

466) S.o. 4.2.1.2.(4.)

sches Profil", ja möglicherweise auch eine unterschiedliche Gemeindepraxis voraussetzen[467]. Sie sind deshalb getrennt zu behandeln.

7. Lk 11,42d wird von SCHENK als Zufügung der Q-Redaktion angesehen[468]. Die Mahnung zählt neben dem Logion über die bleibende Gültigkeit des Gesetzes Lk 16,17; Mt 5,18 (und 5,19) zu den "konservativsten" Aussagen der synopt Trad über das Gesetz. Da aber auch Lk 16,17; Mt 5,18 meist Q zugewiesen wird, scheint es sinnvoll, auch dieses Logion in die Erwägungen zur historischen Beurteilung von Lk 11,42d einzubeziehen[469].

Exkurs I: Zur Q-Zugehörigkeit von Lk 16,17; Mt 5,18

1. Die Q-Zugehörigkeit von Lk 16,17; Mt 5,18 ist in neuerer Zeit ernsthaft diskutiert, ja bestritten worden, was eine sorgfältige und eingehende Erörterung der Problematik nötig macht[470].
Während SATO die These der Q-Zugehörigkeit von Lk 16,17; Mt 5,18 aufgrund allgemeiner Erörterungen zu den vereinzelten Sprüchen zwischen Lk 14,26 und 17,6 eher skeptisch beurteilt[471], wird sie von LUZ aufgrund des literarkritischen Befundes bestritten[472] und von HUEBNER dahingehend modifiziert, dass Mt und Lk eine je unterschiedliche Q-Fassung vorlag[473], während BERGER ebenfalls mit unterschiedlichen Vorlagen rechnet, von denen jedoch nur jene des Lk möglicherweise auf Q zurückgeht[474].

---

467) Zur Schwierigkeit der "praktischen" Interpretation von Mt 23,26Q s.o. 4.2.1.2.(4.)

468) SCHENK, Synopse 76f. So auch HOFFMANN, Anfänge 148 Anm 33 und Ders., Rez. SCHULZ, Q 114 (vgl. jedoch Ders., Studien 170 Anm 50 wo Lk 11, 42d lediglich als "sekundärer Zusatz" bezeichnet wird).

469) Auf den Versuch von SCHUERMANN, Wer daher; (vgl. Ders., Zeugnis 122-124), auch Mt 5,19 Q zuzuweisen, ist hier nicht mehr zurückzukommen, da die wichtigsten Einwände und Gegenstimmen bereits in KOSCH, Gottesherrschaft 88 (Anm 25) und 89f (Anm 41) zusammengestellt sind.

470) Zur Fragestellung s. auch u. III.2. (vgl. schon KOSCH, Gottesherrschaft 14f.50-52.63f)

471) SATO, Q 25f.49.60f.68-70; vgl. dazu KOSCH, Gottesherrschaft 14f

472) LUZ, Erfüllung 406; vgl. Ders, MtI 229f (vorsichtiger). MARGUERAT, Jugement 113-115 argumentiert ähnlich wie LUZ und rekonstruiert ausgehend von Mt 5,18 nur eine QMt-Fassung.

473) HUEBNER, Gesetz 19.21

474) BERGER, Amen-Worte 73f; ähnlich auch BROER, Freiheit 39 ("das lukanische Q(?)-Wort").41 (es ist "mit einer je unterschiedlichen Vorlage

2. Die Befürworter der Q-Zugehörigkeit sind "wegen der Uebereinstimmung im grössten Teil des zentralen Wortbestandes" zahlreich[475]. Zudem können sie sich auf die Q-Zugehörigkeit des unmittelbaren lk Kontextes stützen: Lk 16,16-18 stellt mit grosser Wahrscheinlichkeit eine kleine Logienfolge zum Thema "Gesetz" dar, die Lk bereits vorlag, und von der Lk 16,16//Mt 11,12f und Lk 16,18//Mt 5,32 Q zugehören[476].

3. Dennoch ist auch ein eigentlich literarkritischer Vorschlag zu unterbreiten, will man an der Q-Zugehörigkeit von Lk 16,17; Mt 5,18 festhalten. Dabei ist allerdings mitzubedenken, dass mit unterschiedlichen Q-Rezensionen zu rechnen ist[477].

a) Die beiden Fassungen des Logions lauten wie folgt:

Lk 16,17	Mt 5,18
	αμην γαρ λεγω υμιν·
ευκοπωτερον δε εστιν	
τον ουρανον και την γην παρελθειν	εωσ αν παρελθη ο ουρανοσ και η γη,
η του νομου μιαν κεραιαν πεσειν.	ιωτα εν η μια κεραια ου μη παρελθη απο του νομου,
	εωσ αν παντα γενηται.

b) Gemeinsam ist beiden Logien, dass sie das parerchesthai des ouranos und der gē mit dem parerchesthai (Mt), bzw. piptein (Lk) einer keraia (Lk), bzw. eines iōta oder einer keraia (Mt) apo (nur Mt) tou nomou in Verbindung bringen.
Grosse Unterschiede bestehen in der syntaktischen Konstruktion, was sich schon daran zeigt, dass nur drei Vokabeln (ē ... tou nomou) auch in der Form übereinstimmen, während insgesamt 11 Wörter gleich sind. Hinzu kommt,

---

zu rechnen"); und SCHWEIZER, Noch einmal 81-83. SCHWEIZER nimmt (im Anschluss an BERGER, aaO) zusätzlich an, dass Mt seine Vorlage (5, 18a.c.d) nach der Q-Fassung (Lk 16,17) korrigiert hat, was von BROER, aaO 37f allerdings als zu komplizierte Rekonstruktion der Traditionsgeschichte kritisiert wird.

475) MERKLEIN, Gottesherrschaft 73

476) S. dazu u. III.2.(1.)

477) Dazu s.o. Einl. 4.(1.)(4.d)

dass Mt über Lk hinaus eine Einleitungsformel (amēn gar legō hymin) und einen zweiten heōs-Satz (heōs an panta genētai) bringt.

c) Während die Annahme, dass Mt 5,18d red ist, durchaus begründbar ist, da die "in der Tat ungeschickte(n) Wiederholung des Verbes 'vergehen' und von 'bis'" darauf hinweist, "dass an diesem Vers gearbeitet worden ist", und da "solche Ungeschicklichkeiten ... beim Redigieren eines Textes (unterlaufen), ... bei der Uebernahme dieses redigierten Textes (aber) korrigiert (werden)"[478], bereitet insbesondere die Frage Schwierigkeiten, wie eine Q-Vorlage von 5,18b.c gelautet haben könnte.

d) Eukopōteron kommt bei Lk nur noch 5,23//Mk 2,9 und 18,25//Mk 10,25 vor, so dass sich ein red Gebrauch nicht nachweisen lässt[479], kann aber auch nicht für die Mt-Vorlage reklamiert werden, da sonst die ungeschickte Konstruktion von 5,18 (s.o.) unerklärlich bleibt[480]. Somit bestehen nur die beiden Möglichkeiten, die lk Konstruktion als red zu betrachten, ohne dies stilkritisch positiv nachweisen zu können[481], oder sie - ebenfalls ohne positive Argumente - QLk zuzuschreiben, will man an der Existenz einer Q-Fassung festhalten.

e) Was die übrigen Unterschiede zwischen Mt 5,18b.c und Lk 16,17 betrifft, so hängen sie z.T. mit der unterschiedlichen Konstruktion zusammen. "Auf Lk dagegen dürfte die Aenderung des zweiten mt parelthē in pesein zurückgehen", da er so eine Wiederholung des Verbs vermeidet[482]. Was die Herkunft des nur bei Mt erwähnten iōta hen betrifft, so sind die Meinungen geteilt. Da das iōta den Griechen - anders als das jod hebräisch-sprachi-

---

478) BROER, Freiheit 35 (weitere Vertreter dieser Auffassung bei MERKLEIN, Gottesherrschaft 74 Anm 225f). BROERs Argumentation (ähnlich MERKLEIN, aaO 74; SCHULZ, Q 114) hat für unsere Fragestellung gegenüber anderen den Vorteil, dass sie nicht von der Existenz einer Q-Fassung des Logions abhängig ist, so dass eine petitio principii vermieden werden kann.

479) BANKS, Understanding 234f Anm 28; BROER, Freiheit 41; LUZ, Erfüllung 406; MERKLEIN, Gottesherrschaft 75; SCHULZ, Q 114. Im Anschluss an HARNACK ziehen SCHULZ, ebd und MERKLEIN, ebd allerdings die Möglichkeit in Betracht, dass "Lk bei der Umformung seiner Q-Vorlage in 16, 17 ... das Bauprinzip des Spruchs 18,25 überträgt" (SCHULZ, ebd).

480) MERKLEIN, Gottesherrschaft 74f; SCHULZ, Q 114; vgl. BROER, Freiheit 35.41; Lk 16,17 halten für ursprünglicher: BANKS, Understanding 234; BORNKAMM, Wandlungen 76f; KATZ, EWNTII 532; SCHENK, Synopse 115 und SCHUERMANN, Wer daher 128

481) So MERKLEIN, Gottesherrschaft 75; SCHULZ, Q 114

482) MERKLEIN, Gottesherrschaft 75; SCHULZ, Q 114 mit Anm 149 weist zudem darauf hin, dass Lk das Verb ca. 6mal red verwendet.

gen Menschen - nicht als besonders kleines Schriftzeichen galt, und da der zweigliedrige Ausdruck iōta hen ē mia keraia in ho ouranos kai hē gē eine Entsprechung hat, ist damit zu rechnen, dass es von Lk als unverständlich gestrichen wurde[483].

f) Die Frage der Herkunft der Einleitung Mt 5,18a ist schwer zu beurteilen[484]. Ohne ihre Bedeutung für die Frage nach der Existenz einer Q-Fassung von Lk 16,17; Mt 5,18 herunterspielen zu wollen, bin ich der Auffassung, dass es unangemessen ist, ihr Fehlen bei Lk als wichtiges Argument gegen die Q-Zugehörigkeit anzusehen, zumal die These, dass Lk amēn legō hymin nie ersatzlos streicht[485], in dieser Absolutheit nicht zu belegen ist. Nach SCHUERMANN lässt sich "für die Fälle Lk diff Mt ... nichts ausmachen"[486] und SCHULZ vermutet in drei dieser vier Fälle neben Mt 5,18 (Mt 5,32;8,11f;11,22;19,28) die Ursprünglichkeit der mt Einleitung, während er nur die Einleitung zur "Antithese" Mt 5,32 der MtRed zuschreibt. Auch für Mt 5,18 schliesst er nicht aus, dass Q eine Einleitungsformel enthielt[487]. Zudem könnte Lk durchaus theologische Gründe für die Streichung dieser Einleitung gehabt haben, da sie einem Logion grösseres Gewicht verleiht, welches sich nicht ohne weiteres seinem red Gesetzesverständnis einordnen lässt.

Dies gilt insbesondere dann, wenn MEIERs Annahme zutrifft, die lk Fassung impliziere - entgegen einer weitverbreiteten Auffassung[488] - keine "stringentere Bestätigung der fortdauernden Geltung des Gesetzes", sondern löse die zeitliche Verknüpfung zwischen dem Vergehen von Himmel und Erde und der Gültigkeit der Tora zugunsten eines Vergleichs zwischen zwei Geschehnissen auf, die sich nur unter grossen Schwierigkeiten ereignen[489].

---

483) Vgl. MEIER, Law 59 mit Anm 51; BROER, Freiheit 41 u.a.; anders z.B. ARENS, Sayings 92; MERKLEIN, Gottesherrschaft 75; SCHUERMANN, Wer daher 128; SCHULZ, Q 114. In KOSCH, Gottesherrschaft 50 mit Anm 245 bin ich auch in diesem Punkt der Rekonstruktion von MERKLEIN und SCHULZ gefolgt.

484) S. schon KOSCH, Gottesherrschaft 119 Anm 246

485) LUZ, Erfüllung 406 im Anschluss an SCHUERMANN, Sprache 97

486) SCHUERMANN, Sprache 97 Anm 161

487) SCHULZ, Q 114 (zu Mt 5,18//Lk 16,17).116 (zu Mt 5,32//Lk 16,18).323 (zu Mt 8,11f//Lk 13,28f).330f (zu Mt 19,28//Lk 22,28-30).360 (zu Mt 11,22//Lk 10,14).

488) Vgl. SCHWEIZER, Mt 62; BROER, Freiheit 41; HUEBNER, Gesetz 17f; MERKLEIN, Gottesherrschaft 75; SCHULZ, Q 115

489) MEIER, Law 59 mit Anm 50

Solchen inhaltlich-theologischen Argumenten, die das lk Gesetzesverständnis zum Kriterium der Literarkritik machen[490], ist allerdings aus grundsätzlichen methodischen Gründen, aber auch aufgrund der sehr unterschiedlichen Beurteilung dieses Gesetzesverständnisses mit grosser Vorsicht zu begegnen.

4. Zusammenfassend ergibt sich folgendes: Die Tatsache, dass sich ein red Gebrauch von eukopōteron durch Lk stilkritisch nicht positiv nachweisen lässt, da er das Wort sonst nur in Abhängigkeit von seiner Mk-Vorlage aufnimmt, ist das einzige Argument gegen die Annahme einer Q-Fassung von Lk 16,17; Mt 5,18. Die übrigen Unterschiede ergeben sich entweder aus der unterschiedlichen Konstruktion, oder können mit Hilfe der red Eigentümlichkeiten und Intentionen der beiden Evangelisten erklärt werden.
Verbunden mit den Beobachtungen zur Uebereinstimmung im zentralen Wortbestand und zur Rückführbarkeit des lk Kontextes (Lk 16,16.18) auf Q (s.o.) ergibt sich daraus m.E., dass die Annahme der Q-Zugehörigkeit nach wie vor die beste Erklärung für die Existenz der Parallelüberlieferungen Mt 5,18 und Lk 16,17 bietet. Alle anderen Hypothesen sind einerseits komplizierter und müssen anderseits doch eine gemeinsame Wurzel der beiden Logien voraussetzen. Für Q ist etwa folgender Wortlaut vorauszusetzen:

[λεγω δε υμιν]
εωσ αν παρελθη ο ουρανοσ και η γη,
ιωτα εν η μια κεραια ου μη παρελθη απο του νομου[491].

Nachdem die Q-Zugehörigkeit sowohl für Lk 11,42d als auch für Lk 16,17 als wahrscheinlich gelten kann, und in beiden Fällen damit zu rechnen ist, dass es sich um Aussagen handelt, die der Abwehr eines "antinomistischen" oder "gesetzeskritischen" Missverständnisses des

---

490) So z.B. BROER, Freiheit 41, der gegen die Annahme, Lk habe Mt 5,18b.c in seiner Vorlage gelesen, u.a. einwendet, dass "die Formulierung des Matthäus dem Gesetzesverständnis des Lukas doch wohl besser entsprechen (würde) als die eigene Formulierung".

491) Aehnlich auch: ARENS, Sayings 93; MEIER, Law 60; MERKLEIN, Gottesherrschaft 75; POLAG, Fragmenta 74; SCHULZ, Q 114; ZELLER, Kommentar 69 (vgl. schon KOSCH, Gottesherrschaft 50 mit Anm 246); dass die Lk-Fassung Q nähersteht, nehmen die in A 480 genannten an. Die Frage, ob die Vorlagen von Mt und Lk mit dieser Q-Fassung identisch waren, muss m.E. offenbleiben.

Vorangehenden (Lk 11,42a.b.c, bzw. Lk 16,16) dienen[492], ist nach der Herkunft dieser Aussagen zu fragen.

Während ihre Rückführbarkeit auf Jesus in der kritischen Forschung kaum je postuliert wird[493] und schon aufgrund der sachlichen Uebereinstimmung mit der jüdischen Gesetzesauffassung, aber auch mit derjenigen gewisser Kreise im Urchristentum nicht positiv begründet werden kann, verdient die für Lk 11,42d von SCHENK vorgeschlagene Rückführung auf die QRed genauere Beachtung[494], zumal es sich um die spätestmögliche Einordnung handelt und sie für die Erhebung des Gesetzesverständnisses dieser QRed weitreichende Folgen hätte. Leider wird diese These von SCHENK begründungslos vorgetragen, so dass sie ihre Plausibilität erst durch ihre Einordnung in das Gesamtverständnis der QRed bei SCHENK und durch den Vergleich mit anderen auf die QRed zurückgeführten Texten im Zusammenhang unserer Thematik gewinnen muss. Die knappe "Einführung" enthält jedoch nur zwei Hinweise auf die Problematik der QRed: Zum einen hält sie fest, "dass Q einen planmässigen Aufbau erkennen lässt" und zum andern erwähnt sie "Tendenzen einer abschliessenden Redaktionsschicht von Q selbst"[495], wobei SCHENK in seiner Rekonstruktion eine ganze Menge von Texten als dieser Redaktionsschicht zugehörig kennzeichnet[496].

Zu diesen Texten zählt neben Lk 11,42d erstaunlicherweise auch der "Stürmerspruch" Lk 16,16//Mt 11,12f[497]. Da SCHENK dieses Logion aber, entsprechend seiner Stellung im MtEv, der Rede Jesu über den Täufer zuordnet und auch in der Rekonstruktion des Wortlauts weitgehend Mt folgt, bekommt er dessen "gesetzeskritisches" Potential gar nicht in den Blick, so dass für ihn keine Spannung zwischen der Zuweisung von Lk 11,42d und 16,16 zur QRed entsteht, während aufgrund meiner

---

492) Zu dieser Funktion von Lk 11,42d s.o. 4.2.1.3.(3.); zu Lk 16,17 s.u. III.4.1.

493) Vgl. aber BANKS, Understanding 238 (zu 16,17); Ders., Jesus 179f (zu 11,42d), der den Logien allerdings eine "apologetische" Funktion zuschreibt. Weitere Vertreter der Authentie von Lk 16,17 bei ARENS, Sayings 93 Anm 11. Neuerdings wird sie auch von SCHULZ, Ethik 34 (u.ö.) postuliert.

494) S.o. A 468

495) SCHENK, Synopse 11-15; Zitate 12.14

496) S.o. A(Einl) 99

497) SCHENK, Synopse 43f

Rekonstruktion, Kontextualisierung und Interpretation der Q-Fassung des Stürmerspruchs die gleichzeitige Zuweisung von Lk 11,42d und 16,16 zur QRed unmöglich wäre[498]. Hinzu kommt, dass ich mit vielen anderen der Auffassung bin, dass in 16,16 ein sehr altes, mit grösster Wahrscheinlichkeit jesuanisches Wort vorliegt[499].

Aber auch abgesehen von dieser Schwierigkeit ist mir der Grund für die Zuweisung von Lk 11,42d zur QRed nicht klar, da SCHENK die übrigen Q-Stoffe, welche die Gültigkeit des Gesetzes unterstreichen (Lk 16,17, vgl. 13,27) nicht für die QRed reklamiert[500] und die anderen von ihm als red beurteilten Texte[501] kein Interesse an der Gültigkeit des Gesetzes erkennen lassen. Da es m.E. angesichts des gegenwärtigen Standes der Q-Forschung auch nicht möglich ist, mit Hilfe der Vokabelstatistik und der Stilkritik Formulierungen und Bildungen der QRed auszumachen, ist eine Zuweisung einzelner Textbestandteile an diese allenfalls dann möglich, wenn sie sich kompositionskritisch wahrscheinlich machen lässt. Dies wäre für Lk 11,42d dann der Fall, wenn sich die Betonung der Gültigkeit der Tora als ein Zug erweist, der auch die Zusammenstellung (und Rahmung) weiterer für die Problematik relevanter Q-Komplexe prägt. Da sich dies aber nur in sehr beschränktem Umfang, nämlich für Lk 16,16-18 (16,17!) nachweisen lässt, während andere, ebenfalls "torakritisch" interpretierbare Texte unkommentiert und unredigiert stehenbleiben, lässt sich die These von SCHENK, Lk 11,42d gehe auf die QRed zurück, auch auf diesem Wege nicht plausibel machen.

Aufgrund des in Funktion und Inhalt ähnlichen Q-Logions Lk 16,17 ist es aber berechtigt, über die allgemeine Auskunft hinaus, Lk 11,42d und 16,17 seien "judenchristlicher" Herkunft[502], im Anschluss an MERKLEIN festzuhalten, dass es sich um "Interpretament(e) der Q-Ge-

498) Dazu s.u. III.

499) S.u. III.4.2.1.(5.)

500) SCHENK, Synopse 103f.115

501) S.o. A 496

502) Für Lk 11,42d z.B.: SCHWEIZER, Mt 283; FREUDENBERG, Weherede 19; GARLAND, Intention 140 Anm 66; für Lk 16,17 z.B. LUZ, MtI 229 (zu Mt 5, 18), vgl. (SMEND)/Ders. Gesetz 79; SCHWEIZER, Mt 64; ARENS, Sayings 93; BORNKAMM, Jesus 95

meinde" handelt[503], die in einer gewissen Phase des längeren Wachstumsprozesses von Q gebildet, bzw. angefügt wurden, jedoch nicht erst zum Zeitpunkt der QRed. Eine genaue Bestimmung des Zeitpunktes der Bildung, bzw. Anfügung von Lk 11,42d und 16,17 ist angesichts unseres Kenntnisstandes über die Entstehungsgeschichte von Q nicht möglich. Immerhin spricht m.E. die formale Beobachtung, dass beide Interpretamente "'Grundworte'"[504] und nicht etwa grössere Kompositionen[505] kommentieren, für eine relativ frühe Anfügung derselben, auch wenn zu beachten ist, dass die "Endredaktion ... Kompositionseinheiten noch unterschiedlicher Entwicklungsstufe redaktionell zusammengeordnet (hat), so dass ein traditionsgeschichtliches Urteil über das Alter einzelner Logien aus der 'Kontextualisierung' nur sehr behutsam gewonnen werden kann"[506].

8. Der "metaphorische" Charakter der Forderung, zuerst das Innere des Bechers zu reinigen (Mt 23,26Q), bzw. die Tatsache, dass ihre praktische Bedeutung unklar ist[507], macht auch die historische Beurteilung schwierig. Innerhalb der Entwicklungsgeschichte des Verhältnisses der Tradenten von Q zu Israel, die wohl von einer einladenden, offenen Haltung zu einer durch die Erfahrung der Ablehnung und des Widerstandes geprägten Position verlief, kann auch Mt 23,26Q nicht allzu spät angesetzt werden, rechnet die Forderung doch noch mit der Möglichkeit der Besserung der angesprochenen Pharisäer[508] und steht damit näher beim Weheruf selbst als bei einer Komposition, die stark auf die Gerichtsankündigung an "dieses Geschlecht" zentriert

---

503) MERKLEIN, Gottesherrschaft 93 (zu Mt 5,18par; vgl. ebd. aber auch die Ausführungen zur Nähe des Logions zur Schicht der antipharisäischen Weherufe mit Hinweis auf Lk 11,42d)

504) Zum Terminus vgl. SCHUERMANN, Zeugnis 74f

505) Lk 11,42d bezieht sich nur auf den vorangehenden Weheruf und nicht etwa auf eine Reihe von Weheworten (vgl. die Spannung zu Mt 23,26Q!), während das die Weherede abschliessende Sophia-Wort diese als Ganze in einem neuen Licht erscheinen lässt und deshalb weit eher im "Verdacht" steht, von einer späteren Red oder gar von der QRed als Interpretament angefügt worden zu sein. Zum Problem der Kompositions- und Redaktionsgeschichte von Q s.o. Einl. 4.(5.).

506) SCHUERMANN, Zeugnis 73

507) S.o. 4.2.1.2.(4.)

508) Dazu s.o. 4.2.1.1.(3.)

ist, wie sie in Lk 11,39-52[509], bzw. 11,14-52[510] vorliegt. Zudem spricht auch die Tatsache, dass Mt 23,26Q ein Einzelwort interpretierend erweitert, dafür, dass der Imperativ zu einem Zeitpunkt hinzukam, als dieses noch ohne feste Einordnung in einen bestimmten Kontext überliefert wurde.

Obwohl es äusserst unwahrscheinlich ist, dass Lk 11,42d und Mt 23, 26Q von derselben Hand stammen (s.o.), ist die Frage, welche Zufügung älter ist, kaum zu entscheiden, da sich innerhalb der Traditionsgeschichte von Q weder ein Gefälle von einer "liberaleren" zu einer "konservativeren" Einstellung zum Gesetz noch eine gegenläufige Entwicklung nachweisen lässt. Da sich im Q-Stoff keine weiteren sekundären Texte ausmachen lassen, die eine ähnliche Funktion wie Mt 23,26Q erfüllen und eine ähnliche Stellung zur Tora voraussetzen, ist auch nicht auszumachen, ob diese Erweiterung des Weherufs auf die Träger von Q zurückgeht oder ob sie von ihnen mitsamt dem Weheruf "nur" tradiert wurde[511]. Positive Aussagen über die Herkunft von Mt 23,26Q lassen sich also noch weniger machen als über jene von Lk 11,42d.

4.2.2. Die Weherufe im Rahmen der Logienquelle

4.2.2.1. Zur Auslegung der Weherede in der Q-Forschung

1. Die redaktionskritische Beurteilung der Weherede in Q orientiert sich weitgehend an den diesbezüglichen Ausführungen von LUEHRMANN, der davon ausgeht, dass der QRed bereits eine Sammlung von Weherufen vorlag und sie sich erst in der Anfügung von Lk 11,49-50 (und

---

509) So die gängige Abgrenzung der Weherede in Q, der häufig auch das Jerusalem-Wort Lk 13,34f//Mt 23,37-39 zugerechnet wird: Vgl. FRANKEMOELLE, Pharisäismus 134-142; FREUDENBERG, Weherede 88-91; HOFFMANN, Studien 5; LUEHRMANN, Redaktion 43-48; POLAG, Fragmenta 54-57; SCHENK, Synopse 75-82; SCHUERMANN, Redekomposition; Ders., Zeugnis 129-131; ZELLER, Kommentar 65-72; s. dazu auch o. 2.2.

510) Zu dieser Abgrenzung des Kontextes s.o. 2.1.3.(4.)

511) Auch wenn letzteres der Fall sein sollte, hat dies nicht zur Folge, dass Mt 23,26Q für das Gesetzesverständnis von Q nicht ausgewertet werden kann, da die Weiterüberlieferung eines Textes (als Jesuswort!) immer ein gewisses Mass an Einverständnis voraussetzt, wenn der Kontext nicht das Gegenteil signalisiert.

wahrscheinlich 13,34f//Mt 23,37-39), sowie in der Bildung von 11,51 zeigt. Durch die Anfügung dieser Gerichtsankündigung wird "die Auseinandersetzung mit Pharisäern und Schriftgelehrten, die sich in der der Q-Redaktion vorausliegenden Ueberlieferung zeigt, ... aufgehoben in dem Gegensatz zu Israel als Ganzem", wobei "eine Umkehr Israels ... nicht mehr im Blick (ist), es bleibt nur noch das Gericht"[512].
In seinen "Studien zur Theologie der Logienquelle" setzt HOFFMANN sich eingehend mit dieser Position auseinander, wobei er insbesondere bezüglich der Interpretation von Lk 11,49-51 eine andere Auffassung vertritt: Obwohl er LUEHRMANN darin zustimmt, dass diese Gerichtsansage "eine Verschärfung und Ausweitung des Konflikts erkennen (lässt)" und bereits das Scheitern der Bemühungen um Israel signalisiert, ist er der Auffassung, dass der Spruch noch keine endgültige Absage an Israel darstellt, sondern "auf die noch anhaltende missionarische Bemühung der Boten um Israel" schliessen lässt. Damit erhält die Komposition auch eine andere Funktion als die der definitiven Gerichtsansage: Sie soll "dem Prediger Material für die Auseinandersetzung mit seinen Gegnern anbieten"[513].
Während FREUDENBERG sich - in Kenntnis der Arbeit HOFFMANNs - diskussionslos der Position von LUEHRMANN anschliesst[514], greift FRANKEMOELLE die Diskussion auf, folgt aber ebenfalls LUEHRMANN, wobei für ihn das Argument ausschlaggebend ist, dass das Jerusalem-Wort eindeutig die Auseinandersetzung mit ganz Israel voraussetzt, so dass "Sprecher und Hörer .. wahrscheinlich ausserhalb des jüdischen Synagogenverbandes (stehen), christliche Gemeinde und jüdische Synagoge ... endgültig getrennt (sind)", weshalb "die Wehesprüche vom Weisheits- und Jerusalem-Wort sowie von den zwei Drohworten gegen ganz Israel inklusive Jerusalem her zu interpretieren sind". "Die Wehe-

---

512) LUEHRMANN, Redaktion 43-48 (Zitate 47)

513) HOFFMANN, Studien 164-171, bes. 168ff (Zitate 169.170); zustimmend SCHUERMANN, Redekomposition 79; WEGNER, Hauptmann 330f; ähnlich MEYER, Mission 417 Anm 24. Eine Mittelposition zwischen LUEHRMANN und HOFFMANN nimmt SATO, Q 182.186 ein (s.u. 4.2.2.(5.b) mit A 599).

514) FREUDENBERG, Weherede 90f (vgl. jedoch aaO 40-43, wo er sich kritisch mit der These auseinandersetzt, Lk 11,51 gehe auf die QRed zurück); ähnlich auch SCHENK, Synopse 79-81 (der allerdings nicht nur Lk 11,51, sondern auch 13,34f für eine Bildung der QRed hält.)

Sprüche sind jetzt ein Begründungselement neben den Vorwürfen im Weisheits- und Jerusalemwort für das Gericht."[515]

2. Auf die traditionsgeschichtliche Beurteilung der Weherede ist hier nicht näher einzugehen, zumal allgemein anerkannt ist, dass die Zufügung des Sophia-Wortes gegenüber der Sammlung der Weherufe ein späteres Stadium wiederspiegelt und die für unsere Fragestellung relevanten Probleme bereits diskutiert wurden[516].

3. Besondere Beachtung verdienen dagegen die Urteile über die Stellung von Lk 11,39b-52 im Kontext von Q. LUEHRMANN meint, dass sich über die Stellung des Komplexes in Q "nichts Sicheres" sagen lässt, sieht jedoch in der Gerichtsankündigung einen thematischen Zusammenhang mit 11,14-26.29-32[517]. Auch KATZ vermutet, "dass die Pharisäerrede eng mit dem Vorangegangenen zusammenzusehen ist", gelangt jedoch aufgrund der m.E. unberechtigten Zuweisung von Lk 11,37a zur Logienquelle[518] zu diesem Urteil[519].
Anders urteilt FREUDENBERG, der zwar die Abfolge Lk 11,14-26.29-32. 39-52 bereits Q zuschreibt, aber "keine nähere inhaltliche Beziehung zum Kontext" findet[520]. Diese Einheit wird von anderen unter den Gesichtspunkt der Auseinandersetzung mit Gegnern gestellt[521].
SCHUERMANN schliesslich bezeichnet "die Komposition 11,29-36 mit 11, 37-52" als Werk einer antisynagogalen, 'kirchlichen' Redaktion, bei der es sich "möglicherweise ... um die Endredaktion der Redenquelle

---

515) FRANKEMOELLE, Pharisäismus 137-142 (Zitate 140.141); entprechend auch LEGASSE, Oracle 249-256, der die Argumentation von HOFFMANN kritisch prüft und schliesslich der Auffassung von LUEHRMANN folgt.
516) S.o. 4.1. und 4.2.1.4.
517) LUEHRMANN, Redaktion 44.47 (Zitat 44); diesen Zusammenhang sieht auch SATO, Q 46, der mit der Zusammenstellung dieser beiden Komplexe schon in Q rechnet.
518) S.o. 2.1.2
519) KATZ, Beobachtungen 168
520) FREUDENBERG, Weherede 130f.136. SCHUERMANN, Zeugnis 129 Anm 231 gibt die Position von FREUDENBERG unpräzise wieder, da er behauptet, FREUDENBERG schreibe "die Abfolge 11,29-36.39-52 bereits Q zu (...)", während FREUDENBERG, aaO 130 schreibt: "Ferner haben auch die Sprüche Lk 11,33.34-36 in Q sicher noch nicht an dieser Stelle gestanden (...), sondern wurden erst von LkR in diesen Zusammenhang gestellt."
521) S.o. A 98

(handelt)"[522], während FRANKEMOELLE davon ausgeht, dass "die Wehe-Sprüche in Q ... rahmen- und situationslos" sind und die Weherede unabhängig von einem möglichen Kontext interpretiert[523].

4. Die Konzentration der Diskussion über die Weherede in Q auf die Frage nach den soziologischen Implikationen von Lk 11,49-51[524] und die damit einhergehende Vernachlässigung des eigentlichen Korpus der Weherede in der Interpretation auf der Ebene der QRed[525] werden m.E. dem Text nicht gerecht. Zudem ist es nicht unproblematisch, Lk 11, 39b-52 als in sich geschlossene Texteinheit anzusehen, da es in Q keine Anzeichen dafür gibt, dass mit 11,39b ein neuer Abschnitt beginnt. Aufgrund des Vorkommens von für die Gliederung von Q-Blöcken weitgehend signifikanten (apophthegmatischen) Einleitungswendungen[526] in 11,14 und 12,1, aber auch aufgrund kompositionsgeschichtlicher Erwägungen[527] scheint es zumindest in formaler Hinsicht sinnvoller, Lk 11, 14-52 als übergreifenden Kontext in die Ueberlegungen zur Bedeutung und Funktion der Weherufe in Q miteinzubeziehen[528].
Ohne die bisherigen Bemühungen um die Weherede abzutun, wird eine erneute redaktionskritische Analyse des Q-Komplexes, dem die Weherufe zugehören den (rekonstruierten) Q-Text in seiner Endgestalt ernster nehmen und seine Intention weniger durch die Abhebung von Trad und red gebildeten, bzw. angefügten Interpretamenten als durch die Untersuchung seines Aufbaus und seiner Gesamtaussage erheben müssen. Nur

522) SCHUERMANN, Zeugnis 130f (Zitat 131), vgl. jedoch aaO 77, wo er 11, 14-52 als "abgrenzende Rede mit Auseinandersetzungen" bezeichnet; s. auch Ders., Redekomposition 68.

523) FRANKEMOELLE, Pharisäismus 136-142 (Zitat: 136)

524) Zur historischen Problematik s. schon o. A 310

525) Vgl. nur LUEHRMANN, Redaktion 45 "Die Sammlung selbst dürfte auf die der Redaktion von Q vorausliegende Ueberlieferung zurückgehen ... Deshalb können wir hier auf eine Rekonstruktion des Wortlauts jedes Weherufs verzichten. Die Redaktion von Q zeigt sich erst in der Anfügung eines Stücks, das in seiner Form und seinem Inhalt nicht den Weherufen entspricht: Lk 11,49-51/Mt 23,34-36."

526) Vgl. dazu LUEHRMANN, Redaktion 89; SATO, Q 39ff.51f (der die Technik der Rahmung und Apophthegmatisierung allerdings nur für die Redaktionen A und B als charakteristisch ansieht, nicht jedoch für die spätere Redaktion C); SCHUERMANN, Zeugnis 75-77

527) S.o. 2.1.3.

528) So auch die in A 98 genannten.

so kann der Primat der Synchronie vor der Diachronie bei der Interpretation des Q-Komplexes methodisch ernstgenommen werden[529].

4.2.2.2. Der Konflikt mit "diesem Geschlecht" (Lk 11,14-52)

Die durch formale (und traditionsgeschichtliche) Beobachtungen nahegelegte Abgrenzung des weiteren Q-Kontextes der Weherufe durch die "Rahmenelemente" Lk 11,14 und 12,1 führt zur Frage nach dem Aufbau und der Funktion von Lk 11,14-52 in Q. Dabei ist freilich zu bedenken, dass wir es mit einem Text zu tun haben, der eine längere Entstehungsgeschichte hinter sich hat und der weitgehend aus vorgegebenen Logien und Spruchfolgen besteht, so dass von vornherein auch dann mit Spannungen und Inkohärenzen gerechnet werden muss, wenn er von der QRed als sinnvolles Ganzes verstanden wurde[530].

1. Bevor diese Frage aber angegangen werden kann, ist auf das Problem der Textgestalt in Q einzugehen. Auf eine detaillierte Gesamtrekonstruktion kann dabei allerdings verzichtet werden, geht es doch primär um die Struktur und Aussageabsicht der Einheit (vgl. die Uebersichtstabelle).

a) Die Einleitung Lk 11,14//Mt 12,22f (vgl. Mt 9,32f) ist nur noch teilweise rekonstruierbar. Lk und Mt stimmen darin überein, dass die

---

529) Vgl. dazu Einl. 4.(5.d)

530) S.o. 2.1.3.; vgl. die methodischen Hinweise bei BERGER, Exegese 29-32.64f.206f. Zur Begründung der (schon in 2.1.3.) vorausgesetzten Uebereinstimmung der Q-Akoluthie in Lk 11,14-52Q mit jener des Lk kann nicht nur auf die allgemeine Beobachtung hingewiesen werden, dass Lk die Q-Abfolge besser bewahrt hat als Mt (s.o. Einl 4.(3.) mit A 76). Für diese Annahme spricht zudem, dass auch Mt den Q-Stoff Lk 11,14-26.29-32 in Mt 12,22-30.38-45 (allerdings in z.T. umgekehrter Reihenfolge) nahe zusammenstellt, obwohl er in Kapitel 12 dem Mk-Aufriss (Mk 2,23-3,35) folgt. Die Umstellungen und Einschübe (bes. 12,32.33-37) erweisen sich als Werk der MtRed, die in 12,22-45 "eine Generalabrechnung mit den Pharisäern und Schriftgelehrten (...) als Hauptrepräsentanten 'dieses bösen Geschlechtes'" anstrebt (LAUFEN, Doppelüberlieferungen 139f, weitere Vertreter dieser Auffassung aaO 441 Anm 117). Dass Lk 11,33-36 schon in Q auf 11,14-26.29-31 folgte, wird gelegentlich bestritten (s.u. A 578), doch lässt die Beobachtung, dass Lk den Leuchter-Spruch an dieser Stelle zum zweiten Mal bringt (vgl. schon 8,16) den Rückschluss zu, dass er den Spruch in diesem Kontext vorfand (KATZ, Beobachtungen 247; WANKE, Kommentarworte 63). Dass in Q die Weherede auf Lk 11,14-26.29-32.33-36 folgte,

Austreibung eines stummen Dämons den Anlass zur Beelzebul-Kontroverse bildet, wobei mit der Anwesenheit von ochloi, also einer nicht genauer charakterisierten Volksmenge gerechnet wird[531].

Der Vorwurf des Beelzeboul-Bündnisses in Lk 11,15//Mt 12,24 (vgl. Mt 9,34) wird von einer nicht genauer bezeichneten Gruppe aus der Volksmenge (tines ex autōn) vorgetragen; ihre Bezeichnung als "Pharisäer" bei Mt dürfte sekundär sein[532]. Die Zeichenforderung Lk 11,16 hat bei Mt keine Parallele und muss als red Vorwegnahme von 11,29 (//Mt 12,38f) gelten, die der stärkeren Verbindung von Lk 11,14ff und 11,29ff dient[533].

Die Einleitung der Antwort Jesu in Lk 11,17a//Mt 12,25a ist bei Lk (ohne autos) erhalten[534].

In der Antwort Jesu (Lk 11,17b-23.24-26//Mt 12,25b-30.43-45) stimmen Mt und Lk weitgehend überein, wobei Mt in 12,25b abgesehen vom Zusatz polis Q nähersteht als Lk, während Mt in 12,26 von Mk 3,26 beeinflusst ist, so dass Lk 11,18a der Q-Fassung nähersteht. Lk 11,18b geht auf die LkRed zurück. In Lk 11,19f.23//Mt 12,27f.30 sind beide Fassungen nahezu identisch; en pneumati theou (statt en daktylō theou) in Mt 12,28 wird auf die MtRed zurückgehen[535]. Die kleinen Abweichungen zwischen Lk 11,24-26 und Mt 12,43-45 ("Rückkehr der unreinen Geister")gehen zumeist auf das Konto des Lk; nur das abschliessende houtos estai kai tē genea tautē tē ponēra in Mt 12,45 geht sicher auf Mt zurück[536]. Eine Schwierigkeit bietet einzig das Wort vom Haus des Stärkeren Lk 11,21f; Mt 12,29(//Mk 3,27), wo die

---

ist schon deshalb wahrscheinlich, weil Lk Mühe bekundet, den Stoff sinnvoll zu gliedern und zu rahmen (s.o. 2.1.3.(1.) mit A 75). Zudem ist auf die sachliche Verwandtschaft zwischen Lk 11,14ff und 11,39ff (vgl. z.B. LUEHRMANN, Redaktion 44.47; SATO, Q 46), aber auch zwischen 11,(33)34-36 und 11,39ff (s.o. 2.1.3. mit A 72) hinzuweisen.

531) S.o. 2.1.3.(4.) mit A 92.93

532) S.o. 2.1.3.(4.) mit A 94-96

533) LAUFEN, Doppelüberlieferungen 429f Anm 30; LUEHRMANN, Redaktion 32f Anm 8; SCHULZ, Q 204f; WANKE, Kommentarworte 52; anders: KATZ, Beobachtungen 190-195

534) LAUFEN, Doppelüberlieferungen 128; POLAG, Fragmenta 50; SCHULZ, Q 205

535) LAUFEN, Doppelüberlieferungen 128-130.131; POLAG, Fragmenta 50-52; SCHULZ, Q 205f; WANKE, Kommentarworte 52f

536) KATZ, Beobachtungen 173; LAUFEN, Doppelüberlieferungen 140; POLAG, Fragmenta 52; SCHULZ, Q 476f

Uebersicht zu Lk 11,14-52Q

Lk 11,14-52	Mt	
11,14	12,22f	Szenischer Rahmen Dämonenaustreibung, Präsenz der Menge
11,15	12,24	Anklage Vorwurf des Teufelsbündnisses
11,17-26	12,25-30.43-45	Die Antwort Jesu
17a	25a	Einführung der Rede Jesu
17b	25b	Das Reich, das mit sich selbst entzweit ist
18a	26	Das Reich Satans
19	27	Durch wen treiben eure Söhne die Dämonen aus?
20	28	Dämonenaustreibung "mit dem Finger Gottes"
21f	29	Vom Haus des Stärkeren
23	30	Mit mir - gegen mich
24-26	43-45	Rückkehr der unreinen Geister
(11,29a)	12,38	Zeichenforderung der Gegner Jesu
11,29-52	12,39-42;5,15; 6,22f;23,1-39	Die Antwort Jesu
29a	12,39a	Einleitung der Rede Jesu
29b	39b	Das Zeichen des Jona
30	40	Ausdeutung des Jona-Zeichens
31	42	Die Königin des Südens
32	41	Die Männer von Ninive
33	5,15	Licht auf dem Leuchter
34-36	6,22-23a	Auge und Licht
		Weherufe
42	23,23	Zehnt (Pharisäer)
39b-41	25f	Reinheit (Pharisäer)
43	6f	Ehrensitze (Pharisäer)
44	27f	Uebertünchte Gräber
46	4	Lasten aufladen (Schriftgelehrte)
52	13	Verschliessen der Basileia (Schriftgelehrte)
47f	29-31	Prophetengräber
49-51	34-36	Sophia-Wort
12,1		Ueberleitung Jünger-Anrede

quellenkritische Frage umstritten ist[537], doch ist aufgrund der Lk und Mt gemeinsamen, aber nicht mit Mk übereinstimmenden Stellung im Kon-

---

537) Vgl. die Uebersicht über die verschiedenen Möglichkeiten in KOSCH, Gottesherrschaft 113 Anm 190

text auch für dieses Logion mit einer Q-Fassung zu rechnen, die bei Lk im Wesentlichen erhalten ist, während Mt sie durch die kürzere Mk-Fassung ersetzte[538].

Lk 11,27f ("Zweierlei Seligpreisung") kann aufgrund des Fehlens einer Mt-Parallele nicht für Q reklamiert werden, auch wenn Q-Zugehörigkeit "nicht mit Sicherheit auszuschliessen" ist[539].

Die Frage nach der Gestalt der Zeichenforderung Lk 11,29a//Mt 12,38 in Q ist aufgrund des stark differierenden Wortlauts und des Einflusses von Mk 8,11 (vgl. Mt 16,1) schwer zu beantworten. Sowohl der mt als auch der lk Wortlaut weist red Eigentümlichkeiten auf[540]. Sicher trad Elemente lassen sich in Lk 11,29a aber nicht ausmachen[541] und auch unter inhaltlichen Gesichtspunkten wirkt die lk Einleitung eigenartig: Wieso spricht Jesus die sich hinzudrängende Menge als "dieses böse Geschlecht" an? Es ist deshalb wahrscheinlicher, dass Mt 12,38 mit der Zeichenforderung der Gegner Jesu (die Lk schon in 11,16 erwähnt hat) der Q-Fassung näherkommt, auch wenn sich über den genauen Wortlaut und die Redeform nicht viel sagen lässt, zumal damit gerechnet werden muss, dass erst Mt die Zeichenforderung als direkte Rede formulierte[542]. Was jene betrifft, die ein Zeichen fordern, so ist

---

538) So LAUFEN, Doppelüberlieferungen 84.130f; mit einer Q-Fassung rechnen auch GRUNDMANN, Lk 237; PESCH, MkI 215; SCHMITHALS, Lk 134; SCHNEIDER, LkII 266; SCHWEIZER, Mt 185; KATZ, Beobachtungen 181-183; POLAG, Fragmenta 52; WANKE, Kommentarworte 52.90; die Q-Zugehörigkeit bestreiten: ERNST, Lk 372; LUEHRMANN, Redaktion 33; SCHENK, Synopse 66ff; SCHULZ, Q 203 mit Anm 200. ZELLER, Kommentar 60 hält die mt Fassung für ursprünglicher.

539) LAUFEN, Doppelüberlieferungen 140 mit Anm 118.119. Mit Q-Zugehörigkeit rechnen z.B. KATZ, Beobachtungen 174-178; SCHUERMANN, Thomasevangelium 231; nicht zu Q rechnen Lk 11,27f: GRUNDMANN, Lk 237; SCHMITHALS, Lk 135; SCHNEIDER, LkII 268; SCHWEIZER, Lk 128; POLAG, Fragmenta 52; SCHENK, Synopse 68ff; ZELLER, Kommentar 59ff

540) Red sind: In Mt 12,38 tote, hoi grammateis kai pharisaioi, didaskale (vgl. dazu SCHULZ, Q 251 Anm 309 sowie LUZ, Mt I 38.39.52); in Lk 11, 29a hoi ochloi (vgl. JEREMIAS, Sprache 104.203).

541) Epathroizesthai ist Hapaxlegomenon und deshalb nicht auswertbar (so auch SCHULZ, Q 251), abundantes archomai verwendet Lk gelegentlich auch von sich aus (vgl. JEREMIAS, Sprache 105), was die Zuweisung zur Trad durch JEREMIAS, aaO 203 unsicher macht (s. schon o. 2.1.2.3. (1.b) mit A 58.59). Trotzdem schreibt KATZ, Beobachtungen 214-216 Lk 11,29a Q zu. Als red betrachtet auch LOHFINK, Sammlung 38 Lk 11,29a.

542) Vgl. o. 2.2.2.(2.c) mit A 159; LUZ, MtI 33 macht darauf aufmerksam, "dass Mt häufig direkte Rede statt der semitisch nicht vorkommenden

auch hier mit einer nicht genauer bestimmten Gruppe aus der Menge zu rechnen (vgl. schon Lk 11,15 diff Mt 12,24)[543].
Die Einleitung der Antwort Jesu wird Mt 12,39a entsprochen haben[544]. Was ihren Wortlaut betrifft, so ist der Rekonstruktion von SCHULZ zuzustimmen, der im Spruch vom Jona-Zeichen Lk 11,29b//Mt 12,39b der Mt-Fassung (ohne moichalis und (Iōna) tou prophētou) den Vorzug gibt, seine Ausdeutung Lk 11,30 gegenüber Mt 12,40 jedoch für ursprünglicher hält und in Lk 11,31f//Mt 12,41f (Königin des Südens/ Männer von Ninive) der Lk-Akoluthie folgt[545].
In den Lichtsprüchen Lk 11,33-36//Mt 5,15;6,22f ist die Rekonstruktion des Q-Textes mit erheblichen Schwierigkeiten verbunden. Allgemein wird angenommen, dass Mt 5,15 der Q-Fassung nähersteht als Lk 11,33 (vgl. Lk 8,16//Mk 4,21), da Lk stärker red gestaltet, das Bild auf den hellenistischen Haustyp hin abwandelt und die beiden Fassungen (Q, Mk) einander stärker angleicht[546]. In Lk 11,34//Mt 6,22-23a stimmen beide Fassungen im Wesentlichen überein. Für Lk 11,35f//Mt 6,23b werden verschiedene Varianten diskutiert, wobei meist davon ausgegangen wird, dass der Imperativ in Lk 11,35 (skopei) eine sekundäre paränetische Umformung darstellt[547]. Während manche deshalb in Mt 6,23b die ursprüngliche Q-Form sehen[548], erschliessen andere aus Mt

---

indirekten Rede wählt". Dass dies auch hier der Fall sein könnte, ergibt sich einerseits aus der stark red Prägung von Mt 12,38, andererseits aus der Beobachtung, dass Lk in 11,16 von der Zeichenforderung in indirekter Rede berichtet, nachdem er den Gegnervorwurf in 11,15 in direkter Rede gebracht hat. Anders urteilt SCHULZ, Q 251, der für Q "apokrithēsan autō tines legontes mit folgender in wörtlicher Rede vorgebrachten Zeichenforderung" reklamiert.

543) So auch LUEHRMANN, Redaktion 36; SCHULZ, Q 251 (s.o. A 540)

544) So auch SCHULZ, Q 251

545) SCHULZ, Q 251f, entsprechend auch WANKE, Kommentarworte 56f. VOEGTLE, Spruch 109 dagegen hält auch moichalis für ursprünglich (mit Verweis auf Mk 8,38). Für die Ursprünglichkeit der Lk-Akoluthie sprechen sich auch aus: KATZ, Beobachtungen 172; POLAG, Fragmenta 52-54; SCHENK, Synopse 70f; VOEGTLE, aaO 116f; ZELLER, Kommentar 62 aus; anders: LUEHRMANN, Redaktion 37f.

546) Vgl. LUZ, MtI 220; SCHNEIDER, LkI 187; DUPONT, Transmission 210f; LAUFEN, Doppelüberlieferungen 465 Anm 81; POLAG, Fragmenta 54; SCHENK, Synopse 73; SCHULZ, Q 474f; WANKE, Kommentarworte 61f

547) So z.B. SCHNEIDER, LkII 272; POLAG, Fragmenta 54; SCHENK, Synopse 73; SCHULZ, Q 469; WANKE, Kommentarworte 62; anders: KATZ, Beobachtungen 249f

548) So z.B. POLAG, Fragmenta 54; SCHENK, Synopse 73; SCHULZ, Q 469

6,23b//Lk 11,35.36a einen weiteren Parallelismus[549]. Umstritten ist auch die Q-Zugehörigkeit von Lk 11,36, die von einigen Autoren (teilweise) bejaht, von anderen verneint wird[550]. Eine genaue Klärung des Sachverhaltes ist kaum möglich, zeigt doch schon die Textgeschichte von Lk 11,35f, dass diese Logien schon immer als schwierig empfunden wurden. Immerhin ist aufgrund der Uebereinstimmungen von Mt 6,23b und Lk 11,36a im Satzbau und Mt 6,23b und Lk 11,35 im Vokabular zu vermuten, dass Q ein Logion enthielt, das mit den Worten ei oun to phōs en soi skotos estin begann, so dass die Annahme am wahrscheinlichsten ist, dass die mt Fassung eine sekundäre Verkürzung eines alten antithetischen Parallelismus darstellt[551], zu dem in Q auch schon Lk 11,36b gehörte, da dieser der Verklammerung von 11,33 und 34f dienende Versteil keine Lukanismen enthält und besser zu Mt 5,15b Q als zur Lk-Fassung 11,33b passt[552].

b) Auf die Gestalt und Abfolge der Weherufe in Q ist hier nicht mehr zurückzukommen, da die für unsere Problematik relevanten Fragen bereits ausführlich erörtert worden sind[553], und die Rekonstruktion des Wortlauts der einzelnen Weherufe hier unterbleiben kann[554].

c) Von besonderem Interesse ist dagegen der Q-Wortlaut des Sophia-Wortes Lk 11,49-51//Mt 23,34-36, das den Abschluss des Q-Komplexes bildet[555] und aufgrund dieser Schluss-Stellung besonderes Gewicht hat[556]. Von Einzelfragen abgesehen ist allgemein anerkannt, dass Lk hier dem Q-Wortlaut wesentlich nähersteht als Mt[557]. Mit Recht erwä-

549) So z.B. LUZ, MtI 356; WANKE, Kommentarworte 62

550) Für die Q-Zugehörigkeit von Lk 11,36: DUPONT, Transmission 211f; POLAG, Fragmenta 54; für die Q-Zugehörigkeit von Lk 11,36a: LUZ, MtI 356; SCHNEIDER, LkII 272; WANKE, Kommentarworte 62 (der auch 11,36b als vorlk bezeichnet, aber nicht ausdrücklich Q zuweist); für eine lk Bildung von 11,36: SCHMITHALS, Lk 137; SCHENK, Synopse 73; SCHULZ, Q 469

551) Vertreter s.o. A 549

552) Mit DUPONT, Transmission 211f; vgl. auch WANKE, Kommentarworte 62

553) S.o. 2.2.

554) Zu Lk 11,39b-41.42 s.o. 3.; zu den übrigen Weherufen vgl. FREUDENBERG, Weherede 6-54; POLAG, Fragmenta 54-56; SATO, Q 227f; SCHENK, Synopse 75-78; SCHULZ, Q 94-114; ZELLER, Kommentar 66-68.70-72

555) Zur Stellung in Q s.o. 2.2.1.(2.c)

556) Das ist von der bisherigen Forschung an der Weherede in Q (s.o. 4.2.2.1.) deutlich herausgestellt, ja sogar überbewertet worden.

557) Vgl. FREUDENBERG, Weherede 37-40; GARLAND, Intention 171-187; HOFFMANN, Studien 164-166; LEGASSE, Oracle 240-245; LUEHRMANN, Redaktion

gen einige Autoren jedoch, den Genitiv (sophia) tou theou als Pleonasmus anzusehen, der eher auf den heidenchristlichen Redaktor Lk als auf einen judenchristlichen Autor zurückgeht[558]. Die schwierige und umstrittene Frage nach den in Q genannten Boten der Weisheit wird am ehesten dahingehend zu beantworten sein, dass dort von prophētai und sophoi die Rede war[559].

Die Annahme von JEREMIAS, dass (haima) pantōn tōn prophētōn in 11, 50 auf Lk zurückgeht[560], ist aufgrund der lk Vorliebe für pas, aber auch für die Erwähnung "aller Propheten" zwar möglich, aber nicht wahrscheinlich, weil die Mt-Parallele (pan haima dikaiōn) zeigt, dass pas schon in der Q-Vorlage stand, und weil dikaios einerseits ein mt Vorzugswort ist und anderseits die Schwierigkeit beseitigt, die dadurch entsteht, dass Abel (und Sacharja) kein Prophet war[561]. Auch seine These, dass die Partizipialkonstruktion (Zachariou) tou apolomenou ... in Lk 11,51 gegenüber dem Relativsatz in Mt 23,35 (hon ephoneusate ...) sekundär ist, weil "Lukas ... gern einen Relativsatz durch Partizip (ersetzt)"[562], ist keineswegs gesichert. Phoneuein kommt bei Mt relativ häufig vor[563] und ist im vorangehenden Weheruf (Mt 23,31) möglicherweise ebenfalls red[564], so dass auch hier mit Mt-Red zu rechnen ist[565]. Somit weicht der lk Text wahrscheinlich nur durch den Genitiv (sophia) tou theou und durch den Ersatz von sophous durch apostolous von Q ab[566].

46f; POLAG, Fragmenta 56; SATO, Q 177; SCHENK, Synopse 79; SCHULZ, Q 336-338; STECK, Israel 29-32.34; ZELLER, Kommentar 71

558) So JEREMIAS, Sprache 208f; vgl. FREUDENBERG, Weherede 37; SATO, Q 177.509 Anm 141

559) Dazu s.o. 2.2.2.(2.c). Zu den in der Literatur vertretenen Positionen s. A 161

560) JEREMIAS, Sprache 209; erwogen auch von SATO, Q 177.509 Anm 141

561) Vgl. nur SCHULZ, Q 337

562) JEREMIAS, Sprache 210

563) Phoneuein: Mt 5mal; Mk 1mal; Lk 1mal

564) So STECK, Israel 28 mit Anm 7

565) So die meisten, vgl. z.B. GARLAND, Intention 179 mit Anm 56; SCHULZ, Q 338 (abwägend); STECK, Israel 31f mit Anm 8

566) So auch SATO, Q 177, vgl. FREUDENBERG, Weherede 37-30. Dass die Q-Fassung völlig mit dem lk Text identisch ist, nehmen an: HOFFMANN, Studien 164-166; LUEHRMANN, Redaktion 46f; POLAG, Fragmenta 56; SCHENK, Synopse 79; SCHULZ, Q 336-338; ZELLER, Kommentar 71; ähnlich auch STECK, Israel 29-32.34, der allerdings davon ausgeht, dass apo tēs geneas tautēs in Lk 11,50 eine nachlk Einfügung darstellt (aaO

2. Der Aufbau von Lk 11,14-52 ist - rein formal - leicht durchschaubar: Jesu Austreibung eines stummen Dämons in Gegenwart der Volksmenge (11,14) ist Anlass für einen doppelten Gesprächsgang: "Einige" aus der Menge werfen Jesus vor, die Dämonen en Beelzeboul auszutreiben (11,15), worauf es zu einer längeren Antwort Jesu kommt (11,17-26). An diese schliesst sich die Zeichenforderung an (11,29a), auf die Jesus wiederum mit einer längeren Rede antwortet (11,29b-52)[567].

a) Das Bild wird allerdings sofort komplizierter, wenn man versucht, die innere Logik der Komposition zu erhellen, da vor allem der Bezug der Worte Jesu zur vorausgesetzten Situation und ihr innerer Zusammenhang keineswegs immer klar sind. Formal zeigt sich das schon daran, dass sich neben Worten, welche die Anwesenden direkt ansprechen (11,17f.19.20.39ff), viele Worte finden, die keinen (direkten) Bezug zu Hörern aufweisen (11,21f.24-26.33-36) oder in der dritten Person formuliert sind (11,23.29b-32.49-51). Damit hängt auch die Frage nach den Relationen zwischen den erwähnten Personengruppen zusammen: Wie verhalten sich hoi ochloi (11,14), tines ex auton (11,15), hē genea hautē (11,29.30.31.32.50.51), hoi pharisaioi (11,39b.42.43), bzw. hoi grammateis (11,46.52) und hymeis (11,18f.20.44.47f.51) zueinander?

b) Sucht man nach Leitworten oder Themen, welche die Komposition über ihre Einzelabschnitte hinaus[568] zusammenhalten, so ist zunächst die häufige Erwähnung "dieses Geschlechts" zu nennen, welche die zweite (traditionsgeschichtlich uneinheitliche) Rede Jesu zusammenhält. Durch diese Beobachtung sensibilisiert, fallen dem aufmerksamen Leser

---

32, Anm 1; dagegen mit Recht HOFFMANN, Studien 167; LUEHRMANN, Redaktion 47 Anm 1; SCHULZ, Q 338 mit Anm 118). LEGASSE, Oracle 240-245 folgt ebenfalls Lk, rechnet jedoch damit, dass Lk hyiou Barachiou ausgelassen hat (aaO 244).

567) Die angegebenen Verszahlen geben der Uebersichtlichkeit halber nur den "Rahmen" der Q-Blöcke wieder. Genauere Angaben sind 2.2. und dem vorangehenden Abschnitt (1.) zu entnehmen.

568) Innerhalb der einzelnen Abschnitte sind solche Leitworte leicht bestimmbar. Vgl. nur das Wortfeld daimōn, Beelzeboul, satanas (und pneuma akatharton) in Lk 11,14-20(.24-26) oder die viermalige Erwähnung der genea hautē in Lk 11,29-32 (zusätzlich wird der Abschnitt durch folgende Elemente zusammengehalten: sēmeion, Iōnas; paralleler Aufbau von 11,31 und 32 (vgl. auch die Erwähnung von Heiden in beiden Logien). Aehnliche Beobachtungen zur Textkohärenz (vgl. dazu BERGER, Exegese 12-17) lassen sich auch an den übrigen Abschnitten des Komplexes machen.

auch die vielen Hinweise auf das Endgericht auf, in dessen Ankündigung LUEHRMANN die thematische Einheit des Stoffes sieht[569]. In der Antwort Jesu auf den Vorwurf des Teufelsbündnisses (11,14-23.24-26) fehlt zwar eine eigentliche Gerichtsankündigung, doch hat möglicherweise die als Gleichnis aufzufassende Warnung vor der Rückkehr des unreinen Geistes (11,24-26) zusammen mit 11,23 diese Funktion inne[570]. Obwohl mit der Gerichtsansage gegen "dieses Geschlecht" ein Hauptcharakteristikum der Komposition angesprochen ist[571], genügt diese Beobachtung nicht, um ihre Aussageabsicht zu erheben, da sonst weite Teile derselben unberücksichtigt bleiben müssten. Die Bedeutung der Gerichtsansage zeigt sich aber schon daran, dass sie innerhalb der einzelnen Abschnitte jeweils die Schluss-Stellung einnimmt.

3. Eine genauere Klärung des inneren Aufbaus der Q-Komposition lässt sich am ehesten von der Bestimmung des Verhältnisses der beiden Gesprächsgänge zueinander erhoffen. Dabei stösst man auf folgenden Tatbestand: Nachdem die Gesprächspartner Jesus im Anschluss an einen Exorzismus verdächtigen, die Dämonen en Beelzeboul auszutreiben (11, 14f), fordern sie von ihm ein sēmeion (Mt 12,38Q). Sie geben sich mit der relativ unscheinbaren und mehrdeutigen Dämonenaustreibung, aber auch mit ihrer Deutung durch Jesus nicht zufrieden, sondern fordern ein Beglaubigungswunder, das keinen Zweifel an der göttlichen Sendung Jesu mehr offenlässt und somit Legitimationszeichen für seine Worte und Taten ist[572].

---

569) LUEHRMANN, Redaktion 44.47

570) Vgl. dazu die Ausführungen von KATZ, Beobachtungen 209-212; LAUFEN, Doppelüberlieferungen 140-147 (bes. 144ff).

571) Auf die Bedeutung des Gerichtes gegen "dieses Geschlecht" für Q hat insbesondere LUEHRMANN, Redaktion 24-48.93f aufmerksam gemacht.

572) Obwohl die Wunder Jesu in Q nicht im Vordergrund des Interesses stehen, fällt auf, dass terminologisch zwischen dynamis (Lk 10,13//Mt 11,21) und sēmeion (Lk 11,(16)29f//Mt 12,38-40) unterschieden wird, und die Wunder Jesu nie sēmeion genannt werden. Dies hängt wohl damit zusammen, dass unter sēmeion ein beglaubigendes, unzweideutiges (und somit Glauben ersetzendes) Wunder verstanden wird, das Jesus als endzeitlichen Propheten legitimieren würde, während seine dynameis das Hereinbrechen der Gottesherrschaft anzeigen und (wie auch seine Predigt) nicht nochmals legitimiert werden müssen. Tatsächlich geht also die Zeichenforderung über die Forderung eines "Wunders" (dynamis) hinaus, allerdings nicht (notwendig) im Blick auf die "Grösse" des Wunders (vgl. jedoch die von jüdischen Propheten des 1. Jh. angekün-

4. Während sich also seitens der Gesprächspartner Jesu durchaus eine sinnvolle Abfolge ihrer Aeusserungen ausmachen lässt, lässt der innere Aufbau der Antworten Jesu an Klarheit zu wünschen übrig:

a) Lk 11,17b-20 kann zwar (trotz der traditionsgeschichtlichen Uneinheitlichkeit des Stoffes) als Replik auf den gegnerischen Vorwurf verstanden werden, doch ist schon die Funktion von 11,21f und 11,23 ("Vom Haus des Stärkeren"; "mit mir - gegen mich"), erst recht aber jene des Wortes von der Rückkehr der unreinen Geister 11,24-26 im Kontext unklar. Will man sich nicht mit der Annahme einer bloss äusserlichen Verknüpfung aufgrund des gleichen Themas zufriedengeben, was schon deshalb unbefriedigend ist, weil 11,21f.23 das Thema "Dämonen" nicht explizit aufgreift, wird man am ehesten der Deutung von LAUFEN folgen, der 11,21f als erläuterndes Gleichnis zu 11,20 versteht und 11,24-26 dieselbe Funktion in bezug auf 11,23 zuschreibt, wobei 11,23.24-26 als "aktualisierende Anwendung" zu sehen ist, die dazu dient, die christlichen Adressaten auf die Notwendigkeit einer eindeutigen Entscheidung aufmerksam zu machen und vor der Gefahr des Rückfalls zu warnen, die "Unentschlossenheit, Lauheit, Gleichgültigkeit oder scheinbare Neutralität" in sich bergen[573].

b) Noch schwieriger liegen die Dinge im Fall von Lk 11,29b-52 wo strenggenommen nur 11,29b auf die Zeichenforderung von Mt 12,38Q eingeht, während Lk 11,30.31f die Gerichtsankündigung gegen "dieses Geschlecht" zum Gegenstand hat und ein Bezug der Lichtsprüche 11,33-36 und der Weherufe 11,39b-52 zum Vorangehenden nur schwer herzustellen ist. Einen Zugang zum Gesamtverständnis der formal und traditionsgeschichtlich sehr uneinheitlichen Antwort Jesu auf die Forderung nach einem Zeichen[574] vermag m.E. die Beobachtung zu er-

---

digten spektakulären "Zeichen", dazu BARNETT, Sign Prophets; HENGEL, Zeloten 235f), sondern im Blick auf seine Eindeutigkeit und darauf, dass es der göttlichen Autorisierung seiner "gewöhnlichen" Wunder (z.B. des in 11,14 berichteten Exorzismus) dienen soll (zur Bedeutung von sēmeion und zum Verhältnis von sēmeion und dynamis s. GNILKA, MkI 306f; GRUNDMANN, Mt 333; PESCH, MkI 407; SCHNEIDER, LkII 270f; SCHWEIZER, Mt 190; BETZ, EWNTIII 571f; FRIEDRICH, EWNTI 865f; KATZ, Beobachtungen 242-244; LUEHRMANN, Redaktion 35; SCHULZ, Q 255; SOEDING, Glaube 263-265; VOEGTLE, Spruch 111f; ZELLER, Kommentar 59-64).

573) LAUFEN, Doppelüberlieferungen 144-147 (Zitate 145). Auch KATZ, Beobachtungen 212 versteht Lk 11,24-26 als Weiterführung von 11,23.

574) Zur traditionsgeschichtlichen Problematik s.o. 2.1.3. und 4.1.

schliessen, dass schon der Jona-Spruch als erste "Antwort" Jesu in 11,29(f)[575] den Horizont der Zeichenforderung sprengt, indem sie mit dem Stichwort genea ponēra auch jene, die das Zeichen fordern, ins Spiel bringt. Das "Kommentarwort" 11,31f lässt sich dann als Begründung für die Ablehnung der Forderung nach einem Beglaubigungszeichen verstehen: "Gott gab diesem Geschlecht kein Zeichen, weil es nicht zur Umkehr bereit war"[576]. Während jene, die ein Zeichen fordern, an der göttlichen Legitimation Jesu zweifeln, setzt seine Antwort diese voraus und belastet nun ihrerseits "dieses Geschlecht", so dass sie in Gerichtsandrohung umschlägt, deren Schärfe im "mehr" des Anspruchs Jesu begründet ist, das in seiner Menschensohn-Würde besteht[577].

c) Auf die Schwierigkeit, die Lichtsprüche Lk 11,33-36 in den Q-Kontext einzuordnen, bzw. auf die lose Verbindung mit dem Vorangehenen, wird oft hingewiesen[578]. Der gängigste Erklärungsversuch rechnet damit, dass mit dem Licht, das auf den Leuchter gestellt wird, Jesus gemeint ist, so dass Lk 11,33 an die christologischen Aussagen von 11,31f anschliesst[579]. Im Blick auf die Tatsache, dass 11,33 immer noch Teil der Replik Jesu auf die Zeichenforderung ist, muss allerdings gefragt werden, ob es nicht angemessener ist, das weisheitliche

---

575) Lk 11,30 wird unterschiedlich beurteilt: Während ERNST, Lk 379; HOFFMANN, Studien 181 Anm 92 und SATO, Q 45 das Wort in Anschluss an LUEHRMANN, Redaktion 41 als Bildung der QRed beurteilen, die 11,29 und 31f verbindet, geht WANKE, Kommentarworte 57f im Anschluss an SCHUERMANN, Beobachtungen 164f davon aus, dass die Anfügung von 11,30 älter ist als jene von 11,31f.

576) WANKE, Kommentarworte 59f (Zitat 59)

577) Vgl. HOFFMANN, Studien 181; VOEGTLE, Spruch 111f.118f; WANKE, Kommentarworte 60

578) Vgl. nur KATZ, Beobachtungen 247f; LAUFEN, Doppelüberlieferungen 140; SATO, Q 46. Manche Autoren verzichten deshalb auf eine Berücksichtigung von Lk 11,33-36 oder nehmen ohne weitere Begründung an, dass Lk für die Stellung von 11,33-36 verantwortlich ist (so z.B. FREUDENBERG, Weherede 130; LUEHRMANN, Redaktion 43f; SCHULZ, Q 475f mit Anm 558.560; unsicher: LAUFEN, Doppelüberlieferungen 140). Zur Begründung der Annahme, dass Lk 11,33-36 schon in Q in diesem Zusammenhang stand s.o. A 75.530.

579) Vgl. ERNST, Lk 381; GRUNDMANN, Lk 243; SCHNEIDER, LkII 272; SCHWEIZER, Lk 129; LAUFEN, Doppelüberlieferungen 442 Anm 122; WANKE, Kommentarworte 66; gegen diese Interpretation nimmt KATZ, Beobachtungen 247f Stellung, doch ist mir sein Lösungsversuch (aaO 248-257) unverständlich.

Bildwort so zu verstehen, dass "das Licht unter den Scheffel stellen" mit der Erfüllung der Zeichenforderung im Sinn der Gegner Jesu gleichbedeutend ist, während "das Licht auf den Leuchter stellen (so dass es jenen[580] leuchtet, die im Hause sind)", dem Verhalten Jesu entspricht, der diesem Geschlecht das "Zeichen des Jona" zumutet und so tatsächlich dessen Situation "erhellt" und es ihm ermöglicht, zu erkennen, dass ihm nur die Umkehr oder das Gericht bleibt[581]. Das Kommentarwort vom Auge als dem Licht des Leibes (11,34-36) hebt nun auf die Wahrnehmung des "Lichtes" ab, für die es eines "einfältigen Auges" bedarf. Die böse (ponēros, vgl. 11,29 genea ponēra), sittlich verdorbene Wahrnehmung vermag das Licht nicht zu erkennen, was Konsequenzen für die gesamte Existenz des Menschen hat. Wo jedoch die "rechte(n) Disposition" gegeben ist[582], da wird das "Licht" den Menschen auch erfüllen, so dass "der vom Licht getroffene und in seiner ganzen Existenz erfasste Mensch von dem im Jüngsten Gericht aufblitzenden Lichtstrahl aufgedeckt, bestätigt und anerkannt" wird[583].

d) Zwischen Lk 11,29b-36 und den anschliessenden Weherufen 11,39b-52 ist ein Bruch festzustellen: Völlig unvermittelt werden nun direkt Pharisäer und Schriftgelehrte angesprochen, während bisher keine direkte Anrede erfolgte und keine konkreten Adressaten genannt waren. Das die Komposition abschliessende[584] Sophia-Wort 11,49-51 jedoch lenkt formal und inhaltlich zu 11,29b-32 zurück, da es sich ebenfalls um eine Gerichtsankündigung gegen "dieses Geschlecht" handelt[585].

---

580) LUZ, MtI 224 führt die Einfügung von pantes wohl zu Recht auf Mt zurück.

581) Für diese kontextgerechtere Interpretation spricht auch, dass "das Licht unter den Scheffel stellen" nicht etwa "auslöschen" bedeutet, sondern "eine sinnlose Haltung" meint (LUZ, MtI 220f gegen JEREMIAS). Diesem bösen Geschlecht ein Zeichen zu geben, ist ebenso sinnlos, wie ein Licht, das man braucht, unter den Scheffel zu stellen.

582) WANKE, Kommentarworte 65; vgl. BETZ, Matthäus 6,22-23 75f

583) F. HAHN, Die Worte vom Licht Lk 11,33-36, in: Orientierung an Jesus (FS J. SCHMID), Freiburg 1973, 107-138, hier 131, zitiert in: SCHNEIDER, LkII 273; als eschatologisches Futur versteht auch KATZ, Beobachtungen 255-257 das estai in Lk 11,36b.

584) Zur Stellung in Q s.o. 2.2.1.(2.c)

585) Hinzu kommt, dass die Redeeinleitung in 11,49 (dia touto kai hē sophia eipen) an 11,31 (akousai tēn sophian Solomōnos) erinnert.

Der inhaltliche Bezug der Weherufe zum Vorangehenden ist unklar. Ein Zusammenhang mit der Zeichenforderung ist nicht gegeben. Ein möglicher Konnex ist darin zu sehen, dass die Weherufe der Illustration dessen dienen, was in 11,34-36 als ophthalmos ponēros bezeichnet ist[586], so dass die Weherufe gewissermassen als Gegenstück zu 11,36b gelten können: Während jenen, deren Auge haplous ist, die Anerkennung im Jüngsten Gericht verheissen ist[587], gilt den Pharisäern und Schriftgelehrten das drohende ouai. Besonders augenfällig wird dieser Gegensatz, wenn das alla in 11,42 schon in Q stand[588]. Damit kommt es zu einer gewissen Verselbständigung der Drohung und Gerichtsankündigung gegenüber der die Rede Jesu auslösenden Zeichenforderung, so dass auch für Lk 11,14-52 gilt, was LUEHRMANN für 11,29-32 feststellt: "Das Ziel des ganzen Abschnitts ist also nicht mehr ... die Abweisung der Zeichenforderung, sondern die Ankündigung des Gerichts gegen 'dieses Geschlecht' ...."[589].

e) Mit dem vorliegenden Versuch, Lk 11,14-52 trotz erheblicher Schwierigkeiten als Einheit zu sehen, die nicht (nur) als traditionsgeschichtlich gewachsenes Gebilde, sondern auch als Text verstanden werden kann, sind zwei miteinander zusammenhängende Fragestellungen allerdings noch nicht hinreichend geklärt: Jene nach den Adressaten und angesprochenen Personenkreisen, sowie jene nach der Funktion dieser Komposition in ihrem Kontext und ihrer Kommunikationssituation. Ihnen ist in den folgenden Abschnitten nachzugehen.

5. Was die Adressaten und die in der Antwort Jesu angesprochenen Personenkreise betrifft, so wurde bereits auf die Uneinheitlichkeit der Komposition hingewiesen[590].

---

586) Vgl. schon o. 2.1.3. mit A 72

587) S.o. (c)

588) Dazu s.o. 3.2. mit A 238. Die verbreitete Annahme, dass alla in Lk 11,42 auf die LkRed zurückgeht und der Ueberleitung von 11,39b-41 zum ersten Weheruf in der lk Rede diene, ist keineswegs gesichert, besteht doch zwischen 11,39b und 11,42ff kein eigentlicher Gegensatz. Der Gegensatz zwischen 11,36b und 11,42ff (zur Annahme, dass 11,42 in Q den Anfang der Weherufe machte s.o. 2.2.1.(2.a)) ist allerdings auch ohne alla erkenntlich, so dass der Frage nicht allzuviel Gewicht zukommt.

589) LUEHRMANN, Redaktion 42

590) S.o. (2.a)

a) Als Zuhörer Jesu werden hoi ochloi (lk 11,14) genannt. Dieser Ausdruck ist für Q sicher auch in Lk 7,24//Mt 11,7, höchstwahrscheinlich zudem durch Lk 6,17.19; Mt 4,25;5,1 für die Einleitung zur programmatischen Rede belegt[591]. Ebenfalls wahrscheinlich ist, dass schon in Lk 3,7//Mt 3,7 von den ochloi die Rede war[592]. Die übrigen Vorkommen von ochlos im Q-Stoff des Lk dürften wohl auf die LkRed zurückgehen[593]. Die Vorkommen in Q ergeben kein einheitliches Bild. Immerhin wird man feststellen können, dass in den an "die Menge" gerichteten Worten Jesu (Lk 11,17ff;7,24ff) und des Täufers (3,7ff) der Gerichtsgedanke dominiert. Zudem fällt auf, dass in Q von "diesem Geschlecht" (s.u.) nur in Gegenwart des ochlos die Rede ist (ausser in 11,29-32.50f noch in 7,31//Mt 11,16). Im Fall der programmatischen Rede Jesu 6,20-49 liegen die Dinge etwas anders, zumal dort die Jünger besonders angesprochen sind. Immerhin schliesst auch diese Komposition mit einem Hinweis auf das Endgericht (6,46-49)[594]. "Die Menge" strömt also zwar zu Johannes, um sich taufen zu lassen (3,7), wird Zeugin der programmatischen Rede Jesu (6,20ff) und seiner Dämonenaustreibung (11,14f), aber sie ist auch Adressatin der Gerichtspredigt des Johannes und Jesu. Ihr gelten die Worte über "dieses Geschlecht".

b) Die Frage, wie Q den Ausdruck "dieses Geschlecht" versteht, ist bekanntlich umstritten[595]: Während LUEHRMANN und andere die Auffas-

---

591) Zur Problematik s.u. II.2.1.3.1.

592) Die mt Einschränkung der Adressaten auf die Pharisäer und Sadduzäer gilt allgemein als red (vgl. nur LUZ, MtI 143 (mit Anm 2).147; POLAG, Fragmenta 28; SCHENK, Synopse 17; SCHULZ, Q 366f), doch wird gelegentlich die Möglichkeit erwogen, dass auch die lk Erwähnung der ochloi aufgrund der lk Vorliebe für dieses Wort red sein könnte (so JEREMIAS, Sprache 104; SCHULZ, Q 366). Dagegen spricht allerdings, dass Lk in den red Versen 3,15.18 vom laos spricht. Mit der Herkunft von ochloi aus Q rechnen z.B. SCHNEIDER, LkI 85; POLAG, Fragmenta 28; SCHENK, Synopse 17; unentschlossen CONZELMANN, Mitte 15 mit Anm 1.

593) In Lk 7,9//Mt 8,10 wäre eine Streichung durch Mt unverständlich (für red halten das Vorkommen von ochlos auch POLAG, Fragmenta 38; SCHENK, Synopse 37; SCHULZ, Q 366; WEGNER, Hauptmann 211f); 11,29 ist stark red geprägt (s.o. (1.a) mit Anm 540.541); in Lk 12,54a//Mt 16,2a schreibt Mt autois, zudem ist die Parallele zu Lk 12,54b-55 (Mt 16,2b-3) textkritisch nicht gesichert (zum red Charakter von Lk 12,54a s. LOHFINK, Sammlung 38; MAERZ, Feuer 487; nicht zu Q rechnen den Vers auch SCHENK, Synopse 109; SCHULZ, Q 446; unsicher: POLAG, Fragmenta 90)

594) Vgl. LUEHRMANN, Redaktion 56; ZELLER, Kommentar 35f

595) Vgl. dazu o. 4.2.2.1.(1.)

sung vertreten, hē genea hautē bezeichne Israel als Ganzes, ist vor allem HOFFMANN der Meinung, damit seien nur jene, die die Umkehr verweigern, angesprochen.
Zweifellos berechtigt ist die Feststellung, dass der Ausdruck "dieses Geschlecht" nicht einfach "wertneutral" die lebende Generation meint, sondern "jeweils das lebende Geschlecht in seiner sich dem Anspruch Gottes verweigernden Haltung des Ungehorsams und der Verstocktheit"[596], so dass "die Bezeichnung ... stets abwertende Bedeutung" hat[597]. Die Vorkommen des Ausdrucks in Q (Lk 7,31;11,29.30.31.32.50. 51) zeigen zudem, dass dem Unheilskollektiv "dieses Geschlecht" kein "Heilskollektiv" gegenübergestellt wird, und auch die auffällige Tatsache, dass sowohl in 7,31 als auch in 11,29ff die Präsenz des ochlos vorausgesetzt ist (vgl. Lk 7,24;11,14), lässt es als unwahrscheinlich erscheinen, dass bestimmte Teile Israels als nicht "diesem Geschlecht" zugehörig gesehen werden. Anderseits stellt die Logienquelle in 7,31-35 "diesem Geschlecht" die "Kinder der Weisheit" gegenüber und lässt nirgends klar erkennen, dass der hinter ihr stehende Kreis sich definitiv von Israel ab- und den Heiden zugewandt hat, was - vor dem Hintergrund der "heidenfreundlichen" Stellen in Q - doch die logische Konsequenz eines definitiven Scheiterns der Israelmission gewesen wäre[598]. Aufgrund dieser in einer gewissen Spannung zueinander stehenden Beobachtungen ist es m.E. am sinnvollsten, davon auszugehen, dass der Q-Kreis zum Zeitpunkt der 11,14-52 gestaltenden Red zwar Gesamtisrael als dem Gericht unterworfen ansieht, aber für den Einzelnen weiterhin mit der Möglichkeit der Umkehr rechnet[599].

---

596) GNILKA, MkI 307 (mit Hinweis auf Jer 8,3). Zum atl-jüd Hintergrund des Ausdrucks wird auf Gen 7,1; Dtn 32,5.20; Num 14,27; Jes 6,11;65, 2; Jer 5,21f;8,3; Ez 12,2; Ps 12,8;95,10f; 1QpHab 2,7;7,2; 1QpMi 18,3; Dam 1,12; Jub 23,15 verwiesen (vgl. HOFFMANN, Studien 64.168ff; LEGASSE, Oracle 246f; LUEHRMANN, Redaktion 30f).

597) LUEHRMANN, Redaktion 31

598) Zur Frage der Heidenmission in Q s.o. A 309. Als "heidenfreundlich" können in Q folgende Texte gelten: Lk 7,1-10//Mt 7,28a;8,5-10; Lk 10, 13-15//Mt 11,21-23; Lk 11,31f//Mt 12,41f; Lk 13,28f//Mt 8,11f.

599) Aehnlich SATO, Q 182 (vgl. 186): "Die frühere Heilsbotschaft ... soll nur noch für die Einzelnen gelten, die innerhalb des untergangsgeweihten Volks bereits um(ge)kehrt sind oder noch umkehren werden." und MEYER, Mission 417 Anm 24: "... on a national scale Israel has been judged, and those continuing impenitent also await a judgment. But the logia concluding the mission instructions (Luke 10,16=Q) and

Hē genea hautē meint somit in der Tat Israel als Kollektiv, da es als solches die Umkehr verweigert hat, ohne jedoch die Möglichkeit der Umkehr Einzelner auszuschliessen, weshalb die Ueberantwortung "dieses Geschlechts" an das Gericht keineswegs die Abwendung von Israel (und die Zuwendung zu den Heiden) impliziert. Die Gerichtsansage gegen "dieses Geschlecht" ist somit Teil der Israelmission von Q, die jedoch nicht mehr auf die Umkehr Gesamtisraels hofft, sondern den Einzelnen im Blick hat[600].

c) Während in Q "auffallend häufig die Rede vom Konflikt der Gruppe mit diesem Geschlecht (ist)", spielt "die Polemik gegen die Pharisäer ... nur eine Nebenrolle"[601], ist von ihnen doch nur in Lk 11,39b-43 die Rede[602]. Dabei fällt auf, dass die Weherufe von der Reinhaltung der Gefässe und vom Zehnten die Hauptanliegen der pharisäischen Bewegung treffen[603], während der Weheruf von den Ehrenplätzen in der Synagoge sachlich die Gesetzeslehrer trifft[604]. Dass die Pharisäer in Q einzig im Zusammenhang mit der Gerichtsankündigung gegen "dieses

---

the Beelzeboul controversy (Luke 11,23=Matt 12,30) and others, clearly demand a decision on an individual basis, and this demand the Q-community was adressing to its Jewish contemporaries." Vgl. jetzt auch SCHUERMANN, Redekomposition 79

600) Für diese Deutung spricht auch eine Ueberlegung soziologisch-historischer Art: "Viel spricht ... dafür, dass die Vorgeschichte der matthäischen Gemeinde in besonderer Art mit der Logienquelle verbunden ist" (LUZ, MtI 65). Wenn es zudem stimmt, dass das MtEv einer Situation entstammt, in der die Israelmission der Gemeinde definitiv scheitert und sie sich den Heiden zuwendet (LUZ, aaO 66-70, bes. 67), dann bildet die so verstandene Gerichtsankündigung gegen "dieses Geschlecht" in Q (vgl. die ähnlichen Urteile von SATO und MEYER o. A 599) ein sinnvolles Bindeglied zwischen dem Bemühen um die Sammlung Israels (Jesus, frühe Q-Gemeinde) und der Absage an Israel (Mt).

601) HOFFMANN, Anfänge 148

602) SCHUERMANN, LkI 422f (zustimmend: SCHNEIDER, LkI 172) rechnet auch Lk 7,29f (vgl. Mt 21,31b-32) zu Q, doch sind die Uebereinstimmungen zwischen Lk und Mt gering (s.o. A 145). Die Q-Zugehörigkeit wird deshalb meist bestritten (HOFFMANN, Studien 194f; SATO, Q 21; nicht zu Q rechnen Lk 7,29f auch POLAG, Fragmenta; SCHULZ, Q; ZELLER, Kommentar). Sollte Lk 7,29f doch in Q gestanden haben, ergäbe sich eine auffallende Entsprechung zwischen Lk 7,24ff und 11,14ff, ist doch in beiden Kompositionen von der Präsenz der Menge (ochlos) die Rede, werden in beiden Fällen die Pharisäer und Schriftgelehrten/Gesetzeslehrer angesprochen und stimmen sie auch darin überein, dass in ihnen von "diesem Geschlecht" die Rede ist (Lk 7,31;11,29-32.50f).

603) S.o. 4.2.1. mit A 319

604) S.o. 2.2.1.(2.d) mit A 126

Geschlecht" erwähnt sind, und dass hier nur sie und die Schriftgelehrten eigens angeredet werden, könnte zwar rein traditionsgeschichtlich mit der Zusammenstellung verschiedener (polemischer) Stoffe unterschiedlichen Alters erklärt werden, womit der Auseinandersetzung mit diesen Gruppen keine aktuelle Bedeutung mehr zukäme und es "nicht mehr um die polemische Bekämpfung der pharisäischen und schriftgelehrten Theologie und Frömmigkeitspraxis" ginge[605], aber wahrscheinlicher ist, dass diese Zusammenstellung durch die konkrete Situation bedingt ist und einem aktuellen Interesse dient. Die innerhalb der Komposition sperrigen Weherufe gegen die Pharisäer und Schriftgelehrten sind als blosses "Begründungselement ... für das Gericht"[606] nicht ernst genug genommen. Vielmehr deutet ihre Aufnahme auf eine weiterhin aktuelle Auseinandersetzung mit dieser Gruppe hin, wobei sie freilich als Repräsentanten "dieses Geschlechts" erscheinen und somit weniger die Absicht, die Pharisäer zum Umdenken zu bewegen, als der Zuruf des ouai im Vordergrund steht. Die Tatsache, dass die Pharisäer in Lk 11,43[607] bezichtigt werden, die Ehrenplätze in den Synagogen und die Begrüssung auf den Plätzen zu lieben, weist möglicherweise darauf hin, dass sie im Umfeld des Q-Kreises über einen grossen Einfluss verfügten, weshalb ein ursprünglich an die (geachteten) Schriftgelehrten gerichtetes Wort auf sie übertragen werden konnte.

d) Auch die Erwähnung der Schriftgelehrten ist in Q auf die Weherufe Lk 11,46.52 beschränkt[608]. Beide Weherufe bezeugen (indirekt) ihre grosse Autorität: Sie laden den Menschen Lasten auf und verschliessen ihnen die Gottesherrschaft. Auch sie gelten als Repräsentanten "dieses Geschlechts". Auffällig ist die Zusammenstellung von Weherufen gegen sie mit Weherufen gegen die Pharisäer, da es sich bei den Schriftgelehrten ja nicht um eine "Religionspartei" handelt. Vielleicht deutet die Zusammenstellung darauf hin, dass es sich um Schriftgelehrte pharisäischer Prägung handelt, doch darf die Bedeutung dieser Zusammen-

---

605) So FRANKEMOELLE, Pharisäismus 141(f)
606) FRANKEMOELLE, ebd.
607) Zur Q-Zugehörigkeit s.o. 2.2.1.(2.d)
608) Vgl. dazu o. 2.2.2.(2.c)

stellung für die QRed nicht überbewertet werden, da sie ihr schon vorgelegen haben wird[609].

e) Zur Frage der Adressaten und angesprochenen Personenkreise in Lk 11,14-52 ist zusammenfassend festzustellen, dass aus der anwesenden Menge einzig die Pharisäer und Schriftgelehrten als Vertreter "dieses Geschlechts" eigens angesprochen werden, wobei wenig an der Differenzierung zwischen dem gesamten Auditorium (hymeis) und den Pharisäern und Schriftgelehrten zu liegen scheint, wie die nahtlosen Uebergänge und der Abschluss der Komposition zeigen, wo auf die Weherufe gegen die Pharisäer und Schriftgelehrten ein Weheruf ohne besondere Adressaten (11,47f) und das Sophia-Wort gegen "dieses Geschlecht" folgen. Die Pharisäer und Schriftgelehrten sind also nicht mit "diesem Geschlecht" identisch, aber sie vertreten es in besonderer Weise, weshalb ihnen für ihre Verfehlungen das Gericht eigens angedroht wird.

6. Die Frage nach der Funktion von Lk 11,14-52 ist zunächst im Blick darauf zu stellen, welchen Beitrag diese Einheit im Kontext der gesamten Logienquelle liefert. Erst in zweiter Linie scheint es sinnvoll, nach der Funktion dieses Teil-Textes im Leben der hinter Q stehenden Gruppe zu fragen[610].

a) Die Stellung von Lk 11,14-52 im weiteren Kontext von Q ist nicht ohne weiteres einsichtig, folgt die Komposition doch auf den Aussendungskomplex (9,57-10,24) und eine Spruchgruppe zum Thema Gebet (11,2-4.9-13). Möglich wäre immerhin die Erklärung, dass die Zusammenstellung von Aussendungsrede und Gebetsparänese ihren Grund darin hat, dass beide Komplexe eine gottesdienstliche Funktion hatten[611], so dass 11,14-52 inhaltlich direkt an die Aussendungsrede an-

---

609) S.o. 4.1.(5.c) und 4.2.1.4.(1.) mit A 407

610) Vgl. BERGER, Exegese 111-117, bes. 117: "Der direkte Rückschluss von einer Form auf den zugehörigen Interaktionsbereich ist methodisch fatal. Form und Inhalt dienen zunächst zur Ermittlung der literarischen Intention des Verfassers. Erst diese kann auf ihre soziologische Intention befragt werden. Dies gilt auch für die Gestaltung kleinerer Texteinheiten" (s. schon die Einleitung von 4.2. mit A 317)

611) Vgl. SATO, Q 444 "Der ganze Komplex Lk 9,57-10,24par ist Paränese, Anweisung und Segnung der neu berufenen Wandermissionare. Aufgrund des Dankgebetes Lk 10,21par könnte der Sitz im Leben dieser Redaktion ein Gottesdienst gewesen sein: Jetzt werden die neuen Wandermissionare von den Ortsgemeinden ausgesandt."; zur Verankerung von Lk 11,2-4. 9-13 im Gottesdienst s. aaO 454.

schliesst, welche den Boten ja auch die Gerichtsdrohung aufträgt (bes. 10,10-12). Demnach dient 11,14-52 der Vorbereitung der Boten auf die Auseinandersetzung mit "diesem Geschlecht" und gibt ihnen dazu "Sprachhilfe"[612]. Sinnvoll schliesst dann 12,2-31 an, eine Komposition, die dem Trost und der Ermahnung der verfolgten Jünger dient[613].
Diese aus der Stellung im Kontext erschlossene Funktion der Komposition 11,14-52 braucht aber keineswegs die einzige zu sein. Insbesondere ist es durchaus möglich, dass sie (bzw. einzelne Teile von ihr) auch unabhängig von der Kontextstellung eine gewisse Bedeutung für das Selbstverständnis des Q-Kreises, aber auch für die Praxis der Boten und Jesusanhänger hatte. Zudem diente die Komposition auch der Erinnerung an die Verkündigung Jesu, die nicht nur nach aussen, sondern auch im Inneren der Gruppe weitergegeben wurde[614].

b) Die Erhebung des Situationsbezugs der Komposition muss davon ausgehen, dass für Q nicht mit einem einheitlichen "Sitz im Leben" zu rechnen ist. Die in Q enthaltenen Texte fanden wohl in verschiedenen Interaktionsbereichen Verwendung, ja ein und derselbe Text konnte in verschiedenen Sprechsituationen herangezogen werden[615].
Die apophthemagtische Rahmung des Komplexes lässt vermuten, dass er dazu diente, innerhalb des Q-Kreises über die Auseinandersetzungen Jesu mit seinen Gegnern zu orientieren, was angesichts der Angefochtenheit der Gruppe auch die Funktion gehabt haben wird, die eigene Identität zu stärken.
Auf eine solche "interne" Funktion deuten auch die paränetischen Elemente 11,23.24-26 (Aufruf zur Entscheidung) und 11,(33)34-36[616] (Notwendigkeit der rechten Disposition), die in der Auseinandersetzung mit Gegnern keine Funktion haben. Auch die sekundäre Ergänzung des We-

---

612) Vgl. HOFFMANN, Studien 170 (zu Lk 11,39b-52): "Die Komposition soll dem Prediger Material für die Auseinandersetzung mit seinen Gegnern anbieten."
613) Nicht einsichtig scheint mir dagegen die Hypothese von SCHUERMANN, Zeugnis 100 (vgl. 77) zu sein, dass die Gebetsunterweisung verbunden mit Lk 11,14-36 "an das Taufgeschehen rückerinnerte".
614) Zur Bedeutung des Erinnerungsmotivs in Q vgl. HOFFMANN, Studien 153-158 und SATO, Q 459-461
615) Vgl. SATO, Q 453-455; ähnlich LAUFEN, Doppelüberlieferungen 293-295 und ZELLER, Redaktionsprozesse 407-409
616) S.o. (4.a) mit A 573 und (4.c)

herufs über das Zehnten durch 11,42d ist ein Hinweis darauf, dass die Weherufe auch Kriterium für das eigene Verhalten waren.
Das schliesst keineswegs aus, dass die Boten sich die Worte Jesu zu eigen machten und sie - sozusagen an seiner Stelle - in der Israel-predigt und "in der realen Polemik gegen die religiösen Führer"[617] verwendeten. Die komplexe Struktur der Komposition und ihr reflektierter Aufbau, aber auch ihre Verknüpfung verschiedener Fragestellungen und Themen deuten jedoch darauf hin, dass es sich keineswegs um eine blosse "Materialsammlung" für diese Auseinandersetzung handelt.
c) Die Frage, ob der Q-Kreis mit der Synagoge schon definitiv gebrochen hat oder sich noch um Israel bemüht und sich mit den Exponenten "dieses Geschlechtes" auseinandersetzt, wurde schon bei der Diskussion des Ausdrucks "dieses Geschlechts" angesprochen[618]. M.E. ist es unwahrscheinlich, dass die Auseinandersetzung mit jüdischen Gegnern für den Q-Kreis keine aktuelle Realität mehr ist, zumal seine Mitglieder weitgehend Judenchristen sind und bei einer Lokalisierung im Norden Palästinas oder in Syrien die Begegnung mit Juden unumgänglich ist, will man nicht mit einer Existenz in völliger Abgeschiedenheit rechnen, wozu keinerlei Anlass besteht[619]. Diese Begegnungen mit Juden, die zur Alltagswirklichkeit gehören und eine Vertrautheit mit den jüdischen Verhältnissen mit sich bringen, lassen es auch als wenig wahrscheinlich erscheinen, dass die Weherufe gegen Pharisäer und Schriftgelehrte losgelöst von ihrem Realitätsbezug nur noch als Begründung der Ueberantwortung der Angesprochenen an das Gericht dienen. In einem jüdisch geprägten Milieu können solche Weherufe nur tradiert werden, wenn sie (wenigstens aus der Sicht der Tradenten) in der Wirklichkeit eine gewisse Bestätigung finden.
Von diesen soziologischen Ueberlegungen nicht direkt abhängig ist die theologische Qualifikation Israels als "dieses Geschlecht", welche anzeigt, dass der Q-Kreis zum Zeitpunkt der QRed nicht mehr damit rechnet, dass Israel für das Bekenntnis zum Menschensohn Jesus ge-

617) SATO, Q 454, vgl. HOFFMANN, Studien 170 (s.o. A 612)
618) S.o. (5.b)
619) Anders E. BAMMEL, The Baptist in Early Church Tradition: NTS 18 (1971/72) 95-128, hier 150 "Q is not interested in the world outside the community ..." (zitiert in: LEGASSE, Oracle 253 Anm 94).

wonnen werden kann. Die praktische Konsequenz dieses Urteils scheint aber keine definitive Abwendung von Israel gewesen zu sein, sondern der Versuch (mittels der Gerichtspredigt) einzelne zur Umkehr zu bewegen[620]. Ein direkter Rückschluss von dieser theologischen Beurteilung Israels auf das Verhältnis des Q-Kreises zum Synagogenverband - wie er etwa von FRANKEMOELLE nahegelegt wird, der mit einer Trennung von Gemeinde und Synagoge rechnet[621] - ist m.E. unzulässig, da er den prophetischen Charakter unbedingter Unheilsankündigungen an das ganze Volk verkennt, die eine Wirklichkeit aufdecken wollen, die der Deckung durch institutionelle Einrichtungen nicht bedarf[622].

7. Abschliessend kann festgestellt werden, dass die aufgrund der vorkommenden Einleitungswendungen vermutete Abgrenzung der Q-Komposition Lk 11,14-52 sich auch unter sachlich-inhaltlicher Rücksicht bewährt hat, auch wenn nicht geleugnet werden kann, dass ihre Interpretation als Einheit mit Schwierigkeiten verbunden ist.
Trotz der sicher berechtigten Annahme, dass in Lk 11,14-52 nicht nur Stoffe unterschiedlichen Alters und verschiedener Herkunft verbunden sind, sondern auch ein längerer Wachstumsprozess hinter dieser Einheit steht[623], scheint es angemessen, davon auszugehen, dass die ihn gestaltende Red diesen Abschnitt als sinnvolle Einheit ansieht, die zweifellos durch die Ansage des Gerichts an dieses Geschlecht zusammengehalten wird und auch in ihr gipfelt (11,49-51). Darüber hinaus dient sie aber auch dazu, die eigenen Anhänger über die Einstellung Jesu zu Fragen, die in der Auseinandersetzung mit Gegnern von Bedeutung sind, aufzuklären, sie zur Entschiedenheit im Glauben (vgl. 11, 23.24-26) anzuhalten und ihnen ein Verhalten nahezulegen, das einem Menschen, der "vom Lichtstrahl getroffen" wurde (11,36b), angemessen ist und sich besonders von jenem der Pharisäer und Schriftgelehrten als typischen Vertretern "dieses Geschlechts" abhebt (11,39b-52), deren

---

620) S.o. (5.b)

621) FRANKEMOELLE, Pharisäismus 140 mit Berufung auf LUEHRMANN, Redaktion 47.87.83 und SCHULZ, Q 171.486

622) Zum prophetischen Charakter der Unheilsworte vgl. SATO, Q 172-186, bes. 175ff.

623) Vgl. dazu meine Versuche in 2.1.3. und 4.1., etwas Licht in diese Fragen zu bringen.

Blick durch ihre ethische Verdorbenheit getrübt ist, so dass sie das Licht nicht wahrnehmen (11,34-36), weshalb sie Jesus des Bundes mit Beelzebul verdächtigen (11,14-22) und über das "Zeichen des Jona" hinaus, das ihnen im Menschensohn Jesus gegeben wurde, ein weiteres Zeichen fordern (11,29-32).

4.2.2.3. Die Funktion und das Gesetzesverständnis der antipharisäischen Weherufe in Q

In diesem abschliessenden Abschnitt zu den Weherufen Lk 11,39b-41 und 42 in Q kann weitgehend auf bereits Gesagtes zurückgegriffen werden, zumal die Rekonstruktion des Q-Wortlauts, die Interpretation der Weherufe als Einzelworte und die Analyse des Kontextes vorliegen[624]. Das Augenmerk wird sich deshalb besonders auf die für diese Untersuchung zentrale Fragestellung zu richten haben, welche Schlussfolgerungen sich für die Rezeption der Stellung Jesu zur Tora durch Q, bzw. für das Gesetzesverständnis von Q ergeben.

1. Wie bereits dargestellt, haben die Weherufe in Q mehrere Funktionen. Innerhalb der Q-Komposition Lk 11,14-52 begründen sie die Ansage des Gerichts über dieses Geschlecht und dienen zugleich der Illustration dessen, was in 11,34-36 als ophthalmos ponēros bezeichnet wird, sind also "warnende Paränese (Antitypus!)" für die Gemeinde[625]. Zugleich erinnern Lk 11,39b-41 und 42 an Jesu Einstellung zu Reinheits- und Zehntvorschriften, was es zu einem bestimmten Zeitpunkt mit sich brachte, dass Lk 11,42 gegen eine Interpretation abgeschirmt werden musste, die in diesem Wort eine Aufhebung der Zehntvorschriften sah. Daneben werden die Weherufe auch "in der realen Polemik gegen die religiösen Führer verwendet worden sein"[626].
Dieses unter Einbeziehung des Kontextes gewonnene Urteil über die Funktion der Weherufe in Q bestätigt das bei ihrer Einzelauslegung gewonnene Urteil, dass sie nicht unter dem Gesichtspunkt eines systematischen Interesses am vorausgesetzten Gesetzesverständnis rezipiert wurden, wenngleich die sekundär hinzugekommenen Mahnungen Mt 23,

---

624) S.o. 3.1. und 3.2.; 4.2.1.2. und 4.2.1.3.; 4.2.2.2.
625) SATO, Q 454
626) SATO, aaO 454

26Q und Lk 11,42d zeigen, dass auch dieser Aspekt im Verlauf ihrer Rezeption eine gewisse Rolle spielte[627].

2. Die beiden Mahnungen, zuerst das Innere des Bechers zu reinigen (Mt 23,26Q) und, das eine zu tun, ohne das andere zu übergehen (Lk 11,42d) stehen hinsichtlich des implizierten Gesetzesverständnisses in einer gewissen Spannung zueinander[628]. Da es aber unmöglich ist, eine von beiden der QRed zuzuordnen (zumal manches für eine frühere Zufügung spricht)[629], stellt sich die Frage, ob sich eine von diesen Mahnungen als für die Stellung der Logienquelle zur Tora typischer erweisen lässt, bzw. was diese Spannung für ihr Gesetzesverständnis bedeutet.

Dabei wird man es sich nicht zu einfach machen dürfen, etwa indem man auf das Lk 11,42d sachlich nahestehende Logion von der Weitergeltung der Tora (16,17) verweist, da dieses in einem Kontext steht, der verunmöglicht, es isoliert zum "Leitwort" für das Tora-Verständnis von Q zu machen[630]. Immerhin werden Q von manchen Autoren auch zwei Logien zugeordnet, die Mt 23,26Q sachlich näher zu stehen scheinen als Lk 11,42d: Die Aufforderung, zu essen und zu trinken, was einem angeboten wird (Lk 10,7a; vgl. 10,8b) und die Frage, wer seinen in den Brunnen gefallenen Sohn oder Ochsen am Sabbat nicht heraufziehen würde (Lk 14,5; Mt 12,11)[631]. Bevor diese Logien aber für unsere Fragestellung ausgewertet werden können, ist in zwei Exkursen auf die mit ihnen verbundenen literarkritischen und interpretatorischen Probleme einzugehen[632].

---

627) Vgl. dazu 4.2.1.2.(6.) und 4.2.1.3.(4.)
628) S.o. 4.2.1.4.(6.)
629) S.o. 4.2.1.4.(7.) und (8.)
630) S.o. 4.2.1.4.(7.a) mit A 492. Zu Lk 16,16-18 s.u. III.; vgl. auch KOSCH, Gottesherrschaft 63: "Die in Lk 16,16-18 gesammelten Logien ... entsprechen ... dem Gesetzesverständnis von Q als Komposition besser als ihre einzelnen Teile."
631) Der Einbezug von Lk 10,7a.(8b) bedarf aufgrund der sachlichen Verwandtschaft der Reinheits- und Speisevorschriften keiner näheren Begründung. Für das Sabbat-Logion ist auf eine gewisse Nähe zur Gegenüberstellung von der Verzehntung von Gartenkräutern und "Recht, Erbarmen und Treue" (Lk 11,42) sowie darauf zu verweisen, dass mit Lk 11,39b-41.42;10,7a und 14,5 alle Logien in Q erfasst sind, die den Bereich des Rituellen betreffen. Zum in diesem Zusammenhang ebenfalls interessanten Apophthegma Lk 7,1-10 s.u. II.4.2.2.3.(3.)
632) Vgl. schon KOSCH, Gottesherrschaft 52-54

Exkurs II: "Esst und trinkt, was sie euch anbieten" (Lk 10,7a)

1. Lk 10,7a ("Esst und trinkt, was sie euch anbieten") und 8b ("Esst, was euch vorgesetzt wird") sind Bestandteil der Aussendungsrede Lk 10,2-16//Mt 9,37f;10,7-16;11,20-24;10,40, näherhin der Instruktionen, die bei der Aufnahme in einem Haus, bzw. einer Stadt zu befolgen sind (Lk 10,5-12//Mt 10,7f.10b.11-15).

a) Was die Q-Akoluthie in der Aussendungsrede betrifft, so wird sie von Lk besser wiedergegeben als von Mt, der in 9,35-10,42 die Q- und die Mk-Fassung (Mk 6,7-13) der Aussendungsrede zu einer grossen Redekomposition zusammenarbeitet[633]. Innerhalb des Abschnittes Lk 10,5-12//Mt 10,7f.10b.11-15 ist die Lk-Akoluthie ebenfalls als ursprünglicher anzusehen: Das Sprichwort Lk 10,7b//Mt 10,10b "steht bei Lukas in natürlicherem und logischerem Zusammenhang als bei Matthäus"[634] und auch die Aufforderung zum Heilen und zur Basileia-Verkündigung (Lk 10,9//Mt 10,7f) wird von Mt an den Anfang der Rede gestellt worden sein[635].

b) Da der Anteil der LkRed an der Gestaltung von Lk 10,5-12 unterschiedlich hoch eingeschätzt wird, diese Frage aber insbesondere bei der Beurteilung von Lk 10,8b eine gewisse Rolle spielt, ist die Problematik der Q-Zugehörigkeit von 10,7a.8b nicht isoliert, sondern im Zusammenhang mit der literarkritischen Beurteilung des ganzen Abschnittes zu behandeln.

In Lk 10,5-6//Mt 10,12f verdient die Lk-Fassung weitgehend den Vorzug; lk Eingriffe in den Wortlaut betreffen vorwiegend stilistische Einzelheiten, während Mt seine Vorlage "unter dem Gesichtspunkt der Würde des Hauses (überarbeitete)"[636].

In Lk 10,7 hat nur das Sprichwort vom Arbeiter, der seines Lohnes wert ist, eine Parallele (Mt 10,10b). Der Ersatz von misthos durch trophē bei Mt zeigt jedoch, dass er auch Lk 10,7a in Q gelesen hat[637]. Ob Lk 10,7c in

---

633) Vgl. BOSOLD, Pazifismus 24-42; LAUFEN, Doppelüberlieferungen 201.243-245; anders: TRAUTMANN, Handlungen 209f

634) LAUFEN, aaO 207 (mit Anm 55); vgl. HOFFMANN, Studien 274

635) LAUFEN, Doppelüberlieferungen 221. Der Lk-Akoluthie geben in 10,5-11 auch SCHNEIDER, LkI 235; HOFFMANN, Studien 257.282; KATZ, Beobachtungen 6; POLAG, Fragmenta 44-46; SATO, Q 365; SCHENK, Synopse 52-55; SCHULZ, Q 404-407 und SCHOTTROFF/STEGEMANN, Jesus 62-69 den Vorzug.

636) Vgl. HOFFMANN, Studien 272-274 (Zitat 274); LAUFEN, Doppelüberlieferungen 214-219 (zustimmend SATO, Q 365 mit Anm 22); SCHENK, Synopse 52f; SCHULZ, Q 405f. Für die Rekonstruktion im Einzelnen ist am besten LAUFEN, aaO zu folgen.

637) HOFFMANN, Studien 274; LAUFEN, Doppelüberlieferungen 219; SCHULZ, Q 406; SCHOTTROFF/STEGEMANN, Jesus 68; ZELLER, Kommentar 46; für Q-Zu-

Q stand, ist unsicher, da es sich um einen nachhinkenden Kommentar zu Lk 10,7a handelt, der entweder von Mt als unnötige Verdoppelung (vgl. Mt 10, 11b//Mk 6,10b) gestrichen oder von Lk hinzugefügt wurde[638].

Die Herkunft von Lk 10,8a ist umstritten. Besonders HOFFMANN hat zu zeigen versucht, dass es sich um eine red Bildung handelt, die dem lk Interesse am Oeffentlichkeitscharakter der christlichen Mission dient[639]. Dieser Argumentation hat v.a. LAUFEN widersprochen, der darauf hinweist, dass Mt und Lk gegen Mk darin übereinstimmen, dass sie die Stadtmission erwähnen, was "ein unanfechtbares Argument für die Zugehörigkeit zu Q" ist[640]. Hinzu kommt die sprachliche Verwandtschaft von Mt 10,11 zu Lk 10,8a[641]. Lk 10,8a ist also wohl doch für Q zu reklamieren[642].

Die Q-Zugehörigkeit von Lk 10,8b hat vor allem LAUFEN zu begründen versucht, wobei er darauf hinweist, dass 10,8b im Gegensatz zu 10,7a nicht auf das Recht der Missionare auf Unterhalt abhebt, sondern ihnen nahelegt, nicht durch Beobachtung der Speisegesetze Aergernis zu geben und so die gewährte Gastfreundschaft zu gefährden[643]. Die Streichung von Lk 10,8b durch Mt erklärt er mit dem Hinweis darauf, dass er in 10,1-16 ausdrücklich die Israelmission im Auge hat (10,5b-6) und das mit der Heidenmission von Q zusammenhängende Wort "in diesem Zusammenhang nicht sinnvoll ist"[644]. Diese Argumentation ist aber nicht zwingend, denn Lk 10,8b ist

---

gehörigkeit sind zudem POLAG, Fragmenta 44; SATO, Q 365f; SCHENK, Synopse 53

638) HOFFMANN, Studien 274; LAUFEN, Doppelüberlieferungen 219; ZELLER, Kommentar 46; für Q-Zugehörigkeit: POLAG, Fragmenta 44; SCHULZ, Q 406; gegen Q-Zugehörigkeit: SCHENK, Synopse 52f

639) HOFFMANN, Studien 276-281 (vgl. Ders., Instruktionsrede 42-49), zustimmend: ERNST, Lk 330

640) LAUFEN, Doppelüberlieferungen 219f mit Anm 140 (Zitat 500 Anm 140); vgl. SCHNEIDER, LkI 237

641) Dass Mt in 10,11 (eis hēn d' an polin ē kōmēn eiselthēte) das Summarium 9,35 (tas poleis ... kai tas komas) aufgreift (HOFFMANN, Studien 277), spricht nicht gegen diese Argumentation, da Mt seine Quellen oft in Erinnerung an früher gesagtes bearbeitet.

642) So neben LAUFEN (s.o. A 640) auch POLAG, Fragmenta 46; SATO, Q 365; SCHENK, Synopse 54; ZELLER, Kommentar 46

643) LAUFEN, Doppelüberlieferungen 220 (mit Verweis auf 1Kor 10,27)

644) LAUFEN, aaO 220 (vgl 283.514 Anm 267), zustimmend SATO, Q 365f. Zur Heidenmission in Q vgl. LAUFEN, aaO 192-194.237-239 (s. jedoch o. A 309). Die Q-Zugehörigkeit von Lk 10,8b nimmt auch KATZ, Beobachtungen 52 an, der jedoch eigenartigerweise erwägt, 10,7 als "sekundäre Einfügung" anzusehen. Auch SCHUERMANN, Mt 10,5b-6 148 Anm 41 rechnet damit, dass schon Q Lk 10,8b enthielt und verweist auf die "unpassende" Stellung des Wortes.

keineswegs nur im Zusammenhang mit der Heidenmission sinnvoll, so dass es auch keinen einleuchtenden Grund für die Streichung durch Mt gibt[645]. Hinzu kommt, dass Lk eine gewisse Vorliebe für das Verb paratithenai zeigt[646], das in Q nicht belegt ist. Auffällig ist zudem, dass in Q das Essen nie unabhängig vom Trinken erwähnt wird, so dass esthiein kai piptein fast als stehende Redewendung anzusehen ist[647], was für die Q-Zugehörigkeit von Lk 10,7a, aber gegen jene von 10,8b spricht. Für die Annahme, dass Lk für die sachliche Verdoppelung von 10,7a durch 10,8b verantwortlich ist, gibt es aber keine letzte Gewissheit. Immerhin fällt auf, dass er wahrscheinlich auch für die Wiederaufnahme von 10,9b in 10,11b verantwortlich ist und somit ein gewisses Interesse an der Verklammerung der einzelnen Teile von 10,5-12 zeigt[648], obwohl auch die Stellung von 10,11b zwischen 10,10-11a und 10,12 ungeschickt ist. Die Q-Zugehörigkeit von 10, 8b kann also nicht ausgeschlossen werden, doch gibt es manche Anzeichen für eine red Bildung durch Lk[649].

In Lk 10,9//Mt 10,7f entspricht die Lk-Fassung weitgehend Q, während Mt die Verkündigung der Basileia den Heilungen vorangestellt und deren Erwähnung durch eine Aufzählung weiterer Wundertaten ergänzt haben wird. Auch das Logion "Umsonst habt ihr es empfangen, umsonst gebet es" wird von ihm eingefügt worden sein[650].

---

645) S. KOSCH, Gottesherrschaft 53; vgl. auch SATO, Q 540 Anm 23: "Diese Bemerkung setzt nicht notwendig eine programmatische Heidenmission voraus."

646) Vgl. SCHULZ, Q 407 Anm 25. Paratithenai kommt bei Mk 2mal, bei Mt 4mal, bei Lk 5mal und in der Apg 4mal vor. Im LkEv kommt das Verb im Zusammenhang mit dem Anbieten von Nahrung allerdings nur in 11,6 (SLk) vor (so auch Apg 16,34) und eindeutig red Gebrauch lässt sich nicht nachweisen (weitere Vorkommen: 9,16(//Mk 6,41);12,48;23,46; Apg 14,23;16,34;17,3;20,32).

647) Zu esthiein kai piptein in Q vgl. Lk 7,33.34//Mt 11,18.19; Lk 12,29// Mt 6,31; Lk 12,45//Mt 24,49; Lk 13,26 diff Mt 7,22(?); Lk 13,27 diff Mt 24,38 (?, Mt: trōgein); Lk 22,30 diff Mt 19,28(?); Lk verwendet den Ausdruck allerdings auch red: Lk 5,30.33 (diff Mk 2,16.18);13, 26(?, diff Mt 7,22);17,27(?, diff Mt 24,38);17,28;22,30(?, diff Mt 19,28); weitere Vorkommen bei Lk: 10,7;12,19;17,8.

648) In bezug auf Lk 10,8b argumentiert HOFFMANN, Studien 282 (vgl. Ders., Instruktionsrede 49) ähnlich, geht jedoch davon aus, dass auch 10,8a red ist (s.o. mit A 639)

649) Nicht zu Q zählen Lk 10,8b auch ERNST, Lk 330.334; HOFFMANN, Studien 282; POLAG, Fragmenta 46; SCHENK, Synopse 54; SCHULZ, Q 407; ZELLER, Kommentar 46

650) So auch HOFFMANN, Studien 274-276; LAUFEN, Doppelüberlieferungen 221-224; POLAG, Fragmenta 46; SCHENK, Synopse 54; SCHULZ, Q 406

In Lk 10,10f//Mt 10,14 ist die Rekonstruktion der Q-Fassung nicht einfach. Mit HOFFMANN und LAUFEN wird man aber davon ausgehen können, dass lediglich Lk 10,10a auf Q zurückgeht, während 10,10b-11 (Einfügung des Strassen-Motivs, direkte Rede, Wiederholung der Ansage der Basileia) red gestaltet ist, so dass Mt hier die Q-Fassung wiedergibt[651].

In Lk 10,12//Mt 10,15 schliesslich bietet Lk den ursprünglicheren Wortlaut. Die Aenderungen gehen auf Mt zurück[652].

c) Für unsere Fragestellung ergibt sich somit, dass zwar Lk 10,7a Bestandteil der Logienquelle ist, 10,8b ihr aber wahrscheinlich nicht zugehörte. Da sich die beiden Aussagen aber nur darin unterscheiden, dass 10,8b eine selbständige Forderung in bezug auf das Essen enthält, während in 10,7a die Aufforderung zum Bleiben dominiert und die Frage nach Essen und Trinken nur beiläufig (als Partizipialkonstruktion) Erwähnung findet, entstünde für unsere Fragestellung auch im Falle der Q-Zugehörigkeit von 10,8b keine wesentlich andere Situation.

2. Zur traditionsgeschichtlichen Beurteilung von Lk 10,7a ist festzustellen, dass zwar die Aufforderung, im gleichen Haus zu bleiben, in Mk 6,10 eine Entsprechung hat, ohne dass dort jedoch Anweisungen in bezug auf das Essen und Trinken gegeben würden. Schon beim menete-Motiv, erst recht aber bei der Anweisung, Speise und Trank der Gastgeber anzunehmen, wird es sich um spätere Ergänzungen der Aussendungsrede handeln, deren Notwendigkeit sich aus der Missionspraxis ergab[653]. Obwohl durchaus mit einer Jüngeraussendung durch den irdischen Jesus zu rechnen ist[654], ist folglich nicht davon auszugehen, dass es sich in 10,7a um ein echtes Jesuswort handelt.

Das möglicherweise sehr früh[655] in die Aussendungsrede eingebrachte Verbot, von einem Haus zum anderen zu ziehen, hängt wohl mit Missständen im

---

651) HOFFMANN, Studien 268-272; LAUFEN, Doppelüberlieferungen 226; vgl. auch POLAG, Fragmenta 46; SATO, Q 365; SCHENK, Synopse 54f; ZELLER, Kommentar 46; anders: SCHULZ, Q 407

652) HOFFMANN, Studien 283f; LAUFEN, Doppelüberlieferungen 227f; POLAG, Fragmenta 46; SATO, Q 365; SCHENK, Synopse 54f; SCHULZ, Q 407; ZELLER, Kommentar 46

653) Vgl. LAUFEN, Doppelüberlieferungen 256f.260; anders offenbar (SMEND)/ LUZ, Gesetz 60

654) Vgl. den Ueberblick über die Diskussion bei LAUFEN, Doppelüberlieferungen 260-264

655) LAUFEN, Doppelüberlieferungen 256 weist darauf hin, dass das menete-Motiv schon zur Aussendungsrede hinzugekommen sein kann, bevor die Q-

Verhalten der Missionare (Wechsel in bessere Quartiere) zusammen, welche die orientalischen Höflichkeitsformen verletzten[656]. Vielleicht hatte auch die Anfügung von esthiontes kai pinontes ta par' autōn ursprünglich einen ähnlichen Sinn und mahnte zur Bescheidenheit[657]. Das wohl eher für die Gastgeber als für die Wandermissionare bestimmte Sprichwort "Der Arbeiter ist seines Lohnes wert" zeigt jedoch, dass es auch darum geht, "dass der Missionar das Recht auf freundliche Aufnahme, Unterbringung und Bewirtung durch die gläubigen Hörer seiner Botschaft hat"[658]. Dafür, dass die Anfügung dieses Sprichworts, aber auch der Hinweis auf das Recht auf Bewirtung auf die QRed zurückgeht, wie LAUFEN annimmt[659], gibt es m.E. keine klaren Anzeichen. Eine genaue zeitliche Einordnung von Lk 10,7a.b in die wechselvolle Geschichte der Problematik des Lebensunterhalts der Wandermissionare[660] ist kaum möglich.

3. Mit dieser durch den Kontext nahegelegten Zuordnung von Lk 10,7a zum Problem des Lebensunterhalts der Wanderprediger, das bis ins 2. Jh. aktuell blieb (vgl. 2Joh 10f; Did 11-13), ist bereits gesagt, dass es sich nicht um eine Stellungnahme zur Frage der Zulässigkeit der vorgesetzten Speisen und Getränke, bzw. zur Beachtung der Speisevorschriften handelt[661].

Schlussfolgerungen in bezug auf die Frage der Stellung zur Tora können aus diesem negativen Ergebnis nur vorsichtig gezogen werden, zumal es sich in

---

und die Mk-Tradition auseinandergingen, doch wäre "auch eine unabhängig voneinander vorgenommene Einfügung ... nicht weiter verwunderlich, da es sich offenbar um ein in der frühen Kirche vieldiskutiertes Problem handelt".

656) Vgl. LAUFEN, Doppelüberlieferungen 256f, vgl. 288

657) Vgl. ERNST, Lk 333 "In dem verkürzten Ausdruck 'das von ihnen' klingt aber unterschwellig auch eine Mahnung zur Bescheidenheit an. Der Bote soll nicht über Gebühr fordern, sondern mit dem zufrieden sein, was ihm vorgesetzt wird."

658) LAUFEN, Doppelüberlieferungen 288

659) LAUFEN, aaO 273f.288

660) Vgl. dazu v.a. die Arbeiten von THEISSEN: Gewaltverzicht 183-191; Legitimation; Soziologie 14-21; Wanderradikalismus; Wir haben (bes. 106-112); aber auch HOFFMANN, Studien 312-331; SCHOTTROFF/STEGEMANN, Jesus 65-67; STEGEMANN, Wanderradikalismus

661) Anders LAUFEN, Doppelüberlieferungen 288 (vgl. schon 220.273f zu 10,8b), der einseitig auf das Problem der Heidenmission fixiert ist (s. o. A 644) und (SMEND)/LUZ, Gesetz 60. Einen Bezug zur Heidenmission sehen auch GRUNDMANN, Lk 210 und SCHWEIZER, Lk 115 (für Lk).

Lk 10,7a auch nicht um eine "programmatische" Aufforderung zur Tischgemeinschaft, welche dieser höchste Bedeutung zumisst (und ihr so alles andere - wenigstens implizit - unterordnet), sondern um eine "profane" Anordnung handelt[662].

Immerhin fällt auf, dass jeder Hinweis auf die Speisegesetze oder auf Häuser, deren Gastfreundschaft wegen der Möglichkeit, dass gewisse Vorschriften nicht beachtet werden, auszuschlagen ist, fehlt. Ebenso fehlen Regeln dafür, wie man sich in einem "unreinen" Haus davor schützen kann, selbst unrein zu werden. Hier besteht ein deutlicher Unterschied zum Denken pharisäischer Kreise, die zwar nicht darauf aus waren, jeden Kontakt zum Am Ha-Aretz zu vermeiden[663], aber doch bestrebt waren, die dabei entstehenden Probleme durch sehr differenzierte Vorschriften, die auch die Gastfreundschaft betreffen, zu regeln[664].

Anders als im Fall von Lk 11,42d, wo die Frage der Konsequenzen der Priorität von "Recht, Erbarmen und Treue" für die Zehntpflicht reflektiert wird, kommt hier ein Konflikt zwischen der Annahme des Gastrechtes und den Reinheits- und Zehntvorschriften nicht in den Blick. Lk 10,7a kann deshalb auch nicht als Entscheidung dieses Konflikts im Sinne einer Nachordnung der Speisegesetze hinter die Tischgemeinschaft gelesen werden.

4. Abschliessend sei hier noch eine Bemerkung zur Mahlgemeinschaft Jesu mit "Zöllnern und (anderen) Sündern"[665] angefügt, der im Blick auf die Frage nach seiner Stellung zur Tora immer wieder eine gewisse Bedeutung beigemessen wird[666], und die man wohl als einen Grund dafür wird sehen können, dass die Anweisung in Lk 10,7a so unbekümmert und unbelastet von

---

662) Vgl. SCHULZ, Q 417: "Keineswegs darf man hier eine direkte Anspielung auf die Aufhebung der mosaischen Speisegebote finden."

663) Vgl. die differenzierte Darstellung von OPPENHEIMER, Am Ha-Aretz 156-169

664) Zur Gastfreundschaft zwischen Haverim und Ammei Ha-Aretz vgl. OPPENHEIMER, aaO 164-166

665) Zur Problematik des Begriffspaares s. TRAUTMANN, Handlungen 151f

666) Vgl. nur BRAUN, Jesus 73f und (SMEND)/LUZ, Gesetz 60: "Viel deutlicher ist Jesu Zurückhaltung gegenüber der Reinheitstora, die er selbst vielfach übertreten hat. Er tat dies immer im Dienste der Deklassierten und Leidenden. So hat er bei seinen Heilungen Aussätzige berührt (Mk 1,41, vgl. Mk 5,25ff), er hat mit unreinen Huren verkehrt (Lk 7,36ff) und sich bei seinen Tischgemeinschaften mit Zöllnern und Sündern um Uebertretungen des Reinheitsgesetzes offensichtlich nicht gekümmert."

rituellen Fragen formuliert ist: Auch diese Mahlgemeinschaft (wie auch das Verhalten Jesu gegenüber Aussätzigen, Kranken und anderen "Unreinen") ist nie als (beabsichtigte) Durchbrechung der Reinheitstora dargestellt, sondern vollzieht sich in einer gewissen Selbstverständlichkeit. Zwar ist ihr ein zeichenhafter Charakter nicht abzusprechen[667], doch ist sie positives Zeichen für Gottes eschatologische Zuwendung zum Verlorenen und nicht negativ-kritisches Zeichen dafür, dass die Tora abgetan ist[668]. Diese Deutung der Mahlgemeinschaft Jesu im Horizont seines gesamten Wirkens, die auf eine "Engführung" der Problematik auf die als "dogmatische" Grösse verstandene Tora verzichtet, erscheint auch deshalb angemessen, weil nicht der Tora-Bezug dieses Verhaltens, sondern die "Kranken" und "Verlorenen" selbst im Zentrum des Interesses und auch der Kritik stehen (vgl. Mk 2,16f; Lk 15,1-32; 19,9f).

ExkursIII: Zum Sabbat-Wort Lk 14,5; Mt 12,11

1. Dass die Sabbat-Worte Lk 14,5 und Mt 12,11 zwei unterschiedliche Versionen desselben Jesuswortes[669] sind, ist aufgrund der gemeinsamen Frageform "Wer unter euch ...?" und der inhaltlichen Verwandtschaft trotz der geringen Anzahl wörtlicher Uebereinstimmungen kaum zu bezweifeln. Ebenso ist es möglich, eine gemeinsame Vorlage zu rekonstruieren, auch wenn dabei Unsicherheiten in Kauf zu nehmen sind. Dabei ist der Rekurs auf Uebersetzungsfehler oder -varianten[670] nicht notwendig, so dass eine gemeinsame griechische Fassung erschlossen werden kann[671]. Dennoch steht die Q-Zugehörigkeit von Lk 14,5; Mt 12,11 keineswegs fest und wird immer wieder bezweifelt[672], bzw. bestritten[673].

---

667) TRAUTMANN, Handlungen 132-166, bes. 160-164 (zurückhaltender urteilt FIEDLER, Jesus 149-153)

668) Vgl. schon KOSCH, Gottesherrschaft 32f

669) Zur Authentie s.u. (5.)

670) So z.B. HUEBNER, Gesetz 138 (im Anschluss an BLACK), LOHSE, Worte 87; ROLOFF, Kerygma 66

671) SCHNEIDER, LkII 312; BANKS, Jesus 128f; BUSSE, Wunder 310; POLAG, Fragmenta 72; TRAUTMANN, Handlungen 289.294.311f

672) LAUFEN, Doppelüberlieferungen 81f; POLAG, Fragmenta 72; ZELLER, Kommentar 16

673) SATO, Q 22; SCHULZ, Q 41 Anm 191 (anders: Ders., Ethik 100f); HUEBNER, Gesetz 137 (vermutet allerdings, dass Mt 12,11 auf Q zurückgehen könnte). Auch HOFFMANN, Studien erwähnt Lk 14,5; Mt 12,11f nicht und scheint es nicht zu Q zu rechnen.

2. Die Hauptschwierigkeit für die Annahme der Q-Zugehörigkeit von Lk 14,5; Mt 12,11 kommt bei einer "mechanischen" Anwendung der Zweiquellentheorie gar nicht in den Blick, da sie nicht die Rekonstruktion des Q-Wortlautes betrifft, sondern mit der Stellung des Logions zusammenhängt:

a) Mt 12,11 ist Teil der Mt-Fassung von Mk 3,1-6 (Mt 12,9-14; vgl. Lk 6,6-11). Der mt Kontext kommt somit als Q-Kontext nicht in Frage.

b) Anders liegen die Dinge bei Lk 14,5. Lk 14,1-6 berichtet von der Heilung eines Wassersüchtigen und ist ohne Parallele. Am einfachsten wäre der Nachweis der Q-Zugehörigkeit von Lk 14,5; Mt 12,11, wenn sich zeigen liesse, dass Lk 14,1-6 insgesamt Q zugehörte[674] und von Mt übergangen, bzw. zusammen mit Mk 3,1-6 in Mt 12,9-14 verarbeitet worden ist. Dann nämlich entfiele die Schwierigkeit, dass Lk 14,5; Mt 12,11 in Q kaum einem bestimmten Kontext zuzuweisen ist.

Die Q-Zugehörigkeit von Lk 14,1-6 lässt sich aber nicht wahrscheinlich machen, zumal Q keine Texte mit ähnlicher Gattung (Streitgespräch) oder gleicher Thematik (Sabbat) enthielt, und der Abschnitt stark lk geprägt ist[675]. Auch die Suche nach Uebereinstimmungen von Mt 12,9-14 mit Lk 14, 1-6 gegen Mk 3,1-6, die über das Logion Mt 12,11; Lk 14,5 hinausgehen, bleibt weitgehend erfolglos; Anzeichen dafür, dass Mt neben Mk 3,1-6 auch eine Q-Fassung von Lk 14,1-6 verarbeitet hat, fehlen[676]. Dagegen gibt es manche Uebereinstimmungen zwischen Lk 14,1-6 und Lk 6,6-11[677], so dass eher vermutet werden kann, dass es sich bei Lk 14,1-6 um eine Analogie-

---

674) So SCHUERMANN, Spracheigentümlichkeiten 213; zustimmend: ERNST, Lk 435; SCHNEIDER, LkII 312; SCHWEIZER, Frage 69 vermutet hinter Lk 14, 1-6 eine vielleicht schon vorlk stark veränderte QTrad.

675) Vgl. die Analysen von JEREMIAS, Sprache 235f; TRAUTMANN, Handlungen 287-289. Mit der Hypothese, dass Q eine "Parallele" zu Mk 2,23-28 enthielt, ist HUEBNER, Gesetz 117-119 m.W. allein geblieben. Seine Argumente für diese Annahme sind zu schwach, um sie wirklich begründen zu können (zur Kritik vgl. auch AICHINGER, Untersuchung 142f).

676) Gegen Mk 3,1-6 stimmen Mt 12,9-14 und Lk 14,1-6 (abgesehen von Mt 12, 11 und Lk 14,5) in folgenden Einzelheiten überein: Mt 12,10; Lk 14,2 kai idou (Mk 3,1 kai); Mt 12,10; Lk 14,3 direkte Frage exestin ... therapeusai (Mk 3,2 paretēroun ... ei ... therapeusei). Kai idou ist jedoch sowohl für die LkRed als auch für die MtRed charakteristisch (vgl. JEREMIAS, Sprache 235, vgl. 41f; LUZ, MtI 42) und die direkte Frage ist Voraussetzung für das Logion Lk 14,5; Mt 12,11f.

677) Vgl. die Uebersicht bei TRAUTMANN, Handlungen 287-289

Bildung zu Mk 3,1-6; Lk 6,6-11 handelt[678], als dass mit einer eigenständigen Q-Parallele gerechnet werden kann.

c) Nachdem der unmittelbare Kontext von Lk 14,5; Mt 12,11 weder im Mt- noch im LkEv auf Q zurückgeführt werden kann, ist zu prüfen, ob der weitere Zusammenhang, in dem Lk 14,5 steht, einen Rückschluss auf einen möglichen Q-Kontext zulässt, in welchem dem Logion eine bestimmte Funktion zukommt[679].

Der einzig mir bekannte Versuch einer Kontextualisierung von Lk 14,5; Mt 12,11 in Q stammt von SCHENK[680], der den Komplex der Q-Stoffe in Lk 13,23-17,6 als "Zwei-Wege-Rede" versteht und Lk 14,5 (nach 13,25-27 und 28-30) als "dritte Erläuterung" der Ueberschrift 13,23f bezeichnet, welche "dem Rigorismus einer religiösen Verhaltensregelung ... das selbstverständliche Eingreifen in Notlagen" gegenüberstellt[681]. Der Zusammenhang von Lk 14,5 mit 13,23f ist damit aber nur sehr formal umschrieben. Zudem liegen die beiden ersten Erläuterungen auf einer ganz anderen Ebene als 14,5. Am schwerwiegendsten aber ist m.E. der Einwand, dass Lk 13,23f.25-27.28f eine Reihe von Drohsprüchen bildet, die in 13,34f ihren Höhepunkt und Abschluss findet[682]. Dass SCHENK hier anderer Auffassung ist, hängt mit seiner Umstellung von Lk 13,34f//Mt 23,37-39 hinter Lk 11,49-51//Mt 23,34-36 zusammen[683], die m.E. allerdings zu Unrecht erfolgt[684]. SCHENKs Deutung der Stellung von Lk 14,5 im Kontext von Q vermag also nicht zu überzeugen.

Hinzu kommt, dass die Q-Zugehörigkeit der Lk-Stoffe zwischen 14,26 und 17,6, die eine Mt-Parallele haben, von SATO generell als fraglich angesehen wird, da die Uebereinstimmungen im Wortlaut gering sind und die grosse Streuung der Sprüche im Kontext nicht zur blockweise alternierenden Redak-

---

678) So z.B. BUSSE, Wunder 306f; DIETZFELBINGER, Sinn 286; SCHENK, Synopse 106; TRAUTMANN, Handlungen 289

679) Der mt Kontext ist nicht zu berücksichtigen, da Mt in Kap 12 dem Mk-Aufriss (Mk 2,23-3,35) folgt und die Q-Akoluthie ohnehin weniger bewahrt hat als Lk (s. Einl. 4.(3.) mit A 76 und o. A 530).

680) SCHENK, Synopse 105f (vgl. 102-119)

681) Zitate aaO 102 (Ueberschrift).105. Aehnlich wie SCHENK deutet auch MAERZ, Feuer 485-487 den Q-Zusammenhang, doch rechnet er Lk 14,5.11 nicht zu Q (aaO 487 mit Anm 35).

682) S.o. 2.2.3. und A 190; vgl. SATO, Q 48f mit Anm 92, wo er darauf hinweist, dass die Mt-Parallelen (7,13f.22f;8,11f;23,37-39) dieselbe Akoluthie aufweisen.

683) Vgl. SCHENK, Synopse 79-82

684) S. dazu o. 2.2.3.

tionsweise des Lk passt[685]. Auch für Lk 14,16-24; Mt 22,1-14 hält er die Q-Zugehörigkeit für unsicher[686]. Immerhin gesteht er zu, dass die Stellung der Parabel hinter Lk 13,34f durchaus sinnvoll wäre, da sie als Illustration dienen kann[687]. Damit schwinden jedoch die Chancen, Lk 14,5; Mt 12,11 in Q einem bestimmten Kontext einordnen zu können, da die Stellung des Logions hinter Lk 13,34f, bzw. zwischen 13,23-29.34f und 14,16-24 keinen Sinn ergibt[688].

d) Damit steht man in der Frage der Q-Zugehörigkeit von Lk 14,5; Mt 12,11 vor der Alternative, sie aufgrund der relativ geringen wörtlichen Uebereinstimmung der beiden Fassungen und wegen dem Fehlen eines möglichen Q-Kontextes zu bestreiten, oder sie trotz dieser Schwierigkeiten zu bejahen, wobei man darauf verweisen kann, dass sich die Unterschiede zwischen den beiden Fassungen auf sekundäre Umgestaltungen, bzw. auf die Mt- und LkRed zurückführen lassen, und dass in Q auch "unsystematische Fortgestaltungen" erkennbar sind[689], so dass auch Einzellogien und kleine Spruchreihen, über deren Q-Kontext sich nichts Sicheres sagen lässt, zu Q gehört haben können[690].

Eine Entscheidung fällt nicht leicht und ist mit erheblicher Unsicherheit belastet[691]. Immerhin fällt auf, dass mit tis estin ex hymōn (o.ä.) einge-

---

685) SATO, Q 25f

686) AaO 23f

687) AaO 24. Die Annahme, dass Lk 14,16-24; Mt 22,1-14 Q entstammt, ist trotz der beträchtlichen Differenzen im Wortlaut weit verbreitet; vgl. nur FIEDLER, Jesus 238; HARNISCH, Gleichniserzählungen 230f; HOFFMANN, Studien 5.41; LAUFEN, Doppelüberlieferungen 239; LUEHRMANN, Redaktion 87.105; POLAG, Fragmenta 70 ("wahrscheinlich"); SCHENK, Synopse 107-109; SCHOTTROFF, Gleichnis 192f; SCHULZ, Q 391-403; WEDER, Gleichnisse 177-184 (178 Anm 53 "hypothetisch"); ZELLER, Kommentar 87f; zur älteren Lit. s. SCHULZ, Q 398 Anm 174. Sehr zurückhaltend: HAHN, Gleichnis 74 (mit Anm 100) und VOEGTLE, Einladung 218 (vgl. aber 172-190).

688) Entsprechendes gilt für das z.B. von SCHENK, Synopse 106 und SCHULZ, Q 451f auf Q zurückgeführte Logion Lk 14,11;18,14; Mt 23,12, dessen Q-Zugehörigkeit allerdings von POLAG, Fragmenta 86 und ZELLER, Kommentar 16 als "unsicher" bezeichnet wird; zur Problematik s. auch SATO, Q 22

689) SATO, Q 52

690) Vgl. dazu SCHUERMANN, Zeugnis 73.79, aber auch meine Begründung der Q-Zugehörigkeit von Lk 16,16-18//Mt 11,12f;5,18.32 in KOSCH, Gottesherrschaft 14f (vgl. u. III.2.)

691) Unsicher sind auch die in A 672 genannten. Mit einer Q-Fassung rechnen neben den in A 674 genannten auch BANKS, Jesus 128f; ROLOFF, Ke-

leitete Logien und Gleichnisse nur in Q (Lk 11,11//Mt 7,9; Lk 12,25//Mt 6,27; Lk 15,4//Mt 18,12) und in SLk (11,5(Q?);14,28(vgl. 31);(15,8);17,7) vorkommen, nicht aber in SMt. Diese Beobachtung spricht dafür, dass auch Mt 12,11 nicht aus SMt, sondern aus Q stammt und legt es nahe, trotz der erwähnten Schwierigkeiten und Unsicherheiten mit der Q-Zugehörigkeit von Lk 14,5; Mt 12,11 zu rechnen[692]. Dass das Logion in Q (oder in der mündlichen Ueberlieferung?) so lange ohne festen Kontext tradiert werden konnte, mag mit der Eigenart der tis ex hymōn-Logien zusammenhängen, die für sich sprechen und nicht auf einen grösseren Kontext angewiesen sind.

3. Die Rekonstruktion des Q(?)-Wortlautes ergibt folgendes:

a) Die Einleitung tis estai ex hymōn anthrōpos (Mt 12,11) ist gegenüber tinos hymon (Lk 14,5) primär, da auch die übrigen verwandten Logien in Q mit tis ex hymōn (anthrōpos) eingeleitet werden (Lk 11, 11;12,25;15,4)[693]. Ob auch anthrōpos auf Q zurückgeht, ist unklar, da Mt es in 7,9 möglicherweise red eingefügt hat[694], so dass es sich auch hier um eine mt Einfügung handeln könnte (vgl. aber Lk 15,4, wo anthrōpos auch vorkommt).

b) In der Frage, ob in Q von der Rettung eines "Sohnes oder Ochsen" (Lk), oder "des einen Schafes" (Mt) die Rede war, ist wohl schon aufgrund der grösseren Schwierigkeit des lk Textes mit dessen grösserer Ursprünglichkeit zu rechnen[695] (vgl. die Korrekturversuche in der Textgeschichte!). Hinzu kommt, dass in Mt das Wort probaton viel häufiger belegt ist als bei

---

rygma 66.78f; SCHENK, Synopse 105f; TRAUTMANN, Handlungen 311f. LOHSE, Worte 86-89 legt zwar eine Rekonstruktion der Mt 12,11f und Lk 14,5 zugrunde liegenden Fassung vor und zählt das Logion "zum ältesten Bestand der Logienüberlieferung" (aaO 81, zustimmend z.B. DIETZ-FELBINGER, Sinn 286), ohne jedoch eine klare Aussage zur Frage der Q-Zugehörigkeit zu machen.

692) Theoretisch lässt sich mit dieser Beobachtung auch die These von HUEBNER, Gesetz 137 vereinbaren, dass Mt 12,11 aus Q (oder QMt) entstammt, während Lk 14,5 SLk zuzuordnen ist, doch ist eine solche Komplizierung der Quellenlage unnötig.

693) In Lk 15,4//Mt 18,12 weicht Mt stärker von Q ab, indem er mit ti hymin dokei beginnt. Diese Wendung ist aber nur noch in Joh 11,56 und Mt 17,25;21,28;22,17.42;26,66 belegt und erweist sich deshalb als red (sekundäre Einfügungen sind auch 22,17.42;26,66), vgl. SCHWEIZER, Mt 239; s. auch SCHULZ, Q 387 mit Anm 65 und WEDER, Gleichnisse 170.

694) Vgl. LUZ, MtI 383 (anders SCHULZ, Q 161)

695) So auch GRUNDMANN, Mt 323; SCHNEIDER, LkII 312; ROLOFF, Kerygma 66. 79; SCHENK, Synopse 105; TRAUTMANN, Handlungen 294; anders: LOHSE, Worte 87; POLAG, Fragmenta 72

Mk und Lk[696] und dass er gerne im übertragenen Sinn von den "Schafen" spricht (vgl. Mt 9,36//Mk 6,34; Mt 10,6;15,24;18,12;26,31//Mk 14,27), so dass mit Recht von einer "christologischen Allegorisierung" gesprochen werden kann[697]: Die Rettung eines in den Brunnen gefallenen Tieres am Sabbat ist nicht mehr nur Begründung für die Heilungstätigkeit Jesu am Sabbat, sondern wird Bild für sein Handeln. Zudem "denkt das Wort an einen armen Mann, der ein einziges Schaf hat, so dass sein Verlust für ihn hart und schmerzlich wäre", weshalb die Barmherzigkeit gebietet, ihm die Erhaltung seines Tieres zu ermöglichen[698]. Damit erinnert das Wort unwillkürlich an 2Sam 12,1-4.

c) Ob in Q von einem Brunnen (phrear, Lk) oder von einer Grube (bothynos, Mt) die Rede war, ist schwer entscheidbar, da phrear in den synopt Ev nur hier vorkommt und auch bothynos sonst nur noch in Lk 6,39//Mt 15,15 belegt ist. Immerhin lässt dieser eine Q-Beleg vermuten, dass in Q bothynos stand[699]. Ob piptein als Simplex (Lk) oder als Kompositium (empiptein, Mt) gebraucht wurde, ist ebenfalls unsicher. Die Tatsache, dass Mt das Kompositum nur hier bringt, das Simplex aber 19mal (Mk 8mal; Lk 17mal) verwendet, spricht für seine Ursprünglichkeit, zumal empiptein auch in Lk 6,39 (die Mt-Parallele 15,14 hat nur piptein) vorkommt[700].

d) Der Septuagintismus en hēmera tou sabbatou (Lk) wird gegenüber dem einfachen tois sabbasin (Mt) sekundär sein. Lk vermeidet den Plural ta sabbata in singularischer Bedeutung auch in seinem Mk-Stoff[701] und die Wendung "am Tag des Sabbats" kommt nur im lk Doppelwerk vor[702]. Dass das en tempo-

---

696) Probaton: Mt 11mal; Mk 2mal; Lk 2mal. 3 Vorkommen bei Mt sind red (LUZ, MtI 49)

697) ROLOFF, Kerygma 66; vgl. SCHNEIDER, LkII 312; SCHENK, Synopse 106

698) GRUNDMANN, Mt 323; vgl. ROLOFF, Kerygma 79

699) So auch BUSSE, Wunder 309; POLAG, Fragmenta 72; SCHENK, Synopse 105; TRAUTMANN, Handlungen 289. Dafür scheinen auch die rabb. Parallelen (s. EWNTIII 1047) zu sprechen. Vielleicht nimmt die lk Diktion die Fabel des Aesop auf (Aesop, Fab 9P alōpēx pesousa eis phrear, vgl. BAUER, Wörterbuch 1712).

700) Für die Ursprünglichkeit von empesē auch POLAG, Fragmenta 72. SCHULZ, Q 473 hält in Lk 6,39//Mt 19,14 allerdings das Simplex für ursprünglicher (bei gleichzeitiger Annahme grösserer Ursprünglichkeit der lk Form des Logions im allgemeinen).

701) Lk 6,1(diff Mk 2,23);6,7(diff Mk 3,2).9(diff Mk 3,4). In Lk 4,31(diff Mk 1,21) und 6,2(diff Mk 2,24) formuliert Lk den Kontext derart um, dass ta sabbata pluralische Bedeutung gewinnt (vgl. JEREMIAS, Sprache 121).

702) Lk 4,16;13,14.16;14,5; Apg 13,14;16,13

rale in den Vorkommen der Wendung in der Apg (13,14;16,13) fehlt, reicht nicht aus, um die Wendung in Lk 14,5 als "trad" zu beurteilen[703], da Lk auch in 4,16 en tē hēmera tōn sabbatōn schreibt und nicht mit einem völlig uniformen Sprachgebrauch des Lk gerechnet werden muss[704].

e) Die Rettung aus der Grube (bzw. aus dem Brunnen, Lk) ist bei Mt mit kratein und egeirein ursprünglicher geschildert als bei Lk[705], der anaspan gebraucht. Anaspan kommt im lk Werk (und im NT) zwar nur noch in Apg 11,10 vor, doch lässt sich zeigen, dass Lk kratein meidet und durch andere Ausdrücke ersetzt[706]. Auch eutheōs ist lk und interpretiert "Jesu Sabbatheilung als unaufschiebbare Hilfeleistung"[707].

f) Bis auf den Ersatz von "Sohn oder Ochse" durch "ein Schaf" erweist sich Mt 12,11 also gegenüber Lk 14,5 als ursprünglicher, so dass die Q-Fassung etwa so gelautet haben wird:

> τισ εσται εξ υμων [ανθρωποσ] οσ εξει υιον η βοον
> και εαν εμπεση τουτο τοισ σαββασιν εισ βοθυνον,
> ουχι κρατησει αυτο και εγερει;[708]

4. Für die Interpretation von Lk 14,5//Mt 12,11 wird immer wieder auf jüdisches Vergleichsmaterial verwiesen. LOHSE etwa verweist auf Dam 11,13f ("Niemand darf einem Vieh am Sabbattage Geburtshilfe leisten. Wenn es in eine Grube oder in eine Zisterne geworfen hat, soll man es am Sabbat nicht herausholen."), aber auch darauf, dass einzelne Rabbinen ähnlich milde ur-

---

703) So JEREMIAS, Sprache 236 (vgl. 120f)

704) Für die grössere Ursprünglichkeit von tois sabbasin sind auch BUSSE, Wunder 309; POLAG, Fragmenta 72; SCHENK, Synopse 105; TRAUTMANN, Handlungen 285

705) So auch POLAG, Fragmenta 72; SCHENK, Synopse 105

706) Kratein: Mt 12mal; Mk 15mal; Lk 2mal; Apg 4mal. In mindestens 5 Fällen folgt Lk zwar inhaltlich Mk, meidet aber kratein: Lk 4,39 diff Mk 1,31 und 9,42 diff Mk 9,27 (an beiden Stellen entfällt zugleich das mk egeirein!); Lk 20,19 diff Mk 12,12; Lk 22,5.53 diff Mk 14,1.49

707) TRAUTMANN, Handlungen 290 (vgl. 289); so auch BUSSE, Wunder 309; JEREMIAS, Sprache 236 (vgl. 219)

708) Vgl. BUSSE, Wunder 310 (der die Einleitung anders rekonstruiert: tis ex hymon, ean hyios (autou) ē bous ...); LOHSE, Worte 87; POLAG, Fragmenta 72 (s. aber A 695); SCHENK, Synopse 105; TRAUTMANN, Handlungen 289.294.311f. Die Lk-Fassung bevorzugt ROLOFF, Kerygma 79 Anm 94. Mt 12,12 hat bei Lk keine Entsprechung und geht nicht auf Q zurück: 12,12a "ist wohl in Analogie zur Formulierung in Mt 6,26d//Lk 12,24e gebildet und betont das legitime Handeln Jesu", 12,12b "ist Uebernahme aus Mk 3,4a" (TRAUTMANN, Handlungen 294).

teilten wie Jesus, um schliesslich zum Schluss zu kommen, dass Jesus mit Lk 14,5 vor allem deshalb mit allgemeiner Zustimmung rechnen kann, weil die allgemeine Praxis der Gesetzesbeobachtung in dem weit von Jerusalem entfernten Galiläa anders ausgesehen hat, als sie in streng orthodoxen Kreisen für erforderlich gehalten wurde[709].
Nun ist jedoch zu beachten, dass sich die Annahme, in Galiläa sei die Tora weniger beachtet worden, als unhaltbar erwiesen hat[710], und dass ein Vergleich der Aussage Jesu mit der zu seiner Zeit geltenden Sabbathalacha gerade deshalb schwierig ist, weil es diese einheitliche Halacha gar nicht gab[711]. Immerhin wird man sagen können, dass Lk 14,5 sich "durchaus noch im Bereich jüdischer Interpretationsmöglichkeiten der Sabbatvorschriften" befindet[712], ohne jedoch mit allgemeinem Einverständnis rechnen zu können. Entscheidend für das Verständnis des Logions, das doch wohl vor dem Hintergrund einer Praxis zu sehen ist, die dem Wohl des Mitmenschen mehr Beachtung schenkt als strikter Sabbatobservanz, scheint mir jedoch die Tatsache zu sein, dass gerade nicht auf der Ebene der Erlaubtheit argumentiert wird. Nicht, dass die Rettung eines in eine Grube gefallenen Sohnes[713] oder Ochsen am Sabbat erlaubt ist, wird gesagt; appelliert wird vielmehr an die konkrete Praxis. Einverständnis soll nicht über die Sabbathalacha erzielt werden, sondern auf dem Weg über die Erfahrung, dass ein anderes Verhalten als das, den Sohn oder Ochsen zu retten, überhaupt nicht in Frage kommt. In diesem Zusammenhang ist auch auf den weisheitlichen Ursprung der Frageform <u>tis ex hymōn</u> zu verweisen, die "das beigebrachte Exempel als jedem mögliche Erfahrung hin(stellt)"[714].

---

709) LOHSE, Worte 88; vgl. auch SCHNEIDER, LkII 313; SCHWEIZER, Mt 182; BRAUN, QumranII 99f; HUEBNER, Gesetz 139-141; TRAUTMANN, Handlungen 312-314

710) S.o. 4.2.1.4.(3.b) mit A 437

711) So richtig TRAUTMANN, Handlungen 312f; vgl. auch die grundsätzlichen Ueberlegungen von MUELLER, Gesetz bes. 16f.20f

712) TRAUTMANN, Handlungen 312. Auch (SMEND)/LUZ, Gesetz 59 stellt (mit FLUSSER, Jesus 48) fest, "dass die eindeutigen Sabbatübertretungen Jesu weit weniger zahlreich gewesen sind, als dies gewöhnlich angenommen wird".

713) Die Erwähnung des <u>hyios</u> dürfte wohl auf einen Uebersetzungsfehler zurückgehen (so auch ROLOFF, Kerygma 66 mit Anm 55 u.a.), ist aber schon allein deshalb aufschlussreich, weil sie zeigt, dass das Logion ursprünglich nicht im Sinne eines Schlusses a minore ad maius (so Mt 12,11f) verstanden wurde.

714) ZELLER, Mahnsprüche 84; vgl. BERGER, Materialien 31ff. Als "besonders instruktiv" bezeichnet ZELLER, aaO 84 Anm 219 Sir 12,13f "Wer bedau-

Selbstverständlich kann es nicht darum gehen, aufgrund dieser Feststellung zu bestreiten, dass das Logion "jüdischen Problemhintergrund" verrät[715], doch ist festzuhalten, dass die erfahrungsbezogene (und nicht halachische) Argumentation einen Konflikt mit der Sabbathalacha gar nicht in den Blick kommen lässt, von einer "Aufhebung" des Sabbatgebotes ganz zu schweigen.
Das kritische Potential der rhetorischen Frage kommt erst zum Tragen, wenn man sie als Antwort, bzw. als Gegenfrage auf die Frage liest, warum Jesus auch, bzw. ausgerechnet am Sabbat Menschen in einer Notlage hilft. Aber gerade in diesem Kontext zeigt sich auch, dass es nicht primär um den Sabbat geht, sondern um den konkreten Menschen, der Hilfe braucht. Lk 14,5 ist aber keine grundsätzliche Aussage darüber, ob der Anspruch des bedürftigen Menschen jenen des Sabbats übertrifft und lässt sich auch nicht auf die Frage ein, unter welchen Bedingungen eine Hilfestellung am Sabbat erlaubt ist, sondern will den Hörer dazu "verführen", es als selbstverständlich anzusehen, dass die spontane Reaktion auf eine Notsituation auch am Sabbat die ist, Hilfe zu leisten (auch wenn das gar nicht so selbstverständlich ist, vgl. die tis ex hymōn-Logien Lk 11,5;15,4-7).
Damit "unterläuft" die Frage jegliche Kasuistik, aber sie entzieht sich auch einer Systematisierung im Blick auf die Stellung zur Tora (etwa im Sinn einer Ueberordnung des Menschen oder des Liebesgebotes über das Sabbatgebot)[716]. Selbstverständlich kann gesagt werden, dass Lk 14,5 "in gleicher Aussagetendenz wie ... Mk 2,27 (steht)"[717], doch sollte darob nicht übersehen werden, dass die Art und Weise, wie die Frage zur Sprache gebracht wird, eine ganz andere ist[718].

---

ert den Schlangenbeschwörer, wenn er gebissen wird, und den, der sich reissenden Tieren nähert? Ihm gleicht, wer mit einem Schurken verkehrt und sich in seine Sünden verstrickt."

715) TRAUTMANN, Handlungen 313

716) So z.B. GRUNDMANN, Lk 292 "Helfende Güte duldet keine Begrenzung sondern ist oberstes Gebot." oder HUEBNER, Gesetz 139 "Der Sabbat ist kein Sabbat, wenn er nicht auch dem Menschen dient."

717) HUEBNER, Gesetz 139

718) Auch Mk 3,4 formuliert viel provokativer und grundsätzlicher als Lk 14,5. Aehnlich liegen die Dinge auch im Fall von Lk 11,39b-41 und Mk 7,15, wo die Mk-Tradition ebenfalls provokativer und grundsätzlicher formuliert, was diese Logien für ein "dogmatisches" Missverständnis anfälliger macht. Dass Q keines dieser allgemein als authentisch angesehenen Mk-Logien enthält, ist kaum blosser Zufall, sondern hängt möglicherweise damit zusammen, dass der hinter Q stehende Kreis ihr Missverständnis fürchtete (s.u. IV.2.1.4.). Zur Funktion der jesuani-

5. Die Authentie von Lk 14,5 ist allgemein anerkannt[719]. Zu ihrer Begründung wird freilich meist auf die Einleitungsformel tis ex hymōn verwiesen, die analogielos und für Jesus charakteristisch sei[720]. Die Originalität dieser Einleitungsformel ist nun aber von BERGER begründet in Zweifel gezogen worden, der auf ihre weisheitliche Herkunft und auf Parallelen in der griechischen Popularphilosophie hinweist[721]. Immerhin wird man darauf hinweisen können, dass diese Formel in der Jesusüberlieferung recht häufig ist (Lk 11,11//Mt 7,9; Lk 12,25//Mt 6,27; Lk 14,5//Mt 12,11; Lk 15,4(vgl. 15,8)//Mt 18,12; Lk 11,5;14,28(vgl. 14,31);17,7) und sich auch in mit höchster Wahrscheinlichkeit authentischen Stoffen findet[722].
Sachlich lässt sich die Authentie damit begründen, dass das Logion sich gut mit der mk Ueberlieferung der Sabbatheilung in Mk 3,1-5 und seiner Einbindung in Sabbatheilungserzählungen in Einklang bringen lässt. Diese Trad "stützen sich wechselseitig in der Frage der Authentie"[723]. Hinzu kommt, dass sich das Bild vom in die Grube gefallenen Tier, das der Hilfe bedarf, gut eignet, um den Sinn der Heilungstätigkeit Jesu zu erhellen, der sich zu den Verlorenen in Israel gesandt weiss. Gegen die Annahme einer Gemeindebildung spricht m.E. die Tatsache, dass das Logion ausschliesslich an die Erfahrung des Hörers appelliert und keine grundsätzliche Klärung der Frage bringt, so dass es in der innergemeindlichen Auseinandersetzung, aber auch in der Diskussion mit Gegnern kaum ein grosse Hilfe bot[724]. Formale und inhaltliche Erwägungen lassen die Annahme der Echtheit von Lk 14,5 also als durchaus berechtigt erscheinen.

---

schen tis ex hymon-Logien s. auch LUEHRMANN, Frage 433: Sie wollen "den Hörer auf einen Weg locken, den er selbst nicht gehen will".

719) Vgl. SCHNEIDER, LkII 313; SCHWEIZER, Mt 181; DIETZFELBINGER, Sinn 287; HUEBNER, Gesetz 139; LOHSE, Worte 87; ROLOFF, Kerygma 66; TRAUTMANN, Handlungen 309-315 (bes. 313)

720) Vgl. nur SCHWEIZER, Mt 181; HUEBNER, Gesetz 139; LOHSE, Worte 87; ROLOFF, Kerygma 66; meist wird dabei auf H. GREEVEN, "Wer unter euch ...?": WuD 3(1952) 86-101 verwiesen.

721) BERGER, Materialien 25ff.31ff; zustimmend z.B. SELLIN, Lukas 179 mit Anm 60; ZELLER, Mahnsprüche 84

722) Als authentisch sind m.E. Lk 15,4-7//Mt 18,12-14 und Lk 11,5-8, möglicherweise aber auch Lk 11,11//Mt 7,9; Lk 15,8-10 und 17,7-10 anzusehen. Weniger wahrscheinlich scheint mir die Echtheit in den übrigen Fällen zu sein.

723) TRAUTMANN, Handlungen 315

724) Auch hier ist auf den Unterschied zu Mk 2,27 und besonders 2,28 zu verweisen, wo sehr grundsätzlich mit dem Sinn des Sabbats (2,27; vgl.

6. Was das Verständnis des Logions in Q betrifft, so lässt sich darüber angesichts der Unklarheit über die Stellung in Q (und die Q-Zugehörigkeit)[725] wenig sagen. Immerhin kann bemerkt werden, dass kein Interesse feststellbar ist, das Logion auf seine Konsequenzen für die Geltung des Sabbatgebotes hin zu reflektieren oder es gegen eine torakritische Interpretation abzusichern. Aehnlich wie schon im Fall von Lk 11,39b-41[726] und 10,7a[727] zeigt sich auch hier eine Unbekümmertheit in bezug auf Fragen der Halacha, die zwar im Gegensatz zum Bemühen jener jüdischen Kreise steht, welche die Frage der Sabbatruhe durch die Formulierung differenzierter Normen zu regeln suchen, ohne aber gegen dieses Bemühen Stellung zu nehmen. Mit Mt 23,26Q[728] vergleichbar ist das Logion auch darin, dass sich wegen der Offenheit der Formulierung keine Aussagen darüber machen lassen, welche praktischen Konsequenzen aus ihm gezogen wurden.

Da die Aufforderung, das Vorgesetzte zu essen und zu trinken (Lk 10,7a) und möglicherweise auch das Sabbat-Logion 14,5 Bestandteil von Q waren[729], kann festgehalten werden, dass die Mahnung in Mt 23, 26Q, zuerst das Innere des Bechers zu reinigen, aber auch die eigentlichen Weherufe Lk 11,39b.42a-c bezüglich der darin sichtbar werdenden Stellung zur Tora in Q nicht völlig isoliert dastehen. Auch die These, in Q scheine "die Gesetzeskritik Jesu neutralisiert (...) und auf eine Kritik am Verhalten der Pharisäer und Schriftgelehrten eingeschränkt zu sein (...)"[730], trifft nur beschränkt zu: Eine ausdrückliche Betonung der Gültigkeit der ganzen Tora erfolgt nur dort, wo der Eindruck eines eigentlichen Gegensatzes zur Tora oder zu einzelnen ihrer Gebote vermieden werden soll (Lk 16,17;11,42d). Im übrigen ist kein grosses Interesse an der "Gesetzesproblematik" feststellbar: Weder finden sich Anzeichen dafür, dass die diesbezüglichen Implikationen einzelner Logien umfassend reflektiert wurden, noch erfolgt die Rezep-

---

3,4), bzw. mit der Vollmacht des Menschensohnes (2,28) argumentiert wird.

725) S.o. (2.)

726) S.o. 4.2.1.2.

727) S.o. ExkursII

728) S.o. 4.2.1.2.(4.)

729) S.o. ExkursII und III

730) HOFFMANN, Jesusverkündigung 54

tion und Kontextualisierung unter diesem Gesichtspunkt. Insofern wird die von SCHULZ vorgenommene Subsumierung der antipharisäischen Weherufe unter das Kapitel "Die charismatisch-eschatologische Toraverschärfung"[731] ihrer Funktion in Q kaum gerecht, zumal diese Zuordnung eine Systematisierung darstellt, die der Stellung der Weherufe in ihrem Q-Kontext keinesfalls gerecht wird, und der Begriff der "charismatisch-eschatologischen Toraverschärfung" wenig geeignet scheint, um die Stellung von Q zur Tora zu erfassen[732].

3. Fazit: Mit der nötigen Vorsicht wird man aufgrund der Weherufe Lk 11,39b-41.42 (und den in den Exkursen behandelten Texten Lk 16,17; 10,7a;14, 5) sagen können, dass die Tora weiterhin Gültigkeit hat (11,42d;16, 17). Es scheint jedoch kein besonderes Anliegen von Q zu sein, dies den Adressaten einzuschärfen, bzw. aus der Gültigkeit der Tora Verhaltensnormen für Einzelfälle abzuleiten, da die Gültigkeit der Tora nur dort zur Sprache kommt, wo sie durch ein Jesuswort in Frage gestellt zu sein scheint, aber kein selbständiges Element der Verkündigung von Q ist.
Wichtiger scheint für Q die Rezeption der Auffassung Jesu, der ebenfalls kein besonderes Interesse an der Tora und ihrer Anwendung auf Einzelfälle zeigt, aber anhand von Einzelfragen (und damit unsystematisch) darauf aufmerksam macht, dass Gottes Willen sich nicht auf detaillierte Regeln festlegen (bzw. einschränken) lässt, sondern das "Ganze" menschlichen Lebens umfasst. Da in Q die Tora und die Verkündigung Jesu nicht als Gegensatz gesehen werden, kommt es dazu, dass die Tora von Jesus her verstanden wird (und nicht umgekehrt!). Deshalb wird auch nur dort, wo Jesuswort und Tora auseinanderzubrechen scheinen, die Gültigkeit der Tora eigens betont.
So zeichnet sich ein Gesetzesverständnis ab, das sich qualitativ (und nicht etwa nur quantitativ) von jenem der Pharisäer (aber auch der Qumran-Leute und anderer "Religionsparteien") unterscheidet, ohne

731) So SCHULZ, Q 94 (Ueberschrift)
732) Vgl. schon o. Einl. 5.(3.) und (8.) zum Verständnis der Gesetzesauffassung von Q als Toraverschärfung (SCHULZ) und zur Kritik von MERKLEIN an diesem Konzept.

dass das kritische Potential, das den tradierten Logien innewohnt, weiter expliziert und ohne dass die Spannung zwischen der Weitergeltung aller Gebote der Tora und der klaren Vorordnung einzelner Werte reflektiert wird.

* * * * *

Ob dieses Verständnis der Stellung von Q zur Tora wirklich angemessen ist, wird an weiteren relevanten Texten zu prüfen sein.

Kapitel II

"LIEBET EURE FEINDE ..." (Lk 6,27-36//Mt 5,38-48)

Die Forderung der Feindesliebe gehört zum Grundbestand der Verkündigung Jesu[1] und wird - nicht zuletzt bedingt durch ihre Darbietung in Antithesenform im MtEv[2] - häufig im Blick auf die implizierte Stellung zur Tora reflektiert. So gilt sie den einen als "Toraverschärfung"[3], anderen aber als "Ueberbietung und Relativierung" des Gesetzes durch die Liebe[4] und muss deshalb in unsere Erwägungen zur Stellung Jesu zur Tora, wie sie in den Q-Trad gesehen wird, miteinbezogen werden.

1. Der Text

Im Zusammenhang mit der Rekonstruktion der Q-Fassung von Lk 6,27-36 und Mt 5,38-48 wird sich zeigen, dass nicht nur die Wiederherstellung des Wortlauts der gemeinsamen Vorlage, sondern auch die Erschliessung der ursprünglichen Anordnung des Stoffes mit erheblichen Schwierigkeiten verbunden ist, da Lk und Mt auch darin voneinander abweichen.

Deshalb wird der Text im folgenden so dargeboten, dass sowohl die Lk- als auch die Mt-Reihenfolge beibehalten wird. Um den synopt Ver-

---

1) Vgl. LUEHRMANN, Feinde 412: "Mit keinem anderen Satz wird die Bergpredigt, die Verkündigung Jesu, ja Christentum identifiziert wie mit 'Liebet eure Feinde!' Hier überhaupt zu fragen, ob dieser Satz auf den historischen Jesus zurückgehe, scheint töricht. Am Ende wird es denn auch dabei bleiben, dass er mit der grössten Sicherheit, die Exegese zu behaupten fähig ist, Jesus selbst zugehört." Aehnlich PIPER, Enemies 1; WEDER, Rede 136.138

2) Vgl. WEDER, Rede 139: "Mit der Einordnung in die Antithesen ist das Gebot Jesu eingebracht in den Zusammenhang der Gesetzesauslegung".

3) SCHULZ, Q 138 u.ö. (vgl. die Einordnung von Lk 6,27f.29f.31.32-36 im Kapitel "Die charismatisch-eschatologische Toraverschärfung", aaO 94-141, hier 120-141); ähnlich BRAUN, RedikalismusII 71; LUEHRMANN, Feinde 426 u.a.

4) LUZ, Tora 119-122 (Zitat 122); vgl. (SMEND)/LUZ, Gesetz 64-69. Noch schärfer WEDER, Rede 141: Jesu Gebot der Feindesliebe befindet sich im "Widerspruch" zum "Phänomen der begrenzten Liebe", "das auch ... im jüdischen Gesetzesverständnis erscheint". Aehnlich PIPER, Enemies 91: "attack on the Torah".

gleich zu erleichtern, werden Paralleltexte, die bei Mt, bzw. bei Lk an anderer Stelle erscheinen, in feinerer Schrift eingefügt. Wieder (s.o. I.1.) werden Uebereinstimmungen im Wortlaut gekennzeichnet.

Lk 6,27-36	Mt 5,38-48
27 αλλα υμιν λεγω τοισ ακουουσιν˙	44 εγω δε λεγω υμιν˙
αγαπατε τουσ εχθρουσ υμων,	αγαπατε τουσ εχθρουσ υμων
καλωσ ποιειτε τοισ μισουσιν υμασ,	
28 ευλογειτε τουσ καταρωμενουσ υμασ,	
προσευχεσθε περι των επηρεαζοντων υμασ.	και προσευχεσθε υπερ των διωκοντων υμασ,
	38 ηκουσατε οτι ερρεθη˙
	οφθαλμον αντι οφθαλμου
	και οδοντα αντι οδοντοσ.
	39 εγω δε λεγω υμιν
	μη αντιστηναι τω πονηρω˙
29 τω τυπτοντι σε επι την σιαγονα	αλλ οστισ σε ραπιζει εισ την δεξιαν σιαγονα [σου],
παρεχε και την αλλην,	στρεψον αυτω και την αλλην˙
και απο του αιροντοσ σου το ιματιον	40 και τω θελοντι σοι κριθηναι και τον χιτωνα σου λαβειν,
και τον χιτωνα μη κωλυσησ.	αφεσ αυτω και το ιματιον˙
	41 και οστισ σε αγγαρευσει μιλιον εν,
	υπαγε μετ αυτου δυο.
30 παντι αιτουντι σε διδου,	42 τω αιτουντι σε δοσ,
και απο του αιροντοσ τα σα μη απαιτει.	και τον θελοντα απο σου δανισασθαι μη αποστραφησ.
31 και καθωσ θελετε ινα ποιωσιν υμιν οι ανθρωποι	7 12 παντα ουν οσα εαν θελητε ινα ποιωσιν υμιν οι ανθρωποι,
ποιειτε αυτοισ ομοιωσ.	ουτωσ και υμεισ ποιειτε αυτοισ˙ ουτοσ γαρ εστιν ο νομοσ και οι προφηται.
	43 ηκουσατε οτι ερρεθη˙
	αγαπησεισ τον πλησιον σου
	και μισησεισ τον εχθρον σου.

Lk 6,27-28	Lk 6,35	Mt 5,44
27 αλλα υμιν λεγω		εγω δε λεγω υμιν˙
τοισ ακουουσιν˙	35 πλην	
αγαπατε τουσ εχθρουσ υμων,	αγαπατε τουσ εχθρουσ υμων	αγαπατε τουσ εχθρουσ υμων
καλωσ ποιειτε τοισ μισουσιν υμασ,	και αγαθοποιειτε	
28 ευλογειτε τουσ καταρωμενουσ υμασ,		
προσευχεσθε	και	και προσευχεσθε
περι των επηρεαζοντων υμασ.		υπερ των διωκοντων υμασ.
	δανιζετε μηδεν απελπιζοντεσ˙	

35 και εσται ο μισθοσ υμων πολυσ, και εσεσθε υιοι υψιστου,	45 οπωσ γενησθε υιοι του πατροσ υμων του εν ουρανοισ,
οτι αυτοσ χρηστοσ εστιν επι τουσ αχαριστουσ και πονηρουσ.	οτι τον ηλιον αυτου ανατελλει επι πονηρουσ και αγαθουσ και βρεχει επι δικαιουσ και αδικουσ.
32 και ει αγαπατε τουσ αγαπωντασ υμασ, ποια υμιν χαρισ εστιν; και γαρ οι αμαρτωλοι τουσ αγαπωντασ αυτουσ αγαπωσιν.	46 εαν γαρ αγαπησητε τουσ αγαπωντασ υμασ, τινα μισθον εχετε; ουχι και οι τελωναι το αυτο ποιουσιν;
33 και [γαρ] εαν αγαθοποιητε τουσ αγαθοποιουντασ υμασ, ποια υμιν χαρισ εστιν; και οι αμαρτωλοι το αυτο ποιουσιν.	47 και εαν ασπασησθε τουσ αδελφουσ υμων μονον, τι περισσον ποιειτε; ουχι και οι εθνικοι το αυτο ποιουσιν ;
34 και εαν δανισητε παρ' ων ελπιζετε λαβειν, ποια υμιν χαρισ [εστιν]; και αμαρτωλοι αμαρτωλοισ δανιζουσιν ινα απολαβωσιν τα ισα.	
35 πλην αγαπατε τουσ εχθρουσ υμων και αγαθοποιειτε και δανιζετε μηδεν απελπιζοντεσ·	44 αγαπατε τουσ εχθρουσ υμων και προσευχεσθε υπερ των διωκοντων υμασ,
και εσται ο μισθοσ υμων πολυσ, και εσεσθε υιοι υψιστου,	45 οπωσ γενησθε υιοι του πατροσ υμων του εν ουρανοισ,
οτι αυτοσ χρηστοσ εστιν επι τουσ αχαριστουσ και πονηρουσ.	οτι τον ηλιον αυτου ανατελλει επι πονηρουσ και αγαθουσ και βρεχει επι δικαιουσ και αδικουσ.
36 γινεσθε οικτιρμονεσ καθωσ [και] ο πατηρ υμων οικτιρμων εστιν.	48 εσεσθε ουν υμεισ τελειοι ωσ ο πατηρ υμων ο ουρανιοσ τελειοσ εστιν.

2. Die programmatische Rede Jesu

Die Forderung der Feindesliebe ist sowohl im Lk- als auch im MtEv Teil einer grösseren Redekomposition, die bei Lk aufgrund von 6,17 meist "Feldrede"[5] und bei Mt wegen 5,1 "Bergpredigt" genannt wird.

5) SCHUERMANN, Warnung 291f bezeichnet die Komposition mit Hinweis auf den vorangehenden "Abstieg" Jesu vom Berg und die "Sinai-Parallele", in deren Licht dieser zu verstehen sei, als "Predigt am Berge" und lehnt die Bezeichnung "Feldpredigt" ab (vgl. Ders., LkI 320). Da die

Für die Q-Vorlage dieser Komposition scheint sich die Bezeichnung "programmatische Rede" durchzusetzen[6].

2.1. Der weitere Kontext

2.1.1. Die Stellung der Bergpredigt im MtEv

Im MtEv folgt die Bergpredigt (Mt 5-7) auf ein red komponiertes Summar (4,23-25), das selbst schon als Teil des Rahmens der Bergpredigt anzusprechen ist, so dass dieser 4,23-5,2 umfasst[7]. Dieser Rahmen ist weitgehend von Mt selbst gestaltet, jedoch - besonders in 4,23-25 - in starker Rückbindung an Mk[8] und wohl auch in Abhängigkeit von Q[9]. Was die Stellung der Bergpredigt im Mk-Aufriss, dem Mt in seinem Ev folgt, betrifft, so ist ein Urteil schwierig, da Mt in den Kapiteln 1-11 stärker selbst gestaltet als ab Kapitel 12, wo die Abhängigkeit von der mk Stoffanordnung "evident" ist[10]. Meist wird angenommen, dass die Bergpredigt hinter Mk 3,7-13 eingeschoben ist (Summar; Berg-Motiv), doch sprechen die sprachlichen Uebereinstimmungen zwischen Mk 1,22 und dem Schluss der Bergpredigt (7,28f) und die Tatsache, dass Mt "die Reihenfolge von Mk 1,4-2,22 im Prinzip erhalten" hat[11], für die Annahme, "dass Matthäus seine Bergpredigt zwischen Mk 1,21 (=Mt 5,2) und 22 (=Mt 7,28-29) geschoben hat. Das schliesst nicht aus, dass er beim Redigieren seines Summars in 4,23-25 auch Worte und Motive von Mk 3,7-13 (und aus anderen markinischen Stellen) entlehnt hat."[12].

Bezeichnung von Lk 6,20-49 als "Feldrede" sehr geläufig (und damit verständlich) ist, behalte ich sie trotzdem bei.

6) Vgl. GNILKA, Christusbild 115; LUEHRMANN, Redaktion 54; SATO, Q 41; SCHULZ, Q 78 u.a.

7) S. LOHFINK, Bergpredigt 267-271; vgl. LUZ, MtI 178 mit Anm 2; KRIEGER, Publikum 100

8) Vgl. die Nachweise bei LUZ, MtI 179.197; LOHFINK, Bergpredigt 272f

9) Vgl. u. 2.1.3.1.

10) Vgl. LUZ, MtI 24

11) LUZ, ebd.

12) LAMBRECHT, Ich aber 24f (Zitat 25); so auch SCHUERMANN, LkI 318 (Anm 52); BARTSCH, Feldrede 6; NEIRYNCK, Sermon; WEGNER, Hauptmann 102 Anm 1. Zu den Uebereinstimmungen mit Mk vgl. die Liste bei LOHFINK, Bergpredigt 272

Für die mt Konzeption von besonderer Bedeutung ist die Rahmung der Kapitel 5-9 durch 4,23 und 9,35[13]. Diese Einheit dient dazu, Jesus als Messias des Wortes (5-7) und der Tat (8-9) zu erweisen[14]. Im vorangehenden Prolog 1,1-4,22[15] verarbeitet Mt Stoffe unterschiedlicher Provenienz, wobei nur die Täuferpredigt (Mt 3,7-12//Lk 3,7-9.16f) und die Versuchungsgeschichte (Mt 4,1-11//Lk 4,1-13) sicher auf Q zurückgehen, aber wahrscheinlich auch im Bericht vom Auftreten des Täufers (Mt 3,1-6; Lk 3,1-6; vgl. Mk 1,1-6)[16] und von der Taufe Jesu (Mt 3, 13.16f; Lk 3,21f; vgl. Mk 1,9-11)[17] Q-Trad verarbeitet sind. Möglich ist schliesslich auch, dass Q anschliessend von einem Gang nach Nazara berichtete (Mt 4,13; Lk 4,16)[18].

Im Anschluss an die Bergpredigt[19] folgt in den Kapiteln 8 und 9 der sogenannte "Wunderzyklus". In Mt 8,1-4 wird Mk 1,40-45 antizipiert, dann folgt die einzige in Q überlieferte Heilungsgeschichte 8,5-10.13, die Mt sekundär mit 8,11f//Lk 13,28f kombiniert[20]. Aus Q stammen ferner die Nachfolge-Logien Mt 8,19-22//Lk 9,57-60, der übrige Stoff stammt aus Mk. Da Mt die Logien 8,19-22 in seine Fassung von Mk 4,35-41 (Mt 8,18.23-27) einarbeitet und das Rettungswunder so zum "Paradigma (...) der Bewährung in der Nachfolge angesichts der Ge-

13) LUZ, MtI 24f.178; vgl. GRUNDMANN, Mt 110; SCHWEIZER, Mt 38; LOHFINK, Bergpredigt 270 u.v.a.

14) LUZ, MtI 178 u.v.a. im Anschluss an SCHNIEWIND

15) SCHWEIZER, Mt 38 lässt den Abschnitt über "Das Werden Jesu" schon in 4,16 zu Ende gehen.

16) Vgl. pasa hē perichōros tou Iordanou Mt 3,5; Lk 3,3 gegen Mk

17) Vgl. GRUNDMANN, Lk 106f; LUZ, MtI 150f mit Anm 2; SCHUERMANN, LkI 197; GNILKA, Christusbild 117; MAHNKE, Versuchungsgeschichte 187-190; POLAG, Fragmenta 30; SATO, Q 27f; anders LAUFEN, Doppelüberlieferungen 83; SCHENK, Synopse 20f; SCHULZ, Q 186; VOEGTLE, Herkunft 72-75.

18) Vgl. LUZ, MtI 168; SATO, Q 26f; im MtEv ist diese Lesart allerdings nicht so gut bezeugt. SCHUERMANN, Bericht, vgl. Ders., LkI 223f versucht, aus Lk 4,14-16 einen Q zugehörigen "Bericht vom Anfang" zu rekonstruieren (vgl. die differenzierte Kritik bei SCHRAMM, Mk-Stoff 90 Anm 1, entsprechend auch SCHNEIDER, LkI 104 u.a.). Zum Q-Stoff in Mt 3-4 vgl. auch HOFFMANN, Studien 15-33; LAUFEN, Doppelüberlieferungen 93-97.117-120 (zu Lk 3,16//Mt 3,11); POLAG, Fragmenta 28-30.84; SATO, Q 38; SCHENK, Synopse 17-23; SCHULZ, Q 177-190.366-378; ZELLER, Kommentar 17-25

19) Zum Problem des Abschlusses der Bergpredigt, bzw. der Ueberleitung zum Folgenden s.u. 2.1.3.1.(4.)

20) Zur Begründung s. WEGNER, Hauptmann 3-5

fahr stilisiert"[21], sind Rückschlüsse von der Mt-Akoluthie auf die Stellung der Nachfolge-Logien in Q nicht möglich.
Da Mt in 4,23-9,35 seinen Stoff bei grosser Traditionsgebundenheit sehr bewusst redigiert und anordnet[22], sind Rückschlüsse auf die Stoffanordnung in Q nur im Vergleich mit der Akoluthie des Q-Stoffes bei Lk möglich. Die weitgehende Uebereinstimmung von Mt und Lk bezüglich des Q-Stoffes vor der programmatischen Rede wird sich allerdings als starkes Argument für die Ursprünglichkeit dieser Stoffanordnung erweisen[23].

2.1.2. Die Einordnung der Feldrede im LkEv

Im LkEv nimmt die Feldrede eine deutlich weniger prominente Stellung ein als die Bergpredigt bei Mt, da Lk das Auftreten Jesu in Nazareth (4,16-30[24]) als programmatischen Anfang seiner öffentlichen Wirksamkeit besonders hervorhebt. Hinzu kommt, dass die lk Feldrede mit ihren 30 Versen erheblich kürzer ist als die mt Bergpredigt.

1. In quellenkritischer Hinsicht bedeutsam ist die Tatsache, dass Lk 6,19 den ersten Mk-Block (Lk 4,31-6,19; vgl. Mk 1,21-3,19) abschliesst und in Lk 6,20 die kleine Einschaltung (6,20-8,3) beginnt. Auffällig ist, dass Lk den Mk-Stoff unmittelbar vor 6,20 umstellt: Die Berufung der zwölf Apostel (6,12-16; vgl. Mk 3,13-19) wird dem Summarium, das vom Zustrom der Menge und von der Heilungstätigkeit Jesu berichtet (6,17-19; vgl. Mk 3,7-12), vorgeordnet. Das kann den sachlichen Grund haben, dass Lk die Menge als Auditorium für die Rede Jesu denkt, welche am Fuss des Berges lokalisiert wird, weil dieser Platz geeignet ist, grössere Volksmengen zu fassen, auch den heilungsuchenden Kranken zugänglich ist und weil "der gebührliche Platz des Volkes am Fusse des Berges (ist)"[25]. Erwogen wird aber auch, dass die

---

21) PESCH/KRATZ, So liestIII 21-23 (Zitat 23); vgl. schon G. BORNKAMM, Die Sturmstillung im Matthäusevangelium, in: Ders./G. BARTH/H.J. HELD, Ueberlieferung 48-53, hier 50f; HELD, Matthäus 189-192
22) Zu dieser literarischen Leistung des Mt s. LUZ, MtI 24
23) S.u. 2.1.2.
24) Vgl. dazu BUSSE, Manifest (Lit!)
25) SCHUERMANN, LkI 320f (Zitat 321)

Stoffumstellung auf den Einfluss einer Traditionsvariante (aus Q) zurückgeht[26].

Was den im LkEv der Feldrede vorangehenden Q-Stoff betrifft, so ist - abgesehen von der eigens zu behandelnden Frage nach ihrem Rahmen in Q - festzustellen, dass er mit dem der mt Bergpredigt vorangehenden Stoff identisch ist (Lk 3,1-6; Mt 3,1-6?; Lk 3,7-9.16f//Mt 3,7-12; Lk 3,21f; Mt 3.13.16f?; Lk 4,1-13//Mt 4,1-11; Lk 4,16; Mt 4,13?)[27].

Unmittelbar im Anschluss an die Feldrede berichtet Lk die Heilung des Knechtes des Hauptmanns von Kafarnaum (7,1-10//Mt 8,5-10.13) und die Auferweckung des Jünglings von Nain (7,11-17[28]), um dann den Täufer-Komplex (7,18-35//Mt 11,1-19) anzuschliessen. Darauf folgt der Bericht von einem Gastmahl Jesu im Haus eines Pharisäers (7,36-50). Ein Summarium mit Hinweis auf die Jesus begleitenden Jüngerinnen (8,1-3) schliesst die "kleine Einschaltung" ab, der in 8,4-9,50 wieder ein Mk-Block (4,1-9,40, ohne 6,45-8,26) folgt. Mit 9,51 beginnt der grosse "Reisebericht".

2. Eine (synchrone) Gliederung von Lk 1,1-9,50 ist schwierig[29], so dass eine Zuordnung der Feldrede zu einem grösseren Stoffkomplex nur mit Zurückhaltung möglich ist.

---

26) Dazu s.u. 2.1.3.1. Entsprechend würde dann die "kleine Einschaltung" schon in Lk 6,12 beginnen (so SCHUERMANN, LkI 323).

27) S.o. 2.1.1. mit A 16-18

28) Vielfach wird angenommen, Lk habe diesen Wunderbericht im Blick auf 7,22 ("Tote werden auferweckt") red eingeschoben (so z.B. SCHNEIDER, LkI 167; vgl. ERNST, Lk 242), doch fällt auf, dass Lk sein am Umgang mit Mk gut erkennbares "Block-Verfahren" auch in der Kombination von Q und SLk durchhält: "Lk 6,20-7,10 (bzw. 7,35 D.K.) ist fast ausschliesslich Q; Lk 7,36-8,3 dagegen in der Hauptsache Sondergut" (ERNST, Lk 27). Es muss deshalb gefragt werden, ob Lk den Abschnitt 7,11-17 nicht schon in seiner Vorlage (QLk) an dieser Stelle gelesen hat. Die damit angesprochene, bisher zu wenig bearbeitete Problematik der Gestalt des von Lk benutzten Q-Exemplars kann hier allerdings nicht weiterverfolgt werden (vgl. die Hinweise bei SATO, Q 61-71; auch SCHWEIZER, Frage; Ders., Lk 3f macht auf die Schwierigkeit der Fragestellung aufmerksam).

29) Vgl. dazu die (eigenartigerweise kaum je näher begründeten) Gliederungsversuche der Kommentare (Inhaltsverzeichnisse) sowie KUEMMEL, Einleitung 95-97. Ein extremes Beispiel ist der Kommentar von SCHMITHALS (Lk), der völlig auf eine Gliederung verzichtet und im kurzen Abschnitt über den "Aufbau" (aaO 10) nur auf den Umgang des Lk mit seinen Quellen verweist.

a) Unklar ist zunächst, ob die "Kindheitsgeschichten" ein in sich geschlossener Teil sind[30], oder mit 3,1-4,13 zusammen zur "Vorgeschichte" gehören[31]. Ein Urteil ist v.a. von der Gewichtung des Synchronismus 3,1f abhängig, der zweifellos eine Zäsur darstellt[32]: Handelt es sich nur um eine Untergliederung, leitet er einen Hauptteil ein oder ist er ein Neueinsatz, ohne dass damit schon der Hauptteil beginnt? Ersteres ist m.E. auszuschliessen, da 3,1f einen so deutlichen Einschnitt markiert, wie er sich im Doppelwerk sonst kaum noch findet[33]. Ob mit 3,1 jedoch der Hauptteil unmittelbar einsetzt, oder ob 3,1-4,13 eine Art "Einleitung im Hauptteil" darstellen, ist kaum entscheidbar, zumal Lk an einer klaren Gliederung wenig zu liegen scheint[34].

b) Dass die Rückkehr Jesu nach Galiläa (Lk 4,14) einen weiteren Einschnitt darstellt und den Beginn der öffentlichen Wirksamkeit markiert[35], ist kaum zu bestreiten, zumal der anschliessende, sehr ausführliche und sorgfältig gestaltete Bericht vom Auftreten Jesu in der Synagoge seiner Heimatstadt Nazareth (4,16-30) unverkennbar programmatische Züge trägt.

c) Die weiteren Gliederungen im lk Bericht sind nicht besonders auffällig. Einschnitte werden in Lk 4,31[36], 5,1[37], 5,12[38], 6,12[39] und 6,20[40] gesehen.

In 4,31 wird zwar ein Ortswechsel nach Kafarnaum berichtet, doch setzt Lk dasselbe Auditorium wie in 4,16-30 voraus (ēn didaskōn autous), was gegen eine zu deutliche Absetzung vom Vorangehenden spricht. Da 4,42-44 doch eine klare Trennung von Kafarnaum schildert und in 5,1-11 mit den ersten Jüngerberufungen eine neue Dimension

---

30) So GRUNDMANN, Lk V; SCHUERMANN, LkI VII; SCHWEIZER, Lk 264

31) So ERNST, Lk 723; SCHNEIDER, LkI 7; KUEMMEL, Einleitung 95

32) Auch ERNST, aaO und SCHNEIDER, aaO trennen die Abschnitte deutlich

33) Lk 9,51 z.B., das allgemein als starker Einschnitt und Beginn des Reiseberichts anerkannt ist, wirkt weniger gliedernd, vgl. nur das Vorkommen von (analēmpseōs) autou, das auf das Vorangehende zurückweist.

34) Vgl. dazu auch die Apg, wo 1,8 oft als Hinweis auf den Gesamtaufriss verstanden wird, ohne dass dies dann im Textkorpus konsequent aufzuzeigen ist (vgl. SCHNEIDER, ApgI 65-68 mit Lit!).

35) So auch ERNST, Lk 723; SCHNEIDER, Lk 7f

36) So GRUNDMANN, Lk V-VI; SCHWEIZER, Lk 63

37) So ERNST, Lk 724; SCHNEIDER, LkI 8; SCHUERMANN, LkI VIII

38) So SCHWEIZER, Lk 70

39) So ERNST, Lk 724; SCHUERMANN, LkI IX; SCHWEIZER, Lk 74

40) So SCHNEIDER, LkI 8

der Wirksamkeit Jesu angesprochen wird, ist es wohl berechtigt, zwischen 4,44 und 5,1 einen Einschnitt zu sehen, der dadurch charakterisiert ist, dass Jesus nun nicht mehr alleine in Galiläa (4,14.31) wirkt, sondern von nun an in Begleitung seiner Jünger in Ioudaia (4, 44;7,17, gemeint ist das "Judenland", nicht die Provinz Judäa) das Evangelium verkündigt[41].

In 5,(12-16)17-6,11 reiht Lk - der Mk-Akoluthie folgend - verschiedene Begebenheiten aus der Wirksamkeit Jesu aneinander, denen gemeinsam ist, dass sie zu Konflikten mit Pharisäern und Gesetzeslehrern führen. Die topographischen und chronologischen Angaben sind recht unbestimmt.

In 6,12 erfolgt eine präzise Ortsangabe (to oros), die in 6,17 durch den Hinweis auf den Abstieg (kai katabas) wieder aufgenommen wird. 6,20a dagegen stellt nur die unmittelbare Redeeinleitung dar, so dass es angemessen scheint, 6,12-20a insgesamt als Vorbereitung der Feldrede, bzw. der "Predigt am Berge" zu verstehen[42].

d) Lk 7,1-9,50 wird allgemein als ein grösserer Abschnitt verstanden[43]. Eine Untergliederung ist schwierig. Einschnitte werden in 8,1 und 9,1 gesehen[44], doch wären auch andere Einteilungen denkbar.

e) Zusammenfassend kann festgehalten werden, dass sich bei Lk kein systematisches Interesse an einer klaren Gliederung seiner diēgēsis (1,1) zeigt. Obwohl er die einzelnen Abschnitte sehr bewusst gestaltet, lassen sich kaum grössere Kompositionseinheiten erkennen. Das mag mit dem Umgang des Lk mit seinen Quellen zusammenhängen, der durch eine relativ grosse Freiheit in der Formulierung, aber auch durch eine grosse Treue zu ihrem Aufbau ("Blockverfahren") gekennzeichnet ist. Zwar ist es durchaus möglich, "thematische" Blöcke[45] auszumachen und auch die geographischen Angaben auszuwerten[46], doch ist unklar, welche Bedeutung ihnen in der Intention des Lk zukommt. Für Lk 6,

---

41) Vgl. SCHNEIDER, LkI 118f.120; SCHUERMANN, LkI 256f.260f. Zur Bedeutung von Ioudaia bei Lk s. LOHFINK, Sammlung 39f

42) So ERNST, Lk 724; SCHUERMANN, LkI IX; SCHWEIZER, Lk 74; anders: SCHNEIDER, LkI 8

43) So ERNST, Lk 724; SCHUERMANN, LkI IX; SCHWEIZER, Lk 84

44) So SCHNEIDER, LkI 8; SCHUERMANN, LkI IX-X

45) Vgl. z.B. die Gliederung von SCHUERMANN, LkI VII-X

46) Vgl. dazu CONZELMANN, Mitte 12-86

20-49 ergibt sich, dass schon 6,12-19 zum Rahmen dieser Rede Jesu gehören, die Teil seiner Verkündigung im Judenland ist.

2.1.3. Der Kontext der programmatischen Rede in Q

2.1.3.1. Der Rahmen der Rede

Im Zusammenhang mit der neueren Diskussion um die Bergpredigt[47], die stark durch die Frage nach ihrer politischen und gesellschaftlichen Relevanz geprägt ist, hat insbesondere LOHFINK auf die Bedeutung ihres Rahmens aufmerksam gemacht. Er spricht sogar von der "Theologie des Rahmens"[48]. Auch auf der Stufe von Q ist - wenn auch aus anderen Gründen - ein steigendes Interesse an der Frage feststellbar[49].

1. Die Frage nach dem Rahmen der programmatischen Rede in Q wird unterschiedlich beantwortet, wobei sich drei Antworttypen ausmachen lassen:

a) Vor allem SCHRAMM und SCHUERMANN sind der Auffassung, dass schon hinter Lk 6,12-19 eine Traditionsvariante zu Mk 3,7-19 steht, die in Q der programmatischen Rede vorausging[50].

---

47) An dieser Stelle drängt sich eine Bemerkung zur Literatur-Auswahl in diesem Kapitel auf: Aus der Unzahl von Beiträgen werden nur die eigentlich fachexegetischen Arbeiten (und auch diese unvollständig!) berücksichtigt, wobei traditionsgeschichtlich orientierte Untersuchungen besondere Aufmerksamkeit finden. Die Problematik dieser Einschränkungen ist mir bewusst, zeigen doch gerade (verantwortungsvoll) aktualisierende Interpretationen, dass die "Denkbewegung" der Forderung der Feindesliebe sich nicht auf ihre Relation zur Tora reduzieren lässt, und machen so deren "Offenheit" bewusst.

48) LOHFINK, Bergpredigt (Zitat: Ueberschrift aaO 273); vgl. Ders., Jesus 46-50; s. jetzt auch KRIEGER, Publikum und den Sammelband von G. LOHFINK, Wem gilt die Bergpredigt? Beiträge zu einer christlichen Ethik, Freiburg 1988.

49) Zu den einzelnen Auffassungen s.u. (1.). Als Gründe für dieses Interesse sind m.E. zwei Tendenzen in der Q-Forschung zu sehen: Einerseits die zunehmende Berücksichtigung der Q-Komposition für die Interpretation der einzelnen Aussagen, und anderseits eine differenziertere Handhabung der Literarkritik, die auch durch Doppelüberlieferungen "verdeckte" Q-Texte zu erheben sucht (zum Stand der Q-Forschung s. auch o. Einl. 4.).

50) SCHRAMM, Mk-Stoff 113f; SCHUERMANN, LkI 318f.323; vgl. auch SCHNEIDER, LkI 145.148. Eine Berufung der Zwölf und eine Zwölferliste in Q po-

b) Vielfach wird vermutet, dass hinter Lk 6,20a; Mt 5,1f eine Q-Einleitung zur programmatischen Rede steht, der in Lk 7,1; Mt 7,28f eine Schlusswendung entspricht[51].

c) Eine explizite Bestreitung der Existenz einer Einleitung zur programmatischen Rede in Q ist mir nicht bekannt, doch gehen manche Autoren auch im Zusammenhang der Frage nach ihrer Gestalt in Q nicht auf die Problematik ein[52].

2. Die Annahme, dass Lk 6,12-20a (Berufung der Zwölf; Andrang des Volkes) in Q der Komposition 6,20b-49 vorausging, bedarf sorgfältiger Prüfung, da die Rede Jesu eine neue Bedeutung bekommt, wenn sie im Kontext der Konstituierung des Zwölferkreises zu sehen ist.

a) Für die These, dass Q eine Konstituierung des Zwölferkreises berichtete und eine Apostelliste enthielt, werden folgende Gründe ins Feld geführt:

-Mt 10,1-4 und Lk 6,12-16 stimmen gegen Mk 3,13-19 in der Bezeichnung der Zwölf als "Apostel" (Lk 6,13; Mt 10,2) überein[53].

-Andreas wird als adelphos des Simon Petrus bezeichnet und an zweiter Stelle erwähnt, während Mk ihn erst nach Jakobus und Johannes nennt.

-Die Bezeichnung der Zebedaiden als Boanērges, ho estin hyioi brontes (Mk 3,17) fehlt bei Mt und Lk.

-Weiter fallen Uebereinstimmungen der mt Liste mit jener von Apg 1,13b auf: Thomas wird (gegen Mk) vor Matthäus erwähnt (in der Apg

---

stuliert auch TRAUTMANN, Handlungen 212-218, die diese jedoch der Aussendungsrede vorordnet und damit die Mt-Akoluthie für ursprünglicher hält (aaO 217); zur Annahme einer Zwölferliste in Q s. auch SCHNEIDER, ApgI 206f; ZELLER, Kommentar 98 (abwägend). Gegen diese Annahme: PESCH, ApgI 78-80.

51) LUZ, MtI 415f (zum Schluss); SCHMITHALS, Lk 78.90; LUEHRMANN, Redaktion 55.56; POLAG, Fragmenta 32.38; SATO, Q 27 (mit Anm 23); SCHENK, Synopse 24.37; STRECKER, Bergpredigt 9.26.179f; WEGNER, Hauptmann 122 (vgl. 102-122)

52) So z.B. HOFFMANN, Studien; SCHULZ, Q. Auch LAUFEN, Doppelüberlieferungen erwähnt Lk 6,12-19 nicht in der Liste möglicher Doppelüberlieferungen (aaO 81-92)

53) Hous kai apostolous ōnomasen in Mk 3,14 wird trotz der guten Bezeugung von Lk 6,13 abhängig sein; für eine sekundäre Streichung des Aposteltitels in der Textgeschichte des MkEv gibt es keinen Grund.

ist nicht Bartholomäus dazwischen genannt) und die Gliederungen der Listen durch kai stimmen weitgehend überein: Während Mk und Lk alle Namen durch kai anreihen, bilden Mt und die Apg Gruppen (die ersten vier Glieder sind durch kai verbunden, dann folgen 3mal zwei durch kai verbundene Paare)[54].

-Schliesslich sind auch Uebereinstimmungen zwischen Lk und Apg gegen Mk festzustellen: Die verkürzte Genitiv-Konstruktion Iakōbos(n) Alphaiou, die Erwähnung des Ioudas Iakōbou anstelle des Thaddaios und die Bezeichnung des Simon als zelotēs. Diese Uebereinstimmungen von Mt und Lk untereinander und mit der Apg gegen Mk dienen insbesondere TRAUTMANN als Grundlage für die Rekonstruktion einer Apostelliste in Q[55].

b) Bei der Ueberprüfung der Annahme einer Zwölferliste in Q wird zunächst zu bedenken sein, dass diese der einzige Ort in Q wäre, wo von Aposteln (Lk 6,13; Mt 5,2) die Rede ist und diese namentlich erwähnt werden. An keiner anderen Stelle von Q sind Jünger-, bzw. Apostelnamen überliefert. Immerhin spielt die Zahl "Zwölf" in Q eine gewisse Rolle (vgl. Lk 22,28-30//Mt 19,28)[56], wenn auch die Bezeichnung eines engeren Jüngerkreises als hoi dōdeka (so Mk 6,7;10,32 u. ö.) in Q nicht belegt ist, so dass die Berufung der "Zwölf", bzw. der "zwölf Apostel" in Q mehr oder weniger isoliert dastünde.

Was die Reihenfolge der ersten vier Namen der Zwölferliste betrifft, so sind neben den Listen selbst auch ihre weiteren Erwähnungen in den Evangelien und in der Apg zu berücksichtigen[57]:

aa Petrus, Jakobus, Johannes, Andreas: Mk 3,16-18;13,3

bb Petrus, Andreas, Jakobus, Johannes: Mk 1,16-20//Mt 4,18-22; Mk 1,29; Mt 10,2; Lk 6,14

cc Petrus, Johannes, Jakobus, Andreas: Apg 1,13

---

54) Die Abweichung am Schluss (Mt: Zwei 2er-Gruppen; Lk: Eine 3er-Gruppe) wird von TRAUTMANN, Handlungen 216 auf die Streichung des Judas in Apg 1,13 zurückgeführt. Vgl. dort (aaO 217) auch das Strukturschema.

55) TRAUTMANN, Handlungen 213-217 (Q-Text aaO 217)

56) Zum Bezug auf den 12er-Kreis s. TRAUTMANN, aaO 190-199

57) Von den Erwähnungen einzelner Apostel und des Bruderpaares Jakobus und Johannes ohne weitere Mitapostel wird abgesehen, da sie für unsere Fragestellung unergiebig sind.

dd Petrus, Jakobus, Johannes: Mk 5,37; Mk 9,2//Mt 17,1; Mk 14,33// Mt 26,37; Lk 5,1-11

ee Petrus, Johannes, Jakobus: Lk 8,51 diff Mk 5,37; Lk 9,28 diff Mk 9,2[58]

ff Petrus, Johannes: Lk 22,8; Apg 3,1.3.4.11;4,13.19;8,14

gg Petrus, Andreas: Joh 1,40.44;6,8

Bei der Durchsicht dieser Belege fällt auf, dass Mk und Lk sowohl die Abfolge (aa) als auch die Abfolge (bb), bzw. (cc) kennen. Erstere lässt sich wohl mit der Tatsache in Verbindung bringen, dass Petrus, Jakobus und Johannes relativ häufig als "innerer Kreis" der Zwölf von Jesus ausgewählt werden (dd), während letztere mit den Verwandtschaftsverhältnissen zusammenhängt. Diese Beobachtung nötigt dazu, von zwei verschiedenen Traditionen zu sprechen, die jedoch nicht auf Mk und Q verteilt werden können, da Mk (und Lk) beide aufnimmt. Da das Verwandtschaftsverhältnis zwischen Petrus und Andreas als Grund für die (spätere?) Bildung der Abfolge (bb) anzusehen ist, kann auch die wörtliche Uebereinstimmung von Mt 10,2 und Lk 6,14 (Andreas ho adelphos autou, Lk: Akk.) nicht als Argument für die Existenz einer Q-Fassung der Apostelliste beansprucht werden[59], zumal Apg 1,13 in diesem Punkt mit der mk Apostelliste (und nicht mit der vorausgesetzten Liste aus Q) übereinstimmt[60]. Was das Fehlen der Bezeichnung der Zebedaiden als Boanērges und ihrer Erklärung (Mk 3,17b) in Mt 10,2; Lk 6,14 betrifft, so kann mit unabhängigen red Kürzungen gerechnet werden, da diese Ueberlieferung schwer verständlich war und ihr (anders als der Umbenennung des Simon in Kephas/Petrus) keine Bedeutung mehr zukam.

---

58) Vgl. auch Gal 2,9 Iakōbos kai Kēphas kai Iōannēs

59) Dass Petrus und Andreas Brüder sind, wird stets erwähnt, bzw. impliziert, wenn Petrus und Andreas unmittelbar nacheinander genannt werden. Der Hinweis fehlt nur in Mk 3,18;13,3 und Apg 1,13, wo zwischen Petrus und Andreas Jakobus und Johannes genannt werden.

60) Die Vorordnung von Johannes vor Jakobus in Apg 1,13 ist lk, wie Lk 8, 51 und 9,28 sowie die Zusammenstellung von Petrus und Johannes in Lk 22,8 und in der Apg (7mal) belegen. Dafür, dass Andreas in Apg 1,13 red vom zweiten auf den vierten Platz versetzt wurde (so TRAUTMANN, Handlungen 215.216) gibt es im Doppelwerk aber weder eine Parallele noch ein Indiz. Die diesbezügliche Uebereinstimmung mit Mk 3,16-18 und 13,3 lässt vermuten, dass diese Stellung trad ist (so auch SCHUERMANN, LkI 318 mit Anm 56).

Auch im hinteren Teil der Listen gibt es keine genauen Uebereinstimmungen in der Reihenfolge von Mt, Lk und Apg gegen Mk. Auffällig sind die Abweichungen der lk Listen (verkürzte Formulierung Iakōbos(n) Alphaiou; Bezeichnung des Simon als zelotēs(n) und "Ersatz" von Thaddäus durch Ioudas(n) Iakōbou). Hier ist wohl mit einer lk Sonderüberlieferung zu rechnen, die jedoch bei Mt keine genaue Entsprechung hat, wo einzig die Umstellung von Thomas und Matthäus (vgl. Apg 1,13: Thomas, Bartholomäus, Matthäus) auffällt.

c) Zusammenfassend kann zur Frage, ob Q eine Apostelliste enthielt, festgestellt werden, dass eine solche dort insofern isoliert dastünde, als Q weder am Apostolat der Zwölf noch an ihren Namen ein Interesse erkennen lässt. Zur Erklärung der Abweichungen der Listen im MtEv, im LkEv und in der Apg von jener im MkEv ist die Annahme einer Q-Fassung der Liste nicht notwendig und auch nicht besonders hilfreich, da sie keine einheitliche Deutung der Unterschiede ermöglicht. Hinzu kommt, dass Beobachtungen zur Anordnung der ersten vier Namen in den Evangelien und in der Apg (auch ausserhalb der Listen) erkennen lassen, dass diese vier Jünger eine besondere Bedeutung hatten[61], wobei einerseits Petrus, Jakobus und Johannes, anderseits die Bruderpaare Petrus/Andreas und Jakobus/Johannes zusammengeordnet werden. Diese beiden Tendenzen existieren schon bei Mk unausgeglichen nebeneinander und sind nicht quellenkritisch auszuwerten.

Die Konstituierung des Zwölferkreises im Vorfeld der Feldrede in Lk 6, 12-16 geht somit wahrscheinlich nicht auf Q zurück, sondern ist Ergebnis der lk Komposition von Mk- und Q-Stoff, wobei Lk die mk Apostelliste teilweise mit jener, die er in Apg 1,13 bringt, ausgleicht. Zugleich führt er hier Andreas als Bruder Petri ein, obwohl dessen Berufung (aufgrund des besonderen lk Interesses an Petrus) in Lk 5, 1-11 nicht erwähnt worden war.

---

61) Diese Beobachtung genügt m.E., um die Struktur-Aehnlichkeit der mt Liste mit jener in der Apg zu erklären, wo die ersten vier Apostel zu einer Gruppe zusammengeschlossen sind, der sich vier 2er-Gruppen (Mt), bzw. (bedingt durch den Wegfall des Judas) zwei 2er- und eine 3er-Gruppe (Apg) anschliessen. Eine direkte literarische Abhängigkeit ist daraus nicht abzuleiten.

3. Geht man davon aus, dass Mt die Bergpredigt im Mk-Aufriss zwischen Mk 1,21 und 22 anordnet[62], so stellt sich die Frage, ob sich in Mt 4,23-5,2 und Lk 6,(12-13a)17-20a Anzeichen dafür erkennen lassen, dass hier eine (knappe?) Einleitung zur programmatischen Rede aus Q durch Mk-Stoffe überlagert wurde. Diese Vermutung ist schon deshalb naheliegend, weil Mt Stoff aus Mk 3,7-13 antizipiert, genau aus dem Abschnitt also, der im LkEv unmittelbar vor der Feldrede steht[63].

a) Als Indizien werden in Lk 6,12-13a; Mt 5,1 das Bergmotiv (eis to oros) und die Erwähnung der Jünger (Lk 6,13a: prosephonēsen tous mathētas autou; Mt 5,1 proselthan autō hoi mathētai autou) genannt[64]. In Lk 6,17; Mt 4,(23-)25;5,1 wird aufgrund der Erwähnung der Volksscharen ebenfalls mit Q-Einfluss gerechnet. Lk mache - seiner Tendenz in 6,13 entsprechend, jedoch gegen seine Gewohnheit, die Jünger als "kleine Schar" darzustellen - aus dem ochlos polys einen solchen von mathētai autou[65]. Als zusätzliches Argument für die Existenz einer Einleitung, welche die Präsenz von Volksscharen erwähnte, wird auf die Uebereinstimmung von Lk 7,1 mit Mt 7,28 verwiesen, welche die Existenz einer Abschlusswendung nahelegt[66].

---

62) S.o. 2.1.1. mit A 12

63) Vgl. SCHUERMANN, LkI 323: "Auch wird Matth durch eine Q-Notiz über zusammenströmende Volksscharen veranlasst worden sein, die Szene 4,23-25 auszubauen, wobei er Mk verwandte ...".

64) SCHUERMANN, LkI 318; anders SCHRAMM, Mk-Stoff 113, der in Lk 6,12-13a "eine Bildung des Lk selbst" sieht.

65) SCHUERMANN, LkI 323 mit Anm 34; vgl. aaO 321 Anm 7 (kritisch dazu LOHFINK, Sammlung 64). Weiter verweist SCHUERMANN, LkI 323 darauf, dass Lk die Lehre Jesu nicht als neue Tora charakterisiert, so dass die Sinai-Typologie schon auf Q zurückgehen werde (vgl. aaO 313 Anm 13), aber auch auf die ungriechische Form Ierousalēm (diff Mk und Mt), deren trad Charakter sich allerdings nicht beweisen lasse (vgl. aaO 323 Anm 37). SCHRAMM, Mk-Stoff 114 sieht in ochlos polys mathētōn autou "ein vorgegebenes Element", setzt aber aaO 113 die Ausdrücke ochlos polys (Lk) und ochloi polloi (Mt) zueinander in Beziehung. Auch POLAG, Fragmenta 32 setzt in Q die Ausdrücke eis to oros, ochloi und mathētai voraus; ähnlich SCHMITHALS, Lk 78; STRECKER, Bergpredigt 26 und WEGNER, Hauptmann 122 Anm 105. Anders SATO, Q 27 und SCHENK, Synopse 24, die nur Mt 5,1; Lk 6,20a für eine mögliche Q-Einleitung heranziehen.

66) SCHUERMANN, LkI 323 (er schreibt allerdings irrtümlich Mt 8,28); vgl. aaO 391; s. auch LUZ, MtI 415f; SCHMITHALS, Lk 90; LUEHRMANN, Redaktion 56; STRECKER, Bergpredigt 179f. POLAG, Fragmenta 38 und SCHENK, Synopse 37 rechnen für Q allerdings nicht mit der Erwähnung der Volksscharen.

b) Was das Bergmotiv betrifft, so ist ein Urteil wegen der Mk-Parallele 3,13 schwierig. Da Mt voraussetzt, dass Jesus auf dem Berg predigt, während Lk den Berg nur als Ort des Gebetes und der Konstituierung der Zwölf versteht, Jesus aber für die Rede wieder vom Berg absteigen lässt (6,17), ist die Konzeption nicht völlig identisch. Hinzu kommt, dass Lk einerseits von Mk abhängig ist und anderseits das für ihn charakteristische Motiv des einsamen Gebetes Jesu auf dem Berg (vor wichtigen Ereignissen) einbringt[67], so dass Q-Abhängigkeit zur Erklärung nicht notwendig ist. Auch Mt weiss um die Bedeutung des Berges (28,16-20!)[68], doch gibt es keine klaren Anzeichen für eine red Einführung des Motivs, so dass es durchaus möglich scheint, dass Mt hier von Q abhängig ist und Lk die Feldrede deshalb nach 6,12-19// Mk 3,7-19 einfügte, weil die programmatische Rede in Q auf einem Berg oder an dessen Fuss situiert war. Immerhin fällt auf, dass Q im Komplex Lk 3,1-7,35 eine Reihe geographischer und topographischer Angaben enthielt: Möglicherweise schon im durch Mk-Stoff überlagerten Abschnitt 3,1-6 (vgl. auch pasa hē perichōros tou Iordanou Lk 3,3//Mt 3,5 diff Mk), sicher aber in der Versuchungsgeschichte Lk 4,1-13 erfolgte ein Hinweis auf die Wüste (Lk 4,1//Mt 4,1), in Lk 4,16; Mt 4,13 war vielleicht von Nazara die Rede und in der auf die programmatische Rede folgenden Perikope wird Kapharnaum (Lk 7,1//Mt 8,5) erwähnt, so dass die Erwähnung des oros in der Einleitung zu Lk 6, 20b-49 gut denkbar ist. Da Mt in 4,23-5,2 das MkEv "synoptisch" verwendet, ist auch Abhängigkeit von Mk 3,13 (Mt: anebē eis to oros; Mk anabainei eis to oros) möglich[69]. Dass hier Q- durch Mk-Stoff überlagert ist, ist also nicht auszuschliessen, aber auch nicht zu beweisen.

c) Was die Adressaten der programmatischen Rede betrifft, so fällt auf, dass sowohl in Mt 5,1f als auch in Lk 6,17-20a eine gewisse Ambivalenz feststellbar ist: Zwar wird die Präsenz der Volksmassen berichtet, aber es ist nicht klar, ob alle oder nur die Jünger angespro-

---

67) Vgl. Lk 6,12;9,28f;22,39.41; in Lk 4,5 diff Mt 4,8 und Lk 21,7 diff Mk 13,3 übergeht Lk die Erwähnung des Berges, weil er dort nicht Ort des Gebetes ist.

68) Vgl. HOFFMANN, Stellung 62-65; LOHFINK, Bergpredigt 278f; WEDER, Rede 38f

69) So LUZ, MtI 197 mit Anm 1 (zum Umgang des Mt mit Mk-Texten in 4,23-5,2 s. die Uebersicht bei LOHFINK, Bergpredigt 272 und LUZ, MtI 179).

chen sind. Diese Unklarheit wird sowohl von Mt als auch von Lk am Schluss der Rede (Mt 7,28; Lk 7,1) beseitigt[70]. Spricht diese Uebereinstimmung für eine Herkunft aus Q? Auf stilkritischem Wege ist eine Entscheidung nicht möglich: ochloi polloi und die Verbindung von akoloutheō mit ochlos (Mt 4,25) sind gut mt[71] und auch idōn de und proserchomai mit den mathētai als Subjekt (5,1) verraten mt Diktion[72]. Die Erwähnung einer grossen Schar von Jüngern ochlos polys mathētōn autou (Lk 6,17) ist ungewöhnlich und geht aufgrund der einzigen synopt Parallele in Lk 19,37 (diff Mk 11,9) wohl auf die LkRed zurück[73]. Aufgrund von Mt 4,25 (vgl. 5,1;7,28; Lk 6,19;7,1) ist jedoch zu vermuten, dass in Q vom ochlos (polys) die Rede war. Lk 6,20a ist red geprägt: Einleitendes "christologisches" kai autos[74] und epairein (tous ophthalmous)[75] sind lk. Immerhin gibt es gewisse Uebereinstimmungen von Mt 5,1f und Lk 6,20a: autou ... mathēt(ai) ...leg(ein) ...[76], so dass in Q neben dem ochlos (polys) wohl auch die Jünger in der Redeeinleitung erwähnt waren.

d) Das Ergebnis des Rekonstruktionsversuches einer Einleitung der programmatischen Rede in Q ist mager: Vermutlich war vom Volk und von den Jüngern als besonderen Adressaten die Rede, vielleicht war sie auf dem Berge (bzw. am Berg) situiert[77].

4. Sowohl in Lk (7,1a) als auch bei Mt (7,28f) folgt der programmatischen Rede eine Abschlusswendung. Diese Abschlusswendungen stimmen zwar der Sache nach überein, weichen aber im Wortlaut stark vonein-

---

70) Zu dieser Ambivalenz des Mt vgl. nur LUZ, MtI 197; zu Lk vgl. LOHFINK, Sammlung 65

71) Vgl. LUZ, MtI 36.47

72) AaO 46.49.197 mit Anm 2; vgl. auch LOHFINK, Bergpredigt 272 zu Mt 5,1f "teilweise frei gestaltet".

73) LOHFINK, Sammlung 64 mit Anm 162; vgl. SCHUERMANN, LkI 323

74) JEREMIAS, Sprache 138, vgl. 37f

75) Epairein: Mt 1mal; Mk nie; Lk 6mal; Apg 5mal; epairein tous ophthalmous: Lk 6,20;16,23;18,13

76) SATO, Q 27

77) Aehnlich auch die in A 51 genannten (vgl. z.B. LUEHRMANN, Redaktion 55: "Eine ursprüngliche Einleitung der Rede in Q ist ... eventuell noch zu vermuten, ihr genauer Wortlaut jedoch nicht mehr zu ermitteln" oder WEGNER, Hauptmann 122 Anm 105: "... zu Beginn der Bergpredigt (...), wo wahrscheinlich bereits in Q eine Jünger- und Volksanwesenheit erwähnt wurde.").

ander ab[78]. In bezug auf 7,28f kann mit Sicherheit gesagt werden, dass allenfalls 7,28a aus Q stammen kann, 7,28b-29 hängt deutlich von Mk 1,22 ab.

WEGNER hat die beiden Abschlusswendungen sehr detailliert auf die Frage hin geprüft, was von ihnen allenfalls auf Q zurückgeführt werden kann. Dabei kommt er zum Schluss, dass die mt Formulierung ursprünglicher ist[79].

SATO dagegen äussert die Auffassung, dass beide Verse "jeweils ganz und gar redaktionell formuliert (sind)"[80]. Auch diese Auffassung liesse sich mit den Analysen von WEGNER vereinbaren, der in Mt 7,28a kein Element auszumachen vermag, das sicher nicht red ist[81]. Allerdings unterschätzt SATO m.E. das Gewicht der Tatsache, dass Lk 7,1a und Mt 7,28a sachlich übereinstimmen und beachtet zu wenig, dass es eine Eigenart des mt Redaktionsverfahrens ist, ursprünglich in Q oder Mk auftretende Formeln häufig zu wiederholen, was für die Annahme spricht, dass Mt die Schlusswendung 7,28a aus Q übernommen und red als Uebergangsformel am Abschluss seiner fünf grossen Reden in 11,1; 13,53;19,1 und 26,1 aufgegriffen hat[82]. Ohne letzte Gewissheit zu haben, kann davon ausgegangen werden, dass in Q Mt 7,28a (Lk 7,1b) kai egeneto hote etelesen ho lēsous tous logous toutous (eisēlthen eis Kapharnaum)[83] von der programmatischen Rede zur Perikope vom Hauptmann von Kafarnaum überleitete.

Ernsthafter als dies bei WEGNER geschieht, muss jedoch gefragt werden, ob Q an dieser Stelle nicht auch einen Hinweis auf das Volk als Auditorium Jesu enthielt, denn die Wendung eis akoas tou laou (Lk 7, 1a) hat zwar in Mt 7,28a keine Entsprechung, doch fällt auf, dass Mt in 7,28b diff Mk 1,22 die ochloi erwähnt, die über Jesu Lehre erstaunt

---

78) WEGNER, Hauptmann 102 Anm 2 verweist allerdings auf Synonyma und analoge Worte.

79) WEGNER, aaO 102-126; Zusammenfassung aaO 126; so auch POLAG, Fragmenta 38 und LUZ, MtI 415 mit Anm 5 (fragend). Mit einer Abschlusswendung in Q rechnen auch SCHMITHALS, Lk 90; SCHUERMANN, LkI 391; LUEHRMANN, Redaktion 56; SCHENK, Synopse 37; STRECKER, Bergpredigt 179f.

80) SATO, Q 490 Anm 23

81) WEGNER, Hauptmann 103-114

82) WEGNER, aaO 103 mit Anm 5-7; vgl. allerdings aaO 116f (mit Anm 80) wo er bemerkt, dass Mt auch relativ häufig "Formeln wiederholt, die weder durch Mk noch Q gedeckt sind".

83) Zu Lk 7,1b//Mt 8,5a s. WEGNER, aaO 126f

waren[84]. Zudem ist es problematisch, eis tas akoas aufgrund der einzigen Parallele in Apg 17,20 und trotz der Beobachtung, "dass Lk isoliertes akoē zu vermeiden pflegt", als lk zu bezeichnen[85]. Dass Mt es hier - entgegen seiner Gewohnheit, akoē aus seinen Vorlagen zu übernehmen - auslässt, könnte damit zusammenhängen, dass der Verweis auf das Auditorium Jesu aus Q durch die Verknüpfung mit Mk 1,22 als überschüssig entfiel. Dass das in Q nicht bezeugte laos mit hoher Wahrscheinlichkeit auf Lk zurückgeht, trifft zu[86], doch ist zu fragen, ob Lk hier nicht das in Q sicher bezeugte[87] ochlos (oder ochloi, vgl. Mt 7,28b diff Mk 1,22) durch das von ihm bevorzugte laos ersetzt, wie er es auch an 5 Stellen in seinem Mk-Stoff tut[88], so dass in Q kai egeneto hote etelesen ho Iēsous tous logous toutous eis akoas tou ochlou (oder tōn ochlōn) gestanden hätte[89].

5. Da die red Tätigkeit der Evangelisten bei Einleitungs- und Uebergangswendungen bekanntlich besonders intensiv ist, erstaunt es nicht, dass der Rahmen der programmatischen Rede in Q sich nur unter erheblichen Schwierigkeiten und bruchstückhaft rekonstruieren lässt. Als Ergebnis kann festgehalten werden:

a) Die Existenz eines solchen Rahmens in Q ist wahrscheinlich.

b) Die Einleitung erwähnte die ochloi und auch die mathētai, die wohl eigens angesprochen waren. Ob auch ein Hinweis auf den oros als Ort der Predigt Jesu enthalten war, ist nicht sicher feststellbar, aber möglich.

c) Die Ueberleitung zur Heilung des Knechtes des Hauptmanns von Kafarnaum ist im wesentlichen bei Mt erhalten, der jedoch den Hinweis auf die ochloi als Zuhörer weglässt, um eine Verdoppelung durch 7,28b-29//Mk 1,22 zu vermeiden, wo er die Erwähnung der Präsenz der ochloi nachträgt.

---

84) Dies wird von WEGNER, aaO nicht einmal erwähnt.

85) So WEGNER, aaO 120f.125

86) Vgl. aaO 121f.125f

87) S.o. I.4.2.2.2.(5.a)

88) Lk 19,48 diff Mk 11,18; Lk 20,6 diff Mk 11,32; Lk 20,19 diff Mk 12,12; Lk 20,45 diff Mk 12,37; Lk 23,13 diff Mk 15,8

89) Für einen Hinweis auf das Auditorium in Q spricht auch die bereits erwähnte Tatsache, dass sowohl Lk als auch Mt die Unklarheit über die Adressaten der Rede am Schluss beseitigen, s.o. (3.c) mit A 70.

2.1.3.2. Die Stellung der Rede in Q

1. Eine Durchsicht der Q-Stoffe vor der programmatischen Rede im Lk- und MtEv führt zur Erkenntnis, dass beide Evangelien ihr denselben Q-Stoff in derselben Akoluthie voranstellen: Lk 3,1-6?;3,7-9.16f;3,21f?; 4,1-13;4,16?[90]. Die Annahme, dass diese Uebereinstimmung auf die Anordnung des Stoffes in Q zurückgeht, liegt deshalb nahe und ist weit verbreitet[91]. Einwände hat m.W. lediglich LUEHRMANN geltend gemacht, der annimmt, dass die programmatische Rede der Beginn der Logienquelle als ganzer war und der Mk-Rahmen die Voranstellung der Täuferpredigt bei Lk und Mt bedingte, während er überhaupt bezweifelt, dass die Versuchungsgeschichte Q entstammt[92]. In der Tat ist die Möglichkeit nicht von der Hand zu weisen, dass der Mk-Aufriss die Anordnung des Q-Stoffes v.a. in den ersten Kapiteln des Lk- und MtEv bestimmte, doch fällt auf, dass gerade in den Q-Stoffen zwischen Lk 3,1 und 7,35 die Apophthegmatisierung ausgeprägt ist[93] und so ein "biographischer" Eindruck entsteht[94]. Weiter ist zu bedenken, dass der durch die Lk- und Mt-Akoluthie gedeckten Annahme, dass die Täufer-Stoffe und die Versuchungsgeschichte in Q den programmatischen Rede vorangingen und den Anfang der Logienquelle bildeten, keine plausible Alternative entgegengestellt werden kann. Da zudem anzunehmen ist, dass die programmatische Rede eine ältere Spruchsammlung darstellt, die als solche in Q aufgenommen wurde[95], spricht auch die formgeschichtliche Beobachtung, dass Makarismen oft am Anfang eines Werkes, bzw. Komplexes stehen[96], nicht gegen die Annahme, dass die Reihenfolge des Q-Stoffes bei Mt und Lk vor der programmatischen Rede auf Q zurückgeht.

---

90) S.o. 2.1.1. mit A 16-18; 2.1.2.(1.) mit A 27

91) Vgl. nur die Q-Rekonstruktionen bei: POLAG, Fragmenta, SCHENK, Synopse; ZELLER, Kommentar zu diesen Abschnitten, aber auch SATO, Q 38-42

92) LUEHRMANN, Redaktion 55f

93) So auch SATO, Q 40

94) Vgl. SATO, Q 41 "'biographische(s)' Aussehen". SCHUERMANN, Zeugnis 77, der allerdings mehr Stoff Q zuschreibt, bemerkt: "Dieses Kompositionsgebilde (sc. Q) begann mit Bedacht in erzählerischer Weise mit den 'Anfängen Jesu'".

95) Vgl. SCHUERMANN, LkI 386; Ders., Zeugnis 83f; LAMBRECHT, Ich aber 37(f); LUEHRMANN, Redaktion 55f; Ders., Feinde 423; ROBINSON, Logoi 88f mit Anm 47; SATO, Q 41; ZELLER, Mahnsprüche 191

96) Vgl. BERGER, Formgeschichte 190 (mit vielen Belegen)

2. Was die Q-Stoffe im Anschluss an die programmatische Rede betrifft, so ist unbestritten, dass ihr die apophthegmatische Wundergeschichte[97] vom Hauptmann von Kafarnaum (Lk 7,1-10//Mt 7,28a;8,5-10.13) folgte, die bei Mt nur durch Mt 8,1-4(//Mk 1,40-45) von ihr getrennt ist und ihr im LkEv unmittelbar folgt[98].
In der im allgemeinen zuverlässigeren Lk-Akoluthie der Q-Stoffe[99] folgt in 7,18-35 der Komplex mit der Täufer-Anfrage und den Worten Jesu über den Täufer. Diese Stoffanordnung wird meist als Q entsprechend angesehen[100]. Anders urteilt allerdings auch hier wieder LUEHRMANN, der dafür plädiert, die Anfrage des Täufers "ausser Betracht" zu lassen, "da dieses Stück ... bei Lk und Mt in völlig verschiedenen Kontexten ohne gemeinsamen Anschluss an ein Stück aus der Q-Ueberlieferung erscheint", so dass "sich über seine ursprüngliche Stellung in Q nichts ausmachen (lässt)", und die Nachfolgesprüche Lk 9,57-60(61f) und die Aussendungsrede Lk 10,1ff als sinnvolle Fortsetzung in Q ansieht[101]. Vor allem die Stellung der Anfrage des Täufers im LkEv lässt am Urteil von LUEHRMANN ernsthafte Zweifel aufkommen, trennt doch nur der Bericht von der Auferweckung des Jünglings von Nain (7,11-17) die Perikope vom Hauptmann von Kafarnaum von der Anfrage des Täufers. Dieser Einschub von 7,11-17 hängt (unabhängig von der Frage, ob er auf Lk oder QLk zurückgeht[102]) zweifellos mit der Erwähnung von Totenerweckungen in 7,22 zusammen, so dass die Annahme, Lk habe auch hier die Q-Akoluthie beibehalten, durchaus plausibel ist.
Dem v.a. mit dem Täufer befassten Abschnitt Lk 7,18-35 folgt in der lk Abfolge des Q-Stoffes der "Aussendungskomplex Lk 9,57-10,24"[103], wobei mit dem Apophthegma 9,57-60 sachlich und kompositorisch ein

---

97) Zur Form der Perikope s. WEGNER, Hauptmann 336-343, bes. 342f
98) Vgl. dazu nur WEGNER, aaO 292f
99) S. dazu o. Einl. 4.(3.) mit A 76
100) Vgl. die Rekonstruktionen von POLAG, Fragmenta; SCHENK, Synopse; ZELLER, Kommentar; aber auch: SATO, Q 38-42; SCHUERMANN, Zeugnis 77; WEGNER, Hauptmann 298
101) LUEHRMANN, Redaktion 58
102) Zur Problematik s.o. A 28
103) SATO, Q 42(-44); vgl. die Rekonstruktionen von POLAG, SCHENK, ZELLER (s.o. A 100) sowie SCHUERMANN, Zeugnis 77

deutlicher Neueinsatz erfolgt, der allerdings in 7,(31-)35 dadurch vorbereitet ist, dass mit den "Kindern der Weisheit" jene Leute angesprochen sind, welche die Botschaft von Johannes und Jesus angenommen haben.

3. SATO hat mit gutem Grund den "Johannes-Komplex" Lk 3,1-7,35 als grösseren Zusammenhang bestimmt, in den die programmatische Rede in Q einzuordnen ist. Er verweist dabei auf den Menschensohn-Titel in Lk 7,34//Mt 11,19, der auf den Abschluss eines Komplexes hinweist und auf die "vielfältige Rahmung" des Hauptkomplexes (bis Lk 7,28) durch das Thema des Täufers, durch die Wiederaufnahme von Lk 3,16//Mt 3, 11 in Lk 7,19//Mt 11,2 (erchomenos) und möglicherweise durch den Hinweis auf die Wüste (Lk 3,3; Mt 3,5?) in Lk 7,24//Mt 11,7. Zudem beobachtet er, dass das wichtige Stichwort basileia das erste (Lk 6, 20b) und letzte (7,28b) Wort Jesu in diesem Komplex untereinander verbindet und macht auf andere mögliche Zusammenhänge aufmerksam[104].

Innerhalb dieses Komplexes Lk 3,1-7,35, den SATO (ohne 7,31-35) einer eigenen "Redaktion A" zuschreibt[105], gilt es nun, die Funktion von Lk 6,20-49, bzw. den Zusammenhang mit den umgebenden Stoffen zu erheben. Eine grobe Schematisierung lässt sich etwa so vornehmen: Während der Anfang von Q dem Aufreten und der Botschaft des Täufers gewidmet ist (Lk 3,1-6?7-9.16f.21f?), wendet sich die Aufmerksamkeit anschliessend der Predigt Jesu und seiner Wirksamkeit zu (4,16?6,20-7, 10), um abschliessend das Verhältnis zwischen Johannes und Jesus zu klären (7,18-28)[106]. Dabei sind manche thematische Zusammenhänge herstellbar, die sich gegenseitig nicht ausschliessen, sich aber meist auch nicht als beabsichtigte Verknüpfungen erweisen lassen. Als Beispiel mag die Hauptmannsperikope (7,1-10) gelten: Illustriert sie die Forderung Jesu in 6,46ff, nicht nur zu hören, sondern das Gehörte

104) SATO, Q 38-40 (Zitate 38.39)

105) AaO 40; Lk 7,31-35 ordnet er der "Redaktion C" zu (aaO 38f.45), die als Gesamtredaktion von Q anzusehen ist und deshalb auch als QRed bezeichnet wird (zur Problematik der QRed s.o. Einl. 4.(5.)).

106) Die Versuchungsgeschichte Lk 4,1-13 bleibt hier unberücksichtigt, da sie eine Sonderstellung einnimmt und vermutlich erst sehr spät eingefügt wurde (s.u. IV.1.3.(4.)).

auch zu tun?[107] Bereitet sie als Heilungswunder die Antwort auf die Täufer-Anfrage vor?[108] Ergänzt sie die programmatische Rede, welche die Vollmacht der Lehre Jesu herausstellte, durch die Betonung der Heilsmacht der Worte Jesu?[109] Ist sie wegen des israelkritischen Wortes Lk 7,9 der Täuferperikope vorgeordnet worden, "die ebenfalls mit einem kritischen Wort über 'die Menschen dieses Geschlechtes' VV 31-34 endete"?[110] Oder soll der Glaube des heidnischen Befehlshabers dem Zweifel des Johannes kontrastierend gegenübergestellt werden?[111] Zu fragen wäre schliesslich auch, ob in 7,1-10 nicht ein Paradigma für die Forderung der Feindesliebe vorliegt. Eine eindeutige Antwort scheint nicht möglich.

Mit Sicherheit kann jedoch gesagt werden, dass Lk 7,22 (ptochoi euaggelizontai) auf die Seligpreisung der ptochoi in 6,20b zurückblickt[112], und auch die Wiederaufnahme des Bildes von den guten Früchten in 6, 43f (vgl. 3,8f) wird kein Zufall sein. Eine sehr enge Verknüpfung der verschiedenen Teile des Komplexes 3,1-7,35 lässt sich somit nicht erkennen, auch wenn gewisse Bezüge vorhanden sind. Diese Feststellung passt im Uebrigen gut zur Beobachtung, dass die einzelnen Teile durch rahmende Situationsangaben klar voneinander abgegrenzt sind, so dass sie je für sich verschiedene Aspekte der Botschaft und Wirksamkeit des Täufers und Jesu zur Sprache bringen und gemeinsam den Eindruck einer Abfolge von Ereignissen erwecken, die allerdings eher topographisch (Wüste/Jordanland - Nazareth? - Berg? - Kafarnaum) als chronologisch gegliedert sind. Insofern scheint es durchaus berechtigt, Lk 6,20-49 auf der Stufe von Q primär als geschlossene Kompositionseinheit zu sehen, der allerdings dadurch, dass es sich um die erste Rede Jesu handelt, programmatische Bedeutung zukommt, und die auf-

---

107) So LUEHRMANN, Redaktion 58; vgl. KRIEGER, Publikum 110f, der auch auf die Uebereinstimmung der Anrede Jesu mit kyrie in Lk 6,46 und 7,6 hinweist.

108) So SATO, Q 40; vgl. ZELLER, Kommentar 38

109) So WEGNER, Hauptmann (299-)300; vgl. CATCHPOLE, Jesus 302f; POLAG, Christologie 158; ZELLER, Kommentar 38

110) So SCHUERMANN, LkI 396

111) So HENGEL (mündlich) nach WEGNER, Hauptmann 300 Anm 97

112) So auch SATO, Q 39, der darauf hinweist, dass ptochos in Q nur an diesen zwei Stellen belegt ist.

grund ihrer Kontextualisierung auch in ihrer Relation zur Botschaft des Johannes gesehen werden muss.

4. Die Entstehungsgeschichte des Komplexes Lk 3,1-7,35 lässt sich in Umrissen etwa wie folgt rekonstruieren:

a) Lk 7,31-35 wird sekundär hinzugekommen sein, da die Verbindung mit dem Vorangehenden nur im Stichwort "Johannes" (7,33) gegeben ist, die Hörerschaft unerwartet als "die Menschen dieses Geschlechtes" bezeichnet wird und die Anklage in den Mittelpunkt rückt. Damit steht dieser Abschluss der Kompositionseinheit, der zugleich zum Jünger-Komplex überleitet, sachlich Lk 11,14-52[113] nahe, so dass die Annahme von SATO berechtigt ist, dass seine Anfügung auf dieselbe Red zurückgeht, die einerseits für die Verbindung von 3,1-7,28 und 9,57-10,24 und anderseits für die Einbringung von 11,14-52;17,23-37 und möglicherweise anderer Stoffe verantwortlich ist und den Charakter von Q so ganz entscheidend prägte[114].

b) Eine Sonderstellung innerhalb von Q nimmt die Versuchungsgeschichte Lk 4,1-13 ein, die "in der Logienquelle zu den jüngeren Bildungen (gehört)"[115]. Auffällig ist insbesondere die ausdrückliche Zitation der LXX. SATO nimmt deshalb an, die Perikope sei "wohl später entstanden als die Redaktion A"[116]. Diese Annahme ist m.E. berechtigt, zumal die Versuchungsgeschichte nicht nur formal, sondern auch inhaltlich schlecht in die Komposition 3,1-7,35 passt, da sie keinen Bezug zum Thema des Täufers aufweist. Möglich ist allerdings, dass schon früh im Zusammenhang mit einer Notiz von der Taufe Jesu (3, 21f?) auch ein Hinweis auf seine Versuchung (4,1-2a?) enthalten war.
Die formalen und inhaltlichen Uebereinstimmungen der Versuchungsgeschichte und Lk 11,14-52 (bes. 11,14-32), wo ebenfalls in einer dem Streitgespräch nahestehenden Form die Frage des Teufelsbündnisses und die Zeichenforderung bearbeitet werden, könnten es nahelegen, die QRed auch für die Einbringung der Versuchungsgeschichte verantwort-

113) S.o. I.4.2.2.2.
114) SATO, Q 38f.45-52 (bes. 51f)
115) LUZ, MtI 160; vgl. MAHNKE, Versuchungsgeschichte 183-187; SATO, Q 40f; SCHULZ, Q 177-190, bes. 185; ZELLER, Kommentar 22f. Die Sonderstellung von Lk 4,1-13 veranlasst LUEHRMANN, Redaktion 56 sogar, sie Q abzusprechen.
116) SATO, Q 41

lich zu machen, doch sind die Uebereinstimmungen zu wenig prägnant, um diese Annahme wirklich zu begründen[117].

c) Auffällig ist die Uebereinstimmung von Lk 7,27 mit 4,1-13: In beiden Fällen werden atl Zitate mit der Formel gegraptai eingeleitet, wofür weitere Belege in Q fehlen. Da 7,27 den Zusammenhang zwischen 7, 26 und 28 zerstört, ist auch hier mit einem sekundären Einschub zu rechnen, der gleichzeitig mit der Einfügung von 4,1-13 eingebracht worden sein dürfte[118].

d) Was die Kompositionsgeschichte des übrigen Q-Stoffes zwischen Lk 3,1 und 7,35 betrifft, so ist anzunehmen, dass die programmatische Rede von Q bereits als Einheit aufgenommen wurde[119] und dass auch die Täuferworte 3,7-9.16f eine "frühe Spruchgruppe" darstellen[120]. Auch die Hauptmannsperikope wurde ursprünglich isoliert überliefert[121].

In bezug auf 7,18-23 gehen die Urteile weit auseinander: Während gelegentlich angenommen wird, es handle sich um eine im Wesentlichen historische Begebenheit[122], wird meist eine sekundäre Bildung des Apophthegmas vermutet, wobei umstritten ist, ob es seinen Ursprung in einem echten Jesuswort (7,22, bzw. 7,22f) hat[123], oder gesamthaft als Gemeindebildung anzusprechen ist[124] Dabei ist wiederum zu differenzie-

---

117) Die Verwandtschaft stellt auch MAHNKE, Versuchungsgeschichte 183 fest. Wichtige Unterschieden bestehen in folgenden Punkten: Die Forderung eines sēmeion ist in Lk 4,1-13 nicht explizit enthalten und statt von Beelzeboul spricht die Versuchungsgeschichte vom diabolos. Auch der Rückgriff auf das AT ist in 11,14-32 (bes. 11,30-32) ganz anderer Art. Diese Unterschiede könnten allerdings auch mit der Traditionsgebundenheit der jeweiligen Stoffe erklärt werden.

118) Vgl. SATO, Q 40; anders SCHUERMANN, LkI 417 und WANKE, Kommentarworte 31-35, die Lk 7,28 als "Kommentarwort" zu 7,24-27 ansehen. Da Lk 7,28 aber wohl als jesuanisch zu beurteilen ist (vgl. dazu KOSCH, Gottesherrschaft 34f), während 7,27 eine spätere "heilsgeschichtliche" Interpretation des Täufers darstellt, ist eher damit zu rechnen, dass 7,28 kommentierend an 7,24-26 angefügt wurde, während 7,27 später das kai perissoteron prophētou entfalten sollte.

119) S.o. A 95

120) Vgl. SATO, Q 42

121) Vgl. nur WEGNER, Hauptmann 335

122) So z.B. KUEMMEL, Verheissung 103f

123) So z.B. SCHUERMANN, LkI 413f; BECKER, Johannes 83-85; BRAUN, RadikalismusII 51; LUEHRMANN, Redaktion 25f; POLAG, Christologie 38

124) So z.B. HOFFMANN, Studien 209f; SATO, Q 165f.168; SCHULZ, Q 193; unentschlossen: MERKLEIN, Gottesherrschaft (162-)164

ren zwischen Autoren, die 7,22(f) zunächst als selbständige Ueberlieferung betrachten[125] und anderen, die mit der ursprünglichen Einheitlichkeit von 7,18-23 rechnen[126]. Eine eingehende Erörterung der Problematik ist hier nicht möglich, doch scheint es mir unmöglich, die Anfrage des Täufers als historische Begebenheit zu beurteilen. Besondere Beachtung verdient im Zusammenhang mit unserer Fragestellung jedoch die Annahme von SATO, die 3,1-7,28 gestaltende "Redaktion A" sei für die Bildung des Apophthegmas verantwortlich, da die Täuferfrage sy ei ho erchomenos ... (7,19) unverkennbar auf 3,16 (ho erchomenos)[127] Bezug nimmt[128]. Ob der Uebereinstimmung von 3,16 und 7,19 im Gebrauch von ho erchomenos für die Kompositionsgeschichte des Johannes-Komplexes wirklich so viel Bedeutung zugemessen werden kann, hängt nicht zuletzt von der Frage ab, ob es sich bei ho erchomenos "um einen zu neutestamentlicher Zeit mehr oder weniger festgefügten messianischen Titel"[129] oder um eine unübliche Bezeichnung[130] handelt. Da letzteres zuzutreffen scheint, auch wenn der titulare Charakter der Wendung deshalb nicht bestritten zu werden braucht[131], ist tatsächlich damit zu rechnen, dass die Frage in 7,19 auf 3,16 zurückgreift. Weil zudem auffällt, dass "die angegebene Situation ... im Gegensatz zu anderen Apophthegmata nicht einfach aus dem Logion herausgesponnen" ist, wo Johannes und seine Jünger ja nicht erwähnt sind[132], wird die Annahme, seine Bildung gehe auf die am Verhältnis von Johannes und Jesus interessierte "Redaktion A" zurück, noch wahrscheinlicher, auch wenn Gewissheit in solchen Fragen naturgemäss

---

125) So z.B. SATO, Q 165 (zur Nicht-Authentie von Lk 7,22 s. 168); MERKLEIN, Gottesherrschaft 162f

126) So z.B. HOFFMANN, Studien 210; SCHULZ, Q 193

127) Zur Rekonstruktion s. HOFFMANN, Studien 18-25, bes. 23-25; LAUFEN, Doppelüberlieferungen 93-97, bes. 94f; SATO, Q 149; SCHENK, Synopse 18f; SCHULZ, Q 368; anders: POLAG, Fragmenta 28

128) SATO, Q 166. Das Urteil, dass ein solcher Rückbezug "angesichts der literarischen Gattung der Logienquelle sehr unwahrscheinlich ist" (so LAUFEN, Doppelüberlieferungen 408 Anm 12), verkennt, dass Q keineswegs bloss eine Materialsammlung ist.

129) So LAUFEN, Doppelüberlieferungen 95 mit Anm 12 (wo er diese These deutlich relativiert)

130) So SCHUERMANN, LkI 408; KUEMMEL, Verheissung 103

131) Vgl. die Diskussion der verschiedenen Positionen bei LAUFEN, Doppelüberlieferungen 407-409 Anm 12

132) LUEHRMANN, Redaktion 26

nicht gewonnen werden kann. Dass die Aufzählung der die Gegenwart als eschatologische Heilszeit qualifizierenden Geschehnisse (7,22) in der Verkündigung der Frohbotschaft an die Armen gipfelt und damit die erste Seligpreisung der programmatischen Rede (6,20b) aufnimmt, wird kaum Zufall sein, sondern zeigt, wie bewusst der Stoff angeordnet wird.

WEGNER verweist mit JAKOBSON auf die Präsenz der "Menge" als Auditorium der programmatischen Rede und von 7,24ff sowie auf die Stichwortverbindungen zwischen 6,47-49 und 7,24 (anemos: Mt 7,25.27 diff Lk; Mt 11,7//Lk 7,24; saleuō: Lk 6,48 diff Mt; Mt 11,7//Lk 7,24), was auf einen ursprünglichen Anschluss von Lk 7,24ff an 6,20-49 hindeute[133]. Diese Indizien sind m.E. aber nicht ausreichend, um eine solche Vorstufe der vorliegenden Q-Komposition zu postulieren, zumal ein Verweis auf Johannes unmittelbar im Anschluss an das Gleichnis vom Hausbau eigenartig wirkt und die Stichwortverbindung rein formal ist, da sie kein zentrales Motiv des Textes betrifft. Zudem ist es wenig wahrscheinlich, dass saleuō in Lk 6,48 auf Q zurückgeht[134].

5. Zusammenfassend kann zur Stellung der programmatischen Rede in Q gesagt werden, dass sie zunächst Teil des Johannes-Komplexes Lk 3,1-7,28 war, welcher die Relation von Johannes und Jesus zum Gegenstand hatte. Diese sehr bewusst redigierte kompositionelle Einheit, die durch biographisch-topographische Elemente klar gegliedert ist, zeigt die Nähe, aber auch die Distanz von Johannes und Jesus an, wobei Lk 6,20-49 als "Gegenstück" zur Täuferpredigt 3,7-9.16f die Verkündigung Jesu enthält, die sich durch die Proklamation des Evangeliums für die Armen (Makarismen!), aber auch durch den Anspruch Jesu (Schlussgleichnis!) von jener des Täufers unterscheidet[135].

---

133) WEGNER, Hauptmann 298 mit A.D. JAKOBSON, Wisdom Christology in Q (Diss. masch.), London 1980, 97f

134) Zur Rekonstruktion vgl. JEREMIAS, Sprache 150; POLAG, Fragmenta 38; SCHENK, Synopse 34; SCHULZ, Q 313

135) Der Vergleich des Anfangs und Abschlusses von Lk 6,20-49 und 3,7-9.16f ist aufschlussreich, beginnt doch Johannes mit gennēmata echidnōn (Jesus: makarioi hoi ptochoi) und schliesst mit dem Verweis auf den ho opisō mou erchomenos ischyroteros mou (Jesus: Hört und tut meine Worte). Von daher ist es naheliegend, mit SATO, Q 39f Lk 6,27ff als "nähere Bestimmung der Forderung des Täufers, 'die der Umkehr gemäs-

Diese Einheit ist später erweitert (4,1-13;7,27) und durch 7,31-35 mit dem Aussendungs-Komplex 9,57-10,24 verbunden, der Gerichtsankündigung gegen "dieses Geschlecht" dienstbar gemacht und so in einen übergreifenden Zusammenhang integriert worden, ohne dass Lk 6,20-49 dabei seine programmatische Funktion als erste grosse Rede Jesu eingebüsst hätte. Durch diese neue Kontextualisierung tritt allerdings die Frage nach dem Verhältnis von Johannes und Jesus zurück, die Q-Stoffe vor der programmatischen Rede erhalten die Funktion eines erzählerischen Berichts von den "Anfängen Jesu"[136] und das Motiv der Gerichtsankündigung durch Johannes (3,7-9), aber auch durch Jesus (6, 43-45.46-49) bekommt durch seine durchgängige Betonung in der gesamten Logienquelle zusätzliches Gewicht.

6. Was den <u>Situationsbezug</u> des ursprünglich selbständigen Johannes-Komplexes betrifft, so rechnet SATO damit, dass es sich wahrscheinlich um "eine werbende Auseinandersetzung mit den Anhängern, bzw. Sympathisanten der Täuferbewegung" handelt[137]. Zusätzlich versteht er die in den Komplex eingeschobene programmatische Rede als "in sich geschlossene Gemeindeparänese, die aber für die neu Konvertierten aus dem Umkreis der Täuferbewegung auch als Katechese der ethischen Lehre Jesu funktionieren kann", während die Makarismen 6,20f möglicherweise "selbständig für eine reale Heilsverkündigung weiterbenutzt" wurden, die sich an Leute ausserhalb des Q-Kreises richtete[138]. Zweifellos angemessen ist es, den "werbenden" Charakter des Täufer-Komplexes zu betonen, da keine anti-täuferische Polemik[139] vorliegt und der Anspruch Jesu nicht auf Kosten des Täufers zur Geltung gebracht wird[140]. Vielmehr wird die Funktion des Täufers durchaus positiv gewürdigt (vgl. bes. 7,26) und das Verhältnis von Johannes und Jesus sehr differenziert dargestellt.

---

sen Früchte hervorzubringen' (Lk 3,8par)" zu verstehen, wobei allerdings auch hier das Moment der "Ueberbietung" des Johannes durch Jesus nicht übersehen werden darf.

136) Vgl. SCHUERMANN, Zeugnis 77 (vgl. Ders., Bericht)

137) SATO, Q 454, vgl. 165f.437f; zum werbenden Charakter von Lk 7,18-23. 24-28 s. auch SCHUERMANN, LkI 413.418f

138) SATO, Q 454

139) So BULTMANN, Geschichte 22

140) Zu Lk 7,28 s. KOSCH, Gottesherrschaft 34f

Die apophthegmatische Rahmung und die biographischen Elemente in der Darstellung lassen m.E. aber Zweifel daran aufkommen, ob wirklich die Auseinandersetzung mit der Täuferbewegung der primäre Sitz im Leben dieser Komposition war. Wahrscheinlicher scheint mir, dass zunächst der Q-Kreis selbst angesprochen war, dem vermutlich etliche ehemalige Täufersympathisanten angehörten, die sich z.T. wohl erst nach dem Tod von Johannes (und Jesus) der Jesusbewegung angeschlossen hatten[141] und bei denen eine ziemliche Unsicherheit über die Relation von Johannes und Jesus bestanden haben kann, zumal sich aufgrund ihres Wissens über den "historischen Johannes" die Frage, ob Jesus der erchomenos war, von dem der Täufer gesprochen hatte (vgl. Lk 7,19), wirklich nahelegte. So ist es dem Komplex m.E. angemessener, wenn man ihn in erster Linie der "Katechese" innerhalb des Q-Kreises zuordnet und erst in zweiter Linie der "Mission"[142]. Nur so ist es m.E. auch möglich, verständlich zu machen, weshalb in Lk 6,20-49; 7,1-10 so ausführlich von Jesu Verkündigung und Wirken die Rede ist, ohne dass das Verhältnis zum Täufer in diesen Stoffen tangiert wird. Dass darüber hinaus einzelne Teile des Johannes-Komplexes auch in anderen Lebenszusammenhängen Verwendung fanden, soll damit allerdings keineswegs bestritten werden, ist es doch auch für andere Texte in Q charakteristisch, dass sie mehr als nur einem Sitz im Leben zugeordnet werden können[143].

2.2. Die Gestalt der programmatischen Rede in Q

Unter den Vertretern der Zweiquellentheorie besteht ein Konsens darüber, dass die lk Feldrede (Lk 6,20-49) die Struktur und den Umfang der programmatischen Rede in Q weitgehend beibehalten hat, während Mt, bzw. die vormt Trad die programmatische Rede mit Stoffen verschiedener Herkunft (Q, QMt?, SMt, Mk) wesentlich erweitert hat[144].

---

141) Vgl. dazu auch SATO, Q 436-438

142) Vgl. auch SCHUERMANN, LkI 413 zu Lk 7,18-23: "Die 'Werbung' ergeht ... offensichtlich an Kreise, bei denen der Täufer etwas galt, die aber der Christusbotschaft noch oder schon wieder fragend gegenüberstehen."

143) Vgl. die ähnliche Feststellung zur Komposition Lk 11,14-52 o. I.4.2.2.2.(6.)

144) Vgl. nur ERNST, Lk 213; LUZ, MtI 187; SCHMITHALS, LkI 78; SCHNEIDER, LkI 150; SCHUERMANN, LkI 385f; LAMBRECHT, Ich aber 36f; LUEHRMANN,

Abgesehen von Fragen der Textrekonstruktion in bezug auf Wortlaut und Reihenfolge im Einzelnen, die für unsere Fragestellung nur im Fall von Lk 6,27-36 genauer erörtert werden sollen (s.u. 3.), gibt es nur ein literarkritisches Problem, dessen Klärung für das Gesamtverständnis der programmatischen Rede in Q grössere Bedeutung hat: Die Herkunft der Weherufe 6,24-26 (2.2.1.). Nach dessen Erörterung sind nur noch einige Beobachtungen zur Gestalt von 6,37-49 in Q anzufügen (2.2.2.), um schliesslich mit einer Ueberlegung zur Abgrenzung von Lk 6,27-36 abzuschliessen (2.2.3.).

2.2.1. Enthielt Q die Weherufe Lk 6,24-26?

1. Die literarkritische Beurteilung der Seligpreisungen und Weherufe in Lk 6,20b-23.24-26; Mt 5,3-12 ist kontrovers. Folgende Lösungsmodelle liegen vor:

a) Die Seligpreisungen und Weherufe werden konsequent auf Q, die Mt- und die LkRed verteilt und die Differenzen im Wortlaut der vier gemeinsamen Seligpreisungen Lk 6,20b//Mt 5,3; Lk 6,21a//Mt 5,6; Lk 6, 21b//Mt 5,4; Lk 6,22f//Mt 5,11f werden auf die red Tätigkeit der Evangelisten zurückgeführt, so dass eine Mt und Lk gemeinsame Vorlage rekonstruiert werden kann, die nur Mt und Lk gemeinsame Stoffe enthält[145]. Für die Weherufe Lk 6,24-26 gilt dann, dass sie auf die Lk-Red zurückgehen[146].

b) Die mt Seligpreisungen ohne Lk-Parallele werden nicht allein auf die MtRed, sondern z.T. auf die vormt Trad zurückgeführt, wobei Mt

---

Redaktion 53; STRECKER, Bergpredigt 9f; TAYLOR, Original Order 253; VENETZ, Bergpredigt 20f und die Q-Rekonstruktionen von POLAG, SCHENK und ZELLER (s.o. A 100). Aufgrund dieses Konsenses verzichte ich darauf, den nicht durch Parallelen in der lk Feldrede gedeckten Mt-Stoff der Bergpredigt in die Erwägungen miteinzubeziehen.

145) So z.B. HOFFMANN/(EID), Jesus 29f; LAMBRECHT, Ich aber 46-48 (vgl. auch aaO 36, wo LAMBRECHT sich (vorsichtig) gegen die Annahme von "Zwischengliedern" zwischen der Q-Version und der mt Bergpredigt ausspricht); SCHULZ, Q 76-78.452-454; SCHENK, Synopse 24f; VENETZ, Bergpredigt 25-27.33-40.

146) Eine redaktionskritische Begründung für die Bildung der Weherufe durch Lk unternehmen z.B. KLEIN, Weherufe; LAMBRECHT, Ich aber 67-69. Für lk Bildung auch GNILKA, MtI 118; STENGER, Seligpreisung 37.57; VENETZ, Bergpredigt 39

entweder in QMt eine erweiterte Makarismenreihe vorfand, oder Q durch Sondertrad ergänzte[147].

c) Die mt Seligpreisungen ohne Lk-Parallele sind red und ersetzen die weggebrochenen Q-Weherufe[148].

d) Die Weherufe gehen auf QLk zurück und waren Mt nicht bekannt, so dass (in Kombination mit Variante b) mit einer divergierenden Entwicklung von Q zu QMt einerseits und QLk anderseits zu rechnen ist[149].

2. Ohne auf die Problematik einer Einzelrekonstruktion der Q-Vorlage näher einzugehen, sind die für die Frage nach der Q-Zugehörigkeit der Weherufe relevanten Auffassungen (und die zugehörigen Argumente) kurz zu diskutieren:

a) Die v.a. von SCHUERMANN und FRANKEMOELLE vertretene Auffassung, dass Mt die Weherufe gekannt hat, lässt sich nicht wirklich begründen. Von den dafür vorgebrachten Argumenten[150] ist einzig bedenkenswert, dass Mt 5,4 (penthountes, paraklēthēsontai) und Lk 6,24f (paraklēsis, penthēsete) voneinander kaum völlig unabhängig sind (s. u. d). Im schwer rekonstruierbaren Makarismus Mt 5,11//Lk 6,22 ist eipōsin (pan) ponēron (Mt) gegenüber ekbalōsin to onoma hymōn hōs ponēron (Lk) wahrscheinlich ursprünglicher[151], so dass Lk 6,26 (hymas kalos eipōsin) dem Q-Makarismus nachgestaltet sein wird, und

---

147) So z.B. LUZ, MtI 200; BROER, Seligpreisungen 53-63; HORN, Glaube 124; LUEHRMANN, Feinde 415; SATO, Q 55; STECK, Israel 21; STRECKER, Bergpredigt 30f; Ders., Makarismen 259f; WEDER, Rede 40f

148) So SCHUERMANN, LkI 336.339-341 (Ders., Warnung 305-307); BARTSCH, Feldrede 10f; FRANKEMOELLE, Makarismen 64-66; Ders., Pharisäismus 165 Anm 121; vgl. ERNST, Lk 215f; SCHNEIDER, LkI 151. Die Möglichkeit, dass die Weherufe zu Q gehörten, erwägen auch SCHMITHALS, Lk 81f; MERKLEIN, Gottesherrschaft 48f; POLAG, Fragmenta 84; SCHOTTROFF/STEGEMANN, Jesus 128.

149) So v.a. BROER, Seligpreisungen 19-38 (Zusammenfassung 38); HORN, Glaube 122-130.132f; SATO, Q 53-57; STECK, Israel 21f (vgl. auch LUZ, MtI 200f; Ders., Sermon 475; SCHWEIZER, Mt 46-49; ZELLER, Kommentar 26).

150) Am besten zusammengestellt bei SCHUERMANN, Warnung 305f (zitiert in FRANKEMOELLE, Makarismen 64). Zur Kritik s. jetzt auch BROER, Seligpreisungen 19-24.

151) So auch MERKLEIN, Gottesherrschaft 50; POLAG, Fragmenta 32; SATO, Q 302; SCHENK, Synopse 24f; SCHULZ, Q 453; ZELLER, Kommentar 27; anders: SCHUERMANN, LkI 333 mit Anm 49.53; STENGER, Seligpreisung 44f

nicht umgekehrt. Die Einfügung von Mt 7,15 und das textkritisch recht unsichere Vorkommen von pseudomenoi in 5,11[152] sollten auch nicht voreilig von der Erwähnung der pseudoprophētai in Lk 6,26 abhängig gemacht werden, gilt doch insbesondere für Mt 7,15(-23), dass "die intensive matthäische Redaktion ... nur verständlich (ist), wenn die Auseinandersetzung mit Falschpropheten ein wirkliches Problem in seiner (sc. der mt) Gemeinde gewesen ist"[153]. Dass apechein (Lk 6,24) Mt veranlasst haben soll, das dreistrophige Lehrgedicht Mt 6,2ff.5f. 16ff in die Bergpredigt einzufügen, ist kaum näher zu begründen. Zum einen liegen zwischen den Seligpreisungen/Weherufen und 6,1-18 die sechs Antithesen und zum anderen ist die "Analogie" zwischen den Armen, Trauernden und Hungrigen (Q-Makarismen) und Almosengeben, Beten und Fasten genauso (wenig) zwingend wie jene zwischen den Forderungen von 6,1-18 und den Reichen, Lachenden und Satten (Weherufe)[154]. Schliesslich vermag FRANKEMOELLE zwar Gründe dafür anzuführen, dass Mt die Weherufe im Kontext der Bergpredigt nicht bringt[155], doch müsste auch verständlich gemacht werden können, warum er sie völlig übergeht, wo er doch ausgelassenen Stoff vielfach später nachträgt.

b) Neben der Tatsache, dass es keine klaren Anzeichen dafür gibt, dass Mt die Weherufe in Lk 6,24-26 kannte, spricht auch eine inhaltliche Beobachtung gegen die Annahme ihrer Q-Zugehörigkeit: Q enthält wohl Warnungen vor dem Reichtum (z.B. Lk 16,13), aber keine echte Sachparallele zur Vorstellung der Umkehrung des sozialen Geschicks, wie sie die Zusammenstellung der Seligpreisungen und Weherufe impliziert. Dagegen ist diese Vorstellung im LkEv mehrfach belegt, vgl. neben 6,20-26 auch 1,51-53;16,19-26(bzw. 31)[156]. Gehen die Weherufe also auf die LkRed zurück?

c) Ob die Weherufe auf die LkRed zurückgehen, lässt sich "wegen der engen Bezogenheit auf die Makarismen" auf stilkritischem Wege kaum

---

152) Vgl. zum Befund METZGER, Commentary 12f. Das Verb ist im MtEv sonst nicht belegt, könnte aber (aufgrund von 15,19;26,59) trotzdem red sein (vgl. LUZ, MtI 202 mit Anm 24 u.a.).

153) LUZ, MtI 402

154) Gegen BARTSCH, Feldrede 10f; FRANKEMOELLE, Makarismen 64; vgl. auch die Kritik von BROER, Seligpreisungen 22-24

155) AaO 65f

156) Zu diesen Texten s. HORN, Glaube 121-168

klären[157]. Eindeutig trad Elemente, die nicht durch den Gegensatz zu den Seligpreisungen bedingt sind, lassen sich m.E. nicht ausmachen[158]. Dennoch ist es sehr unwahrscheinlich, dass die Weherufe auf Lk zurückgehen, da die übrigen Weherufe im LkEv durchwegs trad sind (vgl. 10,13 (2mal); 11,42.43.44.46.47.52;17,1 (alle Q); 21,23//Mk 13,17; 22,22//Mk 14,21) und "eine derartige schöpferische Neubildung, wie es die der Weherufe 6,24ff wäre, ... Luk sonst nirgends nachgewiesen werden (kann)"[159]. Was die im LkEv mehrfach belegte Vorstellung von der Umkehrung des sozialen Geschicks betrifft, so hat HORN deutlich gemacht, dass der Evangelist sich ihrer im Kontext seines paränetischen Anliegens bedient, ohne sich mit ihr zu identifizieren[160], was ebenfalls gegen die Abfassung der Weherufe durch Lk spricht.

d) Da sich weder die Herkunft der Weherufe aus Q noch ihre Abfassung durch Lk wahrscheinlich machen lässt, muss vermutet werden, dass sie auf QLk zurückgehen, zumal sie als "parallelistische Zusatzbildung"[161] zu den Seligpreisungen nicht unabhängig von ihnen entstanden sein können und eine Herkunft aus SLk folglich nicht in Frage kommt[162]. Weil sich zudem zeigen lässt, dass die vier Q-Makarismen Mt ebenfalls in erweiterter Form vorlagen[163], kann nun auch die Relation von Lk 6,24f und Mt 5,4 geklärt werden, ohne dass Mt 5,4 gegen den literarkritischen Befund als Vorlage von Lk 6,21b angesehen wird[164], aber auch ohne dass angenommen werden muss, "dass Mt zu-

---

157) AaO 128 mit DUPONT. Auch die Analyse von KLEIN, Weherufe 153-157 ist diesbezüglich unergiebig.

158) Gelan z.B. ist zwar unlk (nur 6,21.25), nimmt aber den Makarismus auf, und auch paraklēsis (6,24) wird in der Apg (4,36;9,36;13,15;15,31) anders als in Lk 6,24 (und 2,25;16,25) uneschatologisch verwendet (vgl. JEREMIAS, Sprache 140), ist aber wohl von einem Mt 5,4 entsprechenden Makarismus abhängig (s.u. d). Im Fall von plēn (6,24), das von JEREMIAS, aaO 139f als trad beurteilt wird, ist Sicherheit nicht zu erreichen, auch red Herkunft ist möglich, s.o. I.3.1.2.1.(2.).

159) SCHUERMANN, LkI 339

160) HORN, Glaube 169-188; vgl. schon SCHUERMANN, Warnung 306: "Auch ist eine derartige scharfe Kritik an den Reichen kaum lukanisch". Sehr undifferenziert dagegen KLEIN, Weherufe 158f

161) SCHUERMANN, LkI 341

162) Vertreter s.o. (1.d) mit A 149

163) Vertreter s.o. (1.b) mit A 147

164) So z.B. CATCHPOLE, Jesus 299; HORN, Glaube 123; LAMBRECHT, Ich aber 46f; STENGER, Seligpreisung 37; STRECKER, Makarismen 263 Anm 1; VENETZ, Bergpredigt 26f. Gelan ist aber unlk, s.o. A 158.

gleich die Formulierungen zweier verschiedener Weherufe in einer neuformulierten Seligpreisung verbunden und erst noch die Assoziation an Jes 61,1f hergestellt hätte"[165]: Die Angleichung von Mt 5,4 an Jes 61,1f und die damit einhergehende p-Alliteration in den Makarismen ist gegenüber Lk 6,21b sekundär, beeinflusste aber ihrerseits Lk 6,24f, wo nur noch von einem "sporadischen Nachklang" von Jes 61,1f gesprochen werden kann[166].

3. Abschliessend kann festgehalten werden, dass die Zweiquellentheorie im Fall der Seligpreisungen und Weherufe Mt 5,3-12; Lk 6,20b-23.24-26 nicht mechanisch angewendet werden kann. Vielmehr zeigt sich hier die Notwendigkeit, von unterschiedlichen Q-Rezensionen (QLk; QMt) auszugehen, will man zu einem adäquaten Bild des Traditionsprozesses gelangen[167].
Auch wenn die Weherufe Lk 6,24-26 nicht auf die LkRed zurückgehen und somit vorlk sind[168], können sie nicht als Bestandteile der programmatischen Rede in Q gelten und müssen deshalb QLk zugeschrieben werden[169].

2.2.2. Zur Q-Rekonstruktion von Lk 6,37-49

Wichtiger als eine Rekonstruktion des Q-Wortlauts von Lk 6,37-49 ist für die vorliegende Fragestellung eine Bestimmung des Umfangs des Q-Stoffes der programmatischen Rede, wobei insbesondere die Frage nach der Herkunft von 6,37b-38c.39.40 Schwierigkeiten bereitet. Wie schon andernorts[170] sollen deshalb auch hier nur die Hauptprobleme der Literarkritik angesprochen werden.

---

165) LUZ, MtI 200 Anm 9 gegen SCHUERMANN, LkI 339f (und FRANKEMOELLE, Makarismen 64); vgl. auch die Kritik von BROER, Seligpreisungen 20

166) SATO, Q 55f (Zitat 56). Das abschliessende Urteil von BROER, Seligpreisungen zur literarkritischen Problematik ist nicht eindeutig, doch scheint er Mt 5,4 als mt Bildung (in Anlehnung an Jes 61,2) zu beurteilen (vgl. aaO 20.63).

167) SATO, Q 53-56 nutzt diese Perikope denn auch zur "exemplarische(n) Darstellung" (aaO 53) des Sachverhalts. Die Annahme von Q-Rezensionen schliesst den Rückschluss auf Q jedoch nicht aus, s. schon o. Einl. 4.(4.). So bleibt eine Rekonstruktion der Makarismen in Q weiterhin möglich.

168) So auch die in A 148 und 149 genannten

169) S.o. (1.d)

170) S. z.B. I.2.2. und I.4.2.2.2.(1.)

1. Lk 6,37-42 und Mt 7,1-5 zerfallen in zwei Teile: Die Aufforderung, nicht zu richten, die je unterschiedlich weiter ausgeführt wird (Lk 6, 37f.39.40; Mt 7,1f) und das hyperbolische Wort vom Splitter und vom Balken (Lk 6,41f//Mt 7,3-5). Während Lk 6,41f//Mt 7,3-5 weitgehend übereinstimmen, wobei die meisten Abweichungen auf stilistische Glättungen durch Lk zurückgehen[171], stimmen im ersten Teil nur Lk 6,37a. 38d und Mt 7,1.2b überein[172]. Was ist darüber hinaus für Q zu reklamieren?

a) SCHUERMANN hält auch Lk 6,37b.c für Q-Stoff, den Mt in 7,2a zusammengefasst und in 12,36f wieder aufgenommen hat. Dass es sich um Q-Stoff handelt, zeigt s.E. auch Jak 5,6, der einzige ntl Beleg für katadikazō ausserhalb von Lk 6,37b; Mt 12,37. Dass Jak hier von Q abhängig ist, sei schon deshalb anzunehmen, weil Lk 6,37f(41f) auch in Jak 4,11f nachwirke[173]. Auch Lk 6,38a-c sieht er als Q-Stoff an, den Mt gestrichen hat, "um einen einheitlichen Gedanken ('nicht richten') zu erhalten". Diese Einheit bezeuge auch Mk 4,24, da 4,24d an Lk 6,38b erinnere, während Mk 4,24c mit Lk 6,38d//Mt 7,2b übereinstimmt. Dass Lk 6,37 und 38 schon vorlk zusammengehörten, belegt das Beieinander von Mt 7,1-2a und 2b[174]. Schliesslich vermutet SCHUERMANN, dass auch Mt 7,6 zu dieser Traditionseinheit in Q gehörte, wofür der Stichwortanschluss an Lk 6,38 (didote - mē dote) spreche. Die Funktion dieses schwierigen Logions habe darin bestanden, auf die Notwendigkeit der Wahrung des Arkanums hinzuweisen und zur Gegnerabwehr in 6,39-45 überzuleiten. Lk habe das Wort aufgrund seines harten Klanges gestrichen[175].

Die Position von SCHUERMANN ist problematisch und hat kaum Zustimmung gefunden[176]. Mit Recht beurteilt LUZ sie als "vage Möglich-

---

171) Vgl. nur SCHUERMANN, LkI 371 Anm 178-181; SCHULZ, Q 147; ZELLER, Mahnsprüche 113

172) In Lk 6,38d//Mt 7,2b ist ebenfalls Mt ursprünglicher, vgl. nur SCHULZ, Q 146f

173) SCHUERMANN, LkI 362

174) AaO 363

175) AaO 364 mit Anm 153

176) Kritisch äussern sich z.B. LUZ, MtI 376 Anm 1; SCHULZ, Q 146 Anm 35; ZELLER, Mahnsprüche 113 Anm 443. Wie SCHUERMANN rekonstruiert auch POLAG, Fragmenta 34-36 (ohne allerdings Mt 7,6 zu Q zu zählen, das auch von ZELLER, aaO 137 u.v.a. SMt zugerechnet wird).

keit"[177], da die angeführten "Reminiszenzen" ein zu schwaches Fundament für die Rekonstruktion einer Mt bekannten Q-Traditionseinheit darstellen. Ohne damit Lk 6,37b.c.38a-c gesamthaft der LkRed zuzuschreiben[178] (es muss wiederum mit Erweiterungen im Verlauf des vor-lk Traditionsprozesses von Q gerechnet werden[179]), scheint es mir angemessener, nur Lk 6,37a.38d//Mt 7,1.2b als gesicherten Q-Text anzusehen[180]. Möglich ist freilich, dass Q auch Mt 7,2a enthielt[181], da dann verständlicher wird, weshalb in 7,2b vom "Mass" die Rede ist. Zudem liesse sich dann Lk 6,37b-38c als (auch von Mk 4,24 angeregte) "Entfaltung" von Mt 7,2a verstehen.

b) Auch im Fall von Lk 6,39; Mt 15,14 und Lk 6,40; Mt 10,24f hat v. a. SCHUERMANN zu zeigen versucht, dass diese Logien schon in Q Bestandteile der programmatischen Rede waren[182]. Dabei sieht er in Lk 6,39f.41f.43ff eine frühe, antipharisäische Spruchkette[183].

Besonders die kompositionskritischen Argumente von SCHUERMANN sind bedenkenswert: Während Mt 15,(12-)14 der Mk-Vorlage eingefügt ist, so dass der mt Kontext für Q nicht in Frage kommt, ist die Stellung von Lk 6,39.40 im lk Kontext schwer verständlich, so dass Lk "eine derartig ungeschickte Einfügung nicht zuzutrauen" ist. Zudem entspricht

---

177) LUZ, MtI 376 Anm 1 (zu Lk 6,37f)

178) So SCHULZ, Q 146; vgl. auch HOFFMANN, Tradition 52; zurückhaltender: LUZ, MtI 376; HORN, Glaube 103f mit Anm 73; ZELLER, Mahnsprüche 113

179) SATO, Q 62; vgl. auch die Hinweise auf trad Elemente bei JEREMIAS, Sprache 146

180) So auch LUZ, MtI 376; SATO, Q 256; SCHENK, Synopse 30; STRECKER, Bergpredigt 147f; ZELLER, Mahnsprüche 113; Ders., Kommentar 33

181) So SCHULZ, Q 146

182) SCHUERMANN, LkI 369-371.377f; vgl. auch SCHNEIDER, LkI 158; POLAG, Fragmenta 36; SCHENK, Synopse 30f; TAYLOR, Original Order 254f.265; WANKE, Kommentarworte 22f; ZIMMERMANN, Lehrer 190.
Anders: ERNST, Lk 230f; LAMBRECHT, Ich aber 36f.199; LUEHRMANN, Redaktion 54; STRECKER, Bergpredigt 148.
Keine Entscheidung über die Stellung in Q halten für möglich: LUZ, MtI 376; SCHMITHALS, Lk 87; SCHWEIZER, Lk 82; SATO, Q 16.
CATCHPOLE, Jesus 297 reklamiert nur Lk 6,39 für die programmatische Rede in Q und weist die Einfügung von 6,40 der LkRed zu, doch wird diese Zuweisung nur negativ begründet: Lk 6,40 habe keinen Bezug zum Kontext. So wird das Problem lediglich von der Q- auf die Lk-Ebene abgeschoben.

183) SCHUERMANN, LkI 365-378 (vgl. Ders., Warnung 294-303); zustimmend: SCHNEIDER, LkI 160; WANKE, Kommentarworte 23; ZIMMERMANN, Lehrer 192f

eine Einfügung einzelner Logien nicht dem lk Kompositionsverfahren[184]. Gegen die Annahme, dass Lk die Logien 6,39.40 schon in diesem Zusammenhang vorfand, lässt sich einwenden, dass die Einleitung von 6,39a typisch lk ist[185], doch hat SCHUERMANN diesem Argument mit Recht entgegengehalten, dass es sich auch bloss um eine red Neufassung einer Vorlage handeln kann. Wahrscheinlicher ist aber, dass es sich bei 6,39a um einen Versuch des Lk handelt, den schwierigen Stoff zu gliedern[186].

So erscheint die Annahme berechtigt, dass Lk die Logien 6,39.40//Mt 15,14;10,24f an ihrer ursprünglichen Stelle in Q belassen hat, während Mt sie um eines klareren Gedankenganges willen weggelassen und in neue Zusammenhänge gestellt hat.

2. Zu Lk 6,43-45 bietet Mt zwei Parallelen: 7,16-20 und 12,33-35. Dabei handelt es sich kaum um eine Dublette in Q[187], vielmehr ist Mt selbst für die teilweise Verdoppelung verantwortlich.

Meist wird davon ausgegangen, dass Lk die Abfolge der Sprüche beibehalten hat, während Mt sie der Polemik gegen die falschen Propheten (7,15) dienstbar machte. Deshalb nimmt er 7,16a (//Lk 6,44a) in 7,20 nochmals auf, zieht Lk 6,44b (Mt 7,16b) vor, bezieht so "Dornen" und "Disteln" unmittelbar auf die Falschpropheten und streicht Lk 6,45 (vgl. Mt 12,35). Dass Mt für die Umstellung verantwortlich ist, zeigt auch die Akoluthie in Mt 12,33-35, die weitgehend jener von Lk 6,43-45 entspricht, weshalb diese als ursprünglich zu gelten hat[188]. Auf Mt geht schliesslich die Wiederaufnahme von Mt 3,10b//Lk 3,9b in Mt 7,19

---

184) SCHUERMANN, LkI 369f (Zitat 370); auch ZIMMERMANN, Lehrer 190 argumentiert kompositionskritisch.

185) Vgl. SCHUERMANN, LkI 367 mit Anm 161; CATCHPOLE, Jesus 297; JEREMIAS, Sprache 146; SCHULZ, Q 473. Lk sind: eipen de, de kai, parabolē im Akk. nach Verbum dicendi; s. auch die ähnlichen Einleitungen in Lk 5,36 diff Mk 2,21; Lk 21,29 diff Mk 13,28.

186) SCHUERMANN, LkI 367. POLAG, Fragmenta 36; SCHENK, Synopse 31; SCHULZ, Q 473 und WANKE, Kommentarworte 21 nehmen an, dass das Logion in Q keine Einleitung hatte.

187) So LUEHRMANN, Redaktion 54 Anm 5

188) So auch ERNST, Lk 231; LUZ, MtI 401; SCHMITHALS, Lk 87f; SCHUERMANN, LkI 375f; SCHWEIZER, Mt 113; LAMBRECHT, Ich aber 177f; POLAG, Fragmenta 36; STRECKER, Bergpredigt 165f; ZELLER, Kommentar 33f; anders: SCHENK, Synopse 32; SCHULZ, Q 316-318.

sowie die Rede von den ("guten" und "bösen" statt "schönen" und "faulen") Früchten in der Mehrzahl (ausser Mt 7,19) zurück, die den Gerichtsgedanken und die Bedeutung des ethischen Verhaltens betonen sollen[189].

3. Das unmittelbar vor dem Schlussgleichnis überlieferte Logion von den Herr-Herr-Sagern (Lk 6,46//Mt 7,21) ist bei Lk in seiner ursprünglichen Form belassen, während Mt es zu einem "Grund-Satz" ausgebaut hat[190].

Im Schlussgleichnis vom Hausbau (Lk 6,47-49//Mt 7,24-27) entspricht Mt "bis auf geringfügige Eingriffe in der Einleitung der Vergleiche, der Ersetzung des anthrōpos durch anēr und der Hinzufügung von phronimos/mọros Q"[191].

2.2.3. Zur Abgrenzung des Feindesliebe-Komplexes Lk 6,27-36

Obwohl es vor der literarkritischen Analyse auch des Mittelteils der programmatischen Rede verfrüht ist, die innere Logik dieser Komposition eingehend zu untersuchen, zumal dort die ursprüngliche Stoffabfolge ziemlich unklar ist, soll hier die Entscheidung begründet werden, die Verse Lk 6,27-36 als Untereinheit der programmatischen Rede zu verstehen.

1. Dass die Imperative in Lk 6,27ff nach den Makarismen einen Neueinsatz darstellen, bedarf keiner näheren Begründung. Dies gilt auch dann, wenn in Q 6,29 und nicht 6,27 mit der Einleitungsformel legō hymin (Lk 6,27a//Mt 5,44a) die Spruchreihe einleitete.

---

189) Vgl. LUZ, MtI 401f.404f; SCHWEIZER, Mt 113; Anders: SCHUERMANN, LkI 378; WANKE, Kommentarworte 27

190) LUZ, MtI 402 mit Anm 7; entsprechend rekonstruieren auch SCHNEIDER, LkI 161f; SCHWEIZER, Mt 113f; SCHUERMANN, LkI 381; CATCHPOLE, Jesus 301; LAMBRECHT, Ich aber 181; POLAG, Fragmenta 38; SCHENK, Synopse 34; SCHULZ, Q 427f; STRECKER, Bergpredigt 171f; ZELLER, Kommentar 34. Dass Mt 7,21 von Lk 6,46 abhängig ist, bestreitet (unter anderen literarkritischen Voraussetzungen) BETZ, Episode 117(f), vgl. 117-134. Zur ursprünglichen Stellung von Lk 13,26f//Mt 7,22f in der Q-Komposition Lk 13,23-35 s.o. I.2.2.3. mit A 190.

191) SCHULZ, Q (313-)314; ähnlich auch: LUZ, MtI 412; SCHMITHALS, Lk 89f; SCHNEIDER, LkI 162; SCHUERMANN, LkI 381-383; SCHWEIZER, Mt 122; LAMBRECHT, Ich aber 184f; POLAG, Fragmenta 38; SCHENK, Synopse 34; STRECKER, Bergpredigt 176f; ZELLER, Kommentar 35

2. Schwieriger ist die Stoffabgrenzung nach hinten. Natürlich ist es möglich, Lk 6,27-38 als paränetischen Teil formal vom prophetischen (6,20-23) und parabolischen (6,39-49) Teil abzuheben[192], doch erscheint diese Einteilung kaum sachgemäss[193], da so z.B. 6,41f von 6, 37f abgetrennt wird, obwohl die sachliche Zusammengehörigkeit unübersehbar ist.

a) Unzweifelhaft ist, dass Lk 6,46.47-49 als Schlussteil auf die Forderungen Jesu zurückblickt und deren Befolgen zum Massstab im Endgericht erhebt. Weniger klar ist dagegen die Funktion von 6,43-45: Handelt es sich um den Abschluss einer antipharisäischen Spruchkette 6, 39.40.41f.43-45[194], oder liegt hier auf der Stufe von Q schon ein "erstes Schlusswort" vor, das einschärft, dass es "ohne vorherige Orientierung an Jesus ... kein entsprechendes Handeln (gibt)"[195]?

Keine der beiden Varianten erscheint plausibel, zumal insbesondere 6,41f es nahelegt, die Logien in ihrem Zusammenhang mit 6,37f zu sehen und eine spezifisch antipharisäische Spitze 6,39.40.41f.43-45 keineswegs durchgängig erkennbar ist, so dass die Existenz einer solchen frühen Spruchgruppe m.E. wenig wahrscheinlich ist. Insbesondere 6,41f richtet sich kaum nach Aussen, sondern an die Jesus-Anhänger selbst, was schon die Erwähnung des adelphos (in Q sonst nur noch Lk 17,3// Mt 18,15 und Mt 5,47 diff Lk 6,33) nahelegt.

Aber mit dem Gedanken, dass es ohne Orientierung an Jesus kein entsprechendes Handeln gibt, ist der Skopus von Lk 6,43-45 auch nicht getroffen, heisst es doch "Jeder Baum wird an seiner Frucht erkannt" (6,44a) und fehlt jeder Hinweis auf eine christologische Motivation des Gut-Seins.

Am wahrscheinlichsten scheint mir die Annahme, dass 6,43-45, wie schon 6,41f noch zur Forderung, nicht zu richten, gehört[196], wobei 6,

---

192) So ERNST, Lk 213 mit G. HEINRICI; vgl. SCHWEIZER, Lk 76

193) Kritisch z.B. auch SCHUERMANN, LkI 325 Anm 1

194) So SCHUERMANN (s.o. 2.2.2.(1.b) mit A 183)

195) So SCHENK, Synopse 32; auch SCHWEIZER, Lk 83 zieht Lk 6,43-49 zusammen.

196) So auch CATCHPOLE, Jesus 314f (mit anderer Begründung). Anders SCHUERMANN, LkI 324f, der Lk 6,27-38 und 39-45 voneinander abtrennt. Wenn schon 6,39-45 antipharisäisch sein sollen (s.o. 2.2.2. (1.b) mit A 183), ist nicht einzusehen, weshalb nicht schon 6,37f als Kritik an den Pharisäern zu lesen ist, zumal eine mit 6,37 beginnende Komposition mir eher ist als eine mit 6,39 einsetzende Einheit. Auch

43-45 auf die Unnötigkeit des Richtens abzielt: Ob ein Mensch gut oder böse ist, muss schon deshalb nicht beurteilt werden, weil es sich an der Frucht, an dem, was er hervorbringt, erweist. Indem das Schlusswort 6,45c das Gute und das Schlechte, das der Mensch hervorbringt, auf sein Reden bezieht, nimmt es zudem die Kritik von 6,39f an überzogenen Lehransprüchen auf.

b) Zu fragen bleibt, ob die Barmherzigkeitsforderung Lk 6,36 noch zum Abschnitt über die Feindesliebe gehört, oder ob dieses Wort - wie v.a. SCHUERMANN gegen die Mehrzahl der Ausleger annimmt[197] - bereits die Motivation des Verbotes zu richten darstellt.

MERKLEIN hat sich mit dieser Auffassung von SCHUERMANN eingehend auseinandergesetzt und vor allem darauf hingewiesen, dass nur Lk 6,35//Mt 5,45 und Lk 6,36//Mt 5,48 das Motiv der Nachahmung Gottes aufnehmen, und dass die Erwähnung der Gottessohnschaft in Lk 6,35c und der Vaterschaft Gottes in 6,36 einander entsprechen, während zwischen Lk 6,36 und 37f durch den Uebergang von der positiven Forderung zum Verbot und von der Heilsverheissung zur Gerichtsdrohung eine starke Zäsur gegeben ist. Zudem wird das Richt-Verbot in 6,37f nicht durch den Gedanken der Nachahmung Gottes motiviert, sondern mit dem folgenden (Gerichts-)Handeln Gottes[198].

Ohne damit den überleitenden Charakter[199] von 6,36 und den sachlichen Zusammenhang von 6,27-36 und 37f(-45) bestreiten zu wollen, ist es deshalb gerechtfertigt, 6,36 als Höhepunkt und Abschluss der Forderung der Feindesliebe anzusehen und 6,37 als Neueinsatz zu werten. Dafür spricht auch, dass 6,41f das Verbot zu richten (6,37f) mit der Blindheit des Menschen gegenüber dem Balken im eigenen Auge begründet, und 6,43-45 auf die Unnötigkeit des Richtens aufmerksam macht, da sich das Gut-, bzw. Böse-Sein des Menschen von selbst erweist, so

---

LAMBRECHT, Ich aber 199.201 und ZELLER, Kommentar 33f behandeln 6,37-45 als Einheit.

197) SCHUERMANN, LkI 359.365; so auch LUZ, MtI 306; BARTSCH, Feldrede 14; HUEBNER, Gesetz 84.92; SCHULZ, Q 120 (für Lk)

198) MERKLEIN, Gottesherrschaft 223-225 (bes. 224); vgl. FIEDLER, Jesus 189; LAMBRECHT, Ich aber 201f; SCHULZ, Q 132; ZELLER, Mahnsprüche 110f

199) Diesen anerkennen sowohl SCHUERMANN, LkI 359 als auch MERKLEIN, Gottesherrschaft 224; vgl. zudem LUEHRMANN, Feinde 421; ZELLER, Mahnsprüche 110

dass 6,36 als Begründung von 6,37f zu 6,41f.43-45 in Konkurrenz tritt, zieht man 6,36 noch zu 6,37-45. Schliesslich ist darauf hinzuweisen, dass auch Mt die Aufforderung Lk 6,36//Mt 5,48 als Teil der Forderung, die Feinde zu lieben (Mt 5,43-48), rezipiert.

3. Aufgrund dieser Ueberlegungen ergäbe sich folgende Gliederung der programmatischen Rede[200]:

A.	Lk 6,20a	Szenischer Rahmen
B.	Lk 6,20b-23	Eröffnung: Makarismen
C.	Lk 6,27-36	Die Feinde lieben
C'.	Lk 6,37-45	Den Bruder nicht richten
B'.	Lk 6,46-49	Abschluss:: Hören und tun
A'.	Lk 7,1	Szenischer Rahmen

Da sich Anfangs- und Schlussteil in diesem Schema entsprechen (eschatologische Motivation durch den Zuspruch der hereinbrechenden Basileia einerseits, durch die Betonung der Bedeutsamkeit des Hörens und des Tuns der Worte Jesu im Gericht anderseits) und auch die beiden Mittelabschnitte einander ergänzen (Gebot der Feindesliebe nach aussen; Verbot zu richten nach innen), ist anzunehmen, dass die Gliederung dem Gestaltungswillen von Q entspricht und nicht etwa rein willkürlicher Art ist. Somit ist es berechtigt, 6,27-36 als Teileinheit aus dem Kontext der programmatischen Rede in Q herauszugreifen und gesondert zu behandeln.

3. Rekonstruktion der Q-Vorlage des Feindesliebe-Komplexes Lk 6,27-36//Mt 5,38-48

Zur Rekonstruktion der Q-Fassung von Lk 6,27-36//Mt 5,38-48 liegen aus den letzten Jahren mehrere gewichtige Diskussionsbeiträge vor[201],

200) Aehnlich LAMBRECHT, Ich aber 31.200f; ZELLER, Kommentar 26-37
201) Neben den grossen Kommentaren (GNILKA, MtI; LUZ, MtI; SCHUERMANN, LkI) vgl. HOFFMANN, Tradition 51-71; HUEBNER, Gesetz 86-96; LUEHR-

die jedoch keinen Konsens erkennen lassen, weshalb die Problematik an dieser Stelle erneut aufgegriffen werden muss.

3.1. Die einzelnen Logien

Bekanntlich ist der in Lk 6,27-36 enthaltene Stoff bei Mt auf die fünfte und sechste Antithese der Bergpredigt verteilt (Mt 5,38-42.43-48). Hinzu kommt, dass Mt die Goldene Regel (Lk 6,31) erst in 7,12 bringt. Eine synopt Darstellung der Lk- und der Mt-Fassung (s.o. 1.) zeigt, dass diese in der Reihenfolge stark voneinander abweichen. Da bei Lk die Forderung der Feindesliebe zweimal vorkommt (6,27.35), während Mt sie nur einmal bringt (5,44), genügt es zur Wiederherstellung der ursprünglichen Reihenfolge nicht, eine einfache Textumstellung vorzunehmen; es bedarf einer eigentlichen Untersuchung der "Kohärenz" der Texte[202], um zu einem Urteil zu gelangen. Da dabei Beobachtungen sprachlicher Art (z.B. Stichwortanschlüsse) wie auch inhaltlicher Natur eine Rolle spielen, stelle ich die Frage der Akoluthie (soweit dies möglich ist) zurück, um sie erst auf der Grundlage des rekonstruierten Q-Wortlautes anzugehen, und halte mich grundsätzlich an die lk Stoffanordnung, zumal diese sich in der programmatischen Rede insgesamt als zuverlässiger erweist[203] (was freilich Umstellungen nicht ausschliesst).

3.1.1. Die Forderung der Feindesliebe Lk 6,27f.35//Mt 5,43-45

Wie bereits erwähnt, bringt Lk die Forderung der Feindesliebe zweimal: In 6,27b und 35a, während Mt sie nur in 5,44b bringt. Sowohl

---

MANN, Feinde 412-422; MERKLEIN, Gottesherrschaft 222-227; PIPER, Enemies 49-65; SAUER, Erwägungen 5-17; SCHULZ, Q 120-123.127-131.139. Daneben gibt es viele Arbeiten, welche die Problematik mitbehandeln, ohne die eigene Position detailliert zu begründen, so z.B. FIEDLER, Jesus 185-195; HORN, Glaube 97-107; LAMBRECHT, Ich aber 99-101.197-199; STRECKER, Bergpredigt 85.90; WEDER, Rede bes. 128f.138; ZELLER, Mahnsprüche 55.101-103.110f.117f; vgl. auch die kleineren Kommentare (z.B. SCHNEIDER. LkI; SCHWEIZER, Mt) und die Q-Rekonstruktionen (s.o. A 100), sowie die Rekonstruktionen der Q-Fassung der Bergpredigt/Feldrede von LUZ, Sermon und WORDEN, Q Sermon. Angesichts der Fülle von Literatur beschränke ich mich im Folgenden so weit wie möglich auf die Belegung der Positionen wichtiger neuerer Arbeiten.

202) Vgl. MERKLEIN, Gottesherrschaft 222 (Ueberschrift)

203) S.o. 2.2. mit A 144

in Lk 6,35e.f als auch in Mt 5,45 ist sie mit dem Hinweis auf Gottes Verhalten gegenüber den (guten und) schlechten Menschen motiviert. Neben den Differenzen im Wortlaut der übereinstimmenden Teile (Lk 6, 27b(35a).28b//Mt 5,44b.c; Lk 6,35e.f.g//Mt 5,45 geben zwei Fragen zu Diskussionen Anlass: Das Problem der Einleitung (Lk 6,27a; Mt 5,(43-) 44a) und die mögliche Q-Zugehörigkeit der nicht durch eine Mt-Parallele gedeckten Imperative Lk 6,27c.28a(35b.c) sowie von Lk 6,35d.

1. Was die Mt und Lk gemeinsame Ueberlieferung betrifft, so stimmen Lk 6,27b und Mt 5,44b wörtlich überein. In Lk 6,28b//Mt 5,44c ist die Konstruktion von proseuchesthai mit peri bei Lk red[204]. Schwer zu entscheiden ist, ob epēreazein (Lk) oder diōkein (Mt) ursprünglich ist, da epēreazein ntl nur noch in 1 Petr 3,16 belegt ist und diōkein im Verdacht steht, red zu sein, gleichzeitig aber - anders als epēreazein - für Q sicher belegt ist[205]. LUEHRMANN erwägt deshalb, "ob nicht das misein von Lk 6,27c entsprechend Lk 6,22 in Q hierher gehört"[206]. Obwohl ein eindeutiger Nachweis nicht geführt werden kann[207], gibt es Anzeichen, die für die Vermutung sprechen, dass Q

---

204) SCHULZ, Q 128 mit Anm 263 verweist auf die häufige Verwendung von peri bei Lk (LkEv 45mal; Apg 71mal). proseuchesthai mit peri in der synopt Trad und der Apg nur noch Apg 8,15. BLASS/DEBRUNNER/REHKOPF, Grammatik 229,1.4.;231,1 machen darauf aufmerksam, dass der Ersatz von hyper durch peri häufiger zu beobachten ist als der umgekehrte Vorgang.

205) Diokein: Mt 6mal; Mk nie; Lk 3mal; Apg 9mal. Für Q ist das Verb durch Lk 11,49//Mt 23,34 sicher belegt (möglicherweise auch in Lk 17,23 diff Mt 24,23.26, vgl. LAUFEN, Doppelüberlieferungen 363), in Mt 5,10 ist es sicher red, möglicherweise auch in 5,11f (2mal) diff Lk 6,22f. In Mt 10,23 ist kein Urteil möglich. Da Lk diōkein nicht vermeidet (red in 21,12 diff Mk 13,9; möglicherweise auch Lk 17,23 diff Mt; Apg) ist auch in Lk 6,27b diff Mt 5,44b nicht mit LkRed zu rechnen. Für MtRed und die Ursprünglichkeit der Lk-Fassung entscheiden sich u. a. LUZ, MtI 306; SCHUERMANN, LkI 333 Anm 50; HOFFMANN, Tradition 52; MERKLEIN, Gottesherrschaft 225; PIPER, Enemies 57; SCHULZ, Q 128

206) LUEHRMANN, Feinde 416

207) Das Verb ist durch Lk 16,13//Mt 6,24 für Q sicher belegt (möglicherweise auch Lk 14,26 diff Mt 10,37; trad auch in Lk 1,71), doch besteht in Lk 19,14 (WEDER, Gleichnisse 194 mit Anm 124.125) die Möglichkeit red Gebrauchs, so dass in Lk 6,27 red Gebrauch nicht ausgeschlossen werden kann. SCHUERMANN, LkI 346 (mit Anm 24) nimmt an, dass misein im LkEv durchwegs trad ist; vgl. auch SCHULZ, Q 452 Anm 370: "eindeutig red Belege fehlen", trotzdem rechnet er in 6,22 mit lk Einfügung.

in diesem Zusammenhang misein gebrauchte: Sowohl Mt 5,11(f) und 5, 44c als auch Lk 6,22 und 6,27c korrespondieren in der Verwendung des Verbums diōkein (Mt), bzw. misein (Lk), wobei das Verbum in Mt 5,44c und Lk 6,27c im zweiten Glied der Forderung vorkommt. Hinzu kommt, dass Mt 5,43 misein möglicherweise red gebraucht, obwohl es von Mt nicht bevorzugt wird, so dass hier eine Reminiszenz an den Q-Wortlaut vorliegen kann[208]. Eine Entscheidung ist allerdings erst möglich, wenn die Herkunft von Lk 6,27c.28a geklärt ist (s.u. 3.), da im Fall der Ursprünglichkeit der viergliedrigen Reihe bei Lk epēreazein in 6,28b auf Q zurückgeführt werden müsste.

Lk 6,35e.f.g//Mt 5,45 "dürfte nach weitgehendem Konsens Mt in der ursprünglichen Gestalt erhalten haben, nur tou en ouranois ist als typisch matthäische Wendung redaktioneller Zusatz"[209].

---

208) Misein bei Mt ausser 5,43 noch 6,24Q; 10,22 (und 24,9f)//Mk 13,13

209) HOFFMANN, Tradition 53f; vgl. GNILKA, MtI 188; LUZ, MtI 306; MERKLEIN, Gottesherrschaft 226; SCHULZ, Q 128f.
LUEHRMANN, Feinde 321 und PIPER, Enemies 62 (vgl. auch SCHUERMANN, LkI 355 Anm 94) halten einen Rückschluss auf die Q-Formulierung der Gottesprädikation nicht für möglich, doch ist hypsistos in Q nicht belegt und kommt im NT v.a. bei Lk vor (Mt 1mal; Mk 2mal; Lk 7mal; Apg 2mal und Hebr 1mal), während die Gottesbezeichnung patēr in Q sicher belegt ist (Lk 6,36//Mt 5,48; Lk 10,21f//Mt 11,25-27; Lk 11,2//t 6,9; Lk 11,13//Mt 7,11; Lk 12,30//Mt 6,32), so dass kein Grund besteht, an der Ursprünglichkeit dieser Gottesprädikation in Mt 5,45 zu zweifeln oder sie durch theos zu ersetzen, was völlig hypothetisch ist (so POLAG, Fragmenta 34; ZELLER, Mahnsprüche 102f mit Anm 357 u.a.).
SCHUERMANN, LkI 356 (vgl. CATCHPOLE, Jesus 305) möchte die Erwähnung der agathoi und dikaioi in Mt 5,45 der MtRed zuschreiben, welche damit an die antithetische Formulierung in 5,43 angeglichen habe, doch ist die Argumentation mit der uneingeschränkten Güte Gottes gegen Gute und Böse durchaus überzeugend und eine sekundäre Ergänzung "noch schwieriger verständlich zu machen als die Kürzung" (HOFFMANN, Tradition 54 Anm 18; vgl. FIEDLER, Jesus 187-189; MERKLEIN, Gottesherrschaft 226; SCHULZ, Q 128 Anm 268; anders: WENGST, Pax 212 Anm 88).
Auch dikaios/adikos (Mt 5,45c) werden aufgrund der mt Vorliebe für dikaios gelegentlich als red angesehen (so z.B. POLAG, Fragmenta 34; SCHENK, Synopse 26), doch die Doppelung "Undankbare und Böse" in Lk 6,35f spricht für die Ursprünglichkeit des synthetischen Parallelismus (so auch HOFFMANN, Tradition 54; MERKLEIN, Gottesherrschaft 226; SCHULZ, Q 128f).
Was die Konstruktion betrifft, wird auch vertreten, dass das lk kai esesthe ursprünglicher ist, zumal hopōs mt Sprachgebrauch entspricht (so ZELLER, Mahnsprüche 102 mit Anm 356; vgl. LUZ, MtI 306 Anm 7; SAUER, Erwägungen 11), doch kann ebensogut Lk sekundär an Sir 4,10

2. In der Einleitung Lk 6,27a sehen manche den Ueberrest der antithetischen Form Mt 5,(43-)44a, die so für Q gesichert wäre[210], während etwa SCHUERMANN davon ausgeht, dass "die antithetische Form von Mt 5,43f ... wohl ... durch die schon vorluk gegensätzliche Formulierung von Lk 6,27a (veranlasst ist)"[211]. Andere gehen davon aus, "dass Lk die Wendung ganz gebildet oder wenigstens durch tois akouousin ergänzt und dem Kontext angepasst hat"[212].

Eine restlose Klärung ist auf stilkritischem Wege nicht möglich: Zwar ist die Einleitungswendung nicht typisch lk[213], doch kann sie durch den schwierigen Uebergang von den Weherufen (6,23-26) zur Forderung der Feindesliebe (Adressatenwechsel!) bedingt sein. Da die Weherufe auf QLk zurückgehen[214], könnte die Einfügung von tois akouousin vorlk sein, ohne jedoch auf Q zurückzugehen, wo eine ähnliche Wendung nicht belegt ist[215].

Auch wenn es zutrifft, dass Lk 6,27a und Mt 5,44a "einen ganz verschiedenen Zweck (erfüllen)"[216], ist ihre Uebereinstimmung im Ge-

---

angeglichen haben (so HOFFMANN, Tradition 54 mit Anm 16; vgl. LUEHRMANN, Feinde 421). Angesichts der grösseren Ursprünglichkeit des Mt im übrigen Wortlaut von Lk 6,35e.f.g//Mt 5,45 und der lk Herkunft von 6,35d (s.u. 4.) scheint mir deshalb die Ursprünglichkeit der mt Konstruktion weiterhin wahrscheinlicher.

210) So z.B. JEREMIAS, TheologieI 240; MEIER, Law 127 mit Anm 5; vgl. auch SEITZ, Enemies 40-42.45. HOFFMANN, Tradition 52 Anm 4 verweist weiter auf HARNACK, SCHMID, DUPONT und DAVIES.

211) SCHUERMANN, LkI 340 (vgl. 345f). Nach SCHUERMANN, ebd. ist die Einleitung Lk 6,27a wegen der vorstehenden Weherufe notwendig, was bei einer Rückführung von 6,23-26 auf QLk (s.o. 2.2.1.) allerdings gegen ihre Herkunft aus Q spricht. Auch LUEHRMANN, Feinde 417 mit Anm 22 führt 6,27a auf Q zurück. Er verweist dafür auf ähnliche Uebergangswendungen in Q (vgl. dagegen HOFFMANN, Tradition 51f Anm 3).

212) HOFFMANN, Tradition 52. Als lk Bildung beurteilt z.B. ZELLER, Mahnsprüche 102 die Einleitung. HASLER, Amen 59; MERKLEIN, Gottesherrschaft 225; POLAG, Fragmenta 34; SATO, Q 279; SAUER, Erwägungen 11; SCHENK, Synopse 26; SCHULZ, Q 127 und STRECKER, Antithesen 41 Anm 11 treten für die Q-Zugehörigkeit von legō hymin ein.

213) Vgl. JEREMIAS, Sprache 140; SCHUERMANN, LkI 345 mit Anm 19

214) S.o. 2.2.1.

215) Die von LUEHRMANN, Feinde 417 Anm 22 als "ähnliche Uebergangswendungen" bezeichneten Stellen "eignen sich nicht zum Vergleich" (HOFFMANN, Tradition 52 Anm 3), da es sich v.a. um Rahmennotizen handelt und die zwei Belege für die 1. Person (Lk 7,28;10,12) nur die Wendung legō hymin für Q belegen.

216) ZELLER, Mahnsprüche 102

brauch von lego hymin kaum Zufall, so dass diese für Q gut bezeugte Wendung[217] als "Minimalbestand" der Einleitungswendung in der gemeinsamen Vorlage angesehen werden darf[218]. Ob für Q darüber hinaus eine "antithetische" Einleitung von Lk 6,27b//Mt 5,44b anzunehmen ist, hängt nicht zuletzt mit der Beurteilung der Antithesenform in Mt 5,21-48 zusammen, die Gegenstand des nachfolgenden Exkurses ist.

Exkurs IV: Zur Herkunft und zum Gesetzesverständnis der Antithesen der Bergpredigt (Mt 5,21-48)

Obwohl die Antithesenform in der neueren Forschung im allgemeinen nicht auf Q zurückgeführt wird, drängt sich eine Erörterung der traditionsgeschichtlichen Problematik der Antithesen im Rahmen dieser Untersuchung schon deshalb auf, weil diesen im Zusammenhang mit der Frage nach Jesu Stellung zur Tora grosse Bedeutung zugemessen wird. Zudem wirft gerade Lk 6,27a als "Parallele" zu Mt 5,43-44a die Frage auf, ob Q, wenn es schon keine Antithesen enthielt, wenigstens Anhaltspunkte für die Ausbildung von Antithesen bot.

Dieser Exkurs kann unmöglich eine umfassende Bearbeitung der Problematik der Antithesen leisten, zu der sehr viel Literatur existiert[219]. Ich konzentriere mich deshalb auf zwei für den weiteren Gang der Arbeit zentrale Fragen: Wie ist die Antithesenform traditionsgeschichtlich zu beurteilen? (1.-9.) und: Was für Implikationen hat sie für das Gesetzesverständnis des Sprechers? (10.-13.)

Um die Uebersicht zu erleichtern, stelle ich den sachlichen Erörterungen eine synopt Tabelle voran (s. nächste Seite).

---

217) Belege bei SCHUERMANN, Sprache 97 mit Anm 155; SATO, Q 279f

218) Dafür spricht auch, dass legō-hymin als "Autoritätsformel" (SCHULZ, Q 58, vgl. 57-61; ähnlich SATO, Q 280 "Bekräftigungsformel") durchaus als Einleitung der zentralen Forderung der Feindesliebe geeignet ist.

219) Vgl. nur LUZ, MtI 244-318 (244: Lit!); BANKS, Jesus 182-203; BERGER, Gesetzesauslegung (Diss.) 149-182; BROER, Anmerkungen 130-136; Ders., Antithesen; Ders., Freiheit 75-113; BURCHARD, Versuch 422-426; DIETZFELBINGER, Antithesen; Ders., Antithesen (Mt); EGGER, Auslegung; GOPPELT, Problem; GUELICH, Antitheses; HOFFMANN, Gerechtigkeit 180-189. 264-275; Ders./(EID), Jesus 73-94; HUEBNER, Gesetz 40-112; JEREMIAS, TheologieI 240f; LAMBRECHT, Ich aber 77-115; LOHSE, Ich aber; MEIER, Law 125-161; MERKLEIN, Botschaft 103-111; Ders., Gottesherrschaft 253-293; SCHMAHL, Antithesen; STRECKER, Antithesen; SUGGS, Antitheses; VENETZ, Grundstrukturen; WEDER, Rede 98-155

Synopse zu den Antithesen der Bergpredigt Mt 5,21-48

		Mt 5,21-48	Lk	Andere Par.
1.	Töten und Zürnen	5,21-26		
	These (Ex 20,13)	21		
	Antithese	22		
	Versöhnung mit dem Bruder	23-24		(Mk 11,25)
	Rechtzeitiger Ausgleich	25-26	12,57-59	
2.	Ehebruch	5,27-30		
	These (Ex 20,14)	27		
	Antithese	28		
	Vom Auge und der Hand	29-30		Mk 9,43-48 (Mt 18,8-9)
3.	Ehescheidung	5,31-32		
	These (vgl. Dtn 24,1ff)	31		Mk 10,3-4
	Antithese	32	16,18	Mk 10,11-12 (Mt 19,7-9)
4.	Schwören	5,33-37		
	These	33		
	Antithese	34-37		Jak 5,12 (Mt 23,16-22)
5.	Wiedervergeltung	5,38-42		
	These (Lev 21,24f)	38		
	Antithese	39a.b		
	Widerstandsverzicht	39c-42	6,29-30	
6.	Feindesliebe	5,43-48		
	These (Lev 19,18b)	43		
	Antithese	44-48	6,27-28.32-36	

Unterstreichungen: Für die Literarkritik entscheidende Parallelen

1. Die neuere Diskussion um die Herkunft der Antithesen wurde durch Versuche ausgelöst, sämtliche sechs Antithesen auf die MtRed zurückzuführen[220]. Dem steht die These gegenüber, dass alle Antithesen vormt seien[221]. Dazwischen liegen unterschiedliche Mittelpositionen, von denen die klassische, auf BULTMANN zurückgehende Unterscheidung von primären (1, 2, 4) und sekundären, red aus Q-Stoff gebildeten Antithesen (3, 5, 6) nach wie vor am weitesten verbreitet ist ("Normalhypothese")[222], auch wenn einzelne Autoren andere Unterteilungen vorschlagen[223].

Die weitgehend an der Position von BULTMANN orientierte Diskussion hat auch bei jenen, die an der Normalhypothese festhalten, zu einer differenzierteren Argumentation geführt[224]:

a) Das quellenkritische Argument, dass die Antithesen 3, 5 und 6 in Q nicht-antithetisch tradiert werden, während die Antithesen 1, 2 und 4 nur durch Mt belegt sind, lässt sich so nicht halten: In der 5. Antithese (Mt 5,38-42) hat der für die antithetische Form entscheidende Teil 5,38-39b gerade keine Entsprechung im LkEv, könnte also auf SMt zurückgehen und ur-

---

220) So BERGER, Gesetzesauslegung (Diss) 175-182; vgl. Ders., GesetzesauslegungI 585-588; BROER, Antithesen; Ders., Freiheit 75-113, bes. 102-107; BURCHARD, Versuch 424 Anm 64; LUEHRMANN, Feinde 412f mit Anm 4.5 (anders Ders., Redaktion 118: Alle Antithesen sind vormt); SUGGS, Antitheses (vgl. auch HASLER, Amen 79 (Anm 93).127f; STAUFFER, Botschaft 39)

221) So DIETZFELBINGER, Antithesen 12; JEREMIAS, TheologieI 240f; SAND, Gesetz 48; WEDER, Rede 99 (antithetische Formung der Antithesen 3, 5 und 6 auf der Stufe von QMt, vgl. aber aaO 153: die antithetische Form geht in vier Fällen (3-6) "auf Matthäus oder die vormt Gemeinde zurück(...)".

222) Vgl. die Listen älterer Vertreter bei MERKLEIN, Gottesherrschaft 253 Anm 255 und STRECKER, Antithesen 39f Anm 6; in neuerer Zeit: BARTH, TRE5 606f; CONZELMANN, Grundriss 140; GOPPELT, Problem 28f; GUELICH, Antitheses 455; HOFFMANN, Gerechtigkeit 180f; LOHSE, Ich aber 189; MERKLEIN, Gottesherrschaft 253f.258-260 (vgl. aber Ders., Botschaft 103f: Nur die 1. und 2. Antithese werden als primär angesehen); MUELLER, Vision 430f; STRECKER, Antithesen 47; Ders., Bergpredigt 65f. Als "Normalhypothese" bezeichnet diese Auffassung LUZ, MtI 245. HENGEL, Jesus 160 hält die Frage für nicht entscheidbar.

223) Z.B. HUEBNER, Gesetz 230, der auch die 5. als primäre Antithese ansieht, oder LUZ, MtI 246, der die 4. als sekundäre, aber vormt Antithese ansieht. Auch LAMBRECHT, Ich aber 89-94 geht zwar von der Normalhypothese aus, diskutiert aber verschiedene Varianten, ohne sich jedoch festzulegen, während SCHULZ, Ethik 94-99 die Normalhypothese dahingehend modifiziert, dass die "primären" Antithesen auf Propheten der SMt-Gemeinde zurückgehen.

224) Vgl. z.B. STRECKER, Antithesen

sprünglich sein[225], und die Lk-Parallele der 6. Antithese weist in Lk 6,27a möglicherweise ein antithetisches Element auf[226]. Hinzu kommt, dass die Parallele zur 4. Antithese in Jak 5,12 den primären Charakter dieser Antithese in Frage stellt[227].

b) Das Argument, dass die primären Antithesen "nur in Beziehung zur These verständlich" sind und deshalb nie isolierte Worte gewesen sein können[228], ist traditionsgeschichtlich nicht auswertbar, da "die Frage der Isolierbarkeit ... weitgehend eine Geschmacksfrage ist"[229].

c) Das formale und inhaltliche Beobachtungen verbindende Argument, die primären Thesen enthielten Verbote, die durch die nicht maschalartigen Antithesen nicht abgelehnt, sondern überboten, bzw. verschärft werden[230], während die sekundären von einem Gebot ausgehen und dieses aufheben, ist in doppelter Hinsicht problematisch: Zum einen handelt es sich um eine "Verallgemeinerung, welche die durch alle sechs Antithesen aufgegebenen formalen Probleme vereinfacht"[231], und zum anderen handelt es sich um eine Behauptung, die keineswegs unbestritten ist, da die Frage, welche Antithesen das Gesetz wirklich aufheben, unterschiedliche Antworten findet[232],

---

225) So bes. HUEBNER, Gesetz 95.230f; PIPER, Enemies 52f, aber auch JEREMIAS, TheologieI 240; DIETZFELBINGER, Antithesen 37-39

226) S.o. 3.1.1.(2.) mit A 210.211

227) So bes. DAUTZENBERG, Schwurverbot, aber auch LUZ, MtI 280f; ZELLER, Mahnsprüche 124f

228) So BULTMANN, Geschichte 143f; ähnlich HOFFMANN, Gerechtigkeit 180 u. v.a.

229) So STRECKER, Antithesen 41; vgl. BROER, Antithesen 53; MERKLEIN, Gottesherrschaft 259; SUGGS, Antitheses 436f; u.a.

230) Darauf, dass das nicht dasselbe ist, macht MERKLEIN, Gottesherrschaft 254 zu Recht aufmerksam.

231) SUGGS, Antitheses 435 ("a generalization which glosses over the formal problems offered by all six antitheses"); vgl. auch MERKLEIN, Gottesherrschaft 258 "Ein umfassender formaler Vergleich lässt jedoch Uebereinstimmungen erkennen, die nicht der postulierten Klassifizierung konform gehen" (s. die Uebersichtstabelle ebd.) und JEREMIAS, TheologieI 241, der darauf aufmerksam macht, dass der Vordersatz der 4. Antithese (wie auch der 6.) kein Verbot (bzw. Gebot), sondern eine "Antithese" ist.

232) Vgl. SUGGS, Antitheses 435 "Bultmann's argument ... cannot be satisfying in view of the absence of agreement as to which (if any) of the antitheses do indeed abrogate a commandment." Auch STRECKER, Antithesen (43-)44 anerkennt: "Die Grenzlinie zwischen Verschärfung und Aufhebung der Tora ist also nicht so klar zu ziehen, dass eine unumstrittene Zweiteilung der Antithesenreihe zu erreichen wäre." S. zudem die (leicht zu erweiternde) Liste abweichender Auffassungen bei BROER, Freiheit 82f.

und es zumindest auf der Ebene der mt Red keine Anzeichen dafür gibt, dass die Antithesen bezüglich der Stellung zur Tora in zwei Gruppen (radikalisierende und abrogierende) zerfallen[233].

2. Unter Voraussetzung der Zweiquellentheorie ist nicht zu bestreiten, dass mindestens die 3. und 6. Antithese auf Mt zurückgehen, es sei denn, man kann QMt für ihre Bildung verantwortlich machen[234]. Diese These ist im folgenden näher zu begründen:

a) Mt 5,32 stammt - wie die Parallele Lk 16,18 zeigt - aus Q[235]. Die These in Mt 5,31 ist aus 5,32 herausentwickelt und greift sachlich auf Dtn 24,1-4 zurück, wobei sie dem Wortlaut der Mk-Parallele (bes. 10,4.11f) näher steht als dem LXX-Wortlaut[236]. Mt Spracheigentümlichkeiten lassen sich deshalb kaum nachweisen, immerhin ist hos an gut mt[237] und Mt 5,31 und 19,7 stimmen (gegen Mk 10,4) darin überein, dass vom didōnai (und nicht graphein) des Scheidebriefes gesprochen wird.

b) Mt 5,44-48 geht ebenfalls auf Q zurück (vgl. Lk 6,27f.32-36)[238]. Die These Mt 5,43 besteht aus einem Zitat aus Lev 19,18, das auch in Mt 22,39//Mk 12,31 (vollständiger, vgl. hōs seauton) vorkommt, und der Aufforderung zum Feindeshass, wobei agapan und echthros auch in Mt 5,44b (dort allerdings im Plural) vorkommen, so dass auch hier eine Konstruktion der These von hinten her zu vermuten ist. "Sprachlich ist der Nachweis der Redaktion nicht zu führen"[239], da misein zwar nicht typisch mt ist, aber eine Reminiszenz an Lk 6,22 (und 27?)Q sein kann[240].

c) Was die Einleitung der Forderung der Feindesliebe in Q betrifft, so habe ich bereits begründet, dass sich aufgrund des synopt Vergleichs unter

---

233) Vgl. WEDER, Rede 153 "Der Sache nach ist sie (sc. die antithetische Form) in allen Fällen angemessen."

234) So SAND, Gesetz 48 und WEDER, Rede 99 (s. aber o. A 221)

235) Zweifel an der Q-Zugehörigkeit (LUZ, MtI 269; vgl. SATO, Q 25f.49. 60f.68-70) sind nicht angebracht: Lk 16,16-18//Mt 11,12f;5,18.32 ist eine kleine Logienkomposition, die sich auch sachlich gut in Q integrieren lässt und die Abweichungen im Wortlaut lassen sich mit der Verbindung von Mt 5,32 und Mk 10,11f durch Lk plausibel machen (s.u. III.2. und 3.(3.)).

236) STRECKER, Antithesen 53

237) Vgl. LUZ, MtI 46. Dennoch wird hos ean in Mt 5,32 ursprünglich sein (s.u. III.3.(3.))

238) Zur Literarkritik im Einzelnen s.u. 3.

239) LUZ, MtI 306

240) S.o. 3.1.1.(1.) mit A 207.208

Berücksichtigung der red Stil- und Spracheigentümlichkeiten nur lego hymin (Lk 6,27a//Mt 5,44a) für Q sichern lässt[241]. Damit ist freilich nur der "Minimalbestand" der Einleitung bezeichnet, so dass sich die Frage stellt, ob aufgrund weiterer Ueberlegungen wahrscheinlich gemacht werden kann, dass Q eine ausführlichere (antithetische?) Einleitung enthielt[242]. Auf die Uebereinstimmung von Lk 6,27a und Mt 5,43a im Gebrauch von akouein wird man dafür allerdings nicht verweisen können, denn das ēkousate bei Mt erfüllt einen ganz anderen Zweck als die partizipiale Wendung tois akouousin in Lk 6,27a, welche (im Anschluss an die Weherufe) signalisiert, dass nun wieder die Zuhörer Jesu direkt angesprochen sind, "und deutliche Reserven gegenüber den Wehe in der 2. Person im jetzigen Zusammenhang (spiegelt)"[243].

Wollte man Lk unterstellen, er habe die antithetische Form aufgelöst, so müsste man nicht nur begründen können, weshalb Lk das tat[244], sondern müsste auch ihre Existenz in Q wahrscheinlich machen. Das ist m.E. aber nicht möglich, da bei den Lk-Parallelen zu den übrigen aus Q-Stoff gebildeten Antithesen (Lk 6,29f;16,18) nichts auf eine ursprünglich antithetische Form hindeutet[245], direkte Argumentation mit der Schrift Q fremd ist[246], und die Verhältnisbestimmung zwischen der Verkündigung Jesu und der Tora in Q vom Bemühen geprägt ist, allfällige Spannungen zu nivellieren und keinesfalls auf den Kontrast zwischen der Tora und den Forderungen Jesu abhebt[247]. Es ergibt sich somit, dass die antithetische Form des Verbotes der Ehescheidung (Mt 5,31f) und der Forderung der Feindesliebe (5,43-48) jünger sind als Q[248].

---

241) S.o. 3.1.1.(2.)
242) So die in A 210 genannten
243) BROER, Seligpreisungen 26 (vgl. 25-27.31)
244) Auf diese Schwierigkeit macht z.B. STRECKER, Antithesen 43 Anm 15 aufmerksam.
245) Lk 6,29f hat keine Einleitung und schliesst unmittelbar an 6,27f an. Im Anschluss an Lk 16,16f ist eine Antithese im Stil von Mt 5,31f undenkbar.
246) Eine Ausnahme ist die Versuchungsgeschichte Lk 4,1-13//Mt 4,1-11 (vgl. Lk 7,27//Mt 11,10), dazu s.o. 2.1.3.2.(4.b.c)
247) Vgl. dazu u. IV.1.4.;1.5. und o. I.4.2.2.3. zu Lk 11,42d und 16,17
248) Mt 5,38-43 (Lk 6,29f) ist ein Sonderfall, da hier die Möglichkeit besteht, dass Mt eine Antithese (5,38-39b) red mit dem Q-Stoff kombinierte, vgl. u. (3.)

d) Für die Annahme, nicht erst die MtRed, sondern schon QMt sei für die antithetische Formulierung des Q-Stoffes verantwortlich, gibt es m. E. keine überzeugenden Argumente. Auch die "Spannung" zwischen Mt 5,17-19(20) und 5,21-48 kann diese These nicht wirklich begründen, da die Nebeneinanderstellung dieser beiden Einheiten auch dann ein Werk des Mt bleibt, wenn er für die Formulierung der Antithesen nicht (mit)verantwortlich ist.
Auch auf sprachlichem Wege ist eine Begründung nicht möglich, denn die Thesen Mt 5,31.43 enthalten zwar kaum mt Spracheigentümlichkeiten[249], aber auch nichts, was nicht auf Mt zurückgehen könnte. Schliesslich ergeben sich gegen diese Annahme auch sachliche Bedenken: Es gibt keine Anzeichen dafür, dass die Stellung von QMt zur Tora mit den Antithesen leichter zu vereinbaren wäre als jene von Q[250]. Im Gegenteil - wenn die von manchen Autoren geäuserte Vermutung zutrifft, dass Mt 5,19 auf QMt zurückgeht[251], verstärkt QMt den Eindruck der Uebereinstimmung zwischen der Verkündigung Jesu und der Tora gegenüber Q.
e) Abschliessend ist darauf hinzuweisen, dass die red Bildung von Mt 5,31 möglicherweise nicht nur aus dem Fehlen der antithetischen Formulierung in Q (und QMt) erschlossen, sondern positiv begründet werden kann: BERGER hat im ungedruckten Teil seiner Dissertation darauf aufmerksam gemacht, dass Mk 10,2-12 von Mt derart bearbeitet wird, dass in Mt 19,7.9 eine "antithetische Struktur" entsteht, "so dass dadurch der Gegensatz zwischen der Weisung Gottes/der Gemeinde und der der jüdischen Gegner viel schärfer betont wird". Somit zeige sich in beiden mt Texten zum Thema Ehescheidung eine ähnliche red Intention[252].
Obwohl die Gegenüberstellung Mōysēs eneteilato ... legō de hymin in Mt 19,7.9 nicht dieselbe Prägnanz hat wie das Schema der Antithesen, ist sie - besonders im Vergleich mit der Mk-Fassung - doch auffällig. Da sie unzweifelhaft das Werk der MtRed ist, stützt sie die Annahme, dass auch die Bildung der Antithese in 5,31f auf Mt zurückgeht.

---

249) S.o. (a) und (b) mit A 237.239
250) Dazu s.o. (c) mit A 247
251) Erwogen z.B. von HUEBNER, Gesetz 25; LUEHRMANN, Redaktion 116f; SATO, Q 61; STRECKER, Bergpredigt 59; WEDER, Rede 92; zur Frage der Q-Zugehörigkeit s. KOSCH, Gottesherrschaft 15 (mit Anm 25).17(mit Anm 41.42).54
252) BERGER, Gesetzesauslegung (Diss.) 158, vgl. 176-181; ähnlich auch GUELICH, Antitheses 446f; LUEHRMANN, Redaktion 108; STENGER, Rekonstruktion 197; SUGGS, Antitheses 442f

3. Was die normalerweise ebenfalls als sekundär bezeichnete 5. Antithese betrifft, so wurde bereits darauf hingewiesen, dass nur der "kommentierende" Teil Mt 5,39c-42 aus Q stammt, während die eigentliche Antithese 5,38-39b nur im MtEv belegt ist, weshalb manche hier mit einer primären, ja sogar mit einer jesuanischen Antithese rechnen[253].

Gegen diese Annahme sprechen sprachliche Beobachtungen, die es nahelegen, die Formulierung der Antithese 5,39b der MtRed zuzuschreiben: Die Konstruktion mē mit Infinitiv als Verbot ist mt, wie insbesondere die ganz red formulierte Ueberschrift 6,1[254], aber auch 2,12 und 5,34 zeigen[255], und auch ponēros ist mt[256].

Bei der Annahme, Mt habe die Antithese selbst gebildet, ergibt sich allerdings eine gewisse Schwierigkeit: mē antistēnai kann nicht eigentlich als Zusammenfassung der beispielhaften Forderungen in 5,39b-42 gelten[257], geht es dort doch um mehr als um Verzicht auf Widerstand: Um aktiven, provokativen Rechtsverzicht[258]. Deutlich wird dies insbesondere in 5,42, wo ja nichts Unrechtes gefordert wird, aber auch in 5,40 wo (in der mt Fassung) an einen Pfändungsprozess gedacht ist, von dem ja keineswegs gesagt ist, dass er zu Unrecht angestrengt wird. Immerhin ist die Forderung, dem Bösen nicht zu widerstehen, ein sinnvolles Gegenstück zum Talionsprinzip, das seinerseits vor allem wegen des Gegensatzes zu Mt 5,39c herbeigezogen worden sein wird[259], so dass Mt 5,38-39b als sekundärer Vorbau zu Mt 5,39c-42

---

253) S.o. A 225; als jesuanisch angesehen von DIETZFELBINGER, Antithesen 39, HUEBNER, Gesetz 95.230f und PIPER, Enemies 53

254) Zum red Charakter s. LUZ, MtI 321 mit Anm 9; STRECKER, Bergpredigt 101 mit Anm 2

255) Vgl. LUZ, MtI 45; trad in Mt 23,23//Lk 11,42

256) Vgl. LUZ, aaO 49; STRECKER, Bergpredigt 86. Der Verweis von LUZ, MtI 291 auf die LXX-Abhängigkeit des Zitats in Mt 5,38b spricht allenfalls gegen die Ursprünglichkeit der Antithese (vgl. aber auch die LXX-Abhängigkeit anderer Thesen!), ist aber kein eindeutiger Hinweis auf mt Abfassung. Für die Annahme, dass die Antithese auf Griechisch verfasst wurde, spricht zudem die verbale Anknüpfung von anthistanai (5,39b) an anti (5,38b).

257) So z.B. STRECKER, Bergpredigt 86; ähnlich auch LUZ, MtI 296 (s. aber A 258) u.a.

258) Besonders deutlich gesehen von HOFFMANN/(EID), Jesus 157f (Ders., Eschatologie 134; Ders., Tradition 58 und THEISSEN, Gewaltverzicht 177). LUZ, MtI 297 spricht von einer "Akzentverschiebung" von den "positiven Aufforderungen der Verse 39b-42" zur "negative(n) Formulierung" in 5,39a; vgl. auch DIETZFELBINGER, Antithesen 38

259) Sowohl in Mt 5,39c als auch in 5,38b geht es um Körperverletzung, wobei Körperteile (Backe, Auge, Zahn) erwähnt werden.

verstanden werden kann und die Annahme der Existenz von zwei ursprünglich selbständigen Trad (der Antithese 5,38-39b und der Logien 5,39c-42) nicht notwendig ist[260]. Dies gilt insbesondere unter der Voraussetzung, dass Mt schon in zwei anderen Fällen für die Herstellung der Antithesenform verantwortlich ist. Anderseits spricht diese Akzentverschiebung zwischen 5,39b und 5,39c-42 gegen die auch aus anderen Gründen unwahrscheinliche Annahme, Mt 5,38-42 gehe gesamthaft auf Q zurück[261].

4. Von den normalerweise als primär bezeichneten Antithesen bereitet insbesondere die Beurteilung der vierten, gegen das Schwören gerichteten (Mt 5,33-37), Schwierigkeiten. In der Literatur reicht die Spanne der Urteile von der Annahme einer antithetischen jesuanischen Urform[262] bis zur Rekonstruktion eines nicht-authentischen, nicht-antithetischen Logions[263]. Unbestreitbar ist m.E., dass Mt 5,33-37 traditionsgeschichtlich dekomponierbar ist, doch ist ein Urteil darüber, welche Elemente im Einzelnen sekundär sind, recht schwierig, sofern man nicht davon ausgeht, dass eine zu postulierende Urgestalt so einfach wie nur möglich ausgesehen haben muss[264].

Jak 5,12 bezeugt eine nicht-antithetische Form des Schwurverbots, die mit Mt 5,33-37 "wesentliche Uebereinstimmungen" aufweist[265], welche nicht nur sachlicher Art sind, sondern auch den Aufbau der Aussage betreffen. Ein Vergleich ergibt, dass die Mt-Fassung von 5,34b-37 weitgehend sekundär ist, auch wenn nicht mit direkter Abhängigkeit gerechnet werden kann[266].

---

260) Auch der Verweis von DIETZFELBINGER, Antithesen 37-39 auf die pluralische Formulierung von Mt 5,38-39b im Gegensatz zur singularischen in 5,39c-42 vermag die ursprüngliche Selbständigkeit der Antithese nicht zu begründen, da der Plural nur das Antithesenformular betrifft, das durchwegs pluralisch formuliert ist (so dass mit einem gewissen Formzwang gerechnet werden muss), während These (5,38b) und Antithese (5,39b) infinitivisch konstruiert sind.

261) Zur Problematik s.o. (2.c)

262) So z.B. MERKLEIN, Gottesherrschaft 265-267; STRECKER, Antithesen 56-63; auch GUELICH, Antitheses 450-455 rekonstruiert aus Mt 5,33c.34a. 37a eine ursprüngliche Antithese.

263) So bes. DAUTZENBERG, Schwurverbot

264) LUZ, MtI 281 z.B. bezeichnet es als "unnötige Annahme", dass 5,33c gegenüber 5,33b sekundär ist, während z.B. SCHWEIZER, Mt 70; GUELICH, Antitheses 453f; MERKLEIN, Gottesherrschaft 266 und STRECKER, Antithesen 58f den zweiten Teil der These als sekundär ausscheiden.

265) STRECKER, Antithesen 57

266) So auch MERKLEIN, Gottesherrschaft 266 mit Anm 358. Gegen direkte Abhängigkeit spricht z.B. der Vergleich von Mt 5,37b mit Jak 5,12d: Mt

Ist auch Mt 5,33-34a sekundär? Dafür spricht einiges: "Das Schwurverbot Mt 5,34a (findet) in Mt 5,33b kein rechtes atl. Widerlager"[267], was nicht nur formale Gründe hat (Mt 5,33b.c ist kein eigentliches AT-Zitat), sondern auch sachliche, da es kein atl Schwurgebot gibt, "sondern eben nur den Eid betreffende Regelungen"[268]. Zudem zeigt gerade Jak 5,12, dass das Argument der Unablösbarkeit der Antithese von der These hier nicht anwendbar ist[269]. Die Annahme, die antithetische Form von Mt 5,33-37 sei sekundär, ist deshalb zu Recht weit verbreitet[270].
Damit stellt sich die Frage nach der Herkunft der antithetischen Gestaltung: Ist sie mt oder vormt? Sieht man von der Möglichkeit ab, dass das Antithesenformular selbst auf die MtRed zurückzuführen ist[271], gibt es nur einen Hinweis auf die red Tätigkeit des Mt: Die infinitivische Formulierung von 5,34b[272]. Daraus aber abzuleiten, Mt 5,33-34b sei insgesamt red, ist m.E. nicht gerechtfertigt[273], so dass die Annahme einer red Bildung der 4. Antithese nur dann plausibel gemacht werden kann, wenn die Antithesen insgesamt oder zumindest sehr weitgehend mt sind.

5. Was die ersten beiden Antithesen (Mt 5,21-26.27-30) betrifft, so ergibt sich folgendes:
a) Die wortstatistische und stilkritische Untersuchung des Grundbestandes der Antithesen (Mt 5,21f.27f) lässt - vom Antithesenformular wiederum ab-

---

5,37b ist in der Formulierung mt (periss- und ponēros sind mt, s. LUZ, MtI 281 mit Anm 8), doch hätte Mt den Hinweis auf das Gericht (Jak 5,12d) kaum unterdrückt (LUZ, aaO 281 mit Anm 9).
267) DAUTZENBERG, Schwurverbot 51
268) DAUTZENBERG, ebd. mit ZELLER, Mahnsprüche 126
269) Zur Problematik s.o. (1.b)
270) Neben den alle Antithesen als red beurteilenden Autoren (s.o. A 220) auch LUZ, MtI 280f; SCHWEIZER, Mt 66.70; DAUTZENBERG, Schwurverbot bes. 50-52; DIETZFELBINGER, Antithesen 32f; ZELLER, Mahnsprüche 124; WEDER, Rede 124 (anders die in A 262 genannten)
271) Zu dieser Problematik s.u. (7.)
272) Zum red Charakter s.o. (3.) mit A 254.255
273) Mit einer red Bildung der Antithese rechnet ZELLER, Mahnsprüche 124, wobei seine Argumentation nicht klar ist: Dass Mt mit 5,33c "den Schriftbezug der These verstärken" will, ist zwar denkbar, doch setzt das voraus, dass "das gut griechische ouk epiorkēseis" (ebd.) vormt ist. Die Hinweise auf die Schwierigkeit, Mt 5,33-37 mit dem Dekalog zu korrelieren und auch die nicht-antithetische Fassung von Jak 5,12 sprechen zwar für den sekundären Charakter der Antithese, nicht aber zwingend für deren red Bildung.

gesehen - keine weitreichenden Schlüsse zu: Obwohl eindeutige Hinweise auf Eingriffe der MtRed fehlen, kann eine mt Bildung der Thesen nicht ausgeschlossen werden[274]. Das Urteil über die Herkunft der antithetischen Form von Mt 5,21f.27f ist deshalb ebenfalls wesentlich davon abhängig, ob wahrscheinlich gemacht werden kann, dass die Antithesenform gesamthaft auf die MtRed zurückgeht[275].

b) Im Blick auf die innere Logik der antithetischen Form ist zwischen der 1. und der 2. Antithese zu unterscheiden. Zum einen ist die These Mt 5,21b.c im Gegensatz zu Mt 5,27b kein reines AT-Zitat, und zum anderen "geschieht" in den beiden Antithesen nicht dasselbe: Während in der 1. Antithese das Zürnen mit derselben Sanktion belegt wird wie das Töten, definiert die 2. Antithese moichasthai auf neue, ungewohnte Weise. So entsteht eine zwingendere, eindeutigere Rückbindung der Antithese an die These, die sich mit dem Gebrauch von ēdē auch in der Formulierung niederschlägt[276]. Die 2. Antithese wirkt somit formal geschlossener als die 1.

c) Lässt sich dieses Gefälle auch traditionsgeschichtlich auswerten? M. E. muss dies zumindest erwogen werden, da folgende Ueberlegung im Fall von Mt 5,21f für eine sekundäre Bildung der Antithesenform sprechen könnte: Grundsätzlich wäre es ohne weiteres möglich, die 1. Antithese genau der 2. entsprechend zu formulieren: "Ihr habt gehört, dass gesagt worden ist: Du sollst nicht töten. Ich aber sage euch: Jeder, der seinem Bruder zürnt,

274) Zu Mt 5,21f: Phoneuein (Mt 5mal; Mk 1mal; Lk 1mal; Apg nie) könnte in Mt 23,31.35 red sein (s.o. I.4.2.2.2.(1.c) mit A 563-565); hos an ist bei Mt ebenfalls red belegt (LUZ, MtI 46); enochos (hier 4mal) ist im MtEv nur noch in 26,66//Mk 14,64 belegt - ein Urteil ist nicht möglich; krisis ist mehrmals red belegt (aaO 43). Mt 5,22b-d ist in der Substanz trad, vgl. orgizesthai, raka, synedrion, mōros; red könnten sein: pas ho mit Partizip (aaO 47); hos an (s.o.); geenna tou pyros (aaO 252f mit Anm 18).
In Mt 5,27f könnten mt sein: pas ho (s.o.) und möglicherweise en tē kardia autou (erwogen z.B. von HOFFMANN, Gerechtigkeit 181; MERKLEIN, Gottesherrschaft 263; STRECKER, Antithesen 51). Die These selbst zitiert Ex 20,14LXX und erlaubt somit kein stilkritisches Urteil.

275) Die Herkunft und red Bearbeitung der die Antithesen erweiternden Stoffe Mt 5,23f.25f(//Lk 12,57-59) und 5,29f(Q?) braucht hier nicht zu interessieren. Ich verweise dazu auf LUZ, MtI 251f.261f

276) Erstaunlicherweise findet sich in der Literatur m.W. kein Hinweis darauf, dass das "Schema 'nicht erst - sondern schon'", das als typisch für die Sachlogik der primären Antithesen gilt (MERKLEIN, Gottesherrschaft 259f; zustimmend z.B. BROER, Freiheit 104f), so nur in der 2. Antithese vorliegt.

hat schon getötet." Eine solche Antithese hätte gegenüber Mt 5,21f den Vorteil, dass sie in der These mit dem Dekalogverbot Ex 20,13 allein auskommt und nicht auf eine Ergänzung (hos d'an phoneusē, enochos estai tē krisei) angewiesen ist. Anderseits hat man zu Recht darauf hingewiesen, dass die Ergänzung von Ex 20,13 durch die Strafandrohung der Sache nach durchaus atl ist (s. Ex 21,12; Lev 24,17; vgl. Gen 9,6; Num 35,16-18) und der Auslegungstradition des Dekaloggebotes entspricht[277]. Zudem ist es nicht unproblematisch, nur dort mit der Ursprünglichkeit eines Jesuswortes zu rechnen, wo dieses eine "reine Form" hat[278].

d) Als Zwischenergebnis ist feszuhalten: Die Beobachtungen, dass die 1. und 2. Antithese sachlich kohärent wirken und dass insbesondere die 2. Antithese auch formal überzeugt, vermögen alleine aber nicht zu begründen, dass es sich um ursprüngliche Antithesen handelt. Lässt sich jedoch zeigen, dass Mt (und auch die vormt Trad) zwar für die Aufnahme des Antithesenformulars, nicht aber für seine Neubildung verantwortlich gemacht werden kann, spricht m.E. alles dafür, in Mt 5,21f.27f primäre Antithesen zu sehen, welche das formale Vorbild für die übrigen abgaben[279].

6. Eine Zusammenfassung der bisherigen Erwägungen zeigt:

a) Klammert man das gesondert zu behandelnde Antithesenformular aus[280], so ergibt die wortstatistische und stilkritische Untersuchung der eigentlichen Antithesen[281] kein einheitliches Bild. Sie stützt weder die These, alle Antithesen seien mt, noch die Gegenthese, sie seien alle vormt.

b) Die quellenkritische Analyse der aus Q-Stoff gebildeten Antithesen 3, 5 und 6 zeigt, dass sie in Q (und wohl auch in QMt) in nicht-antithetischer Form überliefert wurden.

Im Fall von Mt 5,31f (vgl. Lk 16,18) deuten sprachliche Anzeichen und vielleicht auch die mt Gestaltung von Mk 10,2-12 (bes. Mt 19,7.9) darauf hin, dass die antithetische Formulierung auf Mt selbst zurückgeht und im Fall von Mt 5,38-39a legen sprachliche Indizien die Annahme nahe, dass die Bildung der Antithese durch die MtRed erfolgte. Obwohl der Nachweis der

---

277) Vgl. nur LUZ, MtI 252; GNILKA, MtI 153; SCHWEIZER, Mt 71

278) S.o. (4.) zu Mt 5,33-37; zur Sache s. auch STRECKER/SCHNELLE, Einführung 92

279) So auch GNILKA, MtI 199; LUZ, MtI 246; WEDER, Rede 102

280) Dazu s.u. (7.)

281) Von den (sekundären) Erweiterungen (z.B Mt 5,23f.25f) kann hier abgesehen werden.

red Bildung der Antithese im Fall von Mt 5,43f sprachlich nicht geführt werden kann, ist sie auch hier zu vermuten.

Die weitverbreitete Annahme, die sekundären Antithesen verdankten ihre Form der MtRed, lässt sich also bestätigen.

c) Die 4. Antithese erweist sich aufgrund der Parallele in Jak 5,12 als sekundär. Dass ihre Bildung auf Mt zurückgeht, lässt sich positiv nicht nachweisen, da die sprachlichen Indizien hier nicht eindeutig genug sind.

d) Mt 5,27f erweist sich als die formal geschlossenste Antithese, doch ist auch Mt 5,21f inhaltlich kohärent. Deshalb haben diese beiden Antithesen am ehesten Aussicht auf Ursprünglichkeit.

e) Es zeigt sich, dass die Basis für die Rückführung der Antithesenform auf Jesus schmaler ist, als gelegentlich angenommen wird. Anderseits ist der Anteil an mt Sprach- und Stileigentümlichkeiten in den meist als primär bezeichneten Antithesen so gering, dass die Vermutung naheliegt, dass Mt sie bereits vorfand. Eine Entscheidung ist aber nur unter Einbezug des Antithesenformulars selbst möglich.

7. Das Antithesenformular selbst ist hinsichtlich seiner Herkunft und Bedeutung häufig untersucht worden[282]. Dabei hat sich das Augenmerk im Zusammenhang mit der These der Redaktionalität sämtlicher Antithesen[283] auch auf mt Spracheigentümlichkeiten in dieser Formel gerichtet.

a) Was das Vokabular betrifft, so muss auch BROER, der sämtliche Antithesen auf die MtRed zurückführen möchte, gestehen: "Vorzugsvokabeln liegen gehäuft dort nicht vor"[284]. Bei Mt nur im Antithesenformular belegt sind nach STRECKER[285]: Einleitendes ēkousate hoti; archaioi; egō de legō hymin; emphatisches egō[286]. "Schliesslich hat das singularische verallgemeinernde pas ho, gefolgt von einem Partizip (5,22.28.32) im Matthäusevangelium nur

---

282) Vgl. LUZ, MtI 247-250; BROER, Freiheit 75-81.102-113; BRUCHARD, Versuch 422-426; DIETZFELBINGER, Antithesen 9-11; HUEBNER, Gesetz 230-236; LOHSE, Ich aber; MEIER, Law 129-135; MERKLEIN, Botschaft 103-111; Ders., Gottesherrschaft 254-260; MUELLER, Vision 430-432; STREKKER, Antithesen 45f; WEDER, Rede 99-102.

283) S.o. (1.) mit Anm 220

284) BROER, Antithesen 56

285) STRECKER, Antithesen 45; zustimmend: GNILKA, MtI 152

286) S. aber BROER, Antithesen 57, der auf red eingefügtes ego in Mt 10, 16;11,20;26,15 verweist.

dort Entsprechungen, wo Lukas gleiches überliefert (7,8/Lk 11,10; 7,26/Lk 6,47)"[287].

b) Auffällig ist freilich, dass errethē (5,21.27.31.33.38.43) im rhēthen der Erfüllungszitate (1,22;2,15.17.23;4,14;8,17;12,17;13,35;21,4;27,9) eine Entsprechung hat[288]. Diese Uebereinstimmung ist um so auffälliger, als "ein ziemlich grosser Konsens darüber (herrscht), dass die Erfüllungsformel vom Evangelisten stammt", zumal sie eindeutig mt Spracheigentümlichkeiten zeigt[289]. Da diese Einführung von Schriftworten aber im rabbinisch-exegetischen Sprachgebrauch verwurzelt[290] und durch Röm 9,12 auch vorsynopt bezeugt ist[291], vermag diese Parallele die Beweislast für die mt Herkunft der gesamten Antithesenformel nicht zu tragen.

c) Auch der Hinweis darauf, dass Mt die Einführung der Antithesen ähnlich wie jene der Erfüllungszitate variiert[292], vermag als Argument für die Redaktionalität der Antithesen nicht zu überzeugen, denn im Fall der Erfüllungszitate lassen sich die Variationen jeweils vom mt Kontext her erklären[293], während sie in den Einleitungswendungen der Antithesen "more artistic than ideological" zu sein scheinen[294]. Immerhin ist anzunehmen, dass sich in den Differenzen zwischen den Einleitungen der einzelnen Antithesen die komponierende Hand des Mt zeigt, der zwei Dreier-Reihen von Antithesen bildet (die 1. und 4. Antithese bringen das vollständige Antithesenformular, in 5,33 ist zudem mit palin eine Zäsur markiert) und Ent-

---

287) S. aber BROER, Freiheit 103f, der auf "eine entsprechende pluralische Wendung" aufmerksam macht: Mt 11,28;18,31.34;21,12;26,52. Dazu kommt 7,21 ou pas ho ...

288) Zu beachten ist zudem, dass Mt 3,3 anders als Mk (1,2) und Lk (3,4) rhētheis gebraucht. Entsprechendes gilt für rhēthen in Mt 22,31 diff Mk 12,26.

289) LUZ, MtI 135

290) Immer wieder wird in diesem Zusammenhang auf W.BACHER, Die exegetische Terminologie der jüdischen TraditionsliteraturI 6 verwiesen: n'mr "ist die häufigste Form der Citierung von Bibelstellen".

291) Darauf weist STRECKER, Antithesen 45 hin.

292) So BROER, Freiheit 110(-113). BROER ist sich allerdings der Grenzen seiner Argumentation durchaus bewusst.

293) LUZ, MtI 135 mit Anm 4

294) MEIER, Law 129. Noch eigenartiger scheint mir der Verweis auf Mt 23 (s. GUELICH, Antitheses 446; BROER, Freiheit 110f Anm 98), wo gerade die Uniformierung der Einleitungsformel durch Mt (ausser 23,16) auffällt, s.o. I.2.2.2.(1.).

sprechungen zwischen der 1. und 4., sowie zwischen der 2. und 5. Antithese herstellt[295].

8. Wortstatistische und stilkritische Beobachtungen machen es eher unwahrscheinlich, dass Mt der Schöpfer des Antithesenformulars ist, zeigen aber zugleich, dass Mt die Komposition der Antithesen bewusst gestaltet. Sie bestätigen so die schon auf anderem Wege gewonnene Vermutung, dass Mt einzelne Antithesen vorfand, aber selbst auch massgeblich an der Gestaltung von Mt 5,21-48 beteiligt ist[296]. Abschliessend bleibt zu prüfen, ob es gewichtige Gründe sachlicher Art gibt, die eine der beiden anderen Lösungen (alle Antithesen sind mt, bzw. alle sind vormt) nahelegen.

a) Auf der Ebene der MtRed ist es nicht angebracht, zwischen "Antithesen, die den Buchstaben des Gesetzes nicht widerrufen" und solchen, die ihn "widerrufen", zu unterscheiden[297], da Mt zu einer solchen Unterscheidung keinerlei Anlass gibt. Man kann deshalb nicht argumentieren, die sekundären Antithesen seien als tora-abrogierende weniger gut mit seinem Gesetzesverständnis zu vereinbaren als die primären, weshalb er nicht ausgerechnet für die Bildung der gesetzeskritischen Antithesen verantwortlich gemacht werden könne[298]. Auf diesem Wege lässt sich die vormt Herkunft sämtlicher Antithesen nicht sichern.

---

295) LUZ, MtI 245 Anm 1 verweist zudem auf die fast gleiche Länge der beiden Antithesengruppen. Zur Funktion von palin s. BERGER, Gesetzesauslegung (Diss.) 149. Einen interessanten Vorschlag, wie die Gliederung in zwei Antithesengruppen zu deuten ist, macht THEISSEN, Gewaltverzicht 176. Die Nichtübereinstimmung der 3. und 6. Antithese bezüglich der Einleitungsformel kann verschiedene Ursachen haben: a) Mt formulierte 5,31 so knapp, um die Zusammengehörigkeit von 5,27-30 und 5,31f anzuzeigen, zudem ist 5,31f die kürzeste Antithese (so LUZ, MtI 269 mit Anm 1); oder b) Mt empfand die knappe Einleitung 5,31a als zu kurz für die letzte und zweitlängste Antithese und gab ihr durch eine längere Einleitung grösseres Gewicht (vgl. BROER, Freiheit 112; MEIER, Law 129).

MERKLEIN, Gottesherrschaft 259 mit Anm 287 (vgl. 260) verkennt den Anteil des Mt an der Gestaltung der Einleitungen zu den Antithesen, wenn er aus der in 1 und 4 festzustellenden Langform (vorsichtig) auf die mögliche Ursprünglichkeit dieser beiden Antithesen schliesst (zur Modifikation seiner Position in Ders., Botschaft s.o. A 222). Zudem ist es m.E. nicht sinnvoll, die geschlossenere 2. Antithese "als redaktionelle Analogiebildung" (aaO 259) zur 1. zu sehen; vgl. o. (5.).

296) S.o. (6.a.e)

297) So MEIER, Law 135-161 "The Antitheses Which Do (Not) Revoke the Letter of the Law"

298) So DIETZFELBINGER, Antithesen 38 (mit WREGE)

b) Auch die (noch radikalere) These, die Antithesen stünden gesamthaft in Spannung zum Gesetzesverständnis des Mt und seien deshalb vormt, ist nicht haltbar, da dann ihre prominente Plazierung in der Bergpredigt nicht mehr verständlich gemacht werden kann. Hinzu kommt, dass die red Arbeit des Mt an 5,17-19.20, wie immer man sie genau beurteilen mag, nicht darauf abzielt, dem Gesetzesverständnis der Antithesen zu widersprechen, sondern eine "Brücke" zwischen den "nomistischen" Logien 5,18f und den Antithesen zu bauen[299]. Ein unvoreingenommener Leser von Mt 5,17-48 kann 5,17a nicht als Kritik an 5,21-48 lesen (so dass die Antithesen zum katalysai ton nomon ē tous prophētas werden). Vielmehr wird er in den Antithesen das plērōsai des Gesetzes und der Propheten sehen, so dass Jesus in ihnen sein "Programm" realisiert. Mt 5,17a (bzw. 5,17-19) schützt sie vor einem "Missverständnis"[300].

c) Da Mt sich nicht von den Antithesen distanziert, sondern sie als Teil der vollmächtigen Lehre Jesu (7,28) in dessen erste und grundlegende Rede aufnimmt, spricht nichts gegen die durch die Quellenlage, aber auch durch sprachliche Beobachtungen nahegelegte Annahme, dass er für die antithetische Formung eines Teils des Stoffes in 5,21-48 selbst verantwortlich ist. Die These der Traditionalität sämtlicher Antithesen lässt sich somit weder formal noch sachlich begründen.

d) Aber auch die gegenteilige Hypothese der Redaktionalität sämtlicher Antithesen kann sachlich nicht überzeugen. Das Gegenargument von LUZ, ihre Verfechter müssten "5,17-20 so auslegen, dass alle Antithesen dazu passen"[301], ist allerdings nicht durchschlagend, weil es eher gegen die Redaktionalität der sekundären Antithesen spricht als gegen jene der primären[302], und auch der Beweis, dass die Verbindung von These und Antithese in allen Fällen sekundär ist, stellt keine unüberwindliche Schwierigkeit dar[303], da LUZ selbst eingesteht, dass Mt 5,22 "für sich gestanden haben

---

299) Eine redaktionskritische Untersuchung von Mt 5,17-19.20 ist hier nicht möglich; zur umfangreichen Lit. s. LUZ, MtI 227f

300) LUZ, MtI 249

301) AaO 246

302) Vgl. auch BROER, Antithesen 61: Die drei meist als primär bezeichneten Antithesen entsprechen genau dem Gesetzesverständnis von Mt 5,17.

303) Als Schwierigkeit dieser Hypothese von LUZ, MtI 246 erwähnt.

kann"[304], und 5,28 ebenfalls isoliert denkbar ist, auch wenn das Wort so an "Prägnanz" verliert[305].

Weiterzuführen scheint mir folgende Ueberlegung: Selbst unter der (nicht völlig unproblematischen) Voraussetzung, dass die Antithesen dem Gesetzesverständnis des Mt genau entsprechen, so dass sie sich seinem Konzept spannungslos einfügen, ist die Annahme, die Antithesenform sei eine Schöpfung des Mt, nur dann angebracht, wenn sich zeigen lässt, dass sie nicht vormt sein kann und folglich red sein muss. Diese Forderung ist deshalb berechtigt, weil die Beobachtung, dass ein Stoff sich der red Intention eines Autors gut einfügt, besonders dann nicht genügt, um seine Traditionalität zu bestreiten, wenn sprachliche Beobachtungen eine gänzlich red Formulierung nicht nahelegen.

Da es aber sehr ernsthafte Argumente für die Herkunft der Antithesenform von Jesus gibt[306], wird der Nachweis, dass es erst Mt gewesen sein kann, der sie schuf, kaum zu führen sein. Die Annahme, dass die MtRed diese Form aufnahm, auf weitere Stoffe ausdehnte und ihr dadurch grösseres Gewicht gab, erscheint mir deshalb weiterhin am wahrscheinlichsten.

e) Schliesslich ist die Frage zu erörtern, ob alle nicht aus Q-Stoff gebildeten Antithesen vormt Herkunft sind. Unter der Voraussetzung, dass die 1. und 2. Antithese am geschlossensten wirken und damit alle Aussicht auf Ursprünglichkeit haben, wird man sie als trad anzusehen haben, wofür auch das weitgehende Fehlen von mt Spracheigentümlichkeiten spricht[307]. Auch im Fall der 4. Antithese spricht - trotz ihres sekundären Charakters - wenig für eine mt Bildung[308]. Deshalb neige ich auch in diesem Fall zur Annahme, dass sie vormt Ursprungs ist, so dass Mt die 1., 2. und 4. Antithese vorgefunden haben wird[309]. Für diese Annahme spricht ferner, dass die Bildung

---

304) AaO 251 Anm 5

305) Was SUGGS, Antitheses 437 zur 4. Antithese bemerkt, ist (mutatis mutandis) auch für die übrigen zu bedenken: "It needs not a literary context which includes a thesis, but a cultural context in which the customary use (or abuse) of oaths makes the prohibition appropriate".

306) Dazu s.u. (9.)

307) S.o. (5.)

308) S.o. (4.); für die vormt Herkunft der antithetischen Form kann auch auf die Sachparallele Mt 23,16-22 verwiesen werden: Möglicherweise ist es die Antithesenform, die den "Systematiker" Mt davon abhält, die beiden Traditionen über das Schwören miteinander zu verbinden, wie er das mit sachverwandten Texten oft tut.

309) Mit LUZ, MtI 246 und den Vertretern der "Normalhypothese" (s.o. A 222), die allerdings auch die 4. Antithese als jesuanisch ansehen.

einer Reihe von sechs Antithesen durch Mt eher vorstellbar ist, wenn er nicht nur eine oder zwei, sondern schon eine kleine Reihe von Antithesen vorfand. Weiter kann vermutet werden, dass Mt "eine Quellenschrift von 3 Antithesen und 3 Frömmigkeitsregeln" vorlag[310]. Schliesslich ist darauf hinzuweisen, dass Mt die 1. Antithese red um 5,25f(//Lk 12,57-59) erweitert hat, "da er eine Klammer zur letzten Antithese unter dem Thema 'Feindesliebe' herstellen wollte"[311]. Dieses Vorgehen wird verständlicher, wenn ihm die 1. Antithese bereits vorlag.

9. Zur Frage der Authentizität der Antithesenform ist in der gebotenen Kürze folgendes zu sagen: Die jüdischen Parallelen zur Antithesenform sind schon häufig analysiert worden, so dass sich eine erneute Darstellung erübrigt[312]. Dem "Fazit" von LUZ wird man nur zustimmen können: "Die Einführungswendung zu den Antithesen ist gegenüber den jüdischen Parallelen auf jeden Fall eine eigenständige Neubildung, auch wenn eine gewisse Nähe zu jüdischer exegetischer Terminologie besteht"[313].
Dieser Befund wird von der überwiegenden Mehrheit der Exegeten als Hinweis auf die Herkunft der Antithesenformel von Jesus gewertet; einzig die Vertreter der These der Redaktionalität sämtlicher Antithesen[314] bestreiten diese, wozu BROER darauf verweist, dass Mt "auch sonst als Kenner rabbinischer Termini, Gebräuche, Sitten ausgewiesen werden kann"[315]. Dieser Einwand aber überzeugt nicht, weil es sehr unwahrscheinlich ist, dass Mt als erster an rabbinische Terminologie anknüpft[316].
Für die Herkunft der Antithesenformel von Jesus spricht neben ihrer Eigenständigkeit gegenüber rabbinischer Terminologie, dass sie im betonten egō de legō hymin eine Vollmacht beansprucht, die nicht nochmals legitimiert wird, weder christologisch noch mit Berufung auf die Schrift[317]. Anders liegen die Dinge etwa im Fall von Mk 2,28, wo auf die Autorität des "Menschensohnes" rekurriert wird, aber auch im Fall von Mt 5,17, wo die

---

310) LUZ, MtI 187
311) AaO 251
312) Vgl. aaO 247; HUEBNER, Gesetz 231-236; LOHSE, Ich aber; MERKLEIN, Gottesherrschaft 255f (jeweils mit weiteren Literaturangaben).
313) LUZ, MtI 247
314) S.o. A 220
315) BROER, Antithesen 60(f)
316) S. schon o. (8.d)
317) Vgl. LOHSE, Ich aber 189f; WEDER, Rede 99-102 (dessen Verständnis des antithetischen Redens allerdings problematisch ist, s.u. (12.))

Sendung Jesu (ēlthon) seine Gesetzesauslegung legitimiert. Auch in den mk Streitgesprächen liegen die Dinge anders, da Jesus dort weitgehend mit der Schrift argumentiert.
Für die Herkunft der Antithesenformel von Jesus spricht m.E. aber auch ihr offenes, schwer systematisierbares Tora-Verständnis. Diesem ist im folgenden, letzten Teil des Exkurses genauer nachzugehen.

10. Das Verhältnis der Antithesen zur Tora ist schwer formulierbar und wird auch unterschiedlich gesehen. Allein die verschiedenen Ausdrücke, die zu seiner Beschreibung verwendet werden, sind aufschlussreich. Je nach Autor überbieten, verschärfen oder radikalisieren die Antithesen die Tora, sie kritisieren das Gesetz oder heben es auf, sie führen es auf seine eigentliche Intention zurück oder suchen hinter den Geboten Gott selber. Was mit diesen Ausdrücken genau gemeint ist, bleibt vielfach offen; manche Formulierungen sind (bewusst oder unbewusst) mehrdeutig oder widersprüchlich[318]. Angesichts der terminologischen Schwierigkeiten, die auf Unklarheiten in der Sache selbst verweisen, ist es auch schwierig, die in der Literatur anzutreffenden Auslegungen auf Gemeinsamkeiten und Unterschiede zu befragen, um den status quaestionis zu klären. Ich gehe deshalb so vor, dass in einem ersten Schritt die eher "technischen" Interpretationsprobleme geklärt werden (11.), um dann in Auseinandersetzung mit der sehr pointierten Interpretation antithetischen Redens von WEDER den Versuch zu unternehmen, zu einem eigenen Gesamtverständnis der Relation der Antithesen zur Tora zu gelangen (12.-13.).

11. Auszugehen ist vom vollständigen Antithesenformular, wie es die 1. und die 4. Antithese bieten: ēkousate hoti errethē tois archaiois ... egō de legō hymin ... .
a) Der Aorist ēkousate spricht die Hörer direkt an und setzt voraus, dass ihnen das folgende bereits bekannt und vertraut ist. Obwohl "hören" (schm`) durchaus die Bedeutung "als Tradition empfangen" haben kann, ist seine Bedeutung nicht auf das Empfangen (mündlicher) Ueberlieferung (im

318) Vgl. z.B. FRANKEMOELLE, Jesus 68f: "Jesu Anspruch ist radikal. Er überbietet nicht nur die alttestamentlichen Gebote, sondern in antithetischer Aufhebung führt er sie auf die eigentliche Intention zurück: wie Jahwe fordert er das Gute ohne Einschränkung."

Gegensatz zur schriftlichen Tora) einzuschränken[319], zumal die Thesen auch dort, wo es sich nicht um wörtliche Schriftzitate handelt, nicht als rabbinische Auslegungen bezeichnet werden können[320].

b) Ob hoti als hoti recitativum zu verstehen ist, wie das von MERKLEIN vorgeschlagen wird[321], muss m.E. bezweifelt werden, da sonst eine doppelte Zitation vorliegt (Ihr habt gehört: "Es ist gesagt worden: '...'").

c) Die passivische Formulierung errethē ist eine in der rabbinischen Literatur sehr häufige Form der Einleitung von Schriftzitaten[322]. Während allgemein davon ausgegangen wird, dass es sich um ein passivum divinum handelt, hat BURCHARD dies mit dem Hinweis darauf, dass Mt als Kenner des AT in den Thesen nicht atl Zitate gesehen haben wird, bestritten[323]. Immerhin aber liegt in Mt 5,27b (=Ex 20,14) ein wörtliches AT-Zitat vor, so dass angenommen werden kann, es handle sich der Intention des Sprechers nach auch in den übrigen Thesen um Schriftzitate. Diese Annahme wird nicht nur durch die grosse Schriftnähe anderer Thesen (bes. 5,21b.38b) sondern auch durch die Beobachtung bestätigt, dass errethē "im Neuen Testament immer die Gottesrede, fast ausschliesslich ein Schriftzitat ein(führt)"[324]. Ins-

---

319) Vgl. LUZ, MtI 248f u.v.a.; anders: BARTH, Gesetzesverständnis 87f

320) Hinzu kommt, dass der "technische" Gebrauch von schm` als Einführung einer (abzulehnenden) Auslegung das Verb in der 1. Person gebraucht; vgl. LOHSE, Ich aber 192f

321) MERKLEIN, Botschaft 106. Was die Differenzierung von direkt kommunikationsbezogenen und referentiellen Aussagen zur Sache beiträgt, ist unklar, denn zum einen lässt sich das zitierte Verbot, bzw. Gebot der These keiner der beiden Kategorien klar zuordnen und zum andern besteht kein Zwang anzunehmen, These und Antithese entsprächen sich diesbezüglich völlig. Obwohl ēkousate und errethē der Anführung einer Tradition dienen, liegt auch dann, wenn hoti nicht rezitativ gebraucht wird, keine "Tautologie" vor, da "ihr habt gehört" auf die Adressaten bezogen ist, während errethē zum einen etwas über die Herkunft des Gesetzes mitteilt und zum anderen (mit tois archaiois) signalisiert, dass die Hörer Jesu nicht die Erstadressaten sind. Der Haupteinwand gegen MERKLEINs Annahme aber erwächst aus der Beobachtung, dass dem die Antithesen einführenden (egō de) legō das (in allen Antithesen vorkommende) errethē (und nicht ēkousate) gegenübersteht (so auch LUZ, MtI 249), was es nahelegt, dieses (wie legō) der Einführungsformel zuzuordnen.

322) S.o. A 290

323) BURCHARD, Versuch 422; vgl. auch DIETZFELBINGER, Antithesen (Mt) 3: "Mit der Formel 'Ihr habt gehört ... Ich aber sage euch' wendet sich der matthäische Jesus also nicht gegen die Tora, sondern gegen das Verständnis der Tora im Pharisäismus."

324) SCHWEIZER, Mt 71

besondere wird die Annahme, es handle sich um passivum divinum auf der Ebene der MtRed (auf dieser Ebene argumentiert auch BURCHARD) durch das rhēten der Erfüllungszitate bestätigt, das unzweifelhaft auf Gottes Sprechen in der Schrift bezogen ist[325]. Es geht also nicht an, die Schriftgelehrten als Sprecher dessen, was zu hören ist, anzusehen und die Antithesen auf eine Gegenüberstellung von Jesu Lehre und jener der Schriftgelehrten zu reduzieren.

d) Was den Dativ tois archaiois betrifft, so ist er nicht als dativus agentis ("es ist von den Alten gesagt worden") zu deuten. Dagegen spricht nicht nur, dass dann errethē nicht mehr als passivum divinum verstanden werden könnte, sondern auch, dass es dafür im NT nur ein eigentliches Beispiel (Lk 23,15) gibt[326]. Diese Deutung wird deshalb auch kaum vertreten[327]. Mit den archaioi ist zunächst die Sinai-Generation gemeint, doch sind wohl auch die nachfolgenden Geschlechter mitgedacht, so dass der Begriff nicht zu eng zu fassen ist[328].

e) Die Einleitung der eigentlichen Antithesen egō de legō hymin bereitet keine Verständnisschwierigkeiten. Ihre nächste Parallele hat sie in der rabbinischen Formel w'nj 'wmr, mit der die eigene Auslegung derjenigen anderer Rabbinen gegenübergestellt wird[329]. Hinzuweisen ist jedoch auch auf die Nähe zur legō hymin-Formel, die in apokalyptischer und weisheitlicher Literatur vorgeprägt und in der Jesusüberlieferung gehäuft anzutreffen ist[330]. Diese Formel dient der Autorisierung und Bekräftigung der nachfolgenden Aussage, hat aber keine antithetische Funktion[331].

Der gelegentlich anzutreffende Hinweis, dass de nicht nur adversativ, sondern häufig kopulativ gebraucht wird[332], ist zwar berechtigt, doch hilft

325) Vgl. BROER, Antithesen 78f; MEIER, Law 131f

326) Vgl. BLASS/DEBRUNNER/REHKOPF, Grammatik 191,1; MEIER, Law 133 Anm 20

327) Vgl. MEIER, Law 132f mit Anm 19

328) Vgl. LOHSE, Ich aber 197f mit Anm 34; MEIER, Law 132f mit Anm 18

329) LOHSE, Ich aber 193-196

330) Vgl. dazu SATO, Q 270-287, auch LUZ, MtI 247 weist auf diese Parallele hin.

331) Immerhin fällt auf, dass auch in Lk 6,27a//Mt 5,44a (s.o. 3.1.1.(2.)) ein Q-Text mit legō hymin eingeleitet wird, den Mt zu einer Antithese umformuliert. SCHULZ, Q 122 vermutet (ohne jeden Anhalt in der Lk-Parallele) auch die Q-Zugehörigkeit von egō de legō hymin in Mt 5,39a; dazu s.u. 3.1.2.(1.).

332) Vgl. FENEBERG, Bewusstsein 258 Anm 180; MUSSNER, Traktat 190f. S. auch BLASS/DEBRUNNER/REHKOPF, Grammatik 447,1

er nicht wirklich weiter, da die Relation zwischen den beiden Teilen der Antithesen nicht hauptsächlich durch dieses de bestimmt wird. Die Entsprechungen von errethē und legō, von tois archaiois und hymin und von These und eigentlicher Antithese sind für die Verhältnisbestimmung ebenso wichtig und deuten keineswegs auf ein blosses "Nebeneinander" hin. Auch die Nähe zur rabbinischen Formel w'nj 'wmr, der allerdings keine feststehende Wendung zur Einführung der abgelehnten Auslegung entspricht[333], legt nahe, das Verhältnis von These und Antithese als "Gegensatz" zu sehen, wobei genauer zu klären ist, welcher Art dieser Gegensatz ist[334].

12. WEDER hat in seiner Auslegung der Bergpredigt eine sehr profilierte Deutung des Antithesenformulars (und der Antithesen) vorgelegt, die von denselben Entscheidungen bezüglich der philologisch-sachlichen Interpretationsfragen ausgeht, wie ich sie im vorangehenden Abschnitt kurz dargestellt habe, daraus aber Konsequenzen zieht, die m.E. problematisch sind[335]. Vor ihrer Diskussion ist die Position von WEDER kurz zu referieren:

a) Ausgehend von der Deutung des errethē tois archaiois als Gottesrede an die Sinaigeneration hält WEDER fest, dass hier "das Gesetz selbst" "zum Gegenstand der Auseinandersetzung gemacht wird" und Jesus sich mit dem egō de legō hymin "gegenüber dem Gesetz des Mose und also nicht gegenüber einer Auslegung eines bestimmten Schriftgelehrten (absetzt)". "Hier geht es demnach um eine Kritik am Gesetz, nicht an der Gesetzesauslegung." Daraus folgt, dass "Jesus sich mindestens auf die gleiche Ebene versetzt wie das göttliche Gesetz" und offenbar beansprucht, "den Willen Gottes gerade auch gegen das Gesetz zum Ausdruck zu bringen", ja "an der Stelle Gottes zu sprechen". Dieser Anspruch ist "Blasphemie, Gotteslästerung" und "zumindest mitverantwortlich" für die Verurteilung Jesu, aber zugleich auch "einer der Anhaltspunkte für die spätere Christologie"[336].

---

333) S. LUZ, MtI 247

334) Im Fall eines kontradiktorischen Gegensatzes kann nur eine der beiden Aussagen wahr sein, da sonst ein Widerspruch entsteht, doch gibt es auch nicht-kontradiktorische Gegensätze, bei denen die Wahrheit beider Aussagen angenommen werden kann, ohne dass ein Widerspruch entsteht.

335) WEDER, Rede 98-155, bes. 99-102.153-155

336) AaO 100; vgl. auch aaO 94: "Jesus hat das Gesetz häufig gebrochen und auch sehr kritisch interpretiert. Gerade das hat ihm ja den Tod am

"In den Aussagen, die jeweils dem Gesetzeswort entgegengestellt[337] werden", fällt auf, dass "keinerlei Rekurs auf die hebräische Bibel gemacht wird". "Ihre Wahrheit besteht ganz und gar in dem, was sie sagen; ihre Wirkung beruht demnach ganz und gar darauf, was in ihnen zur Sprache kommt", und nicht auf fremder, äusserer Autorität[338].

Von sämtlichen (auch den sekundären) Antithesen sagt WEDER, dass sie "jedenfalls den Grundzug der Verkündigung Jesu genau (treffen). Wenn irgendwo, dann begegnen wir hier der Gesetzesauslegung Jesu."[339]

Der Unterschied zwischen dem Gesetz und der "Gesetzesauslegung Jesu" wird so formuliert: "Während das Gesetz am Grenzfall orientiert ist, macht Jesu Forderung den Willen Gottes unbegrenzt geltend", weshalb sie durch "Masslosigkeit" gekennzeichnet ist. "Angesichts des Gesetzes wird faktisch nach dem Erlaubten gefragt, obwohl angesichts des Willens Gottes die Frage nach dem Gebotenen das einzig Sinnvolle wäre."[340]

Weiter überwindet die Forderung Jesu das Egozentrische in der Ethik, deckt "die Verpflichtung des Habens" auf, ist "ganz und ausschliesslich der Gottesherrschaft verpflichtet" und manifestiert so "eine eschatologische Ethik", überwindet die "Finalität des Ethischen" und ist "durch das Stichwort des Ausserordentlichen (gekennzeichnet)"[341].

Kreuz eingebracht." aber auch ebd. "seine Gesetzesauslegung ... (deckte) die eigentliche Intention des Gesetzes auf(...)" und aaO 95: Jesus "überwand zugleich das Gesetz in seinem faktischen Gebrauch, um dessen Lebensintention umso besser zu vollenden. Hier sehen wir, dass Erfüllung des Gesetzes und Kritik am Gesetz sehr wohl zusammengehören. Wir sehen auch, dass die Erfüllung des Gesetzes erst dort geschehen kann, wo der Boden des Gesetzes verlassen wird."

337) Im Text, aaO 101 heisst es irrtümlich "entgegenstellt".

338) AaO 101f

339) AaO 102

340) AaO 153; zur "Masslosigkeit" der Forderung Jesu s. auch aaO 106-108; zur Unbegrenztheit der Forderung Jesu im Gegensatz zum Gesetz s. aaO 113f.139-144; zur Ausserordentlichkeit s. aaO 151f.

341) AaO 153-155; zur Ueberwindung des "Egozentrischen in der Ethik", die zugleich Ueberwindung des Theozentrischen ist (aaO 153), sind auch die Abschnitte über "das hermeneutische Problem der Forderung" (aaO 31-33) und über das "Erfüllen" des Gesetzes (aaO 94-98, bes. 96f; vgl. 152) zu beachten, wo WEDER darlegt, dass die Forderung und das Gesetz, christlich verstanden, dazu da sind, das Welt- und nicht das Gottesverhältnis des Menschen zu bearbeiten, während die pharisäische Tendenz erkennen lässt, "dass hier das Tun des Gesetzes dazu da war, das Gottesverhältnis den Menschen zu bearbeiten, und nicht sein Weltverhältnis" (aaO 96).

Abschliessend bemerkt WEDER: "Die Forderung Jesu ist überhaupt nur als eine denkbar, die in das Herz des Menschen gelegt ist. Gehorsam ihr gegenüber ist nicht mit gesetzlichen Mitteln herzustellen. Dadurch, dass sie den Willen Gottes in das Herz der Menschen legt, hebt sie jeden Abstand auf, den dieser zum Willen Gottes haben könnte" und setzt ihn so "ganz dem Anspruch des Gegebenen aus"[342].

b) Angesichts der nach wie vor sehr unterschiedlichen Beurteilung der Stellung Jesu zur Tora[343] ist es nicht angebracht, WEDER von einer anderen Gesamtbeurteilung dieser Frage her zu kritisieren[344]. Dies wäre auch deshalb nicht weiterführend, weil er sich um eine theologische Auslegung der Sprach- und Denkbewegung der Antithesen bemüht und diese nicht von Anbeginn einem bestimmten Gesamtbild einordnet. Immerhin wird WEDER sich fragen lassen müssen, ob seine Sicht der Tora und des Judentums zur Zeit Jesu sachgemäss ist. Besonders die These, das Gesetz sei "am Grenzfall orientiert" und führe dazu, dass "nach dem Erlaubten gefragt", bzw. die Lücke im Zaun des Gesetzes gesucht wird[345], verkennt, dass gerade im Ernstnehmen des einzelnen Gebotes der Anspruch der Tora auf das ganze Leben des Menschen sichtbar wird[346].

Zum eschatologischen und nicht an den Folgen orientierten Charakter der Forderungen Jesu s. aaO 131f.

342) AaO 155; "gesetzlicher Gebrauch" des Gesetzes liegt vor, "wenn der Zusammenhang zwischen dem Tun des Gesetzes und der Gabe des Lebens nicht evident ist beziehungsweise bloss behauptet wird" (aaO 95). Zu den Konsequenzen der Konzentration auf das Herz des Menschen für das Reinheitsdenken s. aaO 72f.115f.

343) Der "Widerstreit der Meinungen", den TRILLING, Fragen (1966; 3. Aufl. 1969) 84-88 konstatierte, ist auch 20 Jahre später kaum geringer geworden.

344) Dennoch sei festgehalten, dass ich dieser Beurteilung, wie sie etwa in WEDER, Rede 94 (s.o. A 336) sichtbar wird, nicht zustimmen kann. Zu meiner Sicht s.u. IV.3.2. (vgl. die Hinweise in KOSCH, Gottesherrschaft 29-33); zur Bedeutung der Torakritik Jesu für seinen Kreuzestod s.o. I.4.2.1.4.(3.).

345) WEDER, Rede 153

346) Vgl. nur LUZ, Gesetz 53; MUSSNER, Toraleben 37. Auffällig ist auch der sehr häufige Gebrauch des Wortes "gesetzlich" bei WEDER. Die Gefahr, dass vor lauter Einzelvorschriften der Motivationszusammenhang, in dem sie stehen, nicht mehr in den Blick kommt ("Legalismus"), oder dass das Tun des Gesetzes zum Mittel der Selbstdarstellung vor Gott wird ("Leistungsfrömmigkeit"), besteht zweifellos (und auch WEDER weiss, dass sie nicht nur im Judentum gegeben ist, vgl. bes. aaO 250f), doch muss m.E. stärker, als dies bei WEDER geschieht, berücksichtigt werden, dass es sich hier um Fehlformen handelt, die auch im

Eine der Kernthesen von WEDER besagt, dass Jesus beansprucht, "den Willen Gottes gerade auch gegen das Gesetz zum Ausdruck zu bringen", was blasphemisch sei[347]. Diese These hat ihren Anhaltspunkt in der Tatsache, dass sich in den Antithesen das passivum divinum errethē und das egō de legō hymin Jesu gegenüberstehen. Dieses Gegenüber darf nicht "entschärft" werden, indem man sagt, von Jesus werde "eine Autorität beanprucht, welche neben und gegen diejenige des Moses tritt"[348], weil damit das passivum divinum nicht wirklich ernst genommen wird. Ernst zu nehmen ist das passivum divinum aber nicht nur im Gegenüber zum egō legō Jesu, sondern auch als Einleitung zu den Thesen: In ihnen kommt Gott zu Wort; daran hält auch Jesus fest[349]. Die Antithesen differenzieren nicht zwischen Gott und seiner Tora, als ob die Tora in Frage gestellt werden könnte, ohne Gott in Frage zu stellen. Damit steht Jesus ganz auf dem Boden des Judentums[350].
Dieser Feststellung entspricht auch die Beobachtung, "dass mindestens einige der Antithesen inhaltlich nichts enthalten, was in jüdischer Ueber-

---

Judentum selbst als solche erkannt wurden (vgl. nur die Pharisäer-Karikatur in Sota 22b) und die nicht zwangsläufig mit der Bindung des Juden an die Tora einhergehen (genausowenig, wie der "Libertinismus" zwangsläufig mit der von Paulus hochgehaltenen "Freiheit der Kinder Gottes" einhergeht). Es wäre m.E. deshalb erstrebenswert, das Adjektiv "gesetzlich" nicht mehr als disqualifizierenden Ausdruck zu verwenden, zumal es auch eine Disqualifizierung der Tora impliziert.

347) S.o. mit A 336; ähnlich z.B. FRANKEMOELLE, Jesus 68

348) So KAESEMANN, Problem 206; vgl. aber auch WEDER, Rede 100: "Mit dem 'Ich aber sage euch' setzt sich Jesus ab gegenüber dem Gesetz des Mose ...".

349) Ernst zu nehmen ist das passivum divinum schliesslich auch als verhüllende, umschreibende Art, von Gott zu sprechen: Käme es Jesus auf den Gegensatz "Jahwe" - "Ich" an, so müsste dieser auch im Wortlaut deutlicher sichtbar werden.

350) Dieses Moment der Antithesen bezeichnet VENETZ, Grundstrukturen 640 (vgl. 637) als "Element der Uebereinstimmung".
Hält man dennoch daran fest, dass Jesus den Willen Gottes gerade auch gegen das Gesetz zum Ausdruck bringt, ohne seinen Offenbarungscharakter zu bestreiten, so bleibt m.E. nur die Annahme, dass er die Tora für seine Zeit aufgrund des nun erfolgten Anbruchs der Basileia für überholt erklärt, will man einen Widerspruch vermeiden. Diese These vertreten z.B. DIETZFELBINGER, Antithesen 73 (mit E. FUCHS, Zur Frage nach dem historischen Jesus 328f: "Dem alten Dekalog wird ... ein neues Wort entgegengesprochen, weil der Zeit der Alten die Zeit Jesu als neue Zeit gegenübertritt") und MUELLER, Vision 430-435, bes. 432: "Die Antithesen grenzen sich also nicht gegen Gott ab, sondern gegen eine frühere Weise der Offenbarung Gottes durch vergangene Offenbarungsmittler, hier durch Mose, wie die Radikalisierung der Dekalogge-

lieferung nicht auch zu finden wäre"[351]. Dennoch werden die Antithesen nicht als Anwendungen oder Auslegungen der Thesen vorgestellt, sondern betont von ihnen abgesetzt. Zur Begründung der Antithese beruft Jesus sich nicht auf die These oder auf andere Teile der Tora. Demzufolge werden all jene Interpretationsansätze, welche die Antithesen vom Gesetz her als dessen Auslegung, Radikalisierung oder Ueberbietung zu verstehen suchen, ihrem Sprachstil nicht gerecht[352]. Ihre Forderungen - das stellt WEDER mit Recht scharf heraus - werden nicht mit Rückgriff auf die Tora legitimiert[353]. Dass sie unabhängig von der Tora erhoben werden, bedeutet aber nicht, dass sie notwendig gegen die Tora erhoben werden müssen - bei den primären Antithesen ist es ja längst anerkannt, dass sie nicht mit Tora-Vorschriften kollidieren[354]. Es ist deshalb zumindest missverständlich, wenn WEDER behauptet, hier werde "Kritik am Gesetz" geübt[355]. <u>Der in den Antithesen zweifellos sichtbar werdende Anspruch Jesu ist nicht aus einem Gegensatz zur Tora, sondern aus seiner Unabhängigkeit von der Tora abzuleiten</u>[356].

Gegen eine systematisierende Interpretation der Antithesen im Sinne einer grundsätzlichen Torakritik Jesu[357] ist auch einzuwenden, dass nur eine oder zwei Antithesen auf ihn zurückgeführt werden können[358]. An einer Klärung des Verhältnisses zwischen seinen Forderungen und jenen der Tora

---

bote nahelegt. ... Warum dies möglich ist, ergibt sich aus der zeitlichen Unterscheidung, die in der Einleitung der Antithesen deutlich wird. Zwei Offenbarungszeiten stehen einander gegenüber: die frühere Offenbarung an die Alten und jetzt die durch Jesus geschehene Weisung." Diese Ansicht, kann sich zwar auf den Gegensatz von <u>errethē</u> (Aorist) und <u>legō</u> (Präsens) berufen, ist aber trotzdem sehr problematisch und wird von WEDER auch nicht aufgenommen. Ihre Schwierigkeiten bestehen zum einen darin, dass diese Begründung für die "Torakritik" der Antithesen nicht deutlicher zur Spache gebracht wird (die Betonung liegt eindeutig nicht auf dem Zeitaspekt) und zum anderen in der Tatsache, dass das Judentum zur Zeit Jesu die Vorstellung nicht zu kennen scheint, dass die Tora in der Endzeit aufgelöst wird (vgl. KOSCH, Gottesherrschaft 30.44; vgl. auch MERKLEIN, Botschaft 101 mit Anm 37 und SANDERS, Paulus 454 mit Anm 25).

351) LUZ, MtI 249

352) Aehnlich auch MERKLEIN, Gottesherrschaft 255f

353) WEDER, Rede 101f

354) S.o. (1.c)

355) WEDER, Rede 100

356) Vgl. schon KOSCH, Gottesherrschaft 31

357) Vgl. auch MUELLER, Vision 435 "Jesu Stellung zur Tora scheint grundsätzlicher Natur zu sein".

358) S.o. (6.)

scheint Jesus nicht besonders gelegen zu sein. Dies wird von WEDER heruntergespielt, wenn er sagt, es sei "sachlich nicht von grosser Bedeutung", dass "sich die antithetische Form positiv nur bei zwei Antithesen auf den irdischen Jesus zurückführen (lässt)"[359]. Gerade im Blick auf die Frage nach Jesu Stellung zur Tora ist es nicht belanglos, dass er selbst die Frage nur selten thematisiert zu haben scheint[360].
Angesichts dieser Tatsache ist es m.E. angemessener, die Antithesen als Ganzes daraufhin zu befragen, was in ihnen mit der Tora geschieht, als das Antithesenformular isoliert auszuwerten. Da die 2. Antithese formal am geschlossensten wirkt und mit grösster Wahrscheinlichkeit auf Jesus zurückgeführt werden kann[361], sei sie auf den in ihr sichtbar werdenden Umgang mit der Tora befragt.

c) Im Fall von Mt 5,27f ist es trotz unterschiedlicher Gewichtung des Parallelenmaterials[362] unbestritten, dass die Aussage, schon der Blick stelle den Tatbestand des Ehebruchs dar, auch im Judentum belegt ist[363]. Dabei ist freilich nicht zu übersehen, dass das Motiv für die auch sonst weitverbreitete Mahnung zur Distanzierung von der Frau vielfach die Angst vor ihrer verunreinigenden Macht ist[364].
Trotz dieser Parallelen sieht WEDER in der "Ausdehung des Ehebruchs bis hin zum besitzergreifenden Blick" einen "Widerspruch zur gesetzlichen Regelung der Sache", der darin besteht, dass das Gesetz beim "Grenzfall des physikalischen Vorgangs" stehen bleibt, während Jesus dem "den unbegrenzten Ehebruch entgegen(stellt)". Zur "weisheitliche(n) Paränese", der WEDER die jüdischen Parallelen zuordnet, "befindet sich Jesus nur noch insofern im Widerspruch, als er die Paränese nicht als Ergänzung zum Gesetz sehen

---

359) WEDER, Rede 102 (vgl. 153)
360) S.u. IV.3.2.
361) S.o. (5.)
362) Während z.B. WEDER, Rede 114 die geringe Bedeutung und die spätere Abfassung der jüdischen Parallelen betont (ähnlich HUEBNER, Gesetz 73-75), ist LUZ, MtI 265 der Auffasssung, vergleichbare Aussprüche seien "nicht vereinzelt, jedenfalls häufiger als die Parallelen zur ersten Antithese" (ähnlich MERKLEIN, Gottesherrschaft 263).
363) Belege bei LUZ, MtI 264f; HUEBNER, Gesetz 73-75; STRECKER, Bergpredigt 74 Anm 20
364) Vgl. LUZ, MtI 265f; BERGER, GesetzesauslegungI 326; BRAUN, RadikalismusI 39-41.84f; II 112-114; DIETZFELBINGER, Antithesen 22; HUEBNER, Gesetz 73-75; LEIPOLDT/GRUNDMANN, UmweltI 174f jeweils mit Belegen.

konnte, sondern als eigentliche Antithese zur gesetzlichen Regelung"[365]. Richtig an dieser Sicht ist zweifellos, dass die Antithese Mt 5,28b nicht aus Ex 20,14 abgeleitet wird, sondern als Jesu eigenes Wort erscheint, während die weisheitliche Paränese wenigstens theoretisch von der Tora abgeleitet ist[366]. Sehr fraglich scheint mir dagegen zu sein, ob der jüdischen Sicht der Dinge Gerechtigkeit widerfährt, wenn die Relevanz der Tora auf den "Grenzfall des physikalischen Vorgangs" beschränkt wird, steht doch gerade die Rückbindung der den Sachverhalt des Ehebruchs ausdehnenden Paränese an die Tora in Spannung zu einem Gesetzesverständnis, das an einer Begrenzung des Geltungsbereichs der Gebote interessiert ist und nach dem Erlaubten fragt. Gerade das weisheitliche Toraverständnis (das auch für den Pharisäismus bestimmend ist), ist bestrebt, den Geltungsbereich des Gotteswillens auf das Ganze des menschlichen Lebens auszudehnen, doch geschieht dies auf anderem Wege als in den Antithesen; im Pharisäismus z.B. durch eine Ausweitung des Reinheitsstrebens auf sämtliche Lebensbereiche und durch eine möglichst differenzierte Anwendung der Toravorschriften auf einzelne Lebenssituationen ("Kasuistik"). Dieses Streben nach einer ganzheitlichen, umfassenden Realisierung des Gotteswillens sollte man dem Judentum auch dann nicht absprechen, wenn man der Auffassung ist, dass der dazu eingeschlagene Weg nicht zum Ziel führen kann.
Sachgemässer als der Interpretationsansatz von WEDER, der von einem ganz bestimmten Verständnis der These ausgeht, ohne dass dieses dort expliziert wird, scheint mir eine Auslegung zu sein, die sich an die Sprachbewegung des Textes selbst hält und fragt, was diese im Hörer evoziert: Mit der Einleitung ēkousate hoti errethē führt Jesus ein bereits bekanntes Schriftwort ein und charakterisiert es zugleich als Gotteswort (passivum

---

365) WEDER, Rede 113f. Auch DIETZFELBINGER, Antithesen 20f ist der Auffassung, dass Mt 5,28b "als die eigentliche Antithese zu der These in 5, 27 ... nur dann einen Sinn (gibt), wenn Ehebruch als ein deutlich eingegrenztes Vergehen galt" und definiert Ehebruch im atl Verständnis als "sexuelle(n) Verkehr eines israelitischen Mannes mit einer verheirateten oder verlobten Israelitin".

366) Faktisch konnten auch pagane ethische Normen sekundär mit der Tora in Beziehung gebracht werden (vgl. dazu BERGER, GesetzesauslegungI; MUELLER, Gesetz 17-21; NIEBUHR, Gesetz), wie ja auch die Identifikation der Weisheit mit der Tora ein sekundärer Vorgang ist, welcher der Wahrung des Absolutheitsanspruches der Tora dient (vgl. HENGEL, Judentum bes. 275-318; KUECHLER, Weisheitstraditionen passim).

divinum). Das nachfolgende Zitat von Ex 20,14 ou moicheuseis erfüllt denn auch die durch die Einleitung geweckten Erwartungen. Es handelt sich um ein vertrautes, selbstverständliches Gebot, das kaum aufhorchen lässt und mit allgemeiner Zustimmung rechnen kann. Mit der Wendung egō de legō hymin weckt Jesus die Aufmerksamkeit und deutet an, dass eine eigenständige Aussage folgt, die nicht gängigen Erwartungen entspricht. Die so eingeleitete Antithese pas ho blepōn gynaika pros to epithymēsai autēn ēdē emoicheusen autēn (en tē kardia autou) hat die Form eines kasuistischen Rechtssatzes[367], bedient sich also wie die These der Rechtssprache, freilich nicht, um "neues Gottesrecht" zu setzen[368], sondern um den Hörer zu provozieren, ihm sein eigenes Verständnis des Ehebruchs bewusst zu machen. Die Antithese entlarvt den Hörer, der das Verbot des Ehebruchs als selbstverständliches und unproblematisches Gebot gehört hat. Erst von der Antithese her wird sichtbar, dass die Geltung der These auch auf den "Grenzfall des physikalischen Vorgangs"[369] beschränkt werden kann (und faktisch auch oft beschränkt wird, vgl. ēdē). Erst von der Antithese her aber kann auch die volle Tragweite, der eigentliche Anspruch der These erkannt werden. "Durch die 'Antithese' (wird) die Wirklichkeit der 'These' ans Licht gebracht"[370]. So wird der Hörer in ein Verständnis der These eingewiesen, das diese nicht auf den "Grenzfall" beschränkt, sondern sie so zu Worte kommen lässt, dass sie ins Herz des Menschen trifft.

---

367) Vgl. ZELLER, Mahnsprüche 28: Kasuistische Rechtssätze beschreiben "in der Protasis mit einem Subjekt der 3. Person einen möglichen Rechtsfall, in der Apodosis aber die Rechtsfolge". In Mt 5,28 enthält die Apodosis zwar keine Rechtsfolgebestimmung, sondern eine Schulderklärung. Dennoch bleibt die formkritische Beurteilung als kasuistischer Rechtssatz angemessen (vgl. LOHFINK, Ehescheidung 212f zum analogen Fall Mt 5,32). BERGER, Zu den sogenannten Sätzen 28-30 ordnet Mt 5,28 "in die Tradition weisheitlicher Sätze ein" (29). Gegen diese formkritische Beurteilung wendet MERKLEIN, Gottesherrschaft 265 Anm 344 mit Recht ein, dass die Gegenüberstellung zum Toragebot 5,27 die Charakterisierung als Rechtssatz auch dann noch legitimiert, wenn BERGERs Urteil für das isolierte Wort 5,28b berechtigt ist.

368) Gegen MUELLER, Vision 435; besonders LOHFINK, Ehescheidung 213 hat auf den "prophetischen" Charakter dieser Art, die Rechtssprache zu benutzen, aufmerksam gemacht; ähnlich auch MERKLEIN, Gottesherrschaft 265; VENETZ, Grundstrukturen 639

369) WEDER, Rede 113

370) VENETZ, Grundstrukturen 639 mit Verweis auf HOFFMANN, Gerechtigkeit 183

13. Zusammenfassend können zur Stellung der Antithesen zur Tora folgende Thesen formuliert werden:

a) Eine systematische Deutung im Blick auf ihr Gesetzesverständnis ist schwierig, da ihr Sprachduktus prophetisch und nicht sachlich-informativ ist.

b) Auch wenn es weiterhin angemessen ist, die Redeform der Antithesen auf den irdischen Jesus zurückzuführen, ist dem Tatbestand Rechnung zu tragen, dass nur zwei der Antithesen authentisch sind. Charakteristischer als die Antithesen scheint für Jesu Stellung zum Gesetz zu sein, dass er kaum Interesse an der Klärung der Relation zwischen seiner Verkündigung und der Tora zeigt.

Für die authentischen Antithesen selbst bedeutet dies, dass es sich eher um eine zugespitzte, provokative Art prophetischer Rede als um eine auf ihre letzten Implikationen hin durchreflektierte Form handelt.

c) Die Rückführung der Thesen auf Gott selbst wird durch die Antithesen nicht zurückgenommen. Auch Jesus ist der Auffassung, dass in den Thesen Gott zu Worte kommt (passivum divinum), und differenziert nicht zwischen Gott und seiner Tora.

d) Die Einleitung der Antithesen mit egō de legō hymin hebt die folgende Aussage von der herrschenden Auffassung ab, ohne dass Jesus sich jedoch auf exegetische Diskussionen einlässt. Die Antithesen erscheinen somit als eigenständige, nicht aus der Tora abgeleitete und auch nicht weiter zu legitimierende Aussagen. Darin zeigt sich ein Anspruch, der unvermittelt neben jenen der Tora tritt, ohne dass es zu einer grundsätzlichen Verhältnisbestimmung kommt.

e) Auch inhaltlich nehmen jedenfalls die jesuanischen Antithesen nichts zurück, was in den Thesen gesagt wird. Sie eröffnen ein volles, umfassendes Verständnis der Thesen und entlarven damit den Hörer, der ihren Geltungsbereich auf konkret fassbare Rechtsfälle beschränkt und sich damit dem Anspruch der Thesen auf das Ganze menschlichen Lebens entzieht. Damit eröffnen die Antithesen dem Hörer zugleich neue Lebensmöglichkeiten.

f) Obwohl folglich weder der Begriff der Toraverschärfung noch jener der Torakritik, bzw. der Aufhebung der Tora der Intention der Antithesen gerecht wird, ist in ihnen doch eine grundsätzliche Neuorientierung angelegt, was die Funktion und Bedeutung der Tora betrifft.

Insbesondere die Ausdehnung der Antithesenform auf weitere Stoffe zeigt, dass in ihr etwas für Jesus Charakteristisches gesehen wurde, aber selbst die mt Einleitung der Antithesen durch Mt 5,17-19.20 lässt noch erkennen, dass ihre Stellung zur Tora nicht als eindeutig empfunden wurde, sondern aufgrund unterschiedlicher Auffassungen der Klärung bedurfte. Dass auch diese Klärung - wie insbesondere die offene Formulierung von 5,17 zeigt - keine Eindeutigkeit bringt, bestätigt die These, dass sich die Stellung der Antithesen (aber auch der Verkündigung Jesu im Allgemeinen) zur Tora einer systematischen Deutung entzieht und viel offener und subtiler ist, als dies oft angenommen wird.

Nachdem sich gezeigt hat, dass eine Rückführung der Antithesenform auf Q nicht möglich ist[371], wird man sich mit der Auskunft zufriedengeben müssen, dass die Forderung der Feindesliebe in Q vermutlich mit legō hymin eingeleitet wurde. Dass diese Einleitung eine "Vorstufe" der Antithesenform darstellt, kann nicht gesagt werden, da nur das der 6. Antithese Lk 6,27b//Mt 5,44b zu Grunde liegende Q-Logion mit legō (de) hymin eingeleitet war[372] und die übrigen legō hymin-Worte aus Q nicht zu Antithesen umgeformt wurden.

3. Die "alte Streitfrage ..., ob die Imperative Lk 6,27c.28a bereits in Q standen", wird häufig als unentscheidbar beurteilt[373].

a) Zahlreich sind aber auch die Vertreter der Annahme, die viergliedrige Reihe der Imperative Lk 6,27b.c.28a.b gehe auf Q zurück[374]. Dabei spielen vor allem zwei Argumente eine Rolle: Zum einen wird darauf aufmerksam gemacht, dass die Bildung von Parallelismen für die LkRed untypisch ist und dass Lk auch keine isolierten Logien (Lk 6, 28a könnte ursprünglich eine selbständige Mahnung gewesen sein, vgl. Röm 12,14; 1Kor 4,12; 1Petr 3,9) in vorliegende Kompositionen inte-

371) S.o. ExkursIV (2.c)
372) S.o. (11.e) mit A 331
373) HOFFMANN, Tradition 52 mit Anm 9; nicht entscheiden können sich z.B. GNILKA, MtI 188 Anm 4; GRUNDMANN, Lk 148; HUEBNER, Gesetz 89 (Anm 225); SCHULZ, Q 130 (anders 120); PIPER, Enemies 56
374) LUZ, MtI 306; SCHUERMANN, LkI 346; LAMBRECHT, Ich aber 108f; MERKLEIN, Gottesherrschaft 225; POLAG, Fragmenta 34; SAUER, Erwägungen 7f; SCHENK, Synopse 26; SEITZ, Enemies 52

griert[375], und zum anderen weist man darauf hin, dass das Vokabular nicht typisch lk ist[376].

Mt, so wird - meist im Anschluss an SCHUERMANN - argumentiert - habe "in Anpassung an 5,43 auf zwei Glieder gekürzt, als er die zweigliedrige Antithese schuf"[377].

b) An diesem Punkt muss die Kritik an der Annahme der Herkunft von Lk 6,27c.28a aus Q einsetzen, da dieses Argument für die mt Kürzung nicht zu überzeugen vermag. Richtig wendet HOFFMANN ein: "Die zwei parallelen Imperative (lassen sich) kaum als bewusste Anpassung an die antithetische Gegenüberstellung von Nächstenliebe und Feindeshass in V. 43 verstehen. Ein solches Verfahren fände auch in der Redaktionsarbeit des Mt an den übrigen Antithesen keine Bestätigung."[378]

Setzt nun aber diese Kritik jene Autoren ins Recht, welche Lk 6,27c.28a der LkRed zuschreiben[379]? Dieser Schluss wäre angesichts der begründeten Einwände gegen die lk Abfassung dieser Imperative (s.o. a) fragwürdig.

c) Da Mt die Imperative Lk 6,27c.28a nicht in seiner Q-Vorlage gelesen haben wird, zumal sich eine Kürzung nicht plausibel machen

---

375) Vgl. bes. SCHUERMANN, LkI 346; s. auch JEREMIAS, Sprache 141: Die asyndetische Aufreihung von Imperativen ist unlk. LUZ, MtI 306 macht zudem darauf aufmerksam, dass die ausserntl Ueberlieferung vielfältig auf alle vier Glieder von Lk 6,27f zurückweist, doch lässt sich diese Beobachtung literarkritisch nicht auswerten, da es keine von Mt und Lk unabhängige Formulierungen der Forderung der Feindesliebe gibt (vgl. LUEHRMANN, Feinde 417 mit Anm 19, der auf KOESTER verweist).

376) Kalōs poiein ist zwar in Apg 10,33 belegt, doch schreibt Lk selbst in 6,33 (diff Mt 5,47).35 (vgl. auch 6,9 diff Mk 3,4) agathopoiein (vgl. SAUER, Erwägungen 7f); zu misein s.o. A 207; eulogein ist bei Lk relativ häufig (Mt 5mal; Mk 5mal; Lk 13mal; Apg 2mal) und auch mehrfach red gebraucht (Lk 1,64;2,28;24,30.50.51.53, vgl. JEREMIAS, Sprache 70.318.323; anders SAUER, Erwägungen 8 Anm 29: "eulogein nirgends eindeutig red"), doch gibt es auch trad Belege (vgl. Lk 9,16//Mk 6,41; Lk 19,38//Mk 11,9f; Lk 13,35//Mt 23,39; weitere Vorkommen Lk 1,42 (2mal);2,34; Apg 3,25f (vgl. Gen 22,18;26,4). Da katarasthai jedoch in Röm 12,4 in Verbindung mit eulogein vorkommt und im lk Werk sonst nirgends belegt ist, wird man Lk 6,28a nicht auf die LkRed zurückführen können.

377) SCHUERMANN, LkI 346; zustimmend z.B. MERKLEIN, Gottesherrschaft 225; SAUER, Erwägungen 8

378) HOFFMANN, Tradition 53

379) So GNILKA, MtI 188 Anm 4 (abwägend): HOFFMANN, Tradition 52f; HUBER, Feindschaft 132; LUEHRMANN, Feinde 416f; SCHOTTROFF, Gewaltverzicht

lässt, aber auch die LkRed nicht für sie verantwortlich gemacht werden kann, muss auch hier mit einer vorlk Erweiterung der Q-Fassung gerechnet werden, so dass 6,27c.28a QLk zuzuschreiben sind[380]. In diesen Forderungen wird ein Ueberlieferungsstadium greifbar, das eine erste Anpassung an die Vorstellungen hellenistischer Ethik vornimmt und somit als Vorstufe der lk Red bezeichnet werden kann[381]. Auf dieser Stufe erfolgte möglicherweise auch der Ersatz von misein durch das gewähltere epēreazein[382].

d) Die Imperative in Lk 6,35b.c eröffnen für die Fragen nach der ursprünglichen Gestalt der Forderung der Feindesliebe keine neuen Perspektiven, da in 6,35 die Verse 6,32-34 aufgenommen werden. Das Urteil über 6,35a.b.c ist also von jenem über 6,32-34 abhängig[383].

4. Die nicht durch eine Mt-Parallele gedeckte Lohnverheissung in Lk 6,35d wird mehrheitlich als red beurteilt[384]: Lk hat hier 6,23Q aufgenommen, wozu er durch Mt 5,46 angeregt wurde.

Obwohl diesem Urteil zuzustimmen ist, bedarf dessen Begründung schon deshalb der Differenzierung, weil misthos im lk Werk selten ist und von Lk sonst nicht red verwendet wird[385]. Zudem wird es von Lk innerhalb des vorliegenden Abschnittes red durch charis ersetzt (Mt 5,46 diff Lk 6,32; vgl. 6,33f)[386]. Dieser Ersatz erfolgt aber nicht aus rein stilistischen Gründen, sondern hat sachliche Bedeutung (und spricht deshalb nicht gegen die red Verwendung von misthos in 6,35b): Die Frage poia hymin charis estin in 6,32.33.34 zielt darauf ab, dem Hö-

---

214; VAN UNNIK, Motivierung 298 (vgl. auch SCHULZ, Q 120, s. aber 130)

380) So auch HORN, Glaube 105; ZELLER, Mahnsprüche 102

381) Dass hier eine Auslegung des Feindesliebesgebotes im Kontext hellenistisch-griechischer Ethik vorliegt, hat v.a. VAN UNNIK, Motivierung nachgewiesen (s. bes. 297f); vgl. HORN, Glaube 105; SCHOTTROFF, Gewaltverzicht 214

382) S.o. (1.)

383) So auch HOFFMANN, Tradition 53

384) Vgl. SCHUERMANN, LkI 355; HOFFMANN, Tradition 54; HUEBNER, Gesetz 84. 87; LUEHRMANN, Feinde 420; MERKLEIN, Gottesherrschaft 227; POLAG, Fragmenta 34; SAUER, Erwägungen 7; SCHULZ, Q 131; anders: LUZ, MtI 306 (ohne Begründung)

385) Misthos: Mt 10mal; Mk 1mal; Lk 3mal; Apg 1mal. Im LkEv 6,23//Mt 5,12; Lk 10,7 diff Mt 10,10b (trad, s.o. ExkursII (1.b)) und 6,35; vgl. Apg 1,18.

386) Vgl. u. 3.1.4.(2.a)

rer bewusst zu machen, dass er für die zuvor erwähnten Verhaltensweisen (jene lieben, von denen man geliebt wird; jenen Gutes tun, die einem Gutes tun; leihen, wo man zurückzuerhalten hofft) aufgrund des Gegenseitigkeitsprinzips nur eine entsprechende Gegenleistung erwarten kann, von der "sich der göttliche misthos überwältigend ab(hebt)"[387]. Die Lohnverheissung in 6,35d ist also keine unreflektierte Reminiszenz an den Q-Wortlaut in Lk 6,23//Mt 5,12 und Mt 5,46 diff Lk 6,32, sondern dient dazu, den göttlichen Lohn für die Feindesliebe vom Dank abzuheben, der für die auf dem Prinzip der Gegenseitigkeit beruhende "Freundesliebe" zu erwarten ist.

5. Als Q-Fassung von Lk 6,27f.35//Mt 5,43-45 lässt sich somit folgender Text rekonstruieren:

λεγω υμιν·
αγαπατε τουσ εχθρουσ υμων,
[και] προσευχεσθε υπερ των μισουντων υμασ,
οπωσ γενησθε υιοι του πατροσ υμων,
οτι τον ηλιον αυτου ανατελλει επι πονηρουσ και αγαθουσ
και βρεχει επι δικαιουσ και αδικουσ.

3.1.2. Der provokative Widerstandsverzicht Lk 6,29f//Mt 5,38-42

1. Was die Einleitung der Spruchreihe betrifft, so ist die mt Darbietung des Stoffes in Antithesenform als red zu beurteilen[388]. Dennoch vermutet SCHULZ, egō de legō hymin in Mt 5,39a gehe auf Q zurück[389], während MERKLEIN wenigstens legō hymin auf Q zurückführen möchte[390]. Dafür könnte angeführt werden, dass auch eine der beiden anderen aus Q-Stoff gebildeten Antithesen in Q mit lego hymin eingeleitet wurde (Lk 6,27a)[391], doch da Lk im vorliegenden Fall keinerlei Hinweis auf die Existenz einer Einleitung in Q bietet, bleibt eine solche Vermutung reine Hypothese[392].

---

387) HORN, Glaube 102; vgl. HUEBNER, Gesetz 87; THEISSEN, Gewaltverzicht 166f; VAN UNNIK, Motivierung 295-297
388) S.o. ExkursIV (3.)
389) SCHULZ, Q 122
390) MERKLEIN, Gottesherrschaft 269
391) S.o. 3.1.1.(2.)
392) Vgl. auch GNILKA, MtI 180 mit Anm 3; HOFFMANN, Tradition 58

2. In Lk 6,29a.b//Mt 5,39c.d sind die inhaltlichen Unterschiede minim. Allgemein anerkannt ist, dass das vulgäre rhapizein (neben Mt 5,39c noch 26,67) von Lk durch das von ihm gelegentlich red gebrauchte typtein ersetzt wurde und dass auch strephein von Lk durch parechein ersetzt wird[393].

Schwieriger ist dagegen die Frage zu entscheiden, ob die mt Relativkonstruktion oder die partizipiale Formulierung des Lk ursprünglicher ist. Aufgrund der mt Vorliebe für hostis wird die mt Konstruktion meist als red beurteilt, zumal sich bei Mt ein "deutlich erkennbarer Stilwille" zeigt[394]. Gegen dieses Urteil spricht, dass die lk Fassung stilistisch besser und weniger semitisierend ist als jene des Mt[395] und dass Lk Relativsätze ziemlich oft durch Partizipialkonstruktionen ersetzt[396], so dass wohl doch die Mt-Fassung aus Q stammen wird[397].

Ebenfalls umstritten ist, ob die Erwähnung der "rechten Backe" (Mt 5, 39c) auf Q oder auf die MtRed zurückgeht. Da sowohl Mt (5,29f) als auch Lk (6,6;22,50) gelegentlich eine ähnliche Näherbestimmung von Körperteilen einfliessen lassen und folglich eine mt Ergänzung verständlicher ist als eine lk Streichung, rechnen viele Autoren mit einer mt Erweiterung[398]. Die Befürworter der Ursprünglichkeit der Erwähnung der dexia siagona weisen darauf hin, dass allē Lk veranlasst habe, dexios zu streichen[399] oder dass Lk den besonders entehrenden Charakter des Schlages auf die rechte Backe nicht mehr verstanden hat[400]. Gerade die Tatsache, dass der Schlag auf die rechte Backe

---

393) Vgl. nur HOFFMANN, Tradition 59; MERKLEIN, Gottesherrschaft 269; SAUER, Erwägungen 12f; SCHULZ, Q 122

394) SCHULZ, Q 121 mit GRUNDMANN, Mt 74; vgl. GNILKA, MtI 180; LUZ, MtI 291; SCHUERMANN, LkI 348 (mit Anm 42); MERKLEIN, Gottesherrschaft 269; SAUER, Erwägungen 12

395) HOFFMANN, Tradition 58f mit Verweis auf K. BEYER, Semitische Syntax im Neuen Testament (Göttingen 1962) 169f.176.210.214

396) JEREMIAS, Sprache 116.142

397) Neben HOFFMANN, Tradition 58f und JEREMIAS, Sprache 142 erwägt auch LUEHRMANN, Feinde 418 diese Möglichkeit.

398) Vgl. LUZ, MtI 291; SCHUERMANN, LkI 347 Anm 33; LUEHRMANN, Feinde 418; SAUER, Erwägungen 12; SCHENK, Synopse 27; STRECKER, Antithesen 64; ZELLER, Kommentar 30

399) So SCHULZ, Q 122; MERKLEIN, Gottesherrschaft 269

400) So JEREMIAS, TheologieI 229; vgl. PIPER, Enemies 58; für die Q-Zugehörigkeit auch POLAG, Fragmenta 34; unentschieden HOFFMANN, Tradition 59f

besonders schimpflich war, weil er mit der linken Hand oder mit dem Handrücken erfolgte, spricht aber m.E. für eine nachträgliche Einfügung von dexios, weil damit die innere Logik des Wortes insofern gestört wird, als verstanden werden könnte: "Nachdem du das grössere Unrecht (= den Schlag auf die rechte Backe) erlitten hast, sollst du auch das kleinere auf dich nehmen". Die Präzisierung erfolgte demnach wahrscheinlich "unwillkürlich aus rhetorischen Gründen"[401].

3. In Lk 6,29c.d//Mt 5,40 wird meist der Mt-Fassung der Vorzug gegeben[402]: Lk verallgemeinert das auf einen Pfändungsprozess ausgerichtete Logion, bzw. bezieht es auf einen Raubüberfall. Damit entfällt auch der Bezug auf das atl-jüdische Pfändungsrecht, das vorschreibt, dass der Mantel dem Armen nicht über Nacht gepfändet werden darf, da er ihn als Decke benötigt (vgl. Ex 22,25f; Dtn 24,13), so dass Lk die logischere Reihenfolge Mantel - Unterkleid herstellen kann.
Auf sprachlichem Wege lässt sich die Priorität einer der beiden Fassungen nicht nachweisen, da keine eindeutig red Eingriffe zu erkennen sind[403], so dass mit vorred Aenderungen gerechnet werden muss[404]. Da es aber wahrscheinlicher ist, dass ein auf die Prozess-Situation ausgerichtetes Wort sekundär verallgemeinert wurde, als dass ein allge-

---

401) LUZ, MtI 292 mit Anm 15

402) So GNILKA, MtI 180; HOFFMANN, Tradition 60(62f) (anders jedoch Ders., Eschatologie 132f); MERKLEIN, Gottesherrschaft 269; POLAG, Fragmenta 34; SAUER, Erwägungen 13 (s. aber Anm 67); SCHENK, Synopse 26; ZELLER, Mahnsprüche 55. HORN, Glaube 104 führt die Aenderung auf QLk zurück, während LUZ, MtI 291 keine der beiden Fassungen als red bezeichnen will und LUEHRMANN, Feinde 418 die Frage für nicht entscheidbar hält. THEISSEN, Gewaltverzicht 184 sieht die Lk-Fassung für ursprünglicher an (so auch CATCHPOLE, Jesus 306 und WENGST, Pax 88), da sie besser zur Situation der Wandercharismatiker passt (kritisch dazu: HOFFMANN, Tradition 62f).

403) Möglicherweise red sind thelein, krinein, lambanein bei Mt (vgl. LUZ, MtI 291 (Anm 6); SAUER, Erwägungen 13 (Anm 66)) und kōlyein bei Lk, doch ist Gewissheit nicht zu erzielen. Die Beobachtung, dass Lk kōlyein oft gebraucht, ist zwar richtig (vgl. HOFFMANN, Tradition 60 mit Anm 45; MERKLEIN, Gottesherrschaft 269; SAUER, ebd.; SCHULZ, Q 123), doch weist JEREMIAS, Sprache 143 darauf hin, dass die Konstruktion mit apo (statt Akkusativ) bei Lk nicht gebräuchlich ist. Da anderseits auch aphiēmi bei Mt anders als üblich gebraucht wird (vgl. LUZ, MtI 291 Anm 6), kann hier auch nicht mit MtRed gerechnet werden.

404) So auch HORN, Glaube 104 und LUZ, MtI 291

meines Wort nachträglich auf das jüdische Pfändungsrecht hin konkretisiert wurde, ist dennoch davon auszugehen, dass die Mt-Fassung Q nähersteht als jene des Lk[405].

4. Da Mt 5,41 keine Lk-Parallele hat, wird gelegentlich mit einer red Bildung gerechnet[406]. Auf sprachlichem Wege lässt sich das aber nicht wahrscheinlich machen[407], und auch sachliche Gründe für eine solche mt Ergänzung sind m.E. nicht zu erkennen.
Andere rechnen mit der Herkunft des Logions aus Q[408], wobei die Streichung durch Lk nicht mit seiner Unverständlichkeit ausserhalb des palästinischen Raumes, sondern mit seiner Inaktualität für die Adressaten des LkEv zu begründen wäre, wie die Parallele Epict Diss IV,1,79 zeigt[409]. Sachlich passt das Logion gut in den Kontext der Logienquelle, die in der jüdisch-römischen Auseinandersetzung auf der Seite der Friedenspartei steht[410], und auch sprachliche Argumente sprechen nicht gegen die Q-Zugehörigkeit[411]. Schliesslich entspricht

---

405) Da die von Mt verwendeten Verben alle für Q belegt sind, kann trotz der nicht eindeutigen Situation (s.o. A 403) vermutet werden, dass Mt die Q-Fassung auch dem Wortlaut nach weitgehend beibehalten hat.

406) So MERKLEIN, Gottesherrschaft 269; SCHENK, Synopse 27; SCHULZ, Q 123

407) Zur Relativ-Konstruktion s.o. (2.); aggareuein ist bei Mt ausser 5,41 nur noch 27,32//Mk 15,21 belegt (SCHULZ, Q 123 Anm 219 hält diesen Beleg irrtümlich für red); milion ist Hapaxlegomenon; hypagein ist bei Mt zwar relativ häufig (Mt 19mal; Mk 15mal; Lk 5mal; Apg nie), aber selten red (vgl. die Diskussion bei WEGNER, Hauptmann 223f) und in dieser Konstruktion (hypagein meta tinos) synopt nur noch in Lk 12,58 belegt (SAUER, Erwägungen 9 Anm 33).

408) GNILKA, MtI 180; LUZ, MtI 291 (zurückhaltend); SCHWEIZER, Mt 67; HOFFMANN, Tradition 61 (mit Anm 51); PIPER, Enemies 58 (Anm 135); POLAG, Fragmenta 34 (wahrscheinlich); SAUER, Erwägungen 9

409) So richtig SCHWEIZER, Mt 67 ("nicht mehr akut"); HOFFMANN, Tradition 61 mit Anm 51; vgl. auch LUZ, MtI 291 Anm 9. Der Einwand von ZELLER, Mahnsprüche 55 Anm 13 gegen die Auffassung von SCHWEIZER verzeichnet dessen Position.

410) Vgl. dazu HOFFMANN, Studien 74-76.309-311.332f; Ders., Tradition 76-81 (zur Interpretation von Lk 16,16//Mt 11,12f in diesem Kontext s. aber meine Kritik in KOSCH, Gottesherrschaft 63); s. auch SCHWEIZER, Mt 67: Es ist mit einer "Zufügung (in Q?) zur Zeit der Hochspannung gegenüber Rom" zu rechnen.

411) Da die technischen termini (aggareuein, milion) sachlich bedingt sind, bleibt neben der Konstruktion (s.o. (2.)) nur der Imperativ hypage zu prüfen. Obwohl ein durch das Vorkommen bei Mt und Lk eindeutiger Beleg fehlt, ist sein Vorkommen in Q wahrscheinlich: Obwohl Lk das Wort meidet (vgl. JEREMIAS, Sprache 184), bringt er den Impe-

die Struktur des Logions genau jener von Lk 6,29a.b//Mt 5,39c.d. Unter der Voraussetzung der Zugehörigkeit von Mt 5,41 ergäbe sich folglich für Lk 6,29f//Mt 5,39c-41 schon in Q eine viergliedrige, sorgfältig komponierte Struktur. Die Annahme, Mt 5,41 entstamme QMt[412], ist deshalb unnötig.

5. Weitgehend unbestritten ist schliesslich das Urteil, dass in Lk 6, 30//Mt 5,42 die LkRed für die Abweichungen verantwortlich ist[413]: pas ist lk Vorzugswort und entspricht der lk Zuspitzung der Wohltätigkeitsforderung; didou ist grammatisch besser als das mt dos; airein nimmt Lk 6,29f auf; 6,34 belegt, dass in Q von danizein die Rede war und apaitein ist ntl nur noch in Lk 12,20 belegt und nimmt aitein in 6,30a auf[414].

Anders urteilt LUZ, der Mt 5,42 als red Zusammenfassung von Lk 6,30 und 6,34 versteht, die ein praktikables Gebot formuliert, das viel weniger radikal ist als Lk 6,30[415]. Gegen diese Auffassung spricht nicht nur, dass der sprachliche Nachweis, dass hier die MtRed formuliert, nicht überzeugt[416], sondern auch, dass Lk 6,34 eine "etwas ungeschickte zusätzliche Exemplifizierung" ist[417], die sich dem lk Interesse

---

rativ in 10,3 diff Mt 10,16, weshalb er dort auf Q zurückgehen wird (vgl. neben JEREMIAS auch LAUFEN, Doppelüberlieferungen 206; anders SCHULZ, Q 405); in Mt 4,10 diff Lk 4,8 (vgl. SCHULZ, Q 181) und Mt 8, 13 diff Lk (vgl. WEGNER, Hauptmann 223f) entspricht der Imperativ nicht mt Sprachgebrauch und wird deshalb ebenfalls auf Q zurückgehen. In Mt 18,15 diff Lk 17,3 und Lk 15,28 diff Mt 5,25 geht hypagein jedoch auf die jeweilige Red zurück (vgl. SCHULZ, Q 321.422).

412) So STRECKER, Bergpredigt 87; ZELLER, Mahnsprüche 55; vgl. LUZ, MtI 291

413) Vgl. GNILKA, MtI 180; SCHUERMANN, LkI 348f; HOFFMANN, Tradition 63; HORN, Glaube 104f; LUEHRMANN, Feinde 418; MERKLEIN, Gottesherrschaft 269; SAUER, Erwägungen 13; SCHENK, Synopse 27; SCHULZ, Q 123

414) Die Argumente von JEREMIAS, Sprache 144 für die Traditionalität von panti aitounti und apaitei überzeugen nicht: Das Fehlen des bei Lk sonst üblichen Artikels kann eine geringfügige stilistische Inkonsequenz sein (vgl. auch die textkritische Situation!), und dass apeitein zweimal im Nicht-Markusstoff vorkommt, genügt nicht, um die Traditionalität zu beweisen (stichhaltig wird das Argument des auf einzelne Quellenschichten beschränkten Vorkommens eines Wortes erst bei zahlreicheren Vorkommen).

415) LUZ, MtI 291f (vgl. 306)

416) Vgl. aaO 292 Anm 12; apostrephein bei Mt nur Mt 5,42 und 26,52; thelein kann zwar red sein, ist aber kein deutliches Indiz für MtRed.

417) SCHOTTROFF, Gewaltverzicht 217; zustimmend HOFFMANN, Tradition 56

an der Besitzproblematik verdankt und nicht auf Q zurückzuführen ist[418].

6. Aufgrund der vorliegenden Analyse ergibt sich für Lk 6,29f//Mt 5,(38-39b)39c-42 folgender Q-Wortlaut:

οστισ σε ραπιζει εισ την σιαγονα,
στρεψον αυτω και την αλλην·
και τω θελοντι σοι κριθηναι και τον χιτωνα σου λαβειν,
αφεσ αυτω και το ιματιον.
και οστισ σε αγγαρευσει μιλιον εν,
υπαγε μετ αυτου δυο.
τω αιτουντι σε δοσ,
και τον θελοντα απο σου δανισασθαι
μη αποστραφησ.

3.1.3. Die Goldene Regel Lk 6,31//Mt 7,12

Was die Rekonstruktion der Q-Fassung der goldenen Regel betrifft, besteht ein weitgehender Konsens, dass Mt in die Einleitung eingegriffen und 7,12c angefügt hat, im übrigen aber dem ursprünglichen Wortlaut treuer folgt als Lk[419], doch divergieren die Auffassungen in Einzelfragen. Eine Ueberprüfung der einzelnen Belege und Argumente zeigt zudem, dass die Sache so "unproblematisch"[420] nicht ist, da die Redaktionalität einzelner Ausdrücke unsicherer ist, als es die Wortstatistik auf den ersten Blick vermuten lässt.

1. Was den Anteil der MtRed an der Formulierung von Mt 7,12 betrifft, kann folgendes festgehalten werden:

---

418) So auch HOFFMANN, Tradition 56; HORN, Glaube 95.99(-104); für lk Bildung auch: LUEHRMANN, Feinde 420; PIPER, Enemies 59; SAUER, Erwägungen 7; SCHULZ, Q 131; STRECKER, Bergpredigt 94f. SCHUERMANN, LkI 354 und MERKLEIN, Gottesherrschaft 225 erwägen eine vorlk Zufügung (QLk).

419) Vgl. GNILKA, MtI 265; LUEHRMANN, Feinde 419; SAUER, Erwägungen 14; SCHULZ, Q 139; STRECKER, Bergpredigt 156 mit Anm 59. MERKLEIN, Gottesherrschaft 243 und ZELLER, Mahnsprüche 117 folgen ohne eigene Ueberlegungen der Rekonstruktion von SCHULZ (und werden deshalb in den folgenden Anmerkungen nicht mehr eigens genannt).

420) So HOFFMANN, Tradition 63; vorsichtiger SCHUERMANN, LkI 350 Anm 55 "Das Ursprüngliche (ist) nicht festzustellen".

a) M.W. unbestritten ist die Rückführung von Mt 7,12c auf die Mt-Red[421]. Damit wird die Goldene Regel auf 5,17 zurückbezogen und gleichzeitig wird ihr zusammenfassender Charakter sichtbar gemacht. Eine entsprechende Wendung fügt Mt auch in 22,40 diff Mk 12,31 im Anschluss an das Doppelgebot der Liebe ein.

b) Fast einhellig wird auch das mit dem nachfolgenden houtōs schlecht korrespondierende panta oun hosa auf die MtRed zurückgeführt[422]. Panta hosa schreibt Mt auch in 13,46;18,25;28,20 und in 23,3[423] formuliert er sogar gleich wie in 7,12 panta oun hosa. Da pas zudem zum lk Vorzugsvokabular gehört, weshalb Lk es kaum gestrichen haben würde[424], kann trotz der Beobachtung SCHUERMANNs, dass panta hosa nur in SMt belegt ist[425], am red Charakter der Wendung festgehalten werden.

c) Anders als die meisten möchte LUZ auch houtos kai auf die MtRed zurückführen[426], doch besteht dazu kein Anlass, da houtōs im Gegensatz zur lk Entsprechung homoios in Q gut bezeugt ist[427].

2. Schwieriger ist es, den Anteil der LkRed an Lk 6,31 zu bestimmen:

a) Was das einleitende kai kathōs betrifft, so argumentiert SCHULZ wie folgt: kathōs sei zwar für Lk charakteristisch, doch lasse houtōs den Schluss zu, dass es hier auf Q zurückgehe[428]. SAUER dagegen rekonstruiert aufgrund des red Charakters von panta oun hosa (Mt) und kai kathōs (Lk) für Q kai hōs als Einleitung[429].

Da kathōs in Q nicht nachgewiesen werden kann, aber typisch lk ist[430], und sich auch die mt Einleitung als red erwiesen hat[431],

---

421) Vgl. nur LUZ, MtI 387; HOFFMANN, Tradition 63; SCHULZ, Q 139 (s. jedoch u. A 933)

422) Vgl. die in A 421 genannten, jeweils ebd.

423) Zum red Charakter von Mt 23,2f s. FREUDENBERG, Weherede 57f

424) Zum lk Gebrauch von pas s. JEREMIAS, Sprache 30f

425) SCHUERMANN, LkI 350 Anm 55

426) LUZ, MtI 387

427) Laut WEGNER, Hauptmann 113(f) ist houtos in Q 20mal sicher belegt.

428) SCHULZ, Q 139; vgl. SCHUERMANN, LkI 350 Anm 55

429) SAUER, Erwägungen 14

430) Lk gebraucht kathōs häufig, wie die Verteilung der Vorkommen zeigt: Mt 3mal; Mk 8mal; Lk 17mal; Apg 11mal. JEREMIAS, Sprache 144 macht allerdings darauf aufmerksam, dass korrelatives kathōs ... homoiōs

kommt man tatsächlich nicht um eine Konjektur herum: Aufgrund des dreifachen Vorkommens der Korrelation hōsper ... houtōs in Q (Lk 17,24//Mt 24,27; Mt 12,40 diff Lk 11,30; Mt 24,37 diff Lk 17,26), wo Lk hōsper jeweils durch kathōs ersetzt, vermute ich, dass auch Lk 6,31//Mt 7,12 in Q mit hōsper eingeleitet wurde.[432].

b) Meist auf die LkRed zurückgeführt wird homoiōs[433]. Anders urteilt jedoch JEREMIAS, der darauf hinweist, dass homoiōs poiein nur im Nicht-Markusstoff des LkEv (3,11;6,31;10,37) vorkommt und deshalb vorlk sei[434]. Von den elf Belegen für homoiōs im LkEv sind tatsächlich nur zwei mit Sicherheit red (Lk 5,33 diff Mk 2,18; Lk 17,31 diff Mt 13,16), während viele aus SLk stammen[435]. Da jedoch der Rahmen der Erzählung vom barmherzigen Samariter Lk 10,29.36f insgesamt stark lk geprägt ist[436], lässt sich das auf rein quellenkritischem Weg gewonnene Urteil von JEREMIAS, dass homoiōs poiein vorlk ist, nicht halten, so dass die Zuweisung von homoiōs an die LkRed auch für 6, 31 berechtigt ist.

3. Als Q-Text der goldenen Regel (Lk 6,31//Mt 7,12) ergibt sich somit:

ωσπερ θελετε ινα ποιωσιν υμιν οι ανθρωποι,
ουτοσ και υμεισ ποιειτε αυτοισ.

3.1.4. Die rhetorischen Fragen Lk 6,32-34//Mt 5,46f

Die Rekonstruktion des Q-Textes ist auch hier "ganz unsicher"[437], da zwar meist die Lk-Fassung als im allgemeinen sekundär angesehen wird[438], der red Charakter mancher lk Abweichung sich aber nicht er-

---

(bzw. houtōs oder kata ta auta) nur im Nicht-Markusstoff des Evangeliums vorkommt, "was auf nicht-lukanischen Sprachgebrauch weist" (vgl. 11,30;17,26.28-30;24,24). Kathōs bei Mt nur 26,24//Mk 14,21; Mt 21,6 und 28,6.

431) S.o. (1.b)

432) Zur Ursprünglichkeit von hosper an den genannten Stellen s. SCHULZ, Q 252.279. Diese Annahme ist auch deshalb berechtigt, weil hosper in Q sicher belegt ist (Lk 17,24//Mt 24,27).

433) S. nur HOFFMANN, Tradition 63; SAUER, Erwägungen 14; SCHULZ, Q 139

434) JEREMIAS, Sprache 108.144

435) Lk 3,11;5,10;10,32;13,3;16,25;17,28;22,36

436) Vgl. HORN, Glaube 109 mit Anm 100

437) LUZ, MtI 306

438) Vgl. HOFFMANN, Tradition 54; PIPER, Enemies 59; SAUER, Erwägungen 12; ZELLER, Mahnsprüche 102; anders: LUZ, MtI 306

weisen lässt[439]. Dennoch soll auch hier eine Q-Rekonstruktion versucht werden, wobei die verbleibende Unsicherheit in Kauf zu nehmen ist.

1. Die Eingriffe der MtRed sind nach weit verbreiteter Auffassung minim:

a) In der Einleitung von Lk 6,32//Mt 5,46 habe Mt ei durch ean (bzw. kai ei durch ean gar[440]) ersetzt und so eine stilistische Verbesserung erzielt. Zudem wurde dadurch die Einleitung an jene von Lk 6,33//Mt 5,47 angeglichen[441].

b) Da Mt monon öfters red setzt, wird es auch in Mt 5,47a diff Lk 6,33a auf ihn zurückgehen[442].

c) Die Frage ti perission poieite in Mt 5,47b diff Lk 6,33b wird von manchen ebenfalls auf die MtRed zurückgeführt, die damit eine ursprünglich wie Mt 5,46b diff Lk 6,32b lautende Frage (tina misthon echete) ersetzt habe[443]. Für diese Annahme spricht, dass Mt 5,47b auf Mt 5,20 zurückverweist und perisseuein von Mt red verwendet wird[444]. Anderseits ist perissos (allerdings im Komparativ) in Q belegt (Lk 7, 26//Mt 11,9)[445], so dass die Ursprünglichkeit von Mt 5,47b diff Lk 6, 33b gut möglich ist[446]. Da so eine Konjektur vermieden werden kann, entscheide ich mich für die Ursprünglichkeit von Mt 5,47b[447].

---

439) Mit vorlk Aenderungen rechnen z.B. LUZ, MtI 306; SCHUERMANN, LkI 354; MERKLEIN, Gottesherrschaft 225

440) SCHUERMANN, LkI 353 Anm 75; HOFFMANN, Tradition 55; SCHULZ, Q 129 (mit Verweis auf BLASS/DEBRUNNER/REHKOPF, Grammatik 372,3); anders: STRECKER, Antithesen 66

441) So MERKLEIN, Gottesherrschaft 226; SAUER, Erwägungen 12; ZELLER, Mahnsprüche 103

442) LUZ, MtI 306 Anm 8; JEREMIAS, Sprache 145; MERKLEIN, Gottesherrschaft 226; ZELLER, Mahnsprüche 103. MERKLEIN, ebd verweist auf Mt 9,21;14, 36;21,19.21.

443) So HOFFMANN, Tradition 55; LUEHRMANN, Feinde 420; PIPER, Enemies 59; POLAG, Fragmenta 34; SAUER, Erwägungen 12; erwogen auch von MERKLEIN, Gottesherrschaft 226; vgl. auch LUZ, MtI 306 Anm 8; SCHUERMANN, LkI 353 Anm 76.77

444) Vgl. LUZ, MtI 48. Red in Mt 5,20; Mt 13,25 diff Mk 4,25; Mt 14,20 diff Mk 6,43; Mt 25,29 diff Lk 19,26. In Mt 15,37//Mk 8,8 ist perisseuein allerdings trad, so dass Mt das Verb nur 4mal und nicht 5mal red verwendet (gegen LUZ, aaO). perisson ist synopt nur noch in Mk 6, 51 und Mt 5,37 (MtRed s.o. A 266) belegt.

445) Vgl. auch perisseuma in Lk 6,45//Mt 12,34

446) So MERKLEIN, Gottesherrschaft 226 (unsicher); SCHULZ, Q 129; ZELLER, Mahnsprüche 103

447) Die textkritische Regel, dass Konjekturen nur als "ultima ratio" vorzunehmen sind (vgl. nur ALAND/ALAND, Text 282) hat zwar für die Lite-

2. Weitaus tiefgreifender ist nach der Meinung vieler Autoren die lk Umgestaltung des Textes:

a) Fast durchwegs auf Lk zurückgeführt wird die dreifache Wendung poia hymin charis estin (Lk 6,32b.33b.34b)[448]. Zur Begründung dieser Annahme wird auf die lk Vorliebe für den Begriff charis, aber auch darauf verwiesen, dass poios und einai mit Dativ anstelle von echein von Lk gern gebraucht werden.

Diese Erklärung ist allerdings nicht völlig unproblematisch, da charis zwar in SLk öfters vorkommt (Lk 1,30;2,40.52;17,9), aber nie eindeutig red ist[449], und der Gebrauch im Sinn von "Lohn" oder "Dank" auf 6, 32-34 und 17,9 beschränkt ist[450], weshalb JEREMIAS den Gebrauch von charis im LkEv der Trad zuweist[451]. Gegen dieses Urteil spricht jedoch zum einen der auffällige statistische Befund[452], zum andern die Tatsache, dass der für Lk ungewohnte Gebrauch von charis im Sinn von "Lohn"/"Dank" in 6,32-34 damit zusammenhängt, dass er die Forderung der Feindesliebe red der hellenistischen Gegenseitigkeitsethik gegenüberstellt, in der charis ein terminus technicus für das Prinzip der Gegenseitigkeit ist[453]. Hier greift Lk also bewusst auf einen "profanen" Sprachgebrauch zurück, der ihm nicht eigen ist. Dass die Dik-

---

rarkritik nicht dieselbe Bedeutung (oft weichen sowohl Mt als auch Lk in gleicher (minor agreements!) oder unterschiedlicher Weise von Mk ab, so dass entsprechendes auch im Fall von Q anzunehmen ist), doch ist sie auch hier zu beherzigen, da eine Erklärung, die mit red Eingriffen nur eines Evangelisten auskommt, einfacher ist als eine, die auf beiden Seiten red Tätigkeit voraussetzt. Aehnliches gilt auch für die Annahme vorred Aenderungen an Q (QLk/QMt): Wo ohne die Annahme solcher Aenderungen auszukommen ist, ist sie zu vermeiden, da einfache Erklärungen einen höheren Wahrscheinlichkeitsgrad haben als komplizierte.

448) Vgl. GNILKA, MtI 189; SCHUERMANN, LkI 353 Anm 77; HOFFMANN, Tradition 55; HORN, Glaube 99f; LUEHRMANN, Feinde 420; MERKLEIN, Gottesherrschaft 226; SAUER, Erwägungen 12; SCHULZ, Q 129; VAN UNNIK, Motivierung 295-297; ZELLER, Mahnsprüche 103. PIPER, Enemies 59 beurteilt misthos und charis als Uebersetzungsvarianten.

449) Möglicherweise red ist charis in Lk 4,22, doch da der literarkritische Befund in Lk 4,16-30 umstritten ist (LkRed oder (Q-)Trad?), darf dieses Vorkommen nicht überbewertet werden.

450) Die Wortbedeutung in der Apg ist zwar sehr vielfältig, schliesst aber diesen Sinn nicht ein (vgl. JEREMIAS, Sprache 49f).

451) JEREMIAS, Sprache 49f; vgl. LUZ, MtI 306 mit Anm 9

452) Charis: Mt nie; Mk nie; Lk 8mal; Apg 17mal

453) HORN, Glaube 102; vgl. VAN UNNIK, Motivierung 295-297; s. auch o. 3.1.1.(4.)

tion hier insgesamt aber lk ist (vgl. bes. einai mit Dativ), bestätigt den red Charakter der Wendung poia hymin charis estin.

b) Ebenfalls auf die LkRed wird die Transformation der Fragen in Lk 6,32c//Mt 5,46c und Lk 6,33c//Mt 5,47c zu Aussagen zurückgeführt, da die Frageform lebendiger wirkt[454].

c) Auf Lk geht nach weit verbreiteter Ansicht auch der Ersatz von telōnai (Mt 5,46c diff Lk 6,32c) und ethnikoi (Mt 5,47c diff Lk 6,33c) durch hamartōloi zurück[455]. Dadurch werde der Text verallgemeinert und für nichtjüdische Leser verständlich gemacht[456].

Trotz der zahlreichen Belege für hamartōlos bei Lk[457] ist dieses Urteil allerdings nicht unanfechtbar, da das Wort in der Apg fehlt und von Lk nie in den Mk-Stoff eingebracht wird[458]. Immerhin scheint es mir wahrscheinlich zu sein, dass Lk hamartōlos in Lk 15,1.2(7?10?) red gebraucht[459]. Dennoch sollte die Erwähnung der hamartōloi in Lk 6,32.33 (und 34) nicht voreilig auf die LkRed zurückgeführt werden. Da von den Sündern in Q nur im Zusammenhang mit den Zöllnern (Lk 7,34//Mt 11,19) die Rede ist, während sie allein nie vorkommen[460],

---

454) Vgl. MERKLEIN, Gottesherrschaft 226; POLAG, Fragmenta 34; SCHULZ, Q 129. JEREMIAS, Sprache 144f bestreitet den lk Charakter von kai gar in 6,32(33), da es in "steigernder Funktion" nur im Nicht-Markusstoff des Lk vorkommt (6,32.33;7,8(//Mt 8,9);11,4). Die insgesamt 9 Vorkommen der Wendung bei Lk (Mt 2mal, s. SCHULZ, Q 129 Anm 279) sprechen m.E. aber doch für einen red Gebrauch, zumal die Wendung auch in Apg 19,49 belegt, ihr trad Charakter in Lk 11,4 unsicher (vgl. SCHULZ, Q 85) und der Unterschied zwischen den beiden Bedeutungen (steigernd: denn auch; verbindend: denn) nicht sehr gross ist.

455) LUZ, MtI 306 (erwägt vorlk Aenderung); SCHUERMANN, LkI 353 Anm 79 (vgl. aaO 270 Anm 53); HOFFMANN, Tradition 55; MERKLEIN, Gottesherrschaft 226; SCHULZ, Q 129; ZELLER, Mahnsprüche 1o3

456) So z.B. SCHULZ, Q 129

457) Hamartōlos: Mt 5mal; Mk 6mal; Lk 18mal; Apg nie

458) Den Uebernahmen von Mk in Lk 5,30.32//Mk 2,16b.17 stehen die Streichungen in Lk 5,29 diff Mk 2,15 und Lk 9,26 diff Mk 8,38 gegenüber.

459) Zu Lk 15,1-3 s.o. I.2.2.2.(2.c) mit A 155; zu 15,7 diff Mt 18,14 s. SCHULZ, Q 388f (anders: WEDER, Gleichnisse 169 Anm 5.7, der allerdings Lk 15,2 auf Q zurückführen möchte und 15,7 als Aufnahme von 15, 2 versteht). In Lk 24,7 (red Herkunft erwogen von JEREMIAS, Sprache 135) ist Lk von Mk 14,41b abhängig.

460) Anders bei Lk: 5,8;6,32-34(3mal);7,37.39;13,2;24,7. In Lk 5,29 diff Mk 2,15 streicht Lk hamartōloi, doch bleibt der Ausdruck in Lk 5,30// Mk 2,16b stehen; in 15,2 werden ebenfalls nur die Sünder genannt, aber in 15,1 ist von Zöllnern und Sündern die Rede. Immerhin zeigen Lk 18,13 und 19,7, vielleicht aber auch die lk Bearbeitung von Mk 2,13-17 in Lk 5,27-32 und Lk 15, dass Lk Zöllner und Sünder nicht als

ethnikos aber in Q nicht sicher belegt ist[461], stellt sich die Frage, ob in Q nicht von telōnai und hamartōloi die Rede war, so dass Lk im Zuge seiner Umgestaltung von Mt 5,46fQ zur dreiteiligen, jeweils entsprechend aufgebauten Sequenz Lk 6,32-34 telōnai in 6,32 durch hamartōloi ersetzt hätte, weil der trad Doppelausdruck "Zöllner und Sünder" sich nicht auf drei Glieder erweitern liess, und weil so eine Verallgemeinerung des Sinnes erzielt werden konnte. Was die Zusammenstellung von telōnai und ethnikoi bei Mt betrifft, so hat LUEHRMANN vorgeschlagen, sie auf QMt zurückzuführen, da sie auch in Mt 18,(15-)17, einer sekundären Erweiterung von Lk 17,3Q, vorkommt und nicht dem heidenfreundlichen Redaktor Mt zugeschrieben werden kann[462]. Dieser Vorschlag ist auch deshalb bedenkenswert, weil auch im mt Vorspann zum aus Q stammenden Vaterunser (Mt 6,7f) abschätzig von den ethnikoi die Rede ist[463]. Sicherheit ist hier aber nicht mehr zu gewinnen, zumal Lk 6,32//Mt 5,46 nicht spezifisch auf die Zöllner gemünzt ist, so dass sogar denkbar (wenn auch nicht sehr wahrscheinlich) ist, dass in Q sowohl in Lk 6,32 als auch in 6,33 von den hamartōloi die Rede war[464].

d) Auf Lk geht auch "die etwas umständliche Wiederholung der Formulierung des Vordersatzes ... im Nachsatz" in Lk 6,32c zurück. Sie ist "nicht nur stilistisch bedingt", sondern soll "der Reziprozität des Sünderverhaltens sprachlichen Ausdruck geben und entspricht insofern der lukanischen Auseinandersetzung mit hellenistischer Gegenseitigkeitsethik, die den ganzen Abschnitt redaktionell prägt"[465]. Dass die mt Form to auto poiousin ursprünglicher ist, zeigt auch die entsprechende Wendung in Lk 6,33c//Mt 5,47c[466].

---

zwei verschiedene Gruppen, sondern die Zöllner als "Untergruppe" der Sünder ansieht (vgl. SCHOTTROFF/STEGEMANN, Jesus 25).

461) Ethnikos im NT nur Mt 5,47;6,7;18,17; 3Joh 7

462) LUEHRMANN, Feinde 419f; vgl. Ders., Redaktion 111-114

463) Zur vormt Herkunft von Mt 6,7f s. LUZ, MtI 330

464) Erwogen von PIPER, Enemies 59

465) HOFFMANN, Tradition 55f; so entscheiden auch MERKLEIN, Gottesherrschaft 226; SCHULZ, Q 129 und ZELLER, Mahnsprüche 103

466) Zur Zuweisung des Stammes agap- im LkEv an die Trad durch JEREMIAS, Sprache 141.144 s.o. I.3.2.(2.) mit A 262

e) Ebenfalls Lk zugewiesen wird der Gebrauch von agathopoiein in Lk 6,33a diff Mt 5,47 (aspazesthai)[467]. Die Zuweisung des Verbs zur Trad durch JEREMIAS[468] ist nicht überzeugend: agathourgein aufgrund eines einzigen Belegs (Apg 14,17) als lk Aequivalent zum vorlk agathopoiein zu bezeichnen, geht nicht an. Zudem übernimmt Lk in Lk 6,9 das mk agathon poiein (Mk 3,4) nicht unverändert, sondern ersetzt es red durch das Kompositum agathopoiein. Für die Herkunft von aspazesthai aus Q spricht zudem, dass es (anders als agathopoiein) in Q belegt ist[469]. Aufgrund des lk Charakters von agathopoiein und des lk Interesses an der Reziprozität wird auch das Partizip agathopoiountas die ursprüngliche Erwähnung der adelphoi ersetzt haben[470].

f) Dass Lk 6,34 nicht auf Q zurückgeht, wurde bereits erwähnt[471]: Sehr gut fügt sich der Vers der lk Redaktionsintention in 6,27-36 ein[472], während er nach 6,32.33 als "etwas ungeschickte zusätzliche Exemplifizierung" gelten muss[473]. Auf lk Verfasserschaft deuten die Konstruktion von elpizein mit Infinitiv[474], die Wendung poia hymin charis (estin)[475] und vielleicht auch das Vorkommen von hamartōlos[476]. Mit danizein greift Lk die Vokabel aus Mt 5,42b diff Lk 6,30b auf[477]. Dass apolambanein nur im Nicht-Markusstoff des Lk (vgl. 15,

467) Vgl. LUZ, MtI 306 (erwägt vorlk Aenderung); SCHUERMANN, LkI 354; HOFFMANN, Tradition 56; HORN, Glaube 99; MERKLEIN, Gottesherrschaft 226; PIPER, Enemies 59; VAN UNNIK, Motivierung 289(-295); ZELLER, Mahnsprüche 103. Anders: CATCHPOLE, Jesus 308

468) JEREMIAS, Sprache 145

469) Vgl. Lk 10,4b; zur Q Zugehörigkeit s. LAUFEN, Doppelüberlieferungen 213f; SATO, Q 365; SCHUERMANN, Reminiszenzen 121; SCHULZ, Q 405. In Mt 10,12 (diff Lk 10,5) ist aspazesthai eine Reminiszenz an Lk 10,4b (vgl. SCHUERMANN, aaO), während die direkte Rede der lk Fassung ursprünglicher ist (vgl. HOFFMANN, Studien 273; LAUFEN, Doppelüberlieferungen 216; SATO, Q 365; SCHULZ, Q 405f).

470) Vgl. HOFFMANN, Tradition 56; MERKLEIN, Gottesherrschaft 226; SCHULZ, Q 129; VAN UNNIK, Motivierung (289-)295

471) S.o. 3.1.2.(5.) mit A 417.418. Dort auch Argumente gegen das abweichende Urteil von LUZ, MtI 306

472) Vgl. HORN, Glaube 99 "Schliesslich ist V. 34 die entscheidende lk Erweiterung".

473) SCHOTTROFF, Gewaltverzicht 417; vgl. HOFFMANN, Tradition 56

474) Vgl. JEREMIAS, Sprache 145 (vgl. aaO 93f): Synopt nur bei Lk 6,34; 23,8; vgl. Apg 26,7)

475) S.o. (2.a)

476) S.o. (2.c)

477) S.o. 3.1.2.(5.)

27) vorkommt, spricht nicht gegen einen red Gebrauch[478], da es labein in 6,34a aufnimmt, und so ebenfalls die Reziprozität herausstellt.

3. Als Q-Wortlaut von Lk 6,32-34//Mt 5,46f ergibt sich somit:

ει γαρ αγαπατε τουσ αγαπωντασ υμασ,

τινα μισθον εχετε;

ουχι και οι τελωναι το αυτο ποιουσιν;

και εαν ασπασησθε τουσ αδελφουσ υμων,

τι περισσον ποιειτε;

ουχι γαρ οι αμαρτωλοι το αυτο ποιουσιν;

3.1.5. Die Barmherzigkeitsforderung Lk 6,36//Mt 5,48

Im Fall von Lk 6,36//Mt 5,48 wird in der neueren Literatur mit guten Gründen einhellig die Meinung vertreten, dass die Lk-Fassung bis auf den Ersatz von hōs durch kathōs[479] ursprünglicher ist[480]: Mt gebraucht teleios auch in 19,21 diff Mk 10,21 red und lässt Mt 5,48 durch seine Verwendung an Dtn 18,13LXX anklingen; esesthe bringt gegenüber ginesthe eine dem Abschluss der Antithesen angemessene Vergrundsätzlichung und nähert die Diktion an jene von Lev 19,2LXX an; das zusätzliche hymeis dient der Abhebung der Vollkommenheitsforderung von Mt 5,46f und die Bezeichnung des Vaters als ho ouranios ist für Mt allgemein charakteristisch[481].

Für Q ergibt sich damit folgender Wortlaut:

γινεσθε οικτιρμονεσ

ωσ και ο πατηρ υμων οικτιρμων εστιν.

3.2. Die Abfolge der Logien in Q

Wie ein Blick in die Synopse[482], aber auch die Diskussion in der Literatur[483] zeigt, ist die Problematik sehr schwer in den Griff zu be-

---

478) So JEREMIAS, Sprache 145

479) Zum red Charakter s.o. 3.1.3.(2.) mit A 430

480) Vgl. GNILKA, MtI 189; LUZ, MtI 306 mit Anm 4; SCHUERMANN, LkI 360; HOFFMANN, Tradition 57; LUEHRMANN, Feinde 421; MERKLEIN, Gottesherrschaft 227; SAUER, Erwägungen 12; SCHULZ, Q 130; ZELLER, Mahnsprüche 110f

481) S. SCHULZ, Q 130, entsprechend auch die übrigen in A 480 genannten.

482) S.o. 1.

483) Vgl. SCHUERMANN, LkI 345-358, bes. 357f; HOFFMANN, Tradition 64-72; HUEBNER, Gesetz 86-93; LUEHRMANN, Feinde 413-422; MERKLEIN, Gottes-

kommen, da sich sowohl die lk als auch die mt Stoffanordnung den jeweiligen red Interessen verdanken kann. Im folgenden versuche ich, eine möglichst durchsichtige Begründung meiner eigenen Auffassung vorzulegen, wobei ich von den Uebereinstimmungen zwischen Mt und Lk und von möglichst gesicherten Annahmen auszugehen suche.

1. Dass der Stoff von Lk 6,27-36 und Mt 5,38-48 schon in Q zusammengehörte, ist unbestreitbar, da Mt und Lk nicht unabhängig voneinander gleiche, in Q nicht verbundene Stoffe red zusammengefügt haben werden. Für die Zusammengehörigkeit in Q spricht ferner der ähnliche Kontext[484] und die Tatsache, dass Lk die Q-Akoluthie im allgemeinen weitgehend beibehalten hat[485]. Unsicher ist einzig die Zugehörigkeit der Goldenen Regel (Lk 6,31//Mt 7,12), da Mt sie in einem anderen Zusammenhang - allerdings ebenfalls innerhalb der Bergpredigt - bringt.

2. Der Q-Stoff von Lk 6,27-36//Mt 5,38-48 lässt sich in fünf Abschnitte gliedern, innerhalb derer die Akoluthie aufgrund der Uebereinstimmung von Mt und Lk für Q gesichert ist. Das Problem besteht also darin, diese fünf Abschnitte in die richtige Reihenfolge zu bringen. Es sind dies:
a) Feindesliebe: Lk 6,27f.35//Mt 5,44b-45. Hier ist die Uebereinstimmung nur partiell: Lk bringt die Forderung der Feindesliebe zweimal, am Anfang und am Schluss der Komposition, doch stimmen Mt und Lk darin überein, dass der Forderung der Feindesliebe (Lk 6,27b=35a//Mt 5,44b) die Zusage der Gotteskindschaft und die Motivation mit dem Gutsein Gottes zu allen Menschen (Lk 6,35e.f.g//Mt 5,45) folgt, so dass diese Zusammenstellung auf Q zurückgehen wird[486]. Damit ist

herrschaft 222f.225; POLAG, Fragmenta 34; SAUER, Erwägungen 9f; SCHENK, Synopse 26-29; SCHULZ, Q 120f; ZELLER, Mahnsprüche 101f

484) S.o. 2.

485) S.o. Einl. 4.(3.) mit A 76. Eigenartig wirkt die Zurückhaltung von MERKLEIN, Gottesherrschaft 223, der aufgrund der "sachlichen Verwandtschaft" die Zusammengehörigkeit des Gebotes der Feindesliebe und der Forderung des Verzichts auf Wiedervergeltung als "wahrscheinlich" ansieht.

486) Vgl. HUEBNER, Gesetz 91; LUERHMANN, Feinde 421; SAUER, Erwägungen 10. So auch MERKLEIN, Gottesherrschaft 225; SCHULZ, Q 120; STRECKER, Antithesen 66; ZELLER, Mahnsprüche 101f

noch keine Entscheidung über die Frage gefällt, ob Q die Forderung der Feindesliebe ein- oder zweimal enthält.

b) Provokativer Widerstandsverzicht: Lk 6,29-30//Mt 5,39c-42

c) Goldene Regel: Lk 6,31//Mt 7,12

d) Rhetorische Fragen: Lk 6,32-33//Mt 5,46-47

e) Barmherzigkeitsforderung: Lk 6,36//Mt 5,48

3. Kaum zufällig wird auch die Uebereinstimmung von Mt und Lk bezüglich der Schlussstellung der Barmherzigkeits- bzw. Vollkommenheitsforderung (Lk 6,36//Mt 5,48) sein.

4. Zum unmittelbaren Kontext der Forderung der Feindesliebe gehören mit Sicherheit die rhetorischen Fragen (Lk 6,32f//Mt 5,46f), was schon die Stichwortverbindung (agapan), erst recht aber der sachliche Zusammenhang beweist. Da den rhetorischen Fragen die Funktion zukommt, die Forderung der Feindesliebe zu begründen (gar!)[487], ist es unwahrscheinlich, dass die Forderung der Feindesliebe in Q erst hinter Lk 6,32f//Mt 5,46f stand, so dass für Q eine Mt 5,44-47 entsprechende Akoluthie (Lk 6,27a.b(=35a).28b.35e.f.g.32.33[488]) anzunehmen ist[489].

5. Was die Vollkommenheitsforderung (Lk 6,36//Mt 5,48) betrifft, so folgt sie sowohl bei Mt als auch bei Lk der Forderung der Feindesliebe und den daran anschliessenden Logien, weshalb anzunehmen ist,

---

487) Vgl. dazu ZELLER, Mahnsprüche 103 (s. schon 38 mit Anm 198; 83 mit Anm 214), zustimmend HOFFMANN, Tradition 68 mit Anm 66; ähnlich HUEBNER, Gesetz 89f.92; anders: LUEHRMANN, Feinde 421, der die Voranstellung des Gebotes bei Mt auf den Formzwang der Antithese zurückführt.

488) Zur Textrekonstruktion im Einzelnen s.o. 3.1.1. und 3.1.4.

489) So auch HOFFMANN, Tradition 65.68.72; HUEBNER, Gesetz 92; MERKLEIN, Gottesherrschaft 223; SAUER, Erwägungen 10; SCHULZ, Q 120; ZELLER, Mahnsprüche 101f. Auch SCHUERMANN, LkI 348.357f erkennt richtig, dass Lk 6,29-31 sekundär eingefügt ist, nimmt aber an, dass Mt hier (unter dem Einfluss einer älteren Traditionsvariante?) einen ursprünglicheren Zustand wiederhergestellt hat, was unwahrscheinlich ist (vgl. dazu MERKLEIN, Gottesherrschaft 223 "Unter diesen Umständen dürfte es aber überhaupt wahrscheinlicher sein, dass Lk V. 29-31 eine Einfügung der lk Redaktion darstellt"). Anders LUEHRMANN, Feinde 421f, der die lk Reihenfolge als ursprünglicher ansieht.

dass Mt ihre ursprüngliche Stellung beibehalten hat und sie in Q auf Lk 6,33//Mt 5,47 folgte[490].

6. Hält man an der Schlussstellung von Lk 6,36//Mt 5,48 auch für Q fest (s.o. 3.), ergibt sich für den zweiten Teil der Komposition folgende Akoluthie: Lk 6,27a.b(=35a).28b.35e.f.32-33.36//Mt 5,44-45.46-47.48[491].

7. Die Stellung der Goldenen Regel im MtEv (7,12) ist red[492]. Da sie aber auch bei Mt im Kontext der programmatischen Rede (bzw. der Bergpredigt) steht und inhaltlich gut an Mt 5,42//Lk 6,30 anschliesst[493], wird sie schon in Q in diesem Zusammenhang gestanden haben, so dass in Q 6,29f.31//Mt 5,39c-42;7,12[494] zusammengehörten[495].

8. Zu klären bleibt noch die Frage, ob die Komposition Lk 6,27-36 in Q - ähnlich wie im LkEv - durch das Gebot der Feindesliebe gerahmt

---

490) So auch HUEBNER, Gesetz 92; MERKLEIN, Gottesherrschaft 222-225.228f; SAUER, Erwägungen 10; SCHULZ, Q 120. ZELLER, Mahnsprüche 110(f) begründet diese Annahme auch formal: Die rhetorischen Fragen Lk 6,32f// Mt 5,46f "(riefen) nach einem abschliessenden Imperativ".
Anders urteilen SCHUERMANN und LUEHRMANN, die an der Lk-Akoluthie festhalten und Lk 6,36//Mt 5,48 schon dem nächsten Abschnitt zuordnen oder als Uebergangswendung beurteilen (s.o. 2.2.3.(2.b) mit A 197. 199). HOFFMANN, Tradition 69f.72 spricht von der Abfolge Lk 6,35.36 als einer "wenig glücklichen Doppelung" (69) und meint, Lk 6,36 schliesse "sehr gut an die Spruchgruppe V.30f an" (70), weshalb er Lk 6,30.31.36//Mt 5,42;7,12;5,48 als Untereinheit der Q-Komposition ansieht. Nun ist sein Hinweis auf die ursprüngliche Eigenständigkeit von Lk 6,36 (aaO 57 mit ZELLER, Mahnsprüche 110f) zweifellos berechtigt, doch rechtfertigt dies keineswegs eine Kontextualisierung des Logions, die weder bei Mt noch bei Lk Anhalt hat.

491) So auch MERKLEIN, Gottesherrschaft 222f; SCHULZ, Q 120; ZELLER, Mahnsprüche 101-103.110f (vgl. Ders., Kommentar 30). Diese Spruchfolge rekonstruiert ähnlich auch SAUER, Erwägungen 10, der sie allerdings Lk 6,29-31 voranstellt (so auch STRECKER, Bergpredigt 90).

492) Vgl. LUZ, MtI 387; SCHUERMANN, LkI 350f; LUEHRMANN, Feinde 319; SCHULZ, Q 121; STRECKER, Bergpredigt 156; ZELLER, Mahnsprüche 118

493) Vgl. bes. SCHUERMANN, LkI 350f; HOFFMANN, Tradition 69. Beide Autoren halten fest, dass Lk 6,31 zudem besser an die Q-Fassung von Mt 5,42// Lk 6,30 (s.o. 3.1.2.(5.)) anschliesst, als an die Lk-Fassung.

494) Zum Q-Wortlaut im einzelnen s.o. 3.1.2. und 3.1.3.

495) So neben den A 493 genannten auch LUEHRMANN, Feinde 419; SAUER, Erwägungen 10; SCHENK, Synopse 27f; SCHULZ, Q 121; STRECKER, Bergpredigt 156; ZELLER, Mahnsprüche 118

war[496]. Beobachtet man den hohen Anteil der LkRed an der Gestaltung von Lk 6,27-36 insgesamt, besonders aber an der Gestaltung des Schlussteils 6,32-34.35[497], wird man die Frage wohl negativ zu beantworten haben: Lk 6,35a ist zwar - vom einleitenden, auf die LkRed zurückgehenden plēn[498] abgesehen - eine wörtliche Wiederholung von 6,27b//Mt 5,44b, der Sache nach aber handelt es sich um das Gegenstück zu Lk 6,32, wie auch 6,35b und 6,35c red Gegenstücke zu 6,33 und 6,34 darstellen[499], so dass die Rückführung der Wiederaufnahme des Gebots der Feindesliebe auf die LkRed angemessen scheint[500].

9. Somit ergibt sich folgende, der mt Stoffanordnung entsprechende Q-Akoluthie: Lk 6,29f.31.27a.b.28b.35e.f.g.32-33.36//Mt 5,39c-42;7,12;5,44-45.46-47.48[501].
Dieses Urteil ist doppelt abzusichern: Zum einen im Blick auf den übergreifenden Kontext der programmatischen Rede in Q, zum andern im Blick auf die Eingriffe der LkRed. Diesem Ziel sind die abschliessenden zwei Abschnitte gewidmet.

10. V.a. LUEHRMANN hat auf die Bezüge der Forderung der Feindesliebe zu den Seligpreisungen aufmerksam gemacht und daraus geschlossen, dass diese in Q direkt auf die Seligpreisungen folgte[502]. HOFFMANN hat dazu allerdings mit Recht festgestellt, dass die meisten von LUEHRMANN ausgemachten sprachlichen Bezüge erst auf der Ebene der Red gegeben sind und "keine sicheren Rückschlüsse auf die Q-Komposition gestatten". "Es bleibt also bei einer allgemeinen thematischen Korrespondenz zwischen der letzten Seligpreisung und den folgenden

---

496) So v.a. SCHUERMANN, LkI bes. 345f.357f; CATCHPOLE, Jesus 303-309; HUEBNER, Gesetz 89-93; LUEHRMANN, Feinde 420f
497) Im einzelnen s.o. 3.1.
498) Zu plēn s.o. I.3.1.2.1.(2.) mit A 218
499) Vgl. HOFFMANN, Tradition 53.68f; Lk 6,35b.c wird auch von LUEHRMANN, Feinde 420 auf die LkRed zurückgeführt, obwohl er die Lk-Akoluthie für ursprünglicher hält. Zum red Charakter s. auch MERKLEIN, Gottesherrschaft 227; SCHULZ, Q 130f
500) So auch HOFFMANN, Tradition 68f; MERKLEIN, Gottesherrschaft 227; SAUER, Erwägungen 7f; SCHENK, Synopse 28f; SCHULZ, Q 131; STRECKER, Bergpredigt 90; ZELLER, Mahnsprüche 101f
501) So auch die A 491 genannten
502) LUEHRMANN, Feinde 414-416.422; vgl. SCHUERMANN, LkI 346

Sprüchen, die auch dann gegeben wäre, wenn in Q die Reihe mit den Sprüchen vom Rechtsverzicht begonnen hätte."[503]

Die Relation zum Ganzen der programmatischen Rede zwingt also nicht zur Annahme, dass in Q die Forderung der Feindesliebe unmittelbar an die Seligpreisungen anschloss.

11. Die mehrfach belegte Tatsache, dass Lk der Akoluthie von Q in der Regel treuer folgt als Mt[504], legt die Frage nahe, warum Lk hier so stark in die Stoffanordnung von Q eingreift, bzw. inwiefern sich die lk Eingriffe redaktionskritisch begründen lassen. Von den Eingriffen in den Q-Wortlaut abgesehen[505] sind zwei Aenderungen in der Stoffabfolge zu konstatieren: Lk 6,29-31 (//Mt 5,39c-42;7,12) und 6,27f (//Mt 5,44) erscheinen umgestellt, womit die Sprüche vom Rechtsverzicht dem Gedanken der Feindesliebe untergeordnet werden, und 6, 35e.f.g (//Mt 5,45) wird nach 6,27f (//Mt 5,44b.c) übergangen und an 6,32-34.35a-c angefügt. Dazu kommt, dass Lk auch 6,37f dem Abschnitt 6,27-36 zuordnet[506].

Ohne die Absicht der LkRed bei der Gestaltung von 6,27-38 eingehend untersuchen zu wollen[507], möchte ich auf zwei Aspekte hinweisen, welche die Annahme tiefgreifender lk Eingriffe in die Q-Komposition im vorliegenden Abschnitt rechtfertigen, um abschliessend auf eine verbleibende Schwierigkeit hinzuweisen:

a) Das lk Interesse gilt in Lk 6,27-38 (wie auch in 10,25-37) der "Interpretation des agapate im Sinne eines wohltätigen Verhaltens"[508]. Da diese Interpretation von Lk 6,27-38 zwar einen Anhaltspunkt in der Q-Trad hat (6,30), deren Intention aber insgesamt keineswegs entspricht, ist Lk zu starken red Eingriffen gezwungen, sowohl was den Wortlaut als auch was die Anordnung des Stoffes betrifft[509].

---

503) HOFFMANN, Tradition 67f. Was allerdings die Entsprechung von Mt 5, 11//Lk 6,22a und Mt 5,44//Lk 6,27 bezüglich des Verbums misein (bzw. diokein) betrifft, bin ich anderer Auffassung als HOFFMANN (s.o. 3.1.1.(1.) mit A 205).

504) S.o. Einl. 4.(3.) mit A 76

505) Dazu s.o. 3.1.

506) Vgl. HOFFMANN, Tradition 98; HORN, Glaube 103

507) Vgl. den grundlegenden Aufsatz von VAN UNNIK, Motivierung, aber auch HOFFMANN, Tradition 93-103; HORN, Glaube 97-107

508) HORN, Glaube 97

509) Die lk Umgestaltung von Lk 6,27-36//Mt 5,38-48 ist nicht nur deshalb auffällig, weil Lk hier entgegen seiner Gewohnheit Stoff umstellt,

b) Lk hat in 6,27-36 ein besonderes Interesse daran, den Gegensatz der Forderung der Feindesliebe (sowie ihrer Aktualisierung im Blick auf die Wohltätigkeit) zur hellenistischen Gegenseitigkeitsethik herauszuarbeiten[510]. Deshalb löst er die rhetorischen Fragen 6,32f (//Mt 5,46f) aus ihrem Begründungszusammenhang und baut sie zu einem eigenständigen Abschnitt (6,32-35) aus.

c) Für die Umstellung von Lk 6,29f.31 (//Mt 5,39c-42;7,12) und 6,27f (//Mt 5,44f) lässt sich kein eindeutiges red Motiv erkennen. Die Erklärung von SCHULZ "Lukas scheint hier bewusst einen grösseren zusammenhängenden Abschnitt gestalten zu wollen und das Gebot der Feindesliebe als eine Art Ueberschrift vor diesen ganzen Abschnitt zu stellen"[511], ist zwar nicht unmöglich, doch müsste besser begründet werden können, weshalb Lk hier anders verfährt als in weiten Teilen des Ev, wo er die Q-Akoluthie beibehält.

Genügen die Hinweise auf das besondere Interesse des Lk an der Verschränkung der Feindesliebe mit der Wohltätigkeitsthematik und auf den Rückbezug des Gebotes der Feindesliebe auf die letzte Seligpreisung[512]? Hier wird die Schwachstelle des vorliegenden Rekonstruktionsversuchs der Q-Akoluthie und damit auch die Unmöglichkeit einer restlosen Aufklärung der Frage sichtbar, da sich auch zeigen liesse, wo andere Lösungsversuche ihre Schwächen haben[513].

3.3. Zusammenfassung: Der rekonstruierte Q-Text

In den vorangehenden Abschnitten war immer wieder von den Schwierigkeiten die Rede, welche eine Q-Rekonstruktion von Lk 6,27-36//Mt

---

sondern auch, weil er sehr stark in den Wortlaut eingreift und den Text mehrfach erweitert.

510) Vgl. HOFFMANN, Tradition 95-97; HORN, Glaube 99f; VAN UNNIK, Motivierung passim

511) SCHULZ, Q 121; vgl. schon BULTMANN, Geschichte 100. Kritisch: HORN, Glaube 98

512) Vgl. HOFFMANN, Tradition 70f. Auch HORN, Glaube 104 weist darauf hin, dass die (s.E. vorlk) Integration von 6,29f in den Zusammenhang mit der Feindesliebe dem Evangelisten "entgegen(kommt)".

513) Möglicherweise erfolgte die Stoffumstellung auf der Stufe von QLk (vgl. HORN, Glaube 104), so dass die Erweiterung von Lk 6,27b.28b um 27c.28a auf vier Glieder mit der vierfachen Exemplifizierung in Lk 6, 29f.31//Mt 5,39b-42;7,12 zusammenhängen würde. Da sich aber keine eindeutigen Bezüge erkennen lassen, verzichte ich auf diese Hypothese, die nur eine Rückverlegung der Problematik auf eine frühere Redaktionsstufe bringt.

5,38-48 bereitet. Wenn nun zusammenfassend der vorgängig rekonstruierte Q-Text wiedergegeben wird, kann dies nicht ohne Hinweis darauf geschehen, dass das Gesamtergebnis nicht gesicherter ist als die Teilergebnisse (Text s. nächste Seite).

4. Feindesliebe als Erweis der Gotteskindschaft - Zur Auslegung von Lk 6,27-36//Mt 5,38-48

Angesichts der Fülle von Problemen, welche die Interpretation der zur Diskussion stehenden Forderung der Feindesliebe und der sie umgebenden sachverwandten Logien aufgibt, drängt sich eine Konzentration der Fragestellung auf: Zum einen ist das Augenmerk vor allem auf jene Interpretationsprobleme zu richten, die für die Erhebung des Toraverständnisses der Texte von Bedeutung sind, und zum anderen ist der Frage besondere Beachtung zu schenken, ob sich diesbezüglich im Prozess der Rezeption der Worte Jesu im Q-Kreis etwas geändert hat.
Dazu sind Ueberlegungen zur Wachstums- und Kompositionsgeschichte von Lk 6,27-36, aber auch von Lk 6,20-49 insgesamt, unumgänglich. Obwohl diesbezügliche Entscheidungen nicht ganz unabhängig von interpretatorischen Fragen möglich sind, ist es sinnvoll, diese traditionsgeschichtlichen Fragen vorab zu behandeln (4.1.). In einem zweiten Schritt ist dann zur eigentlichen Auslegung der Texte innerhalb ihres jeweiligen Kontextes und vor dem Hintergrund der Kommunikationssituation[514], in der sie stehen, überzugehen (4.2.).

4.1. Zur Kompositionsgeschichte des Feindesliebe-Komplexes im Kontext der programmatischen Rede

1. Im Sinn einer grundsätzlichen Vorüberlegung ist festzuhalten, dass sowohl bezüglich der Untereinheiten von Lk 6,27-36, als auch bezüglich der ganzen in der programmatischen Rede gesammelten Materialien die Auffassung weit verbreitet ist, dass sie sich zu einem grossen Teil auf den irdischen Jesus zurückführen lassen, aber dass ihre Sammlung und Anordnung nicht jesuanischen Ursprungs sind.

---

514) Zur Differenzierung zwischen "Kontext" und "Kommunikationssituation" s.o. I.4. (Einleitung) mit A 275

Q-Rekonstruktion von Lk 6,27-36//Mt 5,38-48

Lk	Mt	
6,29a//	5,39c	οστισ σε ραπιζει εισ την σιαγονα,
b	d	στρεψον αυτω και την αλλην·
c	40a	και τω θελοντι σοι κριθηναι και τον χιτωνα σου λαβειν,
d	b	αφεσ αυτω και το ιματιον.
	41a	και οστισ σε αγγαρευσει μιλιον εν,
	b	υπαγε μετ' αυτου δυο.
30a	42a	τω αιτουντι σε δοσ,
b	b	και τον θελοντα απο σου δανισασθαι μη αποστραφησ.
31	7,12	ωσπερ θελετε ινα ποιωσιν υμιν οι ανθρωποι,
		ουτοσ και υμεισ ποιειτε αυτοισ.

Lk	Mt	
6,27a//	5,44a	λεγω υμιν·
b	b	αγαπατε τουσ εχθρουσ υμων,
28b	c	[και] προσευχεσθε υπερ των μισουντων υμασ,
35e	45a	οπωσ γενησθε υιοι του πατροσ υμων,
f	b	οτι τον ηλιον αυτου ανατελλει επι πονηρουσ και αγαθουσ
g	c	και βρεχει επι δικαιουσ και αδικουσ.
32a	46a	ει γαρ αγαπατε τουσ αγαπωντασ υμασ,
b	b	τινα μισθον εχετε;
c	c	ουχι και οι τελωναι το αυτο ποιουσιν;
33a	47a	και εαν ασπασησθε τουσ αδελφουσ υμων,
b	b	τι περισσον ποιειτε;
c	c	ουχι γαρ οι αμαρτωλοι το αυτο ποιουσιν.
36	48	γινεσθε οικτιρμονεσ
		ωσ και ο πατηρ υμων οικτιρμων εστιν.

Zumal wir uns "kaum mehr ein Bild davon machen (können), wie eine konkrete Predigt Jesu ausgesehen hat"[515], ist die Skepsis bezüglich der Rückführbarkeit der programmatischen Rede (als Korpus) auf den

515) MERKLEIN, Gottesherrschaft 214

irdischen Jesus zweifellos angebracht. Diese Skepsis verbietet es allerdings nicht, grundsätzliche Ueberlegungen zur Frage anzustellen, ob eine Logienkomposition, wie sie in der programmatischen Rede vorliegt, nicht auch in ihren "Grundstrukturen"[516] eine sachgemässe Rezeption der Verkündigung Jesu darstellt. Es ist ja nicht anzunehmen, dass die Predigt Jesu "nur aus einzelnen, unverbundenen Logien, Gleichnissen etc. bestanden hat"[517]. Diese für die Einordnung der Forderung der Feindesliebe in die Verkündigung Jesu recht interessante Fragestellung kann hier leider nicht weiter verfolgt werden[518].

2. Ausgangspunkt der traditionsgeschichtlichen Rückfrage ist die Gestalt der programmatischen Rede in Q, wie sie in den vorangehenden Abschnitten skizziert und (in Fall von Lk 6,27-36) rekonstruiert wurde[519]. Mit anderen[520] gehe ich davon aus, dass die programmatische Rede eine ältere Spruchsammlung darstellt, die bereits als Einheit in Q (bzw. in den Täuferkomplex Lk 3,1-7,35[521]) aufgenommen wurde. Das schliesst nicht aus, dass sie im Verlauf des Redaktionsprozesses von Q gewisse Erweiterungen und Veränderungen erfahren hat, berechtigt aber dazu, ihre Vorgeschichte relativ unabhängig von ihrer Kontextualisierung in Q zu behandeln.
Der Uebersicht halber sei der Umfang und Aufbau dieser programmatischen Rede in Q kurz dargestellt (s. nächste Seite):

3. Im Einzelnen wird die Vorgeschichte der programmatischen Rede und ihrer einzelnen Spruchreihen recht unterschiedlich beurteilt, was bestätigt, dass bei der Rekonstruktion der Frühstadien der Kompositionsgeschichte von Q-Komplexen grosse Unsicherheiten in Kauf zu nehmen sind[522]. Weithin anerkannt und überzeugend sind folgende Annahmen:

---

516) Zur Relevanz der Frage nach "Grundstrukturen" in der Verkündigung Jesu s. VENETZ, Grundstrukturen, bes. 614.640-642.648 Anm 84.
517) MERKLEIN, Gottesherrschaft 214
518) Vgl. jedoch die interessanten Ueberlegungen von LUEHRMANN, Frage 69f
519) S.o. 2.2. und 3.
520) S.o. A 95
521) S.o. 2.1.3.2.(3.)
522) Zur Problematik s.o. Einl. 4.(5.c). Die Unterschiede in der Beurteilung der Traditionsgeschichte hängen z.T. auch mit Divergenzen bezüglich der Rekonstruktion der Q-Fassung der programmatischen Rede zusammen.

Uebersicht über die programmatische Rede in Q

Lk 6,20-49	Mt 5-7	
6,20a	5,1f	Einleitung
6,20b-23	5,3-12	Makarismen
20b	3	Arme
21a	6	Hungernde
21b	4	Weinende
22-23	11-12	Verfolgte
6,27-36	5,38-48	Feindesliebe
29-30	39c-42	Widerstandsverzicht
31	7,12	Goldene Regel
27a.28b	5,44	Feindesliebe
35e.f.g	45	Gottessohnschaft
32-33	46-47	Nicht nur Gegenseitigkeit
36	48	Barmherzigkeitsforderung
6,37-45	7,1-20	Nicht richten
37a.38d	7,1.(2a?)2b	Nicht richten
39	15,14	Blinde Blindenführer
40	10,24	Schüler und Lehrer
41f	7,3-5	Splitter und Balken
43-45	7,16-20	Die Früchte
6,46-49	7,21-28	Vom Tun der Worte Jesu
46	21	Herr-Herr-Sager
47-49	24-27	Von den Hausbauern
7,1a	7,28a	Abschluss

a) Der Makarismus Lk 6,22f ist sekundär zu Lk 6,20b-21 hinzugekommen. Erst seine Anfügung an die Makarismenreihe ermöglichte die Verbindung mit dem Feindesliebe-Komplex.
b) Die singularisch formulierten Forderungen Lk 6,29f gehören nicht ursprünglich zur Forderung der Feindesliebe 6,27f (Plural), sondern wurden nachträglich mit ihr zusammengestellt[523].
c) Die Goldene Regel Lk 6,31 ist ursprünglich von 6,29f unabhängig.
d) Die Sprüche vom Nicht-Richten Lk 6,37f, vom blinden Blindenführer 6,39, vom Splitter und vom Balken 6,41f und vom Fruchtbringen 6,43-45 wurden ursprünglich isoliert überliefert.
e) Lk 6,46 und 6,47-49 bilden keine ursprüngliche Einheit[524].

4. Schwieriger ist die weitere traditionsgeschichtliche Dekomposition der kleinen Einheiten, aus der die programmatische Rede sich zusammensetzt. Während die diesbezüglichen Probleme innerhalb von Lk 6, 27-36 eingehend zu diskutieren sind (s.u. 5. und 6.), sollen sie für die übrigen Teile von Lk 6,20-49 nur knapp behandelt werden:
a) Die drei Makarismen Lk 6,20b.21a.b werden teils als ursprüngliche Einheit[525], teils als nachträgliche Komposition von Einzelworten[526] angesehen. Da "kein vernünftiger Grund" besteht, die Makarismen Jesus abzusprechen[527], ist die Frage nicht von zentraler Bedeutung, sondern trägt allenfalls etwas aus, wenn es darum geht, das Verhältnis der Seligpreisungen zu Jes 61,1f zu bestimmen[528].

---

523) SAUER, Erwägungen 15 begründet diese Differenzierung auch damit, dass "die singularischen Verse ... konkrete 'profane' Alltagssituationen zum Inhalt (haben), die pluralischen ... auf spezifisch religiös qualifizierte Erfahrungen von Feindschaft (Verfolgung!) (rekurrieren)."

524) Vgl. jetzt CATCHPOLE, Jesus 301f, der Lk 6,46 der QRed zuweist.

525) So z.B. LUZ, MtI 200f; SCHNEIDER, LkI 151f; SCHUERMANN, LkI 332; HOFFMANN/(EID), Jesus 32. 34; SATO, Q 298-300; SCHWEIZER, Formgeschichtliches zu den Seligpreisungen, in: Ders., Matthäus 69-77, 71 Anm 9; STENGER, Seligpreisung 54f

526) So z.B. SCHULZ, Q 78; unentschieden MERKLEIN, Gottesherrschaft 50f

527) MERKLEIN, Gottesherrschaft 50 mit vielen anderen

528) Auch hier gehen die Meinungen allerdings auseinander. FRANKEMOELLE, Makarismen 59-61 bestreitet einen Bezug der Q-Makarismen Lk 6,20b-21 zu Jes 61,1f. SCHUERMANN, Zeugnis 86 dagegen wertet gerade den eigenständigen Umgang der Makarismen mit Jes 61,1f als Hinweis auf ihre Herkunft von Jesus und anerkennt damit (wie die meisten) die Anknüpfung an die prophetische Trad (vgl. MERKLEIN, Gottesherrschaft 51 mit A 28).

b) Im Fall von Lk 6,37a.38d ist die Einheitlichkeit ebenfalls umstritten[529]. Die Tatsache, dass Lk 6,38d auch in Mk 4,24c (und in rabbinischen Texten[530]) eine Parallele hat, lässt den Schluss zu, dass der Spruch isoliert tradierbar war. Da Lk 6,37a viel zugespitzter formuliert und "keine wirklichen jüdischen Parallelen" hat[531], neige ich zur Annahme, dass es sich in 6,38d um eine sekundäre, erläuternde Zufügung handelt[532].

c) Die Hyperbel vom Splitter und vom Balken Lk 6,41f ist traditionsgeschichtlich kaum weiter dekomponierbar[533]. Die Annahme, dass sie "nicht auf eigenen Füssen steht" und deshalb als Erweiterung von Lk 6,37a.38d entstanden sein muss, lässt sich m.E. mit dem Hinweis darauf, dass "der Einsatz mit Fragen bei einem selbständigen Spruch ungewohnt ist"[534], nicht begründen. Von 6,37a.38d trennen 6,41f der Numeruswechsel und wahrscheinlich schon in Q[535], sicher im LkEv die Logien 6,39.40. Es ist - trotz der thematischen Nähe zu Lk 6,37a.38d - mit einem ursprünglich selbständigen Wort zu rechnen[536].

d) Lk 6,43-45 bildet keine ursprüngliche Einheit. WANKE versteht 6,45 mit gutem Grund als "Kommentarwort" zu 6,43f und scheidet auch 6,43-44a von 6,44b: "Beim ersten Spruch geht es um die Identität in der Qualität, beim zweiten Spruch geht es um die Identität in der Gattung". Möglicherweise ist auch 6,45b eine nachträgliche Erweiterung von 6,45a[537].

529) Für die Einheitlichkeit tritt ZELLER, Mahnsprüche 113f ein, während GNILKA, MtI 255; LUZ, MtI 376; SAND, Mt 144 und SCHULZ, Q 146 Lk 6,38d als sekundären Zuwachs ansehen; so auch SCHUERMANN, LkI 363, der allerdings auch Lk 6,37b.c.38a.b.c für Q reklamiert; SCHULZ ebd. möchte Mt 7,2a auf Q zurückführen; zur Problematik der Q-Rekonstruktion s.o. 2.2.2.(1.a).

530) Vgl. STRACK/BILLERBECK, KommentarI 444-446. ZELLER, Mahnsprüche 113 Anm 447 weist (mit FIEBIG) zusätzlich auf Mekh Ex 13,21 hin.

531) LUZ, MtI 379 Anm 24

532) Vgl. die A 529 genannten Vertreter dieser Auffassung; s. auch PESCH, MkI 252

533) Mit LUZ, MtI 376 gegen SCHWEIZER, Mt 107

534) So ZELLER, Mahnsprüche 114 (vgl. 117)

535) S.o. 2.2.2.(1.b)

536) So z.B. auch LUZ, MtI 376; SCHUERMANN, LkI 369f.372

537) WANKE, Kommentarworte 28f (Zitat 29); vgl. SCHUERMANN, LkI 376.377f

5. Die vier Mahnsprüche Lk 6,29a-b.c-d; Mt 5,41; Lk 6,30 bilden in Q eine sorgfältig gestaltete Einheit[538]. Dennoch gehe ich mit vielen anderen davon aus, dass Lk 6,30//Mt 5,42 eine sekundäre Ergänzung darstellt: "Entgegen dem Gesetz der finalen Steigerung wird V. 42 (=Lk 6,30) sehr wortkarg. Er bringt keine zugespitzten, relativ seltenen Fälle wie V. 39b.40 (=Lk 6,29a-b.c-d), sondern alltägliche Vorkommnisse, und er verlangt nicht, dem Unrecht um die Strecke des bereits Erlittenen entgegenzukommen, sondern einfach dem Bittenden und Leihenden gegenüber zu willfahren."[539]

Was die ersten drei Mahnungen betrifft, so fragt sich, ob sie eine ursprüngliche Einheit bilden oder sekundär zusammengefügt wurden[540]. Da sie alle die gleiche logische Struktur aufweisen, müsste in diesem Fall wohl angenommen werden, dass einem Grundwort Analogiebildungen zugefügt wurden, da es eher unwahrscheinlich ist, dass drei formal und inhaltlich so eng verwandte Logien unabhängig voneinander formuliert und erst nachträglich zusammengestellt wurden[541].

Zumindest im Fall der beiden Mahnungen in Lk 6,29 gibt es aber weder formale noch inhaltliche Gründe für eine traditionsgeschichtliche Differenzierung[542]; lediglich Mt 5,41 könnte eine aktualisierende Analogiebildung darstellen[543], zumal das geforderte Verhalten weniger originell und provokativ wirkt als in den in Lk 6,29 genannten Fällen. Sicherheit ist jedoch auch hier nicht zu gewinnen[544].

538) Zur Q-Rekonstruktion der Logien s.o. 3.1.2.; zur Struktur s. GNILKA, MtI 179

539) ZELLER, Mahnsprüche 55. So auch: GRUNDMANN, Mt 170; LUZ, MtI 292; SCHUERMANN, LkI 349; DIETZFELBINGER, Antithesen 43; HOFFMANN, Tradition 72; LUEHRMANN, Feinde 427; MERKLEIN, Gottesherrschaft 270; SAUER, Erwägungen 15. Auf die unterschiedliche Beurteilung der Q-Zugehörigkeit von Mt 5,41 ist hier nicht zurückzukommen, dazu s.o. 3.1.2. (4.)

540) So GRUNDMANN, Mt 170 ("Einzelsprüche"); SCHULZ, Q 123; für jene, die Mt 5,41 QMt oder SMt zuschreiben (s.o. 3.1.2.(4.)), stellt sich diese Frage nur bezüglich von Lk 6,29.

541) So SAUER, Erwägungen 27

542) Auch ZELLER, Mahnsprüche 59 rechnet mit dem "ursprünglichen Nebeneinander(s)" der beiden Mahnungen. Entsprechend auch MERKLEIN, Gottesherrschaft 270

543) Dazu s.o. 3.1.2.(4.) mit A 410

544) So rechnet z.B. LUZ, MtI 292 mit der Möglichkeit, dass Mt 5,41 auf Jesus zurückgeht.

6. Für die Rekonstruktion der Vorgeschichte von Lk 6,27a.b.28b.35e.f. g.32.33.36[545] sind drei Fragen von besonderem Interesse: Bilden 6,27b und 6,28b eine ursprüngliche Einheit? Lassen sich die Fragen 6,32f auf Jesus zurückführen? und: Welche Teile von Lk 6,35e.f.g.36 bilden die ursprüngliche Motivation der Forderung der Feindesliebe? Ihnen ist im folgenden nachzugehen:

a) LUEHRMANN nimmt an, dass Lk 6,27b ursprünglich isoliert war und erst nachträglich um 6,28b ergänzt wurde. Er begründet dies damit, dass die rhetorische Frage 6,33 dem Imperativ 6,28b nicht entspricht. "Als älteste Schicht lässt sich also das eingliedrige Gebot mit seiner Verheissung erkennen, sekundär sind ihm zunächst die Fragen und Antworten zugewachsen und dann die zweite Zeile des Gebots, die inhaltlich der letzten Seligpreisung verwandt ist."[546]
Tatsächlich entsprechen sich Lk 6,27b.28b und 6,32.33 nicht genau, was mit ein Argument für den sekundären Charakter der rhetorischen Fragen 6,32f ist. "Man darf daraus allerdings nicht folgern, die erste Fassung von V.44 (=Lk 6,27f) habe nur die Zeile 'Liebet eure Feinde' enthalten." In den jüdischen Vergleichstexten "ist neben der Schonung des Feindes sehr oft das Nicht-Fluchen (und auch das Gebet für den Feind) erwähnt"[547]. Ein weiterer Hinweis auf die Ursprünglichkeit der zweiteiligen Forderung Lk 6,27b.28b ist m.E. die Tatsache, dass auch Lk 6,35f zwei Illustrationen für die Schöpfergüte Gottes bringt und in 6,32.33 zwei (den Forderungen zwar nicht völlig entsprechende) rhetorische Fragen gestellt werden. Schliesslich ist darauf hinzuweisen, dass es nicht unproblematisch ist, jede formale oder inhaltliche Unebenheit traditionsgeschichtlich erklären zu wollen.

b) Die rhetorischen Fragen Lk 6,32.33 gelten vielfach als nachträgliche Erweiterung der jesuanischen Forderung der Feindesliebe. Dafür werden sowohl formale als auch inhaltliche Argumente angeführt: In

---

545) Zum Q-Wortlaut s.o. 3.1.1.;3.1.4.;3.1.5. Auch hier erschweren Unterschiede in der Rekonstruktion die Auseinandersetzung mit anderen Positionen. Auf diese Differenzen kann jedoch nur in wichtigen Fällen hingewiesen werden.

546) LUEHRMANN, Feinde 425-427 (Zitat 427); abwägend: BECKER, Feindesliebe 6; MERKLEIN, Gottesherrschaft 228. Auch HOFFMANN, Tradition 72 erwägt die Möglichkeit einer nachträglichen Erweiterung von Lk 6,27b um 6,28b.

547) ZELLER, Mahnsprüche 104

formaler Hinsicht stellen die Verse 6,32f eine unnötige Verdoppelung der bereits in 6,35e.f.g erfolgten Begründung der Forderung der Feindesliebe dar[548] und "wirken ... als sekundäre Paraphrase"[549]. Zudem unterbrechen sie den Gedankengang von 6,35.36[550]. Sachlich wird argumentiert, die Art, wie hier von "Zöllnern und Sündern" (bzw. "Heiden") die Rede sei, stehe in Spannung zur Forderung der Feindesliebe und lasse sich mit der sonstigen Verkündigung und Praxis Jesu nicht vereinbaren[551].

Dagegen haben HOFFMANN, PIPER und LUZ zu begründen versucht, dass Lk 6,32f sehr wohl auf Jesus zurückgeführt werden kann: "Jesus nimmt ... hier bewusst auf die gängigen Vorurteile seiner Zeitgenossen über Zöllner und Heiden Bezug und erreicht gerade so die von ihm beabsichtigte Provokation"[552].

HOFFMANN und LUZ gehen allerdings davon aus, dass die Fragen nicht ursprünglich mit der Forderung der Feindesliebe verbunden waren und sehen in ihnen nur thematisch verwandte Stoffe[553]. Letztere Annahme scheint allerdings nicht plausibel: Die rhetorischen Fragen sind "nur dann wirklich sinnvoll ..., wenn sie als Begründung für das Gebot der Feindesliebe verstanden werden" und können kaum selbständig tradiert worden sein[554]. Unter der Voraussetzung aber, dass die Fragen in 6,32f nur als zusätzliche Motivation der Forderung der Feindesliebe

---

548) ZELLER, aaO 103f

549) LUEHRMANN, Feinde 426

550) MERKLEIN, Gottesherrschaft 228; SCHULZ, Q 131f. In Q stehen die Fragen Lk 6,32f zwischen 6,35 und 6,36 (s.o. 3.2.).

551) So CATCHPOLE, Jesus 304; FIEDLER, Jesus 186; LUEHRMANN, Feinde 426; MERKLEIN, Gottesherrschaft 228; SAUER, Erwägungen 16; ZELLER, Mahnsprüche 104. SAUER, ebd. weist zudem darauf hin, dass das Lohnmotiv auch in der letzten Q-Seligpreisung begegnet und dort traditionsgeschichtlich ebenfalls sekundär ist.
Mit der sekundären Zufügung von Lk 6,32f rechnet auch STRECKER, Antithesen 66; Ders., Bergpredigt 94f; sie wird auch von DIETZFELBINGER, Antithesen 47 und HUEBNER, Gesetz 91 (s. aber 92f) erwogen. S. auch u. mit A 553.

552) HOFFMANN/(EID), Jesus 156(f); Ders., Eschatologie 131f; Ders., Gerechtigkeit 269f; Ders., Tradition 72f Anm 76; PIPER, Enemies 59f; LUZ, MtI 306f mit Anm 11; vgl. auch HUEBNER, Gesetz 92 Anm 236

553) Vgl. LUZ, MtI 306f; HOFFMANN/(EID), Jesus 156; vgl. auch SCHUERMANN, LkI 357f; anders: PIPER, Enemies 59

554) HUEBNER, Gesetz 92; so auch PIPER, Enemies 59 (der daraus allerdings auf die ursprüngliche Zugehörigkeit zum Feindesliebe-Komplex schliesst); ZELLER, Mahnsprüche 104

sinnvoll sind, ist es m.E. unumgänglich, sie aus formalen Gründen (s.o.) als sekundär anzusehen.

Zudem kann auch der Hinweis auf den "Verfremdungseffekt" der Fragen[555] die gegen ihre Herkunft von Jesus gerichteten Bedenken nicht zerstreuen: Anders als im Fall des barmherzigen Samariters in Lk 10, 30-37[556] oder des Zöllners in Lk 18,9-15 erscheinen die "Zöllner" und "Sünder" in Lk 6,32f "nicht als Vorbild, sondern als Beispiel durchschnittlichen Verhaltens. Gerade indem betont wird, dass dieses sich 'sogar' bei ihnen findet, verfestigt sich das diskriminierende Urteil"[557]. Weil die Fragen in Lk 6,32f (anders als Lk 10,30-37;18,9-15 oder auch Mk 2,17; Lk 15,3-7, dort zur Vorstellung des "Gerechten") völlig undialektisch "bei landläufigen Urteilen anknüpft", kommt es gar nicht zu einem echten "Verfremdungseffekt"[558].

c) Die Zugehörigkeit der Barmherzigkeitsforderung Lk 6,36 zum Feindesliebe-Komplex in Q ist zwar umstritten, kann aber hier vorausgesetzt werden[559]. Damit ist aber noch nichts über ihre ursprüngliche Zusammengehörigkeit mit 6,27b.28b.35e.f.g gesagt.

Dass Lk 6,36 auf der Jesus-Stufe an 6,35e.f.g anschloss, wird insbesondere von MERKLEIN (im Anschluss an SCHULZ) vertreten, der daraus weitreichende interpretatorische Schlüsse zieht. Zur Begründung verweist er auf den "engen Zusammenhang(s)" von 6,35e.f.g und 6,36, der "auch durch die ... Redestruktur bestätigt (wird), die V. 48 (=Lk 6,36) als integralen Teil der gesamten Rede ausweist"[560].

M.E. ist diese Argumentation nicht durchschlagend: Der Verweis auf die "Redestruktur" kommt einer petitio principii gleich und der Hinweis auf den "engen Zusammenhang" ist angesichts der Tatsache, dass Lk 6,36 ohne weiteres als Einzelwort tradierbar ist und die Forderung der Feindesliebe "nicht genau wieder aufnimmt", wenig aussagekräftig[561].

---

555) Vgl. LUZ, MtI 307 Anm 11
556) Als Analogie herbeigezogen von HOFFMANN, Gerechtigkeit 270
557) ZELLER, Mahnsprüche 104
558) Gegen LUZ, MtI 307 Anm 11
559) Zur Problematik s.o. 2.2.3.(2.b)
560) MERKLEIN, Gottesherrschaft 228f (vgl. 231-237) mit SCHULZ, Q 120 Anm 191; s. auch PIPER, Enemies 63 mit Anm 169
561) ZELLER, Mahnsprüche 110f. Mit ursprünglich isolierter Ueberlieferung rechnen auch GNILKA, MtI 187; GRUNDMANN, Mt 179; SAUER, Erwägungen 15

MERKLEIN scheint als Alternative zur Annahme, 6,36 schliesse ursprünglich an 6,35e.f.g an, nur die besonders von SCHUERMANN behauptete Zusammengehörigkeit mit 6,37f zu sehen[562]. Unerwähnt bleibt bei ihm die Möglichkeit einer sekundären Anfügung der Barmherzigkeitsforderung, wie sie etwa von ZELLER vermutet wird: 6,36 sei vom Feindesliebe-Komplex "angezogen worden ..., als nämlich die rhetorischen Fragen V. 46f (=Lk 6,32f) hinzugekommen waren und nun ihrerseits nach einem abschliessenden Imperativ riefen"[563]. Letztere Variante scheint mir aufgrund der Isolierbarkeit von Lk 6,36, aber auch wegen des (im Gegensatz zu Lk 6,27b.28b) sehr allgemeinen Charakters der Forderung am wahrscheinlichsten zu sein. Hinzu kommt, dass sich die Herkunft der Barmherzigkeitsforderung von Jesus positiv nicht nachweisen lässt, da sie einem "jüdischen Grundsatz" entspricht[564]. Schliesslich spricht auch die Stellung der rhetorischen Fragen 6,32f zwischen 6,35e.f.g und 6,36 gegen die Annahme einer ursprünglichen Zugehörigkeit der Barmherzigkeitsforderung zum Feindesliebe-Komplex, da man sonst ihre Anfügung hinter 6,35 erwarten würde.

Mit anderen[565] sehe ich nur Lk 6,35e.f.g, nicht aber 6,36 als ursprüngliche Motivation der Forderung der Feindesliebe an.

d) Noch einen Schritt weiter geht SAUER in der traditionsgeschichtlichen Dekomposition: Er hält (unter der Voraussetzung der Ursprünglichkeit aller vier Imperative in Lk 6,27f) auch den hoti-Satz 6,35f.g für sekundär, da er auffällig nachklappt und Paulus ihn noch nicht gekannt hat. Weiter nimmt er an, dass die Verheissung der Gottessohnschaft 6,35e nachträglich zwischen 6,27-28 und 6,35f.g eingeschoben wurde. Begründet wird letztere Annahme damit, dass das 6,35f.g

---

562) Dazu s.o. 2.2.3.(2.b)

563) ZELLER, Mahnsprüche 110; vgl. SAUER, Erwägungen 15. Entsprechend schon BULTMANN, Geschichte 92

564) LUZ, MtI 307. S. die Parallelen in TPsJ zu Lev 22,28; Arist 208; weiteres Material enthält STRACK/BILLERBECK, KommentarI 372f; NISSEN, Gott 69-76.275f. Auf Jesus lässt sich das Wort nur als "Zitat eines jüdischen Satzes" (JEREMIAS, TheologieI 205 Anm 39; zustimmend ZELLER, Mahnsprüche 112f Anm 442) zurückführen.

565) Vgl. LUZ, MtI 306; BECKER, Feindesliebe 6; BRAUN, RadikalismusII 91f Anm 2 (vgl. aaO 43 Anm 1); FIEDLER, Jesus 187; HOFFMANN/(EID), Jesus 151 (vgl. Ders., Tradition 72); HUBER, Feindschaft 131; LUEHRMANN, Feinde 427; REUTER, Feinde 166; WEDER. Rede 138; ZELLER, Mahnsprüche 103f

einleitende hoti, "welches als ursprünglich Mt 5,44b par Lk 6,28b und Mt 5,45b par Lk 6,35d (=6,35f.g, D.K.) verbindende Partikel eine sinnvolle Funktion erfüllte, an seinem jetzigen Ort ... unpassend zu stehen kommt"[566]. Wenn aber davon auszugehen ist, dass Q nur die beiden Imperative Lk 6,27b.28b enthielt und 6,27c.28a durch QLk eingebracht wurde[567], verändert sich die Ausgangslage für die Beurteilung des hoti-Satzes 6,35f.g, da er dann nicht mehr nur als "Anhängsel" wirkt und auch das traditionsgeschichtliche Verhältnis zwischen der synopt Forderung der Feindesliebe und ihrer paulinischen Entsprechung neu zu beurteilen ist, so dass kein Grund mehr besteht, 6,35f.g nicht zum ursprünglichen Bestand der Feindesliebe-Forderung zu zählen. Was die Stellung des hoti-Satzes 6,35f.g hinter 6,35e betrifft, so ist sie keineswegs "unpassend", hat doch die Zusage der Gottessohnschaft an jene, welche ihre Feinde lieben, ihren Grund gerade darin, dass sie sich damit so wie ihr Vater verhalten[568]. Eine traditionsgeschichtliche Differenzierung erübrigt sich folglich.

7. Es ist schwierig, zu begründeten Annahmen zur Korrelation der einzelnen Kommentierungs- und Kompositionsvorgänge zu gelangen, und so eine eigentliche Entstehungsgeschichte der programmatischen Rede zu rekonstruieren.
Zu dieser Schwierigkeit tragen nicht zuletzt die undurchsichtigen Verhältnisse im hinteren Teil der programmatischen Rede, insbesondere in Lk 6,37-45 bei[569], wo der Sinn der Stoffanordnung unklar ist[570].

---

566) SAUER, Erwägungen 16; vgl. auch LUZ, MtI 309 mit Anm 30: "Unsicher ist, ob V 45 (=Lk 6,35e.f.g) schon bei Jesus mit der Feindesliebe verbunden war." Auch CATCHPOLE, Jesus 305 beurteilt Lk 6,35f.g als sekundäre Zufügung.

567) Dazu s.o. 3.1.1.(3.)

568) Das gilt unabhängig von der Frage, ob die Zusage der Gottessohnschaft in Lk 6,35e eschatologisch oder präsentisch zu deuten ist; dazu s.u. 4.2.1.2.(1.).

569) Vgl. LAMBRECHT, Ich aber 199: "Die gedankliche Einheit der Verse 37-45 ist weniger streng als die der Vere 27-36." Zur Problematik s. schon o. 2.2.3.(2.)

570) Die Annahme SCHUERMANNs, Lk 6,39-45 stelle eine frühe, antipharisäische Spruchkette dar, ist zwar von manchen Autoren positiv aufgenommen worden (s.o. 2.2.2.(1.b) mit A 183), doch sie scheint mir v.a. aus zwei Gründen nicht überzeugend. Erstens lässt sich kaum behaup-

a) Ausgangspunkt der Ueberlegungen muss die Beobachtung sein, dass erst die Erweiterung von Lk 6,20f um 6,22f die Anfügung des Feindesliebe-Komplexes an die Seligpreisungen ermöglichte[571]. Da das Abschlussgleichnis der programmatischen Rede 6,47-49 und auch schon das Logion 6,46 auf die radikalen Forderungen Jesu zurückblicken und in ihrem christologischen Anspruch gleichzeitig 6,22f ("wegen des Menschensohnes") nahestehen, kann vermutet werden, dass die Kompostion der programmatischen Rede in ihrem Grundbestand (Makarismen - Forderungen - Schlussteil) gleichzeitig mit der Anfügung von 6,22f an 6, 20f erfolgte[572].

b) Die Erweiterungen von Lk 6,29a-b.c-d; Mt 5,41(?) um 6,30 und von 6,27(a)b.28b.35e.f.g um 6,32f stellen Konkretisierungen der Forderungen Jesu dar, die - anders als 6,22f[573] - noch keine eigentliche Bedrohungs- und Konfliktsituation voraussetzen und deshalb älter als die (erst durch 6,22f ermöglichte) Zusammenstellung der Forderung der Feindesliebe mit den Makarismen sein dürften.

c) Gemeinsam ist diesen Erweiterungen, sowie der Goldenen Regel Lk 6,31 und der Barmherzigkeitsforderung 6,36 aber auch, dass sie hinter der Radikalität der jesuanischen Forderungen zurückbleiben und diese in den Horizont gängiger jüdischer Ethik stellen. Es darf deshalb ver-

---

ten, dass "die Zäsur vor VV 39f schon der Vorlage (sc. Q) eigen gewesen" ist (SCHUERMANN, LkI 367), da 6,39a für Q kaum reklamiert werden kann (s.o. A 185.186) und 6,37f und 6,41f sich sachlich so nahe stehen, dass sie nicht zwei verschiedenen Einheiten zugeordnet werden können. Zweitens richtet sich 6,41f (Anrede in der 2. Pers. Sg.; adelphos) kaum "ad extra", sondern an die seit 6,20a angeredeten Jünger (zur Einleitung der programmatischen Rede in Q s.o. 2.1.3.1.).

571) S.o. (3.a)

572) Dabei ist denkbar, dass Lk 6,23c (Hinweis auf das Propheten-Geschick) erst sekundär hinzukam, da dieser Versteil nachklappt und mit seiner Anspielung an die dtr Sicht des Prophetenschicksals der QRed nahesteht (vgl. SATO, Q 302).

573) SCHULZ, Q 455 bestreitet zwar, dass die Q-Fassung von Lk 6,22f eine Verfolgung voraussetzt, doch hängt das mit seiner nicht unproblematischen Zuweisung von misēo in 6,22 an die LkRed (s.o. A 207; anders: POLAG, Fragmenta 32) zusammen. Zudem sieht er zu wenig, dass oneidizein und eipein ponēron kath' hymōn zu den "Geschickverben" (STECK, Israel 25) gehören, mit denen sich die Vorstellung gewaltsamer Verfolgung verbindet. Dass schon in Q eine Verfolgungssituation vorausgesetzt ist, betont auch SATO, Q 303.

mutet werden, dass die Erweiterungen der Grundworte 6,29 (Mt 5,41?) und 6,27(a)b.28b.35e.f.g auf derselben Stufe erfolgten[574].

d) Wie die skizzierte Wachstums- und Kompositionsgeschichte der Spruchgruppe Lk 6,27-36, die wohl schon als solche in die programmatische Rede integriert wurde, sich zur Vorgeschichte von 6,37-45 verhält, ist schwer auszumachen: 6,37a.38d und 6,41f haben eher innergemeindliche Probleme im Blick[575], passen aber der Sache nach und in ihrer Radikalität gut zum Feindesliebe-Komplex. 6,39.40 wirkt als sekundärer Einschub zwischen 6,37f und 6,41f, dessen Funktion unklar ist[576]. Ueber den Zeitpunkt seiner Einfügung lässt sich kaum etwas sagen. Auch 6,43-45 fügt sich dem Duktus der programmatischen Rede nur schwer ein[577]. Da das Bild vom Baum, der Frucht bringen soll, in Q auch in der Gerichtspredigt des Täufers (3,8f) eine Rolle spielt, könnte vermutet werden, Lk 6,43-45 sei erst im Zug der Integration von 6,20-49 in den Johannes-Komplex (Lk 3,1-7,28, bzw. 7,35) eingebracht worden, doch ist der Rückbezug zu wenig klar, als dass hier Sicherheit erreichbar wäre.

e) Abschliessend ist festzuhalten, dass man sich wohl mit der Auskunft begnügen muss, dass die Spruchreihen 6,27-36 und 6,37-45 wahrscheinlich bei der Bildung der programmatischen Rede zusammengefügt und durch 6,20b-21.22f und 6,46.47-49 gerahmt wurden, auch wenn durchaus anzunehmen ist, dass einzelne Elemente erst bei der Aufnahme von 6,20-49 in den Täuferkomplex[578] oder im weiteren Redaktionsprozess von Q hinzukamen (vgl. 6,23c.39.40.43-45).

---

574) Es ist durchaus möglich, dass diese Vorgänge nicht völlig gleichzeitig verliefen, doch sehe ich keine Möglichkeiten, hier noch weiter zu differenzieren. Zu dieser Problematik s. auch SCHUERMANN, Zeugnis 78f, der in der Traditions- und Redaktionsgeschichte von Q zwar vier Kompositionsformen unterscheidet, praktisch aber "die 2. mit der 1. enger zusammenrücken" will und sie zusammen als "traditionsgeschichtliches Frühstadium" (in Abhebung von einem "stärker redigierenden Spätstadium") bezeichnet. S. auch Einl. 4.(5.c)

575) So auch ZELLER, Kommentar 33f; vgl. SATO, Q 41f und für Lk 6,37f auch SCHUERMANN, LkI 364

576) Vgl. SATO, Q 42; zum Problem der Q-Akoluthie s.o. 2.2.2.(1.b)

577) Vgl. dazu o. 2.2.3.(2.a)

578) Vgl. die Ueberlegungen o. 2.1.3.2.(3.) im Anschluss an SATO, Q 38-40

4.2. Zum Verständnis der Forderung der Feindesliebe

Da diese Untersuchung der Frage nachzugehen versucht, wie die hinter Q stehenden judenchristlichen Kreise die Verkündigung Jesu rezipiert haben und wie sie mit der Irritation umgegangen sind, die von seinen oft provokativen Aussprüchen ausging[579], versuche ich in der folgenden Interpretation, der Traditionsgeschichte der Feindesliebe-Forderung Rechnung zu tragen, die sich als Geschichte ihrer Kommentierung und ihrer Einordnung in immer umfassendere Stoffkomplexe erwiesen hat[580].

Die Auslegung bemüht sich deshalb, auf den verschiedenen Traditionsstufen den jeweiligen Kontext der Forderung der Feindesliebe daraufhin zu befragen, was er für Rückschlüsse auf ihr Verständnis (v.a. im Blick auf die Tora) und auf ihren Situationsbezug zulässt. Zur Verdeutlichung des Kommentierungs- und Kontextualisierungsprozesses, den unser Text durchgemacht hat, seien seine wichtigsten Etappen schematisch dargestellt (s. nächste Seite)[581]. Aus diesen Etappen ergibt sich auch die Gliederung des vorliegenden Abschnittes.

4.2.1. Jesu Forderung und ihre Motivation

Aufgrund der traditionsgeschichtlichen Analyse hat sich folgender Text als Grundbestand der Forderung der Feindesliebe erwiesen:

Lk 6,27a	(Ich sage euch,)
b	liebet eure Feinde
28b	(und) betet für jene, die euch hassen,
35e	auf dass ihr Söhne eures Vaters werdet,
f	denn er lässt seine Sonne aufgehen über Bösen und Guten
g	und lässt regnen über Gerechte und Ungerechte[582]

579) S. dazu die Einl.
580) S.o. 4.1.
581) Zur Begründung s.o. 4.1.
582) S.o. 4.1.(6.); ähnlich die in A 565 genannten Autoren (zu LUZ s. jedoch auch A 566).

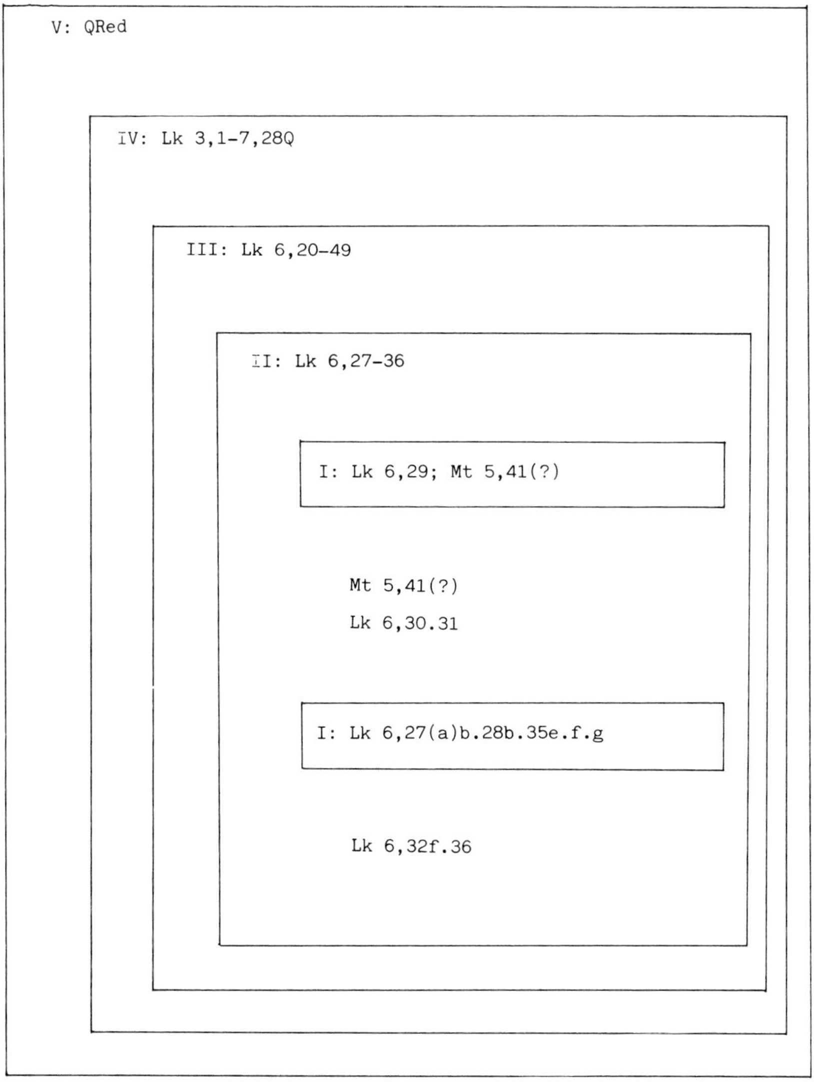
V: QRed
IV: Lk 3,1-7,28Q
III: Lk 6,20-49
II: Lk 6,27-36
I: Lk 6,29; Mt 5,41(?)
Mt 5,41(?)
Lk 6,30.31
I: Lk 6,27(a)b.28b.35e.f.g
Lk 6,32f.36

Aufgabe des vorliegenden Abschnittes ist es, die Intention dieses pluralisch formulierten weisheitlichen Mahnwortes mit Begründung[583] zu erheben, wobei dem Bezugsrahmen oder dem Hintergrund, vor dem es zu hören ist, besondere Aufmerksamkeit geschenkt werden soll. In unserem Zusammenhang interessiert insbesondere die Frage, ob und in welcher Art dieses Mahnwort auf die Tora, einzelne ihrer Forderungen oder ihre Auslegung Bezug nimmt.

4.2.1.1. "Liebet eure Feinde ..." (Lk 6,27b.28b//Mt 5,44b.c)

1. Die Forderung der Feindesliebe wird in der Literatur gelegentlich sehr direkt mit Lev 19,18b "Liebe deinen Nächsten wie dich selbst!" in Zusammenhang gebracht. So urteilt z.B. BECKER: "Kaum ein jüdisches Ohr hörte das Gebot: Liebet eure Feinde!, ohne an Lev 19,18, also an das alttestamentliche Gebot der Nächstenliebe zu denken"[584]. Und LUEHRMANN meint: "Worum es geht, ist die Radikalisierung dieses Gebots: der Bereich des 'Nächsten' wird endlos erweitert bis zum 'Feind'."[585]

a) Diese Interpretation käme dem Ansatz von SCHULZ sehr gelegen, der das Gesetzesverständnis der in Q tradierten Stoffe unter dem Titel "Die charismatisch-eschatologische Toraverschärfung" abhandelt[586] und auch unseren Text als Beleg dafür heranzieht[587].

b) Bei näherem Zusehen erweist es sich allerdings als keineswegs zwingend, Lk 6,27b primär vor dem Hintergrund von Lev 19,18b zu verstehen. Gegen einen allzu unmittelbaren Rückbezug auf das atl Gebot der Nächstenliebe sprechen schon die formalen Differenzen: Während in Lev 19,18LXX "das Futur der Gesetzesvorschrift den dafür typischen Prohibitiv fortsetzt, ... (steht) unser Wort im Imperativ 2. Pl." und kann deshalb "für sich betrachtet schwerlich den Gesetzesworten zugerechnet werden"[588]. Hinzu kommt, dass in Lk 6,27b "die

---

583) Zu dieser formkritischen Einordnung s. ZELLER, Mahnsprüche 101-110

584) BECKER, Feindesliebe 7; vgl. PIPER, Enemies 91f

585) LUEHRMANN, Feinde 426(437); s. auch BRAUN, RadikalismusII 91; ECKERT, Wesen 313; HOFFMANN, Eschatologie 131 (vgl. Ders./(EID), Jesus 153)

586) Dazu s. Einl. 5.(3.)

587) SCHULZ, Q 127-139; vgl. Ders., Ethik 44-50 (für Jesus)

588) ZELLER, Mahnsprüche 103 in Auseinandersetzung mit LUEHRMANN und SCHULZ

Ausweitung des Begriffs 'Nächster' auf den Feind ... nicht explizit vollzogen (wird)"[589].

c) Die mt Darbietung der Feindesliebe-Forderung in Form einer Antithese (Mt 5,43-48)[590] zeigt zwar, dass schon im Urchristentum ein Zusammenhang zwischen den Forderungen der Nächsten- und der Feindesliebe gesehen wurde, aber ursprünglich wird dieser Zusammenhang nicht thematisiert, und das Gebot Lk 6,27b erscheint weder als (verschärfende oder überbietende) Auslegung von Lev 19,18b, noch als Kritik daran. Es ist deshalb nicht sinnvoll, die Forderung der Feindesliebe in ihrer vermuteten Urgestalt von der mt Antithesenform her zu interpretieren[591].

Zur antithetischen Umformung der Feindesliebe-Forderung im MtEv ist zudem zu bemerken, dass sie nicht mit Lev 19,18b allein auskommt, sondern zum einen das "wie dich selbst" streicht und zum anderen das Gebot der Nächstenliebe um jenes des Feindeshasses erweitert. Sie lebt deshalb nicht bloss von der Erweiterung des Liebesgebotes vom Nächsten auf den Feind, sondern auch vom Gegensatz von Feindeshass und Feindesliebe. Die Tatsache, dass der Redaktor des MtEv Lev 19,18b "durch einen exegetischen Zusatz präzisieren (musste)"[592], um ein geeignetes Widerlager für Mt 5,44 zu erhalten, verliert allerdings ihre sachliche Relevanz, wenn sich die Zufügung des Feindeshasses als "die sachlich adäquate Interpretation des Gebots der Nächstenliebe" erweisen würde[593]. Das kai misēseis ton echthron sou in Mt 5,43c hätte dann bloss rhetorische Funktion und Lk 6,27b stünde dann tatsächlich im direkten Widerspruch zum Gebot der Nächstenliebe. Aber: Ist die Zufügung des Gebots des Feindeshasses tatsächlich "die sachlich

---

589) AaO 106. Zustimmend auch MERKLEIN, Gottesherrschaft 234. Kritik an der "Entschränkungstheorie" wird auch von anderer Seite laut, s. z.B. HUBER, Feindschaft 137-139; REUTER, Feinde 170-172; SCHOTTROFF/STEGEMANN, Jesus 83.

590) Dazu s.o. ExkursIV, bes. (2.)

591) SCHULZ, Q 119 schreibt zu Lk 16,18//Mt 5,32: "Das radikale Verbot der Ehescheidung dieses palästinensischen Enthusiasmus ist in gar keiner Weise von der matthäischen Antithesenform her zu interpretieren." Genau das aber tut er im Fall der Feindesliebe, wenn er sie von Lev 19, 18 her interpretiert.

592) LUZ, MtI 310

593) WEDER, Rede 140

adäquate Interpretation des Gebots der Nächstenliebe"? Dieser Frage ist im folgenden Exkurs nachzugehen.

Exkurs V: Schliesst das Gebot der Nächstenliebe die Feindesliebe aus?

1. Die bereits zitierte These, die Forderung des Feindeshasses sei "die sachlich adäquate Interpretation des Gebots der Nächstenliebe", stammt von WEDER[594]. Er erinnert zu ihrer Begründung zunächst daran, "dass das Gebot der Nächstenliebe sich nur auf die Volksgenossen bezog. ... Im Laufe der Zeit wurde dieses Gebot dann ausgeweitet auf die Fremdlinge, die im Land Gastrecht genossen. Dies wurde häufig noch präzisiert durch die Aussage, der Fremdling müsse ein Vollproselyt sein. ... Das bedeutet: das Gebot der Nächstenliebe wurde ausgedehnt auf jene Fremden, die bereit waren, Nächste zu werden. ... Auch in der Gemeinde von Qumran, wo der Begriff 'Nächster' häufig ist, wird er beschränkt auf die Gruppenmitglieder. Und hier findet sich das ausdrückliche Gebot, die Feinde als Feinde Gottes zu hassen (1QS 1,9f ...). Solche Stimmen kommen in der rabbinischen Theologie auch vor, wenn man auch sehen muss, dass sie nicht häufig sind." Diese Auslegungstradition wird von WEDER vorgeführt, "weil sich in ihr das Phänomen der Nächstenliebe unverkleidet zeigt: die Nächstenliebe trägt in sich selbst die Begrenzung der Liebe. ... Das Gebot stellt als solches die Frage nach den Grenzen der Liebe. Es läuft faktisch auf die begrenzte Liebe hinaus, und dann auch auf den Hass des Feindes, auch wenn dieser nicht ausdrücklich geboten ist."[595]

In einem weiteren Durchgang stellt WEDER fest, Jesu Gebot der Feindesliebe befinde sich "zu diesem Phänomen der begrenzten Liebe ... im Widerspruch". Zu den "vielen Parallelen" auf die man "in der exegetischen Literatur (hinzuweisen) pflegt"[596] meint er, sie stünden "in einem ganz anderen theologischen oder anthropologischen Kontext" oder wiesen "auf gewisse Dinge hin, die man dem Feind praktischerweise nicht antun solle". "Demge-

594) WEDER, Rede 140; zu seinem Verständnis der Antithesen im allgemeinen s.o. ExkursIV (12.)

595) AaO 140. Ebd. merkt er an, er wolle damit das jüdische Denken nicht desavouieren und aaO 141 stellt er fest, das Phänomen der begrenzten Liebe sei nicht auf das Judentum beschränkt, erscheine aber "auch ... im jüdischen Gesetzesverständnis".

596) AaO 141. Er verweist auf 1Sam 24,20; Spr 25,21(f); Schab 31a; Epict Ench 42; Diss III 22.54;20.9

genüber ist das Gebot der Feindesliebe, wie es bei Jesus erscheint, ganz von der Liebe aus gedacht. ... Von dem, was man gewöhnlich unter Liebe versteht, unterscheidet sie (sc. die Feindesliebe) sich qualitativ." ... Sie entdeckt "die Liebe selbst ..., die Liebe in ihrer Kreativität ... Im Licht der uneingeschränkten Liebe muss jede gesetzliche Regelung der Liebe eine Beschränkung darstellen, die faktisch darauf hinausläuft, die Welt in einen geliebten und einen gehassten Sektor einzuteilen. ... Feindesliebe ist dementsprechend die gänzliche Aufhebung der gesetzlichen Regelung der Liebe, ... sie ist die einzig wahre Liebe."[597]

2. WEDER ist mit seinem Verständnis des Gebotes der Nächstenliebe nicht allein. Es gründet letztlich in seiner Ueberzeugung, dass "das Gesetz am Grenzfall orientiert ist" und dass "angesichts des Gesetzes ... faktisch nach dem Erlaubten gefragt (wird), obwohl angesichts des Willens Gottes die Frage nach dem Gebotenen das einzig Sinnvolle wäre"[598].
Sprachlich weniger zugespitzt findet sich dieselbe Auffassung auch in der umfassenden und vielzitierten Untersuchung zu den jüdischen Voraussetzungen des Doppelgebotes der Liebe von NISSEN. Mehrfach betont er, dass das Liebesgebot im Judentum "nicht nur faktisch auf die Volksgenossen samt den ihnen eingegliederten Gerim beschränkt (ist), sondern ... es mit juridischer Notwendigkeit sein (muss), so dass innerhalb des von der atl. Offenbarung gesetzten Rahmens die Ausweitung dieses Gebotes auf alle Menschen nicht nur keinen Anhalt in diesem (sc. Lev 19,18) oder irgendeinem anderen Text hat, sondern von den Prämissen her unmöglich ist"[599]. Aufgrund dieser Prämissen[600] gibt es im Judentum keine Liebe zum Feind, auch nicht zum persönlichen, nicht sittlich-religiösen Feind; "sie ist nicht nur in den uns erhaltenen Quellen nicht belegt, sondern ist vom Ansatz her ausgeschlossen und muss ausgeschlossen sein, wenn nicht vom Ansatz her das Gesamtgefüge des jüdischen Ethos und damit der Offenbarung selbst ins Wanken geraten soll."[601]

---

597) AaO 143f. Vgl. auch die knappe Zusammenfassung in Ders., Hermeneutik 302, bes. den Satz: In der Feindesliebe "wird die Begrenztheit der Nächstenliebe entdeckt, es wird aufgedeckt, dass sie faktisch auf den Hass der Feinde hinausläuft."

598) AaO 153; vgl. Ders., Hermeneutik 296f

599) NISSEN, Gott 286; vgl. 287.293.302f

600) Zu diesen Prämissen s. aaO 45ff.64ff.82ff.259f und bes. 233

601) AaO 316

Zwar sei je nach den Umständen Langmut, Vergebungsbereitschaft, Barmherzigkeit, Anteilnahme, Freundlichkeit und selbst Güte geboten, aber "nach einem Gebot fragen, heisst nach seiner Grenze fragen, diene diese Frage nun der Ausweitung der ursprünglichen oder scheinbaren Grenze ...; oder diene diese Frage der Feststellung der Grenze ..."[602].

3. Es wäre schon angesichts der hermeneutischen Kompetenz von WEDER und der detaillierten Ausbreitung und Analyse der einschlägigen jüdischen Quellen durch NISSEN unsinnig, die eigene Auffassung im diametralen Gegensatz zu ihrer Position zu entwickeln, zumal "von jüdischer Seite immer wieder und oft mit Entschiedenheit betont worden (ist), dass es eine Feindesliebe im Judentum nicht gibt"[603]. Hinzu kommt, dass auch ein Autor wie ZELLER, der vor allem den positiven Ansätzen zu einer Feindesliebe-Forderung im Judentum nachspürt, zum Schluss kommt: "Dass 'Lieben' - und nicht nur Gutes Tun - mit 'Feind' als Objekt verbunden wird, ist gemessen an den Ansätzen der Weisheit ... auffällig und hat auch in den TestXII nur sachliche, keine exakten sprachlichen Analogien."[604] Dennoch ist es m.E. notwendig, die von WEDER und NISSEN sehr profiliert vorgetragenen These, die atl Forderung der Nächstenliebe schliesse eine Feindesliebe aus oder bedinge gar Feindeshass, kritisch zu hinterfragen.
Meine Anfragen betreffen zum einen das Toraverständnis im allgemeinen, zum anderen die Auslegung von Lev 19,18 und schliesslich die Rezeption der Nächstenliebe-Forderung im Judentum.

4. Dass wir es im atl Gebot der Nächstenliebe mit dem "Phänomen der begrenzten Liebe" zu tun haben, wird von WEDER (und von NISSEN) u.a. damit in Zusammenhang gebracht, dass "das Gesetz am Grenzfall orientiert ist", nach dem "Erlaubten", bzw. nach der "Grenze" statt nach dem "Gebotenen" fragt[605]. Hinter diesem Argument verbirgt sich m.E. ein problematisches

---

602) AaO 306(-308), vgl. 85-88
603) AaO 316
604) ZELLER, Mahnsprüche 106
605) S.o. mit A 598.602. Eine ähnliche Position vertreten auch CONZELMANN, Grundriss 22-24 und NOLL, Jesus 16-19

Toraverständnis, das faktisch zwar zweifellos existierte, aber nicht der Intention der atl und frühjüdischen Torafrömmigkeit entspricht.

a) Die Problematik der skizzierten Tora-Auffassung lässt sich m.E. gut an der bekannten Aufforderung erläutern, einen "Zaun um die Tora" zu errichten (Ab I,1). Dieser Aufforderung wurde durch das Aufstellen von gesetzlichen Zusatzbestimmungen entsprochen, "die als eine Art Vorfeld das biblische Gebot vor Uebertretungen abschirmen sollten"[606].

Die Intention dieses "Zaunes um die Tora" und der pharisäischen "Kasuistik" ist zweifellos die, den umfassenden Anspruch der Tora auf alle Lebensbereiche zu entsprechen[607]. Das gilt auch dann, wenn man der Auffassung ist, dass das Ziel der "Durchdringung des Alltags mit dem Willen Gottes"[608] auf diesem Weg nicht erreicht werden kann, und wenn die einzelnen Halachot oft erst nachträglich mit der Tora in Zusammenhang gebracht und so legitimiert wurden, während es sich ursprünglich um Regelungen handelte, die in ganz bestimmten Situationen nötig wurden[609]. Die Behauptung aber, dass damit nach der "Grenze" gefragt werde, setzt voraus, dass der "Zaun um die Tora" letztlich nicht um der Tora willen, sondern um der Lücken im Zaun willen errichtet wird. Das aber scheint mir eine Unterstellung zu sein.

b) Ganz grundsätzlich kann zudem auf die "Totalisierung des Gesetzes"[610] im Frühjudentum hingewiesen werden, wie sie sich in der Identifikation von Tora und Weisheit zeigt. Durch sie wird die Tora zum Movens der Weltgeschichte, zum kosmologischen Ordnungsprinzip, das den Menschen umfassend beansprucht. Diese Totalisierung lässt keinen Raum jenseits der Grenzen der Tora (bzw. des Zaunes um die Tora) offen und kann als "ontologische" Entsprechung zur "Kasuistik" gesehen werden[611].

---

606) THOMA, Pharisäismus 266; ebd. verweist er auch auf einen zweiten Sinn dieser Aufforderung: Die Abschirmung der heiligen Schriften gegen Verderbnisse und ihre Abgrenzung "gegen die anwachsende Flut apokalyptisch-pseudepigraphischer Literatur".

607) Vgl. (SMEND)/LUZ, Gesetz 53; HENGEL, Judentum 315; MUSSNER, Toraleben 37. Das wird auch von WEDER, Hermeneutik 298f wahrgenommen.

608) WEDER, Hermeneutik 298

609) Vgl. dazu MUELLER, Gesetz 12-21

610) Diese Formulierung verdanke ich einem Kurzreferat von C. THOMA (Luzern)

611) Vgl. HENGEL, Judentum 311, der von einem "'ontologischen' Toraverständnis" spricht; zur Relation zwischen "Toraontologie" und "Kasuistik" s. aaO 307-318.

5. Auf die Interpretation von Lev 19,18b w'hbt lr`k kmwk 'ni IHWH (kai agapēseis ton plēsion sou hōs seauton· egō eimi kyrios) kann hier nur kurz eingegangen werden[612].

a) Unbestreitbar ist, dass der Terminus r`, bzw. das Gebot, diesen zu lieben, "innerhalb der Programmschrift des Heiligkeitsgesetzes ... nur in der Beschränkung auf den Volksgenossen überhaupt sinnvoll (ist)"[613]. Immerhin ist der Begriff aber recht offen und allgemein; das unterscheidet ihn etwa von den parallelen Ausdrücken im unmittelbaren Kontext von Lev 19,18b "dein Bruder", "dein Volksgenosse", "die Söhne deines Volkes". Erst diese recht allgemeine Formulierung des Gebotes ermöglichte es, dass Lev 19,18b "zu einem ethischen Spitzensatz im Judentum, der christlichen Gemeinde und darüber hinaus" wurde[614].

b) MATHYS weist aufgrund seiner Kontext-Analyse von Lev 19,18b darauf hin, dass die Forderung ursprünglich Teil einer kleinen Einheit (Lev 19,17f) ist, die den "Umgang mit dem schuldig gewordenen Bruder" regelt[615].

In traditionsgeschichlicher Hinsicht hält er die Nächstenliebe-Forderung - in Uebereinstimmung mit anderen - für eine nachträgliche "positive Umkehrung vorangehender Verbote"[616], die aufgrund ihrer allgemeinen Formulierung als "ethischer Grundsatz" zu bezeichnen ist. "Das Liebesgebot gehört also zu einer Schicht der alttestamentlichen Ethik, die zu ethischen Spitzensätzen vorstösst. Es ist so allgemein formuliert, dass es ganz verschieden verstanden und ausgelegt werden kann."[617]

Ursprünglich aber bezieht sich das Liebesgebot "nur auf die übrigen Bestimmungen von V. 17f ..., mit ihnen zusammen gibt es Antwort auf die Frage, wie man sich dem Nächsten gegenüber, der einem etwas angetan hat, zu verhalten hat. Es ist ursprünglich also ein Gebot der Feindesliebe, und

---

612) S. dazu BERGER, GesetzesauslegungI 80-99; NISSEN, Gott 278-287 und die Monographie von MATHYS, Liebe (Lit!)

613) BERGER, GesetzesauslegungI 80(-91); vgl. MATHYS, Liebe 29-39; NISSEN, Gott 284-286

614) MATHYS, Liebe 39; zur Offenheit des Begriffs s. die Ausführungen von BERGER, MATHYS und NISSEN, aaO (A 613), aber auch KUEHLEWEIN, THATII 788f

615) MATHYS, Liebe 67

616) AaO 69(f); vgl. BERGER, GesetzesauslegungI 92f

617) AaO 70

erst wenn man es aus seinem Kontext löst, wird es zu einem allgemeinen Liebesgebot"[618].

c) Bei der Behandlung des sozialen Ortes der Forderung der Nächstenliebe weist MATHYS sie der "Binnenethik" der Juden zu, die v.a. in der Exilssituation an Bedeutung gewann: Wollte Israel überleben, musste es näher zusammenrücken. In dieser von internen Konflikten keineswegs freien Situation erweist es sich als unumgänglich, über Spannungen, die durch divergierende Einzel- oder Gruppeninteressen bedingt sind, hinwegzukommen und Schuld nicht ewig nachzutragen[619].

Gerade vor dem Hintergrund der Exilssituation, welche die ständige Begegnung mit Nicht-Volksgenossen mit sich bringt, wird deutlich, dass das Gebot, den r` zu lieben, nur begrenzte Reichweite hat, auch wenn seine "Grenze" unthematisiert bleibt, und die Frage, wie man sich jenen gegenüber zu verhalten habe, die nicht zu den "Nächsten" gehören, offen bleibt.

d) Anderseits muss festgehalten werden, dass das Gebot der Nächstenliebe - als Gebot, nicht als Feststellung - nur sinnvoll ist, wenn es etwas einfordert, das nicht selbstverständlich ist, d.h. wenn der Kreis jener, die zu lieben sind, weiter ist als der Kreis der Menschen, die man ohnehin schon liebt. So wohnt diesem Gebot eine Tendenz zur Ausweitung der Gemeinschaft über den Bereich der Familie, der Sippe oder des Stammes hinaus inne, hinein in Bereiche, wo es mit Eigeninteressen in Konflikt kommt. Angesichts dieser Beobachtung ist es m.E. fraglich, ob es berechtigt ist, einseitig die (nicht zu leugnende) Grenze dieses Gebotes zu betonen - ist es doch selbst auf "Grenzüberschreitung" aus.

6. Mit der Wirkungs- und Auslegungsgeschichte von Lev 19,18b, bzw. der atl-jüd Vorgeschichte der Forderung der Feindesliebe oder des Doppelgebotes der Liebe befassen sich mehrere neuere Arbeiten[620]. Die Problematik

618) AaO 81; in Auseinandersetzung mit NISSEN, Gott 281f, der diese Möglichkeit auch erwägt, aber zurückweist, weil es weder im übrigen AT noch im gesamten späteren Verständnis dieser Stelle einen Anhalt dafür gebe, dass hier "Nächstenliebe als Feindesliebe definier(t)" werde.

619) MATHYS, Liebe 124-128.131-134

620) Vgl. BERGER, GesetzesauslegungI 56-257; NISSEN, Gott bes. 278-329; PIPER, Enemies 19-49; SCHNEIDER, Neuheit; WISCHMEYER, Gebot bes. 162-168; ZELLER, Mahnsprüche 104-109 (vgl. 57f). Zur besonderen Problematik einer jüdischen Präformation des "Doppelgebotes der Liebe" s. zusätzlich BORNKAMM, Doppelgebot; BURCHARD, Liebesgebot; FULLER, Doppelgebot

muss hier deshalb nicht nochmals ausführlich erörtert werden. Ich beschränke mich deshalb - in Auseinandersetzung mit den Thesen von WEDER und NISSEN - auf zwei Feststellungen:

a) Dass es im jüdischen Schrifttum eine Tendenz gibt, das Liebesgebot so auszulegen, dass "die Welt in einen geliebten und einen gehassten Sektor" eingeteilt wird[621], sollte ebensowenig bestritten werden wie die Tatsache, dass manche Interpretationen dem Nicht-Volksgenossen und dem Gegner gegenüber "Hass" ausdrücklich erlauben oder sogar gebieten. Diese "restriktive" Auslegungstradition, in der das Gebot der Nächstenliebe zum Regulativ der Innen-Beziehungen von soziologisch deutlich abgegrenzten Gruppen wird, ist unübersehbar und gibt der Auffassung von WEDER und NISSEN ihr relatives Recht[622].

b) Es gibt in der atl-jüd Trad aber auch Texte, welche dem Feind gegenüber eine positive Einstellung fordern oder das Liebesgebot sehr umfassend verstehen. Es wäre verfehlt, die Auslegungs- und Wirkungsgeschichte von Lev 19,18b im Judentum einseitig unter dem Gesichtspunkt der "Begrenzung" oder gar der zunehmenden Verengung der Gruppe der "Nächsten" sehen zu wollen.

7. Während die erste Feststellung keiner näheren Begründung bedarf, ist die zweite anhand ausgewählter Beispiele zu belegen:

a) Schon Lev 19,34 (vgl. Dtn 10,19) erweitert die Liebesforderung auf den gr, d.h. auf den Fremdling, der eine gewisse Beziehung zum Jahwe-Glauben hat[623], und "die kasuistischen Sätze Ex 23,4f zeigen, dass es eine recht-

---

621) WEDER, Rede 143

622) Sehr ausgeprägt findet sich diese komlementäre Ergänzung von Nächstenliebe und Feindeshass bekanntlich in Qumran (s. nur IQS 1,9f). Immerhin bleibt auch dort die Rache Gott überlassen (IQS 10,17f). Grosses Interesse an der "Grenze" des Gebotes zeigt auch die an halachischen Problemen orientierte rabbinische Auslegungstradition, vgl. die bündige Formulierung in SLev 19,18 (89b): "'Du sollst dich nicht rächen und sollst nicht Zorn bewahren gegen die Kinder deines Volkes' - du darfst dich rächen und darfst Zorn bewahren gegen die anderen (sc. die Nichtjuden)." Weiteres Material s. STRACK/BILLERBECK, KommentarI 354-368. Da NISSEN von der "Einheit" des Judentums ausgeht und das rabbinische Material als repräsentativ ansieht (dazu s.o. Einl. 3.(4.) mit A 56), ist es verständlich, dass er dessen Sichtweise verabsolutiert. Berechtigt ist das aber nicht.

623) Vgl. dazu MATHYS, Liebe 40-45. Die Rabbinen haben den Begriff gr sehr restriktiv ausgelegt (Texte in STRACK/BILLERBECK, KommentarI 355f), doch auch die LXX übersetzt ihn mit prosēlytos (vgl. BERGER, GesetzesauslegungI 132f).

lich fixierte Verpflichtung gab, dem persönlichen Gegner in einer Notlage beizustehen"[624]. MekhEx 23,4 belegt zudem, dass man die Forderung nicht nur auf den persönlichen Feind, sondern auch auf den Heiden beziehen konnte[625].

b) Spr 25,21 fordert dazu auf, Böses mit Gutem zu vergelten. Der Nachsatz "so wirst du feurige Kohlen auf sein Haupt sammeln" (25,22a) ist wahrscheinlich nicht in dem Sinn zu verstehen, dass die Hilfe die Schuld des Feindes vergrössern soll[626]. Der Spruch zielt demnach wirklich auf die Ueberwindung der Feindschaft. Gestützt wird diese Annahme z.B. durch Targ Spr 25,21 "Denn glühende Kohlen scharrst du auf sein Haupt, und Gott wird ihn dir übergeben oder wird ihn dir zum Freunde machen"[627]. Auf dieser Linie liegt auch ARN 23: Der grösste Held ist "der, welcher seinen Feind zu seinem Freunde macht"[628].

c) In TestBenj 4,2-4 wird Erbarmen auch dem Sünder gegenüber gefordert, "auch wenn sie ihm zuleide Böses planen"; "lieben wie sich selbst" soll man allerdings "den Gerechten"[629].

d) Neben den bisher erwähnten Texten, welche auch dem gr, dem Heiden, dem Feind und dem Sünder gegenüber Wohlwollen und Hilfsbereitschaft fordern und die Verwandlung von Feindschaft in Freundschaft anstreben, gibt es auch universalistische Texte, die Liebe zu allen Menschen (und zu allen Geschöpfen) fordern.

Zu denken ist zunächst an das Diktum Hillels in Ab 1,12 "Gehöre zu den Schülern Aarons: Liebe den Frieden und jage dem Frieden nach, liebe die

---

624) ZELLER, Mahnsprüche 104

625) Text bei STRACK/BILLERBECK, KommentarI 368f. NISSEN, Gott 91 Anm 232 bezeichnet diese Auslegung als "erstaunlich(...)", lässt sich durch sie aber bei der Entfaltung seiner "Partikularismus"-These (aaO 82-98) nicht beirren.

626) Vgl. ZELLER, Mahnsprüche 105 mit Anm 376

627) STRACK/BILLERBECK, KommentarIII 302. S. auch MidrSpr 25,21 und Röm 12,20f (vgl. H. SCHLIER, Der Römerbrief, HThK VI, Freiburg 1977, 383)

628) STRACK/BILLERBECK, KommentarI 369. Aehnlich wie Spr 25,21 argumentiert auch Arist 227 (vgl. 225). Anders liegen die Dinge bei SlHen 50,3 und 1QS 10,17f, wo der Verzicht auf Vergeltung mit dem Gericht Gottes motiviert wird. Von Feindesliebe kann hier in der Tat nicht gesprochen werden.

629) Vgl. auch die bei ZELLER, Mahnsprüche 106 Anm 382 genannten Stellen, die auf das Beispiel Josefs verweisen. Aehnlich auch Arist 207, wo die Anwendung der goldenen Regel auch gegenüber dem "Sündern" und "Untertanen" gefordert wird.

Geschöpfe und bringe sie der Tora nahe"[630]. NISSEN will die in diesem Wort enthaltene Liebesforderung so verstehen, dass der Liebe die Funktion zukommt, die Geschöpfe zur Tora zu führen. An ihre Grenze käme sie demnach dann, "wenn das Angebot der proleptisch bereitgehaltenen Liebe ausgeschlagen wird - wenn das 'Geschöpf' sich als Sünder, als Gottes- und Toragegner oder -verleugner, erweist oder ins Blickfeld schiebt. Die Liebe ... gehört letztlich eben doch immer wieder nur ... dem 'Gerechten', und sei dieser auch nur ... ein noch bloss potentieller 'Gerechter'."[631]

Auch der dieses Wort auslegende Text in ARN 12 spricht s.E. nur von der Liebe zum Nächsten im Sinn des Volksgenossen[632]. M.E. verdankt sich diese Exegese mehr dem systematisierenden Ansatz von NISSEN als dem Text selbst. Ab 1,12 scheint mir eine sehr allgemeine Maxime zu sein. Die Frage, was zu geschehen hat, wenn die Liebe (oder die Hinführung zur Tora) ausgeschlagen wird, bekommt sie gar nicht in den Blick. Hillels Formulierung in Ab 1,12 ist offen und allgemein und denkt gerade nicht von der "Grenze" her[633].

e) Stärker ausgeprägt als im pharisäisch-rabbinischen Bereich ist diese universalistische Tradition in weisheitlichen Texten, die dem hellenistischen Judentum[634] zugeordnet werden und vielfach den Einfluss stoischer (Popular-)Philosophie erkennen lassen[635].

---

630) NISSEN, Gott 239 Anm 633 nennt weitere Texte, in denen "Liebe zu den Geschöpfen" gefordert wird.

631) AaO (297-)298

632) AaO 299

633) Der von STRACK/BILLERBECK, KommentarI 358f erwähnte Text in SLev 19, 18(89b), den man nach Auffassung dieses Kommentars "vielleicht als eine Predigt allgemeiner Menschenliebe deuten darf" (aaO 354), ist dagegen kaum universalistisch auszulegen. Einer solchen Deutung widersetzt sich schon sein Kontext (vgl. NISSEN, Gott 289f), aber auch die frühjüdische Einschränkung der Gottebenbildlichkeit des Menschen auf die Israeliten (vgl. BERGER, GesetzesauslegungI 131 mit Verweis auf J. JERVELL, Imago Dei. Gen 1,26 im Spätjudentum, in der Gnosis und in den paulinischen Briefen, FRLANT 58, Göttingen 1960, 76). Entsprechendes gilt auch für ARN 16(32b) (vgl. STRACK/BILLERBECK, aaO 359, vgl. 365).

634) Der Begriff "hellenistisches Judentum" ist bekanntlich wenig geeignet, um bestimmte Strömungen im Frühjudentum von anderen abzugrenzen, da das Frühjudentum insgesamt dem Einfluss des Hellenismus ausgesetzt war. Präziser müsste man von Strömungen sprechen, die in besonderem Mass mit hellenistischem Gedankengut konfrontiert oder ihm gegenüber sehr aufgeschlossen waren.

635) Zur stoischen "Feindesliebe-Tradition" s. die Uebersicht bei PIPER, Enemies 20-27. Der jesuanischen Begründung der Feindesliebe steht

Hinzuweisen ist zunächst auf Sir (LXX)[636], wo in 13,15f die Nächstenliebe als "Naturgesetz" erscheint, vergleichbar der Liebe jedes Lebewesens zu seinesgleichen und wo in 18,13 eine Parallele zwischen dem Erbarmen des Menschen mit seinem Nächsten und dem Erbarmen Gottes zu allem Fleisch hergestellt wird[637].

f) Besondere Aufmerksamkeit haben in diesem Zusammenhang aber auch die TestXII gefunden[638], in denen dem Liebesgebot grosses Gewicht beigemessen wird. Der Begriff des Nächsten wird in den TestXII in aller Regel nicht universalistisch verstanden. Dennoch enthalten sie etliche - vielfach sekundäre - Passagen, die "allen Menschen" gegenüber Liebe, Erbarmen (o.ä.) fordern[639].

Eigens hingewiesen sei hier auf TestIss 7,6 ton kyrion ēgapēsa kai panta anthrōpon ex holēs tēs kardias. Agapan wird hier unzweifelhaft auf alle Menschen bezogen[640].

Sen, Ben IV,26,1 besonders nahe: "Si deos, inquit, imitaris, da et ingratis beneficia, nam et sceleratis sol oritur et piratis patent maria".

636) Nach BERGER, GesetzesauslegungI 100-105, bes. 104 (zustimmend: WISCHMEYER, Gebot 163) kann schon der Gebrauch von plēsion in der LXX als Beleg für ein "universalistisches" Verständnis der Nächstenliebe-Forderung herbeigezogen werden, da damit "jeder Mensch, der mir nahe ist, dem ich begegne, mit dem ich zu tun habe", gemeint sei, doch hat NISSEN, Gott 285 Anm 854 dieser Auffassung widersprochen. Angesichts der Tatsache, "dass ho p(lēsion) in ethischen Grundsatzaussagen jüd Autoren des 1. Jh. n. Chr. eindeutig den Mitmenschen generell bezeichnet" (HAACKER, EWNTIII 267 mit Belegstellen), kann die These von BERGER gewiss nicht leichthin abgetan werden, doch bedürfte sie m.E. eines eingehenderen Nachweises.

637) Vgl. BERGER, GesetzesauslegungI 112-115; zustimmend: WISCHMEYER, Gebot 164

638) S. schon o. (c). Vgl. BECKER, Untersuchungen 377-401; BERGER, GesetzesauslegungI 126-130; NIEBUHR, Gesetz 122-124; NISSEN, Gott bes. 232f; PIPER, Enemies 43-45; WISCHMEYER, Gebot 165 sowie die traditionsgeschichtlichen Arbeiten zum Doppelgebot der Liebe (s.o. A 620).

639) Vgl. nur die bei BERGER, GesetzesauslegungI 129 zusammengestellten Belege. Auf die traditionsgeschichtlichen Probleme der TestXII ist hier nicht einzugehen.

640) Es ist bezeichnend, dass NISSEN, Gott 231 Anm 592 den Text nur in einer Anm als "Parallele" zu TestIss 5,1f ("liebt den Herrn und den Nächsten") zitiert. Die universalistische Weite des Textes passt ihm nicht ins Konzept (s. aaO 232: Das Gebot der Liebe gilt auch in den TestXII "ausschliesslich gegenüber den Stammesgenossen ..."). Freilich ist zuzugestehen, dass TestIss 7,6 kein Gebot formuliert, auch wenn der Text paränetische Funktion hat (vgl. auch die Kommentierung des Textes bei NIEBUHR, Gesetz 122-126).

g) Ein letzter Hinweis gilt dem Begriff der philanthrōpia, der besonders bei Philo eine bedeutende Rolle spielt[641]. Auch wenn NISSEN mit Recht darauf hinweist, dass Menschenliebe für Philo nicht die Tugend schlechthin ist, die allen anderen (z.B. der Gerechtigkeit) übergeordnet wird, und dass das Konzept der Philanthropie auch nicht zur Ueberwindung alles "Partikularen" führt[642], ist am universalen Charakter des Philanthropie-Begriffs festzuhalten. In Virt 160 z.B. spricht Philo ausdrücklich von der "Freundlichkeit und Güte" Gottes zu allen Menschen, selbst zu "Fremden und Feinden" und leitet daraus die Forderung ab, sich der Menschen anzunehmen[643], ohne allerdings ein ausdrückliches Feindesliebe-Gebot zu formulieren.

8. Rückblickend kann festgehalten werden, dass die These, das Gebot der Nächstenliebe schliesse die Feindesliebe aus und werde durch das Gebot des Feindeshasses adäquat interpretiert, der atl-jüd Trad insgesamt nicht gerecht wird. Auch wenn die jesuanische Forderung in ihr keine exakten Analogien hat, finden sich im AT und in jüd Literatur Texte verschiedener Herkunft, die den Kreis derjenigen, die es zu lieben gilt, über die Nächsten auf die Feinde hin zu erweitern trachten. Dass zumindest "am Rande einiger jüdischer Schriften ... Möglichkeiten sichtbar (werden), Lev 19,18 universal zu interpretieren"[644], widerlegt auch die Behauptung, mit dem Gebot der Nächstenliebe sei immer schon die Frage nach seiner Grenze mitgegeben.

Dass der Feind - im Gegensatz zum Nächsten - nicht geliebt zu werden brauche oder gar zu hassen sei, ist zwar eine mögliche, aber keineswegs zwingend notwendige Interpretation des Gebotes der Nächstenliebe[645]. Diese

---

641) Vgl. BERGER, GesetzesauslegungI 123-125; NISSEN, Gott 487-497

642) Zu diesen Grenzen s. NISSEN, Gott 493-497

643) Vgl. den Text bei NISSEN, Gott 488. Zur Philanthropie Gottes s. aaO 466-470.

644) WISCHMEYER, Gebot 165

645) Andernfalls geriete zudem das MtEv (und das Christentum) in einen Selbstwiderspruch, wenn es gleichzeitig die Feindesliebe gebietet und an der Nächstenliebe als dem (zusammen mit der Gottesliebe) "grössten und ersten Gebot" (Mt 22,38) festhält. Gerade letzteres ist nach LUZ, MtI 310 denn auch der Grund für die Ergänzung von Lev 19,18 um kai misēseis ton echthron sou (Mt 5,43b) durch Mt: "Da aber das Gebot der Nächstenliebe für ihn gerade das 'höchste Gebot' ist, das Jesus bejaht (22,34-40), konnte er es nicht einfach unexpliziert dem altte-

Differenzierung ist m.E. keine "akademische Spitzfindigkeit". Sie hat nicht nur Konsequenzen für die Präzisierung des Verhältnisses zwischen dem atl Gebot der Nächstenliebe und Jesu Forderung der Feindesliebe (s.u.), sondern auch für die Gesamtbeurteilung des jüdischen Ethos, da dieses vom Vorwurf entlastet wird, vom "Phänomen der begrenzten Liebe" geprägt zu sein und die "wahre Liebe" gar nicht entdecken zu können[646].

d) Da sich gezeigt hat, dass sich das Gebot des Feindeshasses keineswegs zwingend aus jenem der Nächstenliebe ergibt, kann festgehalten werden, dass nicht nur die formale Verwandtschaft, sondern auch der sachliche Zusammenhang zwischen Lk 6,27b und Lev 19,18b weniger eindeutig ist, als häufig angenommen wird. Weiter ergibt sich aus den bisherigen Ueberlegungen, dass kein eigentlicher Widerspruch zwischen Feindes- und Nächstenliebe besteht[647].
Mit diesen Feststellungen soll weder die thematische Nähe von Lk 6, 27b zum atl Liebesgebot, noch die Spannung zwischen Feindes- und Nächstenliebe bestritten werden. Vielmehr geht es darum, aufzuzeigen, dass es einseitig und unberechtigt ist, den Sinn der Feindesliebe-Forderung primär von ihrem Verhältnis zu Lev 19,18b oder zur Tora her bestimmen zu wollen. Es besteht kein Anlass für die Annahme, dass das Gebot der Feindesliebe unmittelbar von Lev 19,18b abhängig oder direkt darauf bezogen ist.

---

stamentlichen Schriftwort (gemeint ist doch wohl "dem Wort Jesu", D.K.) gegenüberstellen. Er musste deshalb das Bibelwort durch einen exegetischen Zusatz präzisieren, ohne dass man ihm unterschieben darf er habe diesen (von ihm selbst formulierten!) Zusatz für ein alttestamentliches Wort gehalten."

646) Zu diesen Thesen von WEDER s.o. (2.). Mit meiner Kritik möchte ich WEDER keineswegs "Antijudaismus" unterstellen - ein Vorwurf gegen, den er sich selbst in anderem Zusammenhang verwahrt (WEDER, Rede 231f). Um der Sache willen ist es mir jedoch wichtig, den Dissens bezüglich unserer Einschätzung der jüdischen Torafrömmigkeit deutlich zu markieren, zumal ich mit dieser Arbeit auch zu einer differenzierteren und entkrampfteren Wahrnehmung des Verhältnisses zwischen Jesus und dem Judentum beitragen möchte (s. den Anfang der Einl.)

647) Einen solchen Widerspruch postuliert auch WEDER nicht. Er bringt das Verhältnis von Nächsten- und Feindesliebe auf folgende Formel: "Die Ethik des Ausserordentlichen verhält sich nicht antithetisch zur Ethik des Gewöhnlichen, sondern vielmehr komparativisch" (aaO 151).

e) Soweit ich sehe, steht die dem Judentum keineswegs unbekannte[648] Mahnung, für die Gegner zu beten (Lk 6,28b), nirgends im Kontext der Auslegung von Lev 19,18b. Auch auf diesem Weg kann kein direkter Bezug zwischen den Forderungen in Lk 6,27b.28b und dem Gebot der Nächstenliebe hergestellt werden.

2. Nachdem deutlich gemacht wurde, dass Jesus "seine Weisung zur Feindesliebe ... kaum als radikale Auslegung oder Entschränkung dieses Torawortes (sc. Lev 19,18) verstanden (hat)"[649], wird die Frage nach dem "Ort", bzw. nach dem Bezugsrahmen dieser Weisung um so dringlicher.

a) Man kann zwar mit MERKLEIN sagen, "die exegetische Diskussion um die Qualifizierung des zu liebenden Feindes (sei) eher bedauerlich, da sie wieder jene Kasuistik ins Spiel bringt, die Jesus ... ausschliessen wollte"[650]. Aber man sollte sich trotzdem nicht mit der recht unverbindlichen Auskunft begnügen, gemeint sei "jede(r), der dem Angesprochenen feindlich gegenübersteht und gegenübertritt", und der "'Ort' der Forderung der Feindesliebe (sei) die Basileia-Botschaft"[651]. So richtig diese Aussagen sind, so leicht führen sie zu einer Vernachlässigung des Realitätsbezuges der Predigt Jesu[652]. Gerade ein rezeptionsorientierter Interpretationsansatz muss auch ganz konkret fragen: Auf welche Personenkreise können Jesu Hörer seine Forderung beziehen, die Feinde zu lieben?

b) Eine Unterscheidung von sittlich-religiöser und nicht sittlich-religiös motivierter Feindschaft[653] oder von persönlichen, nationalen, re-

---

648) Vgl. STRACK/BILLERBECK, KommentarI 342.370f; NISSEN, Gott 294 (Anm 900).309-313; ZELLER, Mahnsprüche 104-106

649) MERKLEIN, Botschaft 119; vgl. Ders., Gottesherrschaft 234

650) MERKLEIN, Botschaft 119; vgl. Ders., Gottesherrschaft 235

651) MERKLEIN, Gottesherrschaft 235.236 (letzteres mit Verweis auf Lk 6,36 begründet, dazu s.o. 4.1.(6.c))

652) Vgl. die Ueberlegungen von HOFFMANN, Tradition 76f zur Notwendigkeit, "den Realitätsbezug der frühchristlichen Predigt" ernst zu nehmen. Dieser Notwendigkeit trägt MERKLEIN, Botschaft 118f vermehrt Rechnung. Auch SCHOTTROFF, Gewaltverzicht 201 (vgl. 197-204 und Dies./STEGEMANN, Jesus 83) lehnt ein Verständnis der Feindesliebe-Forderung "als jederzeit und von jedem anwendbare ethische Regel" ab.

653) Vgl. NISSEN, Gott 308-329

654) Vgl. z.B. SCHULZ, Q 132f

ligiösen, politischen und sozialen Feinden[654] hilft bei der Beantwortung der Frage nicht viel weiter. Immerhin ist ZELLER Recht zu geben, wenn er mit Hinweis auf die Verwurzelung des Spruches in der weisheitlichen Trad meint, er habe primär "Anfeindungen ... in der privaten Sphäre" im Auge[655].

c) Daraus darf aber nicht abgeleitet werden, dass mit echthros der "persönliche Feind" (im Gegensatz zum politischen, nationalen, religiösen oder sozialen Feind) gemeint ist[656], denn zum einen ist "das griechische echthros von der LXX her umfassendes Wort für Feind"[657], und zum anderen wird diese Differenzierung dem Ineinander von Religiösem, Nationalem, Politischem und Sozialem und der hohen Relevanz dieser Faktoren für das Alltagsleben des Einzelnen im Frühjudentum kaum gerecht.

M.E. lässt sich aus dem weisheitlichen Charakter der Mahnung nur ableiten, dass sie nicht intendiert, die Feindschaft auf dem Weg gesellschaftlicher oder struktureller Veränderungen zu überwinden, sondern - trotz der pluralischen Formulierung - beim Individuum ansetzt[658].

d) Will man den "Kontrastcharakter"[659] und die "Radikalität"[660] der Mahnung zur Feindesliebe nicht verwässern, erscheint es geraten, den Begriff "Feind" nicht schon auf jeden Menschen anzuwenden, mit dem man nicht einig geht, und nicht jeden beliebigen Konflikt als "Feindschaft" zu bezeichnen. Uneinigkeiten und Konflikte gibt es schon unter "Nächsten". Andernfalls gerät die Forderung der Feindesliebe allzuleicht in den Sog einer unverbindlichen Ethik des "Seid nett zueinander".

Die jesuanische Forderung der Feindesliebe "ist nicht der Höhepunkt der allgemeinen Menschenliebe"[661]. Sowohl ihre Motivation als auch die

---

655) ZELLER, Mahnsprüche 107, vgl. 151f

656) So z.B. BRAUN, RadikalismusII 91f Anm 2 (vgl. 57f Anm 1); SCHULZ, Q 133

657) LUZ, MtI 309 mit Berufung auf HUBER, Feindschaft 135f. Entsprechend auch REUTER, Feinde 176

658) Vgl. dazu die allgemeinen Ueberlegungen von ZELLER, Mahnsprüche 151. 170-172

659) Vgl. BAYER, Sprachbewegung 316f; REUTER, Feinde 167

660) S. nur MERKLEIN, Gottesherrschaft 235 "die radikalste Forderung der Ethik Jesu"

661) BULTMANN, Jesus 79; vgl. BORNKAMM, Jesus 101; REUTER, Feinde 169

"anthropologischen" Prämissen der Verkündigung Jesu insgesamt zeigen, dass sie nicht in der Würde und Gleichheit aller Menschen (und auch nicht in der Unerschütterlichkeit des Weisen und seiner inneren Distanz zu allen Dingen) begründet ist[662]. Sie erscheint nicht als Extremfall einer Freundschafts- oder Liebesethik, die auf alle Menschen ausgedehnt ist. "Die Radikalität des Gebots der Feindesliebe liegt gerade nicht darin, dass der Kreis der Freundschaft auf Personen erweitert wird, die normalerweise als Feinde betrachtet werden, womit zu einer Verharmlosung der Feindschaft eingeladen würde; sie liegt vielmehr darin, dass präzise der Feind als der zu Liebende definiert wird."[663] Damit spitzt sich die Frage, wer von Jesus und seinen Hörern als "Feind" angesehen werden konnte, noch einmal zu.

e) Als weiterer Beleg für den Gebrauch des Begriffes "Feind" durch Jesus kommt einzig das Gleichnis vom Unkraut unter dem Weizen in Frage (Mt 13,24-30)[664], doch ist dessen Echtheit nicht unbestritten[665]. Zudem vermutet WEDER, die Gestalt des Feindes (13,25.28) sei erst nachträglich eingeführt worden[666]. Diese Annahme überzeugt allerdings nicht: Ihre Begründung wirkt sehr subjektiv, und dem von WEDER rekonstruierten Grundbestand des Gleichnisses fehlt jede Spannung[667]. BLANK vermutet, dass der ursprüngliche Sinn dieses Gleichnisses "antizelotisch" ist: "Es entspricht der zelotischen Einstellung, durch die Vernichtung aller 'Gottesfeinde' dem Bösen in der Welt ein Ende zu machen und die reine Gottesherrschaft aufzurichten. Genau das lehnt Jesus ab."[668] Daraus darf allerdings nicht voreilig der Schluss gezo-

---

662) Hier liegt durchaus ein Unterschied zur antiken (stoischen) Ethik, der nicht nivelliert werden sollte. Auch wenn man BULTMANNs Darstellung der Eigenart der jesuanischen Liebesforderung (Jesus 77-84, bes. 78f) nicht in allen Punkten wird folgen können (vgl. die Einwände von REUTER, Feinde 170), ist die Kritik von SCHOTTROFF, Gewaltverzicht 197-199 diesbezüglich überzogen.

663) HUBER, Feindschaft (137-)139; vgl. SCHOTTROFF/STEGEMANN, Jesus 83

664) Die Deutung des Gleichnisses Mt 13,36-43 ist zweifellos sekundär. Synopt Belege für echthros: Mk 12,36//Mt 22,44//Lk 20,43 (=Ps 110,1); Lk 6,27(35)//Mt 5,(43)44; Mt 10,36Q (=Mi 7,6, zur Q-Zugehörigkeit s. u. A 673); Mt 13,25.28.39; Lk 1,71.74;10,19;19,27.43; echthra in Lk 23,12.

665) Vgl. z.B. SAND, Mt 285

666) WEDER, Gleichnisse 120-125 (im Anschluss an SCHWEIZER, Mt 197)

667) Vgl. GNILKA, MtI 490

668) BLANK, Gewaltlosigkeit 160(f); vgl. SCHWEIZER, Mt 198

gen werden, mit dem Feind sei die römische Herrschaft gemeint, denn zunächst ist das Vorkommen des Feindes ein Einzelzug im Erzählgerüst des Gleichnisses, der vielleicht metaphorische Qualität hat[669]: Wer jemand heimlich Unkraut unter den Weizen sät, ist ihm Feind. So meint echthros zunächst den persönlichen Feind, der jemand in seiner wirtschaftlichen Existenz schädigen will. Immerhin hat echthros dann - die Richtigkeit der antizelotischen Deutung einmal vorausgesetzt - für die Hörer Jesu auch eine "politische" Konnotation.

f) Zur Klärung der Frage, wer mit dem zu liebenden Feind gemeint ist, muss auch der zweite Teil der Forderung, "Betet für jene, die euch hassen" (Lk 6,28b), herbeigezogen werden. Wer mit den "Hassern" gemeint ist, lässt sich aus anderen Jesusworten zwar ebenso wenig präzise erschliessen wie die Bedeutung von "Feind", doch zeigen die beiden einzigen mit hoher Wahrscheinlichkeit authentischen Belege für misein[670], dass auch hier zunächst an die private Sphäre[671] zu denken ist: Im Wort vom Mammonsdienst Lk 16,13//Mt 6,24 bezieht sich der "Hass" auf die Beziehung zwischen Knecht und Herr, und in Lk 14,26(//Mt 10,37)[672] fordert Jesus von den Jüngern "Hass" gegenüber den nächsten Verwandten.

g) In diesem Zusammenhang ist darauf hinzuweisen, dass "Hass" und "Feindschaft" in der synopt Trad auch anderswo als innerfamiliäre Phänomene erscheinen: Zu erwähnen ist zunächst die Erläuterung des Schwert-Wortes Lk 12,51//Mt 10,34 durch Lk 12,52f//Mt 10,35f. Die Mt-Fassung zitiert Mi 7,6 vollständiger und bringt auch den Satz kai echthroi tou anthrōpou hoi oikiakoi autou. Darin dürfte sie Q näherstehen als Lk 12,52f[673]. Derselben Trad ist auch Mk 13,12//Lk 21,16

---

669) Angespielt würde dann auf den Teufel (s. WEDER, Gleichnisse 121 Anm 119).

670) Synopt Belege für misein: Mk 13,13//Mt 24,9//Lk 21,17; Lk 14,26 (//Mt 10,37); Lk 16,13//Mt 6,24; Mt 5,43;10,22;24,9.10; Lk 1,71;6,27;19,14. In Lk 1,71 werden echthros und misein parallel gebraucht, ähnlich auch Lk 19,14.27

671) S.o. mit A 655

672) Zur grösseren Ursprünglichkeit des lk misein (gegenüber dem mt philein hyper) s. nur LAUFEN, Doppelüberlieferungen 567 Anm 204; SCHULZ, Q 446.

673) So auch PESCH, MkII 288; ARENS, Sayings 74; MAERZ, Feuer 505; SATO, Q 344; SCHENK, Synopse 97; SCHULZ, Q 259; anders: GNILKA, MtI 393; POLAG, Fragmenta 64; ZELLER, Kommentar 74

(//Mt 24,9f) und Mt 10,21 zuzuordnen[674], wo vom tödlichen Familienhader die Rede ist.
Daran schliesst unmittelbar die Weissagung an, die Jünger würden "von allen gehasst" (Mk 13,13//Lk 21,17//Mt 24,9f; Mt 10,22). Die Auflösung der Familie und die gegenseitige Bekämpfung der Familienmitglieder gehören zwar zu den prophetisch-apokalyptischen Schilderungen der Zeit vor dem Ende[675], doch spielen bei der Aktualisierung dieser Trad zweifellos auch Erfahrungen der Gemeinde eine grosse Rolle.
Anfeindung und Hass erfuhren die Anhänger der Jesusbewegung also schon im engsten Familienkreis, doch fällt auf, dass sich in der Ueberlieferung keine Tendenz erkennen lässt, das Gebot der Feindesliebe auf diese Situation hin zu aktualisieren. Im Gegenteil: Die Jesusbewegung ist von einem "afamiliären Ethos"[676] geprägt. Wer nicht "seinen Vater und seine Mutter und seine Frau und seine Kinder und seine Brüder und seine Schwestern hasst (misei)", taugt nicht zum Jünger Jesu (Lk 14,26//Mt 10,37).
Auf diesen Kontrast von Feindesliebe und "Nächstenhass" ist im folgenden Exkurs näher einzugehen, zumal sich letzterer mit der Tora weitaus schwerer in Einklang bringen lässt als das Gebot der Feindesliebe.

Exkurs VI: Das "afamiliäre Ethos" Jesu

1.a) In seinem Handbuch zur sittlichen Botschaft des NT meint SCHNACKENBURG zur Einstellung Jesus gegenüber der Familie: "Die Hochschätzung von Ehe und Familie war der Urkirche ... von Jesus vorgegeben. Achtung und Sorge für die Eltern hat Jesus obendrein durch Mk 7,10-13par und durch die Hervorhebung des vierten Gebotes in der Antwort an den reichen jungen Mann (Mk 10,19par) eingeschärft. ... Jesus war in der Ordnung der Familie, wie

674) Vgl. PESCH, MkII 288; LAUFEN, Doppelüberlieferungen 90
675) Vgl. HOFFMANN, Studien 72f; THEISSEN, Wanderradikalismus 84 Anm 15 zählt folgende Belege auf: Mi 7,6; Sach 13,13; äthHen 100,2;99,5; Jub 23,16; syrBar 70,6; 4Esr 6,24; vgl. auch die bei STRACK/BILLERBECK, KommentarIV 977-986 zusammengestellten Texte zu den Vorzeichen des Endes.
676) Der Begriff stammt von THEISSEN, Soziologie 17f

sie in seinem Volk gepflegt wurde, verwurzelt und hat diese Ordnung keineswegs aufgehoben."[677].

Auch SCHNACKENBURG kann freilich nicht umhin, von jenen Texten Kenntnis zu nehmen, die auf eine gewisse Distanz Jesu zu seinen eigenen Familienangehörigen schliessen lassen (bes. Mk 3,31-35par) oder "sogar die Entzweiung der Familien um seinetwillen ins Auge fassen (Mt 10,35 / Lk 12,52f; Mk 13, 12par)"[678]. Während er die Echtheit der letzteren bezweifelt, haben erstere s.E. "nur den Sinn, seine höhere Bindung an seinen 'Ruf', die Menschen für das Reich Gottes zu sammeln, hervorzuheben. ... Ebenso ist es zu verstehen, wenn er seine engeren Begleiter aus dem natürlichen Verband der Blutsgemeinschaft herausruft (...). Für diese Nachfolger Jesu tritt die Gemeinschaft der Glaubenden, die Gemeinde, an die Stelle der bluthaft-natürlichen Gemeinschaft."[679]

Abschliessend verwahrt sich SCHNACKENBURG ausdrücklich gegen eine (einseitige) soziologische Interpretation der Loslösung der charismatischen Wanderprediger von Haus und Familie: "Nicht soziale Entwurzelung war der Grund oder Hauptgrund ..., sondern der Ruf Jesu, die Gottesherrschaft zu verkünden."[680]

b) Die ausführliche Darstellung der Sicht von SCHNACKENBURG habe ich deshalb an den Anfang dieses Exkurses gestellt, weil ich sie für <u>repräsentativ</u> und zugleich für einflussreich halte: Jesus war "familienfreundlich", das "christliche Familienethos" kann sich auf ihn berufen.

Eine genauere Durchsicht der einschlägigen Texte ergibt allerdings ein etwas anderes Bild, das anstössiger ist und sich durch die christliche Ethik weit weniger leicht rezipieren lässt. Anstössig waren manche Aussprüche Jesu zu Dingen, die die Familie betreffen, aber schon für seine jüdischen (und nichtjüdischen) Zeitgenossen, deren Familienethos für das Christentum leichter zu rezipieren war als die Haltung Jesu[681]. Hier wird m.E. deutlich sichtbar, dass Jesu "Kritik" nicht nur das Gesetz oder das

---

677) SCHNACKENBURG, BotschaftI 154.155
678) AaO 154f
679) AaO 155 (mit Verweis auf 58-67)
680) Ebd. mit Verweis auf THEISSEN, Wir haben alles verlassen
681) Die ntl Briefliteratur zeigt, dass diese Rezeption auch stattgefunden hat, vgl. nur die hellenistischen und hellenistisch-jüdischen Parallelen zu den Haustafeln.

Judentum trifft, und dass der "Kontrastcharakter" seiner Ethik sich nicht auf den Gegensatz zur Tora reduzieren lässt.

c) Es ist hier nicht möglich, auf sämtliche Texte einzugehen, die für die anstehende Frage des Familienethos Jesu von Bedeutung sind. Aufgrund der Ausrichtung der gesamten Untersuchung auf die QTrad bleiben die mk Texte unberücksichtigt. Hingewiesen sei immerhin darauf, dass die Authentie der "familienfreundlichen" Stellen Mk 7,10-13 und 10,19 (bzw. 10,17-22) keineswegs unbestritten ist[682], und dass die vormk Trad - anders als Q - ein "familiäres Ethos" erkennen lässt, das wohl mit ihrer Herkunft aus sesshaften Gemeinden zusammenhängt[683] und deshalb für den irdischen Jesus nicht unbesehen in Anspruch genommen werden kann.

Im folgenden konzentriere ich mich auf zwei Texte, die das Handbuch von SCHNACKENBURG im Abschnitt "Kinder und Familie" nicht einmal erwähnt, dort aber durchaus zu berücksichtigen wären: Lk 9,59f//Mt 8,21f und Lk 14,26// Mt 10,37f.

2. Auf die Bedeutung von Lk 9,59f//Mt 8,21f für das Verständnis des Rufes Jesu in die Nachfolge hat HENGEL eindringlich hingewiesen. Seine Untersuchung dieses Textes hat viel Lob und Zustimmung gefunden[684]. Auch ich bin ihr weitgehend verpflichtet.

a) Die Rekonstruktion des Q-Wortlauts bietet keine für unsere Fragestellung relevanten Probleme. Schon in Q handelt es sich um das zweite Apophthegma zum Thema "Nachfolge" nach Lk 9,57f//Mt 8,19f. Die Einheit bildet in Q eine sinnvolle Einleitung der Aussendungsrede Lk 10,2-16//Mt 9,37f; 10,7-16;11,21-24;10,40. Ursprünglich stellt Lk 9,59f eine isolierte Einheit dar, die traditionsgeschichtlich nicht weiter dekomponierbar ist. Formkritisch gesehen handelt es sich um ein "Paradigma"; die geschilderte Szene geht aber - "trotz aller zugegebenen Stilisierung durch die Gemeinde" - auf eine Begebenheit im Leben Jesu zurück[685].

---

682) S. nur MERKLEIN, Gottesherrschaft 97.99f und die Kommentare

683) Vgl. SATO, Q 469f

684) HENGEL, Nachfolge; vgl. MERKLEIN, Gottesherrschaft 56-64; SANDERS, Jesus 252-255; SCHULZ, Q 434-442

685) Zur Rekonstruktion vgl. HENGEL, Nachfolge 3f; MERKLEIN, Gottesherrschaft 56; POLAG, Fragmenta 42; SCHULZ, Q 434f. Zur Formkritik und Echtheitsfrage s. nur MERKLEIN, Gottesherrschaft 57f mit HENGEL u.v.a.; anders: SCHULZ, Q 436f

b) Im Zusammenhang mit der Frage dieser Arbeit nach der Rezeption der Stellung Jesu zur Tora in Q muss besonders das hinter dem Jesuswort "Lass die Toten ihre Toten begraben" (Lk 9,60) sichtbar werdende Gesetzesverständnis interessieren.

SANDERS hält dieses Wort für das einzige, "in welchem Jesus tatsächlich eine Gesetzesübertretung forderte"[686] und HENGEL meint: "Es gibt kaum ein Jesus-Logion, das in schärferer Weise gegen Gesetz, Frömmigkeit und Sitte in einem verstösst als Mt 8,22 = Lc 9,60a."[687]

Anders sieht BANKS die Dinge, wenn er meint, es gehe im Logion eher um die Herausstellung des "Vorranges der Jüngerschaft vor häuslicher Verantwortung als um das Verhältnis zum mündlichen oder schriftlichen Gesetz". Zudem sei die Antwort Jesu "rein sprichwörtlich, ohne aktuelle Bezüge"[688].

Mit dieser Beurteilung verharmlost BANKS das Jesuswort zweifellos. Es ist kaum zu glauben, dass Jesus in der Forderung, die verstorbenen Verwandten zu begraben, nur eine "häusliche Verantwortung" sah und nicht wusste, dass es sich um ein göttliches Gebot handelt[689].

M.E. kommt man nicht umhin, hier von einer bewussten Provokation des ethischen und religiösen Empfindens zu sprechen, welche auf die vom "4. Gebot geforderte Pietät gegenüber den Eltern"[690] keinerlei Rücksicht nimmt. Auch wenn das Wort kaum "eine bewusste Sprengung der Mose-Tora" intendiert[691], stellt das von SCHULZ auch auf diesen Text angewandte Konzept der "Toraverschärfung" keine angemessene Erklärung seiner Gesetzesauffassung dar, zumal in diesem Fall nicht auf die Nächstenliebe als das die Verschärfung regulierende Prinzip rekurriert werden kann[692]. Zudem sehe ich keine Möglichkeit, Lk 9,60 als "eine 'toragemäss sein wollende Verschärfung'"[693] zu

---

686) SANDERS, Jesus 267, vgl. 253-255

687) HENGEL, Nachfolge 16, vgl. 9-17

688) BANKS, Jesus 97

689) Vgl. SANDERS, Jesus 254. Zum jüdischen Hintergrund s. HENGEL, Nachfolge 9-12; STRACK/BILLERBECK, KommentarI 487-489; zur Bedeutung des 4. Gebotes im Judentum s. BERGER, GesetzesauslegungI 281-290; STRACK/BILLERBECK, aaO 705-711.902f

690) HENGEL, Nachfolge 9 (vgl. 13), s. auch MERKLEIN, Gottesherrschaft 59; SCHULZ, Q 440

691) SCHULZ, Q 441

692) Vgl. dazu MERKLEIN, Gottesherrschaft 61-63 in Auseinandersetzung mit SCHULZ, Q 441

693) So SCHULZ, Q 120 mit BRAUN, RadikalismusII 13 Anm 4. Diese Kategorie wird von SCHULZ zur Beschreibung des Toraverständnisses von Q immer wieder gebraucht, s.o. Einl. 5.(3.).

interpretieren, spricht doch SCHULZ selbst davon, dass Jesus dem Jünger hier "den Bruch mit der Mose-Tora in Gestalt des vierten Gebotes zu(mutet)"[694].

c) Zu fragen bleibt, was für Schlussfolgerungen aus diesem "torakritischen" Jesuswort zu ziehen sind: Bezeugt es die "messianische Vollmacht Jesu", die ihn "über der Autorität der von Mose am Sinai empfangenen Tora" stehen lässt?[695] Oder macht es sichtbar, "dass die Basileia, deren Verkündigung untrennbar mit der Person Jesu verbunden ist, grundsätzlich das einzig entscheidende Handlungsprinzip darstellt, demgegenüber alle bisherigen Wertmassstäbe an Bedeutung verlieren und im konkreten Fall auch um der Basileia willen übergangen werden müssen"?[696]

M.E. sind solche sehr grundsätzlichen und formalen Schlussfolgerungen nicht unproblematisch[697]. Ich halte es für angemessener, näher beim konkret angesprochenen Sachverhalt zu bleiben und die schockierende, aufrüttelnde Wirkung zu berücksichtigen, die von der Forderung Jesu ausgegangen sein muss.

Lk 9,59f steht formal und sachlich der Berufung von Elischa durch Elia (1Kön 19,19-21) nahe[698]. Diese Nähe teilt unser Paradigma mit anderen Nachfolge-Szenen, sie gehört also zum "Kern der Sache" und ist nicht erst sekundäre Stilisierung[699]. Lk 9,59f stimmt mit 1Kön 19,19-21 unter anderem darin überein, dass ein Bruch mit dem früheren Leben und mit der Familie gefordert wird, doch während Elischa seinen Eltern noch einen Abschiedskuss geben kann (1Kön 19,20), darf der Jünger nicht einmal mehr seinen Vater beerdigen. Damit soll zweifellos die höchste Dringlichkeit des Rufes Jesu zum Ausdruck gebracht werden. Es ist deshalb zu überlegen, ob Lk 9,59f nicht als Aufforderung zu einer Handlung mit prophetischem und symbolischem Charakter[700] anzusprechen ist. Schon die Symbolhandlungen der atl Propheten waren vielfach auffällig und anstössig, ja "unmoralisch" (vgl.

---

694) SCHULZ, aaO 440
695) So HENGEL, Nachfolge 17.78 (vgl. 74-79)
696) So MERKLEIN, Gottesherrschaft 63
697) S. auch die Zurückhaltung von SANDERS, Jesus 255 ("a modest conclusion")
698) Vgl. HENGEL, Nachfolge 5.18-20; SATO, Q 440-442
699) SATO, Q 442
700) Zu den prophetischen Symbolhandlungen in Q und ihren traditionsgeschichtlichen Voraussetzungen s. SATO, Q 355-370; zu den Zeichenhandlungen Jesu im allgemeinen s. TRAUTMANN, Handlungen

z.B. Hos 3; Jes 20,1.3f; Jer 16,5-7.8f; Ez 24,15-24). Für die Annahme, dass Lk 9,59f den prophetischen Symbolhandlungen verwandt ist, könnte zudem sprechen, dass auch die Jüngeraussendung Lk 10,3-10 "Realsymbolik" bezweckt. So signalisiert z.B. die Aufforderung, unterwegs niemand zu grüssen (Lk 10,4; vgl. 2Kön 4,29), grosse Eile und kommt damit in die Nähe von Lk 9,59f[701].

d) Eine solche Einordnung von Lk 9,59f als Aufforderung zu einer prophetischen Symbolhandlung nimmt dem Wort "Lass die Toten ihre Toten begraben" nichts von seiner Anstössigkeit und Pietätlosigkeit und entschärft auch seinen Gegensatz zum 4. Gebot nicht. Aber sie zeigt auf, dass seine "Torakritik" nicht Selbstzweck ist, sondern dazu dient, eine bestimmte Botschaft zu transportieren, bzw. zu symbolisieren.

Da "das Symbol an der Wirklichkeit dessen teilhat, auf das es hinweist"[702], ist aus Lk 9,59f der Schluss zu ziehen, dass Jesu Botschaft von der Gottesherrschaft, mit der sein Ruf in die Nachfolge aufs engste zusammenhängt, der Tora, aber auch menschlichen Wertvorstellungen einen neuen "Ort" zuweist. Wer sich mit Berufung auf das Ueberkommene dem Anruf der Basileia verschliesst, gehört zu den "Toten"[703].

e) Der Symbolcharakter von Lk 9,59f[704] verunmöglicht aber gleichzeitig eine "Vergrundsätzlichung" des geforderten Handelns - sei es im Blick auf die Einhaltung des Gesetzes, sei es im Blick auf die Einstellung zur Familie. Die Forderung "Lass die Toten ihre Toten begraben" ist unablösbar mit der konkreten Situation des Rufes in die Nachfolge verbunden und kann nicht aus diesem Kontext herausgelöst werden. Es handelt sich folglich auch nicht um eine ethische Norm im eigentlichen Sinn. Deshalb kann das Jesuswort dem 4. Gebot und der Tora nicht direkt gegenübergestellt werden. Systematische Interpretationen im Sinn einer Gegenüberstellung von Tora und Basileia als "Handlungsprinzipien" (MERKLEIN) oder von "Autorität der

---

701) Vgl. SATO, Q 365-369; zu Lk 10,4b s. BOSOLD, Pazifismus. Zu dieser Deutung des Nachfolge-Rufes und seiner Nachgeschichte im Christentum s. STRUNK, Nachfolge.

702) SATO, Q 355 mit P. TILLICH, Symbol und Wirklichkeit, KVR 151, Göttingen 1962, 4, vgl. 1-6

703) So gesehen kommt Lk 9,59f in die Nähe der Aussage von Lk 16,16 (s.u. III.4.2.1.(3.))

704) Vgl. auch die Bemerkungen von SATO, Q 369 zum symbolischen Charakter der jesuanischen Ethik.

Tora" und "messianischer Vollmacht Jesu" (HENGEL) tragen dieser Tatsache zu wenig Rechnung[705].

3. Das Wort vom Hass der nächsten Angehörigen (Lk 14,26) gilt THEISSEN als wichtiger Beleg für das afamiliäre Ethos der Wandercharismatiker[706]. Seine Sicht ist allerdings nicht unwidersprochen geblieben[707], wobei STEGEMANN gerade bezüglich Lk 14,26 auch literarkritische Argumente gegen die Position von THEISSEN geltend macht[708]. Deshalb ist zunächst das Problem der Q-Zugehörigkeit und der Rekonstruktion der Vorlage zu erörtern.

a) Lk 14,26 hat in Mt 10,37 eine Entsprechung. Dennoch stellt SATO die Q-Zugehörigkeit des Logions in Frage, da es unter die "vereinzelte(n) Sprüche zwischen Lk 14,6 und Lk 17,6" fällt[709]. Tatsächlich stellt das Faktum, dass wir es hier nur mit kleinen, zerstreuten Einheiten von Lk und Mt gemeinsamem Stoff zu tun haben, ein Problem dar, da diese Art der Stoffdarbietung nicht der für die Quellenbenützung des Lk sonst charakteristischen "Blocktechnik" entspricht[710]. Hinzu kommt, dass die Zahl der wörtlichen Uebereinstimmungen zwischen Lk 14,26 und Mt 10,37 gering ist.

Dennoch kann mit einiger Zuversicht gesagt werden, dass das Logion aus Q stammt. Ein erstes Argument ist die Existenz eines ähnlichen Logions in Mk 10,29f//Mt 19,29//Lk 18,29f. Mk 10,29f und Lk 14,26//Mt 10,37 sind allerdings nicht als eigentliche Doppelüberlieferung anzusehen, "da die Logien in Q und bei Markus traditionsgeschichtlich nicht aus einer Wurzel stammen"[711]. Die "parallele" red Bearbeitung beider Logien durch Lk (Einfügung von gynaika) zeigt aber, dass er ihre Verwandtschaft erkannt hat. Dass er trotz seiner Tendenz, Dubletten zu vermeiden[712], beide Logien bringt, und dass auch das MtEv zwei so ähnliche Worte enthält, wird am ehesten verständlich, wenn Lk 14,26 und Mt 10,37 aus Q stammen.

---

705) Dazu s.o. (c). mit A 695.696

706) S. THEISSEN, Soziologie 17; Ders., Wanderradikalismus 83; Ders., Wir haben alles verlassen 130

707) Vgl. die o. (1.a) mit Anm 680 erwähnte Kritik von SCHNACKENBURG, aber auch RIESNER, Jesus 419-422; SCHOTTROFF/STEGEMANN, Jesus 66f; STEGEMANN, Wanderradikalismus

708) STEGEMANN, Wanderradikalismus 114f; vgl. SCHOTTROFF/STEGEMANN, Jesus 109f

709) SATO, Q 25(f), vgl. 49.60f.68-70

710) Zur Problematik s. schon o. ExkursIII (2.) sowie u. III.2.(1.)

711) LAUFEN, Doppelüberlieferungen 88

712) Vgl. SCHUERMANN, Dubletten; Ders., Dublettenvermeidungen

Ein zweites, gewichtiges Argument für die Q-Zugehörigkeit ist die Rekonstruierbarkeit einer kleinen, dreiteiligen Logienfolge, deren erstes Glied unser Spruch bildet. Sowohl auf Lk 14,26 als auch auf Mt 10,37 folgt das Wort vom Kreuztragen (Lk 14,27//Mt 10,38), das seinerseits eine Dublette in Mk 8,34//Mt 16,24//Lk 9,23 hat. Das Wort vom Lebengewinnen und -verlieren Mt 10,39 (Dublette in Mk 8,35//Mt 16,25//Lk 9,24) bringt Lk zwar erst in 17,33, doch zeigt die red Einfügung von kai tēn psychēn heautou in Lk 14,26, dass er es in seiner Vorlage hinter 14,26f gelesen hat[713]. Die kleine Logienkomposition Lk 14,26.27;17,33//Mt 10,37.38.39 hat die Bedingungen der Nachfolge zum Thema. Wie auch im Fall von Lk 16,16-18//Mt 11,12f;5,18.32[714] relativiert ihre Existenz das Argument, die Streuung der Logien widerspreche dem lk Kompositionsverfahren[715].

Die Rekonstruktion der Q-Fassung von Lk 14,26//Mt 10,37 ist schwierig. Wie die entsprechende Einfügung in Lk 18,29 (diff Mk 10,29) zeigt, geht die Erwähnung der Ehefrau auf die LkRed zurück. Ebenfalls red ist die Einfügung von eti te (de) kai[716] tēn psychēn eautou (s.o.). Ueber Mt 10,37 hinaus erwähnt Lk auch die "Brüder und Schwestern", was wohl eine Angleichung an Mk 10,29 darstellt[717]. Entsprechendes gilt vom Ersatz von "Sohn und Tochter" durch "Kinder"[718]. Mt wird also darin Q entsprechen, dass "Vater und Mutter" sowie "Sohn und Tochter" streng parallel erwähnt werden.

Was die Satzkonstruktion betrifft, so verweist SCHULZ darauf, dass der Anfang bei Lk mit erchetai pros me überladen wirke. "Da Lk in 6,47 möglicherweise einen ähnlichen Zusatz selbst gebildet hat, kann man auch hier red Bildung vermuten."[719] Auf die MtRed geht dagegen der Ersatz von misein durch philein hyper eme zurück, da es sich hier um eine Abschwächung der radikalen Formulierung handelt[720]. "Ursprünglicher bei Lk als bei Mt ist

---

713) Vgl. dazu LAUFEN, Doppelüberlieferungen 318-321.332-334; WANKE, Kommentarworte 76; entsprechend urteilen: LUEHRMANN, Redaktion 61 (Anm 4).111 (Anm 5); SCHENK, Synopse 109-111; SCHULZ, Q 278.445.447 (Anm 327)

714) Dazu s.u. III.2.(1.)

715) So SATO, Q 25

716) Vgl. JEREMIAS, Sprache 241

717) So auch SCHULZ, Q 447 mit Anm 326

718) Vgl. SCHULZ, ebd.

719) SCHULZ, aaO 447; so auch SCHENK, Synopse 109, erwogen auch von LAUFEN, Doppelüberlieferungen 568 Anm 204; anders: POLAG, Fragmenta 70

720) S.o. A 672. Hinzu kommt, dass misein in Q sicher belegt ist (s.o. A 670), während philein allenfalls in Mt 23,6 (diff Lk 11,43) auf Q zurückgeführt werden kann (s.o. A(I) 261).

auch der Schluss ou dynatai einai mou mathēthēs. Es geht in der Lk-Fassung um die Alternative Jünger-Sein oder nicht. Die Wendung bei Mt ist eine Abschwächung, welche das Wort auch für den Christen anwendbar macht, der schon Jünger ist, sich in seinem Jünger-Sein allerdings noch als würdig erweisen muss."[721] Die lk Einleitung des Satzes mit ei tis ist als red anzusehen: Indefinites tis ist eine lk Vorzugsvokabel, die in Q lediglich als Neutrum belegt ist[722]. Allerdings ist auch die partizipiale Konstruktion des Mt red, so dass das Logion in Q wohl Lk 14,27//Mt 10,38 entsprechend mit hos ou begann[723]. Für Q ergibt sich demnach etwa folgender Wortlaut[724]:

οσ ου μισει τον πατερα [εαυτου] και την μητερα
και τον υιον και την θυγατερα
ου δυναται ειναι μου μαθητησ.

b) Auf die Interpretation von Lk 14,26 hat man m.W. bisher wenig Mühe verwendet. Zur Bedeutung von misein wird angemerkt, es sei "nicht emotional zu verstehen, sondern im Sinne einer entschiedenen Nachordnung"[725]. JEREMIAS, der Lk 14,26 und Mt 10,37 für Uebersetzungsvarianten hält, beurteilt die lk Fassung als "wörtliche", die mt als "sinngemässe Wiedergabe", da "das verneinte misein semitisierender Ersatz für das komparativische 'mehr lieben als' ist"[726]. Zu solchen Bemerkungen meint ERNST: "Das mag stimmen. Trotzdem ist eine solche Forderung überaus anstössig"[727] und "sollte nicht

---

721) SCHULZ, Q 446f; so auch LAUFEN, Doppelüberlieferungen 568 Anm 204; SCHENK, Synopse 109; POLAG, Fragmenta 70. Hinzu kommt, dass Lk die Wendung im red gebildeten Vers 17,33 aufnimmt.

722) Vgl. WEGNER, Hauptmann 132; Belege bei EDWARDS, Concordance 74f

723) So LAUFEN, Doppelüberlieferungen 333 (vgl. 303)

724) Vgl. die Rekonstruktionen bei LAUFEN, Doppelüberlieferungen 333 mit Anm 204 (aaO 567f); POLAG, Fragmenta 70 (mit anderer Einleitung, s.o. A 719); SCHENK, Synopse 109; SCHULZ, Q 446f; vgl. auch GRUNDMANN, Lk 302; ERNST, Anfänge 137

725) SCHNEIDER, LkII 321; vgl. GRUNDMANN, Lk 302; SCHWEIZER, Lk 159

726) JEREMIAS, TheologieI 215f mit Anm 74; vgl. GRUNDMANN, Lk 302; ECKERT, Wesen 306; GIESEN, EWNTII 1060. ERNST, Lk 448 verweist für diese semitische Spracheigentümlichkeit auf Gen 29,30.31.33; Dtn 21,15ff; Ri 14,16.

727) ERNST, Anfänge 138

vorschnell ... neutralisiert werden"[728]. Gemeint ist zweifellos "bewusste Absage, Abkehr und Ablehnung"[729].

Auch wenn "hinter der Forderung nach Verzicht auf Familienbindungen ... wohl das prophetisch-apokalyptische Motiv des Zerbrechens der Familie angesichts der Endzeitversuchung (steht)"[730], geht Lk 14,26 nicht restlos in dieser Vorstellung auf, da es hier nicht um die Erfahrung des Abgelehnt-Werdens, sondern um "aktives Hassen" geht.

Auf der Suche nach konkreten Vollzügen dieses "Hasses" stösst man unweigerlich auf die radikale Loslösung der Jünger aus ihren sozialen und ökonomischen Bindungen, wie sie uns in den Berufungsberichten und in besonderer Schärfe in Lk 9,59f (s.o.) geschildert wird[731]. Auffällig ist allerdings, dass Lk 14,26 viel stärker von der Ablösung von der Familie als von der Entscheidung für die Nachfolge her denkt. Gefordert ist nicht bloss ein In-Kauf-Nehmen der faktischen Trennung, sondern eine aktive Distanzierung.

c) Es fällt mir deshalb schwer, die Kritik von STEGEMANN am Gebrauch, den THEISSEN von Lk 14,26 macht, zu verstehen. Zwar sind seine Einwände gegen den Umgang von THEISSEN mit quellen- und traditionskritischen Problemen grundsätzlich berechtigt[732], doch kann seine Annahme, "der in 14,26 erwähnte Hass" sei "nicht für die Tradition über die Jesusbewegung zu reklamieren", da die lk Version "fraglos die Handschrift des Evangelisten Lukas (trägt)", nicht überzeugen[733]. Literarkritisch lässt sich seine These: "Die originale Intention von Q bewahrt die Matthäus-Version dieses Logions"[734], nicht wirklich begründen, auch wenn unbestreitbar ist, dass Lk red eingegriffen hat (s.o. a). Noch weniger leuchtet mir ein, wie aus Mt 10,37 geschlossen werden kann, das Verlassen der Familie sei für Q "nicht asketische Norm, sondern bittere Notwendigkeit"[735]. Mt 10,37 stimmt mit Lk

---

728) Ders., Lk 448

729) SCHULZ, Q 448 mit MICHEL, ThWVI 694f

730) SCHULZ, Q 448 Anm 335 mit HENGEL, Nachfolge 14. Zur Sache s.o. 4.2.1.1.(2.g) mit A 675

731) In seinem Jesus-Roman hat THEISSEN, Schatten 98-107 dieses Phänomen auf einfühlsame Weise anschaulich gemacht.

732) STEGEMANN, Wanderradikalismus 99-101.104-106.111-115; vgl. SCHOTTROFF/STEGEMANN, Jesus 106

733) STEGEMANN, Wanderradikalismus 114f

734) AaO 115

735) Zu pauschal fällt dann auch die Schlussfolgerung aus, die von THEISSEN herbeigezogenen Texte aus Q "reflektieren kein asketisches Ethos,

14,26 darin überein, dass es dem Angesprochenen überlassen ist, zwischen der Bindung an die Familie und der Bindung an Jesus zu entscheiden. Die "Nachordnung" der Familie ist nicht vorgegeben, sondern gewählt. Das schliesst nicht aus, dass sie auch durch die äusseren Umstände nahegelegt wurde, impliziert aber, dass ihr ein "Sinn" abgewonnen werden konnte.

d) Angesichts der Tatsache, dass das Liebesgebot bei der Behandlung der Stellung Jesu zur Tora häufig in den Mittelpunkt gerückt wird, fällt auf, dass das "Gesetzesverständnis" von Lk 14,26 kaum je erörtert wird. Wie sich der "Hass" von Vater und Mutter, Sohn und Tochter zum Gebot der Nächstenliebe, aber auch zum 4. Gebot verhält, ist eine selten gestellte Frage[736].

Zwar könnte man zu ihrer Beantwortung auf die Tatsache hinweisen, dass im Judentum die Regel gilt, dass "die Pflicht gegenüber Gott ... der Pflicht gegenüber Menschen voran(geht)"[737] und dass die Liebe zu den Eltern "gegenüber der Liebe zu Gott, zur Tora u(nd) zum Lehrer in zweiter Linie (steht)"[738], doch liegt in Lk 14,26 keine eigentliche "Gesetzeskollision" vor, so dass diese Regeln nicht zum Tragen kommen.

Wie schon im Fall von Lk 9,59f (s.o. 2.), ist zu beachten, dass das Logion nicht aus dem Lebenszusammenhang der Nachfolge-Situation herausgelöst werden kann und folglich nicht mit allgemeingültigen ethischen Normen wie Lev 19,18 oder Ex 20,12 "verrechnet" werden darf. Damit soll nicht die Provokation des Wortes gemildert, sondern der Tatsache Rechnung getragen wer-

---

sondern die Radikalität einer durch Armut, Hunger und Gewalt bestimmten Lebenslage." (ebd.) Vgl. dazu das ausgewogene Urteil von BURCHARD, Jesus 37: "Man kann darüber streiten, ob dieser 'Wanderradikalismus' ein freiwilliger Verzicht auf das bürgerliche Leben war (THEISSEN) oder der Ausbruch aus unerträglicher Not (L. SCHOTTROFF - W. STEGEMANN). Womöglich je nachdem. Gutsituiert war kaum einer der Jünger gewesen, und auch ein bettelarmer hatte auf etwas verzichtet, als er Eltern, Frau oder das Dach über dem Kopf verliess. In jedem Fall gab Jesus der Sache einen religiösen Sinn; sonst wäre sie Parasitentum gewesen ..."

736) Vgl. immerhin ERNST, Lk 448 "Eine ethische Deutung des Wortes (Verwerfung des Liebesgebotes, Kritik am vierten Gebot des Dekalogs) trifft das Anliegen Jesu nicht." und SCHULZ, Q 448 "Die Jesus-Nachfolge (steht) über den vererbten Familienbeziehungen, ohne dass damit allerdings die Mose-Tora in Gestalt des 4. Gebots bewusst-planmässig aufgehoben würde."

737) NISSEN, Gott 373(-381)

738) STRACK/BILLERBECK, KommentarI 587

den, dass die "Frage"[739], auf die Lk 14,26 antwortet, nicht lautet: Was gilt in bezug auf das 4. Gebot? sondern: Wer kann Jesu Jünger sein?
Auch wenn Lk 14,26 weniger anschaulich formuliert als 9,59f, halte ich die Kategorie des "Symbolischen"[740] auch zu seiner Erklärung für angemessen, zumal 9,59f zweifellos als Konkretisierung des in 14,26 geforderten "Hasses" anzusprechen ist. Entsprechend gilt das zum "Gesetzesverständnis" von 9,59f Gesagte auch für dieses Logion.

4. THUESING hat die "zur Einheit zusammengehaltene Polarität von Bejahung Gottes und Bejahung des Menschen" als das bestimmt, "was das Singuläre bei Jesus ausmacht"[741]. Diese Spannungseinheit, der THUESING ausserordentliches Gewicht beimisst[742], hat "ihren ... jesuanischen Haftpunkt in dem 'Doppelgebot' der Gottes- und Nächstenliebe"[743].
Dieses Doppelgebot der Liebe wird seinerseits häufig als Zentrum des jesuanischen Gesetzesverständnisses und seiner Ethik angesehen, etwa in dem Sinn, dass "Jesus ... die Kasuistik des Gesetzes unter die Generalklausel des Liebesgebotes" stellt[744], oder "dass die Liebe zum Nächsten und zum Feind für Jesus das alles entscheidende Kriterium rechten zwischenmenschlichen Verhaltens ist und es für ihn keine Liebe zu Gott ohne die des Nächsten und des Feindes gibt"[745].
Aehnliches nimmt SCHULZ auch für das Gesetzesverständnis von Q an, wenn er die s.E. dort zu beobachtende "Toraverschäfung" zusammenfassend als "Rückgang vom Wortlaut auf die Intention des alttestamentlichen Gesetzes, nämlich für den Nächsten in Liebe da zu sein", definiert[746].

---

739) Zur Notwendigkeit, innerhalb eines rezeptionsorientierten Ansatzes "Fragen zu stellen, auf die der Text eine Antwort gab" s. JAUSS, Literaturgeschichte 136(-141) im Anschluss an H.G. GADAMER.
740) Dazu s.o. (2.c.d.e)
741) THUESING, TheologienI 75 (vgl. 71-76)
742) Vgl. die Ausführungen aaO 221-369
743) AaO 292 (vgl. 291-301)
744) NOLL, Jesus 12(-15); zustimmend: SCHRAGE, Ethik 82
745) SCHRAGE, Ethik 86 (vgl. 69-86). Zur zentralen Bedeutung des Liebesgebotes für das Toraverständnis und die Ethik Jesu s. auch BULTMANN, Theologie 18f; CONZELMANN, Grundriss 135-139; DILLMANN, Ethik 122; ERNST, Einheit; GOPPELT, Theologie 153f; JEREMIAS, TheologieI 204-206; LOHSE, Grundriss 32f; (SMEND)/LUZ, Gesetz 64-69; SCHNACKENBURG, BotschaftI 88-97; SCHULZ, Ethik 45; SCHWEIZER, Jesus 36f. Vgl. auch LUZ, aaO 64: "Die meisten Ausleger Jesu stimmen darin überein, dass die Liebesforderung das Zentrum der Ethik Jesu ist."
746) SCHULZ, Q 170

Dass das Doppelgebot der Liebe - bei aller Unsicherheit, was die Echtheitsfrage betrifft[747] - Jesus "nicht ohne historisches Recht" in den Mund gelegt wurde[748] und für sein Ethos von zentraler Bedeutung ist, sollte nicht bestritten werden. In Ergänzung zu dieser Feststellung muss aber - nicht zuletzt im Anschluss an die Ueberlegungen zu Lk 9,59f und Lk 14,26 - vor voreiligen systematisierenden Schlussfolgerungen gewarnt werden:

a) Jesu Stellung zur Tora lässt sich nicht konsequent vom Liebesgebot her interpretieren, sei es im Sinne von "Kritik", "Reduktion", "Konzentration", "Radikalisierung" oder von "Rückführung auf die ursprüngliche Intention des Gesetzes". Eine solche Systematisierung, wie sie etwa von Mt (22,40; vgl. 7,12) vorgenommen wird, entspricht nicht der Intention Jesu. Ich sehe keinen Weg, Lk 9,59f und 14,26 so zu interpretieren, dass das darin geforderte mit dem Gebot der Nächstenliebe in Einklang gebracht werden kann[749]. Aber auch Jesu Kritik am Reinheitsstreben, wie es z.B. in Mk 7,15 zum Ausdruck kommt, lässt sich nicht unmittelbar aus dem Liebesgebot ableiten, und selbst Jesu Verbot der Ehescheidung (Lk 16,18//Mt 5,32; vgl. Mk 10,1-12) ist nicht als Vorordnung des Liebesgebotes vor das Scheidungsrecht des Mannes zu verstehen. "In Jesu eigenem, unbedingten Nein zur Scheidung und Heirat von Geschiedenen steckte ein Moment potentieller Lieblosigkeit"[750].

b) "Die Frage der Systematisierbarkeit der ethischen Forderungen Jesu"[751] darf nicht leichthin abgetan werden. M.E. ist es redlicher, die einzelnen Forderungen und Zumutungen Jesu als solche zu interpretieren, als mit Hilfe sehr abstrakter und formaler Begriffe eine geschlossen "Ethik" Jesu zu formulieren. Gerade im Hinblick auf die uferlose Diskussion um die Stellung Jesu zur Tora, aber auch um den Einheitsgrund der Verkündigung Jesu, könnte ein solcher Ansatz "entkrampfend" und damit weiterführend wirken.

---

747) Vgl. nur MERKLEIN, Gottesherrschaft 102-104

748) BURCHARD, Liebesgebot 62; zustimmend: MERKLEIN, Gottesherrschaft 105; vgl. auch SCHNACKENBURG, BotschaftI 94f; SCHRAGE, Ethik 72

749) Wenn man diese Texte schon vom Doppelgebot der Liebe her deuten will, muss von einer Vorordnung der Gottes- vor die Nächstenliebe ausgegangen werden. Aber auch eine solche Interpretation stellt eine unzulässige Systematisierung dar, die zudem durch das Ganze der Verkündigung Jesu nicht gedeckt wird (vgl. THUESING, TheologienI 291-301).

750) LUZ, Mt 279; vgl. 271f; s. auch GOPPELT, Theologie 158; SCHRAGE, Ethik 63; anders z.B. SCHULZ, Ethik 41

751) GOPPELT, Theologie 157(f)

c) Will man Texten wie Lk 9,59f und 14,26 keine Gewalt antun, bleibt eine Spannung zwischen der Forderung der Feindesliebe und der radikalen Distanznahme von den nächsten Angehörigen bestehen. Diese Spannung bestätigt zunächst die These, dass die Forderung der Feindesliebe nicht als Erweiterung der Nächstenliebe ins Endlose gedacht ist[752].

Zur Erklärung der Spannung ist wohl auf die Ungrundsätzlichkeit und den symbolischen Charakter der Forderungen Jesu hinzuweisen. Sowohl indem er mit seiner Familie bricht als auch indem er seine Feinde liebt, macht der Nachfolger Jesu erfahrbar, dass Gott neue Massstäbe setzt und dass das bisher gängige Verhalten dem Hereinbrechen der Basileia nicht angemessen ist.

Beachtung verdient aber auch das soziale Umfeld, in dem Jesus diese Forderungen erhebt. Unter- und Mittelschicht waren in Galiläa (und ganz Palästina) zur Zeit Jesu erheblichem sozioökonomischem Druck ausgesetzt[753]. Solcher Druck führt leicht zu sozialer Entwurzelung, zwingt zu deviantem Verhalten oder legt solches wenigstens nahe[754]. Anderseits führt er für jene, die ihm standhalten wollen, zu einem verstärkten Konformitätszwang und zur Abgrenzung nach aussen. Dabei wird die eigene Identität auch durch die Produktion von Feindbildern gestärkt[755]. Das führt zur paradoxen Situation, dass zwischen Feindes- und Nächstenliebe gewählt werden muss: Wer in der Nachfolge Jesu bestehende Grenzen religiöser, politischer und sozialer Art überwindet und so Feindesliebe lebt, kann nicht gleichzeitig in Harmonie mit seinen nächsten Angehörigen sein, weil ihn dies zur Abgrenzung nach aussen zwingen würde.

Diese Ueberlegungen soziologischer Art lassen die bereits erörterte Frage, ob das Gebot der Nächstenliebe die Feindesliebe ausschliesst[756], nochmals

---

752) S.o. 4.2.1.1.(1.b) und (2.)

753) Vgl. dazu BOESEN, Galiläa 172-188; GRUNDMANN, Judentum 184.185-188; THEISSEN, Soziologie bes. 34-46; Ders., Wir haben alles verlassen; SCHOTTROFF/STEGEMANN, Jesus bes. 26-28

754) Vgl. THEISSEN, Wir haben alles verlassen. Zum Problem der Freiwilligkeit s.o. (c) mit A 735

755) Vgl. THEISSEN, Soziologie 101f.105. Neben Beispielen aus der Neuzeit (Faschismus als Reaktion auf die Wirtschaftskrise; Zunahme der Fremdenfeindlichkeit im Zusammenhang mit höherer Arbeitslosigkeit) können auch die Betonung des "spezifisch Jüdischen" in der Exilssituation oder die Reaktion auf den Hellenisierungsversuch unter Antiochus IV diesen Vorgang illustrieren.

756) S.o. ExkursV

in neuem Licht erscheinen, zumal sie auch zur Gegenfrage anregen, ob Feindesliebe die Nächstenliebe ausschliesst. So wird deutlich, dass diese Frage nicht mit jener nach der Ueberlegenheit der Ethik Jesu gegenüber der Ethik des Judentums verquickt werden darf, sondern auf der Ebene zu behandeln ist, auf der sie sich stellt: auf der Ebene der Wissenssoziologie[757].

5. Nach diesen eher grundsätzlichen Ueberlegungen zur Bedeutung von Lk 9,59f und 14,26 für das Verständnis der Ethik Jesu ist abschliessend kurz auf die Rezeption dieser Trad durch Q einzugehen, wobei der Frage nach dem Gesetzesverständnis besondere Beachtung zu schenken ist:

a) Die Kontextualisierung von Lk 9,59f und 14,26 in Q[758] lässt erkennen, dass beide Texte durchaus sachgemäss dem Thema Nachfolge/Jüngerschaft zugeordnet wurden und nicht etwa unter dem Gesichtspunkt ihres Verhältnisses zur Tora eingeordnet sind.

b) Keiner der beiden Texte erfährt in Q Erweiterungen, die das implizierte Gesetzesverständnis explizieren, präzisieren oder korrigieren. Q übernimmt diese Texte, ohne aus ihnen "torakritische" Folgerungen zu ziehen, aber auch ohne ihnen die Spitze zu nehmen. Zwischen dem ursprünglichen Sinn der Texte und ihrer Rezeption in Q kann diesbezüglich mit grosser Kontinuität gerechnet werden.

c) Eine Zusammenschau von Lk 9,59f und 14,26 (vgl. auch 10,7a;11,39;14,5) mit den "nomistischen" Korrekturen von 11,42a.b.c und 16,16(18) durch 11, 42d, bzw. 16,17 bestätigt und verstärkt das bereits gewonnene Bild: Q scheint kein besonderes Interesse an der Gesetzesproblematik zu haben. Eine systematische Reflexion der diesbezüglichen Implikationen der Verkündigung Jesu, aber auch eine durchgängige "Retoraisierung"[759] wurde weder als notwendig, noch als angemessen empfunden, so dass die der Botschaft Jesu eigene Ungrundsätzlichkeit in ihrem Verhältnis zur Tora (mit gewissen Modifikationen) auch für Q charakteristisch bleibt[760].

---

757) Zur Wissensoziologie s. z.B. P.L. BERGER/T. LUCKMANN, Die gesellschaftliche Konstruktion der Wirklichkeit. Eine Theorie der Wissenssoziologie (FischerTB 6623), Frankfurt 1980

758) S.o. (2.a) und (3.a)

759) Der unschöne, aber sachlich zutreffende Ausdruck stammt m.W. von HUEBNER, Gesetz 238 (u.ö.)

760) Vgl. o. I.4.2.2.3.(2./3.) und u. IV.1.6. und 3.2., aber auch schon KOSCH, Gottesherrschaft 58f

3. Ausgehend vom besonders von FUCHS herausgestellten Zusammenhang zwischen Jesu Verkündigung und seinem Verhalten[761] ist im Anschluss an die Frage nach der Bedeutung des Begriffes "Feind" (s.o. 2.) zu überlegen, inwiefern die Forderung der Feindesliebe mit der Praxis Jesu in Zusammenhang steht und welche Aufschlüsse diese Praxis hinsichtlich des "Ortes" dieser Forderung gibt.
Dabei ist zunächst zu überlegen, welche Personen und Gruppen, mit denen Jesus es während seiner Wirksamkeit zu tun bekam, als seine Feinde gelten können[762]. Die Konflikte Jesu, wie die synopt Ev sie uns schildern, lassen insbesondere an die Pharisäer, aber auch an die Sadduzäer (und die "Herodianer", vgl. Mk 3,6;12,13) denken; aufgrund der Passionsberichte müssen auch der Hohepriester und das Synedrion sowie die Römer berücksichtigt werden.
a) Eine nüchterne Beurteilung zwingt allerdings zu einer gründlichen Revision des von den Evangelien vermittelten Bildes von den Pharisäern als "Todfeinden" Jesu (vgl. Mk 3,6)[763]. Konkret zu berichten wissen ja auch sie nur von verbalen Auseinandersetzungen und Streitigkeiten.
Insbesondere die antipharisäischen Weherufe, von denen zumindest Lk 11,39b und 11,42a.b.c jesuanisch sein dürften[764], lassen erkennen, dass Jesus in diesem Konflikt sehr engagiert und polemisch Stellung genommen hat. Obwohl man das Verhältnis zwischen Jesus und den Pharisäern nur mit Vorbehalten als "Feindschaft" bezeichnen kann, lässt Jesu Verhalten den Schluss zu, dass Feindesliebe als Konfliktvermeidung um jeden Preis missverstanden wäre und den "guten Widerspruch"[765] nicht ausschliesst.

---

761) FUCHS, Frage 155f; vgl. FRANKEMOELLE, Jesus 59f.151-154
762) Vgl. die allgemeinen Ueberlegungen o. (2.d)
763) Dazu s.o. I.4.2.1.4.(3.)
764) Dazu s.o. I.4.2.1.4.(1.-5.)
765) Den Ausdruck verdanke ich P. EICHER. Jesu Polemik als "guten Widerspruch" zu bezeichnen, ist legitim, zumal harte Polemik zu seiner Zeit nichts Ungewöhnliches war (s. die Hinweise in der o. A(I) 379. 383 genannten Lit.), und die jesuanischen Weherufe den Pharisäern einen Raum zur Besserung offenhalten (s.o. I.4.2.1.1.(2.)), sie also nicht abschreiben oder verdammen. Interessante Hinweise auf die Tradition des "guten Widerspruchs" im NT (und Gegenbeispiele) bietet H.-J. VENETZ, Der Umgang mit Widersprechenden in den neutestamentlichen Gemeinden: Conc(D) 18(1982) 578-584.

b) Was die übrigen Personenkreise betrifft, die als Feinde Jesu in Frage kommen, so sind wir weitgehend auf Vermutungen angewiesen, die ihren Anhalt in der Passionsüberlieferung haben. Für Jesu Verurteilung und Tod waren die Sadduzäer "von entscheidender Bedeutung; denn nur S(adduzäer) und Römer besassen damals die Macht, an die die Handhabung des Rechts gebunden ist". Die Römer sind dann wohl auf das Betreiben der Sadduzäer (bzw. des von ihnen dominierten Synedrions) gegen Jesus vorgegangen[766]. Der Prozess Jesu, dessen historische Rekonstruktion hier nicht diskutiert werden kann[767], ist zweifellos der Kulminationspunkt eines Konfliktes. Seine Gründe sind im divergierenden Toraverständnis und in der "Tempelkritik" Jesu zu suchen, welche als Infragestellung der religiösen und sozio-ökonomischen Grundlage der Machtposition der Priesteraristokratie empfunden wurde und wohl auch weitere Bevölkerungskreise in Jerusalem gegen Jesus aufbrachte, da das gesamte Leben der Stadt auf den Tempel ausgerichtet und von ihm abhängig war[768].

Es kann kein Zweifel daran bestehen, dass Jesus die Feindschaft der Sadduzäer provoziert hat. Am deutlichsten wird dies in der "Tempelreinigung" (Mk 11,15-19)[769] sichtbar. Auch hier zeigt sich, dass Feindesliebe als "Konfliktvermeidungsstrategie" missverstanden wäre. Bei aller Schwierigkeit, den Passionsbericht im einzelnen historisch auszuwerten, ist aber auch festzuhalten, dass Jesus auf Widerstand und Gewaltanwendung verzichtete[770].

c) Die Römer können nicht als eigentliche Feinde Jesu bezeichnet werden. Als heidnische Besatzungsmacht galten sie in manchen Kreisen allerdings zweifellos als Volksfeinde und Gottesfeinde. Jesus war gewiss kein Freund der römischen Machthaber[771], doch zeigen seine Einstel-

---

766) BAUMBACH, EWNTIII 531, vgl. Ders., Jesus (61-)68 und MUELLER, Jesus. Zu den Sadduzäern s. auch BAUMBACH, Konservativismus und MUDISO M. MUNDLA, Jesus 83-88 (Lit.)

767) Zur umfangreichen Lit. s. PESCH, MkII 422-424 (bis 1977) sowie die einschlägigen Abschnitte in KUEMMEL, Jesusforschung 375-419.528-533

768) Vgl. THEISSEN, Tempelweissagung 153-158

769) Neben den Kommentaren s. SANDERS, Jesus 61-76 und TRAUTMANN, Handlungen 78-131

770) Auch DIETZFELBINGER, Antithesen 77f parallelisiert in diesem Sinn die Logien zu Widerstandsverzicht und Feindesliebe mit der Passion Jesu.

771) Vgl. dazu WENGST, Pax 73-92

lung gegenüber den Zöllnern, die Kollaborateure der Besatzungsmacht waren, aber auch seine Heilung des Knechts eines römischen Zenturio (Lk 7,1-10), dass er keinem starren Freund-Feind-Schema verhaftet war. Auch wenn Jesu Verhalten gegenüber den Römern nicht als "Feindesliebe" im engeren Sinn anzusprechen ist, ist es doch insofern mit ihr verwandt, als scheinbar unaufhebbare Grenzen und Gegensätze unterlaufen werden.

d) Aehnliches gilt für "Jesu eigenes Verhalten der Zuwendung zu denen, die für die Frommen 'Sünder' waren"[772]. Zwar können sie nicht als Feinde Jesu angesprochen werden, so dass seine Feindesliebe-Forderung durch dieses Verhalten nicht eigentlich "gedeckt" ist[773], doch werden auch hier Grenzen gesprengt und gängiges Freund-Feind-Denken überwunden.

e) Fazit: Die Rückfrage nach Personenkreisen, die als Feinde Jesu in Frage kommen, bzw. nach Elementen im Verhalten Jesu, die seine Forderung der Feindesliebe illustrieren, ist zwar im einzelnen nicht sehr ergiebig. Immerhin vermag sie aber die These zu erhärten, dass der Feind-Begriff nicht privatistisch auf die rein persönliche Feindschaft eingeengt werden darf, sondern von den religiösen, politischen, nationalen und sozialen Spannungsfeldern zur Zeit Jesu mitbestimmt ist[774]. "Insofern ist die Forderung der Feindesliebe, die zunächst den einzelnen zum vertrauensvollen, auf Gottes Güte aufbauenden Handeln aufruft, ebenso wie Jesu entsprechendes Handeln (das durch sein Gebot 'gedeckt' ist) zweifellos von starker Brisanz auch für die politisch-sozialen Verhältnisse im damaligen Palästina gewesen."[775]

4. Nachdem von verschiedenen Zugängen her eine gewisse Konkretisierung des Begriffes "Feind" versucht worden ist, bleibt zu fragen, welche Intention die Forderung hat, die Feinde zu lieben.

---

772) LUEHRMANN, Feinde 437

773) Gegen LUEHRMANN, ebd

774) S.o. (2.c). So auch FIEDLER, Jesus 191(-193); HOFFMANN/(EID), Jesus 153. Ders., Tradition 76; vgl. auch Ders., Eschatologie 134: "Weder eine rein privatistische Auslegung, die sie (sc. die Sprüche Lk 6,29f) auf die Situation 'Ich und ein Gewalttäter' einschränken möchte, noch ihre Reduktion auf die Forderung des Widerstandsverzichts oder der passiven Hinnahme von Unrecht wird ihnen gerecht."

775) FIEDLER, Jesus 193

a) Aufschlussreich ist diesbezüglich schon die Parallelisierung der Forderung der Feindesliebe (Lk 6,27b) mit der Weisung, für die Hasser zu beten (6,28b). "Das fürbittende Gebet ist die letzte Möglichkeit, aber eben doch noch eine Möglichkeit eigener, den Feind positiv einbeziehender Initiative gegen Unrecht und Gewalt, wo anderen Mitteln der Raum verstellt ist. Daran wird auch deutlich, dass Jesus nicht die Illusion hegte, dass die Gegeninitiative gegen die Gewalt, dass die die Gewalt überführende gewaltfreie Aktion in jedem Fall von Erfolg gekrönt sein müsse."[776]

Die Tatsache, dass das Gebet für den Gegner als eine Form von Feindesliebe erscheint, gibt ferner zu verstehen, dass diese nicht bloss "Mittel zum Zweck" ist, den Gegner zu gewinnen ("Entfeindungsliebe"), oder ihn gar blosszustellen, sondern in sich (und nicht nur als Teil einer umfassenderen Strategie) sinnvoll ist[777].

Die Forderung der Feindesliebe zielt somit (wie auch das Gebet[778]) nicht einseitig auf die Veränderung des Feindes, sondern ebensosehr auf die Veränderung dessen, an den sie sich richtet. Sie will eine "Einstellungsänderung ... ermöglichen ... um Offenheit zu schaffen - für den als Feind erfahrenen anderen ...(und) ... eine Chance dafür schaffen, auch im Feind den Nächsten zu erkennen und ihm als Mitmensch gerecht zu werden"[779].

b) Hilfreich für das Verständnis der Forderung der Feindesliebe sind aber auch die Sprüche Lk 6,29a-b.c-d (Mt 5,41a-b[780]). HOFFMANN bezeichnet sie treffend als "Uebersetzung des Gebotes in konkretes Verhalten"[781]. Sie machen deutlich, dass Feindesliebe nicht auf Wider-

---

776) WENGST, Pax 91

777) Sehr gut gesehen von WEDER, Rede 143f. Vgl. auch LUZ, MtI 308 "Der heimliche Hintergedanke, dass der Feind durch Liebe zum Freund gemacht werden könnte, fehlt."

778) Vgl. dazu D. SOELLE, Gebet, in: Atheistisch an Gott Glauben, Olten 1979 (5. Aufl.) 109-117

779) HOFFMANN, Eschatologie 133f

780) Zur Problematik der traditionsgeschichtlichen Einordnung von Mt 5,41 s.o. 4.1.(5.)

781) HOFFMANN/(EID), Jesus 156(-161); zustimmend z.B. MERKLEIN, Gottesherrschaft 274

standsverzicht oder passive Hinnahme von Unrecht reduziert werden kann[782], sondern zu einer "paradoxen Aktivität" auffordert[783].

c) Die Forderungen in Lk 6,29 (Mt 5,41) machen deutlich, dass Feindesliebe "als ein konkretes soziales Geschehen" zu begreifen ist[784]. Es ist deshalb verständlich, dass der sozialgeschichtlichen Bibelauslegung verpflichtete oder ihr nahestehende Exegetinnen und Exegeten ihnen besonderes Interesse entgegenbringen[785] - allerdings ohne dabei einen Konsens zu erreichen. Diesem soziologischen Interpretationsansatz (bzw. dem sozialgeschichtlichen Interpretationsversuch von L. SCHOTTROFF) ist von MERKLEIN jedoch jede Berechtigung abgesprochen worden: "Die soziologische Situation (...) ist für die Geltung von Mt 5, 39f par überhaupt nicht relevant. ... Die Situation ist kein spezifischer Fall der Sozialgeschichte, sondern ein Fall, wie er im menschlichen Zusammenleben heute so gut vorkommen kann wie im Alltag der Zeitgenossen Jesu."[786]

Diese Kritik ist zu pauschal. Gewiss sind diese Weisungen Jesu nicht an eine einzige, präzis bestimmbare Situation gebunden, sei es der jüdische Widerstand gegen Rom (HENGEL, HOFFMANN), die Verfolgungssituation (SCHOTTROFF) oder das Leben der Wandercharismatiker (THEISSEN)[787]. Schliesslich geben die Imperative "nicht Verhaltensregeln im engeren Sinn des Wortes"[788], sondern veranschaulichen eine Grundeinstellung, die auch in anderen Konfliktsituationen als den direkt angesprochenen zum Tragen kommen soll. Auch der weisheitliche Charakter der Mahnworte spricht für eine gewisse "Allgemeingültigkeit"[789]. Aber MERKLEIN bedenkt zu wenig, dass die soziologische Si-

---

782) HOFFMANN, Eschatologie 134 und die in A 258 genannten

783) HOFFMANN/(EID), Jesus 159. LUZ, MtI 295 spricht von "bewusster Provokation", "Verfremdung", "Schockierung", "symbolische(m) Protest" und "provokative(m) Kontrast".

784) SCHOTTROFF, Gewaltverzicht 200

785) Vgl. SCHOTTROFF, Gewaltverzicht; THEISSEN, Gewaltverzicht; WENGST, Pax 88-90, aber auch die verschiedenen Beiträge von HENGEL (z.B. Revolutionär 20-22) und HOFFMANN (z.B. Tradition), sowie LUZ, MtI z.St.

786) MERKLEIN, Gottesherrschaft 273 (vgl. 272-274)

787) HENGEL, Revolutionär 20-22; Ders., Zeloten 385f; HOFFMANN, Tradition (74-)80 (für Q, mit weiteren Differenzierungen; vgl. schon Ders., Studien 75f); SCHOTTROFF, Gewaltverzicht 203f (vgl. SCHOTTROFF/STEGEMANN, Jesus 80f); THEISSEN, Gewaltverzicht 191-195 (vgl. 183-191)

788) HOFFMANN, Eschatologie 133

789) Vgl. auch ZELLER, Mahnsprüche 56

tuation die Wirkung des in unseren Sprüchen geforderten Verhaltens entscheidend mitbestimmt, und dass der Rekonstruktion dieser Situation für die Erhebung ihrer Intention deshalb erhebliche Bedeutung zukommt. Ist der Angegriffene dem Angreifer gegenüber z.B. in einer Machtposition, kann das "Hinhalten der anderen Wange" zu einem Ausspielen der eigenen Stärke und Ueberlegenheit und sogar zum Ausdruck der Indifferenz gegenüber dem Leidensdruck werden, mit dem er (in Form von Aggression) konfrontiert wird[790]. Ganz anders liegen die Dinge, wenn das Machtgefälle umgekehrt verläuft.

Tatsächlich wird nun die Forderung der Feindesliebe in Lk 6,29c.d (und Mt 5,41) im Blick auf den Unterlegenen konkretisiert, welcher der Macht ausgeliefert ist, und auch der in Lk 6,29a.b angesprochene Geohrfeigte wird dem, der ihn schlägt, höchstens ebenbürtig sein[791]. Hinzu kommt, dass die in Lk 6,29 (Mt 5,41) vorausgesetzten Situationen (Ohrfeige, Pfändung des Mantels, Zwangsgeleit) nur im Leben des "kleinen Mannes", des wirtschaftlich schwachen und wehrlosen vorkommen.

In Lk 6,29 (Mt 5,41) wird die Forderung der Feindesliebe also am Beispiel von Menschen konkretisiert, die keine grossen Möglichkeiten haben, sich zur Wehr zu setzen, und deren Widerstand gegen die erfahrene Gewalttat kaum Aussicht auf Erfolg hat[792]. Die von Jesus geforderten Reaktionen auf diese Situation können zwar die äusseren Machtverhältnisse nicht ändern und werden manchmal eher noch mehr Aggression provozieren als den Konflikt entschärfen[793]. Aber indem sie das Regelverhalten demonstrativ durchbrechen, erwecken sie die Aufmerksamkeit des Gegners und zwingen ihn zumindest dazu, seine Ein-

---

790) Vgl. dazu SCHOTTROFF, Gewaltverzicht 208-211

791) LUZ, MtI 292 macht zu Recht darauf aufmerksam, dass in Lk 6,29a.b//Mt 5,39c.d keine "besondere Situation" ins Auge gefasst ist. Vorgesetzte und Mächtigere generell wird man jedoch in der Regel nicht ohrfeigen.

792) Vgl. THEISSEN, Gewaltverzicht 174: "Die asymmetrische Feindesliebe wird ... dem minder Mächtigen zugemutet." Entsprechend auch SCHOTTROFF, Gewaltverzicht 211; anders (ohne Begründung): MERKLEIN, Gottesherrschaft 273

793) Vgl. LUZ, MtI 294f: "Mindestens bedenken Jesu Forderungen ihre u.U. sehr ambivalenten Folgen nicht: Es könnte ja auch geschehen, dass der Schläger noch einmal zu einem Schlag ausholt, dass der Arme ohne Mantel frieren muss und dass die feindliche Besatzungsmacht gestärkt wird."

stellung zu überprüfen, indem sie gewaltlos auf seine Gewaltanwendung antworten. Die von Jesus geforderte paradoxe Aktivität zielt also durchaus auch auf die Provokation und damit auf die Veränderung des Gegners und seines von Gewalt und Machtdenken geprägten Verhaltens (und nicht nur auf die Veränderung dessen, an den sie sich richtet).

d) Die Forderung der Feindesliebe und ihre Konkretisierungen intendieren also eine Unterbrechung der Gewalt, die neue und unerwartete Handlungsspielräume eröffnet, scheinbar fest vorgegebene Rollen- und Verhaltensmuster (Freund/Feind; Täter/Opfer; Ueberlegener/Unterlegener usw.) aufsprengt und den Beteiligten die Neugestaltung der Beziehungsstruktur zumutet. Dass die Initiative hierzu eher von "unten" als von "oben" ausgeht, hat nicht nur mit der Soziologie der Jesusbewegung zu tun, sondern mit der Sache selbst. So kann in der paradoxen Aktivität der Feindesliebe (und bestehe sie "nur" im Fürbittgebet) das "Opfer" zum "Täter" werden, während Feindesliebe, die von "oben" ausgeht, immer in Gefahr ist, das Machtgefüge unverändert zu lassen und aus den "Opfern" lediglich "geliebte Opfer" (und keine "Täter") zu machen[794].

5. Die vorliegenden Ueberlegungen zur Forderung der Feindesliebe und den ihr nahestehenden Weisungen erlauben die abschliessende Feststellung, dass der primäre und eigentliche "Ort" und Bezugsrahmen dieser "Zumutungen" die konkrete Situation erfahrener Feindschaft und Gewalttat ist. Die Forderung der Feindesliebe setzt bei dieser Wirklichkeit an und ist darauf aus, ihre Wahrnehmung zu verändern und so eine Neugestaltung von Handlungs- und Beziehungsmustern anzuregen. Nicht nur auf der formalen, sondern auch auf der inhaltlichen Ebene ist damit der Bezug zur Tora (bzw. zu Lev 19,18b) weniger direkt, als oft angenommen wird[795]. Auch wenn es inadäquat wäre, den Wirklichkeitsbezug des Textes gegen seinen Torabezug auszuspielen, kann

---

794) SCHOTTROFF, Gewaltverzicht 208-211 behandelt diese Art "Feindesliebe" unter dem Stichwort "Der Machtverzicht des Ueberlegenen". THEISSEN, Gewaltverzicht 174 (vgl. 161-164) spricht davon, dass die jesuanische Forderung der Feindesliebe dem Gerechtigkeitstyp der "iustitia salutifera" transzendiert, indem hier "die Tugend des Mächtigen und des Königs, dem Schwachen zu helfen," dem Unterlegenen zugemutet wird.

795) Zur Problematik s.o. (1.)

im Blick auf die Fragestellung dieser Arbeit doch festgehalten werden, dass die Forderung der Feindesliebe selbst weder zur Bedeutung der Tora, noch zu einzelnen ihrer Weisungen Stellung nimmt. Welche Implikationen diese negative Feststellung für das Verhältnis der Verkündigung Jesu zur Tora hat, wird erst die Art ihrer Begründung und Gewichtung sichtbar machen. Aus dem Fehlen eines direkten Torabezugs allein torakritische Schlussfolgerungen ziehen zu wollen, wäre verfrüht - zumal im Fall eines weisheitlichen Mahnwortes[796].

4.2.1.2. "... auf dass ihr Söhne eures Vaters werdet ..." (Lk 6,35e.f.g//Mt 5,45

Die Weisung "Liebet eure Feinde und betet für jene, die euch hassen" (Lk 6,27b.28b) ist wahrscheinlich schon bei Jesus mit der Motivation "... auf dass ihr Söhne eures Vaters werdet, denn er lässt seine Sonne aufgehen über Bösen und Guten und lässt regnen über Gerechte und Ungerechte" (Lk 6,35e.f.g) verbunden. Diese Motivation ist zum einen final (hopōs, 6,35e), zum anderen kausal (hoti, 6,35f.g).

1. Der Finalsatz hopōs genēsthe hyioi tou patros hymōn (Lk 6,35e) gibt in der Literatur immer wieder zur Frage Anlass, ob hier "Gottessohnschaft" als eschatologischer Lohn oder als gegenwärtige Wirklichkeit verstanden ist[797].

a) Ausserhalb von christologischen Aussagen "findet sich ... in den synoptischen Zeugnissen die Korrelation Vater/Sohn kaum." Neben unserer Stelle ist Mt 5,9 der einzige Beleg[798]. Dort (hyioi theou klethēsontai) ist die Gottessohnschaft als eschatologischer Lohn verstanden[799].

---

796) Vgl. BURCHARD, Jesus 27: Dass die Stellung Jesu zur Tora in der Forschung so umstritten ist, "liegt nicht schon daran, dass nur wenige Weisungen Jesu ausdrücklich aus der geschriebenen Tora abgeleitet oder wenigstens auf sie bezogen sind. Das war in seiner Umwelt nicht anders."

797) Die Frage stellt sich auch, wenn die lk Formulierung kai esesthe ... ursprünglicher sein sollte (zur Rekonstruktion s.o. 3.1.1.(1.) mit A 209). Der Satz kann dann entweder final oder (mit esesthe als logischem Futur) konsekutiv verstanden werden.

798) GRUNDMANN, Mt 237(f)

799) S. nur STRECKER, Bergpredigt 44

b) Die jüdischen Parallelen[800] lassen keinen eindeutigen Schluss zu. Dies nicht nur deshalb, weil die apokalyptischen Schriften eher von der endzeitlichen Vollendung des Vater-Sohn-Verhältnisses sprechen, während bei den Rabbinen die eschatologische Akzentuierung fehlt[801], sondern weil das alte Bild der Vaterschaft für die Beschreibung der Beziehung Gottes zu Israel (und dem einzelnen Israeliten), das auch in der Weisheitsliteratur gepflegt wird, sich nicht auf einen der beiden Zeitaspekte festlegen lässt[802].

c) Die für Jesu Gottesbild und -verkündigung charakteristische Betonung des Vater-Seins Gottes[803] versteht dieses zweifellos als etwas Gegenwärtiges[804]. Gleichzeitig hat dieses Vater-Sein aber eschatologische Qualität: "Jetzt, wo die Basileia verkündigt wird ... begegnet Gott a fortiori als der Vater"[805].

d) Diese Beobachtungen legen den Schluss nahe, dass die verheissene Gottessohnschaft in Lk 6,35e zwar eschatologische Heilsgabe ist, die Gegenwart aber bereits bestimmt, auch wenn ihre Vollendung noch aussteht[806].

e) Bestätigt wird diese Annahme durch den Begründungssatz Lk 6, 35f.g, der auf das gegenwärtige Schöpfungshandeln Gottes verweist. Dieser hoti-Satz begründet nämlich nicht nur die Forderung der Feindesliebe, sondern auch den Zusammenhang zwischen Feindesliebe und Gottessohnschaft: Weil derjenige, welcher seine Feinde liebt, so handelt wie Gott, ist er ein Sohn Gottes[807].

---

800) Hingewiesen wird immer wieder auf Sir 4,10; Weish 2,13.16.18;5,5; Jub 1,24f.28; Test Jud 24,3; PsSal 17,27.30; Hen 62,11; AssMos 10,3 und auf die bei STRACK/BILLERBECK, KommentarI 219f.371f zusammengestellten rabbinischen Belege.

801) Vgl. LUZ, MtI 310; ZELLER, Mahnsprüche 107

802) Vgl. SCHNACKENBURG, BotschaftI 85: "Schon im Judentum wird gegenwärtige und zukünftige Gottessohnschaft verbunden."

803) Vgl. nur MERKLEIN, Gottesherrschaft 206-211 (Lit!)

804) Vgl. Lk 10,21//Mt 11,25; Lk 11,2//Mt 6,9; Lk 11,13//Mt 7,11; Lk 12, 30//Mt 6,32; Mk 11,25;13,32.

805) MERKLEIN, Gottesherrschaft 210

806) Aehnlich auch SCHUERMANN, LkI 355f; FIEDLER, Jesus 191; MERKLEIN, Gottesherrschaft 235; SCHNACKENBURG, BotschaftI 85f; SCHULZ, Q 135; Ders., Ethik 47; WEDER, Rede 146f; für eine rein eschatologische Interpretation s. die in A 801 genannten.

807) Sehr deutlich herausgearbeitet von WEDER, Rede 145-147. MERKLEIN, Gottesherrschaft 231 (schematische Darstellung) verkennt, dass der Begründungssatz Lk 6,35f.g (Mt 5,45b) nicht nur auf Lk 6,27b.28b (Mt

2. Hinter der im Begründungssatz Lk 6,35f.g enthaltenen Auffassung, dass Gottes Schöpferwalten für das Handeln massgebend ist, steht die "weisheitliche Konzeption des von Gott grundgelegten und sanktionierten ordo"[808]. Dass Gottes Güte gegen Gute und Böse vom Menschen nachgeahmt werden soll, ist dem Judentum ebenfalls kein fremder Gedanke[809]. Er ist aber auch in stoischen Texten belegt[810]. Auffällig ist freilich, dass mit dem Hinweis auf Gottes universale Schöpfergüte gerade die Liebe zum Feind begründet wird, während die Rabbinen (meist im Anschluss an Ps 145,9) vor allem von der Pflicht zur Barmherzigkeit gegen alle, besonders aber gegen die Gerechten, sprechen[811].

3. Im Hinblick auf unsere Frage, was sich aufgrund von Lk 6,27(a)b. 28b.35e.f.g über Jesu Stellung zur Tora sagen lässt, verdient die Beobachtung von MERKLEIN besondere Aufmerksamkeit, "dass die Zusage der Gottessohnschaft (...) nicht einem toragemässen Handeln korrespondiert, sondern einer Forderung, die - durch die Bekräftigungsformel lego hymin deutlich gekennzeichnet - in vollmächtiger Autorität erhoben wird"[812].

a) Tatsächlich fällt auf, dass im Judentum die Zusage der Gottessohnschaft häufig mit dem Gedanken des Toragehorsams verbunden ist. Sehr klar kommt dieser Zusammenhang in Jub 1,24f heraus: "Und ihre Seelen folgen mir und allen meinen Geboten und sie erfüllen meine Gebote, ich werde dann ihr Vater sein und sie meine Kinder. Und sie

---

5,44b), sondern auch Lk 6,27b.28b.35e insgesamt bezogen ist. Deshalb kann er Lk 6,35f.g (Mt 5,45b) auch nur als "argumentum ad hominem" verstehen und spricht ihm eigentlichen Begründungscharakter ab (aaO 232f). Entsprechend muss er Lk 6,36//Mt 5,48 übermässiges Gewicht zumessen (aaO 234; zur traditionsgeschichtlichen Problematik seiner Position s.o. 4.1.(6.c)).

808) ZELLER, Mahnsprüche 108

809) Vgl. STRACK/BILLERBECK, KommentarI 372f.374-377; ZELLER, Mahnsprüche 108f. Zur Nachahmung Gottes s. auch NISSEN, Gott 69-76.274-277

810) Am nächsten kommt hier Seneca, Ben IV,26,1 (s.o. A 635), weitere Beispiele bei THEISSEN, Gewaltverzicht 163. Zur Annäherung von Weisheit und Stoa (bzw. hellenistischer Popularphilosophie) im palästinischen Frühjudentum s. HENGEL, Judentum 566 (u.ö.).

811) LUZ, MtI 309 Anm 32; ZELLER, Mahnsprüche 109 (mit Verweis auf STRACK/BILLERBECK, KommentarI 376f). Vgl. aber Ber 7a (STRACK/BILLERBECK, aaO 373).

812) MERKLEIN, Gottesherrschaft 230

alle heissen Kinder des lebendigen Gottes und alle Engel und Geister wissen, ja sie wissen dann, dass sie meine Kinder sind und ich ihr Vater in Wahrhaftigkeit und Gerechtigkeit und dass ich sie liebe." Und DtR 7 fordert: "Beschäftigt euch mit der Tora und den Gebotserfüllungen, so werden alle sehen, dass ihr meine Söhne seid."[813] Gerade letzteres Beispiel zeigt (im Kontext gelesen) aber auch, dass das Verhältnis von Toragehorsam und Gotteskindschaft nicht einfach jenem von Leistung und Lohn entspricht: Der Toragehorsam ist zugleich Sichtbarmachung (und damit Folge) der Erwählung der Israeliten zu Söhnen Gottes[814].

b) Dass die Gottessohnschaft in Lk 6,27(a)b.28b.35e.f.g weder der Motivation noch der Begründung des Toragehorsams dient, sondern mit der Forderung der Feindesliebe in Zusammenhang gebracht wird, muss vor diesem Hintergrund zwar nicht als Polemik in dem Sinne verstanden werden, dass Gotteskindschaft nun exklusiv für jene reklamiert würde, welche dieser Forderung entsprechen[815], ist aber doch dahingehend zu deuten, dass sie dieselbe Dignität beansprucht wie die Weisungen der Tora.

In dieser Zuordnung von Feindesliebe und Gotteskindschaft ist demnach eine fundamentale Neuorientierung angelegt, was die Bedeutung und Funktion der Tora betrifft: Das Gelingen des Lebens vor Gott ("Gottessohnschaft") ist nicht mehr unauflöslich an die Befolgung ihrer Weisungen gebunden; unabhängig von ihr wird es auch jenen verheissen, welche die Weisung Jesu befolgen und ihre Feinde lieben.

c) Inwiefern Jesu Forderung der Feindesliebe damit an die Stelle der Tora tritt und sie faktisch ersetzt, kann aufgrund dieses einzelnen Textes nicht abschliessend beurteilt werden. Immerhin kann aufgrund der bisherigen Ueberlegungen festgehalten werden, dass die Forderung der Feindesliebe weder in direkter Abhängigkeit von der Tora, noch in

---

813) Weitere Belege s.o. A 800. Das bei HENGEL, Sohn 67-89 gesammelte Material zeigt allerdings, dass von Gottessohnschaft im Judentum auch in anderen Zusammenhängen die Rede sein kann.

814) Die Beschäftigung mit der Tora entspricht im Gleichnis dem Purpur und der Krone, die den Königssohn kenntlich machen, so "dass alle wissen, dass du mein Sohn bist" (DtR 7, s. STRACK/BILLERBECK, KommentarI 371f). Aehnlich ist der Gedankengang von PesiqR 5(14b) (aaO 219f).

815) So SCHULZ, Q 135; Ders., Ethik 47

direkter Absetzung von ihr erhoben wird[816], so dass auch die mit ihr mitgegebene Verheissung nicht von der Heilsmacht der Tora abhängig ist, diese aber auch nicht bestreitet. Einmal mehr zeigt sich hier die Unmöglichkeit einer grundsätzlichen und systematischen Bestimmung der Stellung Jesu zur Tora.

d) Daran kann auch die Einleitung des Spruches durch die Bekräftigungsformel legō hymin nichts ändern, bestätigt sie doch lediglich die bereits auf anderem Wege gewonnene Einsicht, dass die Forderung der Feindesliebe nicht mit Rekurs auf die Tora oder in unmittelbarer Abhängigkeit von ihr erhoben wird[817]. Die legō hymin-Formel hat aber keine antithetische Funktion[818].

Hinzu kommt, dass es bei einer formelhaften Wendung wie legō hymin naturgemäss kaum möglich ist, sie als ursprünglichen Bestandteil eines Logions zu erweisen, selbst wenn ihr Gebrauch durch Jesus sehr wahrscheinlich ist. Es besteht ja immer auch die Möglichkeit, dass es sich im Einzelfall um die Aufnahme der "Meistersprache" Jesu handelt[819]. Im vorliegenden Fall (Lk 6,27a) halte ich die Herkunft der Bekräftigungsformel von Jesus - die Richtigkeit der Q-Rekonstruktion einmal vorausgesetzt[820] - durchaus für möglich, zumal sie nicht am Anfang der Spruchfolge Lk 6,29-31.27a.b.28b.35e.f.g.32f.36 steht[821] und folglich weniger dem Verdacht ausgesetzt ist, literarisches Mittel zu sein. Hinzu kommt, dass eine solche Formel, die aufhorchen lässt, der Brisanz der Forderung der Feindesliebe durchaus angemessen ist.

4. Angesichts der weisheitlich-schöpfungstheologischen Begründung der Feindesliebe-Forderung in Lk 6,35f.g (und des weisheitlichen Charakters des gesamten Spruches) muss abschliessend ein Sachverhalt in die Ueberlegungen zu ihrer Relevanz für die Gesetzesproblematik einbezo-

---

816) S.o. 4.2.1.1.
817) S.o. 4.2.1.1.(1.)
818) S.o. ExkursIV (11.e)
819) Vgl. SATO, Q 280-282. Dass die Formel anderseits auch oft dem Verschriftungsprozess anheimgefallen ist (so SCHULZ, Q 57) soll damit nicht bestritten werden.
820) Dazu s.o. 3.1.1.(2.)
821) Zum Problem der Reihenfolge s.o. 3.2.

gen werden, der geeignet sein könnte, alles bisher Gesagte zu relativieren: Die frühjüdische Identifizierung von Tora und Weisheit[822]. "Schon lange vor Jesus (war) die ganze Weisheitsüberlieferung Israels pauschal zur Tora geschlagen worden (Sir 24; Bar 3,9-4,4)"[823], ohne dass dabei inhaltlich nach der Kongruenz jedes Weisheitsspruches mit dem Gesetz gefragt worden wäre. Deshalb muss überlegt werden, ob nicht auch Jesu weisheitlich geprägte Verkündigung selbstverständlich als Aktualisierung der Tora rezipiert wurde, ohne dass dies eigens hervorgehoben oder reflektiert zu werden brauchte, und ohne dass die Frage nach der materialen Uebereinstimmung mit der Tora näher geprüft wurde. Dieser grundsätzlichen Problematik ist im folgenden Exkurs nachzugehen.

Exkurs VII: Jesus als weisheitlicher Toralehrer?

Aufgrund des starken weisheitlichen Einschlags der Verkündigung Jesu stellt sich die Frage, welche Implikationen die gängige Identifizierung von Weisheit und Gesetz für seine Stellung zur Tora hat. Oder, zugespitzt formuliert: Macht die Weisheitlichkeit seiner Botschaft Jesus automatisch zum Toralehrer?

1. DAUTZENBERG hat in einem programmatischen Vortrag zu "Gesetzeskritik und Gesetzesgehorsam in der Jesusüberlieferung" bei der Tagung der Arbeitsgemeinschaft deutschsprachiger katholischer Neutestamentler von 1985[824] die These vertreten, auch die Verkündigung Jesu lasse sich "im Prinzip" "ohne weiteres in den grösseren Rahmen eines strikten Toragehorsams einordnen ... Der 'strikte Toragehorsam' lag für die Tradenten von Q wie auch für Jesus sozusagen 'in der Luft', er prägte die Gesellschaft, in welcher sie lebten, und deren Verhaltensweisen, nötigte aber nicht zu einer fortwährenden Gesetzesdiskussion."[825] Zusammenfassend hält er fest: "Wenn es der Jesustradition aus der Perspektive des rabbinischen Judentums an eigentlichen Gesetzesdiskussionen mangelt, so sollte man dies nicht als

---

822) Zum weisheitlichen Gesetzesverständnis s. HENGEL, Judentum 275-318; KUECHLER, Weisheitstraditionen; LIMBECK, Ordnung; ZENGER, Weisheit

823) BURCHARD, Jesus 28

824) DAUTZENBERG, Gesetzeskritik

825) AaO 68

Ausdruck der Souveränität und Freiheit Jesu oder des Urchristentums gegenüber dem Gesetz werten, sondern eher als Ausdruck eines ursprünglich weisheitlich und prophetisch geprägten innerjüdischen Ansatzes, welcher sich sozusagen 'bekenntnismässig' vom Ansatz der pharisäischen Gesetzeslehre unterschied."[826]

2. Als Parallele zum "Verhältnis der Jesustradition zur Tora bzw. der weisheitlichen Mahnung zur Tora" verweist DAUTZENBERG auf die von KUECHLER untersuchten Weisheitstrad in den TestXII, die "Frömmigkeitstypen" repräsentieren, "in deren Mittelpunkt nicht die Gesetzesbelehrung stand", auch wenn "deren 'ethische Vorstellungen sich ohne weiteres in den grösseren Rahmen eines strikten Toragehorsams einordnen lassen'"[827].

a) Der Hinweis auf diese Trad verdient schon deshalb Beachtung, weil er die Diskussion um die Stellung Jesu zur Tora und zum Judentum seiner Zeit aus der "Engführung" befreit, die entsteht, wenn sie sich auf den Vergleich der Haltung Jesu mit dem Toraverständnis der bekannten Religionsparteien beschränkt[828]. KUECHLER weist die von ihm analysierten Weisheitstrad dem "Fussvolk" zu, "welches sein Leben in den hellenistisch geprägten Städten und Dörfern Palästinas als gläubige Juden zu gestalten hatte" und unfähig war, "das mosaische Gesetz mit rabbinischer Präzision oder essenischer Radikalität zu leben"[829].

b) Bei näherer Betrachtung der von KUECHLER analysierten Texte[830] ergeben sich aber grosse Bedenken bezüglich ihrer Aehnlichkeit mit der Jesusüberlieferung, gerade auch was ihr Verhältnis zur Tora betrifft.

Zwar enthalten sie in der Tat keine eigentlichen Gesetzesdiskussionen und -auslegungen. Doch das ist gattungsbedingt und aufgrund der literarischen Fiktion der TestXII gar nicht anders möglich[831]. Aber sie berufen sich zur

---

826) AaO 69; ähnlich auch BURCHARD, Jesus 27f

827) DAUTZENBERG, Gesetzeskritik 68 mit Verweis auf KUECHLER, Weisheitstraditionen 530-534.552

828) Dazu s. schon o. Einl. 3.(4.)

829) KUECHLER, Weisheitstraditionen 533

830) Es handelt sich um TRub 4,6-6,4; TSim 3,1-3.5-6; TJud 14,1-4.7-8;16,1-3;18,3-5; TDan 2,1-5,1; TGad 3,1-5,5; TBen 3,1;4,1-5,3;6,1-6;8,2-3; TIss 4,2-6a; grTLev 13,1-9a par arTLev 84-89.91-95; TNaf 2,2-7;2,8-9; 3,2-5;8,7-10; TAsch 1,3-6,6 (ohne 5,4) (KUECHLER, aaO 442-525; Texte in der Reihenfolge ihrer dortigen Behandlung)

831) Vgl. SLINGERLAND, Nature 41f. Eine übersichtliche Zusammenstellung der Vorkommen von nomos und entolē in den TestXII bietet NIEBUHR, Ge-

Begründung einzelner Weisungen selbstverständlich auf den nomos, bzw. darauf, dass gewisse Dinge vom nomos und den entolai weg in die anomia führen (TJud 16,3;18,3; TDan 3,2.5; TGad 4,1). Zudem raten sie ganz allgemein zu Gesetzesgehorsam und Schriftgelehrsamkeit (TDan 5,1; TBen 3,1; grTLev 13, 1.2-4; TAsch 6,1-3) und betonen die heilbringende Wirkung des nomos (TGad 4,7; TAsch 6,1-3; vgl. TNaf 2,6). Weiter wissen sie um die kosmische Ordnungsmacht des Gesetzes (TNaf 3,2) und seine innere Verwandtschaft mit der sophia (grTLev 13,1-9a)[832], auch wenn eine theoretische Identitätsaussage von Gesetz und Weisheit fehlt. Schliesslich enthält das von KUECHLER zusammengestellte Material zwei Texte, die eine eigentliche "Gesetzeshermeneutik" betreiben (TNaf 8,7-10; TAsch 1,3-6,6)[833].

c) Die Jesusüberlierferung ist zwar stark weisheitlich geprägt[834], unterscheidet sich aber in mancherlei Hinsicht von den weisheitlichen Einschüben in den TestXII. Letztere sind "nicht gesprochenes, sondern geschriebenes Wort; sie sind Literatur". Zumindest die grösseren Kompositionen sind "am Schreibtisch entstandene Texte"[835]. Was den Inhalt der Mahnungen betrifft, so sind sie weitgehend gängigen Topoi der Weisheitsliteratur (aber

---

setz 104-106. Sein Urteil, dass das Gesetz in den TestXII unreflektiert in die Zeit vor Mose zurückverlängert wird (193 mit Anm 124; vgl. 92 mit Anm 97), ist allerdings zu undifferenziert.

832) Dazu s.u. (3.)

833) Zur Analyse der einzelnen Texte s. KUECHLER, Weisheitstraditionen 442-525; zur Begründung der Auswahl (in engem Anschluss an BECKER, Untersuchungen) s. aaO 434-441. Eine kritische Auseinandersetzung mit den literarkritischen Prämissen der Thesen von KUECHLER (s. die synthetische Auswertung aaO 526-545) ist hier nicht möglich, aber auch nicht notwendig, da nicht sie, sondern DAUTZENBERGs Vergleich (s.o.) zur Diskussion steht. Anders als BECKER (und damit auch als KUECHLER) urteilt z.B. NIEBUHR, Gesetz 79-82. Seine (allerdings an z.T. anderen als den von KUECHLER analysierten Texten der TestXII und weiterem frühjüd Schrifttum gewonnenen) Erkenntnisse zum Toraverständnis und Toraleben "der breiten Masse der jüdischen Bevölkerung" (aaO 238) bestätigen (und verstärken) meinen Eindruck, dass nicht von einer echten Parallele zum Toraverständnis der Jesustrad gesprochen werden kann. Zu den von ihm untersuchten katechismusartigen paränetischen Reihen in den TestXII stellt er zusammenfassend fest: "Die in den Reihen zusammengestellten konkreten Verhaltensweisen werden durch ihren Kontext bzw. durch rahmende Aussagen als Forderungen des Gesetzes kenntlich gemacht" (aaO 164, vgl. 164-166 und die Zusf. 232-240). Das kann man von der Jesusüberlieferung so nicht sagen!

834) Vgl. die Liste der weisheitlichen Logien Jesu in der synopt Trad bei KUECHLER, aaO 587-592 und die Spezialuntersuchung von ZELLER, Mahnsprüche.

835) KUECHLER, Weisheitstraditionen 528(f)

auch der stoischen Popularphilosopie) verpflichtet, was ihre breite Rezeption ermöglichte - "Zuspitzungen", wie sie in der Jesus-Weisheit häufig anzutreffen sind, fehlen weitgehend. Auch bezüglich des Umgangs mit dem Gesetz sind die Differenzen gross: Pauschale Verweise auf den nomos und Warnungen vor dem Abfall von ihm werden zur Begründung von Einzelweisungen in der Jesusüberlieferung nicht herbeigezogen, "die Forderung des Torastudiums (unterbleibt)"[836], "die von Jesus geforderte Bekehrung (wird) nie ausdrücklich als Bekehrung zur Tora formuliert"[837], die Identität des Gesetzes mit der Schöpfungsordnung, bzw. mit der Weisheit bleibt unthematisiert. Rein wortstatistisch fällt auf, dass vom nomos in der ältesten Jesusüberlieferung kaum je die Rede ist[838] und dass der Begriff entolē im Munde Jesu nur in Perikopen der MkTrad vorkommt, die "in ihrer jetzigen Gestalt ... auf die hellenistisch-judenchristliche Gemeinde zurückgehen"[839].

Immerhin sollte man nicht so weit gehen, Diskussionen um Gesetzesfragen im Leben Jesu generell zu bestreiten. "Dass an Jesus Fragen wie die nach dem Wege zum Leben oder die nach dem grössten Gebot herangebracht wurden, ist an sich durchaus wahrscheinlich"[840]. Deshalb sollte z.B. Mk 12,28-34 nicht jede Historizität abgesprochen werden, auch wenn sich der Text in seiner jetzigen Gestalt dem hellenistischen Judenchristentum der Diaspora verdankt[841]. Grundsätzliche Aussagen über die Bedeutung und die richtige Auslegung der Tora fehlen bei Jesus also nicht völlig. Auch wenn sie nicht "das ethische Zentrum der Jesustradition" bilden, ist mit "gelegentlichen Ausgriffen in den Bereich der Gesetzesdiskussion" zu rechnen[842]. Selbst wenn Jesus das gewollt hätte, wäre es ihm unmöglich gewesen, sich aus diesem Bereich ganz herauszuhalten.

---

836) BRAUN, RadikalismusII 15; vgl. ZELLER, Mahnsprüche 149.152-154.175. 182

837) BRAUN, RadikalismusII 17

838) Nomos: Mk nie; Q 2mal; Mt 8mal; Lk 9mal. Aussicht auf Authentie hat nur das Vorkommen in Lk 16,16//Mt 11,12f (s. KOSCH, Gottesherrschaft 27)

839) MERKLEIN, Gottesherrschaft 96f (Zitat 97) mit BERGER, GesetzesauslegungI. Die Stellen sind: Mk 7,8.9;10,5.19;12,28.31

840) BULTMANN, Geschichte 57

841) Vgl. nur MUDISA M. MUNDLA, Jesus 220-227 (mit zahlreichen Angaben zum Diskussionsstand)

842) DAUTZENBERG, Gesetzeskritik 68

d) Auch wenn die z.B. in den von KUECHLER analysierten weisheitlichen Passagen der TestXII greifbare "Laienfrömmigkeit"[843] mit Jesus darin übereinstimmt, dass sie ihre Weisungen nicht schriftgelehrter Herleitung aus der Tora verdankt, ist der nomos für sie eine selbstverständliche Grösse, die in ihrem Denken einen festen Platz einnimmt und auf die völlig unproblematisch rekurriert wird. Zusammen mit dem Geist der Liebe wirkt (synergei) der nomos tou theou das Heil (sotēria) der Menschen (TGad 4,7). So gilt es, den nomos Kyriou zu befolgen (TAsch 6,3). Denn "er ist jener höhere Standpunkt, der eine entschiedene Schlusswertung über die Teilaspekte ermöglicht, der den 'Eingesichtigen' in seiner schwierigen Arbeit des Scheidens und Entscheidens bestimmt; er ist also die heilswichtige Grösse, die dem Menschen, trotz der Doppelung all seines Tuns, Eindeutigkeit gibt, weil es ihn die 'Wahrheit' erkennen lässt" (zu TAsch 1,3-6,6)[844].

Dass die Tora "die heilswichtige Grösse" ist, auf die letztlich alles ankommt, ist eine Aussage, die sich in der Jesusüberlieferung so nicht findet. Von der "Heilsnotwendigkeit" des Gesetzes (SCHULZ) spricht Jesus nicht. Ohne Jesus damit schon in einen Gegensatz zur Tora bringen zu wollen, muss gesagt werden, dass er das Gelingen des Lebens nicht an das Befolgen der Tora zurückbindet und seine Forderungen nicht aus der Tora ableitet[845].

3. Im Zusammenhang mit der Fragestellung dieses Exkurses verdient einer der von KUECHLER analysierten Texte besondere Beachtung, weil er bezüglich des Verhältnisses von Tora und Weisheit eine Sonderstellung einzunehmen scheint. Es handelt sich um arTLev 84-89.91-95. Dieses weisheitliche Mahngedicht hat in grTLev 13,1-9a eine Parallele, die sich allerdings in manchen Punkten charakteristisch von der aramäischen Version unterscheidet[846]. Während grTLev 13,1-9a das Bild des "klassische(n) Weise(n)"

---

843) DAUTZENBERG, aaO 68 mit KUECHLER, Weisheitstraditionen 534. Die Existenz einer solchen "Laienfrömmigkeit" ist auch dann noch vorauszusetzen, wenn die literarkritischen Voraussetzungen von KUECHLER (bzw. BECKER) nicht stimmen (dazu o. A 833). Als Belege können die von NIEBUHR, Gesetz analysierten Texte, bzw. die hinter ihnen stehende Trad angeführt werden.

844) KUECHLER, aaO 525

845) Gegen SCHULZ, Ethik 37-55, bes. 38. Vgl. ZELLER, Mahnsprüche 178: "Ist aber Gottes Vaterliebe das Entscheidende, dann verliert das Gesetz seine Bedeutung als Heilsmittel."

846) Vgl. KUECHLER, Weisheitstraditionen 491-499.535f

zeichnet, "der ununterbrochen im Gottesgesetz liest", ist in arTLev von einem "radikalen Weisen" die Rede, der "in bewusster Umgestaltung des gängigen Schemas die enge Verbindung von Weisheit und Tora auflöst. ... Natürlich wird nirgends das Gesetz Gottes oder das Schriftstudium ausgeschlossen, aber der Akzent ist eindeutig auf eine weisheitliche Haltung gelegt, wie sie in ihrer Ausschliesslichkeit sonst im Frühjudentum nicht anzutreffen ist."[847]

Dieses Idealbild eines Weisen belegt, dass es "in dieser Zeit eben viel mehr Platz auch für individuelle Formen von Weisheit und weisheitlicher Lebenshaltung gegeben haben (muss), als unsere schematischen Einteilungen es erlauben"[848]. Es ist demnach auch für Jesus denkbar, dass er viel weisheitliches Gedankengut rezipierte, ohne damit auch schon von der Identität von Weisheit, Schöpfungsordnung und Tora ausgehen zu müssen. So rückt die Annahme in den Bereich des Möglichen, dass Jesus eine weisheitlich geprägte Lehre verkünden konnte, ohne damit schon ipso facto als Toralehrer gelten zu müssen.

Aufgrund der Beobachtungen im obigen Exkurs kann festgehalten werden, dass der weisheitliche Charakter eines grossen Teils der Weisungen Jesu nicht ausreicht, um sie pauschal der Auslegung oder Aktualisierung der Tora zuzurechnen. Diese Feststellung impliziert keine Kritik oder Aufhebung der Tora durch Jesus. Aber sie zeigt, dass die Weisheitlichkeit der Forderungen Jesu kein Argument gegen die These ist, dass sie unabhängig von der Tora erhoben werden.

4.2.1.3. Die Forderung der Feindesliebe im Horizont der Botschaft und Wirksamkeit Jesu

Schon aus den bisherigen Darlegungen zur Forderung der Feindesliebe ist klar hervorgegangen, dass ich sie "zum Grundbestand der Verkündigung Jesu" zähle[849]. Diese Annahme ist sehr weit verbreitet[850]. Ich

847) AaO 535f

848) AaO 536. Vgl. auch ZELLER, Mahnsprüche 175: Neben dem Traditionsstrom der Weisheit, der in ntl Zeit weitgehend über die Rabbinen verläuft, "gibt es sicher noch anonyme Flussarme volkstümlicher Weisheit, die nicht primär auf Toraerkenntnis und Torapraxis ausgerichtet ist."

849) S.o. die Einleitung zum 2. Kapitel mit A 1

850) BECKER, Feindesliebe 6 bezeichnet sie als "unbestritten"; ähnlich PIPER, Enemies 1 u.a.

verzichte deshalb auf eine ausführliche Diskussion der Echtheitsproblematik und konzentriere mich weitgehend auf die Frage, ob sich etwas Konkreteres über die vorauszusetzende ursprüngliche Sprechsituation sagen lässt, als dass sie ihren Ort im Leben Jesu hat.
Zunächst ist jedoch auf die Argumentation eines "Aussenseiters" einzugehen, der die weit verbreitete These der Herkunft der Feindesliebe-Forderung von Jesus bestreitet.

1.a) Ausgangspunkt der traditionsgeschichtlichen Erwägungen von SAUER[851] ist der Vergleich von synopt und paulinischen Aussagen über Feindesliebe und Wiedervergeltungsverzicht, dem er eine Rekonstruktion der ältesten Ueberlieferungselemente der QTrad voranstellt. Das Ergebnis dieser Rekonstruktionsarbeit ist, dass die vier Imperative in Lk 6,27f und die drei Mahnungen in Lk 6,29f "die ältesten Elemente der synoptischen Ueberlieferung betreffs Feindesliebe und Wiedervergeltungsverzicht waren"[852]. Der Vergleich mit den einschlägigen Texten aus dem Corpus Paulinum ergibt, dass Röm 12,14 "den traditionsgeschichtlichen Ausgangspunkt auch der synoptischen Logien" darstellt, und Lk 6,27c.28a folglich "das älteste Element der viergliedrigen Reihe" Lk 6,27f ist. Da Paulus die viergliedrige Imperativreihe (6,27b. 28b) "noch nicht gekannt haben kann" (sonst hätte er sie auch verwendet), und weil ihre Glieder "formal analog aufgebaut" sind, ist anzunehmen, "dass das Gebot der Feindesliebe in Lk 6,27b nachträglich, in Analogie zu den älteren Gliedern dieser Reihe gebildet wurde, und zwar vermutlich als deren Ueberschrift." Dafür spricht auch, "dass sich weitere Spuren eines solchen Feindesliebegebots in der synoptischen Tradition nicht finden". Der fehlende "Jesusbezug" und die Tatsache, dass Röm 12,14 "eindeutig die Verfolgung von Christen voraus(setzt)" sprechen zudem auch gegen die jesuanische Herkunft von Röm 12,14 (Lk 6,27c.28a). "Dieses Authentizitätsurteil schliesst freilich nicht aus, dass die entsprechenden urchristlichen Traditionen einen Zug der Verkündigung des historischen Jesus adäquat wiederspiegeln."[853]

---

851) SAUER, Erwägungen
852) AaO 5-17, bes. 16f
853) AaO 23-27. Das letzte Zitat entnehme ich der Anm 160 (aaO 27). Bezweifelt wird die Herkunft der Feindesliebe-Forderung von Jesus auch

b) Die Argumentation von SAUER steht und fällt mit seiner literar- und traditionskritischen Analyse des Q-Stoffes. Zählt man - wie ich - nur Lk 6,27b.28b//Mt 5,44b.c zum Q-Bestand[854], fällt der Vergleich mit den paulinischen Parallelen anders aus, weil dann nicht mehr von direkten Abhängigkeiten zwischen der synopt Urform und den (vor-) paulinischen Formulierungen, sondern nur noch von traditionsgeschichtlichen Zusammenhängen gesprochen werden kann. Die Beziehung zwischen Lk 6,27b.28b//Mt 5,44b.c(Q); Röm 12,14(17.20) und Lk 6,27b.c.28a.b(QLk) ist unter dieser Voraussetzung so zu erklären, dass QLk zur Ausgestaltung der Feindesliebe-Forderung im Sinne hellenistischer Ethik auf dieselben jüdisch-hellenistischen Trad zurückgreift, die auch Paulus kennt (und die der Forderung der Feindesliebe sachlich nahestehen[855]). Angesichts der schwer zu beurteilenden Frage nach der Herkunft von Lk 6,27c.28a[856] erweist es sich für die These von SAUER als grosser Nachteil, dass er sie fast ausschliesslich mit formalen und traditionsgeschichtlichen Argumenten zu begründen sucht und inhaltliche Fragen kaum berührt[857].

c) Die inhaltliche Frage[858] aber, ob Lk 6,27(a)b.28b.35e.f.g den Echtheitskriterien für Jesusworte standhält, kann - bei aller notwendigen Differenzierung - positiv beantwortet werden. Zwar gibt es in diesem Text nichts schlechthin "Unableitbares"; im Gegenteil, "zu vielen Partien des Textes gibt es jüdische Analogien, ja wirkliche Berührungen"[859]. Aber die paradoxe Zuordnung von "lieben" und "Feind" stellt eine provokative, einseitige Zuspitzung der Liebesforderung dar, die "auch von vergleichbaren Texten der Tradition nicht erreicht zu werden" scheint[860]. Hinzu kommt, dass aus der Einsicht in Gottes Schöpferhandeln gegen Böse und Gute, Gerechte und Ungerechte im Frühju-

---

durch SCHOTTROFF, Gewaltverzicht 216, die dafür jedoch nur pauschal auf den "Charakter unserer Quellen" verweist.

854) S.o. 3.1.1.(3.)

855) S.o. ExkursV (7.)

856) S.o. 3.1.1.(3.) mit A 373

857) Zur Problematik seiner Position s. schon o. 4.1.(6.d)

858) Darauf, dass Echtheitsurteile eigentlich inhaltlicher Natur sind, hat v.a. LUEHRMANN, Frage (bes. 62-65) hingewiesen. Sein wichtiger Aufsatz zu unserem Text (Ders., Feinde) widmet sich der methodenkritischen Frage des Echtheitsnachweises ausführlich (aaO 427-436).

859) MERKLEIN, Gottesherrschaft 229(f); vgl. LUEHRMANN, Feinde 428

860) ZELLER, Mahnsprüche 109 (vgl. aaO 106)

dentum kaum je so radikale Konsequenzen gezogen werden wie in unserem Text[861], und dass die Zusage und Verheissung der Gottessohnschaft trad mit dem Befolgen der Tora verbunden ist, während der Torabezug in der Feindesliebe-Forderung fehlt[862].
Wenn man die Frage nach dem Authentisch-Jesuanischen nicht auf die Suche nach Einzelzügen beschränkt, die im Judentum nicht vorfindlich sind, sondern auch auf ungewohnte Akzentuierungen und Zuordnungen verschiedener Inhalte achtet[863], lässt sich Lk 6,27(a)b.28b.35e.f.g demnach als Ganzes auf den irdischen Jesus zurückführen[864].

2. Im Anschluss an die Feststellung, dass die Forderung der Feindesliebe auf Jesus zurückgeht, soll nun nach ihrem "historischen Ort" gefragt werden. Dabei kann es selbstverständlich nicht darum gehen, "eine jeweilig einmalige Situation im Rahmen der Wirksamkeit Jesu" oder "konkrete Begebenheiten", an die Jesus anknüpft, auszumachen[865]. Vielmehr soll überlegt werden, was für typische Kommunikationssituationen im Leben Jesu für die Formulierung in Frage kommen[866].

---

861) S.o. 4.2.1.2.(2.)
862) S.o. 4.2.1.2.(3.)
863) Zu dieser Handhabung des Unähnlichkeitskriteriums s.o. Einl. 3.(3.)
864) Aehnlich argumentiert bes. MERKLEIN, Gottesherrschaft 229-231, der allerdings auch Lk 6,36 zum Grundbestand der Feindesliebe-Forderung zählt (dazu s.o. 4.1.(6.c)). Wenn LUZ, MtI 309 mit Anm 30 die ursprüngliche Zugehörigkeit der Motivation Lk 6,35e.f.g//Mt 5,45 zur jesuanischen Forderung der Feindesliebe bezweifelt, dann wohl v.a. deshalb, weil er das "spezifisch jesuanische" zu sehr in der einzelnen Formulierung sucht und der ungewohnten Zuordnung der Einzelzüge zu wenig Beachtung schenkt.
865) In diesem Sinne gebraucht JEREMIAS, Gleichnisse 15 den Begriff
866) Dass trotzdem vom "historischen Ort" und nicht vom "Sitz im Leben" gesprochen wird, hat seinen Grund darin, dass der soziologische Begriff "Sitz im Leben" den "Ursprung und die Zugehörigkeit einer bestimmten literarischen Gattung in und zu typischen Situationen und Verhaltungen einer Gemeinschaft" meint (BULTMANN, Geschichte 40, vgl. aaO 4) und deshalb nicht auf einzelne Texte angewandt werden sollte (zur Problematik s. auch BERGER, Einführung 156-161; GUETTGEMANNS, Fragen 167-177, bes. 167f; MUSSNER, Methodologie 137-140; SCHUERMANN, Anfänge 47f). Zur Aufnahme und Erweiterung der Frage nach dem Sitz im Leben in der sozialgeschichtlichen Exegese s. THEISSEN, Einordnung 11; VENETZ, Beitrag (96-98)99-103.

a) Im Zusammenhang mit der Frage nach den äusseren Bedingungen für die Bewahrung, Formung und Weitergabe der Worte Jesu[867], aber auch mit Ueberlegungen zur Soziologie der Jesusbewegung[868], wurden in neuerer Zeit verschiedene Anstrengungen unternommen, zu differenzierten Aussagen über die Adressatengruppen der Verkündigung Jesu zu gelangen. Dabei hat sich gezeigt, dass die Dreiteilung der Adressaten in Jünger, "neutrale" Menge und Gegner mindestens dahingehend zu modifizieren ist, dass der Kreis der Anhänger Jesu nicht nur aus den ihn ständig begleitenden "Nachfolgern", sondern auch aus ortsansässigen Sympathisanten besteht. Diese Unterscheidung bringt es mit sich, dass der Uebergang zwischen Jesu Anängern und den "neutralen" Zuhörern fliessend wird. Dies erschwert die Zuordnung von einzelnen Traditionsstücken an verschiedene Kommunikationssituationen, macht es aber zugleich verständlicher, dass viele Stoffe der synopt Trad ohne "Rahmen" weitergegeben und erst im Verlauf des Sammlungs- und Redaktionsprozesses wieder mit Adressatenangaben versehen wurden[869].
In die Ueberlegungen zum "Ort" einzelner Stoffe in der Verkündigungstätigkeit ist aber nicht nur die Frage nach den vorauszusetzenden Adressaten und Rezipienten einzubeziehen, sondern auch jene nach der "Didaktik und Methodik" Jesu. Trotz der "Offenheit" der Jesus-Bewegung kann m.E. kein Zweifel daran bestehen, dass es neben der werbenden Erstverkündigung auch eine Art "Weiter-Bildung"[870] der Interessierten gab. Diese musste verschiedenste Funktionen erfüllen. Als "besonders wichtig" beurteilt SCHUERMANN die Befähigung der Jünger zur "Verkündigungstätigkeit" und das Eingehen "auf die Erfordernisse des eigenen Gemeinschaftslebens"[871]. Gerade im Hinblick auf einen

---

867) S. dazu SCHUERMANN, Anfänge und RIESNER, Jesus; aber auch HENGEL, Nachfolge 89-93; MUELLER, Traditionsprozess 113-139; MUSSNER, Methodologie 122-125 und die Arbeiten von GERHARDSSON

868) S. z.B. die Arbeiten von THEISSEN (bes. Soziologie); SCHOTTROFF/STEGEMANN, Jesus 9-53; STEGEMANN, Wanderradikalismus

869) Arbeiten wie die von BAIRD, Criticism oder MINEAR, Audiences; Ders., Criticism sind deshalb v.a. in redaktionsgeschichtlicher Hinsicht aufschlussreich (vgl. auch RIESNER, Jesus 361-365). Im Fall der programmatischen Rede (Lk 6,20-49), deren Bestandteil die Forderung der Feindesliebe ja ist, spiegeln sogar die sekundären Rahmenangaben die Ambivalenz bezüglich des Adressatenkreises, ist doch besonders von den Jüngern, aber gleichzeitig auch vom Volk die Rede (s.o. 2.1.3.1.)

870) ZELLER, Mahnsprüche 172

871) SCHUERMANN, Anfänge 56; vgl. RIESNER, Jesus 408-487

weiteren, nicht "organisierten" Kreis von Sympathisanten hat jedoch auch die Einweisung in die "tägliche(n) Bewältigung des Daseins und im normalen menschlichen Zusammenleben"[872] als Gegenstand dieser "Weiter-Bildung" zu gelten.

b) Genau diese "Weiter-Bildung" von Menschen, "die mit der Botschaft Jesu Ernst machen wollen", hat ZELLER als "Sitz im Leben" der weisheitlichen Mahnungen Jesu bestimmt[873], da sie "meistens in den privaten Bereich mit seinen gewöhnlichen Aufgaben und Konflikten hineinsprechen. Die Umstände, die dabei angedeutet werden, sind nicht für eine besondere Gruppe bezeichnend."[874] ZELLER weist darauf hin, dass "derartige Weisungen in der werbenden Phase des Anfangs noch keinen Sinn (haben)" und schliesst aus der häufigen Formulierung in der Mehrzahl, dass ihre Adressaten "untereinander schon einen gewissen Zusammenhang (haben)". "Die Weisungen Jesu betreffen aber nur ausnahmsweise ihr Verhalten in der Gruppe", deren Mitglieder "offenbar mit ihm in relativ kontinuierlicher Verbindung (stehen)". "Seine Worte werden zwar in einer Hörgemeinschaft vernommen, aber im Alltag des Einzelnen in die Tat umgesetzt."[875]

c) Auf die Forderung der Feindesliebe trifft diese Verortung der Weisheitssprüche Jesu in seiner Verkündigung sehr gut zu. Sie ist offen und allgemein formuliert, so dass sie nicht an besondere Situationen oder einen bestimmten Lebensstil (z.B. den des in der konkreten Nachfolge stehenden Jüngers) gebunden ist, und beschäftigt sich mit den "Aussenbeziehungen" der Adressaten und nicht mit deren Gemeinschaftsleben[876]. Sie kann also nicht nur von ständigen Begleitern Jesu, sondern auch von ortsansässigen Sympathisanten rezipiert werden. "Insofern freilich die nachfolgenden Jünger und besonders die Zwölf für die Botschaft Jesu Zeichenfunktion hatten, mussten sie seine Forderungen sicher beispielhaft erfüllen. Sie hatten auch die besten Möglichkeiten, sich einen grösseren Teil seiner Worte gedächtnismässig anzueignen, und bilden wohl hauptsächlich die Traditionsbrücke zur nachösterli-

---

872) ZELLER, Mahnsprüche 171

873) AaO 170-172 (Zitat 171)

874) AaO 170

875) AaO 171

876) Vgl. das o. 4.2.1.1.(2.d) zum Begriff des Feindes gesagte

chen Gemeinde." "Gerade die ethischen Weisungen Jesu werden sich die Jünger nicht zum Zweck der Weitergabe gemerkt haben, sondern weil sie für sie selbst bedeutsam waren."[877]

3. Auch die Forderung der Feindesliebe ist nicht "der werbenden Phase des Anfangs"[878] zuzuordnen. Diese Feststellung gilt in doppeltem Sinn:

a) Zum einen gewinnt die Forderung der Feindesliebe ihre Plausibilität erst vor dem Hintergrund der Proklamation der nahegekommenen Gottesherrschaft durch Jesus und eignet sich deshalb nicht als "Einstieg". Zudem hat der Text "zusammenfassenden" Charakter, da er weder näher ausführt, wie Feindesliebe konkret gelebt werden soll, noch eine umfassende Begründung für diese Forderung enthält. Er kann daher als "Lehrsummarium" gelten[879]. So gewinnt etwa die Motivation der Forderung mit der Aussage, dass Gott Sonne und Regen den Gerechten und den Ungerechten zukommen lässt (Lk 6,35f.g) vor dem Hintergrund mancher Gleichnisse (vgl. bes. Mt 18,23-35; Lk 15,11-32) stark an Profil: Menschliches Verhalten hat Mass zu nehmen am Verhalten Gottes, konkret an seiner "Feindesliebe".

b) Zum andern hat die Aussage, dass die Forderung der Feindesliebe nicht der "werbenden Phase des Anfangs" zuzuordnen ist, auch einen biographisch-chronologischen Sinn bezüglich der Verortung der Mahnung in der Geschichte der Wirksamkeit Jesu. Dies gilt unbeschadet der Tatsache, "dass Erfolg und Misserfolg, Zulauf und Feindschaft von Anbeginn zu Jesu Geschichte gehören"[880], und es aus verschiedenen Gründen sehr problematisch ist, in Jesu öffentlichem Wirken eine "Zeit des Angebotes" von einer mit der "galiläischen Krise" beginnenden "Zeit der Ablehnung" zu unterscheiden[881]. Die sehr grundsätzliche

---

877) ZELLER, Mahnsprüche 172 mit Anm 153

878) AaO 171

879) Zu den "Lehrsummarien" s. RIESNER, Jesus 359-361; SCHUERMANN, Anfänge 56f

880) BORNKAMM, Jesus 135

881) So bes. MUSSNER, Krise; vgl. Ders., Methodologie 119(121); zustimmend: RIESNER, Jesus 476; ähnlich auch POLAG, Christologie bes. 195f. Kritisch v.a. OBERLINNER, Todeserwartung 79-112; vgl. auch HAHN, Ueberlegungen 42 Anm 81; KUEMMEL, Jesusforschung 106; SCHUERMANN, Basileia-Verständnis 49 mit Anm 88

Forderung Jesu ist m.E. nur vor dem Hintergrund erfahrener Feindschaft und einer stark konfliktgeladenen Situation verständlich. Und dieser Hintergrund ist am Anfang seines öffentlichen Auftretens kaum gegeben, da seine Predigt erst mit dem Erreichen eines grösseren Bekanntheitsgrades und durch die von ihm ausgelöste Bewegung "auch von aussen her ein gefährliches Unternehmen" wurde[882]. Die Forderung der Feindesliebe hat Jesus erst infolge eines Polarisierungsprozesses erhoben, der ihn und seine Anhänger zunehmend mit der Erfahrung von Feindschaft, Hass und Ablehnung konfrontierte[883].

4.2.2. Die Rezeption der Feindesliebe-Forderung in Q

Leider wissen wir nichts darüber, wie die Hörer Jesu Feindesliebe-Forderung umgesetzt und verwirklicht haben[884]. Jedenfalls wurde sie nicht vergessen, sondern prägte sich ihnen ein und wurde als sein Wort tradiert und rezipiert. Im Verlauf dieses Prozesses wurde der Text erweitert, mit anderen Jesusworten kombiniert und in zunehmend umfangreichere Korpora integriert, ohne damit jedoch seine Eigenständigkeit völlig einzubüssen, da er auch isoliert tradierbar blieb, bzw. jederzeit aus seinem literarischen Kontext herausgelöst und selbständig verwendet werden konnte.

In Q (bzw. im Mt- und LkEv) liegt ein Produkt der Rezeption dieses Jesus-Wortes vor, und dank der Einsicht in die Wachstums- und Kompositionsgeschichte der Logienquelle und einzelner ihrer Teile ist es

---

882) SCHUERMANN, Basileia-Verständnis 47. Eine solche Entwicklung nimmt auch OBERLINNER, Todeserwartung an, obwohl er die These einer "galiläischen Krise" entschieden ablehnt (s.o. A 881). Vgl. z.B. aaO 112: "... eine sich versteifende und verhärtende Feindschaft der einflussreichen und das religiöse Leben bestimmenden Vertreter der verschiedenen religiösen Gruppen Jesus gegenüber ..."

883) Aehnliche Verortungen setze ich auch für Lk 16,16 (s.u. III. 4.2.1.(5.)) und für die Weherufe Lk 11,39b-41.42 (s.o. 4.2.1.4.(5.)) voraus.

884) Allerdings rechnet auch die literaturwissenschaftliche Rezeptionsanalyse die "transtextuellen Wirkungen, also die an den Rezeptionsprozess sich anschliessenden, in sozialem Handeln sich manifestierenden Rezeptionsauswirkungen" nicht zu ihrem eigentlichen Gegenstandsbereich (vgl. GRIMM, Rezeptionsforschung 109 mit Anm 295).

wenigstens in Umrissen möglich, einzelne Etappen dieses Rezeptionsprozesses zu unterscheiden[885].

Anders als im Fall der literarischen Rezeption "fertiger" Texte ist es allerdings nicht möglich, die Rezeptionsgeschichte der Feindesliebe-Forderung in der QTrad als Abfolge von verschiedenen Rezeptionen desselben Textes darzustellen[886]. Vielmehr handelt es sich in unserem Fall um eine Reihe von (produktiven) Rezeptionen der Produkte von (ebenfalls produktiven) Rezeptionsvorgängen[887], die Teil der Wachstums- und Kompositionsgeschichte von Q sind. Von Interesse ist nun allerdings nicht nur die Abfolge verschiedener Rezeptionen unseres Textes, sondern auch deren Bezogenheit auf die sich wandelnden Rezeptionsbedingungen, bzw. auf veränderte Erwartungshorizionte. Dabei ist zum einen zu fragen, inwiefern der Wandel von Rezeptionsbedingungen und Erwartungshorizont sich im Produkt der Rezeption manifestiert, zum anderen aber auch, inwiefern dieser Wandel die Ursache der Veränderungen des Textes im Verlauf des Rezeptionsprozesses darstellt. Die Geschichte der Rezeption der Feindesliebe-Forderung Jesu in der QTrad kann demnach nicht auf die Geschichte ihrer vorred und red Bearbeitung, Kontextualisierung und Kommentierung reduziert werden, sondern ist - soweit als möglich - auch in den Kontext der urchristlichen Sozialgeschichte zu stellen[888]. Nur so kann der Tatsache Rechnung getragen werden, dass "Rezeption ... nicht ohne Träger und Rezipienten vorstellbar (ist)"[889].

---

885) Zur grundsätzlichen Problematik s.o. Einl. 4.(5.). Zur Stellung des Feindesliebe-Komplexes in der Kompositions- und Redaktionsgeschichte von Q s.o. 4.1. und das Schema zu Beginn von 4.2.

886) Vgl. die schematische Darstellung bei GRIMM, Rezeptionsgeschichte 96-99

887) Zum Problem der produktiven Rezeption s. die Hinweise in der in A (Einl.) 19 genannten Literatur. Eine schematische Darstellung dieses Textverarbeitungsprozesses bietet EGGER, Methodenlehre 44 (nach HARDMEIER, Texttheorie 80).

888) Insofern steht mein Beitrag durchaus den in A 785 genannten nahe und ist eher dem sozialgeschichtlich orientierten Zweig der Rezeptionsforschung verpflichtet als der rezeptionsästhetischen Fragestellung (dazu s.o. Einl. 1.(1.) mit A 15.16).

889) BERGER, Exegese 243

4.2.2.1. Die relecture der Tora von Jesus her (Lk 6,27-36//Mt 5,38-48)

Die Zusammenstellung der Forderungen zum Widerstandsverzicht (Lk 6,29; Mt 5,41) und des Feindesliebe-Gebotes (Lk 6,27,(a)b.28b.35e.f.g) sowie die Erweiterung um Mt 5,41(?); Lk 6,30.31 bzw. Lk 6,32f.36 müssen gemeinsam als erste Etappe des mehrstufigen Rezeptionsprozesses der Forderungen Jesu verstanden und gedeutet werden, auch wenn damit zu rechnen ist, dass diese Vorgänge nicht völlig gleichzeitig verliefen. Weitere Differenzierungen sind methodisch nicht kontrollierbar[890].

1. Die Bildung der Spruchgruppe Lk 6,27-36 verdankt sich der sachlichen Verwandtschaft der Forderungen zur Feindesliebe und zum Widerstandsverzicht. Für die Annahme, dass bei der Zusammenstellung der Sprüche ein gemeinsames Gesetzesverständnis (z.B. im Sinne einer "Toraverschärfung") eine Rolle gespielt hätte, gibt es keinerlei Anhaltspunkte. Die Feindesliebe-Forderung wird folglich nicht (oder jedenfalls nicht primär) im Kontext der Frage nach der rechten Stellung zur Tora rezipiert. Dennoch geben die "Kommentierungen" der Radikalismen Jesu einige interessante Hinweise auf die Gesetzesauffassung der Rezipienten, bzw. auf ihre Wahrnehmung der Haltung Jesu zum Gesetz.

2. Die Frage, ob Mt 5,41 eine ursprüngliche Einheit mit Lk 6,29 bildet, oder sekundär hinzugekommen ist, musste offengelassen werden[891]. Aber selbst wenn mit grösserer Sicherheit gesagt werden könnte, dass es sich dabei um eine nachträgliche Analogiebildung handelt, wäre es voreilig, die Rezeption der Forderungen von Gewaltverzicht und Feindesliebe ausschliesslich im Kontext von Spannungen mit der römischen Besatzungsmacht zu sehen[892]. Dagegen spricht nicht nur, dass Zwangsarbeit und Frondienst nicht ausschliesslich von den Römern gefordert werden konnten[893] (das lat. Lehnwort milion lässt allerdings v.a. an sie denken[894]), sondern auch, dass die Gebensforderung in

---

890) Zum Problem s.o. 4.1.(5.)(6.)(7.b.c) mit A 574

891) S.o. 4.1.(5.); vgl. auch schon 3.1.2.(4.)

892) Diesen Aspekt betont v.a. HOFFMANN (s.o. A 410), der jedoch auch andere Aspekte sieht (s.u. mit A 900)

893) S. LUZ, MtI 293

894) So auch GNILKA, MtI 183; HOFFMANN, Tradition 61; THEISSEN, Gewaltverzicht 176f.184

Lk 6,30 anders gelagert ist und kein antizelotisches Interesse verrät. Die Mahnungen zu geben und zu leihen sind gut atl-jüd (v.a. Dtn 15, 7-11; vgl. Sir 29,1-20)[895]. Sie schliessen locker an 6,29c.d (und Mt 5,41) an und "handeln nicht mehr von der Konfrontation mit der Gewalt"[896]. Zudem fällt auf, dass sie weniger zugespitzt formuliert sind. Dass in ihnen die "Radikalität der ersten drei Beispiele ... verlorengegangen ist"[897], wird man so pauschal allerdings nicht sagen können, wenn man bedenkt, dass jene, die zum Geben und Leihen aufgefordert werden, schon selbst am Rande des Existenzminimums leben[898]. Den Mahnungen in Lk 6,30 geht es "um die Solidarität von Armen mit noch Aermeren"[899].

Der historische Kontext der Rezeption von Jesu Forderungen zum Widerstandsverzicht ist aufgrund dieser Ueberlegungen relativ weit zu fassen. HOFFMANN spricht von "der allgemeinen politisch-religiösen Krisensituation" und erwähnt neben dem "Verhältnis zum Nationalfeind Rom" auch "die allgemeine wirtschaftliche Not" und (im Blick auf Lk 6,37a.38d.41f) "die Konflikte im Volk selbst"[900].

3.a) Die rhetorischen Fragen in Lk 6,32f, welche die Forderung der Feindesliebe plausibel machen sollen, belegen ebenfalls, dass ihre Anwendung nicht auf den "politischen" Bereich beschränkt wurde. Insbesondere Lk 6,32 ("nicht nur die lieben, die euch lieben") ist sehr offen formuliert.

Lk 6,33 ("nicht nur eure Brüder grüssen") ist wohl vor dem Hintergrund der Tatsache zu sehen, dass die Unterlassung des Grusses Geringschätzung und Verachtung bedeutet. Die Verweigerung des Grusses gegenüber Mitgliedern der Jesus-Bewegung ist wohl als Ausdruck ihrer Ablehnung zu verstehen. Dieser sollen sie das Gebet (6,28b) und den Friedenswunsch entgegensetzen. Und das nicht aus "taktischen" Grün-

---

895) Jüdische Belege bei STRACK/BILLERBECK, KommentarI 346-353; NISSEN, Gott bes. 267-277
896) GNILKA, MtI 183
897) LUZ, MtI 296
898) S.o. ExkursVI (4.c) mit A 753
899) HOFFMANN, Tradition 79
900) AaO 80
901) So Git 5,9: Man darf einen Heiden "um des Friedens willen" grüssen; vgl. Git 62a Bar (STRACK/BILLERBECK, KommentarI 384)

den[901], sondern um das Ethos der Gegenseitigkeit zu durchbrechen und so Gottes Liebe und Barmherzigkeit zu entsprechen (6,36).
Dass Aboth 4,15 fordert, jedermann mit dem Friedensgruss zuvorzukommen, zeigt, dass 6,33 nichts Ausserordentliches verlangt, das den Rahmen der Tora sprengen würde (wie das ja vom Gebot der Feindesliebe immer wieder behauptet wird[902]). Wenn von Jochanan ben Zakkai eigens berichtet wird, "dass ihm nie jemand mit dem Friedensgruss zuvorgekommen sei, selbst nicht ein Goi auf der Strasse"[903], lässt dies allerdings vermuten, dass dem Gebot, jedermann zu grüssen, längst nicht immer entsprochen wurde, weil man nicht in seiner Ehre gekränkt werden wollte.
b) Für die hier besonders interessierende Frage nach dem implizierten Toraverständnis ist wichtig, dass Lk 6,32f das Ethos der Feindesliebe von jenem der "Zöllner und Sünder" abgrenzt. Damit sind Personenkreise angesprochen, die z.B. den Pharisäern als notorische Uebertreter der Tora galten und denen allgemein mit Verachtung begegnet wurde. Diese Abgrenzung kann nicht das Ziel haben, die eigene Gesetzesobservanz von jener anderer frommer Juden als "radikaler" abzuheben (anders z.B. Mt 5,20 oder die antipharisäischen Wehesprüche[904]). Vielmehr macht diese Abgrenzung von "Zöllnern und Sündern" deutlich, dass sich die Tradenten der Forderung der Feindesliebe auf der Seite derer sehen, die das Gesetz befolgen und es nicht etwa absichtlich übertreten oder "aufheben".
c) Die Betonung der Ueberlegenheit des Ethos der Feindesliebe gegenüber jenem von Zöllnern und Sündern wirkt angesichts der Zuwendung des irdischen Jesus zu den sozial, religiös und moralisch Deklassierten eigenartig[905]. Freilich sollte man den sachlichen Abstand zu Jesus nicht überschätzen: Er wendet sich den Zöllnern und Sündern nicht etwa deshalb zu, weil er sie für "Gerechte" hält, sondern weil "Gott von sich aus die Initiative ergriffen hat und von sich aus zum Sünder durchgestossen ist"[906]. Anders als bei Jesus werden die Zöllner und

---

902) Besonders prägnant NISSEN, Gott 316 (s.o. ExkursV (2.) mit A 601)
903) STRACK/BILLERBECK, KommentarI 382 (Berakh 17a)
904) Dazu s.o. I.
905) Vgl. dazu schon o. 4.1.(6.b)
906) MERKLEIN, Botschaft 79f

Sünder in Lk 6,32f jedoch auf ihr ungenügendes Verhalten festgelegt und so diskriminiert[907].

SCHULZ zieht aus dieser Erwähnung der Zöllner und Sünder (bzw. Heiden) in Lk 6,32f den Schluss, dass die älteren Q-Stoffe, anders als die jüngeren, nichts von ihrer "Heimholung" wissen wollen. Er bringt dies in engen Zusammenhang mit dem s.E. für diese Stoffe zentralen Konzept der eschatologischen Toraverschärfung (die in den jüngeren Q-Stoffen nicht relativiert, aber auch nicht mehr eigens herausgestellt wird)[908]. Weil aber die Zuwendung zu den Deklassierten in Israel schon für Jesus charakteristisch ist, wirkt diese These nicht besonders plausibel[909]. Hinzu kommt, dass es kaum möglich ist, Texte wie Lk 15,4-7//Mt 18,12-14 und Lk 14,16-24//Mt 22,1-14 pauschal der jüngeren Q-Gemeinde Syriens zuzuschreiben, wie dies bei SCHULZ geschieht. Nach weit verbreiteter Auffassung sind sie jesuanischen Ursprungs[910]. Und auch wenn Lk 7,31-35//Mt 11,16-19 gesamthaft zu den späteren Texten in Q zu rechnen ist[911], bedeutet das nicht, dass im Vorwurf gegen Jesus, ein "Fresser und Säufer, Freund der Zöllner und Sünder" zu sein, "nicht alte, ja allerälteste Tradition verarbeitet ist"[912].

Das negative Bild von "Zöllnern und Sündern" als Vertretern eines bloss durchschnittlichen Verhaltens in Lk 6,32f genügt nicht, um eine grundsätzlich ablehnende Haltung der frühen Tradenten der Feindesliebe-Forderung (bzw. der "ältesten Q-Gemeinde"[913]) diesen von Jesus besonders beachteten Gruppen gegenüber zu postulieren.

---

907) ZELLER, Mahnsprüche 104

908) SCHULZ, Q 169 (vgl. 134f); zu den jüngeren Q-Stoffen s. aaO 379-403. 485; vgl. Ders., Gottesherrschaft 61f

909) Vgl. HOFFMANN, Rez. SCHULZ, Q 112; MERKLEIN, Gottesherrschaft 199 (vgl. 188f)

910) Für die Authentie von Lk 15,4-7//Mt 18,12-14 s. z.B. SCHWEIZER, Mt 239; FIEDLER, Jesus 227; HOFFMANN, Er weiss 163f; MERKLEIN, Gottesherrschaft 188f mit Anm 115; WEDER, Gleichnisse 173.
Als Vertreter der Authentie von Lk 14,16-24//Mt 22,1-14 vgl. nur SCHNEIDER, LkII 317; SCHWEIZER, Mt 274f; BORNKAMM, Jesus 15f; FIEDLER, Jesus 239-241; HAHN, Gleichnis 65-70; VOEGTLE, Einladung 191-196; WEDER, Gleichnisse 185 (zur Q-Zugehörigkeit s.o. A(I) 687)

911) S.o. 2.1.3.2.(4.a); vgl. auch die bei MERKLEIN, Gottesherrschaft 198 Anm 209 genannten

912) MERKLEIN, Gottesherrschaft 198 (u.v.a.). Eine positive Beurteilung der "Zöllner" liegt auch in Lk 7,29f; Mt 21,32 vor, doch ist die Q-Zugehörigkeit sehr fraglich (s.o. I.2.2.2.(2.a) mit A 145).

913) SCHULZ, Q 57(-175)

Immerhin lässt diese Art des Redens von Zöllnern und Sündern vermuten, dass die Rezipienten der Feindesliebe-Weisung sich selbst nicht mit diesen Gruppen identifizieren - sie sehen sich zwar als ptochoi (Lk 6,20//Mt 5,3; vgl. Lk 7,22//Mt 11,5) und nēpioi (Lk 10,21//Mt 11,25), aber nicht als ergatai adikias, bzw. ergazomenoi tēn anomian (Lk 13,27//Mt 7,23)[914]. Rückschlüsse auf die Praxis oder die soziologische Zusammensetzung der Kreise, die Jesu Feindesliebe-Forderung um Lk 6,32f erweitert haben, lässt dies nicht zu: Auch "ehemalige" Zöllner und Sünder können nach einem radikalen Bruch mit ihrer Vergangenheit so sprechen.

d) Das Ethos, von dem die Feindesliebe durch die rhetorischen Fragen Lk 6,32f abgegrenzt wird, ist dem Clan-Denken und dem Prinzip der Gegenseitigkeit verpflichtet. Insbesondere der Hinweis darauf, dass man nicht nur "die Brüder" grüssen solle, lässt vermuten, dass als Adressaten primär die eigenen Leute im Blickfeld sind, auch wenn adelphos in Q nicht als terminus technicus für "Mitchrist" gelten kann, sondern noch eine grössere Bedeutungsbreite aufweist[915]. Auch das weist darauf hin, dass Jesu Forderung der Feindesliebe nicht von der Tora oder der Toraobservanz anderer Kreise im Judentum abgehoben werden soll[916].

Lk 6,32f grenzt das Ethos der Feindesliebe ganz allgemein von einem am "do ut des"-Prinzip orientierten Gegenseitigkeitsdenken ab, das in der griechisch-hellenistischen Ethik weit verbreitet war und als populärethischer Grundsatz bezeichnet werden kann[917].

---

914) Die Rekonstruktion ist unsicher. Unentschlossen: SCHULZ, Q 426; für die grössere Ursprünglichkeit der mt Fassung: HOFFMANN, Pantes 202; SCHENK, Synopse 103; für den lk Wortlaut: LUZ, MtI 402 Anm 10; POLAG, Fragmenta 68
Zur Erhebung des Selbstverständnisses der Tradenten von Q kann - bei einer positiven Beurteilung der Q-Zugehörigkeit (dazu s.o. A(I) 687) - auch Lk 14,16-24 herbeigezogen werden, wo mit einer zumindest partiellen Identifikation mit den "Ersatzgästen" zu rechnen ist. Auch sie erscheinen zwar als sozial benachteiligte, aber nicht als religiös deklassierte (vgl. bes. SCHOTTROFF, Gleichnis 201.203-205).

915) Weitere Q-Vorkommen von adelphos: Lk 6,41f//Mt 7,3-5 (3mal); Lk 17,3f//Mt 18,15.21f

916) S. schon o. (b)

917) Insofern ist diese erste Aktualisierung der Feindesliebe-Forderung als Vorstufe ihrer lk Rezeption anzusehen, in der diese Frontstellung noch deutlicher sichtbar wird; vgl. dazu HORN, Glaube 97-104 (bes.

4. Auf den ersten Blick verträgt sich die Goldene Regel (Lk 6,31//Mt 7,12) schlecht mit der in Lk 6,32f enthaltenen Kritik am Gegenseitigkeits-Denken. Denn gerade solches Denken wird dieser weit über den jüdisch-christlichen Traditionsbereich verbreiteten Maxime zum Vorwurf gemacht[918], ja man unterstellt ihr "naiven Egoismus"[919]. Träfe dieser Vorwurf zu, müsste die Erweiterung von 6,29f; Mt 5,41 um Lk 6,31, bzw. die Einbringung der Goldenen Regel in den Feindesliebe-Komplex als Ausdruck einer Fehlrezeption verstanden (und kritisiert) werden. Der Vorwurf ist m.E. aber nicht wirklich begründet.

Für die vorliegende Fragestellung noch wichtiger ist jedoch die Tatsache, dass die Goldene Regel im Judentum als Zusammenfassung der Tora dienen kann. Was das für das Gesetzesverständnis der Rezipienten der Feindesliebe-Forderung für Implikationen hat, wird zu prüfen sein.

a) DIHLE, dessen Untersuchung zur Goldenen Regel in mancher Hinsicht wegweisend ist, hält ein imperativisches Verständnis von Lk 6,31 mit dem (lk) Kontext für so unvereinbar, dass er sich genötigt sieht, das Wort als Aussage über das Ethos der Sünder indikativisch (und nicht wie gewohnt imperativisch) zu verstehen[920]. Dieser Vorschlag wird jedoch aus formalen Gründen (kai-Anschluss an 6,30) mit Recht zurückgewiesen[921]. "Der gequälte ... Versuch von DIHLE"[922] erweist sich bei genauerem Zusehen auch aus sachlichen Gründen als unnötig. Die Goldene Regel ist nämlich mit dem ius talionis, einem Vergeltungsdenken oder einem Gegenseitigkeitsprinzip im Sinne des "do ut des" nicht schlechthin identisch, auch wenn sie oft so ausgelegt wird. Von ihrer Formulierung her ist die Goldene Regel durchaus "einseitig". Sie for-

---

99f).226-228; VAN UNNIK, Motivierung passim (jeweils mit Belegen zum Gegenseitigkeitsprinzip in der griechisch-hellenistischen Ethik). Weiteres Material zur antiken Vulgärethik bietet DIHLE, Regel passim.

918) Vgl. bes. DIHLE, Regel 110; s. auch LUZ, MtI 388f; HUBER, Feindschaft 139; MATHYS, Liebe 47

919) BULTMANN, Geschichte 107; vgl. BORNKAMM, Wandlungen 95; BRAUN, RadikalismusII 86 Anm 2; CONZELMANN, Grundriss 75 (mit Einschränkungen)

920) DIHLE, Regel 113f; zustimmend HUBER, Feindschaft 132 mit Anm 15

921) Vgl. ERNST, Lk 226f; LUZ, MtI 388 mit Anm 10; SCHUERMANN, LkI 350 mit Anm 56; HORN, Glaube 106; STRECKER, Bergpredigt 159; THEISSEN, Gewaltverzicht 180 Anm 42

922) SCHUERMANN, LkI 350 Anm 56

dert nämlich vom einzelnen, dass er sein Handeln am Wohl des anderen ausrichten soll, ohne vorauszusetzen, dass der andere ebenso handelt. Auch wenn die Regel das Wohl des anderen von den eigenen Wünschen her definiert ("so wie ich behandelt werden möchte ..."), fordert sie dazu auf, vom anderen her zu denken und selbst die Initiative zu ergreifen ("... soll ich mich zu den anderen verhalten"). Sie entspricht in dieser Einseitigkeit der Forderung der Feindesliebe, ohne diese aber eigentlich begründen oder motivieren zu können[923].

b) Unterschiedliches Gewicht wird der Tatsache beigemessen, dass die Goldene Regel in der Jesusüberlieferung positiv, in frühjüdischen (und anderen) Parallelen aber überwiegend negativ formuliert wird[924]. Während z.B. WEDER die positive Formulierung als Verweis auf das Gebotene wertet und die negative als gesetzliche Regelung, die lediglich am Erlaubten orientiert sei, beurteilt[925], messen andere dieser Differenz kein entscheidendes Gewicht bei[926]. Fest steht jedenfalls, dass die positive Formulierung auch vor- und ausserchristlich bezeugt ist, und dass in der alten Kirche beide Formulierungen "ziemlich beliebig" verwendet werden[927]. Auch wenn die positive Formulierung stärker als die negative dazu einlädt, die Initiative zu ergreifen, ist der inhaltliche Kontext, in dem diese sehr formale Regel verwendet wird, wichti-

---

923) Vgl. dazu GNILKA, MtI 266f; SCHUERMANN, LkI 351; MERKLEIN, Gottesherrschaft 244-246; STRECKER, Bergpredigt 158f; WEDER, Rede 232-234; WOLBERT, Regel 174-177; ZELLER, Mahnsprüche 118-120. SCHULZ, Q 140 meint sogar: "Die Goldene Regel geht mit den Forderungen des Verzichts auf die Wiedervergeltung und der Feindesliebe völlig parallel".

924) Als positive Formulierungen erwähnt LUZ, MtI 388 Anm 7: Dio Cass 52,34.39; Isoc Ad Nicoleam (Cypr 49); slavHen 61,1; Achikar arm. B 53 und Arist 207. Die wichtigsten frühjüdischen Belege für die negative Form sind: Tob 4,15; Sir 31,15LXX; hebrTNaph 1,6; Philo, Hyothetica (Eus, Praep Ev8,7,6); Targ JeruschI Lev 19,18; bSchab 31a; ARN 15.16; ARN (B) 26; PsMen 39f.

925) WEDER, Rede 231-233 (zur Distinktion von Gebotenem und Erlaubtem s. schon o. ExkursV); vgl. NISSEN, Gott 395f

926) DIHLE, Regel 10f; vgl. auch LUZ, MtI 389 (s. jedoch aaO 392 mit Anm 36); BULTMANN, Geschichte 107; STRECKER, Bergpredigt 156-158. Allein die Tatsache, dass Isocr, Dem 17 und 21 (Texte bei BERGER/COLPE, Textbuch 105) eine negative und eine positive Version der Goldenen Regel sehr nahe beieinander bringt, spricht gegen eine Ueberbewertung der sachlichen Differenz.

927) LUZ, MtI 389; negative Formulierung z.B. Did 1,2; Apg 15,20.28 D

ger als diese Differenz[928]: Erst aus dem Zusammenhang wird ersichtlich, was man sich selbst an Gutem wünscht und folglich auch dem Nächsten zukommen lassen soll.

c) Im Anschluss an Lk 6,29f; Mt 5,41 und im Kontext des Feindesliebe-Gebotes hat die Goldene Regel zweifellos die Funktion, das Geforderte einsichtig zu machen. Diese Funktion vermag die Regel bezüglich des Q-Interpretaments Lk 6,30 auch sehr gut wahrzunehmen. Anders verhält es sich im Fall der Forderungen von Lk 6,29; Mt 5,41 und auch der Feindesliebe-Forderung, da man diese von der Goldenen Regel her "allzu leicht ... aufweichen (könnte), etwa mit dem Hinweis, dass man ja selbst vom Feinde keine Liebe und kein Entgegenkommen anzunehmen gewillt ist"[929]. Angesichts der Eigenart der Spruchfolge 6,27-36 (und des Ethos von Q überhaupt), wird man die Goldene Regel aber ohnehin nicht als formales Handlungsprinzip ansehen, das die materialen Einzelforderungen im strengen Sinn begründet. Eine solche Systematisierung ist nicht ihr Ziel und kann mit ihrer Hilfe auch nicht sachgemäss durchgeführt werden. Vielmehr wird man sie als Bemühung ansehen müssen, das Geforderte auch rational einsichtig und plausibel zu machen[930].

d) Mit dieser Ueberlegung kommt bereits die Fragestellung in den Blick, ob und inwiefern die Goldene Regel in unserem Kontext die Funktion einer Zusammenfassung der Tora hat und damit Lk 6,29f (bzw. den ganzen Komplex 6,27-36) mit der Tora und ihrer Auslegung in Zusammenhang bringt.

Dass die Goldene Regel im Judentum als Summe der Tora gelten konnte, ist nicht zu bestreiten. Der bekannteste Beleg ist die Antwort Hillels auf die Frage des Heiden in bSchab 31a[931], doch auch in Arist 207 und hebr TNaph 1,6 hat die Regel ähnliche Funktion[932]. Hinzuweisen

928) So v.a. LUZ, MtI 389; NISSEN, Gott 392f; vgl. MERKLEIN, Gottesherrschaft 244; STRECKER, Bergpredigt 159

929) MERKLEIN, Gottesherrschaft 245 Anm 200

930) Vgl. die Ueberlegungen von MERKLEIN, aaO 245f

931) Text (und ausführliche Diskussion) bei NISSEN, Gott 390(-399). Vgl. dort auch den Hinweis auf die Rezeption des Diktums von Hillel durch Aqiba in ARN (B) 26(27a) (aaO 397f).

932) In Arist 207 ist die Goldene Regel Antwort auf die Frage nach der "Lehre der Weisheit" und in hebrTNaf 1,6 erscheint sie als Auslegung

ist ferner auf die mt Fassung der Goldenen Regel (Mt 7,12): Durch die Erweiterung um houtos gar estin ho nomos kai hoi prophētai erscheint sie als Zusammenfassung des Willens Gottes[933]. Dabei soll gar nicht bezweifelt werden, dass diese Zusammenfassung der Tora in der Goldenen Regel (wie auch andere Zusammenfassungen[934]) "uneigentlich" ist[935] und eher pädagogische Ziele als systematisierende Funktion hat[936]. Bedeutsamer als diese Einschränkung ist die Tatsache, dass die Goldene Regel keineswegs immer als zentrales Einzelwort, sondern auch als "Regel neben anderen" erscheint[937], sei es in Form direkter Anwendung oder als Begründung von Einzelweisungen. Diese Vorkommen der Goldenen Regel stehen der Art ihrer Verwendung im Kontext von Lk 6,27-36 näher als die Stellen, wo sie als Summe der Tora erscheint. Es ist deshalb nicht angebracht, ihre Rezeption in 6,31 direkt mit ihrer Verwendung als Zusammenfassung der Tora in Zusammenhang zu bringen (für die mt Rezeption ist dieser Zusammenhang viel wichtiger). Immerhin wird man sagen können, dass die Goldene Regel als auch jüdischerseits anerkannte sittliche Grundformel[938] nicht geeignet ist, das "Besondere" der Forderungen Jesu herauszustellen, sondern -

---

der grundlegenden Weisung der Gottesfurcht, die sich im Respekt vor den Kreaturen zu zeigen hat.

933) Die Annahme von JEREMIAS, TheologieI 204 mit Anm 36, dass die mt Version die ursprünglichere sei und direkt auf bSchab 31a (negative Version der Goldenen Regel im Munde Hillels) bezug nimmt, ist allerdings unhaltbar (zur Literarkritik s.o. 3.1.3.(1.)) und hat keine Zustimmung gefunden (vgl. ZELLER, Mahnsprüche 119 mit Anm 497).

934) S. NISSEN, Gott 399-415; SANDERS, Paulus 106-108; vgl. STRACK/BILLERBECK, KommentarI 907

935) BURCHARD, Liebesgebot 52(f) mit Anm 56. NISSEN, Gott 390-399 spielt die Bedeutung der Goldenen Regel als Summe der Tora sehr stark herunter (so urteilt auch ZELLER, Mahnsprüche 119 Anm 494). Dass Aqiba in ARN (B) 26(27a) die Aussage Hillels mit "sichernden Korrekturen" versieht (so NISSEN, Gott 397), deutet darauf hin, dass sie auch recht grundsätzlich verstanden werden konnte. Schon die Ablehnung des Ansinnens des Heiden durch Schammai, eine Belehrung über die ganze Tora zu erhalten, welche "nicht länger dauere, als er auf einem Fuss zu stehen vermöge" (bSchab 31a), hebt Hillels Verhalten "als im rabbinischen Bereich aussergewöhnlich hervor" (KUECHLER, Weisheitstraditionen 207).

936) In dieser Richtung äussert sich auch MERKLEIN, Gottesherrschaft 245f

937) NISSEN, Gott 397. Als Belege kommen v.a. Tob 4,15; slavHen 61,1; PsMen 39f; Sir 31,15LXX und ARN 15.16 in Frage.

938) Philo, Hypothetica (Eus, PraepEv 8,7,5f) rechnet sie zu den agrapha ethē kai nomima, also zu den "von der Philosophie oder der religiösen

im Gegenteil - intendieren wird, sie in den Horizont allgemein anerkannter und torakonformer Moraliät zu stellen. Die Kommentierung von Lk 6,29f; Mt 5,41 durch die Goldene Regel zeigt, dass man in diesen Forderungen nichts sah, was den Rahmen des Gesetzes sprengte. Insofern lässt sie eine ähnliche Tendenz erkennen wie die rhetorischen Fragen in Lk 6,32f[939].

e) Angesichts der Tatsache, dass das Gebot der Feindesliebe, das der Goldenen Regel in der Spruchfolge Lk 6,27-36 unmittelbar folgt, immer wieder als Entschränkung oder Verschärfung des atl Gebots der Nächstenliebe in Lev 19,18b interpretiert wird[940], ist auch auf den immer wieder erwähnten Zusammenhang zwischen der Goldenen Regel und dem Gebot der Nächstenliebe einzugehen.

Dass hier ein Zusammenhang hergestellt wird, darf angesichts der sachlichen Nähe des "wie dich selbst" in Lev 19,18b zur Goldenen Regel nicht erstaunen[941]. Bekanntester Beleg hiefür ist Targ Jeruschl Lev 19,18, wo die Regel dem Liebesgebot angefügt wird[942]. Zu erwähnen ist ferner, dass auch Lev 19,18 als "Hauptregel der Tora" interpretiert wird[943] und dass Mt das Doppelgebot der Liebe und die Goldene Regel gleichzeitig als Summe von Gesetz und Propheten versteht (Mt 7,12;22,40)[944].

Diese Belege reichen aber nicht aus, um die Goldene Regel als "populäre und zum täglichen Gebrauch besonders geeignete Fassung des Gebots der Nächstenliebe" zu bezeichnen oder sie gar als Ersatz des Nächstenliebe-Gebotes anzusehen[945]. Es ist deshalb unzulässig, aus ih-

---

Offenbarung unabhängigen, allen Menschen gemeinsamen sittlichen Regeln" (DIHLE, Regel 95; zum Begriff der agrapha ethē kai nomima s. auch NIEBUHR, Gesetz 53-55).

939) S.o. (3.b.d); vgl. auch die Ueberlegungen von CATCHPOLE, Jesus 308f zu den Interpretamenten Lk 6,31 und 6,32f - allerdings stellt er einen zu direkten Bezug zu Lev 19,18 her (s.u.)

940) Zum Problem s.o. 4.2.1.1.(1.) mit ExkursV

941) Vgl. MATHYS, Liebe 46-50; ZELLER, Mahnsprüche 118f

942) Vgl. aber auch Sir 31,15, wo die LXX das Liebesgebot (dessen Formulierung schon im hebr Text an die Goldene Regel anlehnt) durch die Goldene Regel selbst ersetzt (s. dazu DIHLE, Regel 83f; MATHYS, Liebe 47; NISSEN, Gott 391; ZELLER, Mahnsprüche 119).

943) Vgl. SLev 19,18; dazu NISSEN, Gott 400(-407)

944) Noch einen Schritt weiter geht Did 1,2, wo das Doppelgebot der Liebe mit der Goldenen Regel verbunden ist.

945) Dazu NISSEN, Gott 393(-396) mit Anm 244

rem Vorkommen im Feindesliebe-Komplex der Logienquelle zu schliessen, man habe diesen mit Lev 19,18 in Zusammenhang gebracht (was dann in der mt Antithese 5,43-48 allerdings ausdrücklich geschieht).

f) Abschliessend kann festgehalten werden: Die Integration der Goldenen Regel in den Feindesliebe-Komplex zeigt, dass man keinen Konflikt zwischen Jesu radikalen Forderungen und der Tora sah und offenbar auch nicht der Ansicht war, dass diese Forderungen den Rahmen des Gesetzes sprengten. Insofern bestätigt die Aufnahme dieser weit verbreiteten und allgemein anerkannten Regel das Urteil, dass die Radikalismen Jesu nicht primär Torakritik oder Toraverschärfung intendieren[946].

Die Behauptung von SCHULZ, dass die Goldene Regel "der Toraverschärfung ihre schlechthin gültige Evidenz gab"[947], verkennt diesen Tatbestand: Die Goldene Regel zeigt, dass man Jesu Forderung als sich im Rahmen des Gesetzes bewegend verstand.

Begründet ist die Rezeption der Goldenen Regel und die damit einhergehende harmonische Sicht der Uebereinstimmung zwischen dem Ethos Jesu und der Tora aber nicht etwa in einer "Retoraisierung" der Botschaft Jesu[948], zumal diese nicht als Auslegung der (in der Goldenen Regel zusammengefassten) Tora erscheint. Möglich wird sie vielmehr dadurch, dass der sehr formalen und damit stark von ihrem sachlichen Kontext abhängigen Regel[949] im Licht des von Jesus geforderten Umgangs mit der Erfahrung von Gewalt und Feindschaft neuer Sinn zuwächst.

Die Kommentierung der zu einer "paradoxen Aktivität"[950] auffordernden Logien Lk 6,29; Mt 5,41 kommt hermeneutisch also nicht einer "Heimholung" der Forderungen Jesu in den Raum gängiger Moralität und Toraauslegung gleich, sondern einer "relecture" der Goldenen Regel (und der Tora) von Jesus her[951].

---

946) Dazu s.o. 4.2.1.1., bes. (1.) und (5.)

947) SCHULZ, Q 141

948) Zu diesem Ausdruck s.o. A 759

949) S.o. (b.)

950) S.o. A 783

951) Diese Beurteilung der Kommentierung der Forderungen Jesu durch die Goldene Regel, kann auch dann aufrechterhalten werden, wenn von der Verwendung der Goldenen Regel durch Jesus ausgegangen wird. Wenn Jesus sie tatsächlich rezipiert haben sollte (was sich keinesfalls be-

5. Die Barmherzigkeitsforderung Lk 6,36//Mt 5,48 wurde Bestandteil des Feindesliebe-Komplexes, nachdem die rhetorischen Fragen Lk 6,32f hinzugekommen waren "und nun ihrerseits nach einem abschliessenden Imperativ riefen"[952]. Zum isoliert tradierbaren, mit der Feindesliebe-Forderung nicht völlig deckungsgleichen Grundsatz gibt es in jüdischen Texten fast wörtliche Parallelen[953].

a) Der Gedanke der Imitatio Dei ist schon im AT ausgeformt und hat seinen Sitz im Leben in der "Gebotsparänese", wie sie vor allem das Heiligkeitsgesetz und das Deuteronomium kennen[954]. Das Judentum greift ihn v.a. in haggadischen Texten auf[955], möglicherweise auch unter hellenistischem Einfluss[956]. Obwohl Lk 6,36 als "Zitat eines jüdischen Satzes" gelten kann[957], handelt es sich nicht um die Aufnahme eines selbstverständlichen und gängigen Motivs. Die Nachahmung des unsichtbaren Gottes ist "eher ein jüdisches Paradox"[958] und unser Logion stellt "eine der frühesten Formulierungen des ... jüdischen Grundsatzes ... auf palästinischem Boden" dar[959].

---

weisen, aber auch nicht ausschliessen lässt), dann ist ihr schon im Kontext seiner Botschaft neuer Sinn zugewachsen. Zu ihrer möglichen Verwendung durch Jesus s. MERKLEIN, Gottesherrschaft 243-246; LUEHRMANN, Feinde 428; ZELLER, Mahnsprüche 119f. Die Bestreitung der Rückführbarkeit der Goldenen Regel auf Jesus (z.B. bei BULTMANN, Geschichte 107) geht meist mit ihrer Auslegung "in malam partem" einher (zum Problem s.o. a)

952) ZELLER, Mahnsprüche 110, vgl. o. 4.1.(6.c)

953) Am nächstem kommt der Formulierung Targ JeruschI 22,28. Weitere Texte bei STRACK/BILLERBECK, KommentarI 372f; NISSEN, Gott 69-76.274-277

954) ZELLER, Mahnsprüche 111, vgl. aaO 29. Zur Gebotsparänese im AT s. v. RAD, TheologieI 85f.210-212.236-239. Als atl Belege für die Vorstellung der Imitatio Dei kommen z.B. in Frage: Lev 19,2 (vgl. 11,44f;20, 7f.26;21,8); Dtn 1,17;10,18f;12,31; Ps 11,7; Jer 9,24.

955) S. dazu bes. NISSEN, Gott 69-76.274.277

956) Vgl. LUZ, MtI 312 (Anm 52) mit Verweis auf Arist 188.208-210; Philo SpecLeg 4,73; All 1,48 als hellenistisch-jüdischen und Sen, Ben 4,26,1 und MAnt 9,11 als hellenistischen Vorkommen (aaO 308 Anm 26).

957) JEREMIAS, TheologieI 205 Anm 39; vgl. LUZ, MtI 307; ZELLER, Mahnsprüche 112f

958) H.J. SCHOEPS, Von der Imitatio Dei zur Nachfolge Christi, in: Ders., Aus frühchristlicher Zeit. Religionsgeschichtliche Untersuchungen, Tübingen 1950, 286-301, hier 288. Vgl. auch SCHNACKENBURG, BotschaftI 86

959) LUZ, MtI 312. Ebd Anm 52 weist er darauf hin, dass der nächste palästinische Beleg aus der Zeit um 150 n.Chr. stammt (Abba Schaul, SLev 19,2; vgl. STRACK/BILLERBECK, KommentarI 372).

b) Im Anschluss an die Feindesliebe-Forderung kommt dem Verweis auf die Barmherzigkeit Gottes zweifellos begründende Funktion zu[960]. Lk 6,36 schliesst damit sachlich an 6,35e.f.g. an, wo das Motiv der Nachahmung Gottes bereits anklingt (in der Q-Akoluthie sind 6,35 und 6,36 allerdings durch die zwei Fragen in 6,32f getrennt)[961].

MERKLEIN, der die Barmherzigkeitsforderung als ursprünglichen Bestandteil der Feindesliebe-Forderung beurteilt[962], misst dem begründenden Rekurs auf die Barmherzigkeit Gottes theologisch sehr viel Gewicht bei: Erst er vermag die Feindesliebe eigentlich zu begründen, während 6,35f.g eher als "argumentum ad hominem" dient[963]. Dieses Urteil hängt damit zusammen, dass der sachliche Kontext der Barmherzigkeitsforderung s.E. "nicht die Barmherzigkeit Gottes im allgemeinen (ist), wie sie etwa in V. 45b (=Lk 6,35f.g) hervortritt, bzw. wie sie dem allgemeinen Standard damaligen religiösen Denkens entspricht ..., sondern die Barmherzigkeit Gottes, wie sie sich jetzt in der Verkündigung Jesu artikuliert"[964]. So wird Lk 6,36 für MERKLEIN zum zentralen Beleg für die Anwendung seiner Grundthese von der "Gottesherrschaft als Handlungsprinzip" auf die für Jesus so bezeichnende Forderung der Feindesliebe[965].

Ohne grundsätzlich an der längst nicht nur von MERKLEIN vertretenen Auffassung zu zweifeln, dass die Basileia-Botschaft den Hintergrund bildet, vor dem Jesu Ethik zu sehen ist[966], halte ich MERKLEINs Auslegung für eine Ueberinterpretation der Barmherzigkeitsforderung[967]. Ganz unabhängig von der Frage, ob schon Jesus oder erst Q dieses Logion in den Kontext der Feindesliebe einbrachte, handelt es sich um die Ausprägung eines aus atl-jüd Trad übernommenen Gedankens. Schon als solcher scheint er wenig geeignet, das "Neue" und "Eschato-

---

960) Zur Möglichkeit, satzeinleitendes hos in begründendem Sinn zu verwenden s. BLASS/DEBRUNNER/REHKOPF, Grammatik 453,2.

961) Dazu s.o. 4.2.1.2.

962) Dazu s.o. 4.1.(6.c) mit A 560

963) MERKLEIN, Gottesherrschaft 233f (Zitat 232); vgl. auch SCHULZ, Q 138: Lk 6,36 ist "der sachliche Grund dieser ganzen prophetischen Mahnrede".

964) MERKLEIN, Gottesherrschaft 233

965) Vgl. dazu besonders seine Ausführungen aaO 235-237

966) Zu seiner Position s.o. Einl. 5.(8.); weitere Vertreter s. dort A 202 und 203

967) Vgl. schon die grundsätzliche Anfrage o. Einl. 5.(8.) mit A 207

logische" der Verkündigung Jesu zur Sprache zu bringen - vielmehr wächst dem Gedanken der Imitatio Dei selber im Horizont der Verkündigung und Wirksamkeit Jesu neuer Sinn zu. Im Kontext der Zuwendung Jesu zu den sozial, religiös und moralisch Deklassierten, welche prophetische Antizipation und anfanghafte Verwirklichung der Basileia Gottes sein will, erhält der Glaube an Gottes Barmherzigkeit ganz neue Brisanz. Und im Zusammenhang mit der Forderung der Feindesliebe muss auch der in Gottes Barmherzigkeit begründete Anspruch, selbst barmherzig zu sein, neu gedacht und verwirklicht werden.

c) In der Anfügung der aus der Trad übernommenen Barmherzigkeitsforderung an den Feindesliebe-Komplex in einer frühen Phase der Rezeption sehe ich deshalb eher eine Betonung des "Element(s) der Uebereinstimmung" zwischen Jesus und dem Gesetz[968]. Wie schon im Fall der Goldenen Regel[969] geht es dabei aber nicht um den Versuch einer "Heimholung" der Forderung Jesu in den Bereich des gängigen und erprobten Gesetzesgehorsams, oder um eine Milderung der Provokation, die Jesu Forderung enthält. Vielmehr wird durch die Einbringung der Barmherzigkeitsforderung in den Kontext der Feindesliebe die Zumutung, die in der bekannten Forderung der Nachahmung Gottes enthalten ist, neu entdeckt.

d) Die Verbindung des Gebots der Feindesliebe mit der Barmherzigkeitsforderung legt dem Hörer aber nicht nur nahe, die Bedeutung und Tragweite der Barmherzigkeit Gottes für sein Verhalten neu zu entdecken, sondern stellt die Feindesliebe-Forderung mit einer Weisung der Tora gleich. Jesu Wort wird mit einer Mahnung begründet, die auch zur Einschärfung der Weisungen der Tora dient[970]. Uebereinstimmung zwischen dem Wort Jesu und der Tora wird also nicht dadurch erzielt, dass Jesu Wort dem Gesetz als dessen Auslegung untergeordnet wird, sondern indem es ihm gleichgestellt wird: Wie die Tora hat es seinen letzten Grund in Gottes Barmherzigkeit, bzw. in Gott selbst.

So erweist sich die Anfügung der Barmherzigkeitsforderung an den Feindesliebe-Komplex als sachgemässe Rezeption des Anspruchs Jesu, der sichtbar wird, wenn er die trad an den Gesetzesgehorsam zurück-

---

968) Vgl. dazu VENETZ, Grundstrukturen 640

969) Dazu s.o. (4.f)

970) S.o. A 954

gebundene Zusage der Gottessohnschaft an die Befolgung seiner Weisung knüpft (Lk 6,27(a)b.28b.35e.f.g). In Kontinuität zu Jesus steht diese Rezeption aber auch darin, dass der Anspruch Jesu und jener der Tora nicht gegeneinander ausgespielt werden[971].

6. Rückblickend kann zu dieser ersten für uns greifbaren Rezeption der Forderung der Feindesliebe und zu ihrer Einordnung in die Spruchfolge Lk 6,27-36 folgendes festgehalten werden:
a) Die Forderungen zu Feindesliebe und Gewaltverzicht werden nicht auf ein bestimmtes "Anwendungsgebiet" (wie z.B. das Verhältnis zur römischen Besatzungsmacht) hin konkretisiert. Die "Anwendungen", welche in den sekundären Erweiterungen der Jesuslogien in den Blick kommen (Frondienst?; Geben und Leihen; Grüssen), lassen erkennen, dass sie auf verschiedene Lebensbereiche hin aktualisiert wurden, wobei auch gewöhnlichere Alltagssituationen als die Erfahrung von Gewalt und Feindschaft einbezogen werden. Auch die sehr allgemeine Formulierung in 6,32 ("jene lieben, die euch nicht lieben") lässt erkennen, dass es eher zur Erweiterung der situativen Kontexte kommt, in der die Forderungen Jesu angewendet werden sollten, als zu ihrer Verengung. Der Preis dieser Erweiterung ist allerdings, dass die Anwendungen weniger provokativ und zugespitzt wirken als die ursprünglichen Forderungen Jesu[972].
b) Im Zuge dieser "Entschärfung" der Radikalismen Jesu, bzw. ihrer verallgemeinernden Rezeption wird es auch möglich, sie mit trad ethischen Grundsätzen wie der Goldenen Regel (Lk 6,31) und der Barmherzigkeitsforderung (Lk 6,36) in Zusammenhang zu bringen, die im Judentum auch die Funktion haben, einzelne Toragebote zu motivieren und einsichtig zu machen; ja, in gewissen Zusammenhängen kann die Goldene Regel sogar als hinführende Zusammenfassung der ganzen Tora dienen.

---

971) Dazu s.o. 4.2.1.2.(3.); vgl. auch die Formulierung von CATCHPOLE, Jesus 309: "Every effort is made therefore to be faithful simultaneously to the confession of Jesus and the command of Moses to love the neighbour as oneself."

972) Zum historischen Kontext der Feindesliebe-Forderung im Munde Jesu s. o. 4.2.1.3. (2.)(3.)

Diese Kombination von Jesusworten und trad torabezogenen Grundsätzen lässt zum einen den Schluss zu, dass die Rezipienten der Jesusüberlieferung im Q-Kreis keinen Gegensatz und erst recht keinen Widerspruch zwischen den Forderungen Jesu und der Tora sehen. Zum andern lässt die Kombination erkennen, dass diese Forderungen nicht als Ableitungen aus der Tora wahrgenommen, sondern mit ihr auf dieselbe Stufe gestellt wurden: Auch sie haben Tora-Charakter. Diese "Annäherung" von Jesusüberlieferung und Tora geht mit einer "relecture" der Tora im Licht der Botschaft Jesu einher. All dies scheint jedoch von den frühen Rezipienten der Jesusworte nicht bewusst vollzogen zu werden und lässt sich nur vorsichtig erschliessen. Zu einer eigentlichen theologischen Reflexion der Frage nach der Stellung Jesu zur Tora scheint es hier nicht gekommen zu sein. Vielmehr verdanken sich diese Ansätze zu einem von Jesus her ermöglichten "christologischen" Toraverständnis, wie es in der QTrad auch anderswo aufscheint, der Tatsache, dass sich die hinter den Texten stehenden Jesus-Jünger faktisch sowohl der Botschaft Jesu als auch der Tora verpflichtet wussten.

c) Die intendierten Hörer der Spruchkomposition Lk 6,27-36 sind wohl primär die Anhänger der Jesusbewegung selbst, die einerseits ermahnt werden, auf erfahrene Ablehnung nicht mit gleichen Mitteln zu reagieren, anderseits aber auch aufgefordert werden, sich ihrer Ueberlegenheit Zöllnern und Sündern gegenüber entsprechend zu verhalten. Auch bezüglich der vorliegenden Komposition gilt, was schon für die Feindesliebe-Forderung im Munde Jesu festgehalten wurde: Sie ist eher als "Weiter-Bildung" von schon in die Jesusbewegung involvierten Menschen denn als werbende Erstverkündigung vorstellbar[973].

4.2.2.2. Die programmatische Rede als eschatologische Tora des Menschensohn-Kyrios (Lk 6,20-49//Mt 5-7)

Die Bergpredigt gilt allgemein als zentraler Text für die Verkündigung Jesu (und nicht bloss für das MtEv)[974], und auch der ihr zugrunde

973) Dazu s.o. 4.2.1.3.(2.)

974) Zu den mit dieser Auffassung verbundenen Problemen s. F. ANNEN, Die Bergpredigt - Magna Charta des Christentums: SKZ 153(1985) 194-196. 210-214, hier: 195f.

975) Zur literarkritischen und traditionsgeschichtlichen Problematik s.o. 2.2. und 4.1.

liegenden Q-Komposition Lk 6,20-49[975] wird weithin "programmatischer" Charakter zugebilligt[976]. Dennoch gibt es erst bescheidene Ansätze zu einer geschlossenen Interpretation dieser ältesten uns zugänglichen Form der Grundsatzrede Jesu. Meist dient ihre Rekonstruktion lediglich der weiteren traditionsgeschichtlichen Dekomposition oder der redaktionskritischen Analyse der mt Bergpredigt. Auch hier ist dieses Defizit nicht zu beheben - ich beschränke mich auf knappe Hinweise[977]. Es sei jedoch daran erinnert, dass eine redaktionskritische und theologische Untersuchung von Q auf die Auswertung solcher Kompositionen angewiesen ist[978].

1. Lk 6,20-49 lässt zwar einen relativ klaren Aufbau erkennen[979], bildet aber keine auf den ersten Blick erkennbare sachliche und thematische Einheit. Besonders problematisch ist das Verständnis der Logienfolge 6,37-45, wo insbesondere 6,39 und 40 den Gedankenfluss zu stören scheinen und die Funktion von 6,43-45 nicht ohne weiteres ersichtlich wird[980].

a) Kompositorisch kommt dem vierten Makarismus Lk 6,22f zweifellos eine Brücken- oder Scharnierfunktion zwischen 6,20b-21 und 6,27-36 zu, knüpft er doch formal an das Vorausgehende an (Seligpreisung), während er thematisch dem Nachfolgenden (Erfahrung von Gewalt und Feindschaft) nahesteht. Diese Beobachtung wird zu Recht traditionsgeschichtlich ausgewertet: Die Zusammenstellung von Lk 6,20b-21 und 6,27-36 konnte erst nach der Erweiterung der Makarismenreihe um 6,22f erfolgen[981].

---

976) S.o. 2.(Einl.) mit A 6

977) Vgl. auch die Skizzen von LAMBRECHT, Ich aber 33-38; LUEHRMANN, Redaktion 53-56; SCHUERMANN, Zeugnis 83-88; SCHENK, Synopse 24-35; ZELLER, Kommentar 26-37. Etwas ausführlicher jetzt CATCHPOLE, Jesus

978) S.o. Einl 4.(5.d)

979) S.o. 2.2.3.(3.)

980) Zu diesem Problem s.o. 2.2.3.(2.) und 4.1.(7.d). Traditionsgeschichtliche Ueberlegungen, wie sie z.B. SATO, Q 42 zu Lk 6,39.40 anstellt (Es "bleibt die Frage, ob Lk 6,39.40 par wirklich von Anfang an in dieser Reihenfolge standen. Angesichts der Matthäus-Reihenfolge von 7,1-5 bekommt man den Eindruck, Lk 6,39f sei sekundär zwischen 6,38 und 6,41 eingeschoben"), sind berechtigt, können aber nicht Ersatz für den Versuch einer synchronen Lektüre sein.

981) S.o. 4.1.(3.a). Lk 6,22f seinerseits bildet traditionsgeschichtlich kaum eine Einheit. 6,23c mit dem expliziten Bezug auf die dtr Prophe-

b) Das Verbot zu richten (Lk 6,37a.38d) und die darauf folgenden Sprüche haben stärker als das Vorausgehende das Verhältnis der Gemeindeglieder untereinander im Blick. Die Barmherzigkeitsforderung (6,36) dient dabei in doppelter Hinsicht als Ueberleitung zwischen dem Feindesliebe-Komplex (6,27-36) und dem Nachfolgenden[982]: Thematisch liegen "Barmherzig-Sein" und "Nicht-Richten" nahe beeinander, und sachlich wird sowohl in 6,36, als auch in 6,37 mit der Korrespondenz zwischen dem Verhalten Gottes und jenem der Menschen argumentiert.

c) Auf das Problem der Zuordnung von Lk 6,39.40 zu 6,37a.38d und 6,41f wurde bereits hingewiesen[983]. 6,39 wird wohl besagen, dass letztlich alle "blind" sind und deshalb nicht richten sollen, und 6,40 vergleicht den unsachgemässen Führungsanspruch mit dem des Talmid, der über den Lehrer hinauswill. Damit sollen "überzogene Lehransprüche" kritisiert werden[984]. Das Bild vom "Balken im eigenen Auge" (6,41f) entstammt demselben Lebensbereich wie jenes vom "blinden Blindenführer" (6,39)[985]. Sachlich schliesst es gut an das Richtverbot an. Lk 6,38d.39.40.41f können demnach als Entfaltungen und zusätzliche Begründungen dieses grundsätzlichen Verbotes in 6,37a gelten, an das sie locker anschliessen. Aehnliches gilt wohl auch für das Bild vom Frucht-Bringen, das in 6,43-45 variiert wird[986].

---

tengeschick-Trad dürfte sekundär sein (vgl. SATO, Q 302). Ist dies einmal erkannt, ist es nicht mehr angebracht, den Makarismus als Ganzen der QRed zuzuschreiben (so HOFFMANN, Studien 73; SCHENK, Synopse 25; anders: LUEHRMANN, Redaktion 55), zumal diese keine neuen Menschensohn-Logien mehr gebildet zu haben scheint (zur Problematik s. SCHUERMANN, Beobachtungen, bes. 176-180, zu Lk 6,22f aaO 160f). Die Feststellung, dass Lk 6,22f zumindest im Grundbestand älter als die QRed ist und wahrscheinlich schon in einem frühen Stadium der Kompositionsgeschichte von Q an 6,20b-21 angefügt wurde (vgl. SCHUERMANN, aaO 174f), ist deshalb wichtig, weil andernfalls die Komposition der programmatischen Rede insgesamt auf die QRed zurückzuführen wäre. Das aber hätte zur Folge, dass die Wachstums- und Kompositionsgeschichte des näheren und weiteren Kontextes der Feindesliebe-Forderung in Q (s. dazu 2.1.3.; 4.1 und 4.2 (Schema), sowie Einl. 4.(5.)) ganz anders rekonstruiert werden müsste.

982) Zur Problematik s. schon o. 2.2.3.(2.b), den überleitenden Charakter betonen auch die in A 199 Genannten.

983) S.o. 4.1.(7.d) mit A 576 und o. mit A 980

984) WANKE, Kommentarworte 22 (vgl. 24f)

985) Vgl. dazu auch CATCHPOLE, Jesus 313f

986) S. dazu o. 2.2.3.(2.a) mit A 196

d) Lk 6,46.47-49 schliesslich blickt auf das gesamte Korpus der programmatischen Rede zurück, wobei v.a. ihr fordernder Charakter betont wird. Sowohl das Logion 6,46 als auch das Schluss-Gleichnis betonen die Notwendigkeit des poiein und das Ungenügen blossen Bekennens oder Redens.

2. Ueber diese formalen, an der Oberflächenstruktur des Textes orientierten kompositorischen Beobachtungen hinaus ist in einem weiteren Schritt nach der tieferen Intention dieser Zusammenstellung weitgehend trad geprägter Stoffe zu fragen.
a) Makarismen in Anfangsstellung sind in atl-jüd Literatur nicht ungewöhnlich, was mit ihrer "inhaltlichen Funktion" zu tun hat, dienen sie doch der "Darstellung einer soteriologischen Ganzheit"[987]. Zu diesem heilvollen Zusammenhang, in dem der Seliggepriesene steht, gehört auch sein gutes Handeln[988]. Das rechte Verhalten ist jedoch nicht einzige Voraussetzung für das Selig-Sein des Menschen, da dieses wesentlich auf der heilschaffenden Zuwendung Gottes beruht und auch an Umstände gebunden ist, über die der Mensch nicht selber verfügen kann. Es ist deshalb nicht angemessen, einseitig den Aufforderungs-Charakter, bzw. die paränetische Intention des Makarismus herauszustellen. Eine solche Sicht trägt auch der Tatsache, dass die Seligpreisung formal eine Aussage (in der 3. Pers.), bzw. eine Zusage (in der 2. Pers.) ist, zu wenig Rechnung[989].
Ganz offensichtlich wird die Unmöglichkeit einer einheitlichen paränetischen oder ethisierenden Deutung der Gattung der Makarismen angesichts der Subjekte der Q-Makarismen Lk 6,20b-21.22f: Armut, Hunger, Trauer und Schmähung erfährt und erleidet der Mensch als "Opfer", nicht als "Täter". Er kann deshalb dazu auch nicht ermahnt werden[990].

---

987) BERGER, Formgeschichte 190 mit Verweis auf Ps 1,1;32,1;41,1;106,3; 112,1;119,1; PsSal 6,1;10,1; Sib IV 24ff (Anfang der Botschaft der Sibylle); äthHen 58,2 (Anfang der 3. Bilderrede); 99,10; Sir 14,1; 14,20LXX; Mt 5,3; Lk 6,20; Offb 1,3

988) BERGER, Formgeschichte 188

989) Zur formgeschichtlichen Problematik rund um die Seligpreisungen s. die bei LUZ, MtI 201 Anm 15 genannte Literatur, sowie BERGER, Formgeschichte 188-194; BROER, Seligpreisungen 39-52; SATO, Q 289-297

990) Vgl. dazu die Auslegung der Seligpreisung der Armen (Lk 6,20b) durch WEDER, Hermeneutik 173-179, bes. 177f, aber auch die Skizze bei VE-

b) Als Einleitung der programmatischen Rede haben die Makarismen in Q Anrede-Charakter, was dadurch unterstrichen wird, dass zumindest die Seligpreisung der Geschmähten in der 2. Person formuliert ist[991]. Sie machen die Armen, die Hungernden, die Weinenden und die um des Menschensohnes willen Geschmähten zu den Adressaten der Rede Jesu. Diese Anrede in Form der Seligpreisung hat ausgesprochen performativen Charakter, da sie ihre Adressaten an der Basileia teilhaftig werden lässt, ohne dies an irgendwelche Bedingungen zu knüpfen - ein Vorgang, der angesichts ihrer Not und Bedürftigkeit ohne Uebertreibung als "unvergleichlich und paradox" bezeichnet werden kann[992]. So erweisen sich die Makarismen primär als prophetische Proklamation, die Armut, Hunger, Trauer und Schmähung völlig unerwartet positiv mit Gott und seiner Herrschaft in Zusammenhang bringt und diesen

---

NETZ, Bergpredigt 27-32. Zur Auseinandersetzung mit der Zuweisung sämtlicher Makarismen zum Bereich weisheitlicher Mahnung, wie sie v. a. C. KAEHLER (Studien zur Form- und Traditionsgeschichte der biblischen Makarismen, Diss. masch., Jena 1974) vorgenommen hat, s. BROER, Seligpreisungen 39-52, aber auch BERGER, Formgeschichte 188f und SATO, Q 299 (für die Q-Makarismen).

991) In der Diskussion darüber, ob in Lk 6,20b-21//Mt 5,3f.6 die 2. oder die 3. Pers. ursprünglicher ist, muss von einer "Patt-Situation" gesprochen werden. Die Vertreter der Ursprünglichkeit der 3. Pers. verweisen darauf, dass diese ursprünglicher und insgesamt häufiger sei und erklären die lk Aenderung mit dem Trend der Ueberlieferung (und auch der LkRed), die christliche Gemeinde direkt anzusprechen und dem Willen zur Angleichung an die Seligpreisung der Geschmähten (6,22f), die in der 2. Pers. formuliert ist. Zudem weisen sie darauf hin, dass Vorder- und Nachsatz in der lk Version einander nicht entsprechen (so neuestens etwa STENGER, Seligpreisung 38f).
Jene, die die Priorität der 2. Pers. postulieren, verweisen auf die Originalität dieser Formulierung, die durch Mt an die geläufigere Form angepasst worden sei (so etwa LUZ, MtI 201; SATO, Q 300f).
Weitere Vertreter beider Auffassungen nennen SCHUERMANN, LkI 329f Anm 25; MERKLEIN, Gottesherrschaft 49 Anm 12; SCHULZ, Q 77 Anm 128, die alle die Aussageform für ursprünglicher halten (SCHUERMANN, aaO 330 rechnet allerdings für Q mit einer Umformung in die 2. Pers., so dass Mt das Ursprünglichere sekundär wieder hergestellt hätte).
Eine Entscheidung (die ohnehin nur ein Vorzugsurteil sein könnte), ist hier nicht notwendig, denn "der Anschluss des vierten Makarismus in der 2. Ps. Plural ... lässt auch die drei ursprünglichen zur Anrede werden" (STENGER, aaO 56).

992) VENETZ, Bergpredigt 29. Was den "performativen" Charakter der Seligpreisungen betrifft, habe ich viel von WEDER, Hermeneutik 173-179 gelernt; zu den Eigenheiten performativer Rede vgl. aaO (156-168)168-173.

Wirklichkeiten dadurch völlig neue Qualitäten abgewinnt[993]. Gewiss soll das für die Angesprochenen "Trost" sein[994], doch erschöpft sich die Funktion der Makarismen nicht im Trösten. Vielmehr eröffnen sie den Armen (mit denen die Hungernden, Weinenden und Geschmähten identisch sind) ein neues Verhältnis zu ihrer Armut, die plötzlich nicht mehr nur als Verstrickung in unheilvolle Zusammenhänge erscheint. Im Licht der Seligpreisungen können die Opfer von Armut, Hunger, Tod und Gewalt sich als Menschen erfahren, mit denen Gott sich solidarisiert, indem er sie - die Ohnmächtigen - an seiner Königsherrschaft teilhaben lässt. So richten die Seligpreisungen die Armen auf und verhelfen ihnen zum "aufrechten Gang"[995]. Das ermöglicht es den "Opfern", zu "Tätern" zu werden und neue Antworten auf die Erfahrung von Gewalt, Feindschaft und Hass zu finden.

c) So verstanden ist die Voranstellung der Makarismen vor die Forderung der Feindesliebe weit mehr als das Resultat einer äusserlichen thematischen Verwandtschaft zwischen Lk 6,22f und 6,27-36. Sie verdankt sich einer fundamentalen Uebereinstimmung in der Tatsache, dass dem Armen, bzw,. dem der Erfahrung von Feindschaft Ausgelieferten, also dem "Opfer", neue Möglichkeiten zugesprochen und zugemutet werden, indem scheinbar unveränderliche Denk- und Verhaltensmuster aufgesprengt werden.

Dabei dient die Zusage der Gottesherrschaft in den Makarismen ("Indikativ") als Begründung und Ermöglichung der Zumutung der Feindesliebe ("Imperativ"), wobei der Zusammenhang weit mehr als nur "formaler" Natur ist. Nicht die Gottesherrschaft "an sich" oder ihre zeitliche Nähe begründen und ermöglichen es, die Feinde zu lieben, die andere Wange hinzuhalten und auch den Mantel wegzugeben - erst die Tatsache, dass Gott gerade die Armen und die Ohnmächtigen an seiner Basileia teilhaben lässt, ermöglicht es ihnen, wie er zu handeln[996].

d) Damit steht die Voranstellung der Seligpreisungen vor die Forderung der Feindesliebe in Kontinuität zu ihrer ursprünglichen Motivati-

---

993) Zum prophetischen Charakter der Q-Makarismen s. auch SATO, Q 298-300

994) Auf den Trost-Charakter v.a. des vierten Makarismus wird immer wieder aufmerksam gemacht, vgl. z.B. MERKLEIN, Gottesherrschaft 53 und STENGER, Seligpreisung 56f

995) Vgl. die Uebertragung der Seligpreisungen von H.R. HILTY in: Orien 50 (1986) 177

996) Zu diesen Ueberlegungen vgl. schon o. 4.2.1.1.(4.)

on in Lk 6,35e.f.g: Heilvolle Gemeinschaft mit Gott als Teilhabe an der Basileia (Lk 6,20b-23), bzw. als Gottessohnschaft (6,35e) ermöglicht erst die Feindesliebe und erweist sich gleichzeitig in ihr. Uebereinstimmung besteht zwischen den Seligpreisungen und der Verheissung der Gottessohnschaft in Lk 6,35e auch darin, dass sie nicht - wie in vielen jüdischen Texten - den Tätern des Gesetzes gelten. Das eschatologische Heil wird entgegen allen Erwartungen und gängigen Wertmassstäben den Armen, Hungernden, Weinenden und Geschmähten zugesprochen[997].

e) Dennoch kommt es in Q zu einer einschneidenden Veränderung gegenüber der ursprünglichen Aussage und Intention der Seligpreisungen, indem im Schlussmakarismus die Erfahrung von Schmähung und Ablehnung mit der Bindung an den "Menschensohn" in Zusammenhang gebracht wird[998]. Damit geraten - zumindest indirekt - sämtliche Seligpreisungen in einen christologischen Kontext: Armut, Hunger und Trauer werden zu den Merkmalen jener, die sich dem Menschensohn angeschlossen haben.

Das eschatologische Heil wird in diesem vierten Makarismus mit der Zugehörigkeit zum "Menschensohn" korreliert - ein Zug, den das Schlussgleichnis Lk 6,47-49 noch verstärken wird und der im Wort vom Bekennen und Verleugnen des Menschensohnes (Lk 12,8f//Mt 10,32f) programmatisch formuliert wird.

Dass das Gelingen des Lebens vor Gott mit der Schmähung und der üblen Nachrede heneka tou hyiou tou anthrōpou (und mit Armut, Hunger und Trauer) in Zusammenhang gebracht wird, ist zwar nicht als "Po-

---

997) Vgl. MERKLEIN, Gottesherrschaft 55: "Die Basileia ist für Jesus offensichtlich eine Grösse, die Gott unabhängig vom Tun des Gesetzes den Menschen zu schenken bereit ist und deshalb das ihr angemessene Handeln in erster Linie nicht aus der Erfüllung des Gesetzes, sondern aus dem empfangenen Heil bezieht."

998) Die Rekonstruktion des Q-Wortlauts von Lk 6,22f//Mt 5,11f ist schwierig, zumal auch hier nicht nur mit red Eingriffen von Mt und Lk in den Q-Wortlaut, sondern auch mit aktualisierenden Veränderungen im Rezeptionsprozess zwischen der QRed und der Mt-, bzw. LkRed zu rechnen ist (so schon STECK, Israel 20-27). Der Ersatz von heneka tou hyiou tou anthrōpou (Lk) durch heneken emou (Mt) kann allerdings mit hoher Wahrscheinlichkeit auf Mt zurückgeführt werden: Mt ersetzt auch in 10,32 diff Lk 12,8 "Menschensohn" durch "ich", während Lk "zwar hier und da - in Abhängigkeit von seiner Mk- und Q-Vorlage - Menschensohn-Logien eingefügt (hat) (...), nie aber den Titel als solchen" (SCHUERMANN, Beobachtungen 160 Anm 40).

lemik" gegen die Tora als Heilsweg zu verstehen, zumal den Seligpreisungen nicht zu entnehmen ist, dass die Bindung an den Menschensohn "conditio sine qua non" für ein rechtes Gottesverhältnis ist. Dennoch ist es angesicht der Seligpreisungen (und anderer Texte) unmöglich, für Q (und den irdischen Jesus) von der "Heilsnotwendigkeit" des Gesetzes zu sprechen[999], denn das makarios-Sein wird nicht von der Befolgung der Tora abhängig gemacht, sondern den Armen, Hungernden, Weinenden und Geschmähten zugesprochen, die sich zum Menschensohn bekennen.

3. Was Lk 6,22f (und 12,8f) von der Zugehörigkeit zum Menschensohn sagt, verspricht die Doppelparabel am Schluss der programmatischen Rede (6,47-49) jenem, der Jesu Worte hört und tut: Er wird dem Endgericht standhalten und Anerkennung finden vor Gott. Das Tun (poiein) der Worte Jesu wird für ihre Hörer zum Kriterium für das Bestehen im Gericht.
a) Dass diese Aussage für die Beurteilung des Toraverständnisses der programmatischen Rede entscheidende Implikationen hat, zeigt schon ein Blick in die Traditionsgeschichte: "Aehnlich wie am Schluss des Heiligkeitsgesetzes (Lev 26), des Deuteronomiums (30,15-20), der Endredaktion des Henochbuches (äthHen 108) und der Himmelfahrt des Mose (12,10-13) werden die Leser nochmals vor die grosse Alternative gestellt"[1000]. Diese formgeschichtliche Parallele zeigt, "dass die Worte Jesu hier geradezu denselben Rang wie das Gesetz einnehmen"[1001]. Dieses Urteil erhärtet auch ein Vergleich mit dem in ARN(A) 24 überlieferten Gleichnis, welches dasselbe Bild vom Hausbau auf das Tun und das Lernen der Tora bezieht[1002].

---

999) So SCHULZ, Ethik 37-55, bes. 38; zur Problematik s. schon o. 4.2.1.2. (3.)(4.) mit ExkursVII

1000) LUZ, MtI 413; vgl. ZELLER, Kommentar 35f, der zudem noch auf Dtn 28 und TNapht 8,4.6 hinweist. GNILKA, MtI 281 verweist zudem auf Dtn 31,12LXX (vgl. 4,1.6.10;5,1.27;6,3 usw.): "Rufe das Volk heraus ..., damit sie hören (akouein) ... und alle Worte (logoi) dieses Gesetzes tun (poiein)."

1001) ZELLER, Kommentar 35

1002) STRACK/BILLERBECK, Kommentar 469 (es ist allerdings denkbar, dass das rabbinische Gleichnis eine Weiterentwicklung von Lk 6,47-49 ist; so GNILKA, MtI 282 (im Anschluss an JUELICHER) und RIESNER, Jesus 349). WEDER, Rede 246f macht darauf aufmerksam, dass in Lk 6,47-49

b) Bei der Auswertung der Doppelparabel im Blick auf das Toraverständnis der programmatischen Rede ist sorgfältig auf ihren Skopus zu achten. Zwar trifft es zu, dass die Worte Jesu "heilsrelevante Bedeutung" haben, dass sie zu retten vermögen, während ihre Missachtung Verderben bringt[1003]. Aber dass sie "an die Stelle des Gesetzes getreten" sind[1004] und es als Heilsweg abgelöst hätten, geht aus dem Text nicht hervor. "Auf Sand gebaut" hat nicht jener, der auf die Tora statt auf Jesus hört, sondern der, welcher seine Worte hört, aber nicht befolgt. Nicht zwischen Jesu Worten und der Tora, sondern zwischen Tun und Nicht-Tun der Worte Jesu fällt die Entscheidung über Heil und Unheil. Der Hörer wird nicht daraufhin angesprochen, ob er sich für die Worte Jesu anstelle des Gesetzes als Heilsweg entschieden hat, sondern daraufhin, dass sie ihm nur durch ihre Befolgung Heilsweg sein können. Verdeutlicht wird dies im Zusammenhang der programmatischen Rede durch die Voranstellung von Lk 6,46 "Was ruft ihr mich Herr, Herr und tut nicht, was ich sage?" Auch hier geht es nicht um das Verhältnis der Autorität des kyrios zu anderen Autoritäten, sondern um die Relevanz dieser Autorität für das poiein dessen, der sie anruft, bzw. um die Widersprüchlichkeit einer bloss verbalen Anerkennung derselben ohne praktische Folgen. Skopus der Parabel von den beiden Hausbauern (und von 6,46) ist es demnach, die Hörer Jesu (bzw. jene, die sich zu ihm als kyrios bekennen) dazu zu bewegen, sich dem Anspruch des Gehörten auf Praxis zu stellen und sie davor zu warnen, sich diesem Anspruch zu entziehen.

c) Lk 6,47-49 gibt zu verstehen, dass Jesu Worte dieselbe Autorität und soteriologische Funktion haben wie die Tora. Auffälligerweise wird dieser Sachverhalt aber weder darauf zurückgeführt, dass Jesu Worte als deren Auslegung an ihrer Autorität und Heilsmächtigkeit partizipieren, noch werden daraus Schlüsse für das Verhältnis zwischen Jesu Worten und der Tora gezogen. Die Frage, ob Jesu Worte die Tora "ersetzen" und damit verdrängen, oder ob sie gewissermassen "neben" die Tora treten, bleibt offen; genauer: sie wird gar nicht gestellt.

---

gefragt wird, "auf welchem Fundament einer sein Haus baut", während im jüdischen Text die Frage ist, "welches Fundament er selbst baut".

1003) GNILKA, MtI 281

1004) Ebd.; vgl. SCHUERMANN, LkI 38; RIESNER, Jesus 349

Immerhin kann jedoch festgehalten werden, dass es nach Lk 6,47-49 ausreicht, das von Jesus in der programmatischen Rede Gesagte zu hören und zu tun, um im Sturm des Endgerichts Bestand zu haben. Dass daneben auch noch die Tora zu befolgen ist, wird nicht gesagt. Hier liegt m.E. ein grundlegender Unterschied zwischen dem Toraverständnis der hinter der programmatischen Rede stehenden Kreise und jenem anderer Bewegungen und Strömungen im Frühjudentum, die innerhalb des Rahmens einer strikten Toraobservanz einzelnen Bereichen besondere Beachtung schenken oder auch zusätzliche Forderungen erheben. Denn auch wenn Lk 6,47-49 nicht zur grundsätzlichen Schlussfolgerung legitimiert, dass Jesu Worte "an die Stelle des Gesetzes getreten" sind[1005], kann doch von einem faktischen Ersatz der Tora durch die Logia des Menschensohn-Kyrios gesprochen werden.

d) Unabhängig von der Frage, ob Lk 6,47-49 auf den irdischen Jesus selbst zurückgeht[1006], ist die in der Parabel implizierte Stellung zur Tora kohärent mit der Auffassung Jesu, wie sie sich z.B. aus der Forderung der Feindesliebe (Lk 6,27(a)b.28b.35e.f.g)[1007], aber auch aus den jesuanischen Weherufen gegen die Pharisäer (6,39b.42)[1008], aus dem Stürmerspruch (16,16)[1009] und (mit gewissen Nuancen) aus den authentischen Antithesen (Mt 5,21f.27f)[1010] erschliessen lässt. Wie diese Texte lässt auch die Parabel von den beiden Hausbauern eine erstaunliche Unabhängigkeit Jesu von der Tora erkennen. Weder beruft er sich zur Begründung seiner Forderungen auf sie, noch setzt er sich von ihr ab.

4. Im Blick auf unsere Frage nach der Rezeption der Stellung Jesu zur Tora in der programmatischen Rede lässt sich festhalten:

a) Insgesamt lässt die Rahmung des Feindesliebe-Komplexes Lk 6,27-36 durch die Makarismen (6,20b-23) und die Schlussworte (6,46.47-49) er-

---

1005) S.o. mit A 1004

1006) So z.B. GRUNDMANN, Mt 242 mit Anm 3; LUZ, MtI 412f; BRAUN, RadikalismusII 32; MERKLEIN, Gottesherrschaft 135f; RIESNER, Jesus 347; erwogen auch von WEDER, Rede 246. Anders SCHULZ, Q 312-316, der das Gleichnis der jüngeren Q-Gemeinde zuweist.

1007) S.o. 4.2.1.

1008) S.o. I.4.2.1.

1009) S.u. III.4.2.1.(3.)(4.)

1010) S.o. ExkursIV (12.)(13.)

kennen, dass Jesu Toraverständnis durchaus sachgemäss rezipiert wurde. Sowohl seine Unabhängigkeit von der Tora als auch die theoretische Unabgeschlossenheit seiner Stellung zu ihr bleiben gewahrt. Immerhin kommt es zu einer gewissen Vergrundsätzlichung des schon in der Motivation der Feindesliebe-Forderung (6,35e) erkennbaren und in ihrer sekundären Begründung durch die Barmherzigkeitsforderung (6,36; vgl. auch 6,31) deutlicher werdenden Anspruchs der Forderung Jesu, denselben Rang einzunehmen wie die Tora[1011]. Dieser Anspruch wird in den Makarismen mit dem Anbrechen der Basileia, im Schlussmakarismus (6,22f) und im Wort von den Herr-Herr-Sagern (6,46) aber auch mit der Person des Menschensohn-Kyrios in Zusammenhang gebracht: Wer sich zu ihm bekennt und seine Praxis übernimmt, dessen Leben steht entgegen allem äusseren Anschein in einem heilvollen Zusammenhang und wird im Endgericht Bestand haben. Die programmatische Rede lässt somit Ansätze zu einem christologischen Toraverständnis erkennen.

b) Vergleicht man diese zweite Etappe der Rezeption der Feindesliebe-Forderung Jesu mit der ersten, die ihren Niederschlag in der Spruchfolge Lk 6,27-36 gefunden hat[1012], fällt auf, dass die dort zu beobachtende Tendenz, die Uebereinstimmung zwischen der Forderung Jesu und jener der Tora herauszustellen, nicht mehr feststellbar ist. Diese Tatsache ist schon deshalb von beträchtlichem Interesse, weil auch andere Absicherungen von Jesuslogien gegen ein torakritisches Verständnis (11,42d;16,17) einem relativ frühen Stadium der Wachstums- und Kompositionsgeschichte von Q zugewiesen werden können[1013]. Die Vermutung liegt nahe, dass die Betonung des "Elements der Uebereinstimmung"[1014] in einer frühen Phase der Weiterverkündigung der Botschaft Jesu dazu diente, sie jüdischen Volksgenossen akzeptabler zu machen, während man in einer späteren Phase dazu überging, "diesem Geschlecht" aufgrund der erfahrenen Ablehnung das Gericht anzudrohen, was das Interesse am Gemeinsamen mit dem übrigen Judentum zurücktreten liess. Exegetisch festmachen lässt sich diese Annahme am

---

1011) S.o. 4.2.1.2.(3.) und 4.2.2.1.(5.), vgl. (4.)
1012) S.o. 4.2.1.1.
1013) S.o. I.4.2.1.4.(7.)
1014) Vgl. VENETZ, Grundstrukturen 640

Vergleich zwischen den Kommentierungen des jesuanischen Grundbestandes in 6,27-36 und der Erweiterung der Makarismenreihe um 6,22f: Während erstere zwar die Erfahrung des Gemieden-Werdens spiegelt (s. bes. 6,32f), setzt der Schlussmakarismus eine eigentliche Bedrohungs- und Konfliktsituation voraus[1015]. Auf der Stufe der QRed erscheint der Konflikt noch zugespitzter[1016].

5. Damit sind schon erste wichtige Anhaltspunkte für den Situationsbezug der programmatischen Rede gegeben: Sie soll den armen, hungernden, trauernden und verfolgten Anhängern des Menschensohnes Trost und Zuspruch, aber auch Ermunterung und Ermahnung sein. Ihre Intention ist es, den Jesus-Anhängern bewusst zu machen, dass sie gerade in den leidvollen Erfahrungen materieller Entbehrungen und gesellschaftlicher Marginalisierung der Gottesherrschaft teilhaftig werden. Dies soll ihnen neue Handlungsspielräume eröffnen, in denen Anfeindungen nicht mehr mit Feindschaft, und Gewalt nicht mehr mit Gegengewalt erwidert werden müssen, sondern mit Liebe und provokativem Entgegenkommen beantwortet werden können.
Aber nicht nur im Verhalten gegenüber jenen, die sie anfeinden, sollen die Angesprochenen am Verhalten Gottes Mass nehmen (6,36). Auch jenen gegenüber, die versagen, soll dies gelten - angesichts des "Balkens im eigenen Auge" (6,41f) ist ihnen das Gericht sicher, wenn sie mit dem Mass gemessen werden, das sie selbst anwenden (6,38d). In diesem Zusammenhang werden sie auch vor übersteigerten Lehransprüchen gewarnt (6,39f): Ihre Worte können nicht besser sein als ihr Wesen (6,43-45).
Dieser zweite Teil der Forderungen der Rede hat stärker die Binnensituation des Tradentenkreises der Logia Jesu im Blick. Dass er Produkt einer Wachstums- und Kompositionsgeschichte ist, wird viel deutlicher sichtbar als in den übrigen Teilen des Redekorpus. Denkbar ist, dass manche Elemente in 6,37-45 erst sekundär in eine bereits bestehende, ursprünglichere Form der programmatischen Rede eingebracht wurden, zumal sie sich ihrem Gesamtduktus nur schlecht einfügen und einen

---

1015) S.o. 4.1.(7.b) mit A 573
1016) S. dazu I.4.2.2.2.(5.b)(6.c)

relativ klaren Aufbau stören[1017]. Historisch würde das bedeuten, dass die zunächst vor allem mit der äusseren Situation (Armut, Bedrängnis) beschäftigte Komposition in einer späteren Phase ihrer Rezeptionsgeschichte stärker auf innergemeindliche[1018] Fragen hin aktualisiert wurde[1019]. Dass dies möglich war, hängt nicht zuletzt damit zusammen, dass nicht Aussenstehende die Adressaten der Rede sind, sondern die um ihrer Zugehörigkeit zum Menschensohn willen Geschmähten (6,22f), die ihn als Kyrios bekennen (6,46) und seine Worte hören und tun (6,47-49).

So ist der Sitz im Leben der programmatischen Rede tatsächlich als "ekklesialer" zu bestimmen[1020], ohne dass damit jedoch das Anwendungsgebiet der Forderungen Jesu auf "Innergemeindliches" verengt würde. Die Gemeindeglieder werden auf ihre Innen- und Aussenbeziehungen hin angesprochen. Auch hier zeigt sich eine gewisse Kontinuität zum Ort der Feindesliebe-Forderung in der Verkündigung des irdischen Jesus, der in der "Weiterbildung" von Jüngern und Sympathisanten zu suchen ist[1021]. Daneben ist durchaus anzunehmen, dass Teile der programmatischen Rede - ich denke besonders an die Seligpreisungen 6,20b-21 - auch in der Heilsverkündigung der Jesus-Boten Verwendung fanden[1022].

6. Abschliessend ist die Frage nach der Intention und dem <u>Anspruch von Lk 6,20-49</u> anzuschneiden:

a) Aufgrund von Lk 6,47-49, wo es um das <u>akouein</u> (und <u>poiein</u>) der <u>logia</u> Jesu geht, steht fest, dass die Komposition als "Rede" und nicht

---

1017) S. schon o. 4.1.(7.d.e)

1018) Die Problematik der Verwendung des Begriffs "Gemeinde" im Zusammenhang mit den Tradenten von Q ist mir wohl bewusst. Wenn ich ihn dennoch verwende, so um komplizierte Umschreibungen zu vermeiden.

1019) Vgl. dazu auch die (unter anderen literarkritischen Voraussetzungen gewonnenen) ähnlichen Erkenntisse von BETZ, Makarismen 18-21 zur Situation der "Gemeinde der Bergpredigt".

1020) Formulierung in Anlehung an den Titel des Aufsatzes von G. LOHFINK, Der ekklesiale Sitz im Leben der Auforderung Jesu zum Gewaltverzicht (Mt 5,39b-42/Lk 6,29f): ThQ 162(1982) 236-253; zur Sache auch Ders., Bergpredigt

1021) Dazu s.o. 4.2.1.3.(2.)

1022) So auch SATO, Q 454. Vgl. schon die ähnlichen Ueberlegungen zum Sitz im Leben der antipharisäischen Weherufe und der sie enthaltenden Q-Komposition o. I.4.2.2.2.(6.)

als "Schrift" verstanden werden will. Ebenfalls aus 6,47-49 ("meine Worte"), aber auch schon aus 6,46 geht hervor, dass es sich zudem um die Rede eines ganz bestimmten, qualifizierten "Ich" handelt.
Wir haben es also mit einer fiktiven Rede Jesu zu tun, die nicht von jemand anderem als von ihm vorgetragen werden konnte, es sei denn "in seinem Namen". Damit ist sie auf einen Kontext angewiesen: Sei es, dass sie als Erinnerung an die Verkündigung Jesu eingeführt wurde, wie das spätestens durch die Rahmung bei ihrer Aufnahme in den Johannes-Komplex geschehen sein wird[1023]; sei es, dass sie innerhalb einer Versammlung von Jesus-Anhängern "stellvertretend" von einem Sprecher als aktuelle Anrede Jesu, des erhöhten Menschensohn-Kyrios, an seine Anhänger, vorgetragen wurde[1024].
b) Diesem Rede-Charakter widerspricht auch die (wahrscheinlich frühe[1025]) schriftliche Fixierung nicht. Sie erfolgte zum Zweck der Aufbewahrung und Weitergabe der Jesus-Ueberlieferung und hat nicht eigentlich "literarische" Ambitionen: Die in Lk 6,20-49 vorliegende Zusammenstellung von Worten Jesu ist auf Hörer, nicht auf Leser aus. Sie soll nicht gelesen, sondern vorgelesen oder vorgetragen werden.
c) Die Eröffnung der Rede mit einer Makarismen-Reihe, ihr kompositorischer Aufbau und vor allem der im Schlussteil erhobene Anspruch, dass ihr Inhalt Heilsrelevanz besitzt, machen ferner deutlich, dass es sich nicht um "irgendeine" Rede handelt, sondern um "die 'Rede der Reden'"[1026].
Als Zusammenfassung gibt sie sich freilich nicht zu erkennen, so dass es kaum angebracht ist, sie als "Epitome" anzusprechen[1027]. Unbefrie-

---

1023) S.o. 2.1.3.1.
1024) Beide Motive, jenes der Erinnerung und jenes der Gegenwarts- und Zukunftsrelevanz, gehören zusammen und lassen sich nicht trennen oder gegeneinander ausspielen, da in Q nicht zwischen den Worten des "irdischen Jesus" und den durch seine Propheten vermittelten Worte des Menschensohnes unterschieden wird (s. SATO, Q 353). Weder das historisierende noch das aktualisierende Interesse allein genügt, um die Bildung von Spruchsammlungen wie Lk 6,20-49, aber auch von Q insgesamt verständlich zu machen (aaO 459-461). Zur Problematik s. auch HOFFMANN, Studien 153-158; MUELLER, Traditionsprozess 139-146
1025) Vgl. SATO, Q 458f
1026) So der Titel des Bergpredigt-Buches von WEDER, Rede (im Anschluss an F. DUERRENMATT, s. WEDER, aaO 11-17)
1027) So BETZ, Gattung 15f (für die Bergpredigt)

digend sind auch Gattungsbezeichnungen wie "Gemeindeparänese"[1028] oder "protreptische Mahnrede"[1029], da sie einerseits der die Rede eröffnenden Makarismen, die keine primär ethische Funktion haben, nicht gerecht werden[1030], und anderseits dem Anspruch der Rede nicht entsprechen.

d) Eben dieser Anspruch und die formgeschichtlichen Parallelen des Redeschlusses 6,47-49 in anderen Gesetzeskorpora[1031] berechtigen m.E. dazu, Lk 6,20-49 als "Tora", näherhin als "eschatologische Tora des Menschensohn-Kyrios" oder als "Gesetz der Gottesherrschaft" anzusprechen[1032]. Dabei ist zu bedenken, dass der "Tora"-Begriff schon atl-jüd nicht auf den Aspekt der Forderung reduziert werden darf. Unablösbar mit dem Erwählungs- und Heilshandeln Jahwes verbunden, ist Tora immer auch Gnade[1033]. Findet dieser Gnaden-Charakter der Tora im AT seinen Ausdruck z.B. in der Rückbindung der Dekalog-Gebote an das Exodus-Geschehen (Ex 20,1-21) oder in der Einheit von Tora und Bund (Dtn), so zeigt er sich im Fall von Lk 6,20-49 v.a. in der Voranstellung der Seligpreisungen (6,20b-23): Wie der Toragehorsam der Israeliten ihrer Herausführung aus Aegypten, dem Bundesschluss oder auch der Teilhabe an der Heiligkeit Jahwes (Heiligkeitsgesetz, vgl. Lev 19,2) entspricht, so entspricht das Tun der Worte Jesu der in ihm und seiner Verkündigung sich ereignenden Basileia, an der Gott gera-

---

1028) So SATO, Q 454

1029) So BERGER, Formgeschichte 70.218 (für Mt 5-7 und Lk 6,20-49)

1030) S.o. (2.)

1031) Dazu s.o. (3.a)

1032) Auch die Bergpredigt wird verschiedentlich als "Gesetz" bezeichnet, so z.B. MUSSNER, Traktat 188. P. STUHLMACHER, Jesu vollkommenes Gesetz der Freiheit. Zum Verständnis der Bergpredigt: ZThK 79(1982) 283-322, 291 und O. BOECHER, Die Bergpredigt - Lebensgesetz der Urchristenheit, in: Ders. u.a., Die Bergpredigt im Leben der Christenheit (BenshH 56), 1981, 7-16, bes. 12f bezeichnen sie im Anschluss an Jak 1,25 als "vollkommenes Gesetz der Freiheit".
Der Einwand, so werde die Botschaft Jesu "gesetzlich" missverstanden, setzt ein "gesetzliches" Missverständnis der Tora voraus (zur Problematik des Begriffs "gesetzlich" s.o. A 346).
Auch die immer wieder anzutreffende These, Jesu Forderungen könnten nicht als "Gesetze" verstanden werden, weil sie weder einklagbar noch überprüfbar seien (so z.B. GNILKA, MtI 293), überzeugt nicht ohne weiteres: Auch viele Tora-Gebote können diese Bedingungen nicht erfüllen.

1033) Vgl. dazu nur FIEDLER, Jesus 23-27; MUSSNER, Toraleben 32f (weitere Lit. in Anm 22); (SMEND)/LUZ, Gesetz 46f

de die Armen, die Hungernden und die Trauernden, die um des Menschensohnes willen geschmäht werden, teilhaben lässt. In diesem Sinn kann von der programmatischen Rede Jesu als "eschatologischer Tora des Menschensohn-Kyrios" oder als "Gesetz der Gottesherrschaft" gesprochen werden. Dabei sind diese Bezeichnungen jedoch freizuhalten vom Konzept einer endzeitlichen oder messianischen Ueberwindung der Tora vom Sinai durch eine neue (Zions-)Tora, da solche Konzepte sich für das Judentum zur Zeit Jesu nicht wirklich nachweisen lassen[1034]. So verstanden entspricht die Bezeichnung der Rede Jesu als "Tora" auch den sachlichen Beobachtungen zum Anspruch ihrer Weisungen und zu ihrem Verhältnis zum mosaischen Gesetz: Ohne sich von ihm abzusetzen, aber auch ohne sich darauf zu berufen, beansprucht sie in grosser Eigenständigkeit dieselbe Autorität und soteriologische Funktion.

e) Dieses Verständnis der Verkündigung Jesu als "Tora", wie es sich in der Komposition Lk 6,20-49 niederschlägt, kann traditionsgeschichtlich am ehesten mit dem Anspruch der Propheten in Zusammenhang gebracht werden, die ihre Botschaft als aktuellen und bindenden Ausdruck des Gotteswillens verstanden, ohne sich dafür auf eine bereits erfolgte Willenskundgebung Jahwes berufen zu müssen. Deshalb kann etwa Jesaja seine Botschaft als "Offenbarung und Tora" bezeichnen (8,16; vgl. die sekundäre Aufnahme in 8,20) und Sacharja kann von der "Tora und den Worten" sprechen, "die der Herr der Heerscharen durch seinen Geist mittels der früheren Propheten sandte" (7,12)[1035]. Die Berücksichtigung dieses Hintergrundes macht einmal mehr deutlich, wie unangemessen eine Engführung des Problems der Stellung Jesu, bzw. der Jesusüberlieferung zur Tora auf die Frage nach Bejahung (bzw. Verschärfung) oder Kritik (bzw. Aufhebung) des Gesetzes ist.

1034) Vgl. dazu schon KOSCH, Gottesherrschaft 30 (mit Anm 109-111).40 mit Anm 216; ähnlich urteilt auch SANDERS, Paulus 454f mit Anm 25. MERKLEIN, Botschaft 101 (mit Anm 37) bezeichnet den Gotteswillen, den Jesus verkündet, allgemein als "eschatologische Weisung", versieht diese Bezeichnung aber ebenfalls mit der Einschränkung, dass sie "nicht mit der These einer antinomistischen eschatologischen oder messianischen Tora belastet" werden darf.

1035) Vgl. dazu nur SMEND/(LUZ), Gesetz 11-15. Zum prophetischen Charakter und zu den zahlreichen Anknüpfungen von Q an die "frühe" Prophetie s. bes. SATO, Q.

4.2.2.3. Die programmatische Rede im Kontext des Johannes-Komplexes

Im Anschluss an die Rekonstruktion der Redaktionsgeschichte von Q durch SATO habe ich schon im Zusammenhang mit der Untersuchung des Q-Kontextes der Feindesliebe-Forderung die Vermutung geäussert, dass die programmatische Rede Jesu (Lk 6,20-49) zunächst Teil des sogenannten Johannes-Komplexes wurde und erst in einer weiteren Phase der Rezeption der Jesusüberlieferung Bestandteil der Logienquelle als Ganzer wurde. Angesichts des bei aller Plausibiliät hypothetisch bleibenden Charakters dieser These, aber auch angesichts der Tatsache, dass zur allgemeinen Charakterisierung dieses Stoff-Komplexes bereits einiges gesagt wurde, kann ich mich im Folgenden auf drei für die Fragestellung der Untersuchung weiterführende Aspekte beschränken. Es handelt sich zum einen um die theologische Relevanz der apophthegmatischen Rahmung der programmatischen Rede, zum anderen um die Relation zwischen der Verkündigung des Täufers und der Botschaft Jesu und schliesslich um die Implikationen der Hauptmanns-Perikope (Lk 7,1-10) für das Gesetzesverständnis des Johannes-Komplexes[1036].

1. Die Rahmung der programmatischen Rede (und ihre Einbettung in den Johannes-Komplex insgesamt) macht sie explizit zur Verkündigung Jesu und historisiert sie zugleich, was freilich nicht heisst, dass sie ihrer Aktualität für die Hörer auf der Ebene der Erzählzeit beraubt würde[1037]. Dieser Vorgang ist für die Wahrnehmung der Stellung Jesu zur Tora durch die Rezipienten seiner Botschaft von grosser Relevanz: Jesu Worte werden nicht in den breiten Strom der Aktualisierung und Auslegung der Tora eingebracht, sondern als seine Verkündigung isoliert weitergegeben. Diese "Konzentration der Q-Gruppe auf den 'einen Lehrer' Jesus"[1038] steht in deutlicher Kontinuität zu seinem Anspruch,

---

1036) Zur Rekonstruktion der Vorgeschichte von Q durch SATO s.o. Einl. 4.(5.c); zum "Johannes-Komplex" s.o. 2.1.3.2.(3.-6.); zur Rekonstruktion des Rahmens der programmatischen Rede s.o. 2.1.3.1.

1037) S.o. A 1024. Die Anrede der ochloi und der mathētai auf der Ebene der erzählten Zeit ist auf die Adressaten auf der Ebene der Erzählzeit hin transparent (wie dies in der synopt Trad sehr häufig der Fall ist).

1038) MUELLER, Traditionsprozess 146; zur Beschränkung auf einen Lehrer s. auch GERHARDSSON, Anfänge 34f; Ders., Weg 79-82; MUSSNER, Traktat 363-370; RIESNER, Jesus 37-40

aber auch zum Anspruch der zuvor isoliert tradierten programmatischen Rede, wie er in den vorangehenden Abschnitten erhoben wurde. Falls der Rahmen der programmatischen Rede in Q einen Hinweis darauf enthielt, dass sie auf, bzw. an einem Berg gehalten wurde (was durchaus möglich ist), so würde dies ihre Besonderheit hervorheben, ihr Offenbarungsqualität verleihen und somit ihren Tora-Charakter bestätigen, da der Berg als Ort besonderer Ereignisse und Stätte besonderer Gottesnähe zu gelten hat[1039]. Gewiss gerät die programmatische Rede damit auch in die Nähe der Sinai-Offenbarung an Mose, doch ist dieser Bezug keinesfalls so eindeutig, dass daraus abzuleiten wäre, dass man hier "Jesus antithetisch Mose gegenüberstellen will und das Gesetz des zweiten Mose als Ausserkraftsetzung des ersten versteht"[1040]. Dazu ist das Berg-Motiv zu offen, zumal eine solche These weder durch den Inhalt der Rede Jesu, noch durch ähnliche Aussagen im Q-Stoff weiter gestützt werden kann.

2. Liest man die programmatische Rede im Kontext des Johannes-Komplexes, so fällt einerseits der Kontrast zwischen der Gerichtsdrohung des Täufers (Lk 3,7-9.16f) und der Frohbotschaft Jesu für die Armen (6,20b-23; vgl. 7,22f) auf, doch darf anderseits nicht übersehen werden, dass Jesus auch positiv an die Buss- und Gerichtspredigt des Täufers anknüpft, wenn er jenen das Gericht androht, die seine Worte nur hören, aber nicht tun (6,47-49) und damit die der Umkehr gemässen Früchte nicht hervorbringen (3,8; vgl. 6,43-45).
Zumal Botschaft und Gestalt des Täufers im zur Diskussion stehenden Q-Komplex durchaus positiv gewürdigt werden und keine Tendenz feststellbar ist, seine "Drohbotschaft" mit Verweis auf die "Frohbotschaft" Jesu zu disqualifizieren, wird man sagen können, dass der Ernst der Forderungen Jesu durch diese Kontextualisierung noch deutlicher herausgestrichen wird. Das "Achtergewicht" der Schlussparabel (6,47-49) wird verstärkt, und damit auch der Gerichtsgedanke.

1039) S. nur KLEINE, EWNTII 1305

1040) LUZ, MtI 198, der sich auf der Ebene der MtRed gegen eine solche Antithese ausspricht (vgl. aaO 415f; entsprechend auch STRECKER, Bergpredigt 25f)

Im Zusammenhang mit der Frage nach der Stellung Jesu zur Tora fällt jedoch (auf der historischen Ebene wie auf der Ebene des Johannes-Komplexes) eine weitere Uebereinstimmung zwischen Jesus und dem Täufer noch stärker ins Gewicht: Auch Johannes beruft sich nicht auf die Schrift, um seine Forderung zu legitimieren und formuliert seinen Umkehrruf nicht als "Forderung der Rückkehr zur Tora, wie es dem allgemeinen zeitgenössischen Umkehrverständnis entsprochen hätte"[1041].

3. Die Hauptmanns-Perikope (Lk 7,1-10), deren Bezug zur unmittelbar vorangehenden Rede Jesu und zum Johannes-Komplex insgesamt nicht eindeutig zu bestimmen ist[1042], muss im Zusammenhang dieser Arbeit schon deshalb berührt werden, weil es im Kontakt mit Nicht-Juden leicht zu Konflikten mit der Tora kommen konnte (vgl. Apg 10,28; Joh 18,28). hinzu kommt, dass das Problem der Heidenmission mit dem die Perikope gelegentlich in Zusammenhang gebracht wird, kaum von der Frage der Gesetzesobservanz zu trennen ist[1043].
a) Dass die Hauptmanns-Perikope (und damit der Johannes-Komplex) davon ausgeht, dass Jesus die (Reinheits-)Tora missachtet, könnte allenfalls dann behauptet werden, wenn egō elthōn kai therapeusō auton (Mt 8,7)[1044] als Aussagesatz zu verstehen wäre[1045]. Doch selbst wenn das zuträfe, käme es nicht zu einer faktischen Gesetzesübertretung, da Jesus den pais des Hauptmanns schliesslich aus der Ferne heilt und somit weder das Haus eines Nicht-Juden betritt, noch einen solchen berührt. Im Anschluss an ZAHN hat nun aber WEGNER überzeugend begründet, dass der Satz "negativ, im Sinne einer abweisenden, abwehrenden Frage zu verstehen (ist)"[1046]: Jesus scheint den Kranken zunächst nicht heilen zu wollen. Bei einem solchen Verständnis von Mt

---

1041) MERKLEIN, Umkehrpredigt 35(f); vgl. BECKER, Johannes 36f.58 (etwas anders BECKER, aaO 63f, dazu s. jedoch MERKLEIN, aaO 36 Anm 43)
1042) S.o. 2.1.3.2.(3.) mit A 107-111
1043) Zum Problem der Heidenmission in Q s.o. A(I) 309. Dass Lk 7,1-10 die Heidenmission voraussetzt, nimmt z.B. LUEHRMANN, Redaktion 86 an.
1044) Zur Q-Rekonstruktion s. WEGNER, Hauptmann 149-157; vgl. POLAG, Fragmenta 38; SCHENK, Synopse 37; SCHULZ, Q 238
1045) So auf der Ebene von Q POLAG, ebd.; SCHENK, ebd; unsicher: ZELLER, Kommentar 37
1046) WEGNER, Hauptmann 376 (vgl. 375-380). Weitere Vertreter (und Gegner) seiner Auffassung aaO 376 Anm 24

8,7 ist eine torakritische Interpretation des Apophthegmas im Sinn einer Durchbrechung der Reinheitsvorschriften[1047] völlig unmöglich: Jesus lässt nicht einmal die Absicht erkennen, diese Vorschriften zu übertreten. Da dabei allerdings kaum die Furcht vor der möglichen Verunreinigung, sondern die Beschränkung der Sendung Jesu auf Israel entscheidend sein wird (vgl. Mk 7,24-30)[1048], kann man das Apophthegma aber auch nicht für eine ausgesprochen "nomistische" Auffassung in Anspruch nehmen. Vielmehr wird man sagen müssen, dass die Konsequenzen für das Gesetzesverständnis unreflektiert bleiben.

b) Schon bevor die Frage, was Lk 7,1-10 für das Problem der Heidenmission hergibt, beantwortet ist, steht demnach fest, dass der Text keinesfalls die Praxis einer "gesetzesfreien" Heidenmission mit Rekurs auf das Verhalten Jesu legitimieren will. Gerade die Interpretation von Mt 8,7 als abwehrende Frage lässt es m.E. überhaupt als sehr unwahrscheinlich erscheinen, dass sich aus der Perikope eine positive Einschätzung der Heidenmission ableiten lässt. Mehr als eine positive Kenntnisnahme des Faktums, dass auch Nicht-Juden Zugang zu Jesus (und zur Jesus-Bewegung) gefunden haben, wird man ihr nicht entnehmen können. Ihre Sinnspitze ist nicht die Legitimation der Mission unter den Heiden, sondern die Polemik gegen den Unglauben in Israel[1049].

4. Zusammenfassend kann festgehalten werden, dass die Kreise, welche die programmatische Rede in den Johannes-Komplex eingebracht haben, die Forderung der Feindesliebe als Weisung Jesu rezipiert und sie nicht in den Kontext der Gesetzesauslegung eingebracht haben. Ihr Anspruch wird also auch auf dieser Stufe der Rezeption nicht von der Tora abgeleitet - er ist in ihrer Herkunft von Jesus, dem Menschensohn-Kyrios, begründet. Von der Befolgung seiner Tora hängt das Heil ab. Diese Tora ist zwar von jener des Mose unabhängig, setzt sich aber nicht kritisch von ihr ab.

1047) Vgl. dazu die Angaben bei WEGNER, aaO 380 Anm 36

1048) AaO 378-380. Zur Beschränkung der Sendung Jesu auf Israel s. auch Mt 10,5b-6.23b;15,24; Mt 19,29//Lk 22,29f; Mt 23,37//Lk 13,34 sowie die o. A(I) 449 genannte Literatur.

1049) Mit WEGNER, Hauptmann bes. 369f

Auch die mit der Gabe der Tora engstens zusammenhängende Erwählung des Gottesvolkes wird von Jesus nicht grundsätzlich bestritten, indem er den Unterschied zwischen Juden und Nicht-Juden völlig aufheben und die diese Trennung regelnden Normen programmatisch übertreten würde. Aber die Heilung des Sklaven eines nichtjüdischen Hauptmanns und die Feststellung, dass er "solchen Glauben innerhalb Israels noch bei niemand gefunden" habe, lassen erkennen, dass Gott durch ihn auch unabhängig von der Zugehörigkeit zu Israel Heil schaffen kann (Lk 7,1-10).

Die vom Täufer geforderte und durch Jesu Proklamation des eschatologischen Heilshandelns Gottes ermöglichte Umkehr zu Gott wird deshalb nicht als Rückkehr zur Tora formuliert, sondern "christologisch" als Bekenntnis zum Menschensohn-Kyrios gefasst, das sich im Tun seiner Worte bewährt.

5. Im Anschluss an diese Ueberlegungen wäre es verlockend, der Frage nach der "Christologie" des Johannes-Komplexes im einzelnen nachzugehen, was in dieser Arbeit leider nicht möglich ist. Dabei wäre nicht nur zu fragen, was inhaltlich von Jesus gesagt wird - allein schon die Tatsache, dass ein solcher auf seine Person und Verkündigung konzentrierter Bericht von den Anfängen überhaupt entsteht, ist von höchster christologischer Relevanz.

Rezeptionsgeschichtlich betrachtet zeigt diese Art der Traditionsbildung über Jesus und seine Verkündigung, dass seine Anhänger es für wichtiger erachteten, seine Worte an seine Person zurückzubinden, als sie in den Kontext der Gesetzesauslegung zu stellen. Das kann als Indiz für die Richtigkeit der These verstanden werden, dass für Jesu Stellung zur Tora gerade die Unabhängigkeit und die fehlende Bezugnahme charakteristisch sind.

4.2.2.4. Die Forderung der Feindesliebe im Horizont der gesamten Logienquelle

In diesem letzten Abschnitt kann auf viele Ergebnisse der bisherigen Bemühungen um das Verständnis der Forderung der Feindesliebe zurückgeblickt werden, die hier nicht wiederholt zu werden brauchen. Genauer zu überlegen sind hier nur noch zwei Fragen, die nicht voneinander zu trennen sind: Zum einen ist zu prüfen, was für eine Funktion die Forderung der Feindesliebe innerhalb der Logienquelle und in der vorauszusetzenden Lebenssituation ihrer Tradenten und Adressaten hat. Und zum anderen ist zu diskutieren, welche Bedeutung die Einordnung des Textes in das Gesamt von Q für sein Verständnis und sein Verhältnis zur Tora hat.

1. Im Sinn einer grundsätzlichen Vorüberlegung ist festzuhalten, dass die QRed Jesu Forderung der Feindesliebe nicht isoliert, sondern als Teil einer übergreifenden Komposition und als Teil der Jesusüberlieferung überhaupt rezipiert. Das bedeutet, dass es nicht notwendigerweise eines "aktuellen Anlasses" oder eines "besonderen Interesses" bedarf, um die Aufnahme unseres Textes in Q zu erklären. Sie erklärt sich zunächst mit dem grundsätzlichen Interesse an Botschaft und Gestalt Jesu und mit dem damit einhergehenden Traditionswillen der Träger von Q (und der Jesusüberlieferung überhaupt)[1050].

2. Dass die Forderung der Feindesliebe für Q, aber auch über das grundsätzliche Interesse an der Botschaft Jesu hinaus von Bedeutung ist, zeigt schon ihre prominente Stellung innerhalb des Gesamtaufrisses: Als Teil der programmatischen Rede Jesu bildet sie gewissermassen den Auftakt seiner Verkündigung[1051].

3.a) Unter der begründeten Voraussetzung, dass der Konflikt mit "diesem Geschlecht" eines der zentralen Themen der QRed ist[1052], und dass auch der Johannes-Komplex auf der Stufe der QRed diesem Thema untergeordnet wird (vgl. Lk 7,31-35[1053]), kann davon ausgegangen werden, dass auch Jesu Forderung der Feindesliebe im Kontext dieses Konfliktes gesehen wird. Mit den "Feinden" und "Hassern", die es zu lieben, bzw. für die es zu beten gilt (6,27a.28b), sind also wohl zu-

---

1050) Zu den Tradierungsmotiven in Q s.o. A 1024; zur Traditionsbildung insgesamt s. MUELLER, Traditionsprozess und RIESNER, Jesus (jeweils mit reichen Literaturangaben)

1051) So auch HOFFMANN, Tradition 73

1052) S.o. Einl. 4.(5.c) mit A 107

1053) Zur Rückführung auf die QRed s.o. 2.1.3.2.(4.a)

nächst die Exponenten "dieses Geschlechts" gemeint, welche die Jesus-Anhänger verfolgen und verleumden[1054].

b) Die häufige Deutung des Konflikts mit "diesem Geschlecht" mit Hilfe der deuteronomistischen Vorstellungstrad vom gewaltsamen Geschick der Propheten (vgl. bes. Lk 6,22f;11,47f.49-51;13,34f)[1055] lässt vermuten, dass besonders jene Jesus-Anhänger von ihm betroffen sind, die "als Prediger in Israel wirken und in ihrem Wirken am eigenen Volk von Juden schmähliche und verleumderische Abweisung erfahren"[1056]. Dass auf der Stufe der QRed auch die Forderung der Feindesliebe mit dieser schwierigen Situation der charismatischen Wanderprediger in Zusammenhang gebracht wird, lässt insbesondere die red Erweiterung der vorangehenden Seligpreisung um den Vergleich der Verfolgung der Anhänger des Menschensohnes mit dem Geschick der Propheten (6,23c) erkennen, die für die Deutung der Bedrängnissituation der "gewöhnlichen" sesshaften Jesus-Anhänger wenig geeignet ist.[1057].

c) Darüber hinaus ist aber auch auf der Stufe der QRed davon auszugehen, dass die in 6,27-36 enthaltenen Forderungen mit den verschiedensten Erfahrungen von Gewalt, Feindschaft und Not in Zusammenhang gebracht werden. Besonders HENGEL und HOFFMANN haben auf ihre Bedeutung für das Verhalten gegenüber dem Nationalfeind Rom hingewiesen und ihre antizelotische Dimension betont[1058]. In einem neueren Beitrag hat HOFFMANN zudem auf die "wirtschaftliche Not" und "die Konflikte im Volk selbst" hingewiesen, die den Forderungen auf der Stufe von Q besondere Aktualität verleihen. Er beruft sich dafür zu Recht auf die Kennzeichnung der Adressaten als Arme, Hungernde und Trauernde in den einleitenden Seligpreisungen und auf den Inhalt der Forderungen, die sich nicht nur auf die Verfolgungssituation der Wanderpropheten, sondern auch auf alltägliche Konflikte und Nöte der "Unterprivilegierte(n) in der damaligen Gesellschaft" beziehen[1059].

1054) Aehnlich auch SCHOTTROFF, Gewaltverzicht 203f; Dies./STEGEMANN, Jesus 80f

1055) Vgl. dazu bes. STECK, Israel und HOFFMANN, Studien 158-190

1056) STECK, Israel 259; zustimmend: THEISSEN, Gewaltverzicht 186 Anm 60

1057) Zum red Charakter von Lk 6,23c s.o. A 981. Dass in Q die Verfolgung der Wandercharismatiker der Sitz im Leben der Feindesliebe-Forderung ist, betont v.a. THEISSEN, Gewaltverzicht 183-191

1058) HENGEL, Revolutionär 20-22; Ders., Zeloten 385f; HOFFMANN, Studien 75f

1059) HOFFMANN, Tradition 74-80; Zitate 80.75

d) Bezüglich des Situationsbezuges der Forderung der Feindesliebe (und der verwandten Forderungen in Lk 6,27-36) kann demnach von einer weitgehenden Kontinuität zwischen Jesus und der QRed gesprochen werden. Diese zeigt sich auch darin, dass im Rezeptionsprozess keine eigentlichen "Brüche" erkennbar sind. Einzig die Zusammenhänge der Verfolgungs- und Bedrohungssituation mit dem Bekenntnis zum Menschensohn-Kyrios einerseits und zwischen diesem Bekenntis und der Praxis der Feindesliebe anderseits werden im Verlauf der Rezeption der Weisungen Jesu immer deutlicher herausgestellt, was gewiss nicht nur mit der fortschreitenden Explikation der "Christologie", sondern auch mit der zunehmenden Entfremdung der Jesusbewegung von anderen jüdischen Strömungen und den damit einhergehenden Konflikten zusammenhängt.

4. Die thematischen Bezüge zwischen Lk 6,27-36 und anderen Stoffen in Q sind vielfältig. Ihnen im einzelnen nachzugehen, ist hier nicht möglich. Hinzuweisen ist jedoch gewiss auf die thematische Nähe zur Aussendungsrede, welche die Armut, die demonstrative Wehrlosigkeit und den Friedenswillen der Jesusboten betont (10,2-16). In mancher Hinsicht verwandt ist auch das Mahngedicht wider das Sorgen (12,22-31), gerade auch, was die "theologische" und "eschatologische" Motivation und den Kontrastcharakter der Forderungen betrifft.
Sachkritisch ist dann aber auch auf den grossen Gegensatz zwischen der Forderung der Feindesliebe (und dem anschliessenden Verbot zu richten) und dem harten Urteil von Q über "dieses Geschlecht" und seine Führer (vgl. bes. 11,14-52) hinzuweisen[1060]. Dieser Gegensatz wird von der QRed (wie auch von anderen Verfassern ntl Schriften) offenbar nicht wahrgenommen, was verschiedene Gründe hat[1061].

1060) Vgl. KUEMMEL, Weherufe 38, der die Weherede in Mt 23 als "Verrat an Jesu Gebot der Feindesliebe" bezeichnet.

1061) Hier kommen die beiden Problemkreise des "Antijudaismus" und des "Umgangs mit Widersprechenden" im NT in den Blick, von denen besonders das erstere intensiv diskutiert worden ist. Hingewiesen sei lediglich auf L. SCHOTTROFF, Antijudaismus im Neuen Testament: Conc(D) 20(1984) 406-412; THOMA, Theologie 232-245 und die Sammelbände von W.P. ECKERT/N. LEVINSON/M. STOEHR (Hg), Antijudaismus im Neuen Testament? Exegetische und systematische Beiträge, München 1967 und GOLDSTEIN (Hg), Gottesverächter (jeweils mit weiterer Literatur).

5. Für die Frage, welche Konsequenzen die Einordnung der Forderung der Feindesliebe in den übergreifenden Kontext von Q für ihr Verständnis und ihr Verhältnis zur Tora hat, sind folgende Beobachtungen weiterführend:

a) Auch im Zusammenhang der ganzen Logienquelle behält der Komplex Lk 6,20-49 als erste Rede Jesu seinen programmatischen Charakter. Aber angesichts der zahlreichen weiteren Worte und Reden Jesu erscheint sie nicht mehr nur als die Rede Jesu schlechthin, sondern gleichzeitig auch als ein Teil seiner umfassenderen Verkündigung.

b) Dass diese Verkündigung als solche rezipiert und aufbewahrt wird, hängt mit der Konzentration auf die Botschaft und Gestalt des Menschensohnes Jesus zusammen, der für den Glauben und die Praxis seiner Anhänger die zentrale Bezugsgrösse ist, von der her sie sich verstehen und an der sie sich orientieren. Dieser Konzentrationsvorgang führt, ohne dass das im einzelnen reflektiert wird, zu einer Verdrängung der Tora aus dem Mittelpunkt an die "Peripherie", wodurch sie ihre Funktion als "Mass aller Dinge" verliert.

c) Der faktische Ersatz der Tora als heilsrelevante Weisung durch die Botschaft Jesu, der schon in deren eigenem Anspruch angelegt ist, schlägt sich in der Gestaltung von Lk 6,20-49 als eschatologischer Tora des Menschensohnes am deutlichsten nieder. Auf der formalen Ebene wird dieser Ansatz von der QRed jedoch nicht aufgenommen oder gar weiter expliziert. Jedenfalls legt es die Form der Logienquelle nicht nahe, sie insgesamt als Tora anzusprechen; weitaus näher steht sie gattungsmässig dem Prophetenbuch[1062]. Anders als die atl Prophetenbücher nimmt Q allerdings eine "exklusive Position ... für sich in Anspruch". "Für Q kann es offensichtlich kein anderes 'Prophetenbuch' mit einem anderen 'Propheten' als Jesus geben, das von gleicher endzeitlicher Relevanz sein könnte wie die Q-Schrift selbst." Das hängt damit zusammen, dass Jesu Person "endgültige Heilsrelevanz" hat und dass seine "Macht ... an die Vollmacht Gottes angeglichen" wird[1063].

Grundsätzliche Ueberlegungen zum Thema "Der Umgang mit Widersprechenden in den neutestamentlichen Gemeinden" finden sich bei H.-J. VENETZ, Conc(D) 18(1982) 578-584.

1062) Vgl. dazu SATO, Q 78-110

1063) AaO 88 (mit Verweisen auf Lk 10,16.22a;12,8f)

Somit entspricht der sachlich-theologische Anspruch der ganzen Logienquelle trotz ihrer völlig anderen formalen Gestaltung jenem der programmatischen Rede Jesu in Lk 6,20-49. Dass sich am Verhalten gegenüber der Botschaft und Gestalt Jesu die Frage nach Heil und Unheil entscheidet, gilt auch für die QRed.

d) Freilich rezipiert die QRed auch Zusätze zu Jesusworten wie Lk 11,42d und 16,17, welche die Gültigkeit der ganzen Tora betonen. Damit relativiert sie in gewissem Sinne den exklusiven Anspruch der Worte Jesu auf Heilsrelevanz. Für die QRed gilt (im Anschluss an 11,42d) offenbar der Grundsatz: Die Forderungen Jesu sollen erfüllt werden, ohne jene der Tora zu missachten.

Bei genauem Hinsehen zeigt sich jedoch, dass diese Auffassung mit einer "nomistischen" Position im strengen Sinn wenig gemein hat: Die Tora behält ihre Gültigkeit nicht aus sich selbst heraus, sondern als von Jesus bestätigte (11,42d und 16,17 sind Jesusworte[1064]) und (so lässt sich besonders an der Komposition 16,16-18[1065], aber auch an der Kontextualisierung von 6,31, vgl. 36 zeigen) von ihm her verstandene.

* * * * *

Mit diesen Erwägungen hat die Untersuchung das eigentliche Thema dieses Kapitels - die Rezeption der Feindesliebe-Forderung Jesu in der Logienquelle - bereits verlassen und ist zu allgemeinen Ueberlegungen zum Toraverständnis der QRed übergegangen. Dieses aber kann nur unter Einbezug der ganzen Logienquelle und im Rückblick auf die gesamte Rezeptionsgeschichte der Jesusüberlieferung in ihr erhoben werden. Bevor eine solche Synthese versucht wird, ist jedoch noch auf die einzige Spruchfolge in Q einzugehen, in der ausdrücklich vom nomos Rede ist.

1064) Besonders deutlich erkennbar wird die Tatsache, dass Jesus es ist, der für die Weitergeltung der Tora aufkommt, wenn Lk 16,17 in Q mit legō hymin eingeleitet wurde (dazu s.o. ExkursI (3.f) und KOSCH, Gottesherrschaft 119 Anm 246).

1065) Vgl. dazu u. III.4.2.2.

Kapitel III

"DAS GESETZ UND DIE PROPHETEN BIS JOHANNES ..." (Lk 16,16-18//Mt 11,12f;5,18.32)

Der sogenannte Stürmerspruch (Lk 16,16//Mt 11,12f) und das Wort über die Weitergeltung des Gesetzes (Lk 16,17//Mt 5,18) sind die einzigen meist Q zugerechneten Logien, in denen das Wort nomos vorkommt. Im LkEv schliesst sich ihnen das Wort über die Ehescheidung (Lk 16,18// Mt 5,32) unmittelbar an, das bei Mt zur dritten Antithese erweitert und so ebenfalls in den Kontext der Gesetzesauslegung eingebracht wird.

Dass die Spruchfolge Lk 16,16-18 im Rahmen dieser Untersuchung von Interesse ist, bedarf demnach kaum mehr der näheren Begründung. Zu rechtfertigen ist vielmehr, weshalb sie erst an dritter Stelle behandelt und nicht als erste diskutiert worden ist: Lk 16,16-18 lässt sich trotz gut begründeter Q-Zugehörigkeit keinem der grossen red Blöcke innerhalb der Logienquelle zuweisen und ist zudem schwer zu interpretieren. Es ist deshalb angemessener, die Spruchfolge im Licht der kompositionell stärker in Q verankerten und verständlicheren Texte zu deuten, als sie zum Ausgangspunkt der Analyse zu machen[1].

1. Der Text

Wiederum wird in der folgenden synopt Uebersicht der lk Stoffanordnung der Vorzug gegeben - auch hier erweist sie sich als die ursprünglichere. Ebenfalls den vorangehenden Textwiedergaben entsprechend werden partielle und totale Uebereinstimmungen zwischen der Lk- und der Mt-Fassung gekennzeichnet.

---

1) Da es sich schon im Verlauf des ersten Kapitels als notwendig erwiesen hatte, auf die literarkritischen Probleme von Lk 16,17 einzugehen (s.o. ExkursI) und ich mich zu Lk 16,16 bereits ausführlich geäussert habe (s. KOSCH, Gottesherrschaft), kann ich im folgenden auf bereits Dargelegtes zurückgreifen, was eine straffere Darstellungsform erlaubt.

Lk 16,16-18	Mt 11,12f;5,18.32
16 ο νομοσ και οι προφηται μεχρι	11,13 παντεσ γαρ οι προφηται και ο
ιωαννου˙	νομοσ εωσ ιωαννου επροφητευσαν·
απο τοτε	11,12 απο δε των ημερων ιωαννου του
	βαπτιστου εωσ αρτι
η βασιλεια του θεου	η βασιλεια των ουρανων
ευαγγελιζεται	βιαζεται
και πασ εισ αυτην βιαζεται.	και βιασται αρπαζουσιν αυτην.
	5,18 αμην γαρ λεγω υμιν·
17 ευκοπωτερον δε εστιν τον	εωσ αν παρελθη ο ουρανοσ
ουρανον και την γην παρελθειν	και η γη,
η του νομου μιαν κεραιαν πεσειν.	ιωτα εν η μια κεραια ου μη
	παρελθη απο του νομου,
	εωσ αν παντα γενηται.
	5,32 εγω δε λεγω υμιν οτι
18 πασ ο απολυων την γυναικα αυτου	πασ ο απολυων την γυναικα αυτου
	παρεκτοσ λογου πορνειασ
και γαμων ετεραν	
μοιχευει,	ποιει αυτην μοιχευθηναι,
και ο απολελυμενην απο ανδροσ	και οσ εαν απολελυμενην
γαμων μοιχευει.	γαμηση, μοιχαται.

2. Die Stellung von Lk 16,16-18 in Q

1. Die Q-Zugehörigkeit von Lk 16,16-18; Mt 11,12f;5,18.32, bzw. der einzelnen Teile der Spruchfolge ist nicht unbestritten[2]. Als Gründe gegen die Annahme der Herkunft aus Q werden Probleme bei der Rekonstruktion einer Q-Fassung, das Fehlen eines sinnvollen Kontextes für

---

2) Vgl. dazu KOSCH, Gottesherrschaft 14f (zu Lk 16,16, bzw. 16,16-18) sowie o. ExkursI (zu Lk 16,17). Die Q-Zugehörigkeit von Lk 16,18; Mt 5,32 wird z.B. von LUZ, MtI 269 problematisiert.

die einzelnen Sprüche in Q und die Tatsache genannt, dass Lk im Umgang mit seinen Quellen einer "Blocktechnik" verpflichtet sei und seine Q-Vorlage nicht zerstückelt habe[3]. Zu diesen Einwänden ist zu bemerken:

a) Die Rekonstruktion einer Q-Fassung ist im Fall von Lk 16,16-18; Mt 11,12f;5,18.32 tatsächlich schwierig. Sie erweist sich aber als durchaus möglich (s.u.).

b) Die kleine Spruchfolge Lk 16,16-18 ist nicht ohne weiteres verständlich. Aber sie wird durch den thematischen Bezug aller drei Logien auf das Gesetz und das zweimalige Vorkommen von nomos (Lk 16, 16.17) zusammengehalten.

c) Die Akoluthie und die thematische Einheit von Lk 16,16-18 relativiert den Einwand, der Umgang der LkRed mit den Quellen spreche gegen die Herkunft der Logien aus Q. Zudem muss überlegt werden, ob nicht auch gewisse Texte im Umfeld der Logienfolge QLk zugewiesen werden können. Zu berücksichtigen ist dabei insbesondere die sachliche Verwandtschaft der Erzählung vom reichen Prasser und vom armen Lazarus (Lk 16,19-31) mit den Seligpreisungen und Weherufen der Feldrede (Lk 6,20b-26), die in dieser Form wohl auf QLk zurückgehen.

d) Die Tatsachen, dass im unmittelbaren Kontext von Mt 5,18 in einem stark mt geprägten Wort vom Gesetz und den Propheten die Rede ist (Mt 5,17; vgl. Lk 16,16;Mt 11,12f), und dass Mt das Wort von der Ehescheidung (Mt 5,32) relativ nahe bei 5,18 bringt, sprechen für die Annahme, dass auch Mt die Spruchfolge Lk 16,16-18 kannte[4]. Der "Stürmerspruch" Mt 11,12f wird von Mt zwar in der Rede über den Täufer (Mt 11,7-19) neu kontextualisiert, ist aber auch dort von Texten aus Q umgeben, was ein weiteres Indiz für seine Herkunft aus der Logienquelle ist.

---

3) Vgl. bes. LUZ, MtI 229.269 (zu Mt 5,18.32) und SATO, Q 25f (zu den vereinzelten Sprüchen zwischen Lk 14,26-17,6)

4) Vgl. KOSCH, Gottesherrschaft 15.17 (mit Anm 42); LAUFEN, Doppelüberlieferungen 352-354 und MERKLEIN, Gottesherrschaft 75f.87f. Dies ist auch das relative Recht der weitergehenden Versuche von SCHUERMANN (Wer daher; Zeugnis 122-129), aus Lk 16,13-18;17,1-4 ein Fragment einer grösseren Q-Komposition zu rekonstruieren, die auch Mt 5,19 enthalten habe; zur Kritik s. KOSCH, Gottesherrschaft 88 (Anm 24.25).89f (Anm 41.42) mit weiterer Literatur.

2. Im unmittelbaren Kontext der Spruchfolge Lk 16,16-18 im LkEv findet sich das Wort vom Mammonsdienst (Lk 16,13//Mt 6,24), das mit grösster Wahrscheinlichkeit Q zugehört, zumal die Uebereinstimmung im Wortlaut fast total ist und auch Mt es im Kontext von Q-Sprüchen (Mt 6,19-7,27) bringt. "Die ursprüngliche Stellung in Q ist aber ganz unsicher."[5] Dass Lk 16,13 ursprünglich zu 16,16-18 gehörte, ist wenig wahrscheinlich, da einer solchen Logienfolge jede innere Logik fehlen würde[6]. Auch mit Hilfe von Lk 16,13 ist es somit nicht möglich, die kleine Spruchfolge zum Thema Gesetz einem grösseren Q-Komplex zuzuordnen.

3. Lk 16,16-18 ist demnach den "unsystematischen Fortgestaltungen" von Q zuzurechnen[7]. Dieses Urteil ist für die Interpretation der Spruchfolge im Kontext der Logienquelle nicht ohne Relevanz, relativiert es doch das Gewicht der einzigen Vorkommen von nomos in Q für die Erhebung des Toraverständnisses der Quelle erheblich. Selbst wenn die eigentlichen Interpretationsprobleme geringer wären, dürfte ein kompositionell so schlecht integrierter Bestandteil von Q nicht zum Schlüssel oder zum Ausgangspunkt der Untersuchung des Gesetzesverständnisses der Logienquelle gemacht werden. Dies gilt erst recht für die einzelnen Bestandteile der Spruchfolge, weshalb es nicht angeht, etwa das nomistische Wort Lk 16,17 zum Grundsatz zu erheben, in dessen Licht alles zu sehen ist, was mit dem Gesetzesverständnis in Q zusammenhängt.

3. Zur Gestalt von Lk 16,16-18//Mt 11,12f;5,18.32 in Q

Die Rekonstruktion des Q-Wortlautes der einzelnen Logien ist umstritten, was angesichts der Schwierigkeit der Aufgabe nicht überrascht.

---

5) SATO, Q 26

6) Für die Zusammenstellung von Lk 16,13 und 16,16-18, bzw. für das Verständnis von Lk 16 dürfte allerdings die Beobachtung von Belang sein, "dass in frühjüdischen Texten die Enthaltung von Unzucht und Habgier als zentrale Forderung des Gesetzes und als Zusammenfassung des Gotteswillens erscheint" (NIEBUHR, Gesetz 63, vgl. 107; jeweils mit Hinweis auf E. REINMUTH, Geist und Gesetz. Studien zu Voraussetzungen und Inhalt der paulinischen Paränese (ThA 44), Berlin 1985, bes. 22-47).

7) So schon KOSCH, Gottesherrschaft 15 in Anlehnung an das Bild, das SATO sich von der Entstehungsgeschichte und Gestalt von Q macht; dazu s.o. Einl. 4.(5.c).

Im folgenden lege ich meine Rekonstruktion vor und begründe sie, soweit dies noch notwendig ist.

1. Mt bringt die beiden Teile des "Stürmerspruchs" (Mt 11,12 und 13, bzw. Lk 16,16a und 16,16b.c) in anderer Reihenfolge als Lk. Da diese Anordnung jedoch mit der red Integration des Spruches in die Täufer-Rede Jesu im Zusammenhang steht, ist sie als sekundär anzusehen[8]. Dafür spricht auch, dass die Abfolge der beiden Teile im LkEv stimmiger ist: Zuerst ist von der früheren Zeit, dann erst von der Zeit seit Johannes die Rede. Demzufolge ist auch die Einleitung von Mt 11,12 sekundär: Mt musste den Täufer in vorgezogenen zweiten Teil des Spruches schon erwähnen[9]. Auf die MtRed zurückzuführen ist nach allgemeiner Auffassung auch die Bezeichnung der Gottesherrschaft als basileia tōn ouranōn. Im übrigen aber ist Mt 11,12 gegenüber Lk 16,16b.c ursprünglicher - die Mt-Fassung ist viel "dunkler" und euaggelizesthai tēn basileian tou theou ist ein Lukanismus (vgl. Lk 4,43;8,1; Apg 8,12). Im ersten Teil des Logions (Lk 16,16a//Mt 11,13) hat Lk den Q-Wortlaut beibehalten. Die weniger anstössige Formulierung in Mt 11,13 bedürfte keiner Absicherung gegen ein torakritisches Verständnis, wie sie in Q auf den Stürmerspruch folgt (Lk 16,17//Mt 5,18), während der prophetische Charakter der Schrift für die mt Theologie wichtig ist[10].

2. Das Problem der Q-Rekonstruktion des Wortes über die bleibende Geltung der Tora Lk 16,17//Mt 5,18 wurde bereits diskutiert: Exkurs I (3.) und (4.).

---

8) Für die Annahme, dass die Stellung von Mt 11,12f red ist, und Lk den ursprünglichen Kontext beibehalten hat, spricht nicht nur, dass dies dem generellen Befund bezüglich der Q-Akoluthie entspricht (s.o. Einl. 4.(3.) mit A 76), sondern auch, dass die Kontexte der beiden übrigen Bestandteile von Lk 16,16-18 im MtEv eindeutig red sind; vgl. Mt 5,18 in 5,17-19, bzw. 20 und Mt 5,32 in 5,31f (zu den Antithesen s.o. ExkursIV).

9) Vgl. auch die mt Vorliebe für hēmera (Mt 45mal; Mk 27mal; Lk 83mal) und die Bezeichnung des Johannes als baptistēs (Mt 7mal; Mk 2mal; Lk 3mal). Lk bringt apo tote nur in 16,16b, die Wendung ist demnach trad.

10) Zur näheren Begründung und zur Literatur s. KOSCH, Gottesherrschaft 15-18 (mit den Anm 27-55 aaO 88-91)

3. Zur Rekonstruktion des Ehescheidungswortes Lk 16,18//Mt 5,32 ist folgendes zu sagen: Auf die MtRed (oder QMt) ist lediglich die Unzuchtsklausel (vgl. Mt 19,9) mit Sicherheit rückführbar. Dagegen sprechen sprachliche und stilistische Indizien dafür, dass im übrigen Lk stärker in den Q-Wortlaut eingegriffen hat. Lk Sprache entspricht: heteros[11]; apolyō + apo (im NT nur Lk 16,18 und Apg 15,33); anēr[12]; der Ersatz des Relativsatzes durch Partizipialkonstruktion[13]. Die Wendung kai gamōn heteran hat in Mt 5,32 keine Entsprechung, wohl aber in Mk 10,11, was zusätzlich für LkRed (unter mk Einfluss) spricht. Schwer entscheidbar ist, ob poiei auten moicheuthēnai (Mt) oder moicheuei (Lk) aus Q stammt. Da einerseits Mt 19,19 das Mk-Logion 10,11f nicht im Sinne von Mt 5,32 dahingehend verdeutlicht, dass die Scheidung die Entlassene in den Ehebruch treibt und anderseits Lk stark in den zweiten Teil des Logions eingegriffen hat, ist zu vermuten, dass auch hier Lk und nicht Mt geändert hat[14].

4. Als Q-Fassung von Lk 16,16-18//Mt 1,12f;5,18.32 ergibt sich somit:

Lk 16,16//Mt 11,12f	ο νομοσ και οι προφηται μεχρι ιωαννου·
	απο τοτε η βασιλεια του θεου βιαζεται
	και βιασται αρπαζουσιν αυτην.
Lk 16,17//Mt 5,18	[λεγω δε υμιν]
	εωσ αν παρελθη ο ουρανοσ και η γη,
	ιωτα εν η μια κεραια ου μη παρελθη απο του νομου.
Lk 16,18//Mt 5,32	πασ ο απολυων την γυναικα αυτου
	ποιει αυτην μοιχευθηναι,
	και οσ εαν απολελυμενην γαμηση
	μοιχαται.

11) Heteros: Mt 9mal; Mk 1mal; Lk 32mal; Apg 17mal
12) Anēr: Mt 8mal; Mk 4mal; Lk 27mal; Apg 100mal
13) S. JEREMIAS, Sprache 259; vgl. 116f; SCHULZ, Q 116f
14) Entsprechend rekonstruieren: HUEBNER, Gesetz 42-47; MERKLEIN, Gottesherrschaft 276; SCHNACKENBURG, BotschaftI 149; SCHULZ, Q 116f (jeweils mit weiterer Lit!); vgl. auch die Hinweise bei PESCH, MkII 126; SCHNEIDER, LkII 338; BERGER, GesetzesauslegungI 568-570; WEDER, Bergpredigt 118f. Vgl. auch STENGER, Rekonstruktion 194f.196-198, der jedoch die Unzuchtsklausel auf Q zurückführt (ähnlich BERGER, GesetzesauslegungI 568f)

4. Nomismus oder Torakritik? - Zur Interpretation von Lk 16,16-18//Mt 11,12f;5,18.32

In seiner Untersuchung zum Toraverständnis in der synopt Trad urteilt HUEBNER bezüglich der Logienquelle: "Sie enthält im Blick auf das Gesetz widersprüchliche Aussagen" und beruft sich dafür auf Lk 16,16.17 und 18, wobei er allerdings vermutet, dass diese Logienfolge auf die LkRed und nicht schon auf Q zurückgeht[15]. Die begründete Annahme, dass die drei Logien bereits in Q beieinanderstanden, ist wenig geeignet, das mit dem Stichwort "Widersprüchlichkeit" angezeigte Problem zu entschärfen. Es besteht darin, die innere Logik der kleinen Komposition zu erhellen, was durch die Schwerverständlichkeit des Stürmerspruchs Lk 16,16//Mt 11,12f noch schwieriger gemacht wird.
Wiederum soll mitbedacht werden, dass der vorliegende Q-Text ein Produkt der Rezeption der Botschaft Jesu ist. Entsprechend stelle ich kompositionsgeschichtliche Ueberlegungen an den Anfang.

4.1. Kompositionsgeschichtliche Erwägungen zur Spruchfolge

1. Es kann m.E. keinem Zweifel unterliegen, dass der Stürmerspruch (Lk 16,16), das Wort über die bleibende Geltung der Tora (16,17) und das Ehescheidungslogion (16,18) ursprünglich isolierte Einzelworte waren. Das Ehescheidungslogion ist uns aus anderen Trad als Einzelspruch bekannt (Mk 10,11f; 1Kor 7,10f) und Lk 16,16 und 16,17 haben je zuviel "Eigengut", als dass das eine Wort aus dem anderen herausentwickelt sein könnte.

2. Zur Entstehungsgeschichte der kleinen Komposition liegen zwei Erklärungen vor:

Anders urteilen: GNILKA, MtI 165f; LUZ, MtI 269f; BANKS, Jesus 192f; HOFFMANN/(EID), Jesus 110(-113); LAUFEN, Doppelüberlieferungen 343-347 (jeweils mit Lit!). Für eine grössere Ursprünglichkeit der Lk-Fassung entscheiden sich ferner: POLAG, Fragmenta 74; SCHENK, Synopse 116; VENETZ, Bergpredigt 72; ZELLER, Kommentar 69.

15) HUEBNER, Gesetz 212 (zur Stellung von Lk 16,16f in Q s. auch aaO 28-31)

a) SCHUERMANN, der Lk 16,16-18 als Teil einer grösseren Q-Komposition ansieht[16], versteht 16,16 als "vorgebaute Interpretationshilfe für die Aussage Lk 16,17(+Mt 5,19?)", die notwendig wurde, weil "ein derartiger Text ... bald nicht mehr tradierbar (war) ohne Deutung"[17]. Zudem vermutet er, dass 16,16a eine sekundäre "heilsgeschichtliche" Bildung darstellt, die jedoch schon vor der Zusammenstellung von 16,16 und 16,17 entstanden sein wird[18].
b) Genau umgekehrt urteilt MERKLEIN: "Traditionsgeschichtlich ist Mt 5,18 ... als sekundäres Interpretament der Q-Gemeinde zu Lk 16,16 zu werten, das "defensorischen Charakter" hat und dem "Missverständnis" begegnen soll, das Gesetz habe seine Geltung verloren[19].

3. M.E. ist dem zweiten Modell der Vorzug zu geben[20]: Der "Stürmerspruch" Lk 16,16 hat weitaus mehr Aussicht, auf Jesus zurückzugehen, als das Wort von der bleibenden Geltung des Gesetzes Lk 16,17, welches "exakt mit der pharisäisch-rabbinischen Auffassung überein-(stimmt)"[21], sofern man davon ausgeht, dass die Wendung "bis Himmel und Erde vergehen" nicht die Begrenzung der Geltung der Tora auf diese Weltzeit, sondern deren bleibende Gültigkeit betont[22]. Schon deshalb ist die Annahme wahrscheinlicher, dass 16,17 ein jüdisch-judenchristliches Kommentarwort zu 16,16 ist, als umgekehrt.
Entsprechendes lässt auch das Traditionsgefälle innerhalb von Q vermuten: Die Ergänzung des Weherufs über das Verzehnten der Gartenkräuter (11,42a-c) durch die Forderung, das eine zu tun und das andere nicht zu lassen (11,42d), sowie die Erweiterung der Forderungen des Widerstandsverzichts und der Feindesliebe um die Goldene Regel (6,31) und die Barmherzigkeitsforderung (6,36) lassen ebenfalls die

16) S.o. A 4
17) SCHUERMANN, Zeugnis 126
18) AaO 128f
19) MERKLEIN, Gottesherrschaft 92f (Zitate 93). Entsprechend urteilt auch CAMERON, Violence 217.244
20) So schon KOSCH, Gottesherrschaft 61.63
21) MERKLEIN, Gottesherrschaft 91, der allerdings mit SCHULZ, Q 115 annimmt, Q begrenze die Geltung der Tora "bis zur apokalyptischen Weltenwende" und in dieser Begenzung einen Unterschied zur "allgemeinen jüdischen Auffassung" sieht.
22) So z.B. LUZ, MtI 236f (für Mt); BROER, Freiheit 42-45. Aeltere Belege für beide Auffassungen bei SCHULZ, Q 115 Anm 156

Tendenz erkennen, die Verkündigung Jesu und die Tora miteinander in Einklang zu bringen[23]. Dagegen ist in Q keinerlei Neigung erkennbar, Jesusworte vor einer "nomistischen" Interpretation in Schutz zu nehmen, was im jüdisch-judenchristlichen Milieu der Logienquelle auch wenig Sinn hätte.

4. Ob das Ehescheidungslogion Lk 16,18 gleichzeitig mit 16,17 zu 16,16 hinzukam oder erst später angefügt wurde, ist eine kaum beantwortbare Frage. Mit dem "Buchstaben" der Tora ("kein Jota und kein Häkchen ...") korreliert das Ehescheidungsverbot schlecht, ohne dass es deswegen schon als "Torakritik" qualifiziert werden müsste. Darf man daraus schon auf eine nachträgliche Zufügung schliessen? Wenn ja, so ergäbe sich bezüglich der Gesetzesauffassung eine ähnliche Traditionsentwicklung wie im Fall der Rezeption der Feindesliebe-Forderung in Q: Zunächst wird die Uebereinstimmung des provokativen Jesuswortes (16,16) mit der Tora herausgestellt (16,17), und in einer späteren Phase erscheint die Verkündigung Jesu ihrerseits als "Tora" (16,18 als Illustration von 16,17)[24]. Aber es bleibt auch denkbar, dass die Zusammenstellung von 16,16.17 und 18 auf einmal erfolgte.

5. Abschliessend bleibt anzumerken, dass die Annahme, Lk 16,16 sei das Grundwort der kleinen Komposition, keine Entscheidung darüber präjudiziert, welches Logion deren "Leitvers" bildet. Diese interpretatorische Frage ist nicht auf traditionskritischem Weg zu klären, sondern nach der synchronen Lektüre von Lk 16,16-18 zu beantworten[25].

4.2. Zum Toraverständnis von Lk 16,16-18//Mt 11,12f;5,18.32

Das sachliche Interesse an der Gesetzesproblematik und das methodische Interesse am Prozess der Rezeption der Verkündigung Jesu legen

---

23) Dazu s.o. I 4.2.1.4.(7.) und II.4.2.2.1.(4.)(5.)

24) Vgl. II.4.2.2.1. "Die relecture der Tora von Jesus her" und II. 4.2.2.2. "Die programmatische Rede als eschatologische Tora des Menschensohn-Kyrios"

25) Vgl. die Kritik von BROER, Freiheit 44 Anm 89 an der Position von MERKLEIN (s.o. (2.b)). BROER sieht zweifellos richtig, dass auf Lk 16,17 mehr "Gewicht liegt" als auf 16,16a ("Das Gesetz und die Prophe-

es nahe, für die Interpretation der kleinen Logienfolge bei ihrem Grundwort, dem "Stürmerspruch" Lk 16,16 anzusetzen, um in einem zweiten Schritt die Spruchfolge als Ganze und in ihrem Bezug zur gesamten Logienquelle zu analysieren.

4.2.1. Tora und Basileia (Lk 16,16//Mt 11,12f)

Der sogenannte Stürmerspruch "gilt als eines der dunkelsten Worte des Evangeliums"[26] und wirft eine ganze Reihe unterschiedlichster Fragen auf: Woher stammt das Wort? Bildet es eine ursprüngliche Einheit? Wie ist es zu übersetzen und zu verstehen? Wer ist damit gemeint? Welche Stellung gibt es dem Täufer? - Die Meinungen gehen in der Auslegungsgeschichte schon früh weit auseinander, aber weder der Wandel der Fragestellungen noch die Entwicklung der exegetischen Methoden vermochten bisher einen Konsens herbeizuführen[27]. Eine umfassende Diskussion sämtlicher Probleme ist an dieser Stelle nicht sinnvoll. Ich konzentriere mich auf die für die Gesetzesproblematik relevanten Aspekte.

---

ten bis Johannes"), scheint aber die Bedeutung des Kontextes für das Verständnis des Wortes von der Weitergeltung des Gesetzes doch zu unterschätzen.

26) J. SCHMID, Mt z.St. zitiert in CAMERON, Violence 162

27) Vgl. die auslegungsgeschichtliche Untersuchung von CAMERON, aaO 4-213. Wichtige neuere Spezialliteratur zu Lk 16,16par (umfassendere Literaturangaben bei CAMERON, Violence und KOSCH, Gottesherrschaft): O. BETZ, The Eschatological Interpretation of the Sinai-Tradition in Qumran and in the New Testament: RQum 6(1967) 89-105, bes. 99ff; CAMERON, Violence; D.R. CATCHPOLE, On Doing Violence to the Kingdom: JTSAfr 25(1978) 50-61; KOSCH, Gottesherrschaft; W.G. KUEMMEL, "Das Gesetz und die Propheten gehen bis Johannes" - Lukas 16,16 im Zusammenhang der heilsgeschichtlichen Theologie der Lukasschriften, in: O. BOECHER/K. HAACKER (Hg), Verborum Veritas (FS G. Stählin), Wuppertal 1970, 89-102; P. MENOUD, Le sens du verbe BIAZETAI dans Luc 16,16, in: Ders., Jésus et la foi, Neuchâtel 1975, 125-130; E. MOORE, biazō, harpazō and Cognates in Josephus: NTS 21(1974/75) 519-543; B.E. THIERING, Are the 'Violent Men' false Teachers?: NT 21(1979) 293-297. Wichtig sind auch die Wörterbuch-Artikel s.v. harpazō und biazō/biastēs sowie die Ausführungen von HOFFMANN, Studien 50-79; HUEBNER, Gesetz 28-31 u.ö.; MERKLEIN, Gottesherrschaft 80-96; SCHUERMANN, Zeugnis 124-129 und SCHULZ, Q 261-267 zum Verständnis des Logions bei Jesus und in Q. In KOSCH, Gottesherrschaft noch nicht berücksichtigt ist CAMERON, Violence. Sein Lösungsversuch (214-246) lässt sich wie folgt zusammenfassen: a) Lk 16,16b.c//Mt 11,12 bildet keine ursprüngliche Einheit mit Lk 16,16a//Mt 11,13 (221, vgl. 174.199). b) Der lk Kontext (Lk 16,15b-18) des Stürmerspruchs geht auf Q zurück (226, vgl. 214-226).

1. Aufgrund der hier vorausgesetzten Rekonstruktion des Q-Wortlauts besteht kein Anlass, die Einheitlichkeit des Logions zu bestreiten. Die in der Literatur gelegentlich anzutreffenden Differenzierungen zwischen Lk 16,16a und 16,16b.c basieren entweder auf einer Bevorzugung des mt Wortlauts in Lk 16,16a//Mt 11,13[28] oder auf der Annahme, Lk 16,16a sei "heilsgeschichtlich" und damit sekundär[29].
Die Einheitlichkeit des Logions ist nicht nur bei der Bestimmung des Verhältnisses zwischen "Gesetz und Propheten" und der Basileia, sondern auch bei der Klärung der Identität der biastai zu berücksichtigen. Umgekehrt gilt, dass der Sprachstil im zweiten Teil des Logions auch Konsequenzen für die Auslegung von Lk 16,16a hat: Wir haben es nicht mit einer sachlichen, theologischen Aussage, sondern mit einer engagierten Deutung der Situation im Licht der hereinbrechenden Basileia zu tun[30].

2. Die Beantwortung der schwierigen Frage nach der richtigen Uebersetzung von hē basileia tou theou biazetai kai biastai harpazousin

---

c) Die Abweichungen zwischen der Mt- und der Lk-Fassung gehen auf die LkRed zurück (221, vgl. 198f). d) Aufgrund einer Rückübersetzung ist Mt 11,12 negativ zu verstehen: "it described a violent and illegitimate breaching oft the Kingdom of God" (235, vgl. 226-235). e) Als wichtigster biastēs der Gottesherrschaft ist Herodes Antipas anzusehen (236, vgl. 235-245). f) Lk 16,16a.17 sind sekundär in eine ursprünglich antiherodianische Logienfolge (16,15b.16b.c.18) aufgenommen worden, wobei 16,16a als Wort von der Zeit "bis Johannes" dem Wort über die Zeit "seit Johannes" entspricht und 16,17 ein mögliches antinomistisches Missverständnis von 16,16a abwehrt (244, vgl. 242- 245; zu 16,17 auch 217).
Die Position von CAMERON weicht in manchen Punkten von meiner eigenen ab (vgl. KOSCH, Gottesherrschaft bes. 79-81), doch enthält seine Arbeit kaum nicht schon in älterer Literatur vertretene Thesen und Argumente, so dass sich eine erneute Diskussion der Problematik erübrigt. Die Stärken seiner Arbeit liegen im Materialreichtum zur Auslegungsgeschichte und in der ausführlichen Berücksichtigung neuerer Literatur, aber weniger im Bereich der übersichtlichen und methodisch reflektierten Entwicklung einer eigenen Position. Um so erstaunter habe ich sein Urteil zur Kenntnis genommen, die Redaktionskritik habe keinen signifikanten Beitrag zum besseren Verständnis des Logions gleistet (201). Ob CAMERON das Anliegen der Redaktionskritik verstanden hat?

28) So z.B. HOFFMANN, Studien 50.57

29) So z.B. SCHUERMANN, Zeugnis 128. Der "heilsgeschichtliche" Charakter ist auch als Argument gegen eine frühe Entstehung des ganzen Logions angeführt worden, so z.B. SCHULZ, Q 263

30) Vgl. dazu KOSCH, Gottesherrschaft 19-21.44f.48

autēn (Lk 16,16b.c) muss der Grammatik, dem Sprachgebrauch und schliesslich auch den formalen und inhaltlichen Eigenarten der Verkündigung Jesu Rechnung tragen. Am wahrscheinlichsten scheint mir weiterhin das Verständnis als antithetischer Parallelismus: "Die Gottesherrschaft bricht sich mit Gewalt Bahn, aber die Gewalttäter rauben sie."[31]

Den traditionsgeschichtlichen Hintergrund dieser Formulierung bildet die apokalyptische Vorstellung von der endzeitlichen Drangsal, die in einer für Jesu Basileia-Theologie charakteristischen Weise rezipiert wird: Die Zeit der Bedrängnis ist nicht "Vorzeichen" der kommenden Weltenwende, sondern Konsequenz des Anbruchs der Königsherrschaft Gottes.

Jesus deutet mit Hilfe dieser Vorstellung den Widerspruch, den er und seine Bewegung hervorrufen. Diejenigen, die sich ihm und seiner "Sache" entgegenstellen, sind nicht bloss "anderer Meinung" oder seine persönlichen Gegner, sondern bekämpfen letztlich den von Gott her betriebenen Anbruch der eschatologischen Heilszeit. So verstanden ist unser Logion ein unzweideutiger, wenn auch nur indirekter Ausdruck des Anspruchs Jesu. Zugleich vermag es den zuweilen harten und bis zur Lieblosigkeit unerbittlich wirkenden Umgang Jesu mit seinen Gegnern zu erklären[32]: Nicht "Schulstreitigkeiten" sind es, die Jesus von ihnen trennt, sondern die Entscheidung, sich ganz und vorbehaltlos vom Hereinbrechen der Basileia Gottes bestimmen zu lassen[33].

3. In diesem Zusammenhang ist auch die das Wort einleitende Wendung "Das Gesetz und die Propheten bis Johannes" (Lk 16,16a) zu interpretieren. Der Ausdruck ho nomos kai hoi prophētai "bezeichnet überall mit beiden Bestandteilen den zur Tat verpflichtenden Willen Gottes"[34]. Er findet v.a. in Texten Verwendung, in deren Hintergrund das deuteronomistische Geschichtsbild steht, und die darauf abzielen, das gegenwärtige Unglück Israels als Folge des Ungehorsams gegen Gesetz

---

31) AaO 21-27
32) Vgl. dazu I.4.2.1. und II.4.2.1.1.(3.)
33) Vgl. dazu KOSCH, Gottesherrschaft 38-43.46-49
34) BERGER, GesetzesauslegungI 219 (Nachweis aaO 209-219), weitere Belege s. KOSCH, aaO 100 Anm 80. Schon aus diesem Grund scheidet eine "heilsgeschichtliche" Deutung des Logions aus.

und Propheten darzustellen[35]. "Das Gesetz und die Propheten" ist also Umschreibung für den verpflichtenden, aber immer wieder auch missachteten Willen Gottes.

Die Formulierung "Das Gesetz und die Propheten bis Johannes" kann demnach nicht einseitig als Begrenzung der normativen Geltung von Tora und Propheten auf die Zeit vor dem Täufer interpretiert werden. Vielmehr wird man (gerade auch im Blick auf den zweiten Teil des Logions) verstehen müssen: Bis Johannes waren Gesetz und Propheten Ausdruck der Forderung Gottes, die erhoben, aber immer auch missachtet wurde. Seitdem bricht sich die Basileia Gottes Bahn, aber auch sie stösst auf Widerspruch und Ablehnung.

In unserem Logion geht es demnach weder um "heilsgeschichtliche Epochen"[36] noch um "Handlungsprinzipien"[37], die aufeinander folgen oder einander ablösen. Vielmehr geht es darum, dass Gott "seit Johannes" eine neue, aus dem Bisherigen und damit auch aus Gesetz und Propheten nicht ableitbare, eschatologische Heilsinitiative betreibt, die aber - wie schon Gesetz und Propheten - auf Widerstand stösst[38]. Die Unableitbarkeit des Basileia-Handelns aus dem Bisherigen, bzw. das Phänomen des Neuen in der Botschaft und im Auftreten Jesu ist aber zugleich auch eine Ursache für den Widerstand, der ihm und damit der von ihm in besonderer Weise repräsentierten Gottesherrschaft erwächst. Für die Ablehung Jesu haben sich seine Gegner zweifellos auch auf "das Gesetz und die Propheten" berufen. Seit Johannes ist aber im machtvollen Hereinbrechen der Basileia etwas völlig Neues in Gang gekommen. Wer sich dem verschliesst oder widersetzt, wird zum eschatologischen Gegenspieler der Gottesherrschaft, auch wenn er seinen Widerspruch im Namen von Gesetz und Propheten erhebt[39].

---

35) BERGER, GesetzesauslegungI 220

36) So z.B. SCHULZ, Q 263f

37) So v.a. MERKLEIN, Gottesherrschaft 88f, aber auch alle Interpreten, die Lk 16,16 als Aussage über das "Ende des Gesetzes" verstehen (z.B. GRUNDMANN, Lk 323; BARTH, Gesetzesverständnis 59f; HUEBNER, Gesetz 228 u.ö.; KUEMMEL, Verheissung 114f).

38) Eine interessante Parallele zu Lk 16,16 ist diesbezüglich das Gleichnis von den bösen Weingärtnern (Mk 12,1-12parr). Auch hier deutet Jesus sein Geschick im Licht der deuteronomistischen Vorstellung der Ablehnung der Propheten, wobei die Kontinuität in der Beauftragung durch Gott und in der gewaltsamen Ablehnung besteht, aber die Sendung des einen geliebten Sohnes jene der Knechte eschatologisch überbietet.

39) Vgl. dazu KOSCH, Gottesherrschaft 27f.44f.47-49

4. Lk 16,16 spricht nicht vom "Ende des Gesetzes"[40] und spielt Tora und Basileia auch nicht gegeneinander aus[41]. Wohl aber macht das Wort deutlich, dass es "seit Johannes" nicht mehr "Gesetz und Propheten", sondern die Basileia Gottes ist, an der sich alles entscheidet. Die bisherige Willenskundgebung Gottes steht fortan im Schatten der Gottesherrschaft und muss in deren Licht gesehen werden[42].

5. Die Frage nach dem historischen Ort des ganzen Logions ist m.E. wie folgt zu beurteilen:

a) Die Bestreitung der Herkunft des Logions von Jesus beruht meist auf problematischen interpretatorischen Voraussetzungen. Seine paradoxe, provozierende Formulierung und das Fehlen jeglicher christologischer Aspekte in der ganz auf die Basileia zentrierten Aussage sprechen ebenso für seine Authentie wie die - trotz der ausdrücklichen Erwähnung von "Gesetz und Propheten" - schwer systematisierbare implizierte Stellung zur Tora.

b) Die Richtigkeit der vorliegenden Interpretation einmal vorausgesetzt, lässt es sich kaum bestreiten, dass das Wort sich einer ausgeprägten Konfliktsituation verdankt und die Erfahrung von Widerstand und Ablehnung reflektiert. Das deutet auf eine innerhalb der kurzen öffentlichen Wirksamkeit Jesu relativ späte Entstehung hin.

c) Eine genauere Bestimmung der Sprechsituation ist nicht möglich. Die biastai der Gottesherrschaft sind Gegenstand des Wortes, ohne direkt angesprochen zu sein, was an Anhänger der Jesusbewegung als Adressaten denken lässt. Dafür sprechen auch der "deutende", aber zugleich sehr knappe Charakter der Formulierung und die Tatsache, dass apokalyptischer Rede häufig die Funktion des Trostes der Bedrängten in den eigenen Reihen zukommt[43].

4.2.2. Die Unvergänglichkeit der von Jesus interpretierten Tora (Lk 16,16-18//Mt 11,12f;5,18.32)

1. Die Kommentierung des Stürmerspruchs Lk 16,16 durch das Wort von der Weitergeltung der Tora bis in die kleinsten Einzelheiten (16,17)

---

40) So z.B. die in A 37 genannten Autoren
41) Das betont auch MERKLEIN, Gottesherrschaft 89.90.94.95, obwohl er "Tora" und "Basileia" als "Handlungsprinzipien" gegeneinanderstellt.
42) Zur Entfaltung dieses Gedankens s.u. IV.3.2.
43) Vgl. KOSCH, Gottesherrschaft 19-21.46f

und das Verbot der Ehescheidung (16,18) greift zumindest direkt nur einen Teil von dessen Aussage auf. Kommentierungsbedürftig ist für den Q-Kreis offenbar nur das, was zur Geltung der Tora gesagt wird. Vom Täufer und seiner Beurteilung durch Jesus ist in Q anderswo die Rede (vgl. die Stoffe am Anfang von Q und Lk 7,24-35). Auch die Aussage vom Hereinbrechen und Geraubt-Werden der Basileia im zweiten Teil des Logions wird hier nicht weitergeführt. Das heisst jedoch nicht, dass sie von Q bloss "mitgeschleppt" wird. Dagegen spricht schon die Tatsache, dass Lk 16,17 bezüglich der Gesetzesauffassung von Lk 16,16a als absicherndes Korrektiv wirkt, so dass fast der Eindruck entsteht, der Stürmerspruch werde von Q nicht wegen, sondern trotz seiner Aussage über Gesetz und Propheten rezipiert. Auch das Vorkommen des für die Verkündigung Jesu und die Theologie von Q zentralen Begriffs "Gottesherrschaft"[44] im zweiten Teil des Wortes spricht gegen die Annahme, es habe in Q keine Eigenbedeutung.
Schon aufgrund dieser Ueberlegungen erweist es sich als unangebracht, sich bei der Auslegung der kleinen Komposition nur vom "nomistischen" Logion 16,17 leiten zu lassen. Einem solchen Interpretationsansatz steht zudem das Ehescheidungslogion 16,18 im Wege, das auch nicht spannungslos an 16,17 anschliesst.

2. Freilich wird man das Ehescheidungs-Logion (16,18) nicht vorschnell "torakritisch" interpretieren dürfen. Gerade in frühjüdischen Regelungen von Ehe und Ehescheidung findet sich manches, was mit der Tora (bes. Dtn 24,1ff) nicht in Uebereinstimmung gebracht werden kann, ohne dass damit "Torakritik" einhergeht[45].
Die Zusammenstellung von 16,17 und 16,18, aber auch die Formulierung von 16,18 als Rechtssatz lassen erkennen, dass das Verbot der Ehescheidung in Q als "Tora" verstanden wird, die nicht im Widerspruch

---

44) Zur Bedeutung der Weiterverkündigung der Basileia in Q s. DAUTZENBERG, Wandel; SCHUERMANN, Zeugnis; ZELLER, Zusammenhang

45) Vgl. MUELLER, Gesetz 12-15; s. auch E. BAMMEL, Markus 10,11f und das jüdische Eherecht: ZNW 61(1970) 95-101. Meine Ausführungen zu Lk 16,18 in KOSCH, Gottesherrschaft 51 ("in scharfem Gegensatz zum jüdischen Eherecht, aber auch zur Tora") sind diesbezüglich viel zu undifferenziert, auch wenn sie sich auf viele andere Autoren berufen können (vgl. nur HOFFMANN/(EID), Jesus 113-121; MERKLEIN, Gottesherrschaft 282-284).

zur schriftlich niedergelegten Mose-Tora steht. Dabei kann den Kreisen, die beide Worte zusammengestellt haben, aber nicht entgangen sein, dass 16,18 ein Jesus-Wort und nicht etwa eine wörtliche oder sinngemässe Wiedergabe der Tora ist. Die breite Rezeption des Scheidungsverbots als Wort Jesu (neben Lk 16,18 vgl. Mk 10,1-12 und 1Kor 7,10f) belegt eindeutig, dass es sich um etwas für seine Verkündigung Charakteristisches handelt[46].

Ihre fortdauernde Gültigkeit, "bis Himmel und Erde vergehen", bewahrt die Tora mitsamt ihren kleinsten Einzelheiten also im Wort Jesu, das selbst Tora ist und die Tora interpretiert. Er ist es ja auch, der ihre Weitergeltung proklamiert.

Dass die Art, wie Jesus die von ihm bestätigte Tora interpretiert, mit ihrem Wortlaut oft (und gerade auch in Lk 16,18!) nicht in Einklang zu bringen ist, wird von den Kreisen, die hinter der Kompositon von 16,16-18, aber auch hinter Q insgesamt stehen, nicht wahrgenommen - es sei denn, man unterstellt, dass sie ein Wort wie 16,17 wider besseres Wissen für Jesus in Anspruch genommen haben. Das hängt zum einen damit zusammen, dass die Trad der Aktualisierung und Auslegung der Tora im Frühjudentum sehr breit und lebendig sind, und lässt zum anderen darauf schliessen, dass die Tradenten von Q nicht aus schriftgelehrten Kreisen stammen.

3. Schwer zu beantworten bleibt die Frage nach dem Sinn der Aussage "Das Gesetz und die Propheten bis Johannes" (16,16a) im Kontext von 16,16-18. Was bedeutet diese Begrenzung auf die Zeit vor dem Hereinbrechen der Basileia (16,16b), wenn das Gesetz seine fortdauernde Gültigkeit bewahrt, "bis Himmel und Erde vergehen" (16,17)? Die Spannung ist kaum auflösbar und Differenzierungen zwischen der heilsgeschichtlichen und der normativen Funktion von "Gesetz und Propheten" oder zwischen dem Buchstaben des Gesetzes und dem darin enthaltenen Willen Gottes helfen nicht wirklich weiter, da sie im Text keinen Anhalt haben und sich keine echten Parallelen finden lassen. Am ehesten wird man die Zusammenstellung von 16,16-18 so verstehen

46) Die Authentie zumindest eines Kerns des Ehescheidungslogions wird auch in der exegetischen Forschung durchgehend anerkannt.

können, dass es nicht angeht, die hereinbrechende Basileia mit Berufung auf "Gesetz und Propheten" zu bekämpfen (16,16), was aber nicht heisst, dass die Tora ihre Geltung eingebüsst hat. Vielmehr wird ihr verpflichtender Charakter im Grundsatzwort 16,17 bestätigt. Das Ehescheidungslogion 16,18 schliesslich verdeutlicht exemplarisch, wie die Aussage von Lk 16,17 im Q-Kreis verstanden wird: Ihre uneingeschränkte Gültigkeit bewahrt die Tora im Wort Jesu und als von ihm her interpretierte[47].

4. Eine Ortung der Spruchfolge 16,16-18 in der Wachstums- und Kompositionsgeschichte von Q ist schwierig. Dass sie "das Werk der Q-Redaktion" ist[48], ist allerdings eher unwahrscheinlich. 16,16 und 16,18 sind authentische Jesusworte und 16,17 steht inhaltlich der an den Weheruf über das Verzehnten der Gartenkräuter angefügten Mahnung "Dies soll man tun und das andere nicht übergehen" (11,42d) nahe. Sowohl Lk 16,17 als auch 11,42d kommentieren "Grundworte" und nicht etwa grössere Stoffkompositionen, was vermuten lässt, dass sie relativ früh angefügt wurden[49]. Dafür spricht auch, dass Logien wie 6,31 und 6,36, die Jesu Forderungen in die Nähe der Tora bringen, aber auch die rhetorischen Fragen in 6,32f, mit denen die Jesus-Anhänger sich von notorischen Gesetzesübertretern abgrenzen, ebenfalls in einem frühen Stadium der Kompositionsgeschichte von Q rezipiert, bzw. formuliert wurden[50]. Hinzu kommt, dass die QRed kein Interesse an der Frage nach der Stellung Jesu zur Tora erkennen lässt.

5. Für die Erhebung des Situationsbezuges der kleinen Spruchfolge ist die Berücksichtigung aller ihrer Bestandteile von entscheidender Bedeutung (s.o. 1.). Sie zeigt, dass die Erfahrung des Widerstandes gegen die hereinbrechende Basileia, bzw. gegen ihre Repräsentanten (16,16b.c), mit der Frage der Geltung der Tora in Zusammenhang gebracht wird. Die Ablehnung der Basileia-Verkündigung erfolgt offenbar

47) Vgl. dazu KOSCH, Gottesherrschaft 51.60-64

48) So LAUFEN, Doppelüberlieferungen 355; vgl. auch die Zuweisung von Lk 16,16 zur QRed durch SCHENK, Synopse 44 (dazu s.o. I.4.2.1.4.(7.) mit A 497)

49) S.o. I.4.2.1.4.(7.)

50) S.o. II.4.2.2.1.

mit Berufung auf "Gesetz und Propheten" (16,16a). Demgegenüber stellen die Tradenten von Q die Weitergeltung der Tora sehr deutlich heraus (16,17). Damit betonen sie ihre Uebereinstimmung mit ihren jüdischen Diskussionspartnern und weisen den Vorwurf der Gesetzlosigkeit zurück. Gleichzeitig setzen sie sich wohl auch von torakritischen Interpretationen der Botschaft Jesu ab. Dass sie damit die radikalen Forderungen Jesu nicht preisgeben, beweist das Ehescheidungslogion 16,18 zur Genüge[51].

* * * * *

Der vorliegende, stark auf die Gesetzesproblematik konzentrierte Interpretationsversuch der kleinen Komposition Lk 16,16-18 kann nicht darüber hinwegtäuschen, dass eine völlig kohärente Deutung der Spruchfolge kaum möglich ist, was auch die relative Kürze der Ausführungen rechtfertigt. Immerhin kann insbesondere im Rückblick auf die übrigen Analysen dieser Untersuchung festgehalten werden, dass "die in Lk 16,16-18 gesammelten Logien ... bei allen Schwierigkeiten, die ihre Interpretation bietet, dem Gesetzesverständnis von Q als Komposition besser (entsprechen) als ihre einzelnen Teile"[52].

Dieses Gesetzesverständnis der Logienquelle und seine Verankerung in der Eigenart der Verkündigung Jesu soll im abschliessenden Versuch einer Synthese etwas systematischer dargestellt werden, als dies in den stark den Einzeltexten verpflichteten Analysen der Fall war.

---

51) Vgl. KOSCH, Gottesherrschaft 63f
52) KOSCH, Gottesherrschaft 63

Kapitel IV

Die Rezeption der Stellung Jesu zur Tora in Q

Ausgangspunkt der in dieser Studie vorgelegten Ueberlegungen zur Rezeption der Stellung Jesu zur Tora in Q war die Feststellung, dass Jesu Haltung zu Fragen rund um das Gesetz zu Diskussionen und Konflikten führte und jedenfalls einen Teil seiner Zeitgenossen irritierte. Die Untersuchung der Rezeption der Stellung Jesu zur Tora in Q sollte einerseits erhellen, wie seine jüdischen Anhänger mit dieser Irritation umgingen, und anderseits einen Beitrag zur genaueren Erfassung der Eigenart der Gesetzesauffassung Jesu leisten.
Beide Ziele konnten nicht ohne die oft mühsame und leider auch die Lesbarkeit der Studie beeinträchtigende Klärung einer Fülle literar- und quellenkritischer, zeitgeschichtlicher und interpretatorischer Einzelfragen erreicht werden.
Abschliessend soll nun versucht werden, die einzelnen "Mosaiksteine" zu einem Gesamtbild anzuordnen. Dabei ist auch grundsätzlichen theologischen Fragestellungen mehr Platz einzuräumen, als dies im Verlauf der Einzelanalysen geschehen konnte[1]. Formal scheint mir der Weg, einzelne Thesen zu formulieren und sie anschliessend zu erläutern, dem gewählten Ansatz am ehesten zu entsprechen.

1. Der theologische Ort der Tora in Q

Eine Durchsicht der Literatur zum Thema, aber auch der neueren Gesamtdarstellungen der Theologie von Q macht deutlich, dass nicht erst bezüglich der Einschätzung der Stellung von Q zur Tora, sondern schon hinsichtlich der Beurteilung der Relevanz des Themas für die

---

1) Anders als in den Hauptteilen der Arbeit gebe ich in diesem Schlussabschnitt dem Widerstreit der Meinungen weniger Raum und verzichte darauf, alles bis ins einzelne zu belegen und zu begründen. Den Vorwurf der Unvollständigkeit und Vorwissenschaftlichkeit nehme ich dabei in Kauf.
Rückverweise auf den Hauptteil der Arbeit erfolgen nur dort, wo es unbedingt nötig ist und das Inhaltsverzeichnis als Orientierungshilfe nicht ausreicht.

Theologie von Q grosse Uneinigkeit herrscht, auch wenn die Frage kaum je artikuliert wird[2].

Angesichts der Tatsache, dass das Stichwort nomos in Q nur zweimal belegt ist (Lk 16,16.17) und grundsätzliche Aussagen zur "Gesetzesproblematik" in Q nur in einer kleinen Spruchfolge (Lk 16,16-18) gemacht werden, ist jedoch gerade diese Frage nach der Relevanz der Gesetzesthematik für die Theologie von Q von grossem Interesse. Noch dringlicher wird sie, wenn man zugleich in Betracht zieht, dass die Tora das Zentrum frühjüdischer Theologie, Ethik und Frömmigkeit ist.

Methodisch ist es für die Erhebung der Gesetzesauffassung und für die Bestimmung des Ortes der Tora in der Theologie von Q nicht ausreichend, jene Texte auszuwerten, die sich explizit oder der Sache nach auf die Tora oder einzelne ihrer Teile beziehen. Bei einer solchen Vorgehensweise würde das Ergebnis schon dadurch verfälscht, dass der Breite und Lebendigkeit der frühjüdischen Traditionen der Auslegungen und Aktualisierungen der Tora nicht Rechnung getragen wird. Eine direkte, diese Traditionen überspringende Konfrontation der einschlägigen Q-Texte mit dem Wortlaut der Tora kommt einer Verengung der Toraauslegung und -aktualisierung auf den Bereich der "Schriftgelehrsamkeit" gleich und geht von der falschen Annahme aus, dass Tora im Frühjudentum nur das sein kann, was im Pentateuch enthalten ist oder sich daraus "linear" ableiten lässt[3].

Hinzu kommt, dass es nicht unproblematisch ist, Texte von ihrem Bezug zur Tora her auszulegen, die diesen Bezug nicht selbst herstellen oder zumindest deutlich nahelegen[4]. Texte sind primär von ihrem Kontext her auszulegen, auch was ihren Torabezug betrifft. Für Q gilt dies um so mehr, als die Analyse der Komposition des Stoffes der wichtigste Schlüssel zur Erhebung seiner Intention ist.

---

2) Die einzige Ausnahme bildet m.W. SCHULZ, Q, der dem Thema ein gewichtiges Kapitel widmet (aaO 94-141; vgl. auch den breiten Raum, den die Gesetzesfrage in seiner ntl Ethik einnimmt) und folgerichtig der Auffassung ist, "das Fehlen einer thematischen Behandlung der Gesetzesanschauung" in HOFFMANNs Untersuchung der Theologie von Q sei "gravierend" (aaO 37).

3) Vgl. dazu MUELLER, Gesetz (bes. 16f)

4) Vgl. BERGER, Exegese 170: "Nur wo das AT ausdrücklich zitiert wird, ist ein literarischer Rückgriff sicher intendiert."

Die Frage nach der Stellung von Q zur Tora ist demnach im Blick auf die gesamte Komposition und ihre einzelnen Blöcke zu stellen und nicht auf die oft kaum mögliche Klärung des Torabezugs einzelner Texte zu verengen. Diesem methodischen Ansatz wurde in den Einzelanalysen durch die breite Berücksichtigung des näheren und weiteren Kontextes entsprochen[5]. Ihm sind auch die folgenden Thesen zum theologischen Ort der Tora in Q verpflichtet.

1.1. In Q sind die Botschaft und Gestalt Jesu die zentrale Orientierungsgrösse für das Selbstverständnis und die Praxis seiner Anhänger.

1. Wichtigster Beleg für die Richtigkeit dieser These ist die Existenz der Logienquelle selbst. Abgesehen von der ganz auf Jesus ausgerichteten Täuferüberlieferung enthält Q ausschliesslich Reden und Worte Jesu, die vor allem im ersten Teil zumindest ansatzweise in seiner "Biographie" verortet oder mit seinem "Weg" in Zusammenhang gebracht werden.
Diese Beschränkung auf die Weitergabe der Verkündigung eines Menschen ist in der atl-jüd Tradition allerdings keineswegs analogielos; erinnert sei lediglich an die Prophetenbücher, an die Apokalypsen und an die Legenden, die sich um besonders angesehene Rabbinen ranken und ein gewisses biographisches Interesse verraten. Dennoch gibt es charakteristische Unterschiede: Anders als die Propheten führt Jesus seine Worte nicht auf Gott zurück; sie sind autoritative Weisung, die keiner weiteren Legitimation bedarf. Anders als die Apokalyptiker spricht Jesus in Q im eigenen Namen und verzichtet darauf, seiner Botschaft durch pseudepigraphische Einkleidung höhere Verbindlichkeit zu geben. Und anders als in den Legenden über bekannte Rabbinen geht es in Q nicht um den Beitrag, den Jesus zur Auslegung der Tora leistete. Die Logienquelle berichtet von Jesus, "weil sie von J e s u s berichten will"[6].

---

5) Diese Berücksichtigung des Kontextes hat sich insbesondere bei der Klärung des Torabezugs der Feindesliebe-Forderung in Q als sehr fruchtbar erwiesen: Ihre Kontextualisierung in der programmatischen Rede Jesu gibt viel deutlicher zu verstehen, wie Q das Verhältnis zwischen der Verkündigung Jesu und der Tora sieht als das nur zu erschliessende und - anders als in Mt 5,43-48 - nicht thematisierte Verhältnis von Lk 6,27b zur Tora und zu Lev 19,18b im besonderen.

6) LUEHRMANN, Frage 67

2. Dass in Q nicht nur das "Erbe" Jesu tradiert, sondern seine Botschaft und Gestalt zur Mitte des eigenen Existenzverständnisses und der eigenen Praxis wird, ergibt sich ferner aus der radikal ausgeprägten Forderung der Nachfolge, die auf die Schicksalsidentität mit Jesus abzielt und der sich alles andere unterzuordnen hat (vgl. Lk 9,57-60;10,2-16 und 14,26.27;17,33).

3. Schliesslich ist auf den Exklusivitäts-Anspruch einiger Logien in Q zu verweisen. Zu denken ist an das späte Offenbarungswort Lk 10,21f (bes. 10,22a "Alles ist mir von meinem Vater übergeben"), aber auch schon an den Abschluss der frühen Komposition 10,2-16 "Wer euch aufnimmt, nimmt mich auf, und wer mich aufnimmt, nimmt den auf, der mich gesandt hat. Wer aber euch abweist, weist mich ab, und wer mich abweist, weist den ab, der mich gesandt hat" (10,16)[7]. Denselben Gedanken variiert 11,23 "Wer nicht mit mir ist, ist gegen mich, und wer nicht mit mir sammelt, der zerstreut."

1.2. Das Bekenntnis zum Menschensohn-Kyrios und das Hören und Tun seiner Worte haben in Q Heilsrelevanz.

1. In der Rezeption und Tradition der Reden und Worte Jesu lässt sich Q von soteriologischen Interessen leiten. "Jesu Worte werden überliefert, weil er in seinen W o r t e n Heil gebracht hat und die Uebernahme seiner Worte Heil schafft angesichts des erwarteten Gerichts."[8]
Am deutlichsten lässt sich dieses soteriologische Interesse in der Komposition der programmatischen Rede Jesu (Lk 6,20-49) nachweisen. Jesu Forderung der Feindesliebe (und die übrigen Forderungen) wird deshalb rezipiert, weil vom Hören und Tun dieser Forderung das Bestehen im Endgericht abhängt (6,47-49).
Gattungskritisch lässt sich diese These mit dem Hinweis darauf untermauern, dass Q viele Heilsworte und Makarismen, aber auch viele Unheilsworte und Weherufe enthält, die zudem oft an kompositorisch zentralen Stellen plaziert sind. Erinnert sei lediglich an die Makarismen

---

7) Zur Rekonstruktion s. LAUFEN, Doppelüberlieferungen 230-233
8) LUEHRMANN, Frage 67

(6,20-23), welche die Verkündigung Jesu eröffnen, an die Seligpreisung der Augenzeugen (10,23f) am Schluss des Aussendungskomplexes (9,57-60;10,2-16.21-24), an das die Rede gegen 'dieses Geschlecht' (11,14-52) abschliessende Sophia-Wort (11,49-51) und an das die Reihe der Drohsprüche (13,23-29(30?)34f) beendende Jerusalem-Wort (13,34f).

2. Das Heil wird in Q aber nicht nur an die Uebernahme der Worte Jesu zurückgebunden, sondern darüber hinaus auch an das Bekenntnis zum Menschensohn-Kyrios.
Zentraler Beleg dafür ist der Doppelspruch Lk 12,8f, der Heil und Gericht mit der Stellungnahme zum "ich" Jesu korreliert und damit seine eschatologische Autorität herausstellt: "(Amen) ich sage euch, jeder, der sich vor den Menschen zu mir bekennt, zu dem wird auch der Menschensohn sich vor den Engeln Gottes bekennen. Wer mich aber vor den Menschen verleugnet, den wird auch der Menschensohn vor den Engeln Gottes verleugnen"[9]. "Das Einmalige dieses Wortes besteht in der Absolutheit des jetzigen Entweder-Oder gegenüber Jesus im Hinblick auf das jüngste Gericht."[10] Dass dieses Bekenntnis zum Menschensohn-Kyrios und das Hören und Tun seiner Worte eine unlösbare Einheit bilden, wird aus 6,46 (vor 6,47-49) ersichtlich: Die echte Zugehörigkeit zu ihm erschöpft sich nicht im Lippenbekenntnis, sondern bewährt sich im Tun dessen, was er sagt. Dieses Bekenntnis zum Menschensohn und seiner Praxis bringt die Uebernahme seines Propheten-Schicksals mit sich. Deshalb verheisst Q jenen, die wegen des Menschensohnes verleumdet und bedrängt werden, Heil und eschatologischen Lohn (6,22f).

3. Schliesslich verdeutlicht die Seligpreisung der Augenzeugen (Lk 10,23f) und jener, die an Jesus keinen Anstoss nehmen (7,23), dass die Entscheidung über Heil und Unheil an der Stellung zu seiner befreienden Praxis (7,22) fällt. Der Grund dafür ist, dass sich in dieser Praxis die eschatologische Königsherrschaft Gottes durchsetzt (vgl. 11,20).

---

9) Zur Rekonstruktion s. PESCH, Autorität 27-35
10) SATO, Q 324

Ein entsprechender Anspruch wird auch in der Hauptmanns-Perikope (7,1-10) erhoben, wo das Vertrauen des Zenturio in die Wundermacht Jesu als (Gottes-)Glaube interpretiert wird, wie Jesus ihn in Israel nicht gefunden hat (7,9): Der Glaube an Gott schliesst den Glauben daran ein, dass Gott durch Jesus Heil schafft. Damit werden die Stellung zu Jesus und der Glaube an Gott miteinander in Zusammenhang gebracht[11].

1.3. Jesus und seine Verkündigung treten damit für seine Anhänger faktisch an die Stelle der Tora.

1. Unter der Voraussetzung, dass die Tora im Frühjudentum das Zentrum von Theologie, Ethik und Frömmigkeit ist, und dass der Toragehorsam ihm als der einzige Weg zum Leben gilt, ergibt sich diese These aus dem bisher Gesagten: Zentrale Orientierungsgrösse (1.1.) und soteriologisches Prinzip (1.2.) ist in Q die Botschaft und Gestalt Jesu, des Menschensohn-Kyrios.
Er proklamiert die eschatologische Tora, von deren Hören und Tun das Bestehen im Endgericht abhängt (Lk 6,20-49). Ihm nachzufolgen ist wichtiger als alles andere (9,57-60). Am Bekenntnis zu ihm entscheidet sich das Heil (12,8f). Niemand kann den Vater erkennen als der, dem es der Sohn offenbaren will. Denn ihm ist alles übergeben (10,22). Er ist der exklusive Offenbarer des eschatologischen Heilswillens Gottes.

2. Als Bestätigung dieser These kann die Beobachtung gelten, dass in Q mit der Barmherzigkeitsforderung (Lk 6,36) und der Goldenen Regel (6,31) Mahnungen zur Begründung und Motivation der Forderungen Jesu herbeigezogen werden, die anderswo der Gebotsparänese oder gar der Zusammenfassung der Tora dienen. Das entspricht der Uebertragung des Abschlusses von Gesetzeskorpora mit einer bedingten Verheissung und Drohung auf die erste und grundlegende Rede Jesu (6,47-49 in 6,20-49).
Gerade diese Rezeption durchaus torakonformer Stoffe lässt erkennen, dass Jesu Verkündigung in Q zwar die Stellung einnimmt, die sonst

---

11) Zu dieser Interpretation von pistis s. WEGNER, Hauptmann 393-395

die Tora innehat, aber nicht gegen die Tora ausgespielt oder gar in Widerspruch zu ihr gebracht wird.

3. Für die Annahme, dass die Tora ihren Stellenwert als zentrale Orientierungsgrösse eingebüsst hat, spricht ferner die Tatsache, dass Q weder ihr Studium und ihre Einhaltung einschärft, noch Interesse an halachischen Fragen erkennen lässt.

4. Einwände können dieser These m.E. nur vom erzählerischen Rahmen der Logienquelle her erwachsen, wo der Versuchungsgeschichte (Lk 4,1-13) die Funktion zukommt, Jesus als den Gottessohn darzustellen, der "sein Verhältnis zu Gott in seinem Gehorsam gegenüber der Bibel" bewährt[12]. Jesu Unterordnung unter den in der Tora geoffenbarten Gotteswillen wird so zum "Vorzeichen" seiner eschatologischen Sendung.
Nun gehört die Versuchungsgeschichte in Q aber zu den jüngeren Bildungen und hat aufgrund ihrer schriftgelehrten Eigenart und der direkten LXX-Benutzung Sondercharakter[13]. Wahrscheinlich erfolgte ihre Aufnahme in die Logienquelle nach der QRed[14]. Dafür spricht neben der formalen Sonderstellung insbesondere die Tatsache, dass sich in Q keine Tendenz erkennen lässt, den in ihr enthaltenen Ansatz zur Bestimmung des Toraverhältnisses Jesu zu entfalten, was etwa im Sinn einer "Radikalisierung" der Tora vom ersten Gebot her durchaus möglich gewesen wäre. Es geht also aus traditionsgeschichtlichen und sachlichen Gründen nicht an, dem Text eine Schlüsselfunktion bezüglich der Gesetzesauffassung der QRed und der dahinterliegenden Trad zuzuweisen[15].

1.4. <u>Q kann trotz der Rückbindung des eschatologischen Heils an das Bekenntnis zum Menschensohn und an das Hören und Tun seiner Worte an der Gültigkeit der Tora festhalten, weil sie von ihm her bestätigt und interpretiert wird.</u>

---

12) LUZ, MtI 162
13) Vgl. MAHNKE, Versuchungsgeschichte 183-187; ZELLER, Versuchungen 62
14) MAHNKE, aaO 186.189f; SATO, Q 52, vgl. 40f
15) Das heisst nicht, dass sich die Versuchungsgeschichte in anderer Hinsicht nicht gut in die Logienquelle einfügt; vgl. dazu die Beiträge von HOFFMANN, Versuchungsgeschichte und ZELLER, Versuchungen, aber

1. Daran, dass die Tora für die Träger der Q-Ueberlieferung ihre Geltung bewahrt und vollumfänglich befolgt werden soll, ist aufgrund der Grundsatzerklärung in Lk 16,17 nicht zu zweifeln: "Ich sage euch aber: Bis der Himmel und die Erde vergehen, vergeht nicht ein Jota oder ein Häkchen des Gesetzes." Damit stimmt auch die Kommentierung des Weherufes gegen die Pharisäer, die Gartenkräuter verzehnten, aber Recht, Erbarmen und Treue übergehen (11,42a-c), mit der Forderung: "Dies soll man tun, jenes aber nicht übergehen" (11,42d) überein.

2. Dass Q keine "torakritische" Position vertritt, sondern sich durchaus auf der Seite jener sieht, welche die Tora befolgen, lässt auch die Abgrenzung von den Zöllnern und Sündern (6,32f) erkennen. Eine positive Einstellung zur Tora setzt aber auch die Abweisung der als "Uebertreter des Gesetzes" bezeichneten Scheinjünger voraus (13,27).

3. Aufgrund der bisher vorgetragenen Ueberlegungen (s.o. 1.1.-1.3.) ist aber auch unbestreitbar, dass die Gesetzesauffassung von Q mit einer streng "nomistischen" Position wenig gemein hat. Die Tora ist in Q weder der Ausgangspunkt noch der Bezugsrahmen der Verkündigung Jesu. Sie behält ihre Gültigkeit als von Jesus bestätigte und von ihm her verstandene. So wird etwa der Vorrang von "Recht, Erbarmen und Treue" gegenüber dem Zehntgebot (Lk 11,42a-c) durch den Nachsatz (11,42d) nicht aufgehoben, die Reinheitsforderung erhält einen starken ethischen Akzent (11,39b.41), und trad ethische Grundsätze wie die Barmherzigkeitsforderung (6,36) oder die goldene Regel (6,31) werden nicht mit der Tora in Zusammenhang gebracht, sondern im Licht der Forderungen Jesu zu Feindesliebe und provokativem Gewaltverzicht neu gelesen (6,27-36).

4. In besonderer Weise wird das spannungsvolle, im Verständnis der Tradenten von Q aber nicht widersprüchliche Zueinander von Bejahung der Autorität und Heilsrelevanz der Verkündigung Jesu und gleichzeitiger Betonung der Gültigkeit der Tora in der kleinen Spruchfolge Lk

---

auch POLAG, Christologie 146-151; SCHULZ, Q 177-190. Zur Versuchungsgeschichte im allgemeinen s. neben den Kommentaren bes. GERHARDSSON, Testing; MAHNKE, Versuchungsgeschichte; NEUGEBAUER, Versuchung.

16,16-18 sichtbar. Die kleine Komposition stellt einen frühen Versuch dar, die Stellung Jesu zur Tora zu erfassen und die Tora von ihm her zu verstehen. Innerhalb von Q nimmt sie eine Sonderstellung ein, weil nur hier grundsätzlich vom Gesetz die Rede ist. Sachlich aber fügt sie sich gerade auch in ihrem gleichzeitigen und keineswegs spannungslosen Ja zur Verkündigung Jesu und zur Tora gut in das Gesamtbild von Q ein.

1.5. Q sieht zwischen den Forderungen Jesu und der Tora keinen Gegensatz, sondern Uebereinstimmung.

Eine ausführliche Kommentierung dieses Satzes erübrigt sich, da er lediglich eine Entfaltung des in der vorausgehenden These Gesagten darstellt und sich auch auf dieselben Texte berufen kann. Ich beschränke mich deshalb auf zwei Hinweise:

1. In Q wird nicht Jesus als Gesetzesübertreter, der im Widerspruch zur Tora steht, verstanden, sondern die Repräsentanten "dieses Geschlechts" sind es, die nur die "rituelle" Seite der Tora befolgen (Lk 11,39b-41.42) und die Last den anderen aufladen, aber selbst keinen Finger rühren (11,46).
Als Gesetzesübertreter gelten ferner die Scheinjünger, die nicht den Weg durch das enge Tor gewählt haben (13,23-27), und von notorischen Gesetzesübertretern grenzt man sich ab (6,32f).
Zumindest für Q hat BERGER also recht, wenn er meint: Nicht Jesus wird "als Zerstörer des Gesetzes oder als 'Liberaler' dargestellt", sondern seine Gegner werden als die Gesetzlosen erwiesen[16].

2. Auch provokative, oft als "torakritisch" bezeichnete Jesusworte, die in Q rezipiert werden, sprechen nicht gegen die Annahme, dass Q zwischen der Forderungen Jesu und der Tora keinen Gegensatz sieht. Am klarsten tritt dies in der kleinen Komposition Lk 16,16-18 zutage, wo die Uebereinstimmung eigens betont wird. Aber auch die Kommentierung von Jesu Forderung der Feindesliebe (6,27b.28b) und seiner Einladung

---

16) BERGER, GesetzesauslegungI 11-31, Zitat 15

zu provokativem Verzicht auf Gegenwehr (Lk 6,29f; Mt 5,41?) im Verlauf ihrer Rezeption in Q (Lk 6,27-36) lässt deutlich erkennen, dass man darin nichts sah, was zur Tora im Widerspruch steht. Entsprechendes gilt auch für die sehr provokative Nachfolge-Forderung in Lk 9,59f oder für Forderungen wie 10,7a und 14,5, die als "Kritik" am 4. Gebot, an Speise- und Sabbatvorschriften verstanden werden könnten: Nichts deutet darauf hin, dass sie in Q mit der Tora verrechnet werden. Es lässt sich vielmehr zeigen, dass sie nicht die Tora als solche treffen wollen, sondern in anderen Kontexten stehen.

1.6. Q ist wenig an einer Reflexion über das Verhältnis zwischen der Verkündigung Jesu und der Tora interessiert.

1. Ein erstes Indiz für die Richtigkeit dieser These ist die Tatsache, dass das Wort nomos in Q nur zweimal (Lk 16,16.17) belegt ist, und andere für die Gesetzesproblematik wichtige Begriffe wie entolē völlig fehlen. Dies ist für Q insofern signifikanter als für Mk, wo der Begriff nomos fehlt (s. jedoch entolē in 7,8.9;10,5.19;12,28.31), als auch die Stoffe, die mit der Frage der Geltung des Gesetzes in Zusammenhang stehen, nicht zahlreich sind, während sie im MkEv breiten Raum einnehmen.

2. Ein zweites Indiz ist das Fehlen von Tora-Zitaten in Q. Einzige Ausnahmen sind die Dtn-Zitate in der Versuchungsgeschichte (s.o. 1.3.(4.). Weder zur Schriftbenutzung Jesu in den mk Schul- und Streitgesprächen (Mk 7,1-23;10,1-12.17-31;12,18-27.28-34), noch zum Umgang der Antithesen der Bergpredigt (Mt 5,21-48) mit der Tora gibt es in Q Parallelen[17].

3. Mit gutem Grund kann zudem angenommen werden, dass die Erweiterungen und Kommentierungen von Jesus-Worten, die ein gewisses Interesse daran verraten, die Uebereinstimmung zwischen der Verkündigung

17) Damit soll der Einfluss der Schrift auf Q keineswegs bestritten werden. Vgl. dazu HOFFMANN, Studien 65 mit Anm 52; LUEHRMANN, Redaktion 98f; SCHULZ, Q 27f; TOEDT, Menschensohn 243-245; s. auch die Listen bei POLAG, Fragmenta 100-102; SCHENK, Synopse 137f

Jesu und der Tora herauszustellen, einem relativ frühen Stadium der Geschichte des Q-Kreises zuzuweisen sind, während das Interesse daran später in den Hintergrund tritt (s.u. 2.3.1. und 2.3.2.).

Was die Ausgangsfrage nach der Relevanz des Themas betrifft, so kann abschliessend festgehalten werden, dass die Tora kein zentrales Thema der Theologie der Logienquelle ist. Dies ist vor allem im Blick auf die einflussreiche Untersuchung von SCHULZ festzuhalten, welche der "charismatisch-eschatologischen Toraverschärfung" in Q grosses Gewicht beimisst und so nicht nur die Stellung von Q zur Tora verzeichnet, sondern auch die Bedeutung der Gesetzesproblematik für die Theologie von Q massiv überschätzt[18].

2. Der Prozess der Rezeption der Stellung Jesu zur Tora in der QTrad

Methodisch wurde bei der Ueberlegung angesetzt, dass die Art und Weise, wie die Anhänger Jesu mit der Irritation umgingen, die von seiner Haltung in Fragen des Gesetzes ausging, von ihrer eigenen Herkunft und Prägung, aber auch von ihrem Erwartungshorizont bestimmt war. Ihre Sicht der Stellung Jesu zur Tora, wie sie sich etwa in Q erkennen lässt, ist also nicht nur "Wirkung" oder "Niederschlag" dessen, was Jesus tat und lehrte, sondern gleichzeitig Produkt ihrer Wahrnehmung und Aneignung der Praxis und Verkündigung Jesu. Demzufolge wurde die Frage unter rezeptionsgeschichtlicher und nicht etwa unter wirkungsgeschichtlicher Hinsicht angegangen.
Im Rückblick ist selbstkritisch festzuhalten, dass der Ansatz, die Jesusüberlieferung aus der Perspektive ihrer judenchristlichen Rezipienten im Q-Kreis zu betrachten, nicht konsequent genug durchgehalten wurde. Deshalb erfolgte die angestrebte Akzentverlagerung innerhalb des traditionsgeschichtlichen Ansatzes von der Konzentration auf den Sprecher (Autor) zur Berücksichtigung der Perspektive des Hörers (Lesers) nicht mit genügender Deutlichkeit. Die Gründe dafür sind einerseits in der Dürftigkeit der Informationen zu suchen, die Q über seine Träger vermittelt, haben anderseits aber auch damit zu tun, dass be-

---

18) SCHULZ, Q bes 94-141. Zur Forschungsgeschichte s.o. Einl. 5.

züglich der soziokulturellen Erfassung des Milieus, in dem die Jesusüberlieferung weitergegeben, gesammelt und schliesslich auch verschriftlicht und redigiert wurde, viele Fragen methodischer und sachlicher Art offen sind.
Immerhin lässt die Untersuchung der Texte bezüglich des Rezeptionsvorganges, seiner inhaltlichen Tendenzen und seines Bezugs zur Lebens- und Verkündigungssituation des Q-Kreises einige Schlüsse zu.

2.1. Rezeption als Kommentierungs- und Kontextualisierungsvorgang

2.1.1. Die Zusammenstellung einzelner Logien und die Bildung zunehmend komplexerer Kompositionen sind für die Rezeption der Jesusüberlieferung in Q von besonderer Bedeutung.

In der neueren Q-Forschung ist eine deutliche Tendenz erkennbar, die Vorgeschichte von Q als mehrstufigen Wachstums- und Kompositionsprozess zu beschreiben. Damit gehen Versuche einher, den "Sitz im Leben", aber auch die (red) Intention von Texten auf kompositionskritischem Wege zu erheben. Dadurch wendet sich das Interesse von der selten anhand klarer Kriterien entscheidbaren Frage nach dem Entstehungsort eines Logions ab, die oft falschen Alternativen "Jesuswort oder Gemeindebildung" und "Tradition oder Redaktion" werden überwunden und die Leistung der Tradenten und Redaktoren der Jesusworte wird nicht mehr primär im Formulieren neuer Logien, sondern in der bewussten Anordnung des Stoffes gesehen. Damit werden methodisch kontrollierbare und dem Primat der Synchronie angemessen Rechnung tragende Aussagen über die Intention der Logienquelle und der in ihr enthaltenen grösseren und kleineren Rede- und Logienkompositionen möglich, welche die QRed oft schon als solche vorgefunden hat.
Vor allem am Prozess der Rezeption der Forderung der Feindesliebe in Q, aber auch an anderen in dieser Arbeit untersuchten Texten hat sich die Durchführbarkeit und Fruchtbarkeit dieses methodischen Ansatzes erwiesen, der freilich nicht vorschnell durch die Annahme durchgängiger Gesetzmässigkeiten verengt werden darf. Mit Hilfe dieses Ansatzes lässt sich auch sichtbar machen, dass die hohe Traditionsgebundenheit der Logienüberlieferung ihrer interpretierenden und ak-

tualisierenden Einbringung in neue Zusammenhänge nicht im Wege steht.

2.1.2. Im Prozess des Wachsens von Q werden auch Traditionen rezipiert und als Jesusworte ausgegeben, die nicht genuin jesuanisch oder christlich sind und sich gut ins Ethos des Frühjudentums einfügen.

1. Als Beispiele für diesen Vorgang sind aus dem Bereich der in dieser Arbeit untersuchten Texte vor allem Logien zu nennen, die im Umkreis der Feindesliebe-Forderung Jesu angesiedelt sind. Zu denken ist v.a. an die Goldene Regel (Lk 6,31), aber auch an die Forderung zu geben und zu leihen (6,30) und an die Barmherzigkeitsforderung (6,36). Zu erinnern ist aber auch an das Grundsatzwort von der fortdauernden Gültigkeit der Tora "bis Himmel und Erde vergehen" (16,17).

2. Aus der Sicht jüdischer Anhänger Jesu, die seine Autorität nicht aus einem Gegensatz zur Tora und ihrer Auslegung, sondern aus seiner Menschensohn-Würde ableiten, ist die Rezeption solcher Trad nichts Ungewöhnliches oder gar Anstössiges, zumal schon Jesus selbst in ähnlicher Weise Gedanken und Formulierungen aus seiner jüdisch-hellenistischen Umwelt rezipiert und seiner Verkündigung dienstbar gemacht hat, wie z.B. die Motivation der Forderung der Feindesliebe in Lk 6,35f.g erkennen lässt.

3. Nicht zu übersehen ist allerdings, dass dieser Rezeptionsvorgang alles andere als unkontrolliert verläuft. Die Ueberlieferung der Jesusworte, denen Q Heilswirksamkeit zuspricht, ist "sicher nicht der Ort, an dem nun mit dem Namen Jesu nebensächliche Inhalte verbunden werden"[19]. Dem steht schon die Erinnerung an Jesus im Weg, deren Zuverlässigkeit einerseits durch die soziologische Kontinuität der Träger der Wortüberlieferung über den "garstigen" Ostergraben hinweg, anderseits aber auch durch die geprägte Form der Jesusparadosis gewährleistet ist. Schliesslich muss auch der Tatsache Rechung getragen

19) LUEHRMANN, Frage 67f

werden, dass es nicht ohne weiteres möglich war, etwas als Jesusüberlieferung auszugeben, was mit dem Jesusbild der Gemeinde unvereinbar war.

4. Allein schon die Tatsache, dass etwa im Fall der Goldenen Regel (Lk 6,31) oder der Barmherzigkeitsforderung (6,36) offen bleiben muss, ob ihre Rezeption schon durch Jesus oder erst im Kreis seiner Anhänger erfolgte, lässt erkennen, dass die Integration frühjüdischer Trad keineswegs zwingend mit einer Transformation der Verkündigung Jesu im Sinne einer "Rejudaisierung" einhergehen muss. Gerade anhand der Kontextualisierung dieser Logien im Feindesliebe-Komplex (6,27-36) wird deutlich, dass vielmehr diese Trad es sind, denen im Licht der Botschaft Jesu neuer Sinn zuwächst.

5. Dass es durch die Aufnahme frühjüdischer Trad in die Jesusüberlieferung auch zu Akzentverschiebungen kam, soll damit nicht bestritten werden. Die Abgrenzung von Zöllnern und Sündern (Lk 6,32f) entspricht eher pharisäischem als jesuanischem Denken. Auch an der Betonung der Weitergeltung der ganzen Tora in 11,42d;16,17 war Jesus weniger gelegen als den Kreisen, die diese Logien einbrachten.

2.1.3. <u>Neubildungen und Erweiterungen von Jesusworten sind für das Gesamtbild von der Gesetzesauffassung in Q nicht prägend.</u>

Diese These, die an die vorangehenden formalen (2.1.1.) und sachlichen (2.1.2.) Beobachtungen anknüpft, kann "quantitativ" und "qualitativ" begründet werden.

1. Eher oberflächlich, aber doch signifikant ist die Feststellung, dass es im Verlauf der Rezeption der Jesusüberlieferung in Q nicht zu einer starken Vermehrung oder Erweiterung der Texte kommt, die sich mit der Stellung Jesu zur Tora beschäftigen.

2. Weitaus gewichtiger ist die Feststellung, dass die "nomistischen" Zufügungen nicht zum hermeneutischen Prinzip der Gesetzesauffassung von Q werden. So verbietet es der Kontext von Lk 16,17, das Logion

isoliert als Deklaration des Gesetzesverständnisses von Q anzusehen, zumal es unmöglich das Prinzip abgibt, aus dem sich 16,18 ableiten lässt (s.o. 1.4.(4.)). Gegen eine Lektüre der Logienquelle von 16,17 (und 11,42d) her spricht ferner, dass viele ihrer Forderungen sich mit einer streng nomistischen Position nicht vereinbaren lassen (vgl. 6,27-36;9,59f;10,7a;14,5.26).

2.1.4. Sofern in Q mit einer bewussten Selektion von Jesusworten, die für seine Gesetzesauffassung relevant sind, zu rechnen ist, scheint sie eher "torakritische" Stoffe betroffen zu haben.

1. Der Vorgang der Selektion von Jesusüberlieferung im Verlauf ihrer Rezeptionsgeschichte ist zwar formal beschreibbar und kann methodologisch reflektiert werden[20], aber sachliche Aussagen lassen sich darüber kaum machen. Zweifellos liefert uns auch die Zusammenstellung sämtlicher ntl (und ausserntl) Jesusüberlieferung nur ein fragmentarisches Bild seiner Verkündigung. Aber auch innerhalb des uns zugänglichen Traditionsbereichs von Jesusüberlieferung sind sichere Aussagen über Selektionsprozesse (verstanden als Nicht-Rezeption von bekannter Jesusüberlieferung) nur selten möglich[21]. Abgesehen von der Tatsache, dass die Herkunft vieler Stoffe von Jesus unsicher und umstritten ist, bereitet diesbezüglich insbesondere die Tatsache Schwierigkeiten, dass wir kaum je entscheiden können, ob bestimmte Teile der Ueberlieferung in den einzelnen Quellen fehlen, weil sie nicht bekannt waren, oder weil sie bewusst übergangen wurden.

2. Für die vorliegende Fragestellung von besonderem Interesse ist das Verhältnis von Q und Mk[22]. Während die Frage, ob der Redaktor des

---

20) Vgl. dazu HAHN, Ueberlegungen 14-18

21) Relativ optimistisch können wir m.E. einzig bezüglich der Selektion von Mk-Stoff durch Mt und Lk sein. Schon sehr viel schwieriger liegen die Dinge bezüglich der möglichen Selektion von Q-Stoff durch Mt und Lk. Sie kann zwar in Einzelfällen wahrscheinlich gemacht werden (s.o. z.B. ExkursII), doch sind wir von einem Gesamturteil weit entfernt.

22) Vgl. dazu DEVISCH, Relation; KUEMMEL, Einleitung 43f; LAUFEN, Doppelüberlieferungen; LUEHRMANN, Mk 12f; NEIRYNCK, Developments 41-53; SATO, Q 448f; SCHENK, Einfluss; SCHMITHALS, Einleitung 229-233.396-402. 427f; VIELHAUER, Geschichte 275f.

MkEv die Logienquelle kannte, hier auf sich beruhen kann, ist es nicht unerheblich, ob Q das MkEv[23] oder zumindest vormk Trad kannte. Letzteres wird in der neueren Forschung allgemein angenommen, auch wenn man die Art der Berührung zwischen der Q- und der MkTrad unterschiedlich erklärt[24]. Dass die QRed jedoch vom gesamten MkEv Kenntnis hatte, ist nicht nur unbeweisbar, sondern auch sehr unwahrscheinlich[25].

3. Wie aber steht es mit den für die Gesetzesproblematik zentralen Schul- und Streitgesprächen (vgl. Mk 7;10;11-12) und mit den Apophthegmata zu Fragen des Gesetzes (Mk 2,1-3,6)? Natürlich gibt es thematische Bezüge, die auch die Gesetzesauslegung betreffen: Die Frage nach rein und unrein (Mk 7; Lk 11,39b-41); Ehescheidung (Mk 10,1-12; Lk 16,18); Liebesgebot (Mk 12,28-34; Lk 6,27ff); Sabbat (Mk 2,23-28;3,1-6; Lk 14,5). Gemeinsame Trad im engeren Sinn liegt nur im Fall des Ehescheidungswortes (Mk 10,11f; Lk 16,18) vor.
Dass Q diese mk Trad kannte, ist nicht anzunehmen. Zumindest in späteren Phasen der Wachstums- und Kompositionsgeschichte von Q sind Apophthegmata (vgl. nur Lk 7,1-10,18-23;9,57f.59f) und mit der Gattung der Streitgespräche verwandte Formen (11,14-52; vgl. 4,1-13) in Q belegt, so dass eine Rezeption dieser Stoffe mit der Gattung von Q nicht unvereinbar war. Inhaltlich wären manche Stoffe mit den Auffassungen von Q durchaus vereinbar, zumal z.B. 9,59f den Apophthegmata in Mk 2,1-3,6 an Schärfe nicht nachsteht. Es gibt aber auch keinen Hinweis darauf, dass Q sich direkt von der Gesetzesauffassungen dieser Trad absetzt.

---

23) So v.a. J. WELLHAUSEN (vgl. DEVISCH, Relation 70-73; LAUFEN, Doppelüberlieferungen 64-69); neuestens SCHMITHALS, Einleitung 232.398f.427f

24) Zur Forschungsgeschichte s. v.a. DEVISCH, Relation; LAUFEN, Doppelüberlieferungen 59-77; NEIRYNCK, Developments 41-53

25) SCHMITHALS, Einleitung 398f beruft sich dafür auf die QTrad in Lk 3,1-22 (Mk 1,2-11); Lk 4,1-13 (Mk 1,12f); Lk 7,18-23 (mk Wundererzählungen); Lk 10,21-24 (mk Messiasgeheimnistheorie); Lk 13,35b (Mk 11,9). Eindeutig liegen die Dinge jedoch nur bezüglich Lk 3,(1-6)7-9.16f.21f; 4,1-13;(6,20b-22) wo eine Parallelität zu Mk 1,(2)3-13(14f) besteht, doch ist Mk 1,(2)3-15 wahrscheinlich schon eine vormk Verbindung (SATO, Q 28; vgl. PESCH, MkI 71f; JEREMIAS, TheologieI 46f), so dass die Annahme, Q setze hier "zumindest die Gattung Evangelium voraus" (so SCHMITHALS, aaO 232) nicht zwingend ist.

Wahrscheinlicher als die These, dass diese Trad in Q bewusster Selektion zum Opfer fielen, ist deshalb die Annahme, dass sie Q gar nicht bekannt waren. Stützen lässt sie sich auch mit dem Hinweis darauf, dass sie ihre Ausgestaltung den Gesetzesdebatten in bestimmten Kreisen des Urchristentums verdanken[26]. Der Q-Kreis war von solchen Diskussionen nicht betroffen. Er reagiert allenfalls indirekt darauf (vgl. Lk 11,42d;16,17).

4. Es wäre nun aber voreilig, daraus zu schliessen, es habe im Bereich der QTrad keine Selektion von Worten gegeben, die Jesu Stellung zur Tora betreffen. Nach gut begründeter Auffassung ist nämlich der "Kern" der meisten der im letzten Abschnitt besprochenen MkTrad authentisch jesuanisch.
Geht man nicht von der wenig plausiblen Annahme aus, Q sei von Anbeginn ein völlig isolierter Traditionsbereich gewesen[27] (so dass alle Berührungen mit der MkTrad erst nachträglich erfogt wären), bedarf das Fehlen von Logien wie Mk 2,27;3,4;7,15 und 10,9 oder auch der authentischen Antithesen Mt 5,21f.27f einer Begründung.
Am wahrscheinlichsten ist m.E. die Annahme, dass diese Stoffe aufgrund ihrer provokativ-zugespitzten Formulierung und ihrer Missverständlichkeit von Kreisen unterdrückt und verdrängt wurden, die ein Interesse an der Uebereinstimmung zwischen der Verkündigung Jesu und der Tora hatten. Diese keineswegs systematisch betriebene Selektion "torakritischer" Jesusworte entspräche dann einer ebenfalls nicht konsequent durchgehaltenen Tendenz in einer gewissen Phase der QTrad, Jesusworte gegen ein "torakritisches" Missverständnis abzusichern (vgl. Lk 11,42d nach 11,42a-c und 16,17 nach 16,16).

---

26) Für Mk 2,1-3,6 s. PESCH, MkI 149f (der genaue Umfang der vormk Sammlung ist umstritten, doch kann diese Frage hier offenbleiben); für die Schul- und Streitgespräche s. BERGER, GesetzesauslegungI und MERKLEIN, Gottesherrschaft 96-107.279f.

27) Zur Problematik der These verschiedener voneinander weitgehend unabhängiger Tradtionsbereiche im Urchristentum (so etwa SCHULZ, Anfänge; vgl. Ders., Jesus 6; Ders., Q bes. 43) s. HENGEL, Ursprünge 27 mit Anm 42; KUEMMEL, Theologie 111f; LAUFEN, Doppelüberlieferungen 386f; LENTZEN-DEIS, Kriterien 106f; MUELLER, Traditionsprozess 141f; PESCH, Voraussetzungen 51-53. Dass wir hinter Q einen "relativ eigenständigen Ueberlieferungs- bzw. Trägerkreis" vermuten können, ist dagegen gut begründet; vgl. SATO, Q (446-)453.

2.2. Kontinuität und Wandel der Stellung zur Tora im Prozess des Werdens von Q

2.2.1. Die Wachstums- und Kompositionsgeschichte von Q lässt weder eine Tendenz zur zunehmenden Loslösung von der Tora, noch eine gegenläufige Entwicklung zu einer nomistischen Position erkennen.

Weder Versuche, die Entwicklung der Gesetzesfrage im Urchristentum im Kontext einer zunehmenden Ablösung von den jüdischen Wurzeln zu verstehen, noch Konzepte, die von einer Tendenz zur "Rejudaisierung" ausgehen, können sich auf Q berufen.

1. Zwar gibt es in Q eine Tendenz, sekundär die Uebereinstimmung Jesu mit der Tora zu betonen (Lk 16,17;11,42d, vgl. 6,31.36), doch ist diese Tendenz auf ein frühes Traditionsstadium beschränkt und wird in den späteren Kompositions- und Redaktionsphasen nicht aufgenommen.

2. Zudem gibt es in Q auch sekundäre Bildungen, die keinerlei Interesse an der Einhaltung der Reinheits- und Speisevorschriften erkennen lassen (vgl. Lk 11,41;10,7a) und ein gewisses "torakritisches" Potential enthalten.

2.2.2. In der Traditionsentwicklung von Q lassen sich bezüglich der Stellung zur Tora keine "Brüche" oder "Sprünge" ausmachen. Sie ist von grosser Treue zu den Ursprüngen geprägt.

1. Bereits begründet wurde die Auffassung, dass die Aufnahme sehr "nomistisch" klingender Sätze die Gesetzesauffassung nicht entscheidend umprägt (s.o. 1.4. und 2.1.3.).

2. Wie treu Q den Ursprüngen ist, lässt sich besonders deutlich anhand der Rezeption der Feindesliebe-Forderung Jesu aufzeigen. In sämtlichen Phasen der Kommentierung und Kontextualisierung bleibt ihr Anspruch und ihre Verheissung von Heilswirksamkeit gewahrt, ohne dass sie von der Tora her legitimiert, aber auch ohne dass sie gegen die Tora ausgespielt würde.

2.2.3. Bei der Explikation des Anspruchs der Botschaft Jesu im Verlauf des Rezeptionsvorgangs bleiben seine Implikationen für den Stellenwert der Tora weitgehend unthematisiert.

1. Die Konzentration auf die Gestalt und Verkündigung Jesu sowie der Anspruch, dass das Bekenntnis zu ihm und das Hören und Tun seiner Worte für das Bestehen im Endgericht von entscheidender Bedeutung sind, stellen wichtige Elemente der "Christologie" und "Soteriologie" der Logienquelle dar (s.o. 1.1. und 1.2.). Diese ist zwar hinsichtlich des christologischen Bekenntnisstandes und bezüglich des theologischen Reflexionsniveaus nicht mit der entfalteten Christologie anderer ntl Schriften vergleichbar, doch ist das zumindest teilweise gattungsbedingt[28] und sollte nicht dazu verleiten, sie als "primitiv" abzuqualifizieren.

2. Gerade angesichts der Tatsache, dass die "Christolgie" von Q in sehr ausgeprägter Weise eine "Christologie des Anspruchs" ist, aber auch angesichts der Beobachtung, dass die programmatische Rede (Lk 6,20-49) Jesu Botschaft und Forderung als eschatologische Tora des Menschensohnes darstellt, erstaunt die Feststellung, dass es in Q kaum Reflexionen über das Verhältnis zwischen der Verkündigung Jesu und der Tora gibt (s.o. 1.6.). So werden die Implikationen von Lk 6,47-49 und 12,8f bezüglich der Notwendigkeit der Observanz der Tora und ihrer Heilswirksamkeit völlig offengelassen.
Dem entspricht, dass das "Mehr-Sein" Jesu zwar gegenüber dem Propheten Jona und gegenüber der Weisheit Salomos herausgestellt wird (11,31f), eine entsprechende Aussage bezüglich dem Gesetzgeber Mose aber fehlt. Zum Satz kai idou pleion Mōÿseōs hōde kommt es in Q nicht!

3. Von der später eingebrachten Versuchungsgeschichte abgesehen (s.o. 1.3.(4.)) stellt die kleine Spruchfolge Lk 16,16-18 bezüglich der expliziten und grundsätzlichen Thematisierung der "Gesetzesproblematik" in Q die einzige Ausnahme dar. Gerade diese Spruchfolge aber lässt den Schluss zu, dass das Problem der Geltung, des Stellenwerts und der

28) Vgl. HENGEL, Christologie 55; POLAG, Christologie 184f

Auslegung der Tora angesichts des eschatologischen Anspruchs Jesu und seiner Verkündigung von den Trägern der QTrad nicht in seiner ganzen Schärfe erkannt und schon gar nicht einer befriedigenden Lösung zugeführt worden ist.

2.3. Die Auswirkung der Lebens- und Verkündigungssituation des Q-Kreises auf die Stellung zur Tora

2.3.1. In einer relativ frühen Phase hat der Q-Kreis ein grösseres Interesse daran, die Uebereinstimmung der Verkündigung Jesu mit der Tora herauszustellen und sich gegen ein gesetzeskritisches Verständnis derselben abzugrenzen.

1. Die These, dass die Uebereinstimmung der Verkündigung Jesu mit der Tora vor allem in einer relativ frühen Phase der Traditionsentwicklung innerhalb von Q betont wurde, gründet v.a. auf der Beobachtung, dass die "gesetzesbejahenden" Texte in Q "Grundworte" und kleine Kompositionen kommentieren und nicht etwa später entstandene grössere Stoff-Komplexe rahmen.

2. Was den Situationsbezug dieses Phänomens betrifft, so lässt sich folgendes ausmachen: Der defensorische Charakter von Lk 16,17 (und 11,42d), aber auch die Tatsache, dass vom Gesetz im Kontext der Erfahrung der Anfeindung der Basileia die Rede ist (16,16), verbietet die Annahme, dass damit die "Attraktivität" der Jesusbewegung für streng gesetzestreue Kreise wie z.B. die Pharisäer erhöht werden soll. Diese Annahme ist auch deshalb wenig plausibel, weil das Verhältnis zu solchen Kreisen schon zu Lebzeiten Jesu nicht unbelastet und sein gewaltsames Ende nicht dazu angetan war, zu einer Entspannung beizutragen. Angebrachter scheint daher die Vermutung, es gehe dabei um die Verteidigung und Absicherung des eigenen Standpunktes in einer zwar gespannten, aber nicht aussichtslosen Konfliktsituation, vielleicht auch um die Suche nach einem "modus vivendi"[29].

---

29) So SCHUERMANN, Redekomposition 50 Anm 52; vgl. aaO 37f.76

3. Begründen lässt sich diese Annahme etwa mit dem Hinweis darauf, dass die Weherufe (und Lk 11,39b-41.42 insbesondere) den Adressaten noch Raum zur Besserung offenhalten und die Spruchfolge zum Thema Gewaltverzicht und Feindesliebe (6,27-36) zwar die Erfahrung von Feindschaft und Ablehnung, nicht aber eine eigentliche Verfolgungssituation voraussetzt.
Anders verhält es sich mit den späteren übergreifenden Kompositionen, wo der Bruch mit "diesem Geschlecht" und seinen Repräsentanten als endgültig erscheint (11,14-52, vgl. bes. 11,49-51) und von einer eigentlichen Verfolgungssituation auszugehen ist (6,20-49, vgl. bes. 6,22f).

4. Nicht im Sinn einer historischen Verortung, wohl aber im Sinne einer möglichen Parallele ist auf die Situation der Jesusanhänger in Jerusalem hinzuweisen: Der Teil der Jesusbewegung, der sich um die "Zwölf" schart, ist zwar allerlei Pressionen ausgesetzt, nimmt aber weiterhin am Tempelkult teil. Die "Hellenisten" dagegen sind eher tempel- und torakritisch, weshalb es zu ihrer Verfolgung kommt. Dass die Kreise um die "Zwölf" dieser Verfolgung und Vertreibung zumindest vorläufig entgehen (Apg 8,1), hängt wohl auch damit zusammen, dass sie zu den Hellenisten und ihren Auffassungen Distanz halten. In solchen und ähnlichen Kontexten erhalten absichernde Zufügungen zu torakritisch interpretierbaren Jesusworten eine ganz konkrete Funktion.

2.3.2. Die Zuspitzung des Konflikts mit "diesem Geschlecht" und seinen führenden Repräsentanten lässt das Interesse an der Uebereinstimmung zwischen Jesus und der Tora zurücktreten.

1. Eine erste Erklärung dieser These wurde schon im Zusammenhang mit der Vorangehenden gegeben: In einer Situation scharfer und unerbittlicher Konfrontation, die zu einer starken Betonung der Gerichtsandrohung führt, ist es müssig, die Elemente der Uebereinstimmung mit den Gegnern herauszustellen.

2. Wichtig ist m.E. aber auch die Feststellung, dass manche für das Gesetzesverständnis Jesu und seiner Anhänger wichtige Jesusworte zwar in Kompositionen integriert werden, in denen der Konflikt mit "diesem

Geschlecht" eine Rolle spielt (vgl. Lk 6,27-36 in 6,20-49; Lk 11,39b-52 in 11,14-52), aber nicht im Zentrum dieses Konfliktes stehen. Das gilt auch im Blick auf das Ganze von Q, bzw. hinsichtlich der QRed: Die Gesetzesthematik ist kein zentraler Konfliktstoff und ist deshalb auch bei der Bildung übergreifender Stoffkomplexe nicht von leitendem Interesse[30]. Der Konflikt mit "diesem Geschlecht" dreht sich nicht primär um die Tora, sondern ist ein Streit um die Anerkennung des Menschensohnes Jesus und des eschatologischen Anspruchs seiner Botschaft.

2.3.3. Die Offenheit der Gesetzesauffassung von Q hängt mit der besonderen Prägung der Logienquelle durch die wandernden Jesusboten zusammen.

1. Die Existenz von charismatischen Wanderpredigern, die auch nach Ostern die Lebensform Jesu übernehmen und fortsetzen, ist weitgehend anerkannt. Und mit breiter Zustimmung darf auch die These rechnen, dass diese Wandertradenten, die ihre Basis in den Kreisen sesshafter Sympathisanten haben, für die Weiterüberlieferung der Worte Jesu in Q von zentraler Bedeutung sind[31].

2. THEISSEN vertritt die Auffassung, dass diese Wandercharismatiker sich gegenüber dem Gesetz grosse Freiheiten herausnehmen, während die Ortsgemeinden - nicht ohne "innere reservatio mentalis" - "Gesetze, Sitten und Normen der Umwelt erfüllen"[32].

3. Gerade im Blick auf die Unterschiede zwischen den Q- und den Mk-Trad bezüglich des Umgangs mit Gesetzesfragen ist diese Auffassung

---

30) Etwas anders liegen die Dinge im Fall von Lk 16,16(-18), wo die Frage nach der Geltung von "Gesetz und Propheten" eng mit der Erfahrung der Anfeindung der hereinbrechenden Basileia verschränkt ist. Die Konzentration auf diesen Text hat mich in KOSCH, Gottesherrschaft dazu verleitet, den Konflikt des Q- Kreises mit "diesem Geschlecht" zu einseitig im Zusammenhang mit der Rezeption der Stellung Jesu zur Tora in Q zu sehen (vgl. aaO 57f.59.63f).

31) Zum Wanderradikalismus im allgemeinen s. v.a. die Arbeiten von THEISSEN (Legitimation; Soziologie; Wanderradikalismus; Wir haben alles verlassen). Zu seiner Bedeutung für Q s. HOFFMANN, Studien 312-331; SATO, Q 443-445; SCHOTTROFF/STEGEMANN, Jesus 54-88; STEGEMANN, Wanderradikalismus; ZELLER, Redaktionsprozesse 407-409.

32) THEISSEN, Soziologie 22f (vgl. Ders., Wanderradikalismus 101 Anm 64); zustimmend: MUELLER, Rezeption 181; VENETZ, Kirche 72f

m.E. dahingehend zu ergänzen und zu modifizieren, dass die hinter Q stehenden Missionare aufgrund ihrer Wanderexistenz nicht gezwungen sind, bezüglich der Fragen rund um die Tora klare und praktikable Entscheidungen zu treffen, während die stabilitas loci die Kreise, die hinter dem MkEv stehen[33], zu eindeutigen Stellungnahmen zwingt, die auch der Diskussion standhalten, aber nicht notwendigerweise gesetzesbejahend ausfallen müssen.

4. Damit sollen "die domestizierenden Auswirkungen von Beruf, Familie und Nachbarschaftskontrolle"[34] keineswegs bestritten werden. Dass das Ethos für Wandercharismatiker ein anderes, in manchem radikaleres ist als jenes der ortsansässigen Sympathisanten, unterliegt keinem Zweifel, auch wenn der Begriff des "abgestuften Ethos" nicht unproblematisch ist[35]. Diese grössere Radikalität ist jedoch nicht mit grösseren Freiheiten gegenüber dem Gesetz gleichzusetzen, sondern bezieht sich primär auf den Lebensstil, der durch Heimatlosigkeit, Familienlosigkeit, Besitzlosigkeit und Schutzlosigkeit charakterisiert ist[36]. Ein solcher Lebensstil stellt die Ordnung des Lebens überhaupt in Frage, der Konflikt mit einzelnen Normen der Tora ist nur eine Auswirkung davon, die kaum intendiert sein dürfte. So zielt etwa die Forderung "Lass die Toten ihre Toten begraben" nicht auf eine Abrogation des 4. Gebotes, sondern will primär eine Handlung mit symbolischem Charakter im Kontext der Nachfolge bewirken (Lk 9,59f). Die Auswirkungen dieser Forderung auf die Frage des Toragehorsams bleiben in der Schwebe.
Entsprechend wird auch das pharisäische Reinheits-Verständnis in prophetischer Anklage kritisiert, ohne dass normativ geregelt würde, was der Vorrang der Reinheit der Gefässe von Raub und Unmässigkeit vor ihrer äusseren Reinheit bedeutet (11,39b-41). Auch bei der Forderung, zu essen und zu trinken, was einem vorgesetzt wird, kommen die Konsequenzen für die Einhaltung der Speisevorschriften nicht in den Blick (10,7a).

---

33) Vgl. SATO, Q 469f
34) THEISSEN, Soziologie 22
35) Vgl. dazu VENETZ, Banalität 22-25
36) THEISSEN, Soziologie 16-20

3. Jesus und die Tora im Licht der Q-Ueberlieferungen

Der methodische Ansatz bei der Rezeption impliziert - anders als ein rein synchronischer, z.B. strukturalistischer oder streng redaktionsimmanenter Ansatz - ein gewisses Interesse am irdischen Jesus als Ausgangspunkt des Kommunikationsgeschehens, auch wenn die Rezeptionsforschung im Dreieck von Autor, Text und Leser primär die Bedeutung des letzten betont.
Deshalb habe ich im Verlauf der Untersuchung die "Rückfrage nach Jesus" immer wieder gestellt und versucht, das in Q rezipierte Jesusgut im Leben der Jesusbewegung und ihrem sozioökonomischen und religionspolitischen Kontext zu verorten.
Im Blick auf das dornenvolle und sehr kontrovers behandelte Thema "Jesus und die Tora" bin ich dabei nicht von einer bestimmten Gesamtkonzeption ausgegangen, sondern habe von Fall zu Fall versucht, die Implikationen der untersuchten Texte für diese Frage zu erhellen.
Diese Bemühungen sollen im Folgenden zu einem gewissen Abschluss gebracht werden, wobei ich auf eine "Gesamtthese" verzichte und hauptsächlich der Frage nachgehe, was sich im Licht der Q-Ueberlieferungen für die Stellung Jesu zur Tora ergibt - wohl wissend, dass eine Erweiterung des Blickwinkels für eine Gesamtlösung unabdingbar ist.
Den materialen Erwägungen gehen einige Thesen zur Relevanz der QTrad für die Erhebung der Gesetzesauffassung Jesu voraus.

3.1. Die Relevanz des Zeugnisses der Logienquelle für die Erfassung der Stellung Jesu zur Tora

3.1.1. Q enthält nur einen Teil der authentischen Jesusüberlieferung, und zwar in rezipierter und nicht bloss konservierter Form.

1. Dass Q kein umfassendes Jesusbild bietet, steht schon aufgrund der fast völligen Abwesenheit von "Tatüberlieferung" und wegen der fehlenden Passionsgeschichte fest. Aber auch bezüglich der "Wortüberlieferung" ist Q unvollständig. Auch das MkEv sowie das Sondergut des Mt- und LkEv enthalten authentische Worte Jesu. Zudem muss damit gerechnet werden, dass auch in anderen ntl Schriften (JohEv; Apg (z.B. 20,35); Briefliteratur) Teile der Verkündigung Jesu rezipiert und

"verarbeitet" sind, die in der synopt Trad nicht enthalten sind. Entsprechendes gilt auch für die urchristliche Literatur ausserhalb des ntl Kanons. Schliesslich ist keineswegs ausgeschlossen, dass gewisse Teile der Verkündigung Jesu gänzlich verlorengegangen sind[37].

2. Schon die Selektivität der Weitergabe der Jesusüberlieferung, sofern sie nicht durch Informationsausfälle aufgezwungen, sondern durch bewusste (und unbewusste) Auswahl des Stoffes bedingt ist, erst recht aber ihre von bestimmten formalen und inhaltlichen Gestaltungsabsichten gelenkte Anordnung und Darbietung erweist Q als Produkt eines Rezeptionsprozesses, in dem die "Worte Jesu ... allen sprachlichen Mechanismen ..., die für interessiertes Sprachbewahren konstitutiv sind, ausgesetzt waren"[38].

3. Diese an sich selbstverständliche These richtet sich gegen Tendenzen, die "Konservierung" der Jesusparadosis einseitig zu betonen und gegen ihre "Aktualisierung" in neuen Lebenszusammenhängen auszuspielen[39], aber auch gegen die Konzeption von SCHULZ, der die ältesten Q-Stoffe weitgehend mit der Botschaft des irdischen Jesus identifiziert und "die übrigen Leben-Jesu-Stoffe" als "weder historisch gleichursprünglich noch theologisch-sachlich deckungsgleich" ansieht. "Kritisch heisst das, dass echte Jesusworte kaum gleichzeitig in den Q-, Markus- und Sondergut-Traditionen vorkommen, weil ... nur alternativ verfahren werden kann"[40]. Diese einseitige Bevorzugung einer (zudem mit Hilfe problematischer Kriterien rekonstruierten) Traditionsschicht widerspricht nicht nur den in der Methoden-Diskussion um die Rückfrage nach Jesus gewonnenen Erkenntnissen, sondern verunmöglicht auch eine rezeptions- und wirkungsgeschichtlich plausible Erklärung der Entstehung weiter Teile der synopt Trad und der Evangelien. Dies gilt nicht nur bezüglich der hier verhandelten Gesetzesproblematik,

---

37) Vgl. o. 2.1.4. (mit A 20)

38) MUELLER, Traditionsprozess 143

39) So auch die sehr ausgewogenen Ueberlegungen von SATO, Q 459-461 mit ihrer Kritik an den Konzeptionen von RIESENFELD, GERHARDSSON und RIESNER.

40) SCHULZ, Jesus 10f; fast identisch sind die Formulierungen in seiner jüngsten Publikation (Ethik 22).

für die LUZ mit Recht postuliert hat, dass vom Gesetzesverständnis Jesu her verständlich werden muss, "warum sich sowohl gesetzestreue Judenchristen, als auch gesetzesfreie Heidenchristen auf Jesus berufen konnten"[41]. Dasselbe gilt z.B. auch bezüglich der Gleichnis-Ueberlieferung: Wie soll die hohe Zahl der auf Jesus zurückgeführten Gleichnisse in der synopt Trad erklärt werden, wenn die authentische Jesusüberlieferung kein einziges enthielt?[42]

3.1.2. <u>Die Wahrnehmung der Gesetzesauffassung Jesu durch Q ist das Produkt eines von mehreren Rezeptionsprozessen und unterscheidet sich bezüglich der Treue zur Verkündigung des irdischen Jesus nicht grundsätzlich von anderen Aneignungen der Jesusüberlieferung.</u>

Diese Anwendung der vorangehenden These auf die hier verhandelte Problematik ist nach zwei Seiten hin zu verdeutlichen:

1. Es wäre verfehlt, sich für die Beurteilung der Gesetzesauffassung Jesu allein auf die in Q rezipierte Trad abzustützen. Die Annahmen, dass gerade die mk Trad viele für die Frage relevante Jesusworte aufbewahrt hat, und dass die ipsissima intentio Jesu, sowie die Erinnerung an seinen "Gesprächsstil" und sein Verhalten auch in vielen Texten aufbewahrt sind, die traditionskritisch als jüngere Bildungen gelten müssen, sind gut begründet. Entsprechendes gilt auch für das lk und mt Sondergut, man denke nur an die Antithesen der Bergpredigt (Mt 5,21f.27f).
Nur hinweisen kann ich zudem darauf, dass etwa die Untersuchung der Gleichnisse Jesu im Hinblick auf ihre Implikationen für die Gesetzesproblematik durchaus zu Ergebnissen führen würde, die mit den aus Q eruierten manches gemeinsam haben: Auch die "Soteriologie" der Gleichnisse geht an der Tora als Heilsweg vorbei, ohne ihre Geltung zu bestreiten und hat weitreichende "christologische" Implikationen.

2. Genauso unbegründet ist es anderseits, die Relevanz der QTrad für die Gesetzesproblematik zu übersehen oder die in Q enthaltene Geset-

---

41) LUZ, Tora 116
42) Der von SCHULZ, Q 55-175 der ältesten QTrad zugewiesene Stoff enthält kein Gleichnis!

zesauffassung pauschal als "nomistisch" und damit sekundär anzusehen. M.E. ist diesbezüglich eine gewisse Akzentverschiebung innerhalb der Behandlung des Themas "Jesus und die Tora" notwendig, da sie oft einseitig auf die mk Trad und die Gesetzesauffassung der Bergpredigt (Mt 5,17-20.21-48) konzentriert ist.

3.1.3. Aufgrund der grossen geographischen und soziokulturellen Nähe der Träger der Q-Ueberlieferung und ihres Wirkungsbereichs zum Jünger- und Adressatenkreis des irdischen Jesus kann auch mit starker sachlicher Kontinuität bezüglich der Gesetzesauffassung gerechnet werden.

1. Sachlich geht diese These davon aus, dass die "Soziologie der Jesusbewegung" und die "Soziologie des Q-Kreises" sehr eng miteinander verwandt sind, auch wenn der Tod der zentralen Bezugsgestalt der Bewegung sowohl für deren Binnenstruktur als auch für deren Wirksamkeit nach Aussen entscheidende Veränderungen mit sich gebracht haben und auch das Selbstverständnis der Bewegung transformiert haben muss.
Was die geographische Verortung betrifft, so vermute ich mit anderen, dass der Q-Kreis seinen Schwerpunkt im Norden von Palästina oder in seinem Grenzraum hatte[43] - also in oder nahe von Galiläa, dem wohl wichtigsten Lebensraum und Wirkungsfeld Jesu.
Die Datierung der QRed ist schwierig. Aufgrund der Annahme eines mehrstufigen Wachstums- und Kompositionsprozesses, aber auch aus sachlichen Gründen wird man sie nicht allzu früh ansetzen dürfen. Mit grosser Wahrscheinlichkeit ist sie vor 70 erfolgt, da sich das Ereignis der Tempelzerstörung in Q nicht niedergeschlagen hat. Die QRed fand somit wohl etwas früher statt als die Abfassung des MkEv, doch ist dieser kürzere "hermeneutische(n) Zeitabstand zum Sprachobjekt 'Jesus'" m.E. nicht so entscheidend, dass die These berechtig wäre, am Zeugnis der Q-Quelle vorbei sei "kein gleichwertiger Rückgang auf den historischen Jesus möglich"[44].

---

43) Vgl. KUEMMEL, Einleitung 43; LUEHRMANN, Redaktion 88; SATO, Q 53; SCHMITHALS, Einleitung 228; SCHULZ, Q 481; ZELLER, Kommentar 13
44) MUELLER, Tradtionsprozess 144

2. Methodisch setzt diese These voraus, dass es vor allem die Lebensbedingungen (sozialer, ökonomischer, politischer, religiöser und kultureller Art) sind, die den Erwartungshorizont der Leser prägen und damit den Rezeptionsprozess beeinflussen, wobei mitzubedenken ist, dass gerade eine in so hohem Mass normierende Rezeptionsvorgabe wie die Jesusparadosis auch ihrerseits auf die Lebensbedingungen der Rezipienten zurückwirkt[45].

Für die Frage der Gesetzesauffassung ist besonders an die Bedeutung folgender Faktoren zu denken: Das Verhältnis der Jesusbewegung (bzw. der Gemeinden und der Kirche) zu Israel und zum Judentum; die Begegnung mit dem hellenistischen Judentum der Diaspora; die Heidenmission; die Veränderung der religionspolitischen Kräfteverhältnisse innerhalb des Judentums im Kontext des Jüdischen Kriegs und nach der Tempelzerstörung; die Gesetzesauffassung und -praxis anderer Gruppierungen, Gemeinden und wichtiger Exponenten des Urchristentums. Innerhalb des Traditionsbereiches und der Entstehungszeit von Q hat sich gegenüber der Situation zu Lebzeiten Jesu v.a. das Verhältnis zu Israel und zum Judentum gewandelt, während Q von den anderen Entwicklungen nicht oder nur indirekt (so z.B. im Fall der Heidenmission, die im Q-Kreis zwar zur Kenntnis genommen und akzeptiert, aber nicht programmatisch betrieben wird) betroffen ist. Damit ist ein hohes Mass an Kontinuität gegeben, was die grosse Treue der Gesetzesauffassung von Q zu ihren Ursprüngen mitbegründet.

3.1.4. Beachtung verdient das Zeugnis von Q für die Frage nach der Gesetzesauffassung Jesu auch aufgrund der relativ hohen Kohärenz ihrer Wahrnehmung. Diese Kohärenz ist nicht nur für die Gesamtgestalt von Q (synchrone oder redaktionskritische Sicht), sondern auch für ihre Vorgeschichte (diachrone oder traditionsgeschichtliche Sicht) charakteristisch.

---

45) Vgl. allgemeiner JAUSS, Literaturgeschichte 148: "Die gesellschaftliche Funktion der Literatur wird erst dort in ihren genuinen Möglichkeiten manifest, wo die literarische Erfahrung des Lesers in den Erwartungshorizont seiner Lebenspraxis eintritt, sein Weltverständnis präformiert und damit auch auf sein gesellschaftliches Verhalten zurückwirkt." Zum Ganzen s. auch GRIMM, Rezeptionsgeschichte 141-144 sowie die methodische Grundlegung der sozialgeschichtlichen Bibelauslegung (vgl. die Uebersicht von VENETZ, Beitrag).

1. Eine erste Uebersicht über die Aussagen, welche für das Gesetzesverständnis der Logienquelle von Bedeutung sind, legt es nahe, HUEBNER zuzustimmen, der sie als "widersprüchlich" bezeichnet[46]. Ihre sorgfältige Analyse unter Einbezug des Kontextes zeigt jedoch, dass dieses Urteil zwar auf isolierte Logien, aber nicht auf die Stellung von Q zur Tora insgesamt zutrifft.

2. Dass die Kohärenz der Gesetzesauffassung von Q nicht nur auf der synchronen Ebene, sondern auch in diachroner Perspektive ein hohes Ausmass erreicht, lässt sich anhand der Rezeption der Forderung der Feindesliebe exemplarisch nachweisen, gilt aber auch für andere Stoffe in Q.

3.2. Der Ort der Tora in der Verkündigung Jesu

3.2.1. Die Behandlung der Problematik "Jesus und das Gesetz" ist nicht von der Tora ausgehend als Frage nach dem Verhältnis Jesu zu ihr zu bearbeiten. Vielmehr ist zu fragen, welchen "Ort" die Tora in der Verkündigung Jesu hat.

1. Forschungsgeschichtlicher Ansatzpunkt dieser These ist die Beobachtung, dass sämtliche Versuche, Jesu Stellung zur Tora von ihr her als "Verschärfung", "Konzentration", "Herausstellen der eigentlichen Intention", "Kritik" oder gar "Abrogation" zu verstehen, letztlich unbefriedigend bleiben. All diesen Ansätzen, Jesu "Gesetzesauslegung" systematisch zu formulieren, ist gemeinsam, dass sie nur partiell anwendbar sind und mehr erschlossen werden müssen, als dass sie aus den Texten selbst erhoben werden können[47].

2. Theologisch ist diese These insofern von hoher Relevanz, als sie es ermöglicht, die Vollmacht Jesu herauszustellen, ohne sie schon vom Ansatz her gegen den Anspruch der Tora auszuspielen. Der eschatologi-

---

46) HUEBNER, Gesetz 212

47) Diese "Aporetik der gängigen Begrifflichkeit" (SELLIN, Rez. BANKS 114) aufgezeigt zu haben, ist das Verdienst der Arbeit von BANKS, Jesus. Sehr profiliert ist auch die Kritik von MERKLEIN, Gottesherrschaft

sche (und "messianische") Charakter der Sendung Jesu kann so erfasst werden, ohne dass er mit der historisch sehr problematischen These belastet wird, er erweise sich insbesondere in seiner Kritik oder gar Aufhebung der Tora[48].

Implikationen hat diese Sicht auch für eine christliche Theologie des Judentums und die Wahrnehmung des Jude-Seins Jesu: Die Unterschiede in der Gesetzesauffassung und das "Un-Judentum" Jesu[49] können deutlich gemacht werden, ohne antigesetzlich oder antijudaistisch formuliert werden zu müssen[50].

3. Dass Jesus in seiner Verkündigung nicht von der Tora ausgeht und diese in einer bestimmten - wie auch immer zu definierenden - Weise auslegt, lässt auch die Rezeption seiner Gesetzesauffassung und die Entwicklung der Gesetzesfrage im Urchristentum erkennen. Hätte Jesus eine neue "Schule" der Gesetzesauslegung begründet, könnten der innerchristliche Pluralismus und die daraus sich ergebenden Konflikte m.E. nicht plausibel gemacht werden.

Der Näherbestimmung des "Ortes" der Tora in der Verkündigung Jesu und der Begründung der Annahme, dass die Forderungen Jesu nicht von der Tora, sondern von einer neuen "Mitte" her zu verstehen sind, dienen die folgenden Thesen.

3.2.2. Für Jesus ist die Tora als solche kein zentrales Thema. Von Jesus gibt es kaum grundsätzliche Stellungnahmen und keine "Theologie" des Gesetzes.

1. Im Kontext dieser Arbeit ist zur Erläuterung dieser These zunächst darauf hinzuweisen, dass sie durch das Bild bestätigt wird, das Q von der Verkündigung Jesu entwirft (s.o. 1.6.) und dessen Treue zu den Ursprüngen ich zu begründen versucht habe (s.o. 2.2.; 3.1.).

---

passim am v.a. von SCHULZ auf die Jesusüberlieferung angewandten Konzept der "Toraverschärfung". - Vgl. dazu die Abschnitte im forschungsgeschichtlichen Teil der Einleitung 5.(7.) und (8.).

48) Vgl. z.B. KAESEMANN, Problem 206: "Wer aber Autorität neben und gegen Moses beansprucht ... hat sich aus dem Verband des Judentums gelöst oder - er bringt die messianische Thora und ist der Messias." Kritisch dazu auch KELLERMANN, Messias 134f.

49) Der Ausdruck stammt m.W. von J. KLAUSNER

50) Vgl. das ähnliche Anliegen von VENETZ, Grundstrukturen bes. 642

2. Auch wenn in anderen ntl Traditionsbereichen und Schriften die Gesetzesproblematik eine sehr viel wichtigere Rolle spielt, bestätigen sie diese These zumindest indirekt. So ist z.B. das mühsame Ringen des Paulus, seiner Gemeinden und seiner Gegner um die rechte Sicht der Tora nur vor dem Hintergrund verständlich zu machen, dass vom gemeinsamen Ursprung her in dieser Frage keine Klarheit zu gewinnen war.
Innerhalb der synopt Trad kann die Beobachtung als Indiz für die Richtigkeit der These gelten, dass erst die MtRed ein grundsätzliches Interesse an der Stellung Jesu zur Tora erkennen lässt und Ansätze zu einer "Theologie des Gesetzes" entwickelt.

3. In dieselbe Richtung weist auch der wortstatistische Befund, dass vom nomos nur in einem authentischen Jesuswort (Lk 16,16) die Rede ist und der Begriff entole für Jesus nicht und auch in den Evangelien eher spärlich belegt ist[51]. Dieser Befund darf zwar nicht überbewertet werden, ist aber angesichts der Tatsache, dass Aufforderungen zur Bekehrung zur Tora, zu ihrem Studium und ihrer Befolgung bei Jesus fehlen, doch signifikant.

3.2.3. Jesus nimmt in seiner Verkündigung selten explizit auf die Tora bezug. Seine Forderungen erhebt er meist weder im Anschluss an die Tora (als deren Auslegung oder Verschärfung) noch in Abhebung von ihr (als deren Kritik oder Aufhebung).

1. Besonders auffällig ist der in dieser These angesprochene Sachverhalt dort, wo die Forderungen Jesu der Tora sachlich sehr nahestehen, wie etwa im Fall der Weisung zur Feindesliebe (Lk 6,27b; vgl. Lev 19,18b) oder des Verbotes der Ehescheidung (Lk 16,18; vgl. Dtn 24,1-4). Material liessen sich solche Forderungen ohne weiteres als Verschärfung oder Aufhebung der Tora darstellen (vgl. die antithetische Einkleidung dieser Texte in Mt 5,31f.43f), doch wird dieser Bezug von Jesus gerade nicht hergestellt.

---

51) Nomos: Mk nie; Q 2mal; Mt 8mal; Lk 9mal; entolē: Mk 6mal; Q nie; Mt 6mal; Lk 4mal (vgl. die Analyse der einschlägigen Texte bei MERKLEIN, Gottesherrschaft 72-107).

2. Die mk Trad, in denen Jesus auf die Tora rekurriert, stehen zu dieser These nicht im Widerspruch, da sie nicht auf den irdischen Jesus zurückgeführt werden können[52]. Hinzu kommt, dass auch in diesen Trad "nicht die Tora als solche, sondern die von Jesus interpretierte Tora" das eigentliche "Handlungsprinzip" abgibt[53].

3. Etwas anders verhält es sich im Fall der beiden authentischen Antithesen Mt 5,21f.27f, wo Jesu Weisungen ausdrücklich mit Zitaten aus der Tora in Zusammenhang gebracht werden. Doch auch für die in ihnen erhobenen provokativen Forderungen Jesu ist charakteristisch, dass sie nicht mit Rückgriff auf die Tora legitimiert, sondern unabhängig von ihr erhoben werden, ohne jedoch in Gegensatz zu ihr zu geraten.

3.2.4. Jesu Stellung zur Tora kann im Vergleich mit ihrer Bedeutung im übrigen Frühjudentum am ehesten so beschrieben werden, dass sie in seiner Verkündigung ihren Stellenwert als zentrale Bezugsgrösse einbüsst und von der Mitte an die Peripherie gerät.

1. Bezüglich der Beschreibung und Interpretation des Gesetzesverständnisses im Frühjudentum sind viele Exegeten und Judaisten in den letzten Jahren und Jahrzehnten sehr viel vorsichtiger und zurückhaltender geworden. Gründe dafür sind u.a. die Neubeurteilung der Quellenlage, v.a. bezüglich der talmudischen Texte[54], die wachsende Einsicht in den Pluralismus zwischen und innerhalb der einzelnen Religionsparteien und Gruppierungen sowie das verschärfte Bewusstsein für die schwerwiegenden Folgen einer Fehleinschätzung des Judentums, wie sie der "Spätjudentumsforschung" unterlaufen ist[55].
Nicht in Zweifel gezogen wird jedoch die zentrale Bedeutung, die der Tora im Frühjudentum zukommt. Sie ist "die umfassende Ordnung für die Gemeinschaft von Gott, Kosmos und Menschheit"[56], die entscheiden-

52) S.o. A 36
53) MERKLEIN, Gottesherrschaft 105 (vgl. aaO 96-107)
54) Vgl. v.a. die Arbeiten von NEUSNER
55) S. auch o. Einl 3.
56) ZENGER, Weisheit 55

de Offenbarung und Willenskundgebung Gottes an Israel. Deshalb "beruht jüdische Ethik konstitutiv auf dem Gesetz und seiner Auslegung"[57].

2. In der Verkündigung Jesu aber erscheint die Tora nicht als die zentrale Bezugs- und Legitimationsgrösse. Diese Feststellung kann sich nicht nur auf die relativ seltenen expliziten Rekurse auf die Tora und ihre einzelnen Gebote berufen (s.o. 3.2.2. und 3.2.3.); vielmehr erhält sie ihr Gewicht von der Beobachtung her, dass die Tora auch der Sache nach nicht im Zentrum der Ethik oder der gesamten Verkündigung Jesu steht.
Damit soll nicht bestritten werden, dass Jesus die Tora kannte und sich auch auf sie bezog. Schon ihre Bedeutung im Bewusstsein seiner Zeitgenossen, ihre Relevanz für ihr Selbstverständnis, ihr Denken und Handeln machen sie zu "einem allgemeinen Hintergrund seiner Verkündigung"[58]. Vielmehr soll damit gesagt sein, dass die Tora nicht das hermeneutische Zentrum seiner Verkündigung darstellt.

3. Bezeichnend für diesen Sachverhalt ist in forschungsgeschichtlicher Hinsicht, dass in der Diskussion um die sachliche Mitte und den letzten Einheitspunkt der Verkündigung Jesu diese teils in seiner eschatologischen Basileia-Verkündigung, teils in seiner Theo-logie und teils in seinem "Sohnes-Bewusstsein" gesucht werden[59]. Dass die Tora den eigentlichen Bezugsrahmen für seine Botschaft abgeben könnte, wird nicht einmal erwogen.
Im Blick auf das Ganze der Verkündigung Jesu und seine Gleichnisse im Besonderen kann gesagt werden, dass der Verzicht auf den Versuch, Jesu Predigt als "Gesetzeshermeneutik" zu verstehen, sachgemäss ist, doch wäre m.E. allein schon der Tatbestand vermehrt zu würdigen, dass Jesus sich nicht oder nur am Rande in den für das Frühju-

---

57) SCHRAGE, Ethik 57. Dass dies auch im Blick auf die breite Masse der jüdischen Bevölkerung und nicht nur für die in den Religionsparteien organisierte "Elite" gilt, hat NIEBUHR, Gesetz eindrücklich nachgewiesen.
58) BANKS, Jesus 242
59) Literatur s.o. A(Einl) 203

dentum zentralen Streit um die rechte Auslegung des Gesetzes einmischt.

4. Rezeptionsgeschichtlich lässt sich die These, dass die Tora nicht das Zentrum der Verkündigung Jesu darstellt, damit begründen, dass seine Botschaft nicht in den Kontext der Toraauslegung eingebracht, sondern isoliert als solche überliefert wird.
So lässt die Konzentration des Q-Kreises auf den "einen Lehrer" Jesus[60] darauf schliessen, dass seine Botschaft und Gestalt für seine Anhänger ihrerseits zur zentralen Orientierungsgrösse geworden sind. Die Tora ist nicht mehr der einzige Weg zum Leben - die Entscheidung über Heil und Unheil fällt am Bekenntnis zum Menschensohn sowie am Hören und Tun seiner Worte. Die Tora bewahrt zwar ihre Gültigkeit, aber als von Jesus her autorisierte und interpretierte (s.o. 1.1.-1.3.). Damit wird der Tora wenigstens ansatzweise ein neuer theologischer Ort zugewiesen. Sie gerät gewissermassen vom Zentrum an die Peripherie und ist nicht mehr "Mass aller Dinge".
Aehnliches geschieht bei Mt, der ein christologisches Tora-Verständnis entfaltet (bes. 5,17-19), oder auch bei Paulus, der so radikal vom Kreuz und der Auferstehung her denkt, dass er Christus sogar als "das Ende des Gesetzes" bezeichnen kann (Röm 10,4).

3.2.5. <u>Im Zentrum der Verkündigung Jesu steht der Anbruch der Königsherrschaft Gottes, deren Bote und Werkzeug er selbst in besonderer Weise ist. Diese eschatologische Heilsinitiative ist gegenüber dem bisherigen Heilswirken Gottes an Israel neu und nicht aus ihm ableitbar, ohne jedoch im Gegensatz dazu zu stehen.</u>
<u>Deshalb ist auch die radikale Inanspruchnahme des Menschen, die sich aus ihr ergibt, neu und nicht aus der Tora ableitbar, ohne in einem prinzipiellen Gegensatz zu ihr zu stehen.</u>

1. Die bereits angesprochene Frage nach dem Zentrum der Verkündigung Jesu, die als deren "hermeneutisches Hauptproblem" bezeichnet

60) Dazu s.o. A(II) 1038

worden ist[61], muss m.E. dahingehend beantwortet werden, dass es in der Proklamation des eschatologischen Heilshandelns Gottes zu sehen ist[62]. Dennoch sehe ich keinen Grund, "Eschato-logie" und "Theo-logie" Jesu zu stark voneinander abzusetzen oder gar gegeneinander auszuspielen. Gerade der Zentralbegriff basileia tou theou ist zugleich eschatologisch und radikal theozentrisch. Auch Jesu Gleichnisse von der Gottesherrschaft sind zugleich Gleichnisse von Gott und Auslegung der Sendung Jesu. Festzuhalten ist jedoch daran, dass es Jesus um das Handeln Gottes und nicht etwa um dessen An-sich-Sein geht und dass uns die Quellen nicht dazu berechtigen, Jesu Sohnes-Bewusstsein seiner Gottes- oder Gottesreichsverkündigung sachlich vorzuordnen. Jesu Anspruch ergibt sich aus seinem radikalen In-Anspruch-genommen-Sein durch die eschatologische Heilsinitiative Gottes.

2. Im Zusammenhang mit dem Versuch, ein Gesamtbild des Wirkens Jesu zu skizzieren, hat HAHN auf die zentrale Bedeutung des "'eschatologisch Neuen'" hingewiesen[63]. Dieses "Neue" ist aus dem bisherigen Erwählungshandeln Gottes nicht ableitbar, weshalb Jesus darauf auch nirgends rekurriert.
Aufgrund der Unableitbarkeit der eschatologischen Heilsinitiative Gottes, aber auch aufgrund der Schuldverfallenheit Gesamtisraels ist es "seit Johannes" nicht mehr angemessen, sich mit Berufung auf die bisherige Willenskundgebung Gottes in "Gesetz und Propheten" dem "Neuen" zu verschliessen, das für Jesu gesamtes Wirken bestimmend ist. Wer sich diesem "Neuen" gegenüber verweigert, wird zum eschatologischen Gegenspieler der Gottesherrschaft (Lk 16,16)[64]. Die Unableitbarkeit des "eschatologisch Neuen" aus dem Bisherigen ist aber nicht als prinzipielle Gegensätzlichkeit zu ihm zu verstehen. Jesus bestreitet we-

---

61) So SCHUERMANN, Hauptproblem im Titel seines wichtigen Aufsatzes; zur Sache s. schon o. 3.2.4.(3.) mit A 69

62) So sehr prononciert MERKLEIN, Gottesherrschaft 36-45.212-215, aber auch viele andere. Zur zentralen Bedeutung der Basileia-Verkündigung in Q s. bes. DAUTZENBERG, Wandel; SCHUERMANN, Zeugnis; ZELLER, Zusammenhang

63) HAHN, Ueberlegungen 44-47 (Zitat 45). THUESING, TheologienI bes. 65-67.74-76 hat diesen Ansatz aufgegriffen und weitergeführt.

64) Zu dieser Interpretation von Lk 16,16 s. KOSCH, Gottesherrschaft 19-49, bes. 48f

der die Erwählung Israels, noch geht er davon aus, dass Gott seine Verheissungen zurücknimmt. Ebensowendig bestreitet er, dass die Tora die Willenskundgebung Gottes darstellt, ja er anerkennt es ausdrücklich (vgl. das passivum divinum errethē in Mt 5,21.27).

3. Entsprechend sind Jesu Forderungen neu und aus der bisherigen Willenskundgebung Gottes nicht ableitbar, ohne in einem prinzipiellen Gegensatz zu ihr zu stehen. Wiederum sind die Antithesen der Bergpredigt das beste Beispiel: Jesus erhebt seine Forderungen in eigener Vollmacht, ohne Rekurs auf das Bisherige, aber auch ohne das Bisherige zu bestreiten oder ihm zu widersprechen (Mt 5,21f.27f).
Aehnlich liegen die Dinge auch bezüglich der Feindesliebe-Forderung (Lk 6,27(a)b.28b.35e.f.g): Sie ist neu, aus dem Bisherigen nicht ableitbar und wird auch nicht mit Rekurs darauf legitimiert, steht aber etwa zum Gebot der Nächstenliebe auch nicht im Widerspruch.
Dass Jesu Forderung, sich vom eschatologischen Heilshandeln Gottes radikal in Anspruch nehmen zu lassen, auch in Konflikt mit der Tora geraten kann, soll damit nicht bestritten werden - besonders im Fall von Lk 9,59f ist es unübersehbar. Aber selbst hinsichtlich dieser extremen Forderung, "die Toten ihre Toten begraben zu lassen", lässt sich zeigen, dass der Konflikt mit der Tora nicht prinzipieller Natur ist.
Ebensowenig sei bezweifelt, dass in Jesu Verkündigung bezüglich der Bedeutung und Funktion der Tora eine fundamentale Neuorientierung zumindest angelegt ist, die ein erhebliches "torakritisches" Potential enthält. Angedeutet wurde dies schon im Bild des "Ortswechsels" der Tora aus dem Zentrum an die Peripherie (s.o. 3.2.4.).

3.2.6. Material (und formal) kann Jesus in verschiedener Weise auf die Forderungen der Tora, bzw. auf die bisherige Willensoffenbarung Gottes rekurrieren: In Anknüpfung und Widerspruch, Weiterführung und Vertiefung, Verschärfung und Aufhebung. Dieser Rekurs ist für den Sinn und die Legitimation der Forderungen Jesu jedoch nicht konstitutiv.

1. Aus methodischen Gründen (Kriterium der doppelten Unähnlichkeit!), aber auch aufgrund traditionsgeschichtlicher Ueberlegungen zur

Herkunft der für diese These besonders wichtigen mk Schul- und Streitgespräche (s.o. 2.1.4.(3.)) ist es nur in wenigen Fällen möglich, die Authentizität von Trad zu begründen, in denen Jesus explizit auf die Tora zurückgreift, was "keineswegs ausschliesst, dass Jesus auch Toragebote zur Unterstützung seiner Forderungen aufgenommen hat"[65]. Allerdings scheint es für Jesus signifikant zu sein, dass Rekurse auf die Tora eher selten sind, was damit zusammenhängt, dass er die Tora nicht ins Zentrum seiner Verkündigung stellt und seine Forderungen nicht aus ihr ableitet.

2. "Nicht ohne historisches Recht" hat man Jesus aber z.B. das Doppelgebot der Liebe und damit die Zitation von Dtn 6,(4)5 und Lev 19,18b in den Mund gelegt[66], und auch die antithetische Umprägung der QTrad Lk 6,27-36 und 16,18 sowie des hinter Mt 5,34-37 (Jak 5,12) stehenden Logions in Mt 5,31f.33-37.38-42.43-48 ist "der Sache nach ... angemessen"[67], sofern man die Antithesenform nicht als Ausdruck grundsätzlicher Torakritik missversteht.
Entsprechendes kann auch bezüglich des Rückbezugs der Forderungen Jesu auf die Tora in der QTrad gesagt werden, der sich hermeneutisch als "relecture" der Tora von Jesus her erwiesen hat und wenig mit einer eigentlich "nomistischen" Position gemein hat (s.o. 1.4.-1.6).

3. Auch wenn der Torabezug der Verkündigung Jesu im Verlauf ihrer Rezeptionsgeschichte stärker reflektiert und häufiger thematisiert wird, als dies bei Jesus selbst geschieht, kommt es dabei nicht zu einer eigentlichen Heimholung der Verkündigung Jesu in den Bereich der Gesetzesauslegung. Gerade die Vielfalt in der Art und Weise, wie dieser Torabezug im einzelnen hergestellt und gedeutet wird, bestätigt vielmehr die Offenheit und "Ungrundsätzlichkeit" der Stellung Jesu zur Tora[68].

---

65) MERKLEIN, Gottesherrschaft 105
66) BURCHARD, Liebesgebot 62
67) WEDER, Rede 153
68) Vgl. auch die Ueberlegungen von HUEBNER, Gesetz 78-80 zur rechten Anwendung des von BRAUN, RadikalismusII, bes. 7-14 geprägten Begriffs der "Ungrundsätzlichkeit" auf die Gesetzesauffassung Jesu. Zur weniger glücklichen Rezeption der Auffassung von BRAUN durch SCHULZ s.o. Einl. 5.(3.).

3.2.7. Die Verheissung und der Anspruch, die Jesus mit seiner Forderung verknüpft, sind mit der Verheissung und dem Anspruch der Tora insofern gleichursprünglich, als Jesu Forderung wie diese beansprucht, dem unmittelbaren Heilswillen Gottes zu entsprechen. Gleichzeitig überbietet Jesu Forderung die Tora insofern, als sie den Menschen mit Gottes letzter und radikalster Heilsinitiative konfrontiert. In diesem Sinn kann Jesu Botschaft als "eschatologische Tora" bezeichnet werden.

1. Besonders deutlich lässt sich der in dieser These angesprochene Sachverhalt anhand der Motivation der Forderung der Feindesliebe und ihrer Rezeption in der QTrad verdeutlichen: Jesus verbindet seine Forderung mit der Verheissung der Gottessohnschaft, die in der jüd Trad häufig jenen gilt, die der Tora entsprechen (Lk 6,35e). Die QTrad verstärkt diesen Zug durch die Anfügung der aus der Gebotsparänese stammenden Barmherzigkeitsforderung (6,36) und durch die Integration des Feindesliebe-Komplexes in die programmatische Rede Jesu (6,20-49), die Jesu Wort als eschatologische Tora des Menschensohnes zur Sprache bringt.
Denselben Anspruch erhebt auch Lk 16,18 für Jesu Verbot der Ehescheidung, das im Kontext von 16,16-18 als "Tora" erscheint.
Aehnliches kann auch für die Antithesen gesagt werden, die Jesu Wort direkt mit dem in der Tora formulierten Gotteswillen konfrontieren, ohne es von der Tora her zu legitimieren, aber auch ohne deren Charakter als Gotteswort zu bestreiten (Mt 5,21f.27f).

2. Ganz allgemein ist auf den Sachverhalt zu verweisen, den man formal als eschatologischen Offenbarungsanspruch Jesu bezeichnen kann. Wie dieser näherhin zu begründen und zu beschreiben ist, muss hier nicht ausgeführt werden[69].

3. Rezeptionsgeschichtlich lässt sich diese These in bezug auf Q mit der exklusiven Konzentration der Logienquelle auf die Verkündigung

69) Vgl. dazu bes. THUESING, TheologienI

Jesu und mit der Entfaltung ihres Anspruchs auf Heilsrelevanz begründen (s.o. 1.1.-1.3.).

* * * * *

Gerade im Blick auf die theologische Tragweite der in den letzten Thesen angesprochenen Sachverhalte wird deutlich, wie fruchtbar es wäre, die Frage nach der Rezeption der Stellung Jesu zur Tora auf das ganze NT auszudehnen, was allerdings eine grössere Uebersicht und ein anderes Vorgehen erforderte.
Ueber die Bescheidenheit des Beitrags dieser Arbeit zu so umfassenden Fragestellungen hat mich unter anderem eine Bemerkung der päpstlichen Bibelkommission hinweggetröstet, die das Recht und die Notwendigkeit solcher Einzeluntersuchungen ausdrücklich herausstellt: "Tatsächlich verbleiben viele Punkte im Kompositionsprozess, der zur heutigen Gestaltung der heiligen Bücher durch die inspirierten Verfasser führte, im Dunkeln. Jene, die gerne auf Untersuchungen dieser Art verzichten möchten und sich an eine oberflächliche Lektüre, die sie für 'theologisch' erachten, halten, begeben sich auf einen Irrweg, denn die vereinfachenden Lösungen können unter keinen Umständen als solide Grundlage für die theologische Reflexion, die mit vollem Glauben vollzogen wird, dienen."[70]

70) De Sacra Scriptura et Christologia 1.3.3., deutsche Uebersetzung in P.-G. MUELLER, Bibel und Christologie (s.o. A(Einl.) 1), 95

Literaturverzeichnis und technische Hinweise

1. Die Abkürzungen für das biblische, jüdische und sonstige antike Schrifttum richten sich im Wesentlichen nach dem Abkürzungsverzeichnis in EWNTI, XII-XXI.

2. Zur Gestaltung der Anmerkungen und der Literaturangaben
Die Literaturverweise in den Anmerkungen beschränken sich auf die Angabe des Autors und eines Kurztitels, der anhand des Literaturverzeichnisses aufgeschlüsselt werden kann. Bei Kommentaren wird neben dem Verfasser nur die Abkürzung des biblischen Buches und der Band erwähnt. Verweise auf Artikel aus Wörterbüchern (u.ä.) beschränken sich auf den Autor und den jeweiligen Band des Werkes.
Die Abkürzung "Anm" bezieht sich auf Anmerkungen in der Sekundärliteratur. Dagegen verweist "A" auf Anmerkungen in dieser Arbeit. Sofern die Anmerkung aus einem anderen Kapitel stammt, wird die Kapitelzahl in Klammern beigefügt. Bsp: A(I) 107 = Anmerkung 107 in Kapitel I.

3. Rückverweise innerhalb der Arbeit nennen innerhalb des gleichen Kapitels jeweils den Abschnitt und - in Klammern beigefügt - die jeweiligen Untereinheiten; z.B. 2.2.2.(3.). oder 2.2.3.(3.a).
Wird auf Abschnitte ausserhalb des Kapitels verwiesen, wird die Kapitelzahl vorangestellt; z.B. I.3.2.1.(5.).

4. Aus technischen Gründen muss für einzelne griechische und hebräische Wörter im laufenden Text eine Transskription vorgenommen werden. Sie richtet sich grundsätzlich nach den Angaben in EWNTI, XXXII.
Längere Passagen werden in griechischen Schriftzeichen wiedergegeben, wobei Majuskeln, Akzente und das Schluss-Sigma nicht zur Verfügung stehen.

5. Die Unterstreichungen im Text stammen (auch innerhalb von Zitaten) durchwegs von mir.

6. Stellenangaben, die Stoffe aus Q betreffen, erwähnen oft nur den Fundort bei Lk, um die Lesbarkeit zu erhöhen. Der mt Fundort wird erwähnt, wenn der Text nur bei Mt vorliegt oder die Lk-Fassung sehr stark vom Q-Wortlaut abweicht.
Stellen, deren Q-Zugehörigkeit gesichert ist oder in dieser Arbeit nachgewiesen wird, werden durch zwei Schrägstriche (//) als Parallelen bezeichnet (z.B. Lk 6,36//Mt 5,48). Ist die Q-Zugehörigkeit unsicher oder diskutabel, werden sie durch Semikolon (;) getrennt (z.B. Lk 14,5; Mt 12,11).
Wo dies der Verständlichkeit dient, wird ein Text durch Anfügung des Siglums "Q" als Bestandteil der Logienquelle gekennzeichnet (z.B. Mt 5,41Q).

7. In das folgende Literaturverzeichnis wurde nur zitierte oder in den Anmerkungen erwähnte Literatur aufgenonmmen. Manche (meist sachfremde) Titel, die nur sporadisch benutzt wurden, sind an Ort und Stelle vollständig bibliographiert und fehlen in diesem Verzeichnis.
Bei Sammelbänden (Festschriften, Aufsätze u.ä.) sind Herausgeber und Kurztitel unterstrichen, um sie leichter auffindbar zu machen.
Die Abkürzungen richten sich soweit als möglich nach dem Abkürzungsverzeichnis der Theologischen Realenzyklopädie, zusammengestellt von S. SCHWERTNER, Berlin 1976.

1. Texte: Quellen und Uebersetzungen in Auswahl

ALAND, K.(Hg), Synopsis Quattuor Evangeliorum. Locis parallelis evangeliorum apocryphorum et patrum adhibitis, Stuttgart 1982 (12. Aufl.)

--- u.a. (Hg), The Greek New Testament, Stuttgart 1975 (3. Aufl.)

--- u.a. (Hg), Novum Testamentum Graece post Eberhard Nestle et Erwin Nestle, Stuttgart 1983 (7. revidierter Druck der 26. Aufl. von 1979)

BERGER, K./COLPE, C., Religionsgeschichtliches Textbuch zum Neuen Testament (Texte zum NT 1), Göttingen 1987

KITTEL, R. (Hg), Biblia Hebraica, Stuttgart 1973 (16. Aufl.)

KUEMMEL, W.G. u.a. (Hg), Jüdische Schriften aus hellenistisch-römischer Zeit, Gütersloh 1973ff

MAIER, J., Die Tempelrolle vom Toten Meer (UTB 829), München 1978

--- Texte der Schriftrollen, in: Ders./K. SCHUBERT, Die Qumran-Essener. Texte der Schriftrollen und Lebensbild der Gemeinde (UTB 224), München 1982, 143-312

PEISKER, C.H. (Hg), Zürcher Evangelien-Synopse, Wuppertal 1978 (16. Aufl.)

RAHLFS, A. (Hg), Septuaginta. Id est Vetus Testamentum graece iuxta LXX interpretes I/II, Stuttgart o.J. (9. Aufl.)

RIESSLER, P., Altjüdisches Schrifttum ausserhalb der Bibel, Freiburg 1984 (5. Aufl.)

STRACK, H./BILLERBECK, P., Kommentar zum Neuen Testament aus Talmud und Midrasch I-IV, München 1982 (8. Aufl.)

2. Konkordanzen, Statistiken und andere Hilfsmittel

BLASS, F./DEBRUNNER, A./REHKOPF, F., Grammatik des neutestamentlichen Griechisch, Göttingen 1979 (15. Aufl.)

Computer-Konkordanz zum Novum Testamentum Graece von Nestle-Aland, 26. Auflage und zum Greek New Testament 3rd Edition. Herausgegeben vom Institut für neutestamentliche Textforschung und vom Rechenzentrum der Universität Münster unter besonderer Mitwirkung von H. BACHMANN und W.A. SLABY, Berlin 1985 (2. Aufl.)

EDWARDS, R.A., A Concordance to Q (SBibSt 7), Missoula 1975

MORGENTHALER, R., Statistik des neutestamentlichen Wortschatzes, Zürich 1958

NEIRYNCK, F./VAN SEGBROECK, F., New Testament Vocabulary. A Companion Volume to the Concordance (BEThL 65), Leuven 1984

RIENECKER, F., Sprachlicher Schlüssel zum Griechischen Neuen Testament nach der Ausgabe von D. Eberhard Nestle, Giessen 1977 (15. Aufl.)

SCHMOLLER, A., Handkonkordanz zum Griechischen Neuen Testament, Stuttgart 1973 (15. Aufl.)

3. Wörterbücher und Nachschlagewerke

BAUER, Wörterbuch = BAUER, W., Griechisch-Deutsches Wörterbuch zu den Schriften des Neuen Testaments und der übrigen urchristlichen Literatur, Berlin 1971 (5. Aufl.)

EWNT = BALZ, H./SCHNEIDER, G., Exegetisches Wörterbuch zum Neuen Testament I-III, Stuttgart 1980-1983

LThK = HOEFER, J./RAHNER, K. (Hg), Lexikon für Theologie und Kirche I-XIV, Freiburg 1986 (2. Aufl., Sonderausgabe)
THAT = JENNI, E./WESTERMANN, C., Theologisches Handwörterbuch zum Alten Testament I-II, München 1971.1976
ThW = KITTEL, G. u.a. (Hg), Theologisches Wörterbuch zum Neuen Testament I-X, Stuttgart 1933-1979
TRE = KRAUSE, G./MUELLER, G. (Hg), Theologische Realenzyklopädie, Berlin 1977ff

4. Kommentare

CONZELMANN, H., Die Apostelgeschichte (HNT 7), Tübingen 1972 (2. Aufl)
ERNST, J., Das Evangelium nach Lukas (RNT), Regensburg 1977
GNILKA, J., Das Evangelium nach Markus I/II (EKK II/1.2), Zürich 1978.1979
--- Das Matthäusevangelium I (HThK I/1), Freiburg 1986
GRUNDMANN, W., Das Evangelium nach Lukas (ThHK 3), Berlin 1981 (9. Aufl.)
--- Das Evangelium nach Markus (ThHK 2), Berlin 1984 (9. Aufl.)
--- Das Evangelium nach Matthäus (ThHK 1), Berlin 1981 (5. Aufl.)
HAENCHEN, E., Die Apostelgeschichte (KEK 3), Göttingen 1977 (7. Aufl.)
LUEHRMANN, D., Das Markusevangelium (HNT 3), Tübingen 1987
LUZ, U., Das Evangelium nach Matthäus I (EKK I/1), Zürich 1985
PESCH, R., Die Apostelgeschichte I/II (EKK V/1.2), Zürich 1986
--- Das Markusevangelium I/II (HThK II/1.2), Freiburg 1976.1977
ROLOFF, J., Die Apostelgeschichte (NTD 5), Göttingen 1981
SAND, A., Das Evangelium nach Matthäus (RNT), Regensburg 1986
SCHILLE, G., Die Apostelgeschichte des Lukas (ThHK 5), Berlin 1983
SCHMITHALS, W., Die Apostelgeschichte des Lukas (ZBK 3.2), Zürich 1982
--- Das Evangelium nach Lukas (ZBK 3.1), Zürich 1980
SCHNEIDER, G., Die Apostelgeschichte I/II (HThK V/1.2), Freiburg 1980.1982
--- Das Evangelium nach Lukas I/II (OeTK 3/1.2), Gütersloh 1977
SCHUERMANN, H., Das Lukasevangelium I (HThK III/1), Freiburg 1969
SCHWEIZER, E., Das Evangelium nach Lukas (NTD 3), Göttingen 1982
--- Das Evangelium nach Markus (NTD 1), Göttingen 1978 (5. Aufl.)
--- Das Evangelium nach Matthäus (NTD 2), Göttingen 1981 (3. Aufl.)
WEISER, A., Die Apostelgeschichte I/II (OeTK 5/1.2), Gütersloh 1981.1985
ZELLER, D., Kommentar zur Logienquelle (SKK.NT 21), Stuttgart 1984

5. Aufsätze und Monographien

AICHINGER, H., Quellenkritische Untersuchung der Perikope vom Aehrenraufen am Sabbat. Mk 2,23-28 par Mt 12,1-8 par Lk 6,1-5: SNTU 1(1976) 110-153
ALAND, K./ALAND, B., Der Text des Neuen Testaments. Einführung in die wissenschaftlichen Ausgaben sowie in Theorie und Praxis der modernen Textkritik, Stuttgart 1982
ARENS, E., The ēlthon-Sayings in the Synoptic Tradition. A Historico-critical Investigation (OBO 10), Fribourg 1976
AUNE, D.E., Orthodoxy in First Century Judaism? A Response to N.J. McEleney: JSJ 7(1976) 1-10

BAIRD, J.A., Audience Criticism and the Historical Jesus, Philadelphia 1969

BALD, H., Eschatologische oder theozentrische Ethik? Anmerkungen zum Problem einer Verhältnisbestimmung von Eschatologie und Ethik in der Verkündigung Jesu: VF 24(1979) 35-52

BANKS, R., Jesus and the Law in the Synoptic Tradition (MSSNTS 28), Cambridge 1975

--- Matthew's Understanding of the Law. Authenticity and Interpretation in Matthew 5,17-20: JBL 93(1974) 226-242

BARNETT, P.W., The Jewish Sign Prophets - A.D. 40-70. Their Intentions and Origin: NTS 27(1980/81) 679-697

BARTH, G., Das Gesetzesverständnis des Evangelisten Matthäus, in: BORNKAMM/BARTH/HELD, Ueberlieferung 54-154

BARTH, H./STECK, O.H., Exegese des Alten Testaments. Leitfaden der Methodik. Ein Arbeitsbuch für Proseminare, Seminare und Vorlesungen, Neukirchen 1984 (10. Aufl.)

BARTSCH, H.W., Feldrede und Bergpredigt. Redaktionsarbeit in Lk 6: ThZ 16(1960) 5-18

BAUMBACH, G., Die antirömischen Aufstandsgruppen, in: MAIER/SCHREINER (Hg), Literatur 273-283

--- Fragen der modernen jüdischen Jesusforschung an die christliche Theologie: ThLZ 102(1977) 625-636

--- Jesus von Nazareth im Lichte der jüdischen Gruppenbildung, Berlin 1971

--- Der sadduzäische Konservativismus, in: MAIER/SCHREINER (Hg), Literatur 201-213

--- Die Stellung Jesu im Judentum seiner Zeit: FZPhTh 20(1973) 285-305

BAYER, O., Sprachbewegung und Weltveränderung. Ein systematischer Versuch als Auslegung von Mt 5,43-48: EvTh 35(1975) 309-321

BECKER, J., Feindesliebe - Nächstenliebe - Bruderliebe. Exegetische Beobachtungen als Anfrage an ein ethisches Problemfeld: ZEE 25(1981) 5-18

--- Das Gottesbild Jesu und die älteste Auslegung von Ostern, in: STRECKER (Hg), Jesus 105-126

--- Johannes der Täufer und Jesus von Nazareth (BSt 63), Neukirchen 1972

--- Untersuchungen zur Entstehungsgeschichte der Testamente der zwölf Patriarchen (AGJU = AGSU 8), Leiden 1970

BERGER, K., Die Amen-Worte Jesu. Eine Untersuchung zum Problem der Legitimation in apokalyptischer Rede (BZNW 39), Berlin 1970

--- Einführung in die Formgeschichte (UTB 1444), Tübingen 1987

--- Exegese des Neuen Testaments. Neue Wege vom Text zur Auslegung (UTB 658), Heidelberg 1977

--- Formgeschichte des Neuen Testaments, Heidelberg 1984

--- Die Gesetzesauslegung Jesu I (WMANT 40), Neukirchen 1972 (= "GesetzesauslegungI")

--- Die Gesetzesauslegung Jesu in der synoptischen Tradition und ihr Hintergrund im Alten Testament und im Spätjudentum, München 1966 (Diss., Rotaprint) (= "Gesetzesauslegung (Diss.)")

--- Materialien zu Form und Ueberlieferungsgeschichte neutestamentlicher Gleichnisse: NT 15(1973) 1-37

--- Zu den sogenannten Sätzen heiligen Rechts: NTS 17(1970/71) 10-40

BETZ, H.D., Die Bergpredigt: Ihre literarische Gattung und Funktion, in: Ders., Studien 1-16

--- Eine Episode im Jüngsten Gericht (Mt 7,21-23), in: Ders., Studien 111-140
--- Die hermeneutischen Prinzipien der Bergpredigt (Mt 5,17-20), in: Ders., Studien 34-48
--- Die Makarismen der Bergpredigt (Mt 5,3-12). Beobachtungen zur literarischen Form und theologischen Bedeutung, in: Ders., Studien 17-33
--- Matthäus 6,22-23 und die antiken griechischen Sehtheorien, in: Ders., Studien 62-77
BETZ, H.D., Studien zur Bergpredigt, Tübingen 1985
BLANK, J., Gewaltlosigkeit - Krieg - Militärdienst. Im Urteil des Neuen Testaments: Orien 46(1982) 157-163.213-216.220-223
BOESEN, W., Galiläa als Lebensraum und Wirkungsfeld Jesu. Eine zeitgeschichtliche und theologische Untersuchung, Freiburg 1985
BORGEN, P., The Early Church and the Hellenistic Synagogue: StTh 37(1983) 55-78
BORNKAMM, G., Der Aufbau der Bergpredigt: NTS 24(1978) 419-432
--- Das Doppelgebot der Liebe, in: Ders., Geschichte und Glaube I 37-45
--- Enderwartung und Kirche im Matthäusevangelium, in: Ders./BARTH/HELD, Ueberlieferung 13-47
--- Jesus von Nazareth (UrbanTB 19), Stuttgart 1977 (11. Aufl.)
--- Wandlungen im alt- und neutestamentlichen Gesetzesverständnis, in: Ders., Geschichte und Glaube II. Gesammelte Aufsätze IV (BEvTh 53), München 1971, 73-119
BORNKAMM, G./BARTH, G./HELD, H.J., Ueberlieferung und Auslegung im Matthäusevangelium (WMANT 1), Neukirchen 1975 (7. Aufl.)
BOSOLD, I., Pazifismus und prophetische Provokation. Das Grussverbot Lk 10,4b und sein historischer Kontext (SBS 90), Stuttgart 1978
BRANDENBURGER, E., Die Verborgenheit Gottes im Weltgeschehen. Die literarische und theologische Problematik des 4. Esrabuches (AThANT 68), Zürich 1981
BRAUN, H., Jesus. Der Mann aus Nazareth und seine Zeit (ThTh 1), Stuttgart 1969
--- Qumran und das Neue Testament I/II, Tübingen 1966
--- Spätjüdisch-häretischer und frühchristlicher Radikalismus. Jesus von Nazareth und die essenische Qumransekte, I. Das Spätjudentum, II. Die Synoptiker (BHTh 24), Tübingen 1969 (2. Aufl.)
BREUER, D., Einführung in die pragmatische Texttheorie (UTB 106), München 1974
BROER, I., Anmerkungen zum Gesetzesverständnis des Matthäus, in: KERTELGE (Hg), Gesetz 128-145
--- Die Antithesen und der Evangelist Matthäus. Versuch eine alte These zu revidieren: BZ 19(1975) 50-63
--- Freiheit vom Gesetz und Radikalisierung des Gesetzes. Ein Beitrag zur Theologie des Evangelisten Matthäus (SBS 98), Stuttgart 1980
--- Die Seligpreisungen der Bergpredigt. Studien zu ihrer Ueberlieferung und Interpretation (BBB 61), Königstein 1986
BULTMANN, R., Die Geschichte der synoptischen Tradition (FRLANT 29), Göttingen 1979 (9. Aufl.)
--- Jesus (UTB 1272), Tübingen 1926/1983

--- Theologie des Neuen Testaments (Hg. von O. MERK) (UTB 630), Tübingen 1980 (8. Aufl.)

BURCHARD, C., Das doppelte Liebesgebot in der frühen christlichen Gemeinde, in: LOHSE/BURCHARD/SCHALLER (Hg), Ruf 39-62

--- Jesus von Nazareth, in: J. BECKER u.a., Die Anfänge des Christentums. Alte Welt und neue Hoffnung, Stuttgart 1987, 12-58

--- Versuch, das Thema der Bergpredigt zu finden, in: STRECKER (Hg), Jesus 409-432

BUSSE, U., Das Nazareth-Manifest Jesu. Eine Einführung in das lukanische Jesusbild nach Lk 4,16-30 (SBS 91), Stuttgart 1978

--- Die Wunder des Propheten Jesus. Die Rezeption, Komposition und Interpretation der Wundertradition im Evangelium des Lukas (FzB 24), Stuttgart 1979 (2. Aufl.)

CAMERON, P.S., Violence and the Kingdom. The Interpretation of Matthew 11, 12 (ANTI 5), Frankfurt 1984

CALVERT, D.G.A., An Examination of the Criteria for Distinguishing the Authentic Words of Jesus: NTS 18(1971/2) 209-219

CATCHPOLE, D.R., Jesus and the Community of Israel - the Inaugural Discourse in Q: BJRL 68(1986) 296-316

CONZELMANN, H., Geschichte des Urchristentums (GNT 5) Göttingen 1983 (5. Aufl.)

--- Grundriss der Theologie des Neuen Testaments (bearbeitet von A. LINDEMANN) (UTB 1446) Tübingen 1987 (4. Aufl.)

--- Literaturbericht zu den synoptischen Evangelien: ThR 37 (1972) 220-272; 43(1978) 3-51.321-327

--- Die Mitte der Zeit. Studien zur Theologie des Lukas (BHTh 17), Tübingen 1977 (6. Aufl.)

---/LINDEMANN, A., Arbeitsbuch zum Neuen Testament (UTB 52), Tübingen 1976 (2. Aufl.)

CORRENS, D., Die Verzehntung der Raute. Lk 11,42 und M Schebi 9,1: NT 6(1963) 110-112

DAUTZENBERG, G., Gesetzeskritik und Gesetzesgehorsam in der Jesustradition, in: KERTELGE (Hg), Gesetz 46-70

--- Ist das Schwurverbot Mt 5,33-37; Jak 5,12 ein Beispiel für die Torakritik Jesu?: BZ 25(1981) 47-66

--- Der Wandel der Reich-Gottes-Verkündigung in der urchristlichen Mission, in: Ders./H. MERKLEIN/K. MUELLER, Zur Geschichte des Urchristentums (QD 87), Freiburg 1979, 11-32

DEGENHARDT, H.J., Lukas - Evangelist der Armen, Stuttgart 1965

DELOBEL, J. (Hg), Logia. Les paroles de Jésus - the Sayings of Jesus. Mémorial J. Coppens (BEThL 59), Gembloux 1982

DEVISCH, La relation entre l'évangile de Marc et le document Q, in: M. SABBE (Hg), L'Evangile selon Marc. Tradition et rédaction (BEThL 34), Gembloux 1974, 59-91

DIETZFELBINGER, C., Die Antithesen der Bergpredigt (TEH 186), München 1975 (= "Antithesen")

--- Die Antithesen der Bergpredigt im Verständnis des Matthäus: ZNW 70(1979) 1-15 (= "Antithesen (Mt)")

--- Vom Sinn der Sabbatheilungen Jesu: EvTh 38(1978) 281-298

DIHLE, A., Die Goldene Regel. Eine Einführung in die Geschichte der antiken und frühchristlichen Vulgärethik (SAW 7), Göttingen 1962

DILLMANN, R., Das Eigentliche der Ethik Jesu. Ein exegetischer Beitrag zur moraltheologischen Diskussion um das Proprium einer christlichen Ethik (TThSt 23), Mainz 1984

DOHMEN, C., Rezeptionsforschung und Glaubensgeschichte. Anstösse für eine neue Annäherung von Exegese und systematischer Theologie: TThZ 96(1987) 123-134

DUPONT, J., La transmission des paroles de Jésus sur la lampe et la mesure dans Marc 4,21-25 et dans la tradition Q, in: DELOBEL (Hg), Logia 201-236

DUPONT, J. (Hg), Jésus aux origines de la christologie (BEThL 40), Gembloux 1975

ECKERT, J., Wesen und Funktion der Radikalismen in der Botschaft Jesu: MThZ 24(1973) 301-325

ECKERT, W.P./HENRIX, H.H. (Hg), Jesu Jude-Sein als Zugang zum Judentum. Eine Handreichung für Religionsunterricht und Erwachsenenbildung (Aachener Beiträge zu Pastoral- und Bildungsfragen 6) Aachen 1980 (2. Aufl.)

EDWARDS, R.A., A Theology of Q. Eschatology, Prophecy and Wisdom, Philadelphia 1976

EGGER, W., Handlungsorientierte Auslegung der Antithesen Mt 5,21-48, in: KERTELGE (Hg), Ethik 119-144

--- Methodenlehre zum Neuen Testament. Einführung in linguistische und historisch-kritische Methoden, Freiburg 1987

EICHHOLZ, G., Gleichnisse der Evangelien. Form, Ueberlieferung, Auslegung, Neukirchen 1975 (2. Aufl.)

ERNST, J., Anfänge der Christologie (SBS 57), Stuttgart 1972

--- Die Einheit von Gottes- und Nächstenliebe in der Verkündigung Jesu: ThGl 60(1970) 3-14

FALK, Z.W., Introduction to Jewish Law of the Second Commonwealth I/II (AGJU 11) Leiden 1972.1978

FENEBERG, R., Formgeschichte und historischer Jesus, in: R. FENEBERG/W. FENEBERG, Das Leben Jesu im Evangelium. Mit einem Geleitwort von Karl Rahner (QD 88), Freiburg 1980, 19-183

FENEBERG, W., Bewusstsein, Entwicklung und Denken Jesu, in: R. FENEBERG/W. FENEBERG, Das Leben Jesu (s.o.), 185-285

FIEDLER, P., Jesus und die Sünder (BET 3), Frankfurt 1976

FINDEIS, H.J., Versöhnung - Apostolat - Kirche. Eine exegetisch-theologische und rezeptionsgeschichtliche Studie zu den Versöhnungsaussagen des Neuen Testaments (2 Kor, Röm, Kol, Eph) (FzB 40), Würzburg 1983

FINKEL, A., The Pharisees and the Teacher of Nazareth. A Study of their Background, their Halachic and Midrashic Teachings, their Similarities and Differences (AGSU 4), Leiden 1964

FLUSSER, D., Jesus in Selbstzeugnissen und Bilddokumenten (rororo-Monographien 140), Reinbek 1968 (Nachdr. 1983)

FRANKEMOELLE, H., Evangelist und Gemeinde. Eine methodenkritische Besinnung (mit Beispielen aus dem Matthäusevangelium): Bib 60 (1979) 153-190

--- Jahwebund und Kirche Christi. Studien zur Form- und Traditionsgeschichte des "Evangeliums" nach Matthäus (NTA 10), Münster 1974

--- Jesus - Anspruch und Deutungen (Topos-TB 88), Mainz 1979

--- Kommunikatives Handeln in Gleichnissen Jesu. Historisch-kritische und pragmatische Exegese. Eine kritische Sichtung: NTS 28(1982) 61-90

--- Die Makarismen (Mt 5,1-12; Lk 6,20-23). Motive und Umfang der redaktionellen Komposition: BZ 15(1971) 52-75

--- "Pharisäismus" in Judentum und Kirche. Zur Tradition und Redaktion in Matthäus 23, in: GOLDSTEIN (Hg), Gottesverächter 123-189

--- Zum Konzept einer pragmatischen Bibelauslegung, in: Ders., Biblische Handlungsanweisungen. Beispiele pragmatischer Exegese, Mainz 1983, 11-18

FREUDENBERG, J., Die synoptische Weherede. Tradition und Redaktion in Mt 23 par, Münster 1972 (Diss. masch.)

FREYNE, S., Galilee from Alexander the Great to Hadrian, 323 B.C. to 135 C.E., A Study of Second Temple Judaism (Univ. of Notre Dame Center for the Study of Judaism and Christianity in Antiquity 5), Wilmington 1980

FUCHS, E., Die Frage nach dem historischen Jesus, in: Ders., Zur Frage nach dem historischen Jesus. Gesammelte Aufsätze II, Tübingen 1960, 143-167

FULLER, R.H., Das Doppelgebot der Liebe. Ein Testfall für die Echtheitskriterien der Worte Jesu, in: G. STRECKER (Hg), Jesus 317-329

GEIST, H., Jesus vor Israel - der Ruf zur Sammlung, in: K. MUELLER (Hg), Die Aktion Jesu und die Re-Aktion der Kirche. Jesus von Nazareth und die Anfänge der Kirche, Würzburg 1972, 31-64

GERHARDSSON, B., Die Anfänge der Evangelientradition, Wuppertal 1977

--- The Testing of God's Son (Matth 4,1-11 par). An Analysis of an Early Christian Midrash, Lund 1966

--- Der Weg der Evangelientradition, in: STUHLMACHER (Hg), Evangelium 79-102

GESE, H., Das Gesetz, in: Ders., Zur biblischen Theologie (BEvTh 78) München 1977, 55-84

GNILKA, J., Das Christusbild der Spruchquelle, in: Ders., Jesus Christus nach frühen Zeugnissen des Glaubens, München 1970, 110-126

GOLDSTEIN, H. (Hg), Gottesverächter und Menschenfeinde? Juden zwischen Jesus und frühchristlicher Kirche, Düsseldorf 1979

GOPPELT, L., Das Problem der Bergpredigt. Jesu Gebot und die Wirklichkeit dieser Welt, in: Ders., Christologie und Ethik. Aufsätze zum Neuen Testament, Göttingen 1968, 27-43

--- Theologie des Neuen Testaments (UTB 850), Göttingen 1978 (3. Aufl.)

GRABBE, L.L., Orthodoxy in First Century Judaism. What are the Issues?: JSJ 8(1977) 149-153

GRAESSER, E., Das Problem der Parusieverzögerung in den synoptischen Evangelien und in der Apostelgeschichte (BZNW 22), Berlin 1960 (2. Aufl.)

GRIMM, G., Rezeptionsgeschichte. Grundlagen einer Theorie. Mit Analysen und Bibliographie (UTB 691), München 1977

GRIMM, G. (Hg), Literatur und Leser. Theorien und Modelle zur Rezeption literarischer Werke, Stuttgart 1971

GRUNDMANN, W., Das palästinensische Judentum im Zeitraum zwischen der Erhebung der Makkabäer und dem Ende des Jüdischen Krieges, in: LEIPOLDT/GRUNDMANN (Hg), UmweltI 143-291

GUELICH, R., The Antithesis of Matthew 5,21-48: Traditional and/or Redactional?: NTS 22(1976) 444-457

GUETTGEMANNS, E., Offene Fragen zur Formgeschichte des Evangeliums. Eine methodologische Skizze der Grundlagenproblematik der Form- und Redaktionsgeschichte (BEvTh 54), München 1971 (2. Aufl.)

HAENCHEN, E., Matthäus 23, in: Ders., Gott und Mensch. Gesammelte Aufsätze, Tübingen 1965, 29-54

HAHN, F., Christologische Hoheitstitel (FRLANT 83), Göttingen 1966 (3. Aufl.)

--- Das Gleichnis von der Einladung zum Festmahl, in: O. BOECHER/ K. HAACKER (Hg), Verborum Veritas (FS G. Stählin), Wuppertal 1970, 51-82

--- Methodologische Ueberlegungen zur Rückfrage nach Jesus, in: KERTELGE (Hg), Rückfrage 11-77

HARDMEIER, C., Texttheorie und biblische Exegese. Zur rhetorischen Funktion der Trauermetaphorik in der Prophetie (BEvTh 79), München 1978

HARNISCH, W., Die Gleichniserzählungen Jesu. Eine hermeneutische Einführung (UTB 1343), Göttingen 1985

--- Verhängnis und Verheissung der Geschichte. Untersuchungen zum Zeit- und Geschichtsverständnis im 4. Buch Esra und in der syr. Baruchapokalypse (FRLANT 97), Göttingen 1969

HARRINGTON, D.J., The Jewishness of Jesus: Facing Some Problems: CBQ 49(1987) 1-13

HASLER, V., Amen. Redaktionsgeschichtliche Untersuchung zur Einführungsformel der Herrenworte "Wahrlich ich sage euch", Zürich 1969

HEGERMANN, H., Das griechischsprechende Judentum, in: MAIER/SCHREINER (Hg), Literatur 328-349

--- Das hellenistische Judentum, in: LEIPOLDT/GRUNDMANN (Hg), UmweltI 292-345

--- Philon von Alexandria, in: MAIER/SCHREINER (Hg), Literatur 353-369

HELD, H.J., Matthäus als Interpret der Wundergeschichten, in: BORNKAMM/ BARTH/HELD, Ueberlieferung 155-287

HENGEL, M., Christologie und neutestamentliche Chronologie. Zu einer Aporie in der Geschichte des Urchristentums, in: H. BALTENSWEILER/B. REICKE (Hg), Neues Testament und Geschichte (FS O. Cullmann), Zürich 1972, 43-67

--- Jesus und die Tora: ThB 9(1978) 152-172

--- Judentum und Hellenismus. Studien zu ihrer Begegnung unter besonderer Berücksichtigung Palästinas bis zur Mitte des 2. Jh.s v. Chr. (WUNT 10), Tübingen 1973 (2. Aufl.)

--- Nachfolge und Charisma. Eine exegetisch-religionsgeschichtliche Studie zu Mt 8,21f und Jesu Ruf in die Nachfolge (BZNW 34), Berlin 1968

--- Der Sohn Gottes. Die Entstehung der Christologie und die jüdisch-hellenistische Religionsgeschichte, Tübingen 1977 (2. Aufl.)

--- Die Ursprünge der christlichen Mission: NTS 18(1971/72) 15-38

--- War Jesus Revolutionär? (CwH 110), Stuttgart 1970

--- Die Zeloten. Untersuchungen zur jüdischen Freiheitsbewegung in der Zeit von Herodes I. bis 70 n. Chr. (AGJU 1), Leiden 1976 (2. Aufl.)

--- Zur urchristlichen Geschichtsschreibung, Stuttgart 1979

--- Zwischen Jesus und Paulus. Die "Hellenisten" und die "Sieben" und Stephanus (Apg 6,1-15; 7,54-8,3): ZThK 72(1975) 151-206

HOFFMANN, P., Anfänge der Theologie der Logienquelle, in: SCHREINER/ DAUTZENBERG (Hg), Gestalt 134-152

--- Die bessere Gerechtigkeit. Auslegung der Bergpredigt III/IV: BiLe 10(1969) 175-189.264-275

--- "Er weiss, was ihr braucht ..." (Mt 6,7). Jesu einfache und konkrete Rede von Gott, in: N. LOHFINK u.a., "Ich will euer Gott werden". Beispiele biblischen Redens von Gott (SBS 100) Stuttgart 1981, 151-176

--- Eschatologie und Friedenshandeln in der Jesusüberlieferung, in: LUZ, Eschatologie 115-152

--- Jesusverkündigung in der Logienquelle, in: PESCH (Hg), Jesus 50-70

--- Lk 10,5-11 in der Instruktionsrede der Logienquelle, in EKK.V 3, Zürich 1971, 37-53

--- Pantes ergatai adikias. Redaktion und Tradition in Lk 13, 22-30: ZNW 58(1967) 188-214

--- Rez. zu A. Polag, Die Christologie der Logienquelle: ThRev 79(1983) 205-208

--- Rez. zu S. Schulz, Q - Die Spruchquelle der Evangelisten: BZ 19(1975) 104-115

--- Die Stellung der Bergpredigt im Matthäusevangelium. Auslegung der Bergpredigt I: BiLe 10(1969) 57-65

--- Studien zur Theologie der Logienquelle (NTA 8), Münster 1982 (3. Aufl.)

--- Tradition und Situation. Zur "Verbindlichkeit" des Gebots der Feindesliebe in der synoptischen Ueberlieferung und in der gegenwärtigen Friedensdiskussion, in: KERTELGE (Hg), Ethik 50-118

--- Die Versuchungsgeschichte in der Logienquelle. Zur Auseinandersetzung der Judenchristen mit dem politischen Messianismus: BZ 13(1969) 207-223

---/EID, V., Jesus von Nazareth und eine christliche Moral. Sittliche Perspektiven der Verkündigung Jesu (QD 66), Freiburg 1975

HOHEISEL, K., Das antike Judentum in christlicher Sicht. Ein Beitrag zur Forschungsgeschichte (SOR 2), Wiesbaden 1978

HORN, F.W., Glaube und Handeln in der Theologie des Lukas (GTA 26), Göttingen 1983

HUBAUT, M., Jésus et la loi de Moise: RTL 7(1976) 401-425

HUBER, W., Feindschaft und Feindesliebe. Notizen zum Problem des "Feindes" in der Theologie: ZEE 26(1982) 128-158

HUEBNER, H., Das Gesetz als elementares Thema einer biblischen Theologie: KuD 22(1976) 250-276 (="Thema")

--- Das Gesetz in der synoptischen Tradition. Studien zu einer progressiven Qumranisierung und Judaisierung innerhalb der synoptischen Tradition, Witten 1973 (="Gesetz")

--- Mark VII,1-23 und das jüdisch-hellenistische Gesetzesverständnis: NTS 22(1976) 319-345

ISER, W., Die Appellstruktur der Texte, in: WARNING (Hg), Rezeptionsästhetik 228-252

--- Im Lichte der Kritik, aaO 325-342

--- Der Lesevorgang, aaO 253-276

JAUSS, H.R., Literaturgeschichte als Provokation der Literaturwissenschaft, in: WARNING (Hg), Rezeptionsästhetik, 126-162

--- Die Partialität der rezeptionsästhetischen Methode. Nachwort zu: Racines und Goethes Iphigenie, in: WARNING (Hg), Rezeptionsästhetik 380-394

--- Zur Fortsetzung des Dialogs zwischen 'bürgerlicher' und 'materialistischer' Rezeptionsästhetik, in: WARNING (Hg), Rezeptionsästhetik 343-352

JEREMIAS, J., Die Gleichnisse Jesu. Kurzausgabe (GTB 43), Gütersloh 1978 (7. Aufl.)

--- Neutestamentliche Theologie. I. Die Verkündigung Jesu, Gütersloh 1971 (2. Aufl.)

--- Die Sprache des Lukasevangeliums. Redaktion und Tradition im Nicht-Markusstoff des dritten Evangeliums (KEK Sonderband), Göttingen 1980

JERVELL, J., The Law in Luke-Acts, in: Ders., Luke and the People of God. A new look at Luke-Acts, Minneapolis 1972

JOCZ, J., Jesus and the Law: Jud 26(1970) 105-124

KAESEMANN, E., Die neue Jesus-Frage, in: DUPONT (Hg), Jésus 47-57

--- Das Problem des historischen Jesus, in: Ders., Exegetische Versuche und Besinnungen I, Göttingen 1970 (6. Aufl.), 187-214

--- Sackgassen im Streit um den historischen Jesus, in: Ders., Exegetische Versuche und Besinnungen II, Göttingen 1968 (3. Aufl.), 31-68

KALUSCHE, M., "Das Gesetz als Thema biblischer Theologie"? Anmerkungen zu einem Entwurf Peter Stuhlmachers: ZNW 77(1986) 194-205

KATZ, F., Lk 9,52-11,36. Beobachtungen zur Logienquelle und ihrer hellenistisch-judenchristlichen Redaktion, Mainz 1973 (Diss. masch.)

KATZ, S.T. Issues in the Separation of Judaism and Christianity after 70 C.E.: A Reconsideration: JBL 103(1984) 43-76

KELLERMANN, U., Messias und Gesetz. Grundlinien einer alttestamentlichen Heilserwartung. Eine traditionsgeschichtliche Einführung (BSt 61), Neukirchen 1971

<u>KERTELGE</u>, K. (Hg), <u>Ethik</u> im Neuen Testament (QD 102), Freiburg 1984

<u>KERTELGE</u>, K. (Hg), Das <u>Gesetz</u> im Neuen Testament (QD 108), Freiburg 1986

<u>KERTELGE</u>, K. (Hg), <u>Rückfrage</u> nach Jesus. Zur Methodik und Bedeutung der Frage nach dem historischen Jesus (QD 63), Freiburg 1974

KLEIN, C., Theologie und Antijudaismus. Eine Studie zur deutschen theologischen Literatur der Gegenwart (Abh. zum jüd.-christl. Dialog 6), München 1975

KLEIN, P., Die lukanischen Weherufe Lk 6,24-26: ZNW 71(1980) 150-159

KLOPPENBORG, J.S., The Formation of Q and Antique Instructional Genres: JBL 105(1986) 443-462

--- Tradition and Redaction in the Synoptic Sayings Source: CBQ 46 (1984) 34-62

KOCH, K., Ratlos vor der Apokalyptik. Eine Streitschrift über ein vernachlässigtes Gebiet der Bibelwissenschaft und die schädlichen Auswirkungen auf Theologie und Philosophie, Gütersloh 1970

--- Was ist Formgeschichte? Methoden der Bibelexegese, Neukirchen 1981 (4. Aufl.)

KOSCH, D., Die Gottesherrschaft im Zeichen des Widerspruchs. Traditions- und redaktionsgeschichtliche Untersuchung von Lk 16,16//Mt 11,12f bei Jesus, Q und Lukas (EHS 23/257), Bern 1985

KRIEGER, K.-S., Das Publikum der Bergpredigt (Mt 4,23-25). Ein Beitrag zur Frage: Wem gilt die Bergpredigt?: Kairos 28(1986) 98-119

KUECHLER, M., Frühjüdische Weisheitstraditionen. Zum Fortgang weisheitlichen Denkens im Bereich des frühjüdischen Jahweglaubens (OBO 26), Fribourg 1979

KUEMMEL, W.G., Dreissig Jahre Jesusforschung (1950-1980). Hg von H. Merklein (BBB 60), Königstein 1985

--- Einleitung in das Neue Testament, Heidelberg 1978 (19. Aufl.)

--- Die Theologie des Neuen Testaments nach seinen Hauptzeugen Jesus, Paulus, Johannes (GNT 3), Göttingen 1980 (4. Aufl.)

--- Verheissung und Erfüllung (AThANT 6), Zürich 1956 (3. Aufl.)

--- Die Weherufe über die Schriftgelehrten und Pharisäer (Matthäus 23,13-36), in: Ders., Heilsgeschehen und Geschichte II. Gesammelte Aufsätze 1965-1977 (MThSt 16), Marburg 1978, 29-38

LAMBRECHT, J., Ich aber sage euch. Die Bergpredigt als programmatische Rede Jesu (Mt 5-7, Lk 6,20-49), Stuttgart 1984

--- Jesus and the Law. An Investigation of Mk 7,1-23: EThL 53 (1977) 24-82

LAMPE, P., Die Apokalyptiker - ihre Situation und ihr Handeln, in: LUZ, Eschatologie 59-114

LAPIDE, P./LUZ, U., Der Jude Jesus. Thesen eines Juden - Antworten eines Christen, Zürich 1983 (3. Aufl.)

LAUFEN, R., Die Doppelüberlieferungen der Logienquelle und des Markusevangeliums (BBB 54), Königstein 1980

LEGASSE, S., L'oracle contre "cette génération" (Mt 23,34-36 par Lc 11,49-51) et la polémique judéo-chrétienne dans la source des logia, in: DELOBEL (Hg), Logia 237-256

LEIPOLDT, J./GRUNDMANN, W. (Hg), Umwelt des Urchristentums. I. Darstellung des neutestamentlichen Zeitalters; II. Texte zum neutestamentlichen Zeitalter, Berlin 1982 (6. Aufl.)

LENTZEN-DEIS, F., Kriterien für die historische Beurteilung der Jesusüberlieferung in den Evangelien, in: KERTELGE (Hg), Rückfrage 78-117

LIMBECK, M., Die Ordnung des Heils. Untersuchungen zum Gesetzesverständnis des Frühjudentums (KBANT), Düsseldorf 1971

--- Von der Ohnmacht des Rechts. Zur Gesetzeskritik des Neuen Testaments (Theol. Perspektiven), Düsseldorf 1972

LINDEMANN, A., Literaturbericht zu den synoptischen Evangelien 1978-1983: ThR 49(1984) 223-276.311-376

LINK, H., Rezeptions-Forschung. Eine Einführung in Methoden und Probleme (Urban-TB 215), Stuttgart 1980 (2. Aufl.)

LOHFINK, G., Jesus und die Ehescheidung. Zur Gattung und Sprachintention von Mt 5,32, in: MERKLEIN/LANGE (Hg), Randbemerkungen 207-217

--- Die Sammlung Israels. Eine Untersuchung zur lukanischen Ekklesiologie (StANT 39), München 1975

--- Wem gilt die Bergpredigt? Eine redaktionskritische Untersuchung zu Mt 4,23-5,2 und 7,23f: ThQ 163(1983) 264-284

--- Wie hat Jesus Gemeinde gewollt?, Freiburg 1982 (2. Aufl.)

LOHSE, E., Die Entstehung des Neuen Testaments (ThW 4), Stuttgart 1983 (4. Aufl.)

--- Grundriss der neutestamentlichen Theologie (ThW 5), Stuttgart 1979 (2. Aufl.)

--- "Ich aber sage euch", in: Ders./C. BURCHARD/B. SCHALLER (Hg), Ruf 189-203

--- Jesu Worte über den Sabbat, in: W. ELTESTER (Hg), Judentum - Urchristentum - Kirche (FS J. Jeremias) (BZNW 26), Berlin 1960, 79-89

--- Umwelt des Neuen Testaments (GNT 1), Göttingen 1971

LOHSE, E./BURCHARD, C./SCHALLER, B. (Hg), Der Ruf Jesu und die Antwort der Gemeinde (FS J. Jeremias), Göttingen 1970

LUEHRMANN, D., Auslegung des Neuen Testaments (Zürcher Grundrisse zur Bibel), Zürich 1984

--- Die Frage nach Kriterien für ursprüngliche Jesusworte - eine Problemskizze, in: DUPONT (Hg), Jésus 59-72

--- "Liebet eure Feinde" (Lk 6,27-36/Mt 5,39-48): ZThK 69 (1972) 412-438

--- Die Redaktion der Logienquelle (WMANT 33), Neukirchen 1969

LUZ, U., Einige Erwägungen zur Auslegung Gottes in der ethischen Verkündigung Jesu, in: EKK.V 2, Zürich 1970, 119-130

--- Die Erfüllung des Gesetzes bei Matthäus: ZThK 75(1978) 398-435

--- Das Jesusbild der vormarkinischen Tradition, in: G. STRECKER (Hg), Jesus 347-374

--- Jesus und die Pharisäer: Jud 38(1982) 229-246 (= "Pharisäer")

--- Jesus und die Tora: EvErz 34(1982) 111-124 (= "Tora")

--- Sermon on the Mount/Plain: Reconstruction of QMt and QLk: Seminar Papers der SBL 1983, 473-479

--- Text der Logienquelle (unpubliziertes Arbeitspapier)

--- Die wiederentdeckte Logienquelle: EvTh 33(1973) 527-533

--- Wirkungsgeschichtliche Exegese. Ein programmatischer Arbeitsbericht mit Beispielen aus der Bergpredigtexegese: BThZ 2 (1985) 18-32

LUZ, U., u.a., Eschatologie und Friedenshandeln. Exegetische Beiträge zur Frage christlicher Friedensverantwortung (SBS 101), Stuttgart 1981

MACCOBY, H., The Washing of Cups: JSNT 14(1982) 3-15

MAERZ, C.-P., "Feuer auf die Erde zu werfen, bin ich gekommen ...". Zum Verständnis und zur Entstehung von Lk 12,49, in: A Cause de l' Evangile (FS J. Dupont) (LeDiv 123), Paris 1985, 479-511

MAHNKE, H., Die Versuchungsgeschichte im Rahmen der synoptischen Evangelien. Ein Beitrag zur frühen Christologie (BET 9), Frankfurt 1978

MAIER, J., Gewundene Wege der Rezeption. Zur neueren jüdischen Jesusforschung: HerKorr 30(1976) 313-319

--- Jesus von Nazareth und sein Verhältnis zum Judentum. Aus der Sicht eines Judaisten, in: ECKERT/HENRIX (Hg), Jude-Sein 69-113

--- Kontinuität und Neuanfang, in: Ders./SCHREINER (Hg), Literatur 1-18

--- Lebensbild der Gemeinde, in: Ders./K. SCHUBERT, Die Qumran-Essener. Texte der Schriftrollen und Lebensbild der Gemeinde (UTB 224), München 1982, 9-141

---/NEUSNER, J., Die gesetzlichen Ueberlieferungen, in: MAIER/SCHREINER (Hg), Literatur 57-72

MAIER, J.,/SCHREINER, J. (Hg), Literatur und Religion des Frühjudentums. Eine Einführung, Würzburg 1973

MARGUERAT, D., Le Jugement dans l'Evangile de Matthieu, Genève 1981

--- Strukturale Textlektüren des Evangeliums, in: PFAMMATTER/FURGER (Hg), Methoden 41-86

MARSHALL, I.H., How to solve the Synoptic Problem: Luke 11,43 and Parallels, in: W.C. WEINRICH (Hg), The New Testament Age (FS B. Reicke) II, Macon 1984, 313-325

MARXSEN, W., Einleitung in das Neue Testament. Eine Einführung in ihre Probleme, Gütersloh 1978 (4. Aufl.)

MATHYS, H.-P., Liebe deinen Nächsten wie dich selbst. Untersuchungen zum alttestamentlichen Gebot der Nächstenliebe (Lev 19,18) (OBO 71), Freiburg 1986

MAYER, R., Der Anfang des Evangeliums in Galiläa: BiKi 36(1981) 213-221

Mc ELENEY, N.J., Orthodoxy in Judaism of the First Chrsitian Century: JSJ 4(1973) 19-42 (= "Orthodoxy (1973)")

--- Orthodoxy in Judaism of the First Christian Century. Replies to David E. Aune and Lester L. Grabbe: JSJ 7(1978) 83-88 (= "Orthodoxy (1978)")

MEIER, J.P., Law and History in Matthew's Gospel (AnBib 71), Rom 1976

MERKLEIN, H., Die Gottesherrschaft als Handlungsprinzip. Untersuchung zur Ethik Jesu (FzB 34), Würzburg 1981 (2. Aufl.)

--- Jesu Botschaft von der Gottesherrschaft. Eine Skizze (SBS 111), Stuttgart 1983

--- Die Umkehrpredigt bei Johannes dem Täufer und Jesus von Nazareth: BZ 25(1981) 29-46

MERKLEIN, H./LANGE, J. (Hg), Biblische Randbemerkungen (Schüler-FS R. Schnackenburg), Würzburg 1974

METZGER, B.M., A Textual Commentary on the Greek New Testament, London 1975

MEYER, P.D., The Gentile Mission in Q: JBL 89(1970) 405-417

MINEAR, P.S., Audience Criticism and Markan Ecclesiology, in: H. BALTENSWEILER/B. REICKE (Hg), Neues Testament und Geschichte (FS O. Cullmann), Tübingen 1972, 79-89

--- Jesus' Audiences according to Luke: NT 16(1974) 81-109

MONSENGWO PASINYA, L., La Notion de NOMOS dans le Pentateuque Grec (AnBib 53), Rom 1973

MOO, D.J., Jesus and the Authority of the Mosaic Law: JStNT 20(1984) 3-49

MUDISO M. MUNDLA, J.G., Jesus und die Führer Israels. Studien zu den sog. Jerusalemer Streitgesprächen (NTA 17), Münster 1984

MUELLER, K., Gesetz und Gesetzeserfüllung im Frühjudentum, in: KERTELGE (Hg), Gesetz 11-27

--- Jesus und die Sadduzäer, in: MERKLEIN/LANGE (Hg), Randbemerkungen 3-24

--- Das Judentum in der religionsgeschichtlichen Arbeit am Neuen Testament. Eine kritische Rückschau auf die Entwicklung einer Methodik bis zu den Qumranfunden (Judentum und Umwelt 6), Frankfurt 1983

MUELLER, P.G., Der Traditionsprozess im Neuen Testament. Kommunikationsanalytische Studien zur Versprachlichung des Jesusphänomens, Freiburg 1982

MUELLER, U.B. Zur Rezeption gesetzeskritischer Jesusüberlieferung im frühen Christentum: NTS 27(1980/1) 158-185

--- Vision und Botschaft. Erwägungen zur prophetischen Struktur der Verkündigung Jesu: ZThK 74(1977) 416-448

MUENCHOW, C., Ethik und Eschatologie. Ein Beitrag zum Verständnis der frühjüdischen Apokalyptik, Göttingen 1981

MUSSNER, F., Gab es eine "galiläische Krise"?, in: P. HOFFMANN (Hg), Orientierung an Jesus. Zur Theologie der Synoptiker (FS J. Schmid), Freiburg 1973, 238-252

--- Das Toraleben im jüdischen Verständnis, in: KERTELGE (Hg), Gesetz 28-45

--- Traktat über die Juden, München 1979

--- (und Mitarbeiter), Methodologie der Rückfrage nach dem historischen Jesus, in: KERTELGE (Hg), Rückfrage 118-147

NEIRYNCK, F., L'édition du texte de Q: EThL 55(1979) 373-381

--- Recent Developments in the Study of Q, in: DELOBEL (Hg), Logia 29-75

--- Once more: The Symbol Q: EThL 55(1979) 382-383

--- The Sermon on the Mount in the Gospel Synopsis: EThL 52(1976) 350-357

--- Studies on Q since 1972: EThL 56(1980) 409-413

--- The Symbol Q (=Quelle): EThL 54(1978) 119-125

---/VAN SEGBROECK, F., Q Bibliography, in: DELOBEL (Hg), Logia 561-586

NEUGEBAUER, F., Jesu Versuchung. Wegentscheidung am Anfang, Tübingen 1986

NEUSNER, J., "First Cleanse the Inside". The "Halakhic" Background of a Controversy-Saying: NTS 22(1976) 486-495

--- Die pharisäischen rechtlichen Ueberlieferungen, in: MAIER/ SCHREINER, Literatur, 64-72

--- The Rabbinic Traditions about the Pharisees before 70, I-III, Leiden 1971

--- Die Verwendung des späteren rabbinischen Materials für die Erforschung des Pharisäismus im 1. Jahrhundert n. Chr., in: Ders., Das pharisäische und talmudische Judentum. Neue Wege zu seinem Verständnis, Tübingen 1984, 93-111

NIEBUHR, K.-W., Gesetz und Paränese. Katechismusartige Weisungsreihen in der frühjüdischen Literatur (WUNT II/28), Tübingen 1987

NISSEN, A., Gott und der Nächste im antiken Judentum. Untersuchungen zum Doppelgebot der Liebe (WUNT 15), Tübingen 1974

--- Tora und Geschichte im Spätjudentum. Zu Thesen Dietrich Rösslers: NT 9(1967) 241-277

NOLL, P., Jesus und das Gesetz. Rechtliche Analyse der Normkritik in der Lehre Jesu (SGV 253), Tübingen 1968

OBERLINNER, L., Todeserwartung und Todesgewissheit Jesu. Zum Problem einer historischen Begründung (SBB 10), Stuttgart 1980

OPPENHEIMER, A., The AM HA-ARETZ. A Study in the Social History of the Jewish People in the Hellenistic-Roman Period (LGHJ 8), Leiden 1977

OSTEN-SACKEN, P. v.d., Grundzüge einer Theologie im christlich-jüdischen Gespräch (Abh. z. jüd.-christl. Dialog 12), München 1982

PASCHEN, W., Rein und unrein. Untersuchung zur biblischen Wortgeschichte (StANT 24), München 1970

PERRIN, N., Was lehrte Jesus wirklich? Rekonstruktion und Deutung, Göttingen 1972

PESCH, R., Christliche und jüdische Jesusforschung. Uebersicht und kritische Würdigung, in: PESCH (Hg), Jesus 10-37

--- Ueber die Autorität Jesu. Eine Rückfrage anhand des Bekenner- und Verleugnerspruchs Lk 12,8f par., in: Ders./R. SCHNACKENBURG (Hg), Jesus und der Menschensohn (FS A. Vögtle), Freiburg 1975

--- Voraussetzungen und Anfänge der urchristlichen Mission, in: K. KERTELGE (Hg), Mission im Neuen Testament (QD 93), Freiburg 1982, 11-70

---/KRATZ, R., So liest man synoptisch. Anleitung und Kommentar zum Studium der synoptischen Evangelien I-VII, Frankfurt 1975-1980

PESCH, W. (Hg), Jesus in den Evangelien (SBS 45), Stuttgart 1972 (2. Aufl.)

PEUKERT, H., Wissenschaftstheorie - Handlungstheorie - Fundamentale Theologie. Analysen zu Ansatz und Status theologischer Theoriebildung (stw 231), Frankfurt 1978

PFAMMATTER, J., Katholische Jesusforschung im deutschen Sprachraum. 200 Jahre nach Reimarus, in: Ders./FURGER, Zugänge 101-148

PFAMMATTER, J./FURGER, F. (Hg), Methoden der Evangelien-Exegese (ThBer 13), Zürich 1985

PFAMMATTER, J./FURGER, F. (Hg), Zugänge zu Jesus (ThBer 7), Zürich 1978

PIPER, J., "Love your ennemies." Jesus' Love Command in the Synoptic Gospels and in the Early Christian Paraenesis. A History of the Tradition and Interpretation of its Uses (MSSNTS 38), Cambridge 1979

POKORNY, P., Die Worte Jesu nach der Logienquelle im Lichte des zeitgenössischen Judentums: Kairos 11(1969) 172-180

POLAG, A., Die Christologie der Logienquelle (WMANT 45), Neukirchen 1971

--- Fragmenta Q, Textheft zur Logienquelle, Neukirchen 1982 (2. Aufl.)

--- Die theologische Mitte der Logienquelle, in: P. STUHLMACHER (Hg), Evangelium 103-111

PRAST, F., Ein Appell zur Besinnung auf das Juden wie Christen gemeinsam verpflichtende Erbe im Munde Jesu. Das Anliegen einer alten vormarkinischen Tradition (Mk 12,28-34), in: GOLDSTEIN (Hg.), Gottesverächter 79-98

RAD, G. v., Theologie des Alten Testaments I.II (KT 2.3), München 1987 (9. Aufl.)

REUTER, H.-R., Liebet eure Feinde! Zur Aufgabe einer politischen Ethik im Licht der Bergpredigt: ZEE 26(1982) 159-187

RICHTER, W., Exegese als Literaturwissenschaft. Entwurf einer alttestamentlichen Literaturtheorie und Methodologie, Göttingen 1971

RIESNER, R., Jesus als Lehrer. Eine Untersuchung zum Ursprung der Evangelien-Ueberlieferung (WUNT II/7), Tübingen 1984 (2. Aufl.)

ROBINSON, J.M., LOGOI SOPHON: Zur Gattung der Spruchquelle Q, in: Ders./H. KOESTER, Entwicklungslinien durch die Welt des frühen Christentums, Tübingen 1971, 67-106

ROESSLER, D., Gesetz und Geschichte. Untersuchungen zur Theologie der jüdischen Apokalyptik und der pharisäischen Orthodoxie (WMANT 3), Neukirchen 1962 (2. Aufl.)

ROLOFF, J., Das Kerygma und der irdische Jesus. Historische Motive in den Jesuserzählungen der Evangelien, Göttingen 1970

SAND, A., Das Gesetz und die Propheten. Untersuchungen zur Theologie des Evangeliums nach Matthäus (BU 11), Regensburg 1974
--- Rez. zu K. BERGER, Die Gesetzesauslegung Jesu I: ThRev 70 (1974) 207-209
SANDERS, E.P., Jesus and Judaism, London 1985
--- Paulus und das palästinische Judentum. Ein Vergleich zweier Religionsstrukturen (StUNT 17), Göttingen 1985
SATO, M., Q und Prophetie. Studien zur Gattungs- und Traditionsgeschichte der Quelle Q, Bern 1984 (Diss. masch.)
SAUER, J., Traditionsgeschichtliche Erwägungen zu den synoptischen und paulinischen Aussagen über Feindesliebe und Wiedervergeltungsverzicht: ZNW 76(1985) 1-26
SCHAEFER, P., Die Torah der messianischen Zeit: ZNW 65(1974) 27-42
--- Rez. zu A. NISSEN, Gott und der Nächste im Antiken Judentum: ThLZ 102(1977) 432-437
SCHENK, W., Der Einfluss der Logienquelle auf das Markusevangelium: ZNW 30 (1979) 141-165
--- Der Passionsbericht nach Markus. Untersuchungen zur Ueberlieferungsgeschichte der Passionstraditionen, Gütersloh 1974
--- Synopse der Redenquelle der Evangelien. Q-Synopse und Rekonstruktion in deutscher Uebersetzung mit kurzen Erläuterungen, Düsseldorf 1981
SCHLIEBEN-LANGE, B., Linguistische Pragmatik (Urban-TB 198), Stuttgart 1979 (2. Aufl.)
SCHMIDT, S.J., Texttheorie. Probleme einer Linguistik der sprachlichen Kommunikation (UTB 202), München 1976 (2. Aufl.)
SCHMAHL, G., Die Antithesen der Bergpredigt. Inhalt und Eigenart ihrer Forderungen: TThZ 83(1974) 284-297
SCHMITHALS, W., Einleitung in die ersten drei Evangelien, Berlin 1985
SCHNACKENBURG, R., Das Urchristentum, in: MAIER/SCHREINER, Literatur 284-309
--- Die sittliche Botschaft des Neuen Testaments I. Von Jesus zur Urkirche (HThK Suppl 1), Freiburg 1986
SCHNEIDER, G., Jesu Wort über die Ehescheidung in der Ueberlieferung des Neuen Testaments: TrThZ 80(1971) 65-87
--- Die Neuheit der christlichen Nächstenliebe: TrThZ 82 (1973) 257-264
SCHOEPS, H.J., Jesus und das jüdische Gesetz, in: Ders., Aus frühchristlicher Zeit. Religionsgeschichtliche Untersuchungen, Tübingen 1950, 212-220
--- Jesus und das jüdische Gesetz (1953), in: Ders., Studien zur unbekannten Religions- und Geistesgeschichte, Göttingen 1963, 41-61
SCHOTTROFF, L., Gewaltverzicht und Feindesliebe in der urchristlichen Jesustradition. Mt 5,43-48, Lk 6,27-36, in: G. STRECKER (Hg), Jesus 197-221
--- Das Gleichnis vom grossen Gastmahl in der Logienquelle: EvTh 47(1987) 192-211
---/STEGEMANN, W., Jesus von Nazareth - Hoffnung der Armen (UrbanTB 639), Stuttgart 1981 (2. Aufl.)
SCHRAGE, W., Ethik des Neuen Testaments (GNT 4), Göttingen 1982
SCHRAMM, T., Der Markus-Stoff bei Lukas. Eine literarkritische und redaktionsgeschichtliche Untersuchung (MSSNTS 14), Cambridge 1971

SCHREINER, J./DAUTZENBERG, G. (Hg), Gestalt und Anspruch des Neuen Testaments, Würzburg 1969
SCHUBERT, K., Jesus im Licht der Religionsgeschichte des Judentums, Wien 1973
--- Die jüdischen Religionsparteien in neutestamentlicher Zeit (SBS 43), Stuttgart 1970
SCHUERMANN, H., Beobachtungen zum Menschensohn-Titel in der Redequelle. Sein Vorkommen in Abschluss- und Einleitungswendungen, in: Ders., Reich 153-182
--- Der "Bericht vom Anfang", in: Ders., Untersuchungen 69-80
--- Die Dubletten im Lukasevangelium. Ein Beitrag zur Verdeutlichung des lukanischen Redaktionsverfahrens, in: Ders., Untersuchungen 272-278
--- Die Dublettenvermeidungen im Lukasevangelium. Ein Beitrag zur Verdeutlichung des lukanischen Redaktionsverfahrens, in: Ders., Untersuchungen 279-289
SCHUERMANN, H., Gottes Reich - Jesu Geschick. Jesu ureigener Tod im Lichte seiner Basileia-Verkündigung, Freiburg 1983
--- Das hermeneutische Hauptproblem der Verkündigung Jesu. Eschato-logie und Theo-logie im gegenseitigen Verhältnis, in: Ders., Untersuchungen 13-35
--- Jesu ureigenes Basileia-Verständnis, in: Ders., Reich 21-64
--- Kritische Jesuserkenntnis. Zur kritischen Handhabung des "Unähnlichkeitskriteriums": BiLi 54(1981) 17-26
--- Mt 10,5b-6 und die Vorgeschichte des synoptischen Aussendungsberichtes, in: Ders., Untersuchungen 137-149
--- Lk 22,19b-20 als ursprüngliche Textüberlieferung, in: Ders., Untersuchungen 159-192
--- Die Redekomposition wider "dieses Geschlecht" und seine Führung in der Redenquelle (vgl. Mt 23,1-39 par Lk 11,37-54). Bestand - Akoluthie - Kompositionsformen: SNTU 11(1986) 33-81
--- Protolukanische Spracheigentümlichkeiten? Zu Fr. Rehkopf, Die lukanische Sonderquelle. Ihr Umfang und Sprachgebrauch, in: Ders., Untersuchungen 209-227
--- Die Sprache des Christus. Sprachliche Beobachtungen an den synoptischen Herrenworten, in: Ders., Untersuchungen 83-108
--- Sprachliche Reminiszenzen an abgeänderte oder ausgelassene Bestandteile der Redequelle im Lukas- und Matthäusevangelium, in: Ders., Untersuchungen 111-125
--- Das Thomasevangelium und das lukanische Sondergut, in: Ders., Untersuchungen 228-247
SCHUERMANN, H., Traditionsgeschichtliche Untersuchungen zu den synoptischen Evangelien (KBANT), Düsseldorf 1968
--- Die vorösterlichen Anfänge der Logientradition, in: Ders., Untersuchungen 39-65
--- Die Warnung des Lukas vor der Falschlehre in der "Predigt am Berge" Lk 6,20-49, in: Ders., Untersuchungen 290-309
--- "Wer daher eines dieser geringsten Gebote auflöst ..." Wo fand Matthäus das Logion Mt 5,19?, in: Ders., Untersuchungen 126-136
--- Das Zeugnis der Redenquelle für die Basileia-Verkündigung Jesu. Eine traditionsgeschichtliche Untersuchung, in: Ders., Reich 65-152

SCHULZ, S., Die Anfänge urchristlicher Verkündigung. Zur Traditions- und Theologiegeschichte der ältesten Christenheit, in: U. LUZ/H. WEDER (Hg), Die Mitte des Neuen Testaments (FS E. Schweizer), Göttingen 1983, 254-271

--- "Die Gottesherrschaft ist nahe herbeigekommen" (Mt 10,7/Lk 10,9). Der kerygmatische Entwurf der Q-Gemeinde Syriens, in: H. BALZ/S. SCHULZ (Hg), Das Wort und die Wörter (FS G. Friedrich), Stuttgart 1973, 57-67

--- Griechisch-deutsche Synopse der Q-Ueberlieferungen, Zürich 1972

--- Der historische Jesus. Bilanz der Fragen und Lösungen, in: STRECKER (Hg), Jesus 3-25

--- Die neue Frage nach dem historischen Jesus, in: H. BALTENSWEILER/B. REICKE (Hg), Neues Testament und Geschichte (FS O. Cullmann), Zürich 1972, 33-42

--- Neutestamentliche Ethik (Zürcher Grundrisse zur Bibel), Zürich 1987

--- Q - Die Spruchquelle der Evangelisten, Zürich 1972

SCHWEIZER, E., Jesus Christus im vielfältigen Zeugnis des Neuen Testaments (GTB 126), Gütersloh 1979 (5. Aufl.)

--- Die Kirche des Matthäus, in: Ders., Matthäus 138-170

SCHWEIZER, E., Matthäus und seine Gemeinde (SBS 71), Stuttgart 1974

--- Noch einmal Mt 5,17-20, in: Ders., Matthäus 78-85

--- Zur Frage der Quellenbenutzung durch Lukas, in: Ders., Neues Testament und Christologie im Werden. Aufsätze, Göttingen 1982, 33-85

SEITZ, O.J.F., Love Your Enemies. The Historical Setting of Matthew 5,43f; Luke 6,27f: NTS 16(1969/70) 39-54

SELLIN, G., Komposition, Quellen und Funktion des lukanischen Reiseberichtes (Lk 9,51-19,28): NT 20(1978) 100-135

--- Lukas als Gleichniserzähler: Die Erzählung vom barmherzigen Samariter (Lk 10,25-37): ZNW 65(1974) 166-189; 66(1975) 19-60

--- Rez. zu R. BANKS, Jesus and the Law in the Synoptic Tradition: ThLZ 103(1978) 112-115

SIMONIS, W., Jesus von Nazareth. Seine Botschaft vom Reich Gottes und der Glaube der Urgemeinde. Historisch-kritische Erhellung der Ursprünge des Christentums, Düsseldorf 1985

SLINGERLAND, D., The Nature of Nomos (Law) within the Testaments oft the Twelve Patriarchs: JBL 105(1986) 39-48

SMEND, R./LUZ, U., Gesetz (Biblische Konfrontationen 1015), Stuttgart 1981

SOEDING, T., Glaube bei Markus. Glaube an das Evangelium, Gebetsglaube und Wunderglaube im Kontext der markinischen Basileiatheologie und Christologie (SBB 12), Stuttgart 1985

STAUFFER, E., Die Botschaft Jesu. Damals und heute (DalpTB 333) Bern 1959

STECK, O.H., Israel und das gewaltsame Geschick der Propheten. Untersuchungen zur Ueberlieferung des deuteronomistischen Geschichtsbildes im Alten Testament, Spätjudentum und Urchristentum (WMANT 23), Neukirchen 1967

STEELE, E.S., Luke 11,37-54 - A Modified Hellenistic Symposium?: JBL 103 (1984) 379-394

STEGEMANN, W., Wanderradikalismus im Urchristentum? Historische und theologische Auseinandersetzung mit einer interessanten These, in: W. SCHOTTROFF/W. STEGEMANN (Hg), Der Gott der kleinen Leute. Sozialgeschichtliche Bibelauslegungen. II. Neues Testament, München 1979 (2. Aufl.), 94-120

STENGER, W., Zur Rekonstruktion eines Jesusworts anhand der synoptischen Ehescheidungslogien (Mt 5,32;19,9; Lk 10,11f(!); Mk 10,11f): Kairos 27(1985) 194-205

--- Die Seligpreisung der Geschmähten (Mt 5,11-12; Lk 6,22-23): Kairos 28(1986) 33-60

--- Sozialgeschichtliche Wende und historischer Jesus: Kairos 28 (1986) 11-22

STOCK, A., Ueberlegungen zur Methode eines theologischen Kommentars, in: EKK.V 4, Zürich 1972, 75-96

--- Umgang mit theologischen Texten, Zürich 1974

STRACK, H.L./STEMBERGER G., Einleitung in Talmud und Midrasch (Beck'sche Elementarbücher), München 1982 (7. Aufl.)

STRECKER, G., Die Antithesen der Bergpredigt: ZNW 69(1978) 36-72

--- Die Bergpredigt. Ein exegetischer Kommentar, Göttingen 1984

--- Die Makarismen der Bergpredigt: NTS 17(1970/71) 255-275

STRECKER, G. (Hg), Jesus Christus in Historie und Theologie (FS H. Conzelmann), Tübingen 1975

---/SCHNELLE, U., Einführung in die neutestamentliche Exegese (UTB 1253), Göttingen 1983

STRUNK, R., Nachfolge Christi. Erinnerungen an eine evangelische Provokation, München 1981

STUHLMACHER, P., Das Gesetz als Thema biblischer Theologie, in: Ders., Versöhnung, Gesetz und Gerechtigkeit. Aufsätze zur biblischen Theologie, Göttingen 1981, 136-165

STUHLMACHER, P. (Hg), Das Evangelium und die Evangelien. Vorträge vom Tübinger Symposion 1982 (WUNT 28), Tübingen 1983

SUGGS, M.J., The Antitheses as Redactional Products, in: STRECKER (Hg), Jesus 433-444

TAYLOR, V., The Order of Q: JThSt 4(1953) 27-31

--- The Original Order of Q, in: A.J.B. HIGGINS (Hg), New Testament Essays (FS T.W. Manson), Manchester 1959, 246-269

THEISSEN, G., Gewaltverzicht und Feindesliebe (Mt 5,38-48/Lk 6,27-38) und deren sozialgeschichtlicher Hintergrund, in: Ders., Studien 160-197

--- Legitimation und Lebensunterhalt. Ein Beitrag zur Soziologie urchristlicher Missionare, in: Ders., Studien 201- 230

--- Der Schatten des Galiläers. Historische Jesusforschung in erzählender Form, München 1986

--- Soziologie der Jesusbewegung. Ein Beitrag zur Entstehungsgeschichte des Urchristentums (TEH 194) München 1981 (3. Aufl.)

--- Die soziologische Auswertung religiöser Ueberlieferungen. Ihre methodologischen Probleme am Beispiel des Urchristentums, in: Ders., Studien 35-54

THEISSEN, G., Studien zur Soziologie des Urchristentums (WUNT 19), Tübingen 1983 (2. Aufl.)

--- Die Tempelweissagung Jesu. Prophetie im Spannungsfeld von Stadt und Land, in: Ders., Studien 142-159

--- Theoretische Probleme religionssoziologischer Forschung und die Analyse des Urchristentums, in: Ders., Studien 55-76

--- Wanderradikalismus. Literatursoziologische Aspekte der Ueberlieferung von Worten Jesu im Urchristentum, in: Ders., Studien 79-105

--- "Wir haben alles verlassen" (Mc. X,28). Nachfolge und soziale Entwurzelung in der jüdisch-palästinischen Gesellschaft des 1. Jahrhunderts n. Chr., in: Ders., Studien 106-141

--- Zur forschungsgeschichtlichen Einordnung der soziologischen Fragestellung, in: Ders., Studien 3-34

THEOBALD, M., Der Primat der Synchronie vor der Diachronie als Grundaxiom der Literarkritik. Methodische Erwägungen an Hand von Mk 2,13-17/Mt 9,9-13: BZ 22(1978) 161-186

THOMA, C., Christliche Theologie des Judentums (Der Christ in der Welt VI/4), Aschaffenburg 1978

--- Das jüdische Volk-Gottes-Verständnis zur Zeit Jesu, in: J. PFAMMATTER/F. FURGER (Hg), Judentum und Kirche: Volk Gottes (ThBer3), Zürich 1974, 93-117

--- Jüdische Zugänge zu Jesus Christus, in PFAMMATTER/FURGER (Hg), Zugänge 149-176

--- Der Pharisäismus, in: MAIER/SCHREINER (Hg), Literatur 254-272

THUESING, Die neutestamentlichen Theologien und Jesus Christus. I. Kriterien aufgrund der Rückfrage nach Jesus und dem Glauben an seine Auferweckung, Düsseldorf 1981

TOEDT, H.E., Der Menschensohn in der synoptischen Ueberlieferung, Gütersloh 1963 (2. Aufl.)

TRAUTMANN, M., Zeichenhafte Handlungen Jesu. Ein Beitrag zur Frage nach dem geschichtlichen Jesus (fzb 37), Würzburg 1980

TRILLING, W., Die Botschaft Jesu. Exegetische Orientierungen, Freiburg 1978

--- Die Botschaft Jesu, in: Ders., Botschaft 19-56

--- Fragen zur Geschichtlichkeit Jesu, Düsseldorf 1966

--- "Implizite Ekklesiologie". Ein Vorschlag zum Thema "Jesus und die Kirche", in: Ders., Botschaft 57-72

--- Kunde von Gott und von der Gottesherrschaft, in: Ders., Botschaft 9-17

VAN UNNIK, W.C., Die Motivierung der Feindesliebe in Lk VI, 32-35: NT 8 (1966) 284-300

VASSILIADIS, P., The Nature and Extent of the Q-Document: NT 20(1978) 49-73

VENETZ, H.-J., Der Beitrag der Soziologie zur Lektüre des Neuen Testaments, in: PFAMMATTER/FURGER (Hg), Methoden 87-121

--- Die Bergpredigt. Biblische Anstösse, Düsseldorf 1987

--- Kirche - gesellschaftliche Banalität oder ethische Ueberforderung: Diak 19(1988) 15-26 (= "Banalität")

--- So fing es mit der Kirche an. Ein Blick in das Neue Testament, Zürich 1981 (= "Kirche")

--- Theologische Grundstrukturen in der Verkündigung Jesu? Ein Vergleich von Mk 10,17-22; Lk 10,25-37 und Mt 5,21-48, in: P. CASETTI/O. KEEL/A. SCHENKER (Hg), Mélanges Dominique Barthélemy (OBO 38), Fribourg 1981, 613-650

VERMES, G., Hanania ben Dosa, in: Ders., Post-Biblical Studies (SJLA 8), Leiden 1975, 178-214

--- Jesus der Jude: Jud 38(1982) 215-228 (= "Jesus")

--- Jesus the Jew: A Historians Reading of the Gospels, New York 1974 (= "Jesus the Jew")

VIELHAUER, P., Geschichte der urchristlichen Literatur. Einleitung in das Neue Testament, die Apokryphen und die Apostolischen Väter, Berlin 1978 (2. Aufl.)

VOEGTLE, A., Bezeugt die Logienquelle die authentische Redeweise Jesu vom "Menschensohn"?, in: Ders., Offenbarungsgeschehen 50-69

--- Die Einladung zum grossen Gastmahl und zum königlichen Hochzeitsmahl. Ein Paradigma für den Wandel des geschichtlichen Verständnishorizonts, in: Ders., Evangelium 171-218

--- Der Einzelne und die Gemeinschaft in der Stufenfolge der Christusoffenbarung, in: J. DANIELOU/H. VORGRIMLER (Hg), Sentire Ecclesiam (FS H. Rahner), Freiburg 1961, 50-91

VOEGTLE, A., Das Evangelium und die Evangelien. Beiträge zur Evangelienforschung. Düsseldorf 1971

--- Herkunft und ursprünglicher Sinn der Taufperikope Mk 1,9-11, in: Ders., Offenbarungsgeschehen 70-108

--- Jesus und die Kirche, in: M. ROESLER/O. CULLMANN (Hg), Begegnung der Christen (FS O. Karrer), Stuttgart 1959, 54-81

VOEGTLE, A., Offenbarungsgeschehen und Wirkungsgeschichte. Neutestamentliche Beiträge, Freiburg 1985

--- Der Spruch vom Jonaszeichen, in: Ders., Evangelium 103-136

--- "Theo-logie" und "Eschato-logie" in der Verkündigung Jesu, in: J. GNILKA (Hg), Neues Testament und Kirche (FS R. Schnackenburg), Freiburg 1974, 371-398

VOLKEN, L., Jesus der Jude und das Jüdische im Christentum. Mit einem Geleitwort von Erich Zenger, Düsseldorf 1983

WANKE, J., "Bezugs- und Kommentarworte" in den synoptischen Evangelien. Beobachtungen zur Interpretationsgeschichte der Herrenworte in der vorevangelischen Ueberlieferung (EThS 44), Leipzig 1981

WARNING, R. Rezeptionsästhetik als literturwissenschaftliche Pragmatik, in: Ders (Hg), Rezeptionsästhetik 9-41

WARNING, R. (Hg), Rezeptionsästhetik. Theorie und Praxis (UTB 303), München 1979 (2. Aufl.)

WEDER, H., Die Gleichnisse Jesu als Metaphern. Traditions- und redaktionsgeschichtliche Analysen und Interpretationen (FRLANT 120), Göttingen 1980 (2. Aufl.)

--- Neutestamentliche Hermeneutik (Zürcher Grundrisse zur Bibel), Zürich 1986

--- Die "Rede der Reden". Eine Auslegung der Bergpredigt heute, Zürich 1985

WEGNER, U., Der Hauptmann von Kafarnaum (Mt 7,28a;8,5-10.13 par Lk 7,1-10. Ein Beitrag zur Q-Forschung (WUNT II/14), Tübingen 1985

WENDLAND, H.D., Ethik des Neuen Testaments. Eine Einführung (GNT 4), Göttingen 1970

WENGST, K., Pax Romana. Anspruch und Wirklichkeit. Erfahrungen und Wahrnehmungen des Friedens bei Jesus und im Urchristentum, München 1986

WESTERHOLM, S., Jesus and Scribal Authority (CB.NT 10), Lund 1978

--- Jesus, the Pharisees and the Application of Divine Law: EeT 13(1982) 191-210

WIEFEL, W., Erwägungen zur soziologischen Hermeneutik urchristlicher Gottesdienstformen: Kairos 14(1972) 36-51

WILCKENS, U., Die Bekehrung des Paulus als religionsgeschichtliches Problem, in: Ders., Rechtfertigung als Freiheit. Paulusstudien, Neukirchen 1974, 11-32

--- Jesusüberlieferung und Christuskerygma - Zwei Wege urchristlicher Ueberlieferungsgeschichte: ThViat 10(1965/66) 310-339

WILD, R.A., The Encounter between Pharisaic and Christian Judaism: Some Early Gospel Evidence: NT 27(1985) 105-124

WILSON, S.G., Luke and the Law (MSSNTS 50), Cambridge 1983

WISCHMEYER, O., Das Gebot der Nächstenliebe bei Paulus. Eine traditionsgeschichtliche Untersuchung: BZ 30(1986) 161-187

WOLBERT, W., Die Goldene Regel und das ius talionis: TrThZ 95(1986) 169-191

WORDEN, R.D., The Q Sermon on the Mount/Plain: Variants and Reconstruction: Seminar Papers der SBL 1983, 455-471

--- Redaction Criticism of Q: A Survey: JBL 94(1975) 532-546

ZELLER, D., Redaktionsprozesse und wechselnder "Sitz im Leben" beim Q-Material, in: DELOBEL (Hg), Logia 395-409

--- Die Versuchungen Jesu in der Logienquelle: TrThZ 89(1980) 61-73

--- Die weisheitlichen Mahnsprüche bei den Synoptikern (FzB 17) Würzburg 1983 (2. Aufl.)

--- Der Zusammenhang der Eschatologie in der Logienquelle, in: P. FIEDLER/Ders. (Hg), Gegenwart und kommendes Reich (Schüler-FS A. Vögtle), Stuttgart 1975, 67-77

ZENGER, E., Die späte Weisheit und das Gesetz, in: MAIER/SCHREINER, Literatur 43-56

ZIMMERLI, W., Die Frage des Reichen nach dem ewigen Leben: EvTh 19(1959) 90-97

--- Grundriss der alttestamentlichen Theologie (Theol. Wiss. 3) Stuttgart 1972

ZIMMERMANN, A.F., Die urchristlichen Lehrer. Studien zum Tradentenkreis der Didaskaloi im frühen Urchristentum (WUNT II/12), Tübingen 1984

ZIMMERMANN, H., Das Gleichnis vom barmherzigen Samariter: Lk 10,25-37, in: G. BORNKAMM/K. RAHNER (Hg), Die Zeit Jesu (FS H. Schlier), Freiburg 1970, 58-69

--- Neutestamentliche Methodenlehre. Darstellung der historisch-kritischen Methode. Neubearbeitet von K. KLIESCH, Stuttgart 1982 (7. Aufl.)

Korrekturnachtrag

Folgende wichtige Publikationen habe ich erst nach Abschluss der Endredaktion zur Kenntnis genommen:

EBERTZ, M.N., Das Charisma des Gekreuzigten. Zur Soziologie der Jesusbewegung (WUNT 45), Tübingen 1988

SATO, M., Q und Prophetie. Studien zur Gattungs- und Traditionsgeschichte der Quelle Q (WUNT II/29), Tübingen 1988 (in meiner Arbeit als Manuskript zitiert)

VOUGA, F., Jésus et la loi selon la tradition synoptique (Le monde de la Bible), Genf 1988

D. Kosch 14.11.88

Stellenregister (in Auswahl)

1. Logienquelle (in der Reihenfolge des Lk)

2. Altes Testament

3. Frühjudentum

6. Uebriges NT und Frühchristliches

Zum vorliegenden Buch

«Jesus und das Gesetz» ist ein in der Exegese vieldiskutiertes und umstrittenes Thema, das nicht zuletzt im Blick auf das Verhältnis zwischen Christentum und Judentum von erheblichem Interesse ist. Ganz unabhängig davon, wie das Urteil im einzelnen ausfällt, wird man festhalten können, dass Jesu Stellungnahme zu Fragen, die das Gesetz betreffen, seine Hörer und Hörerinnen irritiert hat.

In dieser Untersuchung wird gefragt, wie die ersten Christen mit dieser Irritation umgegangen sind. Im Mittelpunkt stehen Texte aus der ältesten judenchristlichen Jesusüberlieferung, vor allem die Weherufe gegen die Pharisäer und die zentrale Forderung der Feindesliebe.

Die Arbeit plädiert für eine differenzierte Wahrnehmung der Gesetzesauffassung Jesu, die sich mit den gängigen Begriffen «Radikalisierung der Tora» oder «Gesetzeskritik» nicht sachgemäss umschreiben lässt. Sie versucht, in sorgfältigen Analysen die Vorgeschichte der uns vorliegenden Evangelientexte zu rekonstruieren.

Das Gesamtbild, das sich aus den vielen Mosaiksteinen schliesslich ergibt, ist in seiner Differenziertheit keineswegs unscharf, sondern lebendiger und echter als manch eindeutiges, prägnant formuliertes Pauschalurteil.

ISBN 3-7278-0650-8 (Universitätsverlag)
ISBN 3-525-53913-4 (Vandenhoeck & Ruprecht)

Bd. 1 MAX KÜCHLER, *Schweigen, Schmuck und Schleier.* Drei neutestamentliche Vorschriften zur Verdrängung der Frauen auf dem Hintergrund einer frauenfeindlichen Exegese des Alten Testaments im antiken Judentum.
XXII–542 Seiten. 1986.

Bd. 2 MOSHE WEINFELD, *The Organizational Pattern and the Penal Code of the Qumran Sect.* A Comparison with Guilds and Religious Associations of the Hellenistic-Roman Period.
104 Seiten. 1986.

Bd. 3 ROBERT WENNING, *Die Nabatäer – Denkmäler und Geschichte.* Eine Bestandesaufnahme des archäologischen Befundes.
252 Seiten; 18 Karten. 1986.

Bd. 4 RITA EGGER, *Josephus Flavius und die Samaritaner.* Eine terminologische Untersuchung zur Identitätsklärung der Samaritaner.
412 Seiten. 1986.

Bd. 5 EUGEN RUCKSTUHL, *Die literarische Einheit des Johannesevangeliums.* Der gegenwärtige Stand der einschlägigen Forschungen. Mit einem Vorwort von Martin Hengel
344 Seiten. 1987

Bd. 6 MAX KÜCHLER/CHRISTOPH UEHLINGER (Hrsg.), *Jerusalem, Texte – Bilder – Steine*
238 Seiten. 1987

Bd. 7 DIETER ZELLER (Hrsg.), *Menschwerdung Gottes – Vergöttlichung von Menschen*
236 Seiten. 1988

Bd. 8 GERD THEISSEN, *Lokalkolorit und Zeitgeschichte in den Evangelien.* Ein Beitrag zur Geschichte der synoptischen Tradition
348 Seiten. 1989

Bd. 9 TAKASHI ONUKI, *Gnosis und Stoa.* Eine Untersuchung zum Apokryphon des Johannes
208 Seiten. 1989

Bd. 10 DAVID TROBISCH, *Die Entstehung der Paulusbriefsammlung.* Studien zu den Anfängen christlicher Publizistik
176 Seiten. 1989

Bd. 11 HELMUT SCHWIER, *Tempel und Tempelzerstörung.* Untersuchungen zu den theologischen und ideologischen Faktoren im ersten jüdisch-römischen Krieg (66–74 n. Chr.)
444 Seiten; 9 Karten. 1989

Bd. 12 DANIEL KOSCH, *Die eschatologische Tora des Menschensohnes.* Untersuchungen zur Rezeption der Stellung Jesu zur Tora in Q.
516 Seiten. 1989